国家治理现代化与认罪认罚从宽制度

上

最高人民检察院 / 组织编写

中国检察出版社

《国家治理现代化与认罪认罚从宽制度》

编 委 会

主　任：孙　谦

副主任：陈国庆　张志杰

委　员：苗生明　元　明　王守安　郑新俭
　　　　朱建华　谢鹏程

主　编：苗生明

副主编：罗庆东　常　艳

出版说明

2018年10月,修改后刑事诉讼法正式确立认罪认罚从宽制度。这是我国提升社会治理能力和法治水平的重要举措,也是司法改革的重要成果。制度实施以来,在优化司法资源配置、提高司法效率、及时惩治犯罪、化解社会矛盾、减少社会对抗、促进社会和谐等方面取得了积极成效。为推进认罪认罚从宽制度积极、稳妥实施,在理念上、认识上凝聚共识,正确研判和解决实践中存在的问题,最高人民检察院与中国法学会刑事诉讼法学研究会联合举办了"国家治理现代化与认罪认罚从宽制度"研讨会,专家学者与司法实务人员共聚一堂,围绕在推进国家治理现代化中全面发挥认罪认罚从宽制度的作用献睿智之言,谋务实之策。来自法学研究、教学单位的专家学者和法院、检察院、公安机关、律师界的代表畅所欲言,从各个角度对认罪认罚从宽制度进行了深入的讨论。经过整理,我们感到与会同志的发言充满真知灼见,应当让更多关心这一制度实施的人们分享这些学术和智慧成果。

另外,今年4月,为深化认罪认罚从宽制度的理论研究与实务探讨,最高人民检察院开展了"认罪认罚从宽制度理论与实务研究"征文活动,得到法学理论界和司法实务界的积极参与，收到的400余篇文章几乎涉及了认罪认罚从宽制度的所有重要问题。

最高人民检察院刑事检察业务指导组和中国检察出版社合作，将上述两方面内容以《国家治理现代化与认罪认罚从宽制度》为书名，按照一定体例进行编辑，分上下两册予以出版。上册包括认罪认罚从宽制度的理论基础、检察实践及发展完善；下册包括认罪认罚从宽制度实施中的相关具体问题。编辑出版此书的目的，是为关心、关注这一制度的理论工作者和法官、检察官、律师等法律实务工作者提供参考，也为社会各界了解认罪认罚从宽制度提供资料。

最高人民检察院刑事检察业务指导组
中国检察出版社
2020年10月

目录 CONTENTS

上

一、独具中国特色的认罪认罚从宽制度

张军检察长在国家治理现代化与认罪认罚从宽制度研讨会强调 共同把彰显人民意愿体现时代需求的好制度落到位 / 003

发挥认罪认罚从宽制度作用是司法机关共同的责任 高憬宏 / 008

进一步发挥律师职能作用 共同推进认罪认罚从宽工作 熊选国 / 011

深入落实认罪认罚从宽制度的几点建议	朱孝清 / 015
关于促进量刑建议科学化精准化的几个问题	胡云腾 / 019
国家治理现代化对认罪认罚从宽制度提出新要求	卞建林 / 023
关于认罪认罚从宽程序实施中的几个问题	田文昌 / 027

二、认罪认罚从宽制度理论基础

认罪认罚从宽制度的价值功能	李寿伟 / 033
构建认罪认罚从宽制度的方向是节约司法资源	黄　永 / 036
从刑事速裁程序到认罪认罚从宽制度的演进	颜茂昆 / 040
落实好认罪认罚从宽制度是全体司法人员的共同责任	杨立新 / 044
提出量刑建议既要精准化更要规范化	陈学勇 / 047
在认罪认罚案件中落实值班律师制度　为维护当事人合法权益提供司法保障	孙春英 / 051
适用认罪认罚从宽制度要坚持刑法谦抑性	陈卫东 / 054
认罪认罚案件中量刑建议的困惑与澄清	汪建成 / 058
认罪认罚从宽制度与我国"和合"文化特质相契合	张建伟 / 060

目录

认罪认罚从宽制度改革重在强调刑事协商　　吴宏耀 / 062

认罪认罚从宽制度中如何均衡各诉讼主体权益　　熊秋红 / 065

审判分合关键在对质权　　魏晓娜 / 069

认罪认罚从宽制度符合刑事司法二元化机制　　万　毅 / 072

认罪认罚从宽制度在量刑环节应关注的问题　　刘桂明 / 075

认罪认罚从宽制度是司法机关贯彻刑事政策服务国家治理能力现代化的重要举措　　姚　莉 / 077

认罪认罚从宽制度与刑法的衔接　　于改之 / 081

认罪认罚从宽制度更应强化程序法功能　　闵春雷 / 084

三、认罪认罚从宽制度检察实践

对认罪认罚从宽制度检察实践的思考　　苗生明 / 089

认罪认罚从宽制度中检察机关应发挥主导作用　　元　明 / 091

职务犯罪检察工作中适用认罪认罚从宽制度　　王守安 / 094

经济犯罪检察工作中适用认罪认罚从宽制度　　郑新俭 / 096

认罪认罚案件中值班律师的有效参与　　罗庆东 / 099

构建量刑协商程序平台　保障协商充分性和
　　规范性　　　　　　　　　　　　　　　刘　辰 / 102
认罪认罚从宽制度的价值功能选择　　　　　董　坤 / 105

四、认罪认罚从宽制度发展完善

认罪认罚从宽制度中的刑事诉判关系解构　高松林　师　索 / 111
论认罪认罚案件中量刑建议与量刑裁决的
　　良性互动　　　　　　　　　　　　　　李奋飞 / 132
认罪认罚从宽制度在重罪案件中的适用分析
　　——以检察机关的主导责任为视角
北京市人民检察院第二分院认罪认罚从宽制度研究课题组 / 155
检察主导："一般应当"原则之重申
　　——认罪认罚从宽视角下量刑建议制度的
　　　　因应与转型　　　　　　　　廖　明　王彬全 / 182
法律帮助的理念误区与重构　　　　　蔡元培　陈　速 / 200
论认罪认罚从宽制度发展的两个方向　张家贞　刘　哲 / 219
认罪认罚从宽制度改革视野下自愿型虚假认罪的
　　识别与排除　　　　　　　　　　沈　威　陈凯明 / 238
认罪认罚量刑建议精准化实证研究
　　——以 2019 年度宿迁地区司法实践为样本
　　　　　　　　　　　　　　　　　刘兆东　康俯上 / 254

认罪认罚从宽制度中的利益博弈：从认罪的
　功能出发　　　　　　　　　　　　陆而启　洪文海 / 279

认罪认罚从宽制度中实体争议问题研究　　　杜笑倩 / 299

认罪认罚从宽背景下相对不起诉工作机制探析
　　　　　　　　　　　　　　　　　张　剑　宋　杨 / 318

下

五、认罪认罚从宽制度与检察机关主导责任

检察机关主导责任视野下深化认罪认罚从宽
　制度实施之改革路径　　　　　　吕天奇　贺英豪 / 331

论认罪认罚从宽制度中检察官的主导作用
　　　　　　　　　　　　　　　　潘金贵　王志坚 / 352

检察机关"主导责任"的表象与实质
　——以认罪认罚从宽制度为主要视角　　路　旸 / 368

六、认罪认罚从宽制度与当事人权益保障

认罪认罚从宽制度实施中被害人权利保障研究　　韩　旭 / 391

权利与义务之间：认罪认罚案件中被告人上诉权的
必要限制
　　——以286份认罪认罚上诉案件裁判文书为样本　　张　琦 / 403

认罪认罚案件中上诉与抗诉共存现象实证研究　　施珠妹 / 420

"见证"还是"认可"：被告人签署认罪认罚
具结书时辩护人在场的性质研究
　　——论认罪认罚案件辩护人可否作无罪辩护　　刘劲阳 / 444

论认罪认罚从宽制度中被害人的权益保障
　　　　　　　　　　　　　　　　　　　商浩文　石　魏 / 459

七、认罪认罚从宽制度与律师作用

认罪认罚案件中律师的有效辩护　　　　　　　　　孔红征 / 475

检察视域下值班律师的参与保障与功能实现
　　　　　　　　　　　　　　　　　　　　张　拓　李　珂 / 489

认罪认罚从宽制度中退休法官、检察官担任
值班律师路径研究　　　　　　　　　　　陶建旺　钟文方 / 507

解构认罪认罚从宽制度中的刑事辩护问题　　　　　曹　坚 / 525

八、认罪认罚从宽制度与量刑建议

论认罪认罚量刑建议的效力	李瑞登 /	537
认罪认罚从宽制度量刑模型的构建	徐旺明 /	560
量刑协商程序的价值及其制度设计	林红宇　张志超 /	572
人工智能辅助认罪认罚量刑建议研究	肖　军 /	584

九、认罪认罚从宽制度在特殊类型案件中的适用

刑民交融的价值意蕴与功能表达
　　——以完善认罪认罚从宽制度为视角　　张　垚　梁　博 / 599

环境犯罪案件适用认罪认罚从宽制度的难点
　　及对策　　孙洪坤　陈雅玲 / 630

涉众型经济犯罪案件适用认罪认罚从宽制度研究
　　　　付　强　吕晓华　邵烟雨 / 647

一、独具中国特色的认罪认罚从宽制度

张军检察长在国家治理现代化与认罪
认罚从宽制度研讨会强调

共同把彰显人民意愿
体现时代需求的好制度落到位

2020年9月4日上午，最高人民检察院与中国刑事诉讼法学研究会在北京联合举办"国家治理现代化与认罪认罚从宽制度"研讨会。最高人民检察院党组书记、检察长张军在开幕会上致辞，强调联合举办研讨会，既是贯彻落实党的十八大、十九大精神和十八届四中、十九届四中全会精神，深入推进认罪认罚从宽制度实施的具体行动，也是司法实务界与法学理论界共同探讨如何更新司法理念、提升司法品质的学术盛会。张军就认罪认罚从宽制度实施中的一些重点问题与司法实务界、法学理论界交流。

张军指出，根据马克思主义唯物史观，人类社会与刑事犯罪作斗争，无论是国内还是国外，无论是从历史发展长河还是从社会发展规律观察，刑罚的手段都是循着野蛮、严酷、严厉向渐趋轻缓的路径演进。几千年来，随着人类社会逐步走向文明，与犯罪作斗争的社会治理也从以往希望"以罚止罪"转变为更加注重源头治理。刑事犯罪的追诉，亦由法官纠问式为主逐步演进为控辩式为主，侦诉审分工负责，在配合中制约、制约中配合。法官的权力、检察官的权力、警察的权力，作为国家权力、强势权力，总体都在更规范地发展中受到约束。人民——人类社会进步、世界历史发展的源动力，发挥着伟大的能动、引领作用。"以人民为中心""为中国人民谋幸福，为中华民族谋复兴"作为中国共产党的初心和使命，作为我们始终如一的政治目标、治国理政的根本理念，在包括刑法、刑事诉讼法在内的国家宪法法律一次次修改、健全、完善中，体现得更加充分，展示得更为清晰。中国特色社会主义法律制度的演进，使社会、人民群众的获得感、幸福感、安全感一个阶段一个阶段、一步一步不断地得到满足。这个过程永远在路上，谁也不要指望到此为止！

张军强调，独具中国特色的认罪认罚从宽制度的建立，大背景是我国经济社会发展、刑事犯罪结构几十年来的变化，新时代人民群众在民主、法治、公平、正义、安全等方面更高标准的要求，充分体现也证明了社会发展运动的根本规律。在习近平总书记全面依法治国新理念新思想新战略指引下，这项制度让跨进新时代的整个国家和社会都有了更为实在的获得：因为认罪认罚，犯罪行为导致的矛盾、冲突得以更好地化解；罪犯自愿向法律、向社会忏悔，更有利改恶向善；节省下的司法资源可被用于解决社会矛盾更加突出的方面。追诉犯罪的过程也变得更为简便：先前获得的刑事证据，辅以因犯罪嫌疑人认罪认罚主动交代后查获的证据，控辩双方、当事人的司法合意，使庭审变得更为简单、迅捷，公正、公信也被以更加清晰，看得见、摸得着、感受得到的方式展现出来。这个过程中，直接受益的还有被害人——伤害得到补偿，身心得到慰藉；律师、警察、检察官、法官等从中都有了完全不同的执法司法办案感受。即使刑事诉讼法此前早已有了简易程序规定，后来又增加了速裁程序，但认罪认罚从宽制度更赋予这些简便程序以活的内涵！尤其是律师的作用得以凸显：原来是"你辩你的、我办我的"，现在是律师不同意，不在具结协议时见证、签字，认罪认罚就很难落实，律师的作用、价值、自信得到充分体现！国家治理体系和治理能力现代化，就展现在一个个具体法律制度的有效运行上，体现在这个过程中，让我们自觉不自觉感受着、感受到！

张军指出，从具体层面看，建立认罪认罚从宽制度有一个很重要的因果链接：司法追诉、案件审理、"案多人少"的矛盾一个时期以来越来越突出。所以，最高人民法院很早就提出推动刑事案件繁简分流。最高人民法院提出繁简分流、认罪认罚从宽制度后，得到各方面的大力支持，党中央、全国人大常委会、中央政法委高度重视，有关部门积极配合。十八届四中全会作出决定，强调完善刑事诉讼中认罪认罚从宽制度。2016年7月，习近平总书记主持召开中央全面深化改革领导小组第二十六次会议，审议通过认罪认罚从宽制度改革试点方案。此前，中央政法委率团赴域外考察。2016年8月，最高人民法院就认罪认罚从宽制度改革试点工作草案向全国人大常委会作说明；9月，全国人大常委会通过授权"两高"在18个城市开展为期2年的认罪认罚从宽制度试点决定；11月，"两高三部"印发了认罪认罚从宽制度试点工作办法。到了2017年12月，最高人民法院又专门就认罪认罚从宽制度试点情况向全国人大常委会作中期报告。在此基础上，才有"两高"向全国人大常委会提交的正式立法建议。全国人大常委会经过广泛深入地研究论证，固定、发展改革试点成果，最终于2018年10月修改刑事诉讼法时，确立了具有中国特色的认罪认罚从宽制度。正是在立法机关、党委政法委、执法司法实务部门、学术界齐心协力、共同推进下，认罪认罚从宽制度才有今天这样的稳进的落实、显著的成效。

张军强调，制度实施近两年来，十分顺畅、平稳，效果良好，促进社会和谐稳定更加有力，被告人认罪服法成为常态，认罪认罚案件一审后上诉率远低于整体刑事案件上诉率；惩治犯罪更加及时有效。今年疫情期间，许多地方涉疫案件认罪认罚从宽制度适用率达到90%以上，有效维护了疫情防控秩序，政治效果、社会效果和法律效果高度统一；诉讼效率也大幅提升，许多地方公检法机关构建了全流程速裁简化办案模式，轻微刑事案件办案效率极大提高；人权保障更加到位，非羁押性强制措施和非监禁刑适用比例不断提高，认罪认罚案件不捕率近50%。实践证明，认罪认罚从宽制度完全符合我国现阶段刑事犯罪结构变化和刑事诉讼制度发展规律，有力推进了国家治理体系和治理能力现代化，是一项彰显人民意愿、体现时代需求的好制度。

张军指出，从检察机关统计看，去年底全国检察机关办理刑事案件认罪认罚从宽制度适用率达83%，今年上半年，适用率稳定在80%以上。审查起诉阶段适用的力度更大，这与诉讼到了这个阶段，刑事诉讼法赋予检察官更多、更实的责任有关。在人员没有增加一个，办案期限没有延长一天的情况下，检察机关始终把适用认罪认罚从宽制度作为推进国家治理现代化的重要内容，作为新时代必须满足人民新需求的务实举措，大力推进。同时，这也是提升广大检察官能力的契机，以此切实履行好认罪认罚从宽制度赋予检察官做好被告人工作、促使认罪服法，与律师开展量刑协商、提出量刑建议，做好被害人工作、化解矛盾等方面新的更艰巨的职能和任务。这项工作如果只是一般性要求部署，没有符合实际的明确目标，就看不到差距，也不可能落实到位。这个过程中，也有一些问题提了出来，不少已经在讨论中取得一致。争论讨论越充分，越能凝聚法治的最大"公约数"。司法、法律、制度、社会，就是在辩证的、充满矛盾对立统一的进程中发展着、进步着。

张军强调，国家治理体系和治理能力现代化，使认罪认罚从宽制度理论与实践迎来了更为广阔的发展空间。当前，认罪认罚从宽制度适用中还有一些"必答题"，最突出的就是要尽快提升检察官履职综合能力、职业能力，主动向法官、警察、律师等学习。期望法学理论界和司法实务界共同推动认罪认罚从宽制度更高质量、更好效果、更加充分适用；期望法官逐步适应认罪认罚从宽制度给审判模式带来的新变化新要求，由既往在庭上全面审理、裁判，适应性地调整为庭上实质性地审查被告人认罪认罚的自愿性，具结书的真实性、合法性，对制度适用符合法定程序、没有违背当事人意愿、定性事实清楚、证据确实充分、量刑建议没有明显不当的，直接一锤定音；期望律师更多地把功夫下在充分把握在案的事实、证据上，下在促进被告人依法认罪，争取更大从宽利益上，大家共同为国家治理体系和治理能力现代化贡献智慧力量。

发挥认罪认罚从宽制度作用是司法机关共同的责任*

高憬宏

最高人民法院党组成员、副院长

党的十九届四中全会提出"坚持和完善中国特色社会主义、推进国家治理体系和治理能力现代化"的总目标,认罪认罚从宽制度是刑事司法领域落实这一目标的重大改革举措。今天,最高人民检察院与中国刑事诉讼法学研究会联合召开专题研讨会,来自法律界、法学界的专家学者济济一堂,共同研讨,建言献策,很有意义。我代表最高人民法院,向研讨会的召开表示热烈祝贺。

从全国法院来看,认罪认罚从宽制度全面实施以来,总体运行平稳有序。在依法惩治犯罪、加强人权司法保护、贯彻宽严相济刑事政策、推进案件繁简分流、促进公平正义方面,取得了显著成效。相信这次研讨会一定能够在加强理论研究、深化思想认识、指导司法实践方面发挥重要作用。在此,我谈三点体会。

第一,统一思想,全面认识认罪认罚从宽制度的价值蕴含。认罪认罚从宽制度系统性强,贯穿侦查、起诉和审判各个

---

* 本文系根据作者在"国家治理现代化与认罪认罚从宽制度"研讨会上的致辞录音整理,并经本人审改。

环节，涉及公安、检察、审判和司法行政等机关。它的准确有效实施，离不开科学、正确的诉讼理念作指导，离不开对价值蕴含和制度设计的整体把握，离不开各专门机关的有力配合和有效制约。该制度不仅具有案件繁简分流、优化司法资源配置的重要作用，而且通过环环相扣的程序设计带来了诉讼模式和诉讼理念的重大变革。该制度通过赋予程序选择权和实体从宽，鼓励真正的犯罪嫌疑人、被告人自愿认罪认罚，实现了从对抗式诉讼向协作式诉讼的转变；通过控辩量刑协商机制的构建，实现了犯罪嫌疑人、被告人由消极诉讼主体向积极诉讼主体的转变；通过刑事责任和附民责任一体化解决，实现了惩罚性司法向恢复程序性司法的转变；通过构建多元化刑事体系，实现了案件繁简分流、轻重分离、快慢分道，更好地满足了人民群众的新期待和社会多元司法需求。从推进国家治理体系和治理能力现代化的目标要求来看，认罪认罚从宽制度的落实，有利于减少对抗、节约司法资源、减轻当事人诉累，有利于被害人合法权益的保护和罪犯的改造，有利于及时化解社会矛盾和社会风险，实现社会的安定与和谐。

　　第二，立足国情，准确把握认罪认罚从宽制度设计。认罪认罚从宽制度是对自愿认罪认罚的犯罪嫌疑人、被告人依法从宽处理的刑事司法制度，是程序保障和实体规范一体构建的综合性法律制度，其基本精神是对认罪认罚案件分流处理，实体从宽，程序从简，使宽严相济刑事政策制度化、法律化。必须充分认识到，认罪认罚从宽制度是我国刑事法律自身发展、完善的结果，它与美国的辩诉交易有着本质的区别，不是辩诉交易制度的翻版。

　　因此，围绕该制度的实施中引发的争论，应当从我国的现实国情出发去研究和探讨，实事求是地加以解决。人民法院应当立足职能定位，依法履行好法律赋予的职责，不仅要把好认罪认罚自愿性的审查关，而且要严格落实好庭审实质化的要求。发现事实不清、证据不足或者被告人反悔不认罪的案件，应当依法转换程序。要严格证据审查，不轻信口供，切实防范发生冤假错案。对于被告人提出上诉的认罪认罚案件，要坚持全面审查的原则，区分不同情形依法作出公正裁判。

第三，深入研究，完善综合配套机制，充分发挥制度效能。认罪认罚从宽制度试点期间，各地积累了许多可复制、可借鉴的经验。这些有益的做法和经验都需要认真总结。

为增强值班律师帮助的有效性，2019年，"两高三部"出台了《关于适用认罪认罚从宽制度的指导意见》，明确规定值班律师享有会见权和阅卷权，从赋权的角度提供保障。近期，"两高三部"又出台了《法律援助值班律师工作办法》，进一步细化了值班律师工作职责和工作保障，从规范行为和资金保障等多方面解决有效法律帮助不足的问题。此外，切实增强认罪认罚从宽量刑的透明度，让犯罪嫌疑人、被告人清楚认罪认罚的后果，并自愿选择认罪认罚，始终是认罪认罚从宽制度设计的重点。试点期间探索形成的阶梯式量刑减让机制，对于鼓励真正的犯罪嫌疑人、被告人尽早认罪起到了至关重要的作用。比如，厦门集美地区在试点结束后的2019年，第一次讯问时犯罪嫌疑人认罪率达到54.9%，且供述稳定性强。

充分发挥认罪认罚从宽制度的作用，为国家治理体系和治理能力现代化作出司法贡献，是司法机关共同的责任。人民法院将与检察机关、公安机关、司法行政机关共同努力，严格公正司法，严格执行认罪认罚从宽制度。我相信，随着诉讼理念的转变、司法能力的提高、理论研究的深入、综合配套机制的完善，认罪认罚从宽制度一定会行稳致远。

进一步发挥律师职能作用
共同推进认罪认罚从宽工作

熊选国

司法部党组成员、副部长

最高人民检察院与中国刑事诉讼法学研究会以"国家治理现代化与认罪认罚从宽制度"为主题，联合举办研讨会，对于深化认罪认罚从宽理论研究，推进刑事诉讼制度改革，推动实行国家治理体系和治理能力现代化，具有重要的意义。

认罪认罚从宽制度是近年来我国刑事诉讼制度的一项重大改革，这项制度通过引入认罪协商、量刑协商等，有效优化司法资源配置，准确及时惩治犯罪，减少社会对抗，化解社会矛盾纠纷，是我国立法和司法领域推进国家治理体系和治理能力现代化的重要举措。律师是认罪认罚从宽程序的重要参与者，承担着维护当事人合法权益，维护法律正确实施，维护社会公平正义的重要职责。认罪认罚案件中，律师不仅要充当传统意义上辩护人的角色，还要扮演犯罪嫌疑人、被告人的法律咨询者，与检察官协商的代言者，司法机关的协作者等多元角色。可以这么说，认罪认罚从宽制度的有效实施，离不开律师的积

---

* 本文系根据作者在"国家治理现代化与认罪认罚从宽制度"研讨会上的致辞录音整理，并经本人审改。

极参与，也离不开律师依法履行职责。认罪认罚从宽制度实施以来，广大律师积极参与值班律师工作，依法办理认罪认罚案件。2019年，全国值班律师共转交法律援助申请案件5.6万件，提供法律帮助案件40万件，参与认罪认罚案件34万件，为认罪认罚从宽制度有效实施作出了积极贡献。

随着国家治理体系和治理能力现代化的深入推进，需要进一步发挥律师的职能作用，共同推进认罪认罚从宽工作。借此机会，我就推进律师参与认罪认罚从宽工作讲三点意见。

一是健全完善律师值班制度。值班律师制度的设立，是认罪认罚从宽制度完善的内在要求，对于保障认罪认罚从宽的自愿性、认罪认罚具结的真实性和合法性，发挥着重要作用。2018年修改的刑事诉讼法确定了值班律师的法律地位，明确了值班律师权利义务等。2019年10月，"两高三部"联合印发《关于适用认罪认罚从宽制度的指导意见》，明确了认罪认罚案件中值班律师为犯罪嫌疑人、被告人提供法律帮助的制度机制，赋予了值班律师会见、查阅案卷等权利。2020年8月，"两高三部"又出台了《法律援助值班律师工作办法》，进一步明确了值班律师的权利义务，规范了值班律师的工作职责，对法律帮助程序、值班律师保障等作出了具体规定，为进一步完善值班律师制度提供了依据。作为一种新兴事物，值班律师制度已经初步建立起来，目前运转良好，但是实践中还需要进一步完善。如值班律师法律帮助的内涵定位，律师见证的性质、责任等，都还需要进一步研究和完善。对此，司法部将积极会同最高人民法院、最高人民检察院、公安部等部门进一步完善值班律师制度，推动值班律师法律帮助实现从有形到有效的转变。

二是深入推进刑事案件律师辩护全覆盖试点工作。当前，

80%的刑事案件判处 3 年以下有期徒刑，其中又有 80%以上的案件被告人均认罪，刑事案件中认罪认罚案件比例非常高。推进刑事案件律师辩护全覆盖试点工作，有利于促进认罪认罚案件被告人获得有效法律帮助，加强刑事案件人权司法保障，实现刑事司法公正。试点两年多以来，最高人民法院、司法部积极采取措施，扩大试点范围，完善有关制度机制，全力推进试点工作。截至 2020 年上半年，全国共有 2368 个县市区开展了试点工作，占全国县级行政区域总数的 83%。北京等 16 个省区市和新疆生产建设兵团实现了县级行政区域试点全覆盖，北京等 10 多个省区市刑事案件律师辩护率超过了 80%，刑事案件律师辩护率有了大幅度提高，被告人辩护权保障取得明显进展。目前，刑事案件律师辩护权覆盖试点工作还存在一些问题，如律师权利保障还不到位，特别是律师会见难、辩护难等问题依然存在，律师依法履行职责需要强化，辩护质量有待进一步提高，法院与法律援助机构之间的工作衔接机制还不够完善，等等。对此，司法部将会同最高人民法院进一步加强与中央有关部门的沟通协调，完善部门衔接机制，提高律师辩护质量，持续推进试点工作。我们有一个初步的设想，到 2020 年年底前，实现县级行政区域试点工作全覆盖，现在 80%多都实现了，还有百分之十几没有开展试点，年底之前所有县级行政区域都开展试点。我们测算了一下，基本上也有这个条件。到 2020 年上半年，全国律师是 50 多万，按照刑事案件分流，适用简易程序和速裁程序的案件（律师主要是提供法律帮助），被告人适用普通程序审理的案件（律师是提供辩护），从资源上加强统筹，我们认为有能力、有条件实现这个目标。同时，司法部还将积极探索将刑辩全覆盖试点从现在的审判阶段，扩大到审查起诉阶段，进一步强化律师在刑事诉讼中的职能作用，促进司法公正。

三是完善律师参与认罪认罚的保障机制。律师资源短缺，经费保障不足，是当前认罪认罚从宽制度适用中的两个较为突出的问题，特别是在一些基层和欠发达地区尤为突出。针对律师资源短缺这一问题，司法部将通过采取加大刑辩律师培养力度，跨区域调配律师资源，设置法律援助联合工作站，实行电话网络值班和现场值班相结合，以及推广电子签名、远程会见和见证等针对性措施，逐步解决律师资源不足，以及特殊情形下值班律师无法及时到场等问题。同时，司法部还将会同有关部门积极探索出台有关政策，鼓励退休法官、检察官以志愿者身份参与值班律师和法律援助工作。针对法律援助经费保障不足，值班律师补贴较低，律师参与积极性不高这一问题，司法部将推动在法律援助法立法中，明确经费保障范围及其标准，协调财政部门加大对法律援助经费保障力度，充实值班律师等法律援助办案经费，完善办案质量和补贴挂钩机制，指导各级司法行政机关提高办案补贴标准，规范办案补贴发放，切实提高律师参与认罪认罚工作的积极性。

总之，司法部将采取有效措施，完善值班律师制度机制，鼓励支持律师积极参与认罪认罚从宽工作，推动发挥律师在认罪认罚案件中的职能作用，为推进国家治理能力现代化和认罪认罚从宽工作提供全力支持。

深入落实认罪认罚从宽制度的几点建议

朱孝清

最高人民检察院原副检察长、
咨询委员会主任

当前,认罪认罚从宽制度的适用率、律师参与率、量刑建议采纳率、一审判决服判率,均已达到较高水平。据统计,2020年1至7月,检察机关对该制度的适用率为82.8%,律师参与率为88.4%,量刑建议采纳率为90.7%,一审判决服判率为95.7%,高出其他刑事案件19个百分点。从刑事诉讼法规定该制度至今还不到两年,就基本上得到了较好的落实,而且取得了较好的效果,这是很了不起的成绩!而且这是在疫情对刑事诉讼带来诸多不便的情况下取得的成绩,更显得不易!这是法律、法学界共同努力、积极担当作为的结果,同时也说明,党中央关于完善认罪认罚从宽制度的决策和刑事诉讼法关于认罪认罚从宽制度的具体规定都是完全正确的。

下一步深入落实认罪认罚从宽制度,要在稳定较高适用率、实现可用尽用的同时,着力提高认罪认罚案件办理的质量和效果。"提高质量和效果"应当有一定的衡量标准。我认为,

---

* 本文系根据作者在"国家治理现代化与认罪认罚从宽制度"研讨会上的发言整理,并经本人审改。

"提高质量"的衡量标准,一是守住公正底线;二是"六个提高",即提高侦查阶段认罪认罚率、提高确定刑量刑建议率、提高量刑建议采纳率、提高律师实质参与和提供有效法律帮助率、提高相对不诉(含附条件不诉)率、提高一审服判率。"提高效果"的衡量标准,一是提高司法公信力,最大限度减少负面评价;二是最大限度实现案结事了;三是避免发生制度适用中的腐败问题。

为达到上述目标,建议进一步采取以下措施:

第一,进一步加大侦查阶段教育引导犯罪嫌疑人认罪认罚的力度。据统计,2020年1至7月,侦查阶段认罪认罚的案件仅占认罪认罚案件总数的28.5%,还有较大的提升空间。其实,认罪认罚从宽制度本身就是教育引导犯罪嫌疑人认罪认罚的有力武器;认罪认罚越早从宽幅度越大这一梯度性的从宽政策,更是教育引导犯罪嫌疑人认罪认罚的有力武器。侦查机关只要进一步重视,充分发挥广大侦查人员的主观能动性和积极性,是完全有可能提高侦查阶段认罪认罚率的。

第二,提高控辩协商质量。控辩协商是认罪认罚从宽制度的核心环节,要提高认罪认罚从宽制度落实的质量,首先要提高控辩协商的质量。一是在严格依法办案的前提下与辩方协商。我国的控辩协商主要是量刑协商和程序适用协商,只有具备特定条件的极少数案件可以进行定罪协商或罪数协商,不允许犯罪事实协商。二是将权利告知、法律释明、听取意见、量刑协商等工作做到位,确保认罪认罚的自愿性和具结书内容的真实性、合法性。要坚持认罪认罚自愿原则,严禁威胁、引诱、欺骗。要平等、充分地听取辩方和被害人方的意见,辩方和被害人方意见合理的,应当采纳;不合理难以采纳的,要充分说明理由,使量刑建议真正体现控辩双方的合意。三是值班律师要实质参与并提供有效法律帮助。要认真贯彻刑事诉讼法关于值班律师的规定和"两高三部"新近制定的《法律援助值班律师工作办法》,努力实现没有辩护人的认罪认罚案件值班律师全覆盖。要落实经费保障,使值班律师的报酬与其付出相适应,以提高值班律师实质参与的积极性。要明确值班律师法律帮助的范围和程度,并制定法律帮助的最低标准,以确保"有效帮助"。四是建议对控辩协商过程进行全程同步录音录像试点,以促进控辩协商依法、平等、充分和规范,并提高其透明度和公信力。

第三,提高量刑建议精准度和均衡性。量刑建议的"精准",既包括提出确定刑量刑建议,也包括幅度刑量刑建议的幅度最小化,以使量刑结果可预期。量刑建议均衡是指相同案件提出相同的量刑建议,相似案件提出相似的量刑建议。一是继续加强对量刑的学习。通过办培训班、向法官请教等办法,继续加强对量刑的学习,掌握其基本规律,提高量刑的能力水平。二是建议"两高"尽快联合制定下发适用于认罪认罚案件的量刑指南。它对于量刑的精准、均衡和公正,提高制度对犯罪嫌疑人认罪认罚的感召力和吸引力,统一司法机关、辩方、被害人以及社会各界对个案量刑的认识,都有重要意义,各地要求也非常迫切。三是制定量刑建议程序规范。由于量刑建议相当程度决定了法院的判决,故应当规定某些案件需经一定的把关程序。四是强化量刑建议说理。它不仅有利于提高量刑建议的质量和公信力,而且有利于提高辩方和被害人对量刑建议的接受度,提高法院的采纳率。

第四,稳步提高相对不诉(含附条件不诉)率。通过一年多的努力,认罪认罚案件相对不诉率有了明显提高,但还有进一步提高的空间。相对不诉率之所以不大高,主要是由于办案人员的工作量明显增加，如风险评估、落实帮教、监督考察等，且存在一定风险，也与尺度上较难把握有关。为此，一要完善办案业绩考评办法，使依法相对不诉案件的承办人在考核时不吃亏。二要制定相对不诉指导意见，并建立有罪不诉案例库，以分别供办案人员遵循和借鉴。三要加强有罪不诉案件说理，以提高社会认同度和检察公信力。

第五，切实防范廉政风险，保护办案人员。法律允许控辩协商了，私下勾兑有可能增多，廉政风险明显加大。司法人员和律师都要严格划清依法协商和私下非法勾兑的界限，防范制度适用中的风险，特别是检察人员和律师。对此，最高人民检察院十分重视，已制订下发《人民检察院办理认罪认罚案件监督管理办法》。就律师来说，如何防止极少数人充当私下勾兑的中介，也需要重视。建议有关各方强化监督制约机制建设，认真抓好落实，并加强检查督导和监督问责，防范制度适用中的廉政风险和司法不公。

关于促进量刑建议科学化精准化的几个问题[*]

胡云腾

最高人民法院审委会原专职委员
中国法学会案例法学研究会会长

完善刑事诉讼中的认罪认罚制度,是中央确定的一项重大司法改革举措,经过几年来不断推进,取得了显著成效。检察机关在推进这项改革中,可以说立下了首功,发挥了重要作用。我在最高人民法院工作期间,也参与了这项改革,对这项改革略知一二。退休以后,最近也去作了一些调研,了解到一些问题和反映。现就量刑建议的实质化和精准化问题作一个发言,讲六个小问题。

第一,量刑建议具有二元性。实行认罪认罚从宽制度改革以后,我认为检察机关的量刑建议就变成了两种,即具有二元的性质。其中一种是被告人不认罪情况下的量刑建议,另一种是认罪认罚的量刑建议。所以,法律规定对于认罪认罚情况的量刑建议,人民法院一般应当采纳,言下之意,如果不是认罪认罚的案件,量刑建议就不具有这样一个法定的性质。

---

[*] 本文系根据作者在"国家治理现代化与认罪认罚从宽制度"研讨会上的发言整理,并经本人审改。

第二，量刑建议具有合意性。现在的量刑建议不是检察机关单方面的建议，而是综合了辩方乃至被害人的意见，它是一种合意，所以法官应当给予格外的尊重，因为这不仅是对检察官的求刑权的尊重，而且是对当事人意志的尊重。所以，法官在采纳认罪认罚案件定罪量刑建议的时候，应当注重它的合意性质，要体现对"三方合意"的高度尊重，只要没有明显不当，一般就应当采纳，这既是对三方合意的尊重，也是对检察官劳动的尊重。

第三，量刑建议类型具有多样性。根据《刑事诉讼法》第176条的规定，我认为量刑建议有四种类型，第一种是确定刑，比如建议法院3年或者2年有期徒刑。第二种是幅度刑，比如建议法院在2年到3年的量刑幅度内判刑。第三种可以叫"天花板刑"，也就是说检察机关也可以提出来人民法院不要判处高于3年有期徒刑的量刑建议，建议具有封顶的意义，再如可以建议法院的量刑不要高于无期徒刑，等等。第四种是保底刑，人民检察院也可以建议法院不要判处低于一个刑种或者一个确定刑期的刑罚，如判处不低于1年的有期徒刑，这个也是可以的。从量刑建议的发展过程看，2010年的时候，最高人民检察院的文件是要求检察机关提有幅度的量刑建议，同年中央政法机关联发的意见也明确规定检察机关提有幅度的量刑建议。但推进认罪认罚从宽制度改革以来，从试点文件到2019年"两高三部"的指导意见，都要求检察机关尽量提确定的量刑建议，也就是第一种类型。这样要求显然体现了检察机关勇于担当、勇挑重担的精神。我感到，量刑建议的类型选择应当与案情实际、工作目标、工作要求和法律规定有机地结合起来，与法官、检察官的素质与司法环境结合起来，里面还有许多问题需要研究。

第四，量刑建议需要说理性。司法是讲理的活动，量刑建议要确保采纳，充分说理至关重要。量刑建议首先要说服被害人和被告人。这些人是什么人呢，是人民群众，犯罪分子也是犯法的人民群众。所以，说理首先体现了以人民为中心，体现了群众观点，体现了对人民群众的尊重，充分说理也才能体现定罪量刑建议的正当性。所以我跟法官讲，判决怎么说理，能说出道理至关重要。我们是一个讲理的司法，是一个理性的司法。说理具有效力性，我们把理说清楚了，法官一看就采纳了。认罪认罚从宽制度实行以后，法院说理的任务、法官说理的任务随之也转移到检察官手里去了，检察官说理的水平也就一定程度上决定了裁判文书说理的水平。关于怎么说理，简单点说，可以从三个方面着手：第一个是事实之理，怎么把事实说清楚，要说明白案子的情节和事实是什么。第二个是法律之理，为什么指控这个罪，建议定这个罪而不是那个罪，判3年刑而不是2年刑，理由是什么，要说清楚。第三个是程序之理，因为定罪量刑是讲程序的，量刑建议也要讲程序，程序正当是量刑建议正当性的一个重要方面，应当在说理的时候做出说明。总之，量刑建议要讲清楚罪之理、刑之理。说理不需要多，有时一句话说到点子上就足够了，不要搞烦琐主义。

第五，量刑建议审查的实质性。对法官来说，审查量刑建议首先是一个学习、了解案情的机会。其次，实质审查也是依法履职的直接体现。如果不进行实质性审查，法官怎么知道检察官指控的罪名是正确的？怎么知道案件是事实清楚，证据确实、充分的呢？怎么能知道量刑是适当的呢？所以实质性的审查绝不能缺席。对量刑建议进行实质性的审查是负责、是把关、是体现庭审实质化的必然要求。

第六，量刑建议调整的正常性。现在无论是检察机关还是法院，对量刑建议的提出、量刑建议的调整都应该有一个平常心态。为什么？因为量刑建议毕竟是在审前提出来的，还没有经过司法审判的检验，经过审判程序特别是开庭审理以后，事实可能会发生变化，被追诉人、辩护人、检察官和法官的意见都可能发生变化，通过庭审辩论讨论，参审人员都可能产生新的认识。检察官有可能自己就把量刑建议调整了，律师也可能产生调整的冲动，法官更有综合控辩双方意见和案件审理结果，产生调整量刑建议的想法。所以，我们能不能不要把量刑建议固定在庭前环节，而是确定在开庭之后，比如说在法院休庭之前，检察官都可以调整量刑建议。也就是说，检察机关不论提的是什么类型的量刑建议，不论在什么时候提出的量刑建议，都可以以被告人最后陈述结束以后，检察官所提的量刑建议为准。所以我建议，法官在被告人陈述以后闭庭之前，可以特别问一下检察官是否调整量刑建议，如果不调整，法官就决定是否采纳检察官原来提的量刑建议，如果调整了，法官就决定是否采纳调整后的量刑建议。我认为，只要检察机关的量刑建议被法官采纳了，就是百分之百的采纳，早一点提出的量刑建议和晚一点提出的量刑建议不应当区别对待，晚一点提出的量刑建议或许更加科学，也更符合实际。因此，要确保检察官在法庭上发挥作用，律师在法庭上发挥作用，法庭审判在定罪量刑中发挥实质作用，就需要动态地、灵活地提出检察机关的量刑建议。

国家治理现代化对认罪认罚从宽制度提出新要求[*]

卞建林

中国刑事诉讼法学研究会会长
中国政法大学教授

完善刑事诉讼中认罪认罚从宽制度,是党的十八届四中全会部署的一项重大司法改革举措。2016年9月,全国人大常委会作出《关于授权最高人民法院、最高人民检察院在部分地区开展刑事案件认罪认罚从宽制度试点工作的决定》。2018年10月,全国人大常委会通过《关于修改〈中华人民共和国刑事诉讼法〉的决定》,将认罪认罚从宽实践中的成功经验、有益做法吸收进法律。在《刑事诉讼法》第一章"任务和基本原则"中加以规定,确立为我国刑事诉讼的一项基本制度。几年来,在中央政法委的直接部署和中央政法各机关的共同努力下,认罪认罚从宽制度由部分地区试点到全面贯彻落实,行疾步稳,效果显著,成绩斐然。但不可否认,除18个试点地区以外,全国大部分地区是在2018年刑事诉讼法修改生效以后才开始实施该项制度的,总体来说,时间不长,缺乏经验。对认罪认

---

[*] 本文系根据作者在"国家治理现代化与认罪认罚从宽制度"研讨会上的致辞录音整理,并经本人审改。

罚从制度的贯彻实施还存在一些问题，认识上有些分歧，理解上也有不同意见，相关部门的配合制约也还存在一些问题。特别是在如何保证犯罪嫌疑人、被告人自愿认罪，如何切实地保证犯罪嫌疑人、被告人诉讼权益，如何充分发挥值班律师的积极作用，以及如何恰当精准地提出量刑建议，等等，还有很多认识亟待深化，很多实践问题亟须进一步梳理解决。

2019年11月，党的十九届四中全会对新时代坚持和完善中国特色社会主义制度、推进国家治理体系和治理能力现代化作出战略部署，提出了明确的任务要求，推进国家治理体系和治理能力现代化作为全面深化改革的总目标，对于建设中国特色社会主义法治体系、建设社会主义法治国家具有十分重大而深远的意义，也为更好地贯彻落实认罪认罚从宽制度明确了新目标，提出了新要求。此次研讨会我们以推进治理现代化的目标为基本指引，重点围绕认罪认罚从宽制度的价值功能、检察机关的主导责任、认罪认罚从宽制度的权益保障以及认罪认罚从宽制度的量刑建议等具体议题展开深入交流与探讨。

研讨会广泛邀请了立法、司法实务部门以及高校、科研机构的领导、专家学者与会，并通过组织论文活动遴选了全国各地对认罪认罚从宽制度有研究、有观点、有想法、有成果的作者参会，还邀请了多家知名法学刊物的负责同志参加会议。我们期待大家能够在这次会议上围绕各项议题充分开展研讨，分享经验，交流看法，证明观点，为推进国家治理体系和治理能力、法治体系和法治建设能力现代化贡献智慧和力量，为进一步贯彻落实认罪认罚从宽制度建言献策，发挥积极作用。

这里，我主要就两个问题阐述一下自己的观点。

第一，认罪认罚从宽制度是对以审判为中心的贯彻落实。如何做到既要认罪认罚从宽，又要贯彻以审判为中心？公检法在认罪认罚从宽制度中分工是什么？我们的制度设计是公检法联手，相互配合、相互合作来完成认罪认罚从宽制度的落实。在侦查期间，公安机关是宣示政策。侦查人员在讯问犯罪嫌疑人时应当告知犯罪嫌疑人享有的诉讼权利，如实供述自己罪行，可以从宽处理和认罪认罚的法律规定。如果犯罪嫌疑人在政策感召下认罪了，再移送检察院审查起诉。犯罪嫌疑人自愿认罪的应当记录在案，随案移送，并在起诉意见中写明有关情况，这样也有利于检察机关全面审查。到了审查起诉阶段，就是细化政策，所以说必须要有明确的量刑建议，在侦查期间就是认罪，认罚谈不上，到了审查起诉阶段，同意量刑建议实际上就是认罚，就是具体的处罚建议已经提出来了，但是都没有赋予公安机关和检察机关在侦查阶段和起诉阶段落实政策终结诉讼的权力。最后谁说了算？法院说了算，所以它是落实政策。要突出审判决定性的作用，由法官审查这个协议是不是合法，是不是合理，被告人、犯罪嫌疑人是不是自愿认罪，有没有得到律师的帮助，最后作出裁判。所以说，完善刑事诉讼认罪认罚从宽制度，体现了以审判为中心。

第二，贯彻落实认罪认罚从宽制度是检察机关的主导责任。过去我们审判的主要任务是审理案件事实，适用刑法来定罪，现在认罪认罚从宽主要的任务是量刑，法庭只要核实他是不是真认罪，是不是自愿认罪，就能够解决认罪问题，不用再来审查事实、核实证据，然后再定罪、再量刑。为什么检察机关在认罪认罚从宽制度中要承担主导责任？我认为这是检察机关的多重角色决定的：一是检察官是国家追诉的执行者，检察机关是代表国家提起公诉，追诉犯罪是检察机关的职责。二是检察机关是刑事政策的调控者，检察官审查起诉不是"货物传送带"，而是"政策调控器"，检察机关作为追诉犯罪者要掌握刑事政策。三是检察机关是程序分流的主导者，我们要探讨构建多元化的纠纷解决机制，审查起诉这一关，检察机关必须得发挥作用。四是检察机关作为诉讼活动的监督者，要充分履行宪法赋予检察机关的法定责任。

关于认罪认罚从宽程序实施中的几个问题*

田文昌

全国律协刑事专业委员会主任

9月4日,最高人民检察院与中国刑事诉讼法学研究会联合举办的"国家治理现代化与认罪认罚从宽制度"研讨会在北京召开。认罪认罚从宽制度适用两年以来,效果是很明显的,大家有目共睹,但也存在一些问题。下面我谈一下实践中大家比较关注也值得关注的几个问题。

一是关于犯罪嫌疑人、被告人认罪的自愿性。大家知道,认罪认罚最核心、最重要的是自愿认罪、自愿认罚,这个问题确实值得我们关注和反思。

我个人认为公诉质量与认罪率是正相关。确实有罪的犯罪嫌疑人、被告人会权衡利弊,甘心认罪,但确有冤情的或者争议比较大的,是不会甘心认罪的。如果在公诉质量不够高的情况下去追求认罪认罚率,就会出现违心认罪的问题。

二是关于认罪认罚程序与庭审实质化的关系。认罪认罚是不是冲击了庭审实质化?我不这样认为。

第一,认罪认罚程序中庭审作用确有弱化,这是事实。但

---

* 本文系根据作者在"国家治理现代化与认罪认罚从宽制度"研讨会上的发言整理,并经本人审改。

认罪认罚程序使大部分案件简化审理，为少量重大、疑难案件精细、慎重审理创造了条件，更充分地体现了庭审实质化。所以，认罪认罚程序与庭审实质化并不冲突。

第二，在认罪认罚程序中如何体现庭审实质化？我认为，认罪认罚案件简化了庭审程序，但并不削弱法庭权威。与前面所谈到的法官中立性有关，就是说法官有权否决双方协商的结果，比如说明显量刑畸重，明显量刑畸轻的，明显定罪错误的。

法官要进行实质性审查，如果发现了问题，有权恢复普通程序审理。但是恢复普通程序审理不影响认罪认罚从宽的原则，因为被告人认罪了，态度没有改变。

三是关于刑事辩护全覆盖。关于刑事辩护全覆盖的问题，我一直在呼吁，认罪认罚程序亟待实现刑事辩护全覆盖。

第一，认罪认罚案件特别需要律师来保障犯罪嫌疑人、被告人认罪认罚的自愿性和真实性，目前的状况进一步表明了这种作用的重要性。所以，律师的参与应当是认罪认罚程序的必要前提。几年前我参与研究认罪认罚从宽制度的时候，一再强调必须要有律师参与，没有律师参与就无法推行。如果没有律师参与，如何保障嫌疑人、被告人认罪的真实性和自愿性？可能形成一系列的遗留问题，造成隐患。

第二，认罪认罚案件的数量越来越多，如果缺乏律师辩护，效果不容乐观。所以我再次建议，刑事辩护全覆盖首先应当从认罪认罚案件做起。

四是关于认罪认罚案件从宽处罚幅度的思考。目前，认罪认罚从宽处罚的幅度仍局限于法定幅度之内的从轻处罚，不可以减轻处罚。但这种从宽条件的感召力有限，而且有失公平。

首先，在有些案件中，大幅度从宽更有利于鼓励犯罪嫌疑人、被告人主动认罪，既节省诉讼资源，又不至于危害社会。

毕竟，对有些犯罪少判几年更有利于社会和谐，也符合轻刑化的趋势。当前，各国的刑罚都逐渐走向轻缓化，而且从我国的实践效果来看，大多数案件认罪认罚从宽处罚以后，社会效果良好，为进一步加大从宽幅度打下了基础。我认为，这正是我们两年来尝试的一种积极效果，没有什么明显的副作用，反而正面效应更大，少判几年比多判几年更好。

其次，加大从宽幅度会增强感召力，进一步节省诉讼资源。犯罪嫌疑人、被告人的心里也有一杆秤，加大从宽幅度有利于减少犯罪嫌疑人、被告人的思想阻力，也更利于节省诉讼资源。

最后，最重要的一个问题，仅在法定刑幅度内从轻处罚，对部分犯罪嫌疑人、被告人而言有失公正，不利于鼓励其主动认罪。例如，相似案情的两名被告人，一个人的刑期处在同一量刑幅度的最高限，根据相关原则，其认罪后可以获得较大幅度从宽的结果；而另一个人的刑期处在同一量刑幅度的最低限，即使认罪也没有可以从宽的余地。这就形成了一种局限。当然，关于加大认罪认罚案件从宽幅度的问题，超越了现行法律的规定，仅供大家探讨。

此外，关于量刑建议精准化的问题，我认为可以从不同角度来考虑。从律师的角度来讲，是否精准可能有一定的重要性，但更重要的是法官严格依法行使权力，真正体现庭审实质化，那么精准建议和幅度建议就并不重要了。总体来讲，如果能做到这一点，掌握这个原则，那么量刑建议的精准化恐怕对于律师辩护，犯罪嫌疑人、被告人权利的保障以及促使犯罪嫌疑人、被告人主动认罪认罚更有利。因为如果只提出一个量刑幅度，那么最终的刑期也还是不确定的，犯罪嫌疑人、被告人在心里没底的情况下就缺乏认罪的动力。

二、认罪认罚从宽制度理论基础

认罪认罚从宽制度的价值功能

李寿伟

全国人大监察和司法委员会司法室主任

刑事案件认罪认罚从宽制度是党的十八届四中全会的一个重大决策，这个决策到底有什么样的重大意义，想实现什么样的价值功能，可以从不同角度去看。我个人理解有四个角度：

第一，从宽严相济刑事政策的角度去看。宽严相济刑事政策是我国长期坚持的一项刑事政策。刑法中有关于自首、立功、坦白的一系列制度和规定，刑事诉讼法中也有简易程序、当事人和解程序等规定。但总的来讲，这一刑事政策在实体法上体现得更充分，程序法上体现得不充分。所以，中央提出来要完善认罪认罚从宽制度，其中一个很重要的任务就是把宽严相济刑事政策在程序法上进一步制度化、规范化、程序化，让这个制度在程序上有保障，更好地得到落实。

第二，从刑罚功能的角度去看。我国刑罚的功能一直强调不是单纯为了惩罚、为了报应，而是为了改造。从这个角度出发，在刑事诉讼整个过程中，我们一直在追求犯罪嫌疑人、被告人认罪悔罪，也追求犯罪嫌疑人、被告人对被害人赔礼道歉、赔偿损失。刑事诉讼法有一个原则叫不强迫自证其罪，并不表明我们不欢迎自证其罪，从刑法和程序法上都是鼓励、欢迎自证其罪的，所以，完善认罪认罚从宽制度更有利于促使犯罪嫌疑人、被告人认罪悔罪、赔偿损失。认罪认罚实际上是一个新的量刑情节，而从宽就意味着它比刑法的从轻、减轻、免除更宽泛，还包括程序上的从宽。所以"两高"正在研究一个关于认罪认罚如何从宽的意见，我觉得很有必要，因为实践中需求很大。

第三，从资源配置的角度去看。近几年，最高人民检察院在向全国人大报告的时候，强调传统型犯罪是下降的，新型经济犯罪有很多是上升的。总的来讲，虽然犯罪总量在某个时间会不会出现一个拐点不知道，但是总量很大是肯定的。在这种情况下，司法资源是有限的。从国家的角度来讲，都在追求司法资源如何更好地配置。通过认罪认罚从宽制度，一是促使犯罪嫌疑人、被告人认罪，不降低证明标准，但是会降低证明难度，尤其是犯罪嫌疑人自己会供出一些证据来；另一个是减少诉讼成本。通过这样的功能，我们就可以实现职权的再配置、人力的再配置、程序的再配置，很多地方实现了可以由少数人办多数案，然后集中精力去办更复杂的案子，繁案精审，这样才能保证更好地实现整个诉讼的公正。有很多人把效率和公正对立起来，其实我们最终追求的是司法公正，效率是公正的一部分。

第四，从国家治理的角度去看。深化司法体制改革或者国家治理能力现代化，从司法领域追求的是公正司法，用总书记的话讲，公正司法就是让每一个人在司法案件中感受到公平正义，这就意味着我们不光追求结果的公平正义，而且追求诉讼过程的公平正义。认罪认罚从宽制度中犯罪嫌疑人、被告人、被害人、辩护人、值班律师对案件的实体处理有更大的发言权，还可以更早地获得案件的确定性。我们在调研的时候，发现很多犯罪嫌疑人特别欢迎这项制度，希望自己早有结果、早作处理。所以，这一制度对于实现公平正义，尤其在诉讼过程中让人民群众感受到公平正义，有很大的价值。

全国人大监察司法委今年的工作范围就是检察机关适用认罪认罚从宽制度的情况，我们前期做了一些调研，有一些感受：

第一，检察机关在整个刑事诉讼中的地位非常重要。公安机关在刑事诉讼中对案件办理起基础性的作用，法院是以审判为中心，检察机关有一个很大的特点是它的作用发挥从侦查开始，从立案监督开始，一直到刑罚执行，这个作用是非常重要的。刑事诉讼法在认罪认罚从宽制度的职权配置上，给检察机关增加了很多的工作量和工作负担。该制度在全国推开不到两年，应该说最高人民检察院和各地检察机关以一种担当的精神，大力地推进、协调，也得到了各方的支持和共同努力，取得了重大的进展，总体效果是非常好的。

第二，因为时间短，又是一个新程序，是一个重大的变革，该制度在全国各地的适用其实是不均衡的。个别检察人员的理念、沟通协调能力方面还存在不足，对一项新制度而言，这也是很正常的一种现象。

第三，值班律师刑事辩护全覆盖，对律师资源要求很高。现在做得怎么样？还存在很多短板，包括有的检察机关反映，原来讯问犯罪嫌疑人就一次、两次，现在有了认罪认罚从宽制度，得讯问四五次。有些地方可能就办不过来，还是讯问一两次，值班律师的作用就不可能充分发挥。这里面也有很多需要改进的。包括检法之间的关系，怎样看待量刑建议和量刑裁决权之间的关系，《刑事诉讼法》第201条怎么去理解，还有很多需要进一步研究的问题。所以，我觉得检察机关下一步肯定要进一步巩固现在的重大的成果，然后不断深化一些程序的应用，使这项制度能够发挥更好的价值功效。

构建认罪认罚从宽制度的
方向是节约司法资源

黄 永

全国人大常委会法工委刑法室副主任

我总结一下大家的观点，主要包括几个方面：

第一，肯定了认罪认罚从宽制度以及在制度执行过程中量刑建议和量刑协商的重要性。实际上，认罪认罚从宽制度在引入我们刑事诉讼法的时候，一个重要目的是加强当事人和检察官以及在审判之前的一些工作，从而避免对诉讼，特别是审判阶段造成过大的压力。这是第一方面，对它的重要性我们大家都是有共识的。

第二，强调不同案件之间对量刑建议或者该不该认罪认罚进行区别处理。因为在案件处理的过程中，不同的当事人、案件轻重等各方面原因可能导致量刑上的轻重不同，在犯罪嫌疑人、被告人接受不接受量刑建议的处理上会存在差异。

第三，强调了不同的诉讼主体在认罪认罚案件中，包括在量刑过程中的定位和困惑。因为不同的主体在诉讼中的关切是不同的，所以他们在对量刑进行考量的时候，或者在平衡博弈的时候，出发点是不一样的，目的也是不同的。这些必然导致不同诉讼主体在同一个问题上有不同的看法。比如，法官、检察官、律师对于量刑建议的提出方法是精准的还是幅度的，基于自己不同的立场或者自己履行职责的需要也有不同的看法。

第四，有一个共识，即立法已经将认罪认罚从宽制度确定在刑事诉讼法中，并且作为一项基本的诉讼制度在总则中予以体现，这项制度在刑事诉讼法层面上已经确立了，但刑事诉讼法对这个制度的建立是框架性的、指引性的，所以操作方面的一些具体规则，现在是磨合、探讨，甚至是整合、不断发展的一个过程。我的体会是这项制度无论是在整体方面，还是在量刑建议这个问题上，还有很多细化的、操作性的空间。

现在，认罪认罚从宽制度中的量刑建议，已经是一个制度的实然，同时在理论上大家肯定它是应然的。但是，从理论和实践层面，认罪认罚从宽制度，包括权利保障和制度本身的一些理论背景、实践基础，包括量刑建议，具有很强的延展性和探讨性，个人觉得不可避免地会存在各方面观点的交织和冲突。

我不从事实践工作，所以对实践操作了解得比较少。下面，我从参加立法工作，谈一些个人的务虚的看法。

第一，在量刑建议问题上要考量认罪认罚从宽制度建立的目的性，或者我们为什么要建立这个制度。实际上，这是一个国情的视角，也是各位专家谈论这个问题的基点，他们都是从这个基点出发的。认罪认罚从宽制度，实然的也好，理论的也好，在我国刑法和刑事诉讼法中一直是存在的，我国法律鼓励认罪认罚，从而也对认罪认罚的犯罪嫌疑人、被告人予以从轻。所以，在这个问题上刑事诉讼法把它写进来，并进行程序的构建只是具体化和操作化的过程。实体的规则，不是我们今天讨论的主题，因为刑法中也有一系列这方面的规定。也有人提出刑法中要把认罪认罚从宽作为实体的量刑准则写进去，这是另外一个问题。当时构建认罪认罚从宽制度的方向实际上是为了节约司法资源，在一些轻微的、事实清楚的案件中通过认罪认罚程序简化程序，从而把更多的人力、物力、财力运用到复杂、疑难、重大的案件中去，解决重大案件。因为我国在刑事诉讼中一个很突出的问题就是司法资源不足。所以，繁简分流是公检法很多年以来一个非常重要的关注点。2012年，刑事诉讼法把简易程序又作了扩大，是在普通案件简易审的基础上又作了一个延展。这一次又对速裁程序作了规定，实际上也是基于这种考虑。在这个基础上，认罪认罚从宽制度的出发点并不是所有的案件都要认罪认罚，或者都是从宽的，检察院和法院有一个甄选的过程，我们一定要确保司法基本功能的实现。司法的基本功能就是通过审判等过程来解决案件纠纷。所以说，认罪认罚从宽制度的设计并不是要把整个司法运作过程简化，这是它的一个基点。在这个基础上，认罪认罚从宽制度在适用的时候可能要在不同的案件中区别考量，这是必须要考虑的一个问题。

第二，在整个体系构建中有两个原则需要注意：一是分工负责、互相配合、互相制约原则。这个基本的原则是要体现的。二是以审判为中心的基本原则，这也是现在刑事诉讼改革一个非常重要的方向。实践中，对以审判为中心可能存在认识上的不同。有人认为以审判为中心是以法院为中心，实际上不是。审判在诉讼中就是法院、检察院和律师、当事人在一个合力作用下所运作的程序，不仅是法院审判。所以，以审判为中心从某种意义上来说，是认罪认罚从宽制度中非常重要的一个方面。以审判为中心既强调了法院在审判活动中的重要地位，也强调了检察院在诉讼中的重要地位。检察院在诉讼中和法院在审判过程中是同等的运作过程，不存在谁主谁次的问题。

因此，认罪认罚从宽制度存在一个既考量之前的认罪认罚，又考量充分发挥检察机关在审判过程中的作用、体现检察机关在诉讼中的地位的问题。在审判过程中，一部分案件要通过认罪认罚从宽制度来简化处理，有一部分案件就需要检察机关作出考量，就是怎样把这个案件起诉到法庭，把最重要的诉讼环节和检察机关发挥作用的环节在诉讼中最充分地体现出来。

关于是精准刑还是幅度刑，我觉得这是一个需要综合考量的问题。刑事诉讼中一个重要方面，即强调对诉讼过程和诉讼结果的社会可接受性问题，在处理这个问题时，考量这方面的因素无疑是非常重要的。

从刑事速裁程序到
认罪认罚从宽制度的演进

颜茂昆

最高人民法院审判监督庭庭长

2014年刑事速裁程序试点，2016年认罪认罚从宽制度试点，到2018年刑事诉讼法修改规定了认罪认罚从宽制度，这三个阶段实际上是由开始到推进、到最后成熟规定在法律中。为什么要把认罪认罚从宽制度改革与刑事速裁程序改革联系在一起？大家可以对照一下，认罪认罚从宽制度改革的主要内容在刑事速裁程序改革中已具雏形，基本上几个制度在速裁程序改革中都有了，比如，被告人认罪从宽，值班律师制度，检察机关与被告人的"诉辩协商"、量刑建议，包括与被害人的协商，最后就是法院采纳检察机关的量刑建议，对被告人从宽处罚，还有扩大适用非羁押性强制措施等。

当初为什么设计这一套制度、机制？当时主要是轻罪案件数量增长较快，特别是醉酒驾车犯罪——刑法修改以后醉驾入刑，这种轻罪案件数量增长特别快，而且这种犯罪案件事实都很清楚，因为都是交警当场查获的，所以如果按照正常的程序来审理这类案件，时间就会很长，但是最后按照罪刑相适应原则判的刑，他的刑罚是比较轻的，比如说几个月时间，但是他可能关了很长的时间，关了很长时间法院最后判，那只能是关多长判多长，否则如果判轻了，达不到他关押的时间，是要赔偿的——为了解决这个问题，缩短起诉时间，缩短审判时间，提高诉讼效率，减少被告人的关押时间，从这个角度设计了刑事速裁程序。虽然当时已经有了简易程序，但是简易程序还不足以解决这个问题。

当然，我们搞这个试点的时候非常慎重，当时只规定判刑1年以下的案件才能适用速裁程序，才能进行"诉辩协商"，才能适用相关的配套措施。在罪名上也限定了很多，没有多少罪名，都是一些很轻的罪，在18个城市进行试点了两年时间。中期评估后，大家觉得试点的效果还是不错的。当时我们想把这个范围扩大一点，因为1年以下实在是刑期太短了，曾经设想过把试点扩大到3年以下的有期徒刑，但是后来还是没有扩大，还是用1年。后来速裁程序改革试点停止了，改成认罪认罚从宽制度试点。主要的内容还是过去的那些措施，但是这个范围就一下子扩大了，没有罪名的限制，也没有刑罚的限制，重刑案件也可以适用，效果还是非常好的。

当初我们设计刑事速裁程序，设计"诉辩协商"，坦率地说还是受到了国外诉辩交易制度的影响。当然我们跟它们不一样，我们是中国特色的诉辩协商制度，协商不包括罪名，不能以减少起诉的罪名作为协商的条件。个人认为，改革要推进下去，要落地，要具有可行性，就得考虑到各方的利益平衡，兼顾各方的利益。刑事诉讼案件确实涉及方方面面，从公安机关的侦查，到被告人、被害人、律师、检察机关、法院，最后还有监狱执行的问题，涉及的主体非常多，怎样才能够兼顾各方的利益？我们当时觉得用"诉辩协商"、依法从宽能够实现这个目的。从公安机关来讲，一个犯罪嫌疑人认罪了，他就可以提供很多其他的证据，那么就可以依据犯罪嫌疑人的口供去收集、固定很多的证据，这个案子就破了，而且案件的质量应该是高的，因为公安机关主要就是收集、固定证据。从被害人方面来讲，因为我们当时要求一般情况下，要求得到被害人的谅解，比如得有赔礼道歉、赔偿损失等这样一些举措，也就是说可以照顾到被害人的利益。从公安机关方面还有一个问题，就是如果犯罪嫌疑人都能够认罪，刑讯逼供的情况也就会大大减少。从检察机关来讲，诉辩协商和量刑建议，是改革的核心内容。当时为什么要做这么一个设计？过去在办理刑事案件的过程中，主要工作量集中在法院，检察机关的工作量相对要轻，所以我们当时是从平衡的角度来考虑。

从实践的情况来看，检察机关确实勇于担当，这一制度在实践中取得了非常好的效果。但是同时出现了一些新的问题，当然这些问题在整个改革过程中是正常的现象，凡是制度设计不可能十全十美，总是会有漏洞、有不完善的地方。根本还是要看实践的效果。要从大的方面、从宏观的方面来评价这项制度的优劣。

大家普遍提到的检法两家关于量刑建议存在一些不同认识，我想这也不是普遍性的，因为法院采纳检察机关的量刑建议是绝大多数的，当然有个别少数没有采纳，这也是很正常的。怎样解决目前存在的问题，我想还是以合作共赢的态度来对待，毕竟制度设计本身是讲究合作共赢的。犯罪嫌疑人跟公安机关的合作、跟检察机关的合作、被告人跟被害人的合作其实贯穿在整个制度设计中，也就是说，各方都能从制度设计中获益，这是当初的一个主要的设计理念。也正因如此，这项制度在实践中才能够推行下去，才能够为法律所吸收，正式规定到法律中来。对于检法两家的量刑建议方面的一些不同意见，包括是不是用确定的量刑建议，还是说提出一个量刑幅度，可以通过双方协商来解决，没有一个"一刀切"的标准，因为每个案件的情况也不一样。所以，仅仅像这样的问题，不足以对整个制度设计造成影响。

落实好认罪认罚从宽制度是全体司法人员的共同责任

杨立新

最高人民法院刑事审判第一庭审判长

作为一名法官，我谈一谈对认罪认罚从宽制度价值功能的认识。2015年年底我就参与了认罪认罚从宽制度改革工作，见证了认罪认罚从宽制度从试点走向立法再到实施的过程。实际上，我对于认罪认罚从宽制度的价值和功能的认识，也是一个不断深化的过程。

2016年8月，周强院长代表"两高"提请全国人大常委会就试点授权的时候作了一个说明，提到了认罪认罚从宽制度四个方面的意义：第一个方面是有利于准确、及时查明案件事实，惩治犯罪，维护社会稳定。第二个方面是有利于落实宽严相济刑事政策，推进刑事司法领域的人权保障。第三个方面是优化司法资源配置，提升司法公正与效率。第四个方面涉及深化刑事诉讼制度改革，构建多元化的诉讼体系。客观地讲，两年试点经验，这四个基本职能，个人认为我们从统计数据上来讲已经实现了。

在治理体系治理能力现代化过程中，这项制度的价值体现在以下方面：

首先，认罪认罚从宽制度带来了程序的重大变革，体现在三个方面。第一是诉讼模式的重大转变，由对抗到协作。第二是诉讼理念由惩罚性的诉讼理念到恢复性司法。第三是这项制度对诉讼主体理论作出了重大贡献。也就是，犯罪嫌疑人、被告人因为有认罪认罚从宽制度，由过去的消极诉讼主体转向了真正积极的诉讼主体。

其次，这些功能是应有的、预设的功能。怎么实现？一个是优良的制度设计，一个是制度的落实。我简单就制度的设计来说一下。实际上认罪认罚从宽制度在我们刑事诉讼法中一共有17个法条，第15条是基本原则做统领，16个法条是关于强制措施、辩护、侦查、审查起诉和审判。这16个法条是环环相扣的法条，环环相扣又体现了我们诉讼中的文明、诉讼中的人道、诉讼中的理性、诉讼中的参与。所有这些要素实际上是我们诉讼现代化的核心要素，仅举一例诉讼参与来讲，大家都知道哈贝马斯有一个理论，那就是诉讼中的协商民主。认罪认罚从宽制度怎么来体现诉讼民主的？从程序从宽和实体从宽两个方面让犯罪嫌疑人、被告人有独立的选择权。选择了之后，又通过中国特色的量刑协商机制，让犯罪嫌疑人、被告人自己对结果有实质的影响，法院作出裁判以后他就会服判，就不会上诉。

我们以广东为例，其认罪认罚案件上诉率3%，非认罪认罚案件上诉率19%，由此可见，认罪认罚从宽制度体现了诉讼的理性。目前，这项制度在实施过程中，因为没有磨合期，也出现了一些问题，影响了该制度的作用和效能的发挥。这涉及对《刑事诉讼法》第201条的理解。那么，对于第201条，我作为参与者是怎么考量"一般应当"的？当时就考量要尊重合意，所以"一般应当"不能是"应当"。因为量刑建议的权力属性就是求刑权，即便是认罪认罚案件的量刑建议权力属性也是求刑权，所以是"一般应当"。对于"一般应当"很难把握，2019年"两高三部"出台指导意见，又明确了量刑建议的采纳标准，这个标准是指控事实清楚，证据确实、充分，指控的罪名准确，量刑建议适当。再有，为什么量刑建议要调整，跟试点的时候量刑经验有限、量刑水平需要提高都有关系，也就是为了让试点能推开、能积累经验，所以规定了量刑建议调整。当然，从我个人来讲，我认为应该庭审实质化，裁判形成在法庭。

最后，认罪认罚从宽制度还有短板。因为认罪认罚从宽制度是两个方面的设计，一个是程序，一个实体，但是我们实体的短板一直没补起来，最近"两高"可能要出指导意见。也就是说，激励要透明，激励要让犯罪嫌疑人、被告人自己明明白白地选择认罪认罚，这个短板我们会尽快补齐。明确了短板、知道了影响因素，我们就知道了努力的方向。认罪认罚从宽制度是于国、于民、于社会、于当事人都有益的制度，落实好这项制度，发挥好这项制度的作用是我们全体司法人员共同的责任。

提出量刑建议既要精准化更要规范化

陈学勇

最高人民法院刑事审判第三庭审判长

认罪认罚从宽制度是一项重要的、重大的刑事司法制度。在这里我想讲三个问题：第一，认罪认罚的认定和适用的问题。这个跟量刑建议有关。第二，量刑建议的规范性和适当性问题。第三，量刑建议的审查和采纳问题。

第一个问题，认罪认罚的认定和适用问题。关于认罪认罚的认定，刑事诉讼法规定得非常明确，就三句话：犯罪嫌疑人、被告人自愿如实供述犯罪事实，如实供述自己的罪行，承认指控的犯罪事实，愿意接受处罚。这就是认定认罪认罚的实质要件，包括什么是认罪？怎么认定认罪？什么是认罚？怎么认定认罚。这是实质性要件。还需要形式要件。形式要件在不同的诉讼阶段有不同的表现形式，"两高三部"的意见非常明确。在侦查阶段，认罚就是表现为自愿接受处罚；在审查起诉阶段，表现为认可检察院的量刑建议、签署认罪认罚具结书；在审判阶段，表现为当庭确认自愿，签署具结书，愿意接受刑事处罚。

这里有两个问题要提出来供大家研究思考：一是认罪认罚并不限于审查起诉阶段。现在有种错误认识，认为认罪认罚只有在审查起诉阶段才存在。《刑事诉讼法》第15条并没有明确规定，哪个诉讼阶段才能认定认罪认罚，"两高三部"也明确了侦查、起诉、审判都可以有，而且表现形式不一样。二是认罪认罚并不等于只有接受了量刑建议，或者只有签署了具结书，才能认定为认罪认罚。这个问题怎么讲？刚才讲在审查起诉阶段适用这个没有问题，认罪认罚案件检察机关必须提出量刑建议，而且在认罪认罚的程序的情况下，必须要签署具结书，这是对检察机关在起诉阶段的要求。但是这个话不能反过来，说只有接受了量刑建议，签署了具结书，才能认定为认罪认罚。这显然是不能成立的。在侦查阶段不可能存在量刑建议的问题，在审判阶段也不需要再去提量刑建议，或者去签署具结书。实践中，如被告人认罪认罚，检察机关根本不提量刑建议，你能就此否定被告人认罪认罚吗？对此，形式要件在审查起诉阶段有特殊的要求，在侦查、审判阶段就没有这些具体的要求。这是实践中需要澄清的两个问题。

接下来就是认罪认罚情节。我们正确认定了认罪认罚，这个情节怎么适用？现在检法两家有共同的认识——认罪认罚是一个独立的、法定的、"可以型"从宽处罚的量刑情节。这个基本认识是一致的。所谓"可以型"，因为是法定可以，那么就是一般应当。既然是一般应当那就有特例，很多死刑认罪认罚案件，他认罪认罚我们不予从轻，这是很正常的。自首情节也是"可以型"，从轻不是必须要从轻。最关键一个问题怎么理解从宽？"两高三部"意见里作了规定，说要依托自首、坦白情节适用什么功能，那么这个从宽才能适用什么功能。也就是说，不具有法定的减轻处罚情节的情况下，认罪认罚从宽不能减轻处罚。现在是这么规定的，但是这个问题真的还需要研究。刑事和解也是从宽，比较一致的意见就是包含了从轻、减轻或者免除。这个情节也是可以从宽，那么为什么只能是从轻？这个标准不大一致。事实上，这个问题从司法层面是可以解决的，只要我们达成共识并不违背立法精神，目前两家也在做，要是通过立法来明确当然更好。

第二个问题，关于量刑建议的规范性和适当性问题。我的建议是要在规范性上作文章，只要把规范性作足了，自然就会达到适当性的要求。目前，确定的量刑建议还是幅度的量刑建议，这个争议从理论上来讲有价值。从检察院角度来讲，个人认为要在规范性上作文章，按照量刑的步骤方法提出量刑建议，至于是提精准的量刑建议还是幅度的量刑建议，就需要具体情况具体分析。有能力、有条件、有把握的可以提精准量刑建议，否则我建议还是幅度为主。有条件、有能力、有把握都是有针对性的，大家可以理解。从法院角度讲，没有必要纠结他是不是幅度量刑建议，最后的量刑建议是否被采纳，根据法律规定是否应当采纳还是在适当性问题上，适当的则应当采纳，明显不适当的会告诉调整，如果调整以后不适当则要判决，检法两家没必要在这个问题上纠结。应在量刑建议的规范性上作文章，在量刑建议的适当性上作文章，这就涉及怎么提高量刑建议的质量问题。"两高"一直在努力，提高量刑建议规范性，确保量刑公正。

我们现在在做这么几项工作：一是"两高"马上要联合发布《关于常见犯罪的量刑指导意见》。涉及 23 种罪名、18 个常见量刑情节。目的就是要规范量刑思维和量刑方法，统一量刑的标准和尺度，这就是规范化，还要求不管是检察官、法官都必须按照指导意见来执行。二是"两高三部"马上要联合发布《关于规范量刑程序的若干意见》。三是我们开发了一个智能量刑辅助系统，准备也同时在检察系统开展试点，检法两家对接起来，都是为解决规范性问题、适当性问题和量刑建议的质量问题，确保量刑公正。

第三个问题，关于量刑建议的审查和采纳。一是采纳量刑建议不是一个简单的确认程序，必须要进行全面的、实质性的审查。自愿性审查确实有必要。还有合法性、真实性问题，光嘴上认，事实上是不是真实的认罪认罚值得研究。二是量刑建议是一般采纳，而不是必须采纳。出现《刑事诉讼法》第201条规定的5项情形之一，可能影响公正，这是不能采纳的。三是量刑建议明显不当不能采纳，这个地方有沟通调整的问题。如果是明显不当的，可以建议检察院来调整，不调整的话法院则进行判决。如果不是明显不当的，一般应当采纳，差一个月、两个月的，法官没有调整的必要。

在认罪认罚案件中落实值班律师制度 为维护当事人合法权益提供司法保障

孙春英

司法部公共法律服务管理局副局长

值班律师工作是维护犯罪嫌疑人和被告人合法权益、保障社会公平正义的法律制度安排，在认罪认罚案件中落实值班律师制度，对于准确及时惩罚犯罪、强化人权司法保障、促进社会和谐具有重要作用。

近年来，司法部高度重视发挥值班律师在认罪认罚从宽程序中的职能作用，不断完善法律援助值班律师制度，主要做了以下工作：

一是加强值班律师工作，提供有效法律帮助。2018年修改的刑事诉讼法确立了值班律师的法律地位，明确值班律师权利义务及公检法等办案机关的协助义务等内容。司法部自2006年开展法律援助值班律师制度项目试点工作以来，与公检法等部门联合印发《关于开展法律援助值班律师工作的意见》[1]等文件，专门就法律援助、值班律师职责、运行模式、监督管理、工作保障等方面作出了明确规定。目前，法律援助机构在

---

[1] 该意见于2017年8月8日施行，2020年8月20日失效。——编者注

检察机关设立法律援助工作站1700余个，全国基本实现看守所、人民法院法律援助工作站全覆盖。2019年，全国值班律师共转交法律援助申请55900余件，提供法律帮助案件达40万件，其中参与认罪认罚案件近34万件。

二是完善法律援助制度，增强值班律师保障。司法部于2019年发布《全国刑事法律援助服务规范》，就值班律师法律帮助的服务要求以专章进行了规范。为解决法律援助案件补贴低、律师承办法律援助案件积极性不高的问题，司法部、财政部于2019年联合发布《关于完善法律援助补贴标准的指导意见》，分别确定案件办理、法律咨询和值班律师法律帮助等不同服务性质的补贴标准，建立办案质量和补贴挂钩机制，有效激励优秀律师参与法律援助工作。

三是深入推进法律援助参与刑事案件律师辩护全覆盖试点工作，有效维护被告人合法权益。2017年10月，最高人民法院、司法部印发通知，在北京等8个省市开展刑事案件律师辩护全覆盖试点工作，通过扩大刑事法律援助范围等方式，确保刑事案件审判阶段所有被告人都能获得律师辩护或者法律帮助。2018年年底，这项试点工作已经扩大到了全国。目前全国共有2368个县市区开展了这项试点工作，占全国县级行政区总数的83%。各地通过开展试点，通知法律援助案件达到了59.1万件，值班律师提供法律帮助案件达48万余件，为促进人权司法保障发挥了重要作用。

四是健全完善值班律师工作制度，切实保障刑事诉讼当事人合法权益。2019年中办、国办印发《关于加快推进公共法律服务体系建设的意见》，明确提出加强法律援助值班律师工作，推进法律援助参与认罪认罚案件办理工作，依法保障刑事诉讼当事人合法权益。为解决值班律师工作中存在的一些困难和问题，如律师资源不足、业务经费紧张、落实值班律师权利保障不到位、部门间协作有待加强等。前不久，司法部联合最高人民法院、最高人民检察院、公安部、国家安全部制定发布了《法律援助值班律师工作办法》，该办法明确了值班律师的法定职责，规定了值班律师享有的会见、提出意见等权利及保障措施，细化了办案机关和司法行政机关对值班律师权利保障的相关责任，对值班律师办理认罪认罚案件作出了比较详尽的规范。针对值班律师供给不足的现状，该办法提出了设置联合工作站、跨区域调配、律师实行电话网络值班与现场值班相结合等措施。可以说，该办法的出台，为充分发挥值班律师作用、有效维护犯罪嫌疑人和被告人合法权益提供了制度保障。

为不断推进法律援助值班律师工作，下一步我们将重点做好以下三个方面工作：

一是贯彻落实"两高三部"《法律援助值班律师工作办法》，指导地方司法行政机关和法律援助机构严格落实值班律师权利保障相关规定，充分发挥值班律师在认罪认罚案件中的职能作用。

二是会同中央有关单位研究制定法律援助志愿者相关规范性文件，考虑鼓励退休法官、检察官以志愿者身份参与法律援助工作。

三是提升值班律师保障能力，规范值班律师法律帮助补贴发放，提高值班律师服务质量，努力为刑事诉讼当事人提供普惠金等便捷高效的法律援助服务。

适用认罪认罚从宽制度要坚持刑法谦抑性

陈卫东

中国刑事诉讼法学研究会常务副会长
中国人民大学法学院教授

我想就认罪认罚从宽制度，从2016年在18个大中城市进行试点到2018年刑事诉讼法入法以及在全国普遍推开的情况，谈些个人的认识。

我觉得这项制度无论是从立法层面还是从司法层面，都是我们国家近些年来推进刑事司法制度改革最为成功的一次。这项制度的改革无论是从司法机关的层面，还是从办案，侦查、起诉、审判层面来说，都发生了很大的变化，特别是侦查机关的规范取证。从法院的角度来看，繁简分流，诉讼程序得到了很大的提升。检察机关在整个过程中，起到了上引下延的主导作用。律师的辩护，无论是从空间还是从辩护的实效来说都得到了很大的提升，应该给予充分肯定。

但是毋庸讳言，认罪认罚从宽制度还存在着一些需要解决的问题。

第一，认罪认罚的属性问题。

认罪认罚从宽制度应该是一项具有中国特色的刑事司法制度，不能把它说成是一个诉讼制度，因为刑法的教授跟我商榷好几次，说刑事诉讼法为什么能够规定认罪认罚从宽制度？我说刑法中也规定了很多刑事诉讼法应该规定的问题，像死刑核准程序，也不是刑法应该要规定的；又如告诉才处理，刑法也不应该规定，所以这个问题没有争论的必要。认罪认罚从宽制度有实体问题，也有程序问题，是一个司法制度，是具有中国特色的司法制度，在世界各国范围内找不到跟它具有相似性的制度。有观点认为，它类似于美国的辩诉交易，但经过研究认为它不同于辩诉交易。我们不可能在事实不清、证据不足情况下让被告人认罪，也不可能因为被告人认罪就对犯罪的罪名和罪数进行改变，这不符合我国的传统，老百姓也不认可。认罪认罚从宽制度实质上就是将坦白从宽和宽严相济这样的刑事政策法典化，是一种政策性质的东西，我们把它变成了实实在在的制度化、法律化的东西。这样一种认罪认罚从宽不是一种控辩双方的交易，不存在交易。被告人认罪是他必须要承认指控的内容，这是一个前提，不容双方讨价还价。不能说公诉人向被告人提出你认罪就判你5年，被告人就必须服从。"两高三部"《关于适用认罪认罚从宽制度的指导意见》中有明确的沟通因素，这非常值得肯定。

认罪认罚我认为从权利的属性上说，应该是犯罪嫌疑人、被告人的一种权利。一是认罪和不认罪、认罚和不认罚完全是犯罪嫌疑人、被告人个人的事情，他想认就认，不想认就不能强迫他认，是他的一种权利，正是在这种权利属性的基础上，认罪认罚必须要符合自愿性的原则。二是认罪认罚了就要从宽这也是他的权利，要不然他认罪认罚的目的是什么？我认罪认罚了就有权利得到从宽的处罚，尽管我们在行文上说是"可以从宽"，这个"可以"是排除法律特定的情节，如极其严重的犯罪，不判处死刑不足以平民愤的案件，除了这种极端的情节外，一般情节下只要认罪认罚就要给予从宽的判罚。这是法律谦抑性和宽容精神的必然要求。

第二，关于量刑建议的问题。

对于量刑建议，我们一定要从认罪认罚从宽制度写入刑事诉讼法之后和没有规定之前，二者之间给我们带来的影响来分析。在认罪认罚入法之前，量刑建议始终存在。既然是建议，法官可以采纳也可以不采纳。但是认罪认罚从宽制度入法以后，量刑建议融入了检察机关在法定的环节中，与被追诉一方建立起一种沟通协商，反映了控辩双方的一种合意。刑事诉讼法规定，除了第201条规定的5种例外情形之外，"一般应当采纳"，就是要按照量刑建议来办。检察机关在前面做了那么多的工作，到了法院那边可以随意地被推翻，那就没有意义了。但是我觉得不能把量刑建议确定得过于僵化。量刑建议从总体上看，一些简单的、轻微的案件特别是适用简易程序审理的案件，适用具体的量刑建议没有问题；一些重大、应该判处死刑的，就建议死刑也没问题。但是，多数自由刑的案件应该提一个浮动刑的量刑建议。有几点理由：

一是要给法官留有一定的空间，毕竟定罪量刑是法官的权力，如果这个案子是一个错案，检察官怎么说就怎么判，到时候法官就没有责任吗？当然要承担责任了。所以，从以审判为中心的角度，从法院的职责来说，你要给人家留有一定的空间。

二是要使法庭审理具有实质化，不能限制地过于死板，否则的话我们的庭审还有什么意义，你量刑建议就这么定了，法官就按照这个判，我们的庭审真的是虚置了，没有意义了。在审查起诉期间，对于定罪和量刑，尽管认罪认罚了，你不能保证100%都是正确的，还要有法庭庭审的环节，一旦出现变化就要调整。

三是要给检察官自己留出空间，检察机关就是认为应该判5年，怎么知道5年就合适？法院就认为是应该判3年，就应该以法院法官的意见为准，这有什么问题？另外，我最近写一篇文章《关于认罪认罚案件量刑建议的研究》，很快就能刊登出来。我写的时候发现对《刑事诉讼法》第201条规定很费解，首先，第201条讲了除了5种例外情节以外，一般应当采纳。关键是第2款，如果出现量刑明显不当，检察院不调整或者调整后仍然量刑不当的，人民法院可以改。这个第2款和第1款是什么关系？最早修改法律时，第2款是纳入在第1款的第一种情形之中，现在把它独立出来，我理解是量刑不当具有特殊性。我们量刑分为适当、不适当和明显不当。我们只有在认罪认罚案件中，量刑建议明显不当，法院才会依法改判，其他的和这个标准是不一样的。对于明显不当，法院在改判的时候，要不要征求检察机关的意见呢？我觉得法院可以沟通，检察院可以调整，由法院最后来判断到底应不应该改判。

认罪认罚案件中量刑建议的困惑与澄清

汪建成

北京大学法学院教授

我想讲与量刑相关的两个困惑并进行澄清。

第一个困惑，关于民事诉讼和刑事诉讼之间的区别，关于诉权和公诉权之间的区别。有两点：一是在民事诉讼当中讲的诉因是模糊、概括的。而在刑事诉讼当中诉因讲的是明确，而且具体的。二是关于请求的区别，在民事诉讼当中的请求都是具体的。不光是一块钱，一毛一分也要写清楚。因为民事诉讼当中的民事责任有当事人的处分权。在刑事诉讼当中讲的请求，在对抗制的情况下，请求一定是概括的，而不是具体请求。在美国，陪审团不会涉及量刑的东西。我们现在适用认罪认罚从宽制度以后，从对抗制转化为合作制以后就有改变。当作为民事诉讼中的请求权引进到刑事诉讼当中，这种诉权就一定要改变。美国辩诉交易当中，罪名可以改，量刑也讲得很准确，原因也是将民事诉讼当中的请求权引进到了刑事诉讼当中。所以，我认为在普通程序当中不可能去讲精准。但是，在认罪认罚从宽程序当中就可以引进这种量刑协商的理念。在认罪认罚从宽程序的量刑建议当中以精确作为原则，幅度作为例外。在轻罪当中可以精准，在重罪当中可以幅度。

第二个困惑，关于刑法和刑事诉讼法当中量刑的区别。与量刑相关的也有两个理由：第一个理由，在刑法当中量刑的时候依据的是犯罪的行为和刑事责任。所以，量刑的时候依据犯罪行为的情况，可以减轻和从轻。所以这是一个理由，这是刑法的。可是在刑事诉讼当中讲量刑的时候，认罪认罚从宽的依据绝对不只是犯罪的行为，它指在诉讼过程中的认罪认罚。当中有两个原理：一是关于筹码。认罪认罚从宽程序中量刑就是要认罪认罚，只有这个筹码才能够协商。二是因为要公信力，只要有量刑，被告人才能喜悦，这是公信力。所以二者的依据是完全不一样的。第二个理由，我认为在刑法里面讲量刑是权力，是 power。所以这个时候讲的"可以"，一定要可以裁量。所以，有一些自首当中说可以减轻，到最后有一些也判死刑了。这个"可以"，是可以裁量的。但是，认罪认罚中的"可以"是权"利"，利益的"利"，而不是力量的"力"。这里的"可以"相当于应当，实际上也是指应当。我们可以看在强制措施当中，它也是按刑事诉讼法来的，就是刑法和刑事诉讼法当中不管是理由还是形式完全都不一样。所以，在刑法当中累罪可以加重刑罚。但是认罪认罚当中不可能去加重的，只能是减轻，所以它是一种奖励。为什么？就是为了公信力、为了节省司法资源。从原理上就应该是这个样子，应该正本清源。

认罪认罚从宽制度与我国"和合"文化特质相契合

张建伟

清华大学法学院教授

国家治理现代化与认罪认罚从宽制度的价值功能，我觉得可以从三个方面来分析：

一是政治价值。认罪认罚从宽制度显然是跟社会和谐稳定的总体政治取向是吻合的，在政治取向方面保持一种社会的和谐稳定，避免矛盾激化。

二是司法价值。认罪认罚从宽制度是秩序效率取向的一种制度。和近些年来提到的国外引进的"恢复性司法"概念也有密切的关系，可以减少司法的阻力、化解审辩冲突、解决案多人少的矛盾。

三是文化价值。中国古代总体的一种文化理想是上下亲和、社会和睦、家庭和睦，所以"和"是儒家的一种理想的追求状态，中国文化的特质是"和合"文化。这种文化价值在刑事诉讼领域与现在的认罪认罚从宽制度显然就有一种吻合。

20世纪90年代，也就是刑事诉讼法第一次大修的时候，我们借鉴英美对抗制诉讼，开始引入对抗制诉讼因素，所以才形成了中国刑事司法改革走向的第一个转向，就是由非对抗性的、压制性的司法向引入对抗式诉讼因素的司法模式转变，但是这种司法模式转变很快就遭遇到了问题。首先，法院认为被告人都认罪了，还有什么好审的，于是大力推动普通程序简易化审理。其次，就是为了避免审辩冲突，于是就进行了第二次的司法模式的转向，就是打造一种协同型的司法模式。这种协同型司法模式就体现为认罪认罚从宽制度。

认罪认罚从宽制度改革
重在强调刑事协商

吴宏耀

中国政法大学教授

在国家治理现代化与认罪认罚从宽制度的关系上，我认为可能还需要再进一步挖掘和澄清。今年8月24日，习总书记在主持召开经济社会领域专家座谈会上就人文学科的学者作研究，专门提出了四点希望，这四点希望特别值得我们人文社会科学的学者，包括刑事司法学者深刻体会。

其中一点是希望从国情出发，从中国实践中来、到中国实践中去，把论文写在祖国大地上。认罪认罚从宽制度，是理论和政策创新，符合中国实际，具有中国特色，也必须回到中国实践。改革初期我们可能有种种考虑，但是，在推动国家治理现代化的问题上必须看到一点，就是认罪认罚从宽制度主要解决什么问题。

认罪认罚从宽制度研究中，更多人强调认罪认罚是一个量刑情节，我觉得这是实体法思维。认罪认罚从宽制度不是一个纯粹的刑事诉讼制度，也不是一个纯粹的量刑情节，它是司法制度的一个重大变革。面对当前犯罪形势发生的重大变化，我们的刑事司法制度必须要发生变化。公安大学靳高风教授带领的团队从2013年就开始研判我国的犯罪趋势。他们的基本判断是，我国犯罪形势仍处于变动中，而且新型犯罪逐渐增多。从2013年到现在，暴力犯罪案件一直处于持续下降状态，这种状态在刑事司法领域中的直接表现就是轻刑率过高。现在的犯罪跟十年前的犯罪已经截然不同。我们再来看一看裁判数据，从2017年和2018年量刑分布已经明显可以看到，2017年判处5年以上有期徒刑的只占13.8%。5年以上有期徒刑是什么概念？刑法中10年以上有期徒刑才是重刑，现在的刑期分布是5年、10年、15年、20年、无期、死刑。我们做过调研，很多地方中院的一审案件就20多件，死刑案件都变成了个位数。5年以下有期徒刑为轻刑案件，2017年占43.9%，2018年占44.35%。判1年以下的，2017年占16.1%，2018年占19.3%；1年以上、3年以下的，2017年占16%，2018年占20%。

刑事诉讼所面对的犯罪形势已经发生了重大变化，换句话说，现在面临的很多问题和原来讨论的问题的性质已经不一样了。大家说羁押率高，我个人认为，真正的问题是轻罪的羁押率过高。我们说不起诉率低，其实不起诉率低的本质是轻微犯罪的不起诉率太低。40%的案件都可能判处轻缓刑，判了就放了，那么起诉的必要性又是什么呢？

研究认罪认罚从宽制度，一定要区分轻罪和重罪。如果不区分轻罪和重罪而讨论认罪认罚从宽制度的问题，极有可能找不到问题的关键。所以，在谈到认罪认罚从宽制度时，被告人认罪认罚是不是必须从宽处理？我的观点是要区分轻罪和重罪，重罪下的犯罪嫌疑人、被告人认罪认罚，检察机关可以在公开法庭上对其进行指控。法庭的功能除了定罪，还有法治教育、法治宣传、社会宣示。我认为，如果检察机关认为这个案件有社会价值，就要在公开法庭上用证据证明犯罪行为，不是说认罪认罚就一定要从宽，而要区分轻罪和重罪。

随着犯罪量刑形势的变化，我们还看到另外一个问题，原来讲刑事司法制度的功能是惩罚犯罪、改造犯罪人。但是，有些犯罪人不需要改造，他本来就是一个好人，虽然他的行为具有社会危害性，但是这个人是没有社会恶性和再犯可能性的。给大家举一个简单的例子，我的驾照过期了一个月，我不知道，我还在开车。如果发生了任何车祸我就是犯罪人，我有社会恶性吗？我需要改造吗？我自己都追悔莫及了，还需要你改造我吗？在刑事诉讼中，有些犯罪人并不是穷凶极恶之人，也不需要用刑事制裁去改造他。

在新时代背景下，刑事司法制度的功能也在发生着变化，刑事司法制度从原来惩罚一个人，到现在更多的可能是塑造这个人的规则意识和法治意识。一个人的经历会形成对司法制度的印象、对法治的印象。还是用我们经常讲的一句话，"人民有信仰，民族有希望，国家有力量"。要通过我们的刑事司法制度让那些犯罪的人感受到法治的力量，感受到法治的信念，这才是重要的。所以，认罪认罚从宽制度改革重在强调刑事协商，就是要把他当作一个普通的公民，尊重他的主体意识和选择权。

认罪认罚从宽制度中如何均衡各诉讼主体权益

熊秋红

中国政法大学教授

我想说的第一点，把认罪认罚从宽制度中的权益保障作为专门的一部分来讨论是非常有必要的。因为从理论上讲，在现代社会，公民权益保障是衡量一切制度正当性的一个基本尺度。从实践上来看，认罪认罚从宽制度中的权益保障仍有提升空间，也是学术界的一个普遍共识。

第二点，我们谈认罪认罚从宽制度中的权益保障应当有一个标准，首先要确立的是一个底线的正义观。最低限度的标准是什么。在刑事诉讼里我们经常讲刑事司法人权保障的一个最低标准，但是这个标准原来是针对传统的刑事诉讼模式来讲的，而在认罪认罚从宽制度这种新的模式下，对底线正义观如何理解，我感觉对任何一个新的制度，每个人可能都是从自己的角度来诠释，谈到正义的时候，刑事诉讼就经常说实体正义、程序正义，有了认罪认罚从宽制度后，有新的说法了，如协商的正义、妥协的正义，或者说合意，对合意的尊重本身也是一种正义。这样给我们的感觉是，正义好像有一张变化莫测的脸。任何一个制度的设定都有一个价值追求的恒定性和通用性的问题，所以必须明确认罪认罚从宽制度中权益保障的一个最低标准。从比较法的层面来看，这个最低标准，如果说在传统的刑事诉讼模式下，它是相对明确的，它是以《公民权利和政治权利国际公约》第9条和第14条为核心，然后再配套联合国所出台的一系列国际性文件，它基本上是有一个共同的标准，是相对明确的。但是在认罪认罚从宽制度及类似的制度中，这种标准还存在着很多的分析。比如，在保障律师辩护权的问题上是不是要搞强制辩护，各国的规定就不太一样，包括我们讨论的，在辩护权的内部被指控人与辩护律师之间的这种辩护冲突，怎么去解决，各国的做法也不一致。又如，要保障被告人的地位不至于处于极其不利的地位，必须保障被告人的知情权，要求控方全面开示证据。再如，要有一个法官保留原则，这个法官必须对证据、对程序进行最终的司法审查，但是对于定罪和量刑的证据，法官是不是要经过一个充分的审查，这种程序的审查究竟以什么样的方式来进行，是当庭询问的方式，还是也可以远程视频询问的方式。另外，关于上诉权的问题，是赋予被告人完整的上诉权，还是要对上诉权进行一定的限制。

但是，在认罪认罚从宽制度里，我觉得至少能够达成以下三点共识：

第一，反对被迫自证其罪的原则，我们要尊重。这就是我们谈到的认罪认罚的自愿性问题。另外，需要保障被追诉人在审前程序中的诉讼权利，我觉得要确立前置性辩护的观念，因为在认罪认罚从宽制度中，律师发挥作用的主战场已经是在审判前的程序了。

第二，要严格审查被追诉人审前放弃权利的效力。因为认罪认罚从宽制度中，诉讼效率的提高是以被追诉人放弃他原本拥有的享受完整的审判的权利为前提的。

第三，被害人的权益保障问题。被指控人的权益保障与被害人的权益保障应该保持一种相对的平衡，但我想说的一点是，实际上，在无罪推定原则下，在刑事诉讼中并不存在确定无疑的被害人，只有寻求被害人这种地位的人。在认罪认罚从宽案件中，被害人的权益保障存在比较棘手的地方。认罪认罚从宽制度对于各个诉讼主体好像都是有利的，但是对于被害人来讲，究竟有什么样的"利"？在我看来，可能就是被害人能够避免因为作证忍受着漫长的诉讼程序以及面对不确定的诉讼结果，而受到第二次伤害。但是，因为认罪认罚从宽制度主要是在控辩双方、检察官和被告人之间进行，在这样的一个合作的过程中被害人的权益保障很容易被忽视。所以，我们也看到在一些案件中，被害人是反对对被告人作从宽处理的，对这些被害人来讲，他的利益就是有损害的。所以，我认为在认罪认罚从宽制度下，需要重新思考被害人的诉讼地位。一方面，要为被害人参与这个程序提供必要的保障；另一方面，也不能因为过于强调被害人的当事人地位，而损害被告人获得公正对待的权利。从实践情况来看，也出现了两种极端的现象：一种是漠视被害人的意见，有时被告人是虚假认罪，其实在案外他可能对被害方又进行了威胁，被害人表达意见的时候可能会发现非常的无力，他的意见不被尊重；另一种就是过度地重视被害人的意见，好像被害人在案件中拥有一票否决权，只要他不同意，对被告人就难以从宽处理了。我也注意到有一些实证研究表明，总体情况是，在认罪认罚从宽案件中，被害人参与度很低，对定罪量刑的影响很有限，表现为：一是被害人出庭率极低，有学者对于中国裁判文书网上的认罪认罚从宽案件进行了统计，几乎没有一起被害人出庭的案件；二是被害人表达意见的形式单一，基本上只有被害人陈述这一种形式；三是被告人主动赔偿被害人的比例很低，被告人认罪了，但是不是真正悔罪，是存疑的；四是对量刑从宽的"宽"如何把握，我认为，总体上看，还是有必要加强被害人对于认罪认罚从宽程序的参与，包括保障被害人的知情权，甚至要求犯罪嫌疑人当着被害人的面来认罪认罚，或者说对启动认罪认罚从宽的程序，被害人也有提出异议的权利。在量刑的参与权的问题上，我看到有实务部门的同志就提出了一个建议，即是不是可以考虑将一定比例的量刑幅度决定权，比如说5%的量刑建议幅度权交给被害人。我觉得这个建议也是可以考虑的。总之，我认为未来我们还是要采取多种措施来加强对被害人的权益保障。

审判分合关键在对质权

魏晓娜

中国人民大学法学院教授

在认罪案件和不认罪案件分离审理这个问题上,我认为首先要考虑的一个问题——一个案子能分或者能合在一起,标准是什么?从刑事诉讼法的角度或者说我所认为的刑事诉讼法的角度来说,是看它构成了几个案件,如果只构成一个案件,那必须合起来审,如果是两个案件,可分可合。刑事诉讼法学在这个案件的划分上,实际是有标准的,简单来说,一人一事构成一案,一人两事其实是两个案件。这是诉讼理论上的观点。

举个例子,比如《美国联邦刑事诉讼规则》第 8 条规定了什么情况下可以合并,什么情况下合并是适当的,规定了两种情形。如果在这两种情形之内把案件合并了,检察官在起诉书中一并起诉了,法院可能就得一并审判。如果在这两种情形之外合并了,那么它就构成了不当合并,或者叫错误合并,这是可以上诉的。另外,即使在这两种情形的范围内,法院如果合并审理了,被告人照样可以提出申请,说这种合并审理对其产生了不利的影响,这个时候仍然是可以申请分离审理的。美国实践中检察官一般更倾向于合并审判,而辩方更倾向于分离审判。为什么检察官会倾向于合并审判?有两类原因,一类是放得到台面上的,一类是放不到台面上的。台面上的原因有两个：第一个是出于效率的考虑，就是把几个被告人放在一起审理，一个大的共同的事实，一个陪审团就可以了，节约了司法资源；第二个是可以避免不一致的判决。但是还有一些放不到台面上的理由。一般来说，合并审判更可能给被告人造成不利的影响。比如，陪审团可能会使用被告人A有罪的证据来反对被告人B，如果分离审判的情况下，可能这个证明只能在对A的审判中使用，在对B的审判中是不可以使用的，美国的证据规则很精细，但是如果放在一起审判了，陪审团分不清那些，虽然法官只是说不能这么干，但是陪审团会无形中受到影响。有些陪审员相信物以类聚、人以群分，会认为两个人在一起，其中一个是坏人，另外一个也好不到哪里去。这是一种微妙的效应。还有一种情况，被告人请了不同的律师，律师之间提出的辩护策略不一样、辩护理由不同，而这些辩护理由之间可能会互相"打架"。那么在"打架"的过程中，法庭上会出现一种什么局面？检察官静坐不动，被告人之间互相指责、互相定罪。所以，这也是检察官的策略性考虑。

在我国，为什么分离审判会引起律师们的强烈反感？我认为有两个原因：

第一，我们的证据规则还不够精细。我们的证据规则就是这个证据要么可采要么不可采，不区分在什么目的上可采。美国是区分的，比如，这个证据在反对被告人A上是可采的，在反对被告人B上是不可采的，如共同犯罪中，A认罪了，认罪的同时把B干的事也说了，那么在对B的审判中，A涉及B的部分是不能直接拿来对B定罪的，它是有目的的。而我们不区分这个，所以A认罪之后涉及B的部分可能直接用来给B定罪了，而被告人又没有质证的机会。

第二，我们的质证权、对质权没有切实的保障。在我们的立法中，对质权并不是一个刚性的概念，而是一个非常柔性的概念，所以我们的对质权非常羸弱。问题并不在于分与合，关键在于对被告人的对质权要给予一个刚性的保障，也就是说，即使在分离审判过程中，对于被告人 B，如果想要拿 A 的口供来反对 B，就必须把 A 传唤出来跟 B 对质，这才可以。律师之所以反对，是因为没有做到这一点，所以我认为真正的症结不是分与合的问题，而是对质权的问题。

认罪认罚从宽制度符合刑事司法二元化机制

万 毅

成都理工大学司法研究院院长

我主要谈谈认罪认罚从宽制度的适用对象和适用范围的问题。主要围绕目前关于在二审程序中能不能适用认罪认罚，法院能不能介入双方的协商过程，能不能绕开检察机关与被告人直接进行协商，这些问题都关系到该项制度适用的对象和适用的范围。

第一个问题是对认罪认罚从宽制度价值目标的认识分歧。其实制度设计有两大价值目标，第一在于效率，第二要促使犯罪嫌疑人认罪，从而来恢复被犯罪伤害的社会关系。但其实对于这两大价值目标之间的位序关系，我们应该理清楚，哪个才是认罪认罚从宽制度首先追求的价值？从实现让当事人认罪悔罪这个角度来讲，诉讼中的任何一个环节都可以，只要认罪就都可以接受，但是从诉讼效率的角度来说，二审中认罪认罚还有意义吗？再审中认罪认罚还有效率可言吗？所以我认为这些具体的问题反映出的其实是两大价值目标之间的位序没有理清楚，何者为主，何者为重，所以在面临一些制度操作的时候，就会出现困惑。包括法院到底能不能绕开检察机关直接与被告人进行协商的问题，这个涉及整个制度设计到底是庭外协商模式还是庭内协商模式，这么重大的模式方面的分歧和争议，我认为其本质上也关系到怎么看待认罪认罚从宽制度的价值目标。从实现诉讼效率来讲，案件已经进入审判环节，再去提协商，效率还有意义吗？没有了。所以说这些现象的背后都是因为两大价值目标位序没有理清楚。

第二个问题是认罪认罚从宽制度下控审关系的变化。这个问题怎么来理解？我认为应该考虑到背后刑事司法发展的二元化趋势。

其实在大陆法系国家，他们引入这种协商程序的主要目的是分流案件。由于协商程序的进入，刑事司法出现了二元化的发展机制，就是重罪案件慎办、轻罪案件速判，重罪案件坚持以庭审实质化为导向的审判中心主义，而对于轻罪案件，由于考虑到司法的效率和司法的成本，逐步转向以检察官为中心来主导解决。在这个大背景下，就不存在我们讲的可能会因为检察官的量刑建议约束法院而冲击到法院的审判中心的问题，因为二元化的趋势很明显了，主要的重罪部分的案件仍然是坚持庭审实质化的，轻罪案件的适度放权也是为了实现国家司法成本的平衡。所以，我认为应从这个角度来观察我们的立法目的，到底怎样才能够落到实处，要根据立法目的来具体解释，《刑事诉讼法》第201条"一般应当"是对这个原因的分析。

我认为，要真正解决好控审关系必须有两个区分：

第一，必须要分清责任。现在法院为什么在认罪认罚的案件中仍然坚持实质审查？因为出了错案，法官也要担责，既然《刑事诉讼法》第201条塑造了刑事司法二元化机制，明确肯定检察官在认罪认罚案件中的主导地位，那么我们能不能够据此区分责任？就是在认罪认罚案件中，法官不再对案件的实体结果承担直接责任。法官只做形式审查，或者只承担对案件的基础事实是否成立的审查，按照《刑事诉讼法》第201条的五种例外情形来界定责任，只有这五种情形法官应当监督、应当审查出来，没有审查出来法官才有责任。除此以外，其他案件如果因为检察官量刑建议提错了，那么责任在检察官，这是第一个区分。

第二，要区分重罪与轻罪。我们特别注意到二元化发展的前提是一定要把重罪、轻罪区分开，目前认罪认罚案件的一个最大问题就是在重罪案件中也可以适用。在重罪案件中如果也大量地适用这个程序，就很容易引起法院的担心，重罪案件这样做，法院的审判中心怎么体现？案件出了问题又应该怎么来解决？所以，我个人认为要区分重罪与轻罪。我的建议是，轻罪案件检察官提确定刑量刑建议，重罪案件不提确定刑，而是提幅度刑。个人认为，幅度刑与确定刑并没有很严格的高下之分，不是说提了确定刑就显得很高大上、能力很强，而是应当根据目的决定是提确定刑还是幅度刑。轻罪案件提量刑建议的目的是决定案件的结果，供法官进行审查，所以要提确定刑；重罪案件以法院的审判为中心，那就提幅度刑，幅度刑是给法院做建议、做参考。这样实践中控审关系紧张的趋势，才能够得到一定程度的协调和平衡。

认罪认罚从宽制度在量刑环节应关注的问题

刘桂明

《民主与法制》总编辑

作为媒体人，我们在新闻的五要素中有一个何时、何地、何人、何事、何因，后来有人加上了一个"怎么样"，我想前面是5个W，后面"怎么样"是How，这个How就是认罪认罚从宽制度到底怎么样。什么叫国家治理现代化？在我看来，就是兑现制度优势，体现制度魅力，展现制度效益。这三个要素体现在认罪认罚从宽制度上就非常关键。如何兑现制度优势，如何体现制度魅力，如何展现制度效益，在新时代就要重点关注认罪认罚从宽制度。

我觉得认罪认罚从宽制度至少要解决以下五个问题，这五个问题能解决的话，控辩关系和检法关系中存在的问题也能够有效地解决，更重要的是能够实现习近平总书记所要求的让人民群众在每一个司法案件中都感受到公平正义。

第一，从态度上讲如何解决求情与求轻的关系。毫无疑问，认罪认罚对被告人乃至律师来讲是一个求情的关系，"求求你放了我吧，求求你轻一点吧"，从媒体视角来讲，就是求情与求轻的关系。希望以自己的态度能获得一个从轻的判决、从轻的裁定。

第二，从幅度上讲如何解决从清与从宽的关系。这个清是清白的清，清楚的清。从清与从宽是从幅度上讲的，对检察机关来讲，对公诉人来讲它首先要求的是事实的清晰，也就是事实和证据的清楚，然后才能达到从宽的目的。从清与从宽之间就是一个幅度，最后提出量刑的时候也是一个幅度，这个幅度容易与辩方、被告人达成协议、达成合意。如果刚才第一个讲态度的话，着重的是被告人、辩护人。那第二个幅度着重于公诉人，或者我们的检察机关。

第三，从温度上讲如何解决自愿与自由的关系。我们一再强调是不是真心的自愿，如果是强迫的自愿怎么解决？在现实中有一种情况叫关多长判多长。对被告人来讲，尤其是对普通刑事犯罪的被告人来讲，比如醉驾案件，很多被告人觉得只要能早点出去就可以了，就万事大吉了。这个时候，也许事实和证据还不清楚，也许被告人还没达到100%的自愿，但是他为了获得自由，愿意牺牲对事实和证据不清楚的代价，早一点出去，这种情况怎么解决，要自愿与自由。

第四，从进度上讲如何解决效率与效益的关系。所谓效率，毫无疑问就是从快，我们希望快一点结案。效益是什么呢？效益，我觉得是既有制度的效益，也有程序的效益，但是更重要的是要看到被告人和被害人的效益，这个效益怎么解决？我们又要从快又要保护被告人的合法权益，同时还要保护被害人的合法权益。

第五，从力度上讲如何把握从简与从严的关系。所谓从简，毫无疑问就是程序，认罪认罚从宽制度无论是实体上从宽还是程序上从宽，最终都是为了被告人的合法权益。所谓从严，就是公权力机关如何从严把握，如何避免权钱交易。

求情与求轻、从清与从宽、自愿与自由、效率与效益、从简与从严这五个关系，在量刑环节值得我们重点思考。

认罪认罚从宽制度是司法机关贯彻刑事政策服务国家治理能力现代化的重要举措

姚 莉

中南财经政法大学副校长

《法商研究》主编

党的十九届四中全会着重阐述了坚持和完善中国特色社会主义制度，推进国家治理体系和治理能力现代化的重大意义和总体要求，刑事司法作为国家治理体系的重要组成部分，在很大程度上影响着社会治理能力的现代化水平。于检察机关而言，充分发挥检察职能，适应司法改革目标和规律，服务国家治理体系和治理能力现代化的大局尤为重要。也正是从这个角度出发，检察机关一直在不断强调，要从推进国家治理体系和治理能力现代化的高度，充分认识认罪认罚从宽制度是节约司法资源、化解社会矛盾、促进社会和谐的重要落实方式和环节。

具体而言，需要我们从以下角度理解和认识国家治理现代化与认罪认罚从宽制度的关联。

第一，明确认识认罪认罚从宽制度是检察机关发挥检察职能，助力社会治理水平提升的重要制度手段。认罪认罚从宽制度以宽严相济刑事司法理念作为基本指导思想，实现繁简分流区别对待，有利于从总体上节约司法资源，优化司法供给，为重大疑难复杂案件的公正处理提供良好的司法保障。这就为检察机关充分发挥检察职能，服务发展大局提供了新的契机。例如，认罪认罚案件中不起诉的适用，在相当长的一段时间内不起诉的适用被压缩在较小的范围内，但就比较法而言，检察裁量权在世界范围内都有广泛的理论共识和深度的效用空间，而且实践证明起诉便宜主义对于刑事政策的落实、诉讼效率的提高都很有意义。

第二，认罪认罚从宽制度的推广，很大程度上为不起诉的适用提供了制度空间。一方面，在被追诉人认罪认罚从宽的基础上，对于初犯、从犯、预备犯、未成年犯以及亲友邻里等纠纷引起的案件，充分考虑起诉的必要性，依法适用不起诉，有利于充分彰显宽严相济刑事政策，教育感化和挽救大多数；另一方面，通过不起诉的激励作用，也有利于促进被追诉人认罪认罚，减少社会矛盾，提高诉讼效率，实现明案速审，尤其在刑法逐渐轻刑化的今天，逐步扩大不起诉的适用完全符合司法规律、社会治理规律。

疫情防控期间，我关注了多起检察机关在综合考量的基础上，通过适用认罪认罚不起诉保障企业复工复产、助力"六稳""六保"政策、服务民营经济发展的案件，这些案件的处理都很好地顾及了依法惩处与平等保护的结合，起到了良好的社会效果和法律效果。同时，检察机关也应当以认罪认罚从宽为制度抓手，从国家治理现代化的高度上促进检察工作能力的提高。综观世界范围内的控辩协商制度，核心环节是在检察官主导的起诉阶段。比如，美国的辩诉交易，一旦控辩双方达成协议，法官便通常不会节外生枝。我国台湾地区也明确规定了，除非自愿受胁迫等情形下，法官对认罪协议有接受的义务，以保障认罪协议的效率。从这个角度，有助于我们理解《刑事诉讼法》第 201 条中的"一般应当"及其在整个认罪认罚从宽体系中的地位，相应地，这就对检察机关自身业务能力提出了新的要求。比如，检察机关在认罪认罚案件中提出的量刑建议就至关重要，但这个问题需要我们进一步深入研究，因为它关系到认罪认罚从宽制度所存在的制度价值得以真正实现的问题。

目前，认罪认罚从宽制度日渐完善，并逐步成为司法机关贯彻刑事政策、服务国家治理能力现代化的重要举措。在我看来，认罪认罚从宽不只是一个单纯的法律规则，它更是刑事诉讼中的一项结构性的工程，其配套改革也应当一并跟进，我们在未来的制度推进中也应当注意以下问题：

第一，认罪认罚从宽制度与羁押制度改革的关系。控辩协商本是英美法系的首创，大陆法系国家和地区在制度移植的过程中均产生了一定的阻力，受职权主义传统的影响，协商往往会因为侦查权的强势而被迫为强迫自白。因此，认罪协商中认罪的自愿性往往是司法审查的重中之重，但在我国高比例的审前羁押率使得被追诉人同检察机关平等协商时会产生很多压力，因此建议在推广认罪认罚从宽制度的同时，加大羁押制度改革的力度，进一步降低审前羁押率，尤其是花大力气降低再降低轻罪羁押率，为认罪认罚从宽的实施创造良好的制度环境。

第二，进一步完善值班律师制度。作为认罪认罚从宽的配套制度，值班律师制度是近年来司法改革的亮点之一，它对于保障认罪的自愿性和实现法律援助全覆盖等有重要的意义。但目前实践中值班律师发挥作用较为有限，一方面，2019 年最高人民法院、最高人民检察院、公安部、国家安全部、司法部

《关于适用认罪认罚从宽制度的指导意见》（以下简称《指导意见》）虽然明确了值班律师享有会见权与部分阅卷权，但其权利行使依旧同辩护律师的辩护权有所差别。另一方面，部分值班律师不能充分履行自身的职责，仅仅作为签署具结书的见证人，那么这些问题有待从体制、机制、管理等角度予以完善。

第三，进一步探索良好的证据开示制度。认罪认罚从宽制度下被追诉人享有实体和程序多项权利，其中，保障知情权是这些权利行使的前提，也是被追诉人认罪认罚自愿性保障的关键。《指导意见》提出了人民检察院可以针对案件的具体情况探索证据开示制度，但实务中证据开示范围还是不够清晰、不够彻底。比如，刑事诉讼法规定自案件移送审查起诉之日起，辩护人可以向犯罪嫌疑人、被告人核实有关证据，其中的核实被解释为不能展示侦查案件情况，有的地方解释为只能核实实物证据。我认为，在未来的改革中，可以在认罪认罚案件中将上述核实的概念明确化、扩大化，较为彻底地保障被追诉人的知情权，增强其对抗的筹码，毕竟只有平等才能成就协商自愿的可能性。

认罪认罚从宽制度与刑法的衔接

于改之

华东政法大学教授

《法学》副主编

  从当前的研究现状看，认罪认罚从宽制度更多的是在刑事程序法领域来讨论，实体法领域仅仅有少数学者关注。但是，由于这项制度也是一项集实体法和程序法规范于一体的综合性法律制度，施行这一制度既包括实体上的从宽，也包括程序上的从简，所以，认罪认罚从宽制度的准确适用不可能脱离实体刑法的规定。

  我们发现，大家在有些问题上都不同程度存在认识分歧。我觉得从法律适用的统一性上讲，这些分歧是应当尽量避免的。这种情形下，如何做到犯罪嫌疑人、被告人的合法权益与被害人的合法权益保障之间的均衡，是我们必须思考也是必须解决的问题。

  下面，我就将认罪认罚从宽与刑法的衔接问题来谈谈自己的看法：

  2018年修改后的刑事诉讼法从立法上将认罪认罚从宽确立为刑事诉讼法的一项基本原则和量刑制度，但是刑事诉讼法只是对认罪认罚从宽作了一个原则性的规定，对它的内涵及其与刑法规定的自首、坦白等量刑情节的关系，它们之间有什么异同，并没有明确规定，在我国刑法中也没有明确的关于这一制度的规定。刑法中规定自首、坦白、立功属于法定的从宽处罚情节，像悔罪取得被害人谅解、某些情况下还有退赃退赔往往属于酌定的量刑情节。所以，刑法中的从宽量刑情节与认罪认罚从宽，虽然在从宽的正当性根据和价值目标上是一致的，在内涵和外延上有所重合，但是，二者在适用的依据、适用的阶段、法律的效果和主体认识范围方面都有很大的不同。所以，从这个角度说，二者不能完全等同。由于这个原因，如何来实现认罪认罚与刑法已有量刑情节之间的衔接，学界是见仁见智的。大部分学者认为，刑法中规定了自首、坦白的量刑情节是认罪认罚从宽的具体体现，或者是制度安排，有些甚至将认罪认罚从宽制度等同于宽严相济刑事政策。主张这种观点的既有刑事诉讼法学者，也有刑法学者，但刑法学者中主张这种观点的不多。也有一些学者主张将认罪认罚作为独立的量刑情节，具体的主张又各不相同，其中最有代表性的是樊崇义老师，他认为，对于被告人自首、坦白的案件，如果被告人还认罚的，对他的量刑可以直接适用《刑事诉讼法》第15条关于认罪认罚从宽的规定，也就是说，在自首、坦白从宽处理的基础上再从宽处理。

我赞同将认罪认罚作为一个独立的量刑情节，将被告人自首、坦白的认罪认罚案件在适用《刑法》第67条规定的基础上，再按照认罪认罚从宽程序进行处理。但是对被告人能否按照刑事诉讼法中关于认罪认罚从宽的规定直接进行从宽处理，我是持否定意见的。有两个理由：一是刑法中是明确规定了罪刑法定原则的，定罪量刑情节必须法定化，也就是说，定罪量刑的情节必须规定在实体刑法中。如果必须规定在实体刑法中，刑事诉讼法所规定的认罪认罚就无法成为独立的、法定的从宽处罚情节了。二是从我国的立法模式看，我国是将定罪量刑的所有内容统一规定在刑法中的，我们实行的是法典化。所以，刑事诉讼法中那些足以影响量刑的各种法定情节及其从宽等，都应该在实体刑法上有所反映。也就是说，它应该以刑法的既有量刑条款为限度，仅仅根据刑事诉讼法上的认罪认罚从宽就不能直接决定对被告人从宽的幅度。从这个角度讲，我觉得应该程序的归程序，实体的归实体，无论是认罪认罚的种类与内涵，还是从宽的边界、幅度和依据，均应当由刑法作出明确规定，刑事诉讼法的相关规定不能成为实体裁判上的法定从宽处罚情节。

如果刑事诉讼法的相关规定不能成为实体裁判上的法定从宽处罚情节的话，我们就必须进一步考虑如何将认罪认罚从宽制度与刑法衔接。我觉得应当从两个方面着手，一个是宏观的角度，另一个是微观的角度。从宏观上讲，宜在刑法总则中明确规定认罪认罚从宽制度，为该制度的适用提供实体法上的依据，具体可以放在量刑原则法条当中，如《刑法》第61条。从微观上讲，刑法应当进一步明确，如认罪认罚的内涵，什么叫认罪，什么情况下才能认罪，标准是什么；什么叫认罚，从宽怎么理解，从宽应该到什么程度，这样来保证法律适用的统一性，以切实保障犯罪嫌疑人、被告人、被害人的合法权益。从宽应当有一定的边界，不能突破刑法的规定。不能说想从宽就从宽，想从宽多少就从宽多少，如果无限制从宽就背离了认罪认罚从宽制度的立法初衷了，也违反了刑法中的罪刑法定原则。

认罪认罚从宽制度更应强化程序法功能

闵春雷

吉林大学法学院教授
《当代法学》副主编

认罪认罚从宽制度作为刑事诉讼中的一项基本原则，具有刑事实体法与程序法兼备的特点，但是对它的定位直接关系到对它价值的理解。在实体与程序之间更应当注重或者强调哪一方面？在我个人看来，我觉得应当更加强调它的程序法功能，充分发挥认罪认罚从宽制度在刑事诉讼中作为一个特定程序的价值。如果不这样看待的话，就非常容易把它和刑事实体法当中的坦白、自首、立功等刑法制度相等同。为什么说它更有程序法的功能？就是因为它不仅仅是认罪，而且还有认罪基础上的认罚，还有认程序，其实它就是基于控辩双方的诉讼合意对被告人认罪案件进行程序上的简化审理，求得几方多赢的效果。所以它不是一个认罪就能够替代的，它应当是一个完整的、不可分割的认罪认罚从宽的整体，它更应该有不可替代的程序价值。

总体来看，它的价值体现在以下几个方面：

第一方面的价值，就是完善刑事指控体系，有助于准确及时惩罚犯罪。由于我国刑事案件犯罪类型的变化，特别是轻罪案件居多不下，在控辩双方诉讼合意的前提之下，伴随着精准量刑建议的提出，使得公诉权的行使更加完整，刑事指控更加精准和高效。

第二方面的价值，在于它能够强化当事人权益的保障，推进刑事法治的现代化。一方面，它能够在实体上使被告人得到从宽的量刑减让或优惠。要特别强调一点，我们在实践中有的时候把是否适用认罪认罚从宽制度和认罪认罚从宽的后果搞混了，按照2019年最高人民法院、最高人民检察院、公安部、国家安全部、司法部《关于适用认罪认罚从宽制度的指导意见》，有的案件是可以不适用认罪认罚从宽的。比如，我觉得死刑立即执行案件就不适用于认罪认罚从宽制度。但是，如果适用了认罚，那是不是可以从宽又可以不从宽呢？个人认为，认罪认罚从宽三个词是并列的，不可能说认罪认罚完了还可以从宽，可以不从宽，这个误区必须得到纠正。认罪认罚从宽是一个集合体，它包含了很多程序的价值，其实放弃了很多程序上的权利。

第三个方面的价值，就是节约司法成本，提高诉讼效率。此外，还有一个重要价值，就是促进刑事诉讼模式的转型，丰富刑事诉讼法学研究，追求实现提高司法公信力，促进社会和谐稳定的终极价值目标。

三、认罪认罚从宽制度检察实践

对认罪认罚从宽制度检察实践的思考

苗生明

最高人民检察院第一检察厅厅长

认罪认罚从宽制度全面实施这两年,特别是从2019年以来大力度地推动,在适用范围上、普遍性上已经有了根本性变化,适用率现在达到了80%以上。在这样一种形势下,在推进的过程当中,谈几点自己的感受:

第一,在保持稳定的适用率的基础上,提升办案质效已经十分迫切,也特别必要。有很多问题确实是改革当中必然会出现的,如果说适用率还是在20%、30%,就不会有现在80%以上适用率遇到的问题,对于这些问题我们一定要认真系统地梳理、研究。

第二,2019年以来,我们通过与最高人民法院、公安部、国家安全部、司法部的有机配合协调,一起制定指导意见,由司法部牵头出台了《法律援助值班律师工作办法》。但是现在看,这样一个制度要真正行稳致远、健康运行,确实需要健全和完善认罪认罚从宽制度实施的机制及配套的措施。比如,宽严相济刑事政策如何在认罪认罚案件中落到实处。认罪认罚必然带来不起诉的大量适用,要进一步提高适用率。同时,不起诉之后,犯罪嫌疑人毕竟实施了犯罪行为,按照《刑事诉讼法》第177条第3款规定,检察机关对于这样一些不起诉案件需要追究行政违法责任的，可以提出检察意见，这就需要配套措施能跟上。再如，关于降低审前羁押率的问题。张军检察长特别强调了少捕慎诉慎押的政策要求。下一步，就是要在降低审前羁押率上下功夫。还有控辩协商的问题，现在看特别迫切，而且应该尽快地把这个工作机制建立起来。另外，量刑的规范化、量刑标准共识的培育，也是我们需要进一步努力的方向。还有内外部的监督制约机制，也有待进一步完善。

第三，司法实践呼唤法学理论的支持，实践中的问题需要理论上的支撑和解读。因此，着力构建和完善中国认罪认罚从宽理论体系，应当是摆在理论界面前的重大课题，对此，司法实务界也应担负起重要责任。

认罪认罚从宽制度中检察机关应发挥主导作用

元 明

最高人民检察院第二检察厅厅长

第一,量刑是整个认罪认罚从宽制度的核心、各方关注的焦点,利益攸关、冲突所在,也是这次改革的一个深水区,难度大,而且有相当大的危险性。尤其是有被害人的重大案件,办理案件稍有不慎,后果严重,必须高度重视,妥善处理。

第二,量刑中目前存在的问题是在这一重大刑事司法制度改革过程当中产生的,是在所难免的,所以也只有在实践发展之中探索解决,指责、悲观和失望,甚至走回头路都于事无补。有问题正说明我们这个制度在高歌猛进,呈现良好的态势。我想只要大方向正确,假以时日一定能够解决目前存在的个别问题。

第三,检察机关积极提出量刑建议是主导责任的集中体现。有专家说这是一项"权力",我个人反对这个说法,我想我们主要还是主导责任、主导作用,也是自我加压的一个重要方面,但绝不是争权夺利。在实际工作中,认罪认罚从宽制度各个环节,检察机关都是参与的,应发挥主导作用。而且全国人大代表很多都有这种呼声,从数据看也是这个情况。如果说各个环节都可以适用认罪认罚从宽制度,这当然是理想状态,但从现在情况看,从重罪检察掌握的数据看,今年以来侦查机关适用的比率是16.9%,我们审查起诉阶段是54.2%,起诉未适用、到了审判环节适用的才196个人,一共是14000件案件,所以相对来说,检察机关在这个环节起了很大作用。如果检察机关不积极、不主动,很可能法律规定就成为僵尸条款。所以,我们检察机关是积极担当的。实施这项制度,对检察机关而言,基本上都是压力、挑战、责任和风险。高检院专门出台了相关监督管理办法,就是为了防止被围猎。就重罪检察官而言,还是要花大力气才能做好这项工作。除了危险驾驶以外的重罪,我们适用的比例今年已达到65.4%,提出量刑建议确定刑的也从33.5%上升到了71.5%。这个数字后面凝聚着心血和很多的辛苦在里头,很不容易。所以,我觉得检察机关站位还是很高的,为国家计就是适应新时代,为人民计是满足人民群众对民主、法治、公平、正义、安全、环境新的需求和期待。再落到被告人、嫌疑人身上,促使其越早适用越从宽。

第四,相关部门应当目标一致,互相理解、互相尊重,不应当意气用事、本位主义。司法机关基于不同角度、不同立场实施这项制度,都要回到法律规定的本身。根据"两高三部"的规定,法院除了五种特殊情况及明显不当的,应当采纳检察院的量刑建议,检察机关什么情况提确定刑也是有明确规定的。所以,作为检察官、法官,应该遵循这种法律原则,落实我们的法律规定。任何检察官、法官,无权随意解释,要全方位落实好。

检察官原则上还是要尊重法院的审判权、权威性,不能无谓地消耗司法资源。我们可能要判死刑,经过认罪认罚从宽后判十年的,是有案例的,现在确定刑采纳率73.2%,也是比较高的。当然，检察机关作为量刑的新手，量刑方面还有很多问题，需要反思纠正，通过学习、请教、智能化的方法等加以提升。司法机关要从大局、从整个国家的利益来考虑，共同推动这项制度，对此我们充满自信。

职务犯罪检察工作中适用认罪认罚从宽制度

王守安

最高人民检察院第三检察厅厅长

结合会议主题，我首先谈一点认识。适用认罪认罚从宽制度必须重视被追诉人的权益保障。权益保障是刑事诉讼程序重要的价值追求，是程序正当性的重要内容，被追诉人权利的保障水平是刑事司法文明程度的体现。基于认罪认罚从宽制度的核心内容和价值，对被追诉人权益的保障非常重要。实际上，从开始设立这个制度，到现在全面推开，这个方面一直是理论界关注的焦点，也是司法实践的重要着力点。

其次谈一点体会。实践中，检察机关非常重视被追诉人权利保障问题。我在高检院三厅工作，目前职务犯罪也在适用认罪认罚从宽制度，我们都深切地认识到对刑事被追诉人权利保障的重要性。检察机关在刑事诉讼中具有客观义务，是国家法律监督机关，我们应充分重视被追诉人的权利保障。在认罪认罚从宽制度中，加强辩护权的保障也是我们应有职责。

再次，我想对被追诉人被迫认罪认罚的问题，谈一点看法。

第一，从法律上看，被追诉人应该不会被迫认罪认罚，因为他如果不认罪认罚的话，检察官提出的量刑建议的效力非常有限。所以如果被追诉人明白这一点，特别是有律师参与的情况下，检察官提出如果不认罪认罚就给予更重的刑罚，应该不会对被追诉人造成心理强制，也应该不会屈从非自愿的认罪认罚协议。

第二，即使被迫认罪认罚，造成冤错案件的几率到底有多大，这个问题值得我们进一步考究。我个人认为不会太大，因为现在都强调司法机关在适用认罪认罚的时候，绝对不能降低证明标准，从高检院到各级检察院我们都是这样要求的。

第三，为规范双方的协商活动，避免出现被迫认罪认罚的情况，检察机关在不断努力。我们有很多规范就是避免出现这种情况的，就是让他自愿地认罪认罚，自愿签署协议。有些专家建议，以后认罪认罚协商过程可以同步录音录像，我感觉是有可操作性的。我们一直在努力避免出现所谓的被迫认罪认罚的情况。

另外，被追诉人认罪认罚限缩了辩护人在法庭上的辩护空间，这是肯定的。对被追诉人认罪认罚的案件，辩护人到底能不能做与具结书不同的辩护，这涉及辩护人与被追诉人的辩护权的关系问题，这是一个很重大的理论问题。辩护律师独立性有多大，对于这个问题大家有不同认识。我认为，如果辩护律师参与了认罪认罚的协商，他似乎就不应该出尔反尔了，即使没有参与，辩护律师也应当尊重被追诉人的选择。

最后，适用认罪认罚从宽制度的落脚点是从宽，如果没有从宽，就不能叫适用认罪认罚从宽制度。适用认罪认罚没有从宽，还是说认罪认罚也可以不从宽？我感觉这个问题需要研究。总之，在制度推行过程中，难免会出现一些问题，我们相信在大家共同的努力下，这些问题肯定会得到解决。

经济犯罪检察工作中适用认罪认罚从宽制度

郑新俭

最高人民检察院第四检察厅厅长

2018年以来,全国经济犯罪检察部门积极推进认罪认罚从宽制度在工作中的全面适用,总体来看:一是适用率稳步上升。截至2020年6月,经济犯罪检察认罪认罚从宽的适用率是73%,最初适用率才16%,应该说有大幅度的提升。二是诉讼效率有明显的提升。有六成认罪认罚从宽的经济犯罪案件使用了简易程序和速裁程序,诉讼周期大幅缩短。三是量刑建议更为准确。我们提出的确定刑量刑建议的比例达到了54%,法院采纳确定刑量刑建议的比例已经超过90%。四是终结诉讼、节约资源。从已判案件的上诉情况来看,截至2020年6月,上诉率为3.8%,总体情况还是可以的。

从上述的情况可以看出,认罪认罚从宽制度在经济犯罪检察领域得到了广泛的应用,实现了效率与公正、惩罚犯罪与保障人权等诉讼价值的平衡,适应了国家治理和社会发展的新要求。应该说,实践证明认罪认罚从宽制度在经济犯罪检察案件的办理中发挥了它独特的价值,显现了广阔的适用前景。这是一个总体的概括,是我想介绍的第一层意思。

我想介绍的第二层意思，是从经济犯罪自身的情况分析，它存在着一定的特殊性，这些特殊性对认罪认罚从宽制度的适用具有一定影响，主要包括四方面：

第一是经济犯罪案件具有高发性的特点。伴随经济发展经济犯罪一直呈多发、高发的态势，案件数逐年大幅上升，高速增长的案件数量和经济社会的治理需求，要求经济犯罪检察工作不断地增速提效。从这个角度看，经济犯罪检察领域客观上有适用认罪认罚从宽制度的内在需求，通过适用认罪认罚从宽制度，破解办案量大幅上升的难题，还是非常有价值、非常有潜力可挖的。

第二是经济犯罪案件本身具有复杂性。经济犯罪表现出三方面的复杂性：一是犯罪组织的复杂性。集团犯罪、有组织犯罪大幅增多，这些犯罪组织往往虚假经营，设计掩人耳目的公司架构，订立反侦查的攻守同盟，在办案时获取认罪供述、实现互相指认难度较大。二是证据的复杂性。互联网金融、互联网洗钱犯罪、组织领导传销犯罪等，往往证据海量复杂，审查判断和构建证据体系难度很大。三是法律适用的复杂性。经济犯罪法律关系复杂，区分罪与非罪、此罪与彼罪的难度较大，如合同诈骗与民事欺诈，非法吸收公众存款与集资诈骗；经济犯罪与其他学科交叉较多，如证券犯罪、涉税犯罪等。由于经济犯罪的案件具有这些复杂性，使得一些犯罪嫌疑人存在避重就轻或者是以零口供脱罪的侥幸心理。这对我们适用认罪认罚从宽制度，获取有罪供述，争取犯罪嫌疑人的配合，有效突破疑难复杂的案件也提出了很大的挑战。

第三是经济犯罪的图利性。经济犯罪多是图利型犯罪，就是追求利益，犯罪嫌疑人不惜以身试法，就是要获取巨额的利益，在办案中经济利益与认罪悔罪的冲突十分常见。犯罪嫌疑人为了保全非法利益，有的拒不认罪，有的只认罪认罚不认赔，还有的偷偷转移隐匿财产。比如，在集资诈骗案件中，犯罪嫌疑人一旦认罪，即使全额赔付也面临10年以上的刑罚，犯罪嫌疑人大多选择抵抗到底。在较"完善"的犯罪组织中还往往有专门负责"蹲监狱"的犯罪嫌疑人。这对我们办理案件，全面审查案件，排除疑点，准确认定，从追赃挽损的角度把握从宽幅度等都提出了一些新的课题。

第四是社会治理的关联性。随着经济犯罪不断增多，与经济社会发展稳定的关系日益突出，与复杂利益关系和社会治理的需求交织。这要求我们在办理经济犯罪案件中站在落实党和国家重大部署的角度，更好地适用认罪认罚从宽制度，充分地把握其在化解矛盾、维护稳定、推动治理中的积极作用，更好地将制度优势转化为治理效能。以上是我想介绍的第二层意思。

想介绍的第三层意思，是在当前发展的基础上，针对一些新情况新问题，我们下一步要充分落实好这个制度。我们计划着重从三个方面去抓：一是要准确地把握好认罪。因为认罪确实非常复杂，有的认重不认轻，或者认发现了的，不认其他的。同时，要注重发挥好认罪认罚从宽在分化瓦解、指控证明中的重要作用，突破疑难案件。二是要准确地把握好认罚。认罚在经济犯罪里面是非常有特点的。重点是以"追赃挽损"为核心把握好"认罚"，区分金额赔付、部分赔付、拒不赔付、转移隐匿财产等情形，给予不同"从宽"的考量。三是要把握好、准确使用好刑事司法政策。重点是在办理涉民营经济案件中，用好实体从宽和程序从宽，促进民营经济健康发展。但应当注意的是，对于严重危害国家安全、社会普遍关注的重大敏感经济犯罪案件，要慎重，不宜从宽的要依法严惩。

认罪认罚案件中值班律师的有效参与

罗庆东

最高人民检察院第一检察厅副厅长

在认罪认罚案件中，值班律师是重要的参与者、推动者和见证者，对于保障犯罪嫌疑人、被告人认罪认罚的真实性、自愿性、合法性发挥着不可或缺的作用。作为一项重要的配套制度，值班律师制度的完善与否直接影响到认罪认罚从宽制度的成效。这里我汇报三个方面的体会和想法。

第一，检察机关在推动保障值班律师依法履职方面所做的工作。认罪认罚从宽制度实施以来，检察机关严格落实法律规定，努力为值班律师履职提供保障，取得了良好成效。2020年上半年，全国检察机关适用认罪认罚从宽制度办理的刑事案件达到了456537件次、618999人，有辩护人和值班律师参与的合计549430人，参与率达到了88.76%，其中值班律师445829人，占比达到81.69%。这个数据充分表明值班律师在认罪认罚案件中的参与度得到了大幅度提升，已经成为犯罪嫌疑人、被告人获得法律帮助的主要途径。这期间，检察机关所做的工作主要有：一是积极参与顶层设计，促进制度保障。"两高三部"共同制发了《关于适用认罪认罚从宽制度的指导意见》，详细规范了犯罪嫌疑人、被告人获得值班律师法律帮助的条件、程序，细化了法律援助机构派驻值班律师的工作机制，保障了值班律师办理认罪认罚案件时的会见权、阅卷权等核心的权利。2020年8月,"两高三部"又发布了《法律援助值班律师工作办法》,对值班律师的职责、执法司法机关的义务等作了进一步明确规定。二是在实际工作中想方设法为值班律师依法履职提供保障。截至目前,法律援助机构在检察机关设置法律援助工作站达到了1760余个。天津、重庆、云南等地的检察机关已经实现派驻律师、值班律师工作站的全覆盖,有条件的地方检察机关还设置了认罪认罚案件的专用办案区,为值班律师设立专门的会见室,在具体工作中注重保障值班律师的会见权、阅卷权,注重听取值班律师的意见。三是充分发挥监督考核指挥棒的作用,助推值班律师制度落地落实。2020年5月,最高人民检察院出台了《人民检察院办理认罪认罚案件监督管理办法》,其中对认罪认罚案件量刑协商程序进一步加以细化,对量刑建议的说理提出了明确要求。具体讲,在笔录方面,要求检察机关对量刑问题与辩方沟通,协商过程要制作笔录并且附卷,实行全程的留痕;在起诉书方面,要求检察机关在起诉书或者是单独的量刑建议书中,对量刑建议的理由和依据要作出说明;在听取意见方面,既要听取律师的意见,也要听取被告人的意见,真正使量刑建议体现控辩双方充分协商的合意。此外,检察机关还在案件质量考评和检察官业绩考核中将值班律师参与情况作为一个重要的衡量因素。

第二,值班律师有效参与方面存在的问题。个人认为需要重视和研究的主要有三个方面:一是值班律师制度实施过程中遇到的困难和问题,主要包括值班律师数量及值班的时间难以保证办案的需要,经费不足影响值班律师工作积极性,值班律师被简单化为认罪认罚案件的见证人,等等。二是值班律师参与的有效性还需要进一步加强。实践中还存在比较重视形式要件、对值班律师发挥作用的实质性重视不够的问题，听取律师意见的全面度、深入度不够，值班律师意见的采纳率不高。对量刑建议的说理中，主要讲提出量刑建议的依据和理由，对不采纳值班律师和被告人的量刑意见方面的说理不够，或者是根本就没做这项工作。三是还存在被害人权益保障不到位的问题。值班律师更多是保障被告人的权益的制度设计，理论上和实践中比较受重视、受聚焦、受关注。相比较而言，对被害人权益保障问题关注度要小一些。其实被害人在认罪认罚从宽制度中的作用还是非常重要的，被害人的态度对于认罪认罚案件的处理应该说有重要的影响，但是这方面还是存在重视度不够、被害人参与程度不足的问题。

第三，有关律师参与认罪认罚案件有效发挥作用的几点建议。一是适时制定《国家法律援助法》，对值班律师专门作出系统性的、制度性的规定。二是持续推进值班律师有效参与，包括认罪协商过程的同步录音录像，在边远地区值班律师无法到现场见证时候的远程见证，退休法官、检察官以志愿者身份参与以弥补值班律师的不足等。三是在审查起诉阶段充分发挥值班律师参与的重要作用。目前在立法、司法解释、规范性文件等层面，可以说已经建立起认罪认罚案件中值班律师实质性参与的制度机制。审查起诉阶段作为认罪认罚从宽制度适用的关键阶段，也是值班律师发挥实质性作用的关键环节，在这方面检察机关责无旁贷。

构建量刑协商程序平台
保障协商充分性和规范性

刘 辰

最高人民检察院第一检察厅主办检察官

张军检察长在此次会议的开幕式上提到，2019年检察机关量刑建议的采纳率是85%，而今年上半年达到了90.5%，上升了5个百分点，这意味着增加了几万个案件的量刑建议被采纳。这说明什么？说明我们检法对这项制度的认同度是越来越高的，共识是越来越多的，也说明检察机关量刑建议提得越来越精准。还讲到上诉率是3.5%，这个远低于一般的不认罪认罚的案件。我们看到这些成绩的同时，当然也要看到问题。我们看到，还有一些案件由于检法的认识不一致，量刑建议不被法官采纳，或者由于被告人的不认可而上诉，这些个案往往容易成为关注的焦点。为什么会出现这种不被采纳或者被告人上诉的问题？我想原因很多，最主要的当然是检察机关量刑建议能力有待提升，但除此之外，我想谈谈自己在另外两个方面的思考。

第一，认罪认罚量刑建议的采纳标准问题。我们对量刑建议的采纳标准可能有一些误解。刑事诉讼法规定，对于认罪认罚案件量刑建议，法官一般应当采纳；量刑建议明显不当的，法院应当要求检察机关调整，检察机关不调整或调整后仍然明显不当的，法院依法判决。法律非常明确地指出了不采纳量刑建议的标准就是"明显不当"。对于量刑建议有轻微不当、略有偏差的，是不是法官可以不采纳，进行纠正？我赞同"适度接纳"这个观点。这里边有两个理由：

一是量刑里边的一个重要的原则就是裁量原则。因为我们的量刑一定不是简单的加加减减这种数学运算、形式逻辑，如果这样的话，不需要检察官和法官，靠计算机就能完成它。而量刑是一种裁量，裁量就有人的因素在里边，包括主观因素、价值判断和个人经验。因此，检察官和法官得出并不完全一模一样的量刑结论，我认为是正常的，也都是准确的。我提1年6个月，他说1年7个月，这都是准确的。这个也就是我们看到为什么很多案件事实和情节基本相似的案件，几乎相同的案件，法官作出或多或少的裁判的时候，我们都认为是正确判决的原因。我们不会说这个法官判得对、那个法官判得不对，就是因为有裁量在里边。二是还有一个重要的价值要维护，就是司法权威和制度的稳定。因为在认罪认罚案件当中，检察官此前已经代表国家司法机关和被告人进行了协商，向被告人作出了承诺，这种承诺应当具有权威性和稳定性。当量刑出现轻微偏差的时候，是不能打破这种权威性和稳定性的，否则整体的司法权威就不存在了，认罪认罚从宽制度就没法运行了。所以，我认为量刑建议的采纳标准，包括了恰当的、准确的，但可能并不是完全一模一样的量刑；也包括了轻微不当和略有偏差的量刑。只要把握好不采纳的标准是"明显不当"，我想就能够减少相当一部分只多判十几天或者个把月的判决。

第二，我认为是量刑协商程序的规范性不足、权威性不够。认罪认罚从宽是一项新制度，这项制度之下的制度建设，尚未完成。现在律师在庭上以独立辩护权为由提出罪轻或者无罪的辩护，虽然这不是普遍现象，但是有逐渐增多的趋势。分析原因，一方面，从律师角度讲，律师的辩护理念应该转型，辩护重心应该前移。因为原来是对抗型诉讼的时候，律师的主战场是在法庭上，现在我们已经向协商型诉讼转型，公诉人的重心在往前移，我认为我们律师的辩护重心也要前移。另一方面，从我们自身来看，为什么律师有无罪的意见和罪轻的意见不在庭前提出？如果之前提出来，那可能检察官就会作不起诉的决定，也可能就作出轻缓的量刑建议，那不更好吗？为什么不提呢？有律师就反映说，检察官不跟我们协商，不听我们的意见，没有一个协商程序，没有一个互动的过程。这就指出了我们的量刑协商程序不完善。

上诉产生的原因是很多的，其中之一也是量刑协商的不充分。这种协商的不充分，会导致对被告人自愿性的保障不足。我认为我们在让被告人对认罪认罚从宽制度明知的基础上，还应该让被告人达到理解的程度，就是让他知道通过这项制度能得到什么，又要放弃什么，进而作出一个理性的选择。我认为这才能真正地保障被告人认罪认罚的自愿性，以及不反悔。除了律师的实质性参与之外，量刑协商程序还需要完善，什么时间、什么地点、什么人员参与、怎么听取、怎么录像、怎么记录反馈，这些需要一整套完整的程序来构建。因为只有确保了充分协商后，才能保障认罪认罚自愿性，进而增强权威性，减少上诉。同时我也认为，充分协商之后，才能得到也一定会得到一个确定的量刑建议。

认罪认罚从宽制度的价值功能选择

董 坤

最高人民检察院检察理论研究所
学术部主任、研究员

多元化的价值功能有可能在一些具体制度的设计上发生冲突，可能出现同一个案件在体现这个制度的时候发生价值冲突的情况。那么，这个时候我们如何来处理？认罪认罚从宽的制度功能是多元化的，我觉得第一个就是调配司法资源，实现案件的繁简分流，提高诉讼效率；另外一个很重要的就是减少社会对抗，化解社会矛盾，提升社会的治理能力。这是两个最主要的功能。当这两个功能发生冲突的时候，比如，在审查起诉的时候没有认罪认罚，在一审的时候认罪认罚了，或者二审的时候认罪认罚了，这个时候还能不能走认罪认罚从宽程序，还能不能从宽，这个其实就涉及理念决定制度设计。如果价值功能选择不一样，最后的处理方式也是不一样的。如果认为效率为主，就选效率价值，那么，这个时候认罪认罚也不从宽，也不走认罪认罚从宽程序。但是，如果从化解社会矛盾、减少社会对抗的角度，这个时候还走认罪认罚从宽程序就是可行的。

从国家治理体系和治理能力现代化的角度出发，会发现在一审终结甚至二审的时候，可以走认罪认罚从宽程序。如果犯罪嫌疑人真诚地认罪悔罪，他确实通过庭审甚至通过一审认识到了自己的错误，这个时候给他从宽，有一定的量刑优惠，他会心怀感恩。同时，对被害人、对社会，他没有对抗的心理。从整个社会来说，这个程序结束了以后，真正能够做到案结事了、服判息诉。所以，在"两高三部"《关于适用认罪认罚从宽制度的指导意见》中，第49条和第50条就本着这个理念设计了一个制度，即在侦查、审查起诉阶段没有认罪认罚，但当庭认罪愿意接受处罚的，是可以从宽的；二审的时候也可以，但是二审的时候毕竟程序已经很靠后了，这时可以比照一审的从宽幅度做调整；在这个理念下，再审的时候也是可以的，但是可能得比较二审阶段的从宽幅度再做调整。

在这个理念下，我们基本的制度设计可能就会沿着这个思路去设定，不仅在指导意见中，在刑事诉讼法的具体条文中其实都有体现。针对《刑事诉讼法》第201条，我首先想到的是2012年刑事诉讼法修改的附条件不起诉条文，规定的是如果未成年犯罪嫌疑人符合附条件不起诉的条件后认罪了，检察机关会设定考验期，期满以后他又表现良好，没有违反任何规定，那么，最终是作不起诉处理的。作完最终的不起诉，在实践中就会出问题，被害人又跑到法院去提自诉。严格意义上来说，检察院、法院作为司法机关，要保证服判息诉这个程序是稳定的，必须一直是统一的、一致的。所以，如果符合条件提起自诉，法院真的受理了，那么，前面的附条件不起诉制度可能就落空了。为了保证附条件不起诉制度，后来法检之间达成了一个共同的认识，最后法律解释规定，如果被害人真的有异议，可以到检察院去提申诉，目的就是保证制度的统一实行，同时保证了检法作为国家司法机关的承诺是一致的。

这个理念如果适用到《刑事诉讼法》第201条，会发现法律规定是"一般应当",就是检察机关达成了量刑建议以后,法院一般是应当采纳的,它要延续国家公信力。同样,第 201 条第 2 款规定的调整量刑建议,就是说如果量刑建议明显不当的话,检察院作为一个前置程序先调整,调整还是不当法院就变更。个人认为,第 201 条第 1 款列举了法院可以不采纳检察院的量刑建议和罪名的五种情形,在这些情形下直接改判就行了;但是,第 2 款专门列出来是告诉我们,有些情形下法院不能直接不采纳,不能直接改,要告诉检察机关先调一下,调整了之后量刑仍然明显不当法院再改。所以,单独列出来是因为检察院当时和犯罪嫌疑人签了具结书,签了量刑建议,如果要调整还是由检察院代表国家机关来调整,法院在后面把关。这个问题涉及法院能不能直接和被告人进行协商,涉及控辩之间不平等的地位,辩审之间直接协商,可能也需要考虑。

# 四、认罪认罚从宽制度发展完善

认罪认罚从宽制度中的刑事诉判关系解构[*]

高松林 师 索[**]

一、问题的提出

诉判关系是诉讼请求与司法裁判之间的关系，是因诉请生成的诉讼客体在得到审判机关确认过程中形成的互动体系。诉判关系在三大诉讼领域中均存在，在实践中主要表现为诉判同一与诉判差异两种形态，诉判同一与诉判差异的分界线在于法院的判决是否超出了诉讼请求的范围。刑事诉讼中的诉判同一，是指法院审判行为指向的诉讼客体应与检察机关经由起诉所确立的诉讼客体保持一致，也可以认为是刑事裁判的人和事的范围应当与起诉指控的人和事的范围保持一致。[1] 诉判同一原则是由现代刑事诉讼中严格遵循控审分离的基本结构所决定，对被告人的有效辩护以及避免恣意裁判具有制度保障性。长期以来，我国刑事诉讼法似乎规避了诉判关系的绝对匹配性，赋予了法院在追求实体真实责任中的变更裁量权。法院在

---

[*] 本文荣获"认罪认罚从宽制度理论与实务研究"征文活动一等奖。
[**] 高松林，重庆市人民检察院第四分院检察长；师索，重庆市南岸区人民检察院检察员。
[1] 李昌林：《诉判同一与变更罪名》，载《现代法学》2003 年第 2 期。

绝大多数判决中直接变更起诉书指控的罪名，只在极少案件中要求检察机关变更罪名起诉。在这种情境中，检察机关对罪名和量刑的请求权逐渐缩小为模糊的有罪判决请求权。

当前，诉判关系争议的现实表征虽由检察机关倡导的确定刑量刑建议所引发，但认罪认罚从宽制度对诉判关系的改革却是结构性的，量刑建议本身并不能全面准确地提供解释力。诉判关系的重新构建也必须跳出量刑建议的局限范畴，而对相关制度进行全面分析。本文即以一种递进逻辑的结构来阐释这种正在变革调整中的诉判关系。

二、量刑建议、诉判争议与起点逻辑

（一）认罪认罚从宽制度对量刑建议的形塑

认罪认罚案件的量刑建议和过去检察机关在审查起诉过程中提出的量刑建议具有本质区别。量刑建议结构经制度塑造后实现了功能转变。

首先，在结构上实现了内向与外向的双重转变。一是从法律意见到法律关系的内向转变。认罪认罚从宽制度将量刑建议塑造为一种拟制的法律关系，是检察机关结合案件事实、全案证据以及各种情节，在审查起诉过程中，听取犯罪嫌疑人及其辩护人对从宽的量刑意见后，所形成的待法院确认的法律关系，犯罪嫌疑人签署的具结书就是这种法律关系的载体。这种求刑权具有量刑上的协商性，是一种双向甚至多向的权力输出，具有一定的诉讼契约意味，体现了检察机关与犯罪嫌疑人之间的合意。二是从求刑建议到量刑初审的外向转变。认罪认罚从宽中的量刑建议从属于宏观的量刑程序，也导致了量刑权力配置的变更。现在被告人选择认罪认罚的案件中，获得最终量刑需要经过国家机关的两次审查，检察机关在认罪认罚案件中的量刑建议就属于量刑程序中具有法律约束力的初次审查，改变了过去量刑权由法官专属行使并一审定型的格局。

其次，正是因为量刑建议在结构上的双重转变，其功能也发生了双重转变。一是凸显了认罪认罚从宽制度的权力制衡效果。由于量刑建议的法律关系属性，一旦提出就会对法院的量刑程序终极裁量权生成约束力，除特殊情形外，法院一般不能变更检察机关的量刑建议。确实需要变更的，应当建议检察机关调整，检察机关与法院之间又生成了一层准协商性质的权力关系。量刑权的制衡结构不仅让检察机关的客观公正属性得以强化，一定程度上也制约了法院的量刑权，被告人在量刑公正上将获得更大的保障。二是以新的方式联结了起诉与审判。有学者指出，在不久的将来，中国的刑事司法会出现双重心现象：在不认罪认罚的案件中，由于"以审判为中心"刑事诉讼制度改革的推进，审判仍然是决定判决走向的核心场域；在认罪认罚案件中，检察机关的审查起诉将成为刑事司法的重心。[1] 在认罪认罚语境中，审查起诉的重心将放在如何提出量刑建议上，基于检察官客观公正义务，在与犯罪嫌疑人协商量刑从宽之前，必须查明、固定整个案件的量刑情节，进而给出一个相对确定的量刑建议，审判阶段也以量刑建议所生成的量刑程序为核心来展开。所以，量刑建议改变了过去检察机关以定罪请求为联结枢纽的格局，法院是否采纳量刑建议成为认罪认罚从宽制度的核心争点。

---

[1] 魏晓娜：《结构视角下的认罪认罚从宽制度》，载《法学家》2019年第2期。

（二）确定刑量刑建议与幅度刑量刑建议之争议

认罪认罚从宽制度是我国刑事司法体系与国际主流体系接轨的重要渠道，也是提升刑事司法体系参与国家治理现代化进程的重要工具，所以必然会对我国传统的刑事司法体系及理念进行变革。认罪认罚从宽制度由此对量刑建议赋予了裁判约束力，量刑建议成为联结控辩审三方的重要制度载体，量刑建议本身的结构与功能也发生转变。过去检察机关在提起公诉时通常会采用相对确定的量刑建议（幅度刑量刑建议）甚至概括的量刑建议，认罪认罚从宽试点后，检察机关则倾向于提起绝对确定的量刑建议（确定刑量刑建议）。两种量刑建议对法院审判权存在制约差。这也引发了法院对确定刑量刑建议的不适与反对。有学者认为，幅度刑量刑建议使得量刑建议更像"建议"，确定刑量刑建议则更像是"量刑要求"或者"量刑指令"。[1] 相比于改革之前，法院系统无疑感觉自身的审判权被侵蚀了，特别是在量刑裁量权上，受制于检察机关提出的量刑建议。学界对检察机关提出何种量刑建议则尚未形成定论。一些学者认为，确定刑量刑建议更符合量刑规范改革要求，与法院的审判权并不冲突。[2] 犯罪嫌疑人选择确定的刑期建议，就是为了将量刑激励变为现实，减少后期程序的不确定性。[3] 另一些学者认为，量刑建议仍然属于检察机关的求刑权范畴，不是要检察机关替代法院行使权力。检察机关在量刑情节复杂的

---

[1] 臧德胜：《科学适用刑事诉讼幅度刑量刑建议》，载《人民法院报》2019年8月29日，第2版。

[2] 樊崇义：《关于认罪认罚中量刑建议的几个问题》，载《检察日报》2019年7月15日，第2版。

[3] 卞建林：《认罪认罚从宽制度赋予量刑建议全新的内容》，载《检察日报》2019年7月29日，第3版。

案件中应当提出幅度刑量刑建议。[1] 整体来说，检察机关有坚持提出确定刑量刑建议的理由，[2] 而法院有接受幅度刑量刑建议的合理理由。[3]

（三）量刑建议为诉判关系调整提供了起点逻辑

量刑建议对诉判关系的影响在于一种起点逻辑，即检察机关应不应当被赋予在认罪认罚案件中提出量刑建议的权力。有观点认为，检察机关长期不重视提出量刑建议的能力，在量刑规范化建设方面已经与法院产生了巨大的能力差距。言下之意就是检察官在提出量刑建议的专业性层面远不及法官，其提出的确定刑量刑建议理所应当会受到法官的重点审查。但笔者认为，这是检察机关能否在量刑建议的提出能力上得到进一步优化的问题。学界对确定刑量刑建议的研究已经预设了一种场景，即法官对量刑的把握是绝对精准的，也是绝对权威的。事实上，即便是同一地区同一法院同一法庭的法官对同一案件的

---

[1] 胡云腾：《正确把握认罪认罚从宽 保证严格公正高效司法》，载《人民法院报》2019年10月24日，第5版。

[2] 一是增强犯罪嫌疑人对刑罚的预期性、延续性、稳定性，突出认罚效果，避免因处刑不符合心理预期而引发过多上诉情形。二是强化量刑协商过程中的检察权威，避免犯罪嫌疑人讨价还价无限拉低刑罚底线的可能性，有利于推进认罪认罚从宽的适用率与公信力。三是避免同案不同判等情形，更有利于实现"同案同判、类案类判"的整体量刑公正。四是提升整个刑事流程的效率，在庭审阶段也可以尽量避免对刑种刑期问题的争论。五是幅度刑量刑建议让协商的不确定性延续至最后审判阶段，这无异于悬置了检察机关和被告人之间的量刑协商沟通机制，并不符合制度设计的初衷。

[3] 一是提出刑期的幅度更有利于应对案件的不稳定情节，特别是在庭审阶段出现的可能影响量刑结果的新情节，只要幅度合理，并不影响检察机关量刑建议的采纳率。二是幅度刑的量刑建议更有利于控辩协商。如检察机关提出8个月有期徒刑，犯罪嫌疑人认为应当是6个月，此时检察机关的量刑建议可以提出6个月至8个月有期徒刑，法院可以居中裁判7个月，检察官和犯罪嫌疑人都不会有异议。三是有利于优化诉讼流程，对于检察机关采取集中出庭模式的地区，法官需要建议检察机关调整量刑建议的，由于出庭检察官不是案件承办人，需要休庭调整而影响案件效率，违背了速裁程序的初衷。四是幅度刑量刑建议的提出有利于培养确定刑量刑建议的提出能力，目前检察机关的整体量刑能力还达不到规范化水平，地区差异、人员差异性大，可能影响量刑实体公正。

量刑也会出现差异化，说明法检双方对认罪认罚案件量刑建议的争议客体，并不是一个可绝对客观化或符号化的运行机制，而是一个非常主观的集合体。量刑建议与量刑结果受到主观认知过程的干预极大。认罪认罚从宽中的量刑建议使得诉讼案件通过两道量刑程序来实现法检之间的权力制衡。所以，量刑建议对法院的约束力，不是检察官与法官谁在量刑计算上更为专业的问题，而是有没有必要设置这种约束力的问题。应该怎么做和该不该这样做完全是两个问题，并不冲突。基于此，不论检察机关采用何种量刑建议，都会对法院的裁判产生制约效应，不同类型的量刑建议影响的仅仅是制约的程度。从另一个侧面来看，量刑建议也不应当成为法检两家需要花费较大精力去争议的客体，量刑建议仅仅是诉判关系调整中的一个直接促发点，过于夸大量刑建议对诉判关系的影响，实际将诉判关系带入了一种误区。

三、权力博弈、诉判制衡与自我调适

（一）诉判关系调整的制度背景

量刑建议属于诉判关系体现于法律文书中的影响形式。在法律文书背后，实际上是检察权与审判权在全新的制度环境中博弈。过去检察机关以职务犯罪侦查权作为机构运行的支撑路径，国际反腐败业界已将检察机关归入法律意义上的反腐败机构。诉判关系自然也受到侦查权的介入，法院极少对检察机关起诉的案例作出无罪判决，检察机关也极少对法官立案侦查。此时的公诉权更多在象征意义上对审判权具有制衡作用。监察体制改革后，检察机关过去通过侦查权建立起来的制衡机制已然消失，一种全新的诉判制衡关系需要重新被建立。检察机关也迫切需要在侦查权转隶后重新搭建以公诉权为核心的法律监督权力格局。国家也需要法检之间通过一种新的制度形式形成新的制衡体系，防止检察权与审判权的两极分化。认罪认罚从宽制度成为诉判关系中检察权与审判权博弈的重点领域。

（二）认罪认罚从宽制度中诉判关系的发展

认罪认罚从宽制度实施之后，诉判关系大致可以分为四个阶段。这里选择了C市N区检察院开展认罪认罚从宽工作的实际情况作为分析对象。

1. 量刑建议调整率过高引起的诉判紧张阶段

C市检察机关从2017年3月正式启动认罪认罚从宽制度改革试点，在试点的前6个月，C市N区检察院共办理公诉案件837件1069人，其中办理认罪认罚案件为183件193人，占所有公诉案件的21.86%。在认罪认罚案件中，检察机关和被告人按照达成的确定刑量刑建议起诉至法院后，被法院变更量刑建议的案件为36件36人，占起诉总数的19.6%。被告人上诉的案件为10件10人，占据案件裁判总数的5.5%。在上诉案件中，其中5件5人为不服法院变更量刑建议而上诉，占变更数的13.9%，占上诉总数的50%。也就是说，法院对量刑建议的不采纳将在很大程度上直接导致被告人上诉。因此，法院变更量刑建议与被告人上诉之间存在必然的因果联系。同时，对于法院作出的畸轻变更，检察机关也将就相关判决提请抗诉。由此来看，法院如果过于频繁行使变更权，无疑将围绕变更问题生成来自诉判以及辩审之间的冲突问题。

这个数据同其他试点地区的已公开的情况产生了较大差异。比如，S市F区检察院适用认罪认罚从宽制度办理的案件，平均审查起诉时间比其他案件节约近2/3，量刑建议与法院判决结果符合率达95.6%，无一例上诉。[1] 笔者注意到，一些试点初期的公开数据并未明确区分量刑建议被采纳的类型。改革关注度较高地区的案件也在高位运行，案多人少的困境让法官没有充裕时间去仔细斟酌量刑建议的合理性。相反，在一些案发量稍显宽松的地区，法官则有较为宽松的时间去推敲量刑建议。因此，这样的数据并不能完全代表认罪认罚从宽制度中的本源性矛盾。对于改革关注度不那么高的地区，法官在裁判时更多遵循内心对事实、情节认定的真实意愿，数据体现的改革成效相对真实。另外，法官对检察官提出量刑建议的方式转变也明显感觉不适应，过去检察官倾向于提出概括型量刑建议与相对确定的量刑建议，并未挤压法官的量刑空间。N区检察机关在试点后就推行确定刑量刑建议，自然就会引起各方面的冲突。当然，变更率过高并不意味着认罪认罚从宽制度本身受到了挑战，相反，这是制度试点阶段的必然阵痛。

很明显，这种普遍适用的制度安排在磨合阶段产生了一定的不适感，诉、辩、审三方在初始期并未完全将其中的"权力—权利"关系梳理清晰。检察机关在和被告人达成量刑建议的经验方面还较为欠缺，如何根据不同案件、不同人员，制定最适宜的量刑方案，对这个阶段的检察机关来说非常紧迫。辩方对这种明文刑事司法协议的信任机制还处于构建中，怀疑仍然持续在诉讼进程中，也导致检察机关想要通过确定的刑期来构建信任。对于检察机关认罪认罚从宽制度，审判者在案件审查中还未能摆脱过去规范性庭审的影响，也同样处于一种半迷茫半摸索的状态。

---

[1] 林中明：《上海：认罪认罚从宽制度全面铺开成效初显》，载《检察日报》2017年4月25日，第1版。

2. 量刑建议类型协商适用后的诉判缓和阶段

由于在初探阶段 N 区检察院采用过多的确定刑量刑建议不被法院所采纳，引发了很多问题。比如，形成了犯罪嫌疑人、被告人的应对策略，先在检察机关签协议，再在法庭上重新考虑，影响了检察机关与犯罪嫌疑人信任机制的建立。法官希望检察官能够提出幅度刑，从而可以在幅度偏下的区间量刑，既可以保证被告人不上诉，也可以在被告人上诉情况下不被上级法院改判。若检察官坚持提出确定刑量刑建议，则不被法官采纳的概率增大。

为此，N 区检察院也积极采取应对措施，提升量刑建议精准化。一是组织部门检察干警学习最高人民法院发布的常见犯罪的量刑指导意见和 C 市高级法院发布的量刑指导意见，准确掌握各种量刑情节的量刑幅度；二是组织 N 区法院刑庭法官与检察干警沟通会，由刑庭法官讲述各种量刑情节的具体应用，讲解如何准确适用缓刑、执行刑、罚金刑；三是通过辖区内类案推送的功能，查询同种罪名类案判决情况，在参考相应犯罪情节后确定量刑基准刑；四是查阅犯罪嫌疑人前科材料，通过参考前科判决，对比平衡前后罪的量刑幅度；五是案件起诉至法院后及时与承办法官沟通，对于法院认为量刑偏轻或者偏重的建议认真审查，在确定量刑需要调整时与犯罪嫌疑人重新签订认罪认罚具结书。

经过一系列措施，N 区检察院在认罪认罚案件中提出量刑建议的采纳率得到明显提升，但是这个阶段里面，就确定刑量刑建议与幅度刑量刑建议而言，法院希望检察官在提出量刑建议时能给出一个幅度，达到一种更加周圆的处理。检察官对于采取确定刑还是幅度刑都不排斥，所以检察官也愿意给出一个幅度。最后在这个阶段，量刑建议的采纳率实际上被幅度刑量刑建议拉升。作为诉判关系的必然协商，法院希望检察机关从相对确定的幅度刑量刑建议做起，再逐步采取确定刑量刑建议的方式。

3. 正式规范出台后的诉判磨合阶段

刑事诉讼法修改后，认罪认罚从宽正式成为一项重要诉讼法原则。N区检察院开始全面重视确定刑量刑建议的提出。在第二阶段的诉判关系协商之后，检察机关对提出确定刑量刑建议的把握更高，也能提出更多的确定刑量刑建议，被法院采纳的比例也开始提升。由于刑事诉讼法对检察机关的正式赋权，检察机关开始采取多种策略应对法院可能不采纳的情形。

一是比较柔和的方式，在量刑情节不稳定的认罪认罚案件中采取附条件量刑建议，提出多个量刑建议，由法官根据庭审时可以确定的情节选择其中最为合理的量刑建议。比如，在具结书中的量刑建议部分写到"建议判处有期徒刑8个月，罚金3000元。若符合缓刑适用条件，退赃退赔，且全额缴纳罚金，可适用缓刑1年8个月"。这样就有效规避了幅度刑量刑建议的适用。二是比较激烈的方式，以抗诉的方式制衡法院对确定刑量刑建议的变更行为。比如，在N区法院办理的杨某危险驾驶案中，法官在庭审时未征求检察官是否调整量刑建议，在判决时直接变更了量刑建议的刑期与刑罚执行方式。N区检察院对此程序性违法提出了抗诉，上级法院尽管因实体结果正确而维系了原审判决，但在判决书中也提到了原审法官的程序性违法应当避免，这就强化了法官在随后的庭审中严格遵循诉讼程序规定的自觉性。抗诉的方式尽管适用率不高，但同检察机关自身的监督属性并不矛盾，在符合条件时正确抗诉，一定程度上限制了法官对程序进程的恣意性。

另外，法院也并不满足于不控不理的被动裁判局面，而是通过庭审中对认罚的认定标准积极影响审前程序，特别是对检察机关量刑建议中提出的附加刑以及刑罚执行方式进行影响。比如，检察机关提出并处罚金，且适用缓刑的量刑建议，法院可以认为必须全额缴纳罚金才能视为认罚，否则不能适用缓刑。这就相当于法院自身的认罚标准也加入到了审前协商中，量刑协商程序在存在罚金刑或者缓刑的情形中，就变成了事实上的三方协商机制。法院以采纳建议的认罚标准影响检察机关，检察机关又将这种标准植入与犯罪嫌疑人的协商过程中。所以，诉判关系在正式规范出台后，也在不断地演变。

4. 权力调整后的诉判关系缓和阶段

2019年10月，"两高三部"出台《关于适用认罪认罚从宽制度的指导意见》（以下简称《指导意见》），诉判关系的影子应然贯穿于《指导意见》中。诉判关系的博弈趋势更加明面化。检察机关将确定刑量刑建议作为量刑建议的主要提出方式。《指导意见》第33条第2款规定，办理认罪认罚案件，人民检察院一般应当提出确定刑量刑建议。《指导意见》第40条强化了法院对量刑建议的"不采纳"，这在《试点办法》与刑事诉讼法中并未如此直接地规定。显然，《指导意见》在赋予检察机关提出确定刑量刑建议基础上，也赋予了法院直接不采纳和建议调整后依法判决的权力，较好地形成了权力制衡。

值得注意的是，《指导意见》第40条第2款规定，对于人民检察院起诉指控的事实清楚，量刑建议适当，但指控的罪名与审理认定的罪名不一致的，人民法院可以听取人民检察院、被告人及其辩护人对审理认定罪名的意见，依法作出裁判。该条规定无疑又赋予了法院对检察机关在罪名协商中的审查权，与第40条第1款第4项规定的"起诉指控的罪名与审理认定的罪名不一致的"不采纳量刑建议相对应。事实上形成了法院对检察机关申请主导程序的全面审查机制，指控的罪名与达成的量刑建议均要在认罪认罚案件审判中受到审查。若指控罪名与审判罪名不一致，由指控罪名生成的量刑建议自然也就无效。法院在《指导意见》的规定下，仍然获得了巨大的审判裁量空间。从《指导意见》出台至今，法检两方的诉判关系整体已经趋于缓和。

（三）诉判关系在权力博弈中的自适应机制

这样的结果显然是出人意料的，也与学界部分学者提出的法检两家仍会以量刑建议为持续争点的预设不太相符。按照受访检察官的话来说，法院尽管对认罪认罚案件的新型诉讼结构仍有不情愿之意，但整体上已经接受了这样的制度安排。《指导意见》虽强化了检察机关提出确定刑量刑建议的适格性，但法院并未因此频繁建议检察机关调整量刑建议，也基本没有对指控的罪名提出变更。法院增加了对检察机关确定刑量刑建议的采纳率。

不难发现，经历了几个阶段的权力博弈，诉判关系已然形成了一种自适应机制，其原因主要有三个方面。一是我国法院经过多年司法体制改革与人才工程建设，法官队伍的整体法治素养已经得到大幅提升，法官是司法裁判者，就应当带头遵守法律规定，这是其本身的职责所在。二是部分法官在制度试点初期的抵抗情绪较浓，但随着制度推进的深入，法官也享受到了认罪认罚从宽的制度红利。庭审时间短了，障碍少了，被告人上诉率低了，法院通过采纳量刑建议也提升了自身的司法公信力。从被告人的朴素观念来看，公检法三家在认罪认罚从宽制度中代表着国家，公安在侦查阶段进行认罪从宽教育，检察机关在审查起诉阶段拟定从宽方案，法院若在最后一关因自身情绪而置整个刑事司法公信力于不顾，那么损害的也是自身的公信力。三是近年来具有严重社会影响的非法吸收公众存款案件、电信诈骗案件、境外赌博案件频发，法院必须通过认罪认罚从宽制度来为这些复杂案件的审理赢得时间。在司法责任制改革背景中，法官花费大量的精力去纠结简单无争议的认罪认罚案件并不理性。

基于这些原因，可以预见的是法检在未来较长一段时间内，排除个别案例，诉判关系可能不再以量刑建议为争点。在推进认罪认罚从宽制度进入深水区过程中，诉判关系仍然会受到其他因素的影响而产生波动，维系稳定的诉判关系需要重新回到认罪认罚从宽与诉判关系的衔接问题，进一步对诉判同一或诉判差异的缘起进行解释。

四、秩序选择、诉判同一与角色转变

（一）刑事诉判关系的两种衔接机制

刑事诉判关系一般情况下由两种形式予以衔接，即诉判差异与诉判同一。不同的衔接方式将对应诉判关系的不同运作。差异化或一致化各自所追求的价值目标，让诉判关系在转化中不断调整。

1. **诉判差异：基于主观法权利的保障**

主观法权利系来自德国法中的一个概念，是指主观权利在法律领域的衍生，即法律规范赋予了公民为实现个人利益要求他人为或不为一定行为的权利。在公法领域，即公民要求国家权力主体为或不为特定行为的权利。[1] 主观法权利体系形成了

---

[1] 邓刚宏：《我国行政诉判关系的新认识》，载《中国法学》2012年第5期。

以司法救济为主线的权力进路，在此情境中的刑事审判主要围绕国家侦查权力行使的程序合法性为审查核心，进而实现对被告人基本权利保护的基本目的。

因此，法官对检察公诉的基本事实及证据体系要再次审查，最后的判决主要是法官基于控辩双方在庭审阶段对程序合法性、证据合法性进行质证、辩论后的认定，超出、缩减、变更检察机关对罪名的诉请较为常见，并不要求诉判之间具有严格的对应性。在这种诉判关系衔接下，被告人的权利将得到程序法的完整保障，通过行使辩护权而尝试让国家公权力与公民私权利的博弈点重新达成平衡，让有罪变无罪、重罪变轻罪，进而寻求处刑上的减扣。法检之间的诉判关系并没有目的关联或制约机制，除了法院的无罪判决或畸轻畸重的量刑可能会让检察机关抗诉外，诉判关系总体属于宽松范畴，在多数时候法检之间以建议的方式进行权力沟通。比如，法院建议检察机关补充侦查、变更起诉、补充起诉，检察机关可以建议法院延期审理等。

由于检察机关在这种诉判关系模式中更加注重公诉权中的定罪请求权，所以影响诉判关系的核心要点就在于判决是否认可公诉中的定罪请求，即是否能够获得有罪判决。国家立法事实上也不太可能要求通过诉判一致性来维系诉判关系的稳定，反而通过容许一定程度的诉判差异来保持诉判关系的动态平衡，进而实现公诉权与审判权之间的权力制衡。

2. 诉判一致：基于客观法秩序的构建

保障主观法权利的过程需要耗费大量的司法资源，但是在绝大多数案件中，这种资源耗费不具必要性，所以国家亟须实现司法资源的合理配置。特别是在以审判为中心的诉讼制度改革背景中，庭审实质化并不是要将所有刑事案件按照主观法权利的保障模式去设置程序，而是更多地将庭审对侦查行为合法性以及证据裁判的基本方法融入整个刑事诉讼程序。这需要划分泾渭分明的两条程序主线去构建一种客观存在的法律秩序。

基于对诉讼进程以及基本常识的判断，客观法秩序的目的就是让公民在身处刑事程序中并可能作出刑事法律意思表达时，可以较为清晰地知道这是他获得特定法律地位的必然途径。在这种法秩序中，公民的意思表达和获取法律地位之间存在必然关联性。大量以必然性为结果的案件替代以或然性为结果的案件时，整个刑事司法体系的成本就降低。但是，不能忽视的是，客观法秩序必须是一种可预期的、稳定的、高效率的制度体系，需要特定法环境中的特定制度作为这种秩序的载体去生成国家与公民之间的信任关系，并获得较为长久的保障性。

这种信任机制需要刑事司法中的国家主体与公民达成的诉讼契约最终能够得到兑现。侦查机关、检察机关给予犯罪嫌疑人、被告人的承诺必须在审判机关审判中得以实现。尽管侦查机关、检察机关与审判机关分列于刑事程序的各端，但这种契约的期待性同时对三机关产生约束力，任何机关的承诺不能兑现，均会造成法秩序的撕裂和动荡。涵盖在检察机关诉请中的契约只有尽可能得到审判机关的确认，在诉判一致的情境中才能有效实现这种客观法秩序的实质构建，诉判关系才具有较为严谨的权力制衡性，而不再是一种宽松的氛围。

（二）客观法秩序对诉判同一的要求

世界主要法治国家的刑事诉判关系基本都经历了从保障主观法权利到构建客观法秩序的转变历程，其中最重要的动因就是司法效率与资源成本的优化配置。稳定的客观法秩序可以大幅降低司法成本，将最重要的资源配置在不认罪案件中。认罪与否成为一道重要的制度分水岭。在英美法系国家的对抗制诉讼模式中，选择审前有罪答辩的被告人通常会对法官的审判权产生约束，即不经过罪与非罪的审理而直接进入量刑程序。被告人实际上放弃了程序中主观法权利的程序保障，来换取实体上的量刑减扣。这个选择过程对诉判关系产生影响。在意大利，法律并不要求法庭审查证据或核实那些看起来证据确凿的案件。在瑞士，法庭并没有主动审查证据的义务。俄罗斯的法律并未规定法庭有明确义务去审查辩诉交易案件中的证据。但是，对证据的审查义务是从法庭对辩诉交易条件是否满足的核实义务中逻辑性地推出的。在很少的案例当中，至少在某些情况下，基于推进程序进行的目的，法律要求法庭整理并审查案卷当中没有的证据。而在职权主义诉讼模式中，即便被告人认罪而作出有罪答辩，也不能约束法官的审判权，法官仍然有权力对事实进行审查。在德国，就算认罪协议已经达成，法庭也有义务去整理那些与案件某些方面有关，并且有助于其作出决定的证据。[1]

可见，世界各国对被告人在辩诉交易中作有罪答辩后的法官审判权作出了不同的规定。一些国家排斥了法官对事实、证据的审查权，而直接进入量刑程序，一些国家仍然基于查明实体真实的目的保留了法官的审查权。但对于诉判同一原则的遵循始终贯穿于认罪协商制度中，只是法检之间行使权力的方式不同。我国正是基于对客观法秩序构建的考量，将认罪认罚从宽作为重要诉讼原则写入刑事诉讼法。不同于以往对具体程序的删减或增补，认罪认罚从宽的立法用意显然超越了一般的程

---

[1] ECHR. CASE OF NATSVLISHVILI AND TOGONIDZE v. GEORGIA（Application no. 9043/05）.

序要求，其中的三个要求可以塑造我国特有的客观刑事法秩序。一是要求根据认罪而流程提速，二是要求根据认罚而情节确认，三是要求根据从宽而确定兑现。这三个要求基于审前契约主义与法院居中裁判的法理内涵，法院一般应当采纳认罪认罚案件的量刑建议。事实上，在客观法秩序中，检察机关作为公共利益的代表，在处理刑事案件中已不再局限于纯粹的起诉，而是将刑事案件视为一种公共利益的纠纷化形态。被告人与检察官就这种纠纷诉至法院时，已经和民事诉讼与行政诉讼中要求诉判同一的基本原则越来越趋同化。

（三）诉判同一原则与诉判角色转变

由于我国的刑事审判并未严格遵循诉判同一原则，所以认罪认罚从宽制度采取了职权主义国家的做法，始终对案件实体真实的证明保持审慎态度。与此同时，客观法秩序又将诉判同一植入诉判结构中，从而引发了法检角色在全新制度环境转变时的认知冲突。关系互动是关系动态平衡的基础，法检关系的此消彼长形成了不同的角色关系。辩诉交易虽起源于美国，但各国在法律翻译与移植过程中却形成了不同的做法，没有完全照搬美国模式的情形。笔者以美国为基础背景，再以与美国模式差别较大的德国、中国模式作为比较，分析法检角色转变对诉判关系的影响。

1. 美国：积极的检察官与消极的法官

美国的辩诉交易由检察官的指控决定构成。通过选择性指控，检察官对判决有很大影响。认罪协议包含着具有约束力的量刑建议，法官可以（但很少会）驳回指控或约束认罪协议。在被拒绝的情况下，被告人可以撤回他的认罪答辩。在美国的权力体系中，检察权属于行政权，基于三权分立原则，检察官在审前的权力运作原则上不受司法干预。基于此，联邦最高法院重申，法官参与辩诉交易的任何阶段都必然违反联邦刑事诉讼规则。[1]《美国联邦刑事诉讼规则》第 11（C）（1）条规定："政府的检察官和被告人的律师或处于诉讼进程中的被告人，可以讨论并达成辩诉协议。法院不得参与这些谈判。"美国的一些州法院法官在辩诉交易中发挥其司法职能，实际是让法官与辩护律师或被告人进行了有效的直接谈判。在这些案件中，检察官坚持反对被告人与法院直接达成的协议，理由是法官超越了审判权，侵犯了检察职能。例如，在 State v. Carlson 中，阿拉斯加上诉法院认为，初审法院"有效"命令地方检察官不起诉谋杀指控，法官的行为意在"剥夺检察机关根据被告人对较轻罪行认罪的意愿来选择提起哪项指控的行政职能"，这一举动违反了三权分立原则，因为起诉案件的决定权在于行政部门，法官的职能在于中立审判。[2] 所以在美国，联邦层面以及大多数州在辩诉交易案件中确立了严格的控审分离制度，检察官在审前的谈判行为几乎不受制约而显得异常活跃，法官则保持了司法克制主义，对认罪案件并不作过于深入的审查。

2. 德国：消极的检察官与积极的法官

自 20 世纪 70 年代以来，德国刑事司法体系中的辩诉交易越来越普遍，但德国对辩诉交易的规范与监管比美国更严格。德国的辩诉交易值得关注，因为辩诉交易受到法院和司法部门的密切监管。在德国制度下，被告人的自白和认罪不能取代审判。公诉人与被告人达成辩诉协议的唯一好处是缩短了审判时间。在 1997 年一项具有里程碑意义的决定中，德国最高法院承认这种做法的前提是检察官的谈判要遵循具体规则。这些规

---

[1] United States v. Davila, 133 S. Ct. 2139, 2140 (2013).

[2] Rishi Raj Batra. Judicial Participation in Plea Bargaining: A Dispute Resolution Perspective, Ohio State Law Journal, 2015 (3), p.584.

则包括：谈判应在审判开始后进行；审判期间需要公开审前的讨论情况；所有参与人（包括共同被告人）需要被告知；法院需要核实被告人的供词是否真实；法院不能作出明确的判决指示，尽管可以指示可能的最大刑期；判决不得与被告人的罪责不成比例；不得损害被告人的自由意志，不得作出不应有的承诺或者威胁；被告人不能放弃上诉的权利。[1]

值得注意的是，德国辩诉交易的时机是在侦查结束、检察官向法庭提出正式指控之后进行的，这与美国不同。在美国，无论是严重案件还是轻微案件，辩诉交易都发生在提起诉讼之前。德国制度也就意味着整个辩诉交易需要在法官的参与、监管下进行。检察官的任务在于根据《德国刑事诉讼法典》第408a条的规定，可以在任何时候，甚至在审判开始之后，提出刑事命令的申请。法官通常会按要求发出刑事命令，一旦获得司法授权，公诉人就将命令发送给被告人。被告人接到命令后，在两周内决定是否接受命令或请求法庭审判开始。促使被告人接受刑事命令的诱因是，刑事命令中所包含的惩罚比被告人在审判中被定罪可能施加的惩罚要轻。由此可见，在德国辩诉交易制度中，检察官承担着启动程序的任务，而具体的交易则在法官的参与下，由法官与被告人达成协议。作为制衡，这份认罪协议需要得到检察官的同意。

3. 中国：积极的检察官与积极的法官

通过对美国与德国诉判关系的比较，不难发现我国的诉判关系恰好处于一种中间位置，即检察官在审前与被告人签署具结书，提出双方认可的指控罪名及量刑建议，起诉到法院后，

---

[1] Regina E. Rauxloh, Plea Bargaining in Germany – Doctoring the Symptoms without looking at the Root Causes, The Journal of Criminal Law, 2014 (5), p. 392.

犯罪嫌疑人的认罪并未导致审判的消失，法官仍然要全面审查案件。[1] 虽然我国法官又采用了裁判中立原则，并不干预审前的协议，但是只要在庭审环节犯罪嫌疑人提出新的量刑情节事实或者发生了法律规定的情形，法官将较大可能地把认罪量刑的裁判权重新划转到庭审范畴中。法官在这种情况中与犯罪嫌疑人达成的协议，并不需要经过检察官的同意。

我国的认罪认罚从宽制度，塑造了一种法检双方均很积极的诉讼角色。在制度试点的初期，部分法官对自身角色的认识产生了偏差，误认为我国的认罪认罚模式是采取了美国的司法克制主义，由此产生了对检察机关提出量刑建议的不适与反对，而后期正式立法以及出台指导意见之后，这部分法官对自身的角色认知逐渐回归理性，并拥有了对检察机关审前的诉讼行为的监督权。必须认识的是，我国检察院在与犯罪嫌疑人、被告人协商过程中，并没有美国检察官在谈判过程中所拥有的"认罪"与"审判"间的巨大量刑差。在这种情况下，法院的审判权并未受到侵蚀，只是法官的审判权受到了一定制约，而这种制约又通过法官的监督权予以平衡。

检察官的主导，更多体现在对客观法秩序的建构上，以及对认罪认罚从宽制度遵循诉判同一的推进上。正如一些受访检察官所言，认罪认罚从宽制度事实上将庭审上可能出现的潜在冲突前移至了审查起诉阶段，认罪认罚从宽制度并未让检察官的工作量减小。这也正体现了我国刑事诉讼三机关之间的配合

---

[1] 由于我国审前程序中控辩双方地位并不实质平等，以及长期以来确保实体真实的诉讼传统，法院不仅要审查认罪认罚的真实性、自愿性，也要对量刑建议的具体结果进行实质审查。仅在具有无罪可能、被告人反悔、有异议、量刑建议畸轻畸重等情形时，可以建议检察机关调整量刑建议。对被告人认罪的案件，在确认被告人了解起诉书指控的犯罪事实和罪名，自愿认罪且知悉认罪的法律后果后，法庭调查可以主要围绕量刑和其他有争议的问题进行。

与制约。同时也应当看到,诉判关系是由国家为推动程序简化而设计的程序性权力分配机制所决定。不同的程序设计决定了控辩审三方在其中的重要作用,也引发了其中的不同诉判关系。实际上,控辩审三方关系才是真正的权力制衡关系。诉判关系的权力分配并没有太大的问题,因此最终的落脚点就应当是共同维护一种公正体系,从而弥补辩护权缺失的不利影响。

五、结语

本文对认罪认罚从宽制度试点以来的刑事诉判关系进行了递进式的分析。量刑建议在诉判关系中的争议更多地存在于技术层面,基于我国的政治体制与法律体系,争议性的诉判关系不可能长期存在,法检的权力博弈必然会通过立法或司法解释达成一个新的平衡点。在研究影响诉判关系的因素时,需要更多地关注国家对刑事法治治理的长远规划,因此本文提出了诉判同一以及诉判差异所对应的不同秩序价值。只有将诉判关系放在这种价值秩序中去观察,才可能观察到诉判关系的真实互动。

论认罪认罚案件中量刑建议与量刑裁决的良性互动[*]

李奋飞[**]

一、问题的提出

大约在2000年前后,我国一些地方司法机关就开始了量刑建议的改革探索。[1] 2010年10月,"两高三部"联合施行《关于规范量刑程序若干问题的意见(试行)》。按照其有关规定,对于公诉案件,人民检察院可以提出量刑建议。量刑建议一般应当具有一定的幅度。此时,量刑建议虽只具有"求刑建议书"的属性,对于法院的量刑裁决仅具有参考价值,"法院也没有义务按照检察院的建议量刑",[2] 但在实际的司法运作中,高达80%至90%以上的量刑建议还是得到了法院的采纳。究其原因,主要是实践中量刑建议的形式基本都是"幅度刑",而且幅度往往还比较宽泛。

随着认罪认罚从宽制度改革的推行,特别是在认罪认罚从

---

[*] 本文荣获"认罪认罚从宽制度理论与实务研究"征文活动一等奖。
[**] 李奋飞,中国人民大学法学院教授。
[1] 陈瑞华:《论量刑建议》,载《政法论坛》2011年第2期。
[2] 朱孝清:《论量刑建议》,载《中国法学》2010年第3期。

宽制度被 2018 年刑事诉讼法正式确立后，对于被追诉人认罪认罚的，检察机关必须在听取包括被追诉人在内的各方意见的基础上，就主刑、附加刑、是否适用缓刑等提出量刑建议。至于量刑建议的形式，是"精准刑"量刑建议，还是"幅度刑"量刑建议，则可以由检察机关根据案件的具体情况来选择。不过，无论是哪种形式的量刑建议，都不再仅仅是法院进行量刑裁判时的参考因素，而具有了特别的裁判约束力，即，人民法院依法判决时，除了出现《刑事诉讼法》第 201 条规定 5 种不能采纳的量刑建议的情形和量刑建议"明显不当"以外，[1] 法院"一般应当"采纳量刑建议。立法之所以赋予认罪认罚量刑建议特别的效力，主要是基于量刑建议是也应该是控辩双方合意的产物。如果法院能够在量刑裁决时对量刑建议给予最大限度的尊重和采纳，不仅可以推动刑事案件繁简分流，优化司法资源配置，还可以避免引发不必要的上诉、抗诉。从认罪认罚从宽制度改革推行以来的情况看，检察机关在认罪认罚案件中提出的量刑建议确实也得到了审判机关较为普遍的接纳，[2] 个别地方量刑建议采纳率甚至达到了 100%。[3]

认罪认罚案件量刑建议的采纳率之所以如此之高，原因固然是多方面的，但一个重要的原因显然不容忽视，那就是"幅

---

[1] 即被告人的行为不构成犯罪或者不应当追究其刑事责任的、被告人违背意愿认罪认罚的、被告人否认指控的犯罪事实的、起诉指控的罪名与审理认定的罪名不一致的，以及其他可能影响公正审判的情形。

[2] 从最高人民检察院的统计数据来看，2019 年 12 月，认罪认罚适用率 83.1%，采纳量刑建议的比例高达 79.8%。参见 2020 年《最高人民检察院工作报告》。

[3] 据报道，自从认罪认罚从宽制度实行以来，龙泉市检察院已适用该制度办理案件 149 件 256 人，适用率达 81.7%，并对所有认罪认罚案件提出量刑建议，量刑建议采纳率和服判息诉率达 100%。参见范跃红等：《量刑建议采纳率、服判息诉率均为 100%》，载《检察日报》2019 年 7 月 27 日，第 2 版。

度刑"量刑建议虽比改革以前有所减少，但仍然占有相当的比例。[1] 也正因为如此，"两高三部"2019年10月联合出台的《关于适用认罪认罚从宽制度的指导意见》（以下简称《指导意见》），对检察机关提出的"一般应当"提出确定刑量刑建议的新要求，才被认为"给控、辩、审三方都带来了挑战"。[2]

在量刑协商机制逐步成为中国刑事诉讼新常态机制的背景下，需要认真研究，审判机关应该如何审查和采纳检察机关在认罪认罚案件中提出的量刑建议？具体而言，是应强调法院对量刑建议的适当性进行"实质审查"，还是仅仅进行"形式确认"？抑或是在"实质审查"和"形式审查"之间寻求平衡点？量刑建议明显不当的判断标准如何把握？对于"不当"而非"明显不当"的量刑建议，法院应如何处理？是予以"适度容忍"还是"有错必纠"？对于量刑建议"明显不当"的，是否必须先行告知检察机关予以调整？在量刑建议未获审判机关采纳时，检察机关能否通过"积极寻求抗诉"的方式，来制约审判机关对量刑建议"明显不当"的判断和裁量？二审法院是否仍应受量刑建议的特别约束，而不应再进行因二审抗诉所引发的全面审查？等等。这些问题的解决都影响着量刑建议与量刑裁决良性互动的实现。而这种良性互动，不仅关乎被追诉人认罪认罚后"从宽"利益的兑现，也关乎认罪认罚从宽制度的内生动力，甚至还关乎认罪认罚案件中检法关系的未来走向。基于此，本文拟立足于认罪认罚案件中检法关系的视角，围绕量刑建议的审查和采纳这一核心问题，结合一些认罪认罚典型

---

[1] 陈国庆：《量刑建议的若干问题》，载《中国刑事法杂志》2019年第5期。
[2] 李刚：《检察官视角下确定刑量刑建议实务问题探析》，载《中国刑事法杂志》2020年第1期。

案例，就量刑建议与量刑裁决良性互动的逻辑起点、制约因素以及实现路径等问题展开讨论。

二、良性互动的逻辑起点

一般认为，"分工负责、互相配合、互相制约"原则是调整我国公检法三机关关系的指导性准则。检法关系自然也不例外。"以审判为中心"的刑事诉讼制度改革，为中国刑事诉讼模式的理性转型提供了新的契机。[1] 也正是站在"以审判为中心"的视角之下，才有学者主张，"控审职能之间的区分应从形式走向实质"。[2] 但是，与"以审判为中心"的刑事诉讼制度改革并驾齐驱的另外一项重大改革——认罪认罚从宽制度改革，却给检法关系的未来走向带来了新的影响，特别是2018年《刑事诉讼法》第201条明确规定了认罪认罚案件中量刑建议的效力，即"一般应当"为法院所采纳。根本原因是，认罪认罚案件中的量刑建议至少在理论上已经具有控辩双方"合意"的性质。

（一）量刑建议的合意性质

在向法院提起公诉时，检察机关除了应在起诉书中写明被追诉人认罪认罚情况以外，还应就主刑、附加刑、是否适用缓刑等提出量刑建议，[3] 并随案移送认罪认罚具结书等材料。而

---

[1] 李奋飞：《从"顺承模式"到"层控模式"——"以审判为中心"的诉讼制度改革评析》，载《中外法学》2016年第3期。

[2] 孙远：《"分工负责、互相配合、互相制约"原则之教义学原理——以审判中心主义为视角》，载《中外法学》2017年第1期。

[3] 量刑建议可以另行制作，也可以在起诉书中载明。参见《人民检察院刑事诉讼规则》第274条。

作为起诉阶段适用认罪认罚从宽制度的必备形式要件，[1] 认罪认罚具结书需要由犯罪嫌疑人签署才能发生法律效力。可见，认罪认罚具结书内含有书面"自认"或者"承诺"的性质。[2] 其签署必须同时具备三个条件：一是犯罪嫌疑人必须自愿"认罪"，即如实供述自己的罪行，对指控的犯罪事实没有异议；二是犯罪嫌疑人必须自愿"认罚"，即认可人民检察院拟提出的量刑建议；三是必须在其辩护人或者值班律师的见证下。[3]

可以说，认罪认罚具结书的签署过程，实际上就是控辩双方达成"合意"的过程。也正因为如此，认罪认罚案件中的量刑建议已不再是检察机关职权运作的单方意见，而是也应该是在充分听取犯罪嫌疑人、被告人、辩护人或者值班律师等诉讼参与人意见的基础上提出，并最终得到犯罪嫌疑人、被告人认可的共同意见。因此，在本质上，量刑建议就是控辩双方通过意见听取和意见表达等互动方式就量刑问题协商达成的"合意"。《指导意见》第33条也明确规定，人民检察院提出量刑建议前，应当充分听取犯罪嫌疑人、辩护人或者值班律师的意见，"尽量协商一致"。

而作为控辩双方诉讼合意的表示，[4] 量刑建议已然吸纳了辩护方的合理意见和正当诉求，且其所包含的认罪认罚利益能够与辩护方的心理预期大致契合，否则，在正常情况下是不大

---

[1] 根据《刑事诉讼法》第174条第2款的规定，犯罪嫌疑人是盲、聋、哑人，或者是尚未完全丧失辨认或者控制自己行为能力的精神病人的，以及未成年犯罪嫌疑人的法定代理人、辩护人对未成年人认罪认罚有异议的等，不需要签署认罪认罚具结书。

[2] 刘原：《认罪认罚具结书的内涵、效力及控辩应对》，载《法律科学》2019年第4期。

[3] 《人民检察院刑事诉讼规则》第272条。

[4] 卞建林等：《确定刑：认罪认罚从宽制度下量刑建议精准化之方向》，载《检察日报》2019年7月29日，第3版。

可能获得辩护方的接纳和认可的。而没有辩护方的接纳和认可，且不说被追诉人可能会拒绝签署认罪认罚具结书，即使签署后被追诉人及其辩护人也可能在后续的程序中对量刑建议提出异议，甚至可能会在一审宣判后以量刑过重为由提出上诉。认罪认罚案件量刑建议所具有的这种"合意"性质，既有助于确保被追诉人认罪认罚的自愿性，也有助于激励被追诉人选择认罪认罚，并自愿同意对审理程序予以简化。甚至，还有助于正当化认罪认罚案件庭审所呈现出的"确认性"。[1] 毕竟，在量刑建议成为控辩双方的"合意"产物之后，控辩双方对于认罪认罚案件可以说已几乎无争议或者争议不大，裁判者采取那种带有"形式化"特质的"确认"程序，对量刑建议予以采纳，同样可以获得控辩双方的信赖和接受，并可以有效地保障司法裁判的公正性。因为，这种"形式化"本身就是被追诉人自由选择的结果，且其已对量刑建议的形成施加过积极的影响。[2] 审判机关对量刑建议的接纳，实际上也就是对被追诉人意志的尊重。

（二）量刑建议的特别效力

根据 2018 年《刑事诉讼法》第 201 条的规定，对于认罪认罚案件，除 5 种法定的不符合认罪认罚条件的情形以及量刑建议"明显不当"以外，法院"一般应当"采纳检察机关的量刑建议。所谓"一般应当"，是指应以采纳为原则，以不采纳为例外。[3] 即便法院在审理后认为，检察机关的量刑建议

---

[1] 李奋飞：《论"确认式审理"——以认罪认罚从宽制度的入法为契机》，载《国家检察官学院学报》2020 第 3 期。

[2] 李奋飞：《论"交涉性辩护"——以认罪认罚从宽作为切入镜像》，载《法学论坛》2019 年第 4 期。

[3] 臧德胜：《论认罪认罚案件中量刑建议的效力及在司法裁判中的运用——从两起认罪认罚抗诉案件的二审裁判展开》，载《中国法律评论》2020 年第 2 期。

"明显不当",[1] 或者被告人、辩护人对量刑建议有异议且有理有据的,也不能直接"依法裁判",而只能首先通知检察机关调整量刑建议,[2] 只有在检察机关不调整量刑建议,或者调整后仍然"明显不当"时,人民法院才可以"依法判决",也即不予采纳。而且,在不采纳量刑建议时,法院还承担着说明理由和依据的义务。无论是"调整前置"的规定,还是"说明理由和依据"的要求,都是对法院"依法判决"的限制,以确保量刑建议能够尽可能地得到采纳。这意味着,在认罪认罚案件中,量刑建议已不再只是法院量刑裁决时的重要参考依据,而成为了法院审判时的重点审查对象,从而具有了对审判机关特别的约束效力。

如前所述,立法之所以赋予认罪认罚案件的量刑建议以特别的约束力,其根本原因就在于量刑建议所具有的"合意"性质。如果裁判权能够对该"合意"给予最大限度地接纳,不仅可以确保庭审程序简洁流畅,从而减少对司法资源的耗费,还可以确保控辩双方的意愿和利益得到充分地尊重,从而保障被追诉人"认罪认罚"后的"从宽"利益得以兑现。反之,如果控辩双方协商达成的"合意"得不到审判机关的正常采纳,不仅影响检察机关对认罪认罚者所作"承诺"的权威性,也会影响被追诉人认罪认罚的积极性,并可能引发控辩双方的联合抵制(抗诉+上诉),最终也会对认罪认罚从宽制度的有效实施带来不利影响。

---

[1] 关于"明显不当"的判断标准,比较权威的观点认为,"明显不当"是指刑罚的主刑选择错误,刑罚的档次、量刑幅度畸重或者畸轻,适用附加刑错误,适用缓刑错误。参见李寿伟:《中华人民共和国刑事诉讼法解读》,中国法制出版社2018年版,第502页。

[2] 在不少检察机关看来,法院如果未前置性地建议检察院调整量刑建议而直接判决,即属于程序违法,因而也就满足了提出二审抗诉的理由。

不过，值得注意的是，《指导意见》并未沿用《刑事诉讼法》第201条所规定的"一般应当采纳"表述，而是强调法院要对量刑建议"依法审查"。即，对于认罪认罚案件中检察机关提出的量刑建议，法院在"依法审查"后，对于事实清楚，证据确实、充分，指控的罪名准确，量刑建议适当的，才应当采纳。有学者认为，"这不只是表述方式的改变，而是规范文件对立法不当规定的必要调整，是对立法精神体系化解释的应然结果"。因此，在其看来，"立法上，不存在对审判机关具有法律约束力的一般应当采纳规则"。

从认罪认罚从宽制度的实践来看，法院为了规避可能的担责，通常更倾向于对量刑建议的"依法审查"。[1] 笔者认为，即使是在认罪认罚案件中，量刑建议也没有超出"求刑权"的范围，更不意味着检察机关可以代替法院行使裁判权。[2] 审判权（包括但不限于刑事审判权）由法院依法独立行使，且不受行政机关、社会团体和个人的干涉。而量刑裁决权作为刑事审判权的重要组成部分，当然也应由法院来行使。

（三）检法关系的协同趋向

如果说在不认罪认罚案件中，检法之间的关系应避免"过度配合"并"突出制约"的话，那么在认罪认罚案件中，检法之间的关系则需要在坚持底线"制约"的基础上凸显"配合"。即，"相互配合"应被放到更高位置，"相互制约"则应退居其次，甚至面临着如何加强沟通、形成协同的问题，以确保量刑建议能够得到最大限度的采纳，从而确保犯罪嫌疑人、

---

[1] 林喜芬：《论量刑建议制度的规范结构与模式——从〈刑事诉讼法〉到〈指导意见〉》，载《中国刑事法杂志》2020年第1期。

[2] 胡云腾：《正确把握认罪认罚从宽保证严格公正高效司法》，载《人民法院报》2019年10月24日，第5版。

被告人认罪认罚后的"从宽"利益能够得以顺畅实现，进而激发认罪认罚从宽制度的内生动力。有人可能会心生疑问，在检法长期以来本就存在"过度配合"并引发了诸多问题的背景下，主张二者之间的"协同"是否会引发认罪认罚案件的司法审查弱化，以至于无法对认罪认罚的自愿性和具结书的真实性、合法性进行有效的审查等问题？

　　要回答这个问题，就必须要明确"协同"的含义，以及认罪认罚案件中的检法协同的基本内容。所谓"协同"，是指"协调两个或者两个以上的不同资源或者个体，协同一致地完成某一目标的过程或能力"。在认罪认罚案件中，实现检法"协同"的目的，不是为了形成"一种利益共同体，共同致力于打击犯罪"，而是为了"保证犯罪嫌疑人、被告人自愿认罪认罚，依法推进从宽落实"，尤其是要共同妥善处理好量刑建议的采纳问题。具体而言，这种"协同"关系的形成，至少有以下几个方面的要求：一是检察机关要逐步提高量刑建议的能力，增强量刑建议的准确性和合理性，尽量避免出现量刑建议"明显不当"的情况，这是形成协同关系的关键；二是应把当前检法沟通协调的"潜规则"变为"明规则"，以确保法官可以适度介入到控辩双方的协商过程中来，以缓解其审查和采纳量刑建议时的压力；三是法院不应对符合认罪认罚条件的案件轻易地偏离量刑建议进行量刑裁决，特别是对于"基本适当"的量刑建议，法院应当给予必要的宽容，确保其对量刑裁判产生更强的约束力；四是法院认为量刑建议不当（无论是"一般不当"，还是"明显不当"），需要"依法判决"的，应先行通知检察机关并要求后者在一定期限内调整量刑建议；五是对于法院认为量刑建议不当并"依法判决"的，检察机关应给予法院的刑罚裁量以应有的尊重，"一般不应"提出二审抗诉；[1]六是在法院未采纳量刑建议因而引发二审抗诉的，二审法院不宜直接改判加重刑罚。总之，实现认罪认罚案件中检法"协同"，要避免"突破底线"的配合，但更要防止"斤斤计较"的制约。

三、良性互动的制约因素

作为认罪认罚从宽程序的重要支点，量刑建议既是控辩双方协商一致的产物，也是法院依法审查和采纳的对象。但是，只有量刑建议被法院认为适当的，才会得到采纳。而只有适当的量刑建议能够得到法院正常的采纳，量刑建议和量刑裁量之间的良性互动关系才能形成，进而保障认罪认罚从宽制度价值的实现。但是，量刑建议与量刑裁决良性互动的实现，目前尚面临至少三个方面的制约因素：一是"一般应当提出确定刑量刑建议"的要求，给检察官的量刑能力提出了更高要求，在缺乏明确和统一量刑标准以及律师有效参与的情况下，难以确保量刑建议满足法院的采纳标准，特别是在量刑情节发生变化的情况下，更是如此。二是在量刑建议"基本适当"或者"一般不当"（即虽有偏差，但不属于"明显不当"）的情况下，由于《指导意见》未作明确的规定，采纳与否实际上取决于法院审查的宽严把握，实践中不可避免地存在两种司法倾向：审查过宽和审查过严。三是在法院认为量刑建议不当（无论是"一

---

[1] 毕竟，让"求刑权"服从于"量刑权"，应是解决量刑建议采纳与否问题的基本立场。参见孙长永：《认罪认罚案件"量刑从宽"若干问题探讨》，载《法律适用》2019年第13期。

般不当",还是"明显不当")因而不予采纳时,检察机关如何正确对待。接下来依次对这三个因素进行简要分析。

(一) 量刑建议的方式选择

刑事诉讼法只是规定了量刑建议的基本要素,并未明确量刑建议的提出方式。自认罪认罚从宽制度改革以来,检察机关提出的量刑建议主要有两种形式:一种是"幅度刑"量刑建议;一种是"确定刑"(也称"精准化")量刑建议。两种方式无疑各有利弊。"幅度刑"量刑建议虽能兼顾量刑情节的复杂性和可变性,并为法院的量刑裁决留出了一定的裁量空间,但却因其无法给被追诉人一个确定的刑罚预期,不利于控辩双方就量刑建议达成合意,进而妨碍认罪认罚从宽制度的有效实施。而"确定刑"量刑建议由于能给被追诉人一个确定的刑罚预期,有助于促使被追诉人自愿选择认罪认罚,从而有利于认罪认罚从宽制度的贯彻落实,但是却给检察机关的量刑能力"提出了更高的要求",且被认为侵犯了法院审判的独立性,也容易遭到部分法官的情绪性抵触与排斥,导致原本适当的量刑建议也得不到正常的采纳。从认罪认罚从宽制度改革推行以来的实践情况来看,除部分司法改革试点单位以外,[1] 全国检察机关提出"确定刑"量刑建议的比例总体上还比较低。2019年1月至9月,全国检察机关提出"确定刑"量刑建议的比例只为33.5%。[2] 毕竟,推行和落实确定刑量刑建议,意味着检察官在办案中需要付出更多的决策成本,包括投入更多的时

---

[1] 2018年1月至2019年6月,上海市普陀区检察院适用认罪认罚从宽制度办理案件提起公诉人数为1186人,其中确定刑量刑建议为1133人,占认罪认罚案件的95.5%。参见卞建林等:《确定刑:认罪认罚从宽制度下量刑建议精准化之方向》,载《检察日报》2019年7月29日,第3版。

[2] 陈国庆:《量刑建议的若干问题》,载《中国刑事法杂志》2019年第5期。

间、精力，并需要承受更多的错误风险和可能的同行差评。[1]但是，由于量刑建议的"精准化"被认为是检察机关在认罪认罚案件中履行主导责任、发挥主导作用的重要依托，[2] 因此其受到了最高人民检察院的高度重视，最终其在认罪认罚案件中的基础性地位得以确立。《指导意见》第 33 条第 2 款规定："办理认罪认罚案件，人民检察院一般应当提出确定刑量刑建议。对新类型、不常见犯罪案件，量刑情节复杂的重罪案件等，也可以提出幅度刑量刑建议。提出量刑建议，应当说明理由和依据。"这给检察官的工作提出了更高要求和更大挑战。

（二）司法审查的宽严把握

量刑建议的采纳与否，既是认罪认罚案件中检法产生分歧的焦点所在，也是影响量刑建议与量刑裁决的良性互动的瓶颈因素。即使没有"采纳率"等考评指标的要求，检察官也倾向于追求量刑建议的接受和认可。但是，由于认罪认罚案件的证明要求和证明标准并未降低，即仍然应当做到犯罪事实清楚，证据确实、充分，因此对于认罪认罚案件，法院系统仍然强调"严格依法履行实质审查职责"，[3] 以确保认罪认罚的自愿性和认罪认罚具结书内容的真实性、合法性。

对于检察机关提出的量刑建议，法院不仅要进行审查，而且还会将其作为工作的"重中之重"。根据《指导意见》第 40 条、第 41 条的规定，量刑建议适当的，法院自然应当予以采纳；量刑建议"明显不当"，或者被告人、辩护人对量刑建议

---

[1] 林喜芬：《论量刑建议制度的规范结构与模式——从〈刑事诉讼法〉到〈指导意见〉》，载《中国刑事法杂志》2020 年第 1 期。

[2] 汪海燕：《认罪认罚从宽制度中的检察机关主导责任》，载《中国刑事法杂志》2019 年第 6 期。

[3] 胡云腾：《正确把握认罪认罚从宽保证严格公正高效司法》，载《人民法院报》2019 年 10 月 24 日，第 5 版。

有异议且有理有据的，法院则应当告知检察机关调整量刑建议。调整后的量刑建议适当的，应当予以采纳；检察机关不调整量刑建议或者调整后仍然明显不当的，才应当"依法判决"。

问题在于，对于"略有偏差"但又不属于"明显不当"的量刑建议，也即"一般不当"或"基本适当"的量刑建议，法院应当如何处理，《指导意见》并未明确。有观点认为，此种情况应交由法院自由裁量；也有观点认为，此种情况仍属于"应当采纳"的范畴，即"法院对于有小误差的量刑建议要保持一定的宽容度和容错性"。[1] 司法实践中，各地法院的做法也不一，有的法院倾向于采纳，有的法院倾向于不采纳。从笔者访谈的情况来看，考虑到不采纳可能会引发上诉、抗诉，大多数法院（官）更倾向于采纳。在一些未获采纳的案件中，法院"依法判决"后的最终量刑与量刑建议的差距往往也并不大，有的只相差一两个月甚至半个月。笔者认为，在量刑建议"一般不当"的情况下，采纳与否，总体上虽属于人民法院的刑罚裁量领域，但可以考虑根据"一般不当"的量刑建议是"微重"还是"微轻"采取不同的处理方案。对于"微轻"的量刑建议，人民法院宜作采纳处理；而对于"微重"的量刑建议，则宜作不采纳处理。

（三）二审抗诉的理由认知

根据《刑事诉讼法》第 228 条的规定，对于本级法院第一审的判决、裁定，无论是认罪认罚案件，还是不认罪认罚案件，地方各级检察机关只有认为"确有错误"（即认定事实和适用法律存在错误）的时候，才"应当"向上一级法院提出二

---

[1] 董坤：《认罪认罚案件量刑建议的精准化和法院采纳》，载《国家检察官学院学报》2020 年第 3 期。

审抗诉。在认罪认罚从宽制度改革推行以前，二审抗诉以"实体性抗诉"为主（即依照刑法及相关立法、司法解释提出的抗诉），在能提取到抗诉理由的2291个二审抗诉样本中，"实体性抗诉"有2238件，占比97.7%；而"程序性抗诉"（即依照刑事诉讼法及相关规定提出的抗诉）只有49件，占比2.1%；"混合性抗诉"有4件。[1] 推行认罪认罚从宽制度改革之后，二审抗诉的理据已然发生了明显变化。至少就认罪认罚案件而言，"程序性抗诉"明显有所增多。

这其中，那些检察机关以量刑建议并无"明显不当"却未获法院采纳为理由提出的二审抗诉，则更是涉及检察机关应如何看待认罪认罚案件中审判机关的刑罚裁量权问题，从而对量刑建议与量刑裁决的良性互动带来了诸多不确定因素，甚至可能引发检法冲突。例如，在汪某某容留他人吸毒案中，检察机关提出的量刑建议为五个月至六个月，一审法院却"依法判决"七个月。检察机关提出二审抗诉，理由是量刑建议并无"明显不当"。但二审法院维持了一审判决，理由是量刑建议"不当"，且已告知检察机关。在不少检察机关看来，在量刑建议并无"明显不当"的情况下，如一审法院没有正当合理的理由不采纳量刑建议，特别是没有遵循应通知检察机关调整量刑建议的法定程序，就违反了刑事诉讼法的规定，属于适用法律不当，程序违法，检察机关当然可以据此依法提请抗诉；也有观点认为，在量刑建议虽无"明显不当"但却存在"偏差"的情况下，一审法院未采纳检察机关提出的量刑建议，不属于违反法律规定的诉讼程序，而且，告知检察机关调整量刑建

---

[1] 吴杨泽：《刑事抗诉制度现状及完善——以2014年全国刑事抗诉裁判文书为样本》，载《人民检察》2017年第4期。

议，只是"工作层面上的要求，不是法定义务"。[1]

虽然，从《刑事诉讼法》第228条的规定来看，似乎只要检察机关"认为"一审法院不采纳量刑建议理由不成立或者"依法判决"在量刑等方面存在"确有错误"，就有权提出二审抗诉。但事实上，检察机关如果仅仅以"量刑建议没有明显不当法院不采纳就属于违法"为由提出二审抗诉，还是不够妥当的。首先，认罪认罚案件中的量刑建议权并没有超出"求刑权"的范畴，其对于法院的量刑裁决并不具有必然的约束力，量刑权（也即刑罚裁量权）仍然掌控在法院手中。即使按照《刑事诉讼法》第201条的规定，对于检察机关提出的量刑建议，法院也只是"一般应当"采纳。但"一般应当"采纳毕竟不等于"必须"采纳，在量刑建议"一般不当"或"基本适当"时，法院无疑是享有裁量权的，其既可以在裁量后予以接纳，也有权予以调整。对于法院的刑罚裁量权，检察机关应当予以尊重。只要法院的"依法判决"并无"明显不当"，检察机关就不应也不必再提出二审抗诉。其次，从司法实践来看，由于个别检察官未能超越控方立场，过多地关注了追诉犯罪的职责，对其所担负的客观义务有所忽略，加上绝大多数犯罪嫌疑人、被告人都只能靠值班律师提供法律帮助，辩护方的意见对量刑建议的形成的影响力有限，量刑建议很容易出现"偏重"的情况，法院在检察机关建议的量刑幅度以下"依法判决"，不仅量刑可能更加公正，也可以让认罪认罚的被告人真正得到从宽对待，因而也更符合立法目的和改革导向。不过，根据《指导意见》有关"人民法院不采纳人民检察院量刑

---

[1] 杨立新：《对认罪认罚从宽制度中量刑建议问题的思考》，载《人民司法》2020年第1期。

建议的，应当说明理由和依据"的规定，如果一审法院不采纳量刑建议未尽说理义务，倒确实是不妥当的，也需要予以纠正，但是否就可以认定为"适用法律错误"，却是值得仔细推敲的。或许，对于"无故未采纳检察机关量刑建议"的情况，检察机关采取向法院发出"纠正违法通知书"的监督方式可能更为合适，也更加符合实现认罪认罚案件中的检法协同。此外，对于法院自行启动认罪认罚从宽制度，[1] 以及法院适用认罪认罚从宽制度但判决中未表述等情况，[2] 检察机关也可以采取向法院发出"纠正违法通知书"的监督方式，而不宜提出抗诉。

四、良性互动的实现路径

在认罪认罚案件中，处理好量刑建议与量刑裁决之间的关系显然非常重要。从认罪认罚从宽制度实施以来的情况来看，检法两家围绕着量刑建议的采纳，尚存在一些认识上的分歧，也存在着或明或暗的博弈。这虽是正常的现象，但却也表明目前量刑建议与量刑裁决之间的互动，尚存在一些需要解决的问题，有的甚至还面临着合法性和正当性的质疑。因此，有必要对二者的互动进行规范化的建构，以实现良性互动。所谓"良性互动"，简单地说，就是既要避免量刑建议对量刑裁决形成过度压制，又要防止量刑裁决权不受约束，对量刑建议进行"斤斤计较"的严格审查乃至"有错必究"。这其中，确保量

---

[1] 北京市第三中级人民法院（2019）京03刑终534号刑事裁定书。
[2] 辽宁省大连市中级人民法院（2017）辽02刑终562号刑事裁定书。

刑建议的适当性无疑是关键所在。在此基础上，既有必要对法院"依法判决"的程序规制进行完善，也要求检法能够依法理性地看待被告人一审判决后的上诉行为。

（一）量刑建议的质量提升

如前所述，实现认罪认罚量刑建议与量刑裁决良性互动的关键是，量刑建议能够得到法院的正常采纳，而正常采纳的前提和基础则是量刑建议的质量能够得到保障，即量刑建议是适当的。如果量刑建议不当，无论是"一般不当"，还是"明显不当"，都不能当然落入法院"应当"采纳的范畴。即使一些法院基于避免检察机关提出二审抗诉等方面的考虑，勉强对量刑建议予以接纳，也无法确保认罪认罚从宽制度正确有效实施。因此，作为量刑建议的提出者，检察机关有责任通过以下途径，不断提升量刑建议的质量。

首先，对确定刑量刑建议应当充分说理。按照《指导意见》的要求，无论是提出何种形式的量刑建议，都应当说明理由和依据。未来可根据量刑建议的形式不同，区分"弱需说理"与"刚需说理"[1]。"确定刑"量刑建议无疑需要"刚需说理"，即需要详尽说明理由，不仅需要说明量刑建议的法律和依据，也需要说明"确定刑"的具体理由。通常而言，越是说理充分的确定刑量刑建议，越是容易得到法院采纳。

其次，应确保量刑建议的合意性。一般认为，通过引入量刑协商机制来激励被追诉人认罪认罚，是我国认罪认罚从宽制度改革的主要创新之处[2]。但是，目前这种以听取（包括但

---

[1] 李湉、樊华中：《刚弱两需分野下我国判决说理模式新探》，载《法制与社会发展》2015年第3期。

[2] 陈瑞华：《刑事诉讼的公力合作模式——量刑协商制度在中国的兴起》，载《法学论坛》2019年第4期。

不限于辩护方）意见为主要方式的所谓量刑协商，具有典型的"检察主导"的特征。为确保辩护方的意见能够对量刑建议的形成施加积极、有效的影响，应要求检察机关在量刑建议中对控辩双方的协商过程进行简要描述，对于辩护律师提出的意见，无论是接受还是拒绝，都应在量刑建议中对其有所体现，对于不接受律师意见的，必须说明理由。[1]

再次，应强化与法院的沟通协调。在确定刑量刑建议提出前，检察机关可以根据案件的具体情况，适时邀请法官介入到量刑协商中来，就罪名、精准量刑建议等听取法官的意见，这不仅有助于提升量刑建议的适当性，也有助于消除法院在采纳确定刑量刑建议时的抵触情绪。

最后，应完善量刑建议调整机制。为满足量刑建议的采纳标准，检察机关在接到法院调整量刑建议的通知后，应当对量刑建议进行重新考量，甚至需要重新听取辩护方的意见。如认为量刑建议确实不当，应对量刑建议进行调整，并将调整后的量刑建议及时反馈给法院；如认为量刑建议适当，不同意调整的，也应及时地将决定反馈给法院。当然，即使没有接到法院调整量刑建议的通知，检察机关也可以根据新出现的量刑信息和量刑情节，在听取辩护方等意见的基础上，对量刑建议进行调整。

（二）"依法判决"的程序规制

作为认罪认罚量刑建议与量刑裁决良性互动的关键所在，量刑建议的采纳与否，关乎认罪认罚从宽制度总体功能的发

---

[1] 李奋飞：《量刑协商的检察主导评析》，载《苏州大学学报（哲学社会科学版）》2020年第3期。

挥。[1] 为确保量刑建议对量刑裁决的特别约束力，降低认罪认罚利益兑现的不确定性，进而实现认罪认罚案件的快速处理，应在《指导意见》的基础上，对法院"依法判决"的程序规制进行完善。《指导意见》除已明确要求法院不采纳量刑建议的"应当说明理由和依据"以外，还要求法院在审查后认为量刑建议"明显不当"，或者被告人、辩护人对量刑建议有异议且有理有据的情况下，履行告知检察机关的义务，检察机关可以调整量刑建议。法院认为调整后的量刑建议适当的，应当予以采纳。检察机关不调整量刑建议，或者调整后仍然"明显不当"的，法院应当"依法判决"。这些规定，既体现了法院对检察机关量刑建议的尊重，也表明法院在变更认罪认罚量刑建议时应受到特别的程序规制。随着认罪认罚从宽制度的深入推进，围绕量刑建议的采纳问题引发的争议时有发生，有必要对"依法判决"的程序规制进行完善。

首先，应当完善告知义务。对检察机关的量刑建议，如法院在审查后认为"明显不当"，固然应当根据《指导意见》告知检察机关调整量刑建议。但是，对于审查后发现量刑建议"一般不当"，法院拟不予采纳时是否需告知检察机关，《指导意见》并未明确。笔者认为，从有利于协调量刑建议权的约束力与量刑裁决权的独立性出发，也应告知检察机关，并给检察机关调整量刑建议留出必要的时间。此外，《指导意见》尚未明确法院以何种方式告知检察机关。从规范的角度出发，可以

---

[1] 杨宇冠、王洋：《认罪认罚案件量刑建议问题研究》，载《浙江工商大学学报》2019年第6期。

要求法院，告知一般应当采取书面形式，[1] 并应解释和说明量刑建议需要调整的理由。

其次，应当听取各方意见。如法院在审查后认为量刑建议不当，无论是"一般不当"，还是"明显不当"，拟"依法判决"时，应听取控辩双方的意见，特别是"依法判决"可能不利于被追诉人时，更要确保被追诉人及其辩护律师能够有机会阐述对调整量刑建议的意见。这不仅有利于维系程序公正，从而增强量刑裁决的可接受性，也有助于规范法院的量刑裁决权，还可以促使法院的"依法判决"更加公正。

最后，应当区分情况进行程序转换或程序补正。根据《指导意见》第41条第2款的规定，检察机关调整量刑建议后，如被告人同意继续适用"速裁程序"的，不需要转换程序处理。这意味着，如果不同意继续适用"速裁程序"，则需要转换为简易、普通程序。[2] 不过，对于按照简易程序、普通程序审理的认罪认罚案件，量刑建议调整后是否需要进行程序转换，《指导意见》并未规定，目前认识并不统一。以备受法律界关注的余某平交通肇事案为例。有观点认为，在一审法院建议检察机关调整量刑建议，而检察机关拒绝调整量刑建议的情况下，一审法院应依法将"简易程序"转换为"普通程序"。

---

[1] 在刘某某受贿案中，曾出现辩护人对公诉机关的量刑建议明确提出异议，一审法院以电话沟通的方式征求了检察机关的意见。在检察机关未明确答复"不调整量刑建议"的情况下，一审法院进行了"依法判决"。检察机关以量刑建议并无明显不当及一审法院违反法定诉讼程序为由提出抗诉。二审法院认为，一审法院以电话沟通的方式征求检察机关的意见并无不当，一审法院不存在程序违法问题。参见北京市高级人民法院（2019）京刑终110号刑事裁定书。

[2] 有研究者在对JS地区"速裁程序"转简易、普通程序审理的1102件案件进行分析后发现，多半因为调整量刑建议影响诉讼进度而未能适用"速裁程序"，这也是制约法官调整量刑建议的因素之一。参见刘亚军、黄琰：《认罪认罚案件中量刑建议的审查》，载《人民司法》2020年第1期。

也有观点认为,该案"依法判决"不存在将简易程序转为普通程序的问题。[1] 笔者认为,类似余某平案不采纳量刑建议的情况,考虑到之前的庭审可能未能充分地保障控辩双方的质证、辩论的权利,可以考虑进行程序补正。

(三)"反悔"上诉的检法谦抑

在认罪认罚案件中,一些被告人在一审宣判后,又以量刑过重为由提出上诉,检察机关为应对被告人的上诉提出二审抗诉(即"以抗诉对上诉")的情况时有发生。乍看起来,"以抗诉对上诉"的做法只是涉及如何应对被告人认罪认罚的上诉问题,其实也关系量刑建议与量刑裁决的良性互动问题,[2] 而且也面临着合法性和正当性的质疑。毕竟,根据《刑事诉讼法》第227条的规定,即使是认罪认罚案件,被告人只要不服地方各级人民法院第一审的判决、裁定,也有权向上一级人民法院提出上诉。而且,对于被告人的上诉权,"不得以任何借口加以剥夺"。虽然笔者也认同,"对认罪认罚被告人的上诉权进行一定的限制,乃是完善刑事诉讼中认罪认罚从宽制度的内在要求,也符合以审判为中心的刑事诉讼制度改革的趋势和刑事司法规律"。[3] 但是,笔者认为,对认罪认罚的被告人行使上诉权的行为,无论其动机如何(是为了留所服刑,还是为了获得更为轻缓的量刑),检察机关都应依法理性对待,并遵循谦抑原则,而不能简单地将上诉与"反悔"画等号,更不宜轻

---

[1] 顾永忠:《对余金平交通肇事案的几点思考——兼与龙宗智、车浩、门金玲教授交流》,载《中国法律评论》2020年第3期。

[2] 对于一审认罪认罚得到从宽处罚的被告人提出上诉而引发抗诉的案件,有些二审法院进行改判并加重刑罚,有些二审法院则驳回抗诉,维持原判。

[3] 孙长永:《比较法视野下认罪认罚案件被告人的上诉权》,载《法律适用》2019年第3期。

易针对"反悔"上诉提出二审抗诉。[1]

五、结语

随着认罪认罚从宽制度的全面施行，刑事案件在中国越来越被明显区分为两类案件，即认罪认罚案件和不认罪认罚案件。[2] 在认罪认罚案件中，量刑建议作为控辩双方合意的产物，被2018年刑事诉讼法赋予了对量刑裁决特别的约束力，尤其是随着量刑建议精准化改革的深入推进，无疑对检法关系带来了新的变化，特别是"相互配合"（诸如"加强沟通""提前介入"）等将被放到更为突出的位置，甚至面临着如何形成"协同"关系的问题。

认罪认罚案件中的检法"协同"，既有助于解决检法在量刑建议采纳上分歧和冲突，从而实现量刑建议与量刑裁决的良性互动；也有助于被追诉人认罪认罚后"从宽"利益的兑现；还有助于实现认罪认罚案件的快速处理。这一新的检法关系结构，既有长期的司法实践作为基础，又可成为指导未来检法办理认罪认罚案件的重要理念。在这一理念的引领下，无论是检察机关，还是审判机关，都需要以量刑建议的采纳为中心，作出一些改变或者调整。这不仅需要检察机关在提升量刑建议的适当性上狠下功夫，也需要法院对"基本适当"或"一般不当"的量刑建议给予必要的容忍和接纳，还需要作为法律监督机关的检察机关能够对法院的刑罚裁量给予充分地尊重，对法

---

[1] 闵丰锦：《一般不应抗诉：认罪认罚后"毁约"上诉的检察谦抑》，载《河南财经政法大学学报》2020年第3期。

[2] 熊秋红：《"两种刑事诉讼程序"中的有效辩护》，载《法律适用》2018年第3期。

院并无"明显不当"的"依法判决","一般不应"也没有必要再提出二审抗诉。

当然,认罪认罚案件中检法协同的建构,不可能是一蹴而就的,而是需要控辩审三方在未来的实践中不断磨合和反复博弈的。或许,当建构理性与演进理性能够形成共同作用的合力时,理想意义上的检法协同关系在认罪认罚案件中的形成,也就为期不远了。

认罪认罚从宽制度
在重罪案件中的适用分析*
——以检察机关的主导责任为视角

北京市人民检察院第二分院
认罪认罚从宽制度研究课题组**

认罪认罚从宽制度作为我国刑事诉讼诉讼理念的重大变革和刑事诉讼制度的重大改革,自诞生之日起就受到了广泛关注。相较于在轻罪领域的广泛适用,有观点质疑重罪案件[1]适用认罪认罚从宽制度的实效,认为重罪案件数量相对较少,认罪认罚从宽制度减轻司法机关办案压力的作用不大;囿于重罪案件无法简化程序,从宽处理的效果不明显;重罪案件社会危害性大,从宽处理容易引起社会问题等。

为了展现认罪认罚从宽制度在重罪领域的真实运行图景,笔者以北京市人民检察院第二分院(以下简称北京市二分院)办理的认罪认罚案件为样本进行统计分析,发现3年间该院共

---

* 本文荣获"认罪认罚从宽制度理论与实务研究"征文活动一等奖。
** 课题组成员:张玉鲲,北京市人民检察院第二分院检察长、二级高级检察官;史达,北京市人民检察院第二分院检察官助理;姚彩云,北京市人民检察院第二分院检察官助理。
[1] 虽然理论上大多认为可能判处3年以上有期徒刑的案件即为重罪案件,但为了方便研究,本文所说的"重罪案件"指的是《刑事诉讼法》第21条规定的由中级人民法院管辖的第一审刑事案件,包括危害国家安全、恐怖活动案件以及可能判处无期徒刑、死刑的案件。

适用认罪认罚从宽制度120件200人，涉及命案[1]、毒品犯罪案件、职务犯罪案件、金融犯罪案件等多个领域17个罪名，除对9人依法作出相对不起诉处理外，对所有提起公诉的被追诉人均提出量刑建议，已获判案件中法院采纳率超过95%。2019年该院所有适用认罪认罚从宽制度的被追诉人均未提起上诉（相对不起诉的被追诉人也均未提出复议），案件的庭审时长较其他案件有明显缩短，被害人家属均未针对案件要求检察机关抗诉或进行申诉等。

实践表明，重罪案件适用认罪认罚从宽制度在优化司法资源配置、提升司法效率以及彰显司法人文关怀等方面都具有相当的优势。另外，法律并没有对认罪认罚从宽制度适用的范围进行限制：2019年10月"两高三部"《关于适用认罪认罚从宽制度的指导意见》（以下简称《指导意见》）中明确规定，认罪认罚从宽制度没有适用罪名和可能判处刑罚的限定，所有刑事案件都可以适用，因此在重罪领域适用认罪认罚从宽制度不但可行而且是必要的。现阶段讨论的重点不是应不应当适用，而是怎么适用的问题。

笔者以北京市二分院受理的刑事案件为分析对象，使用社会学研究中的数据统计、典型案件跟踪以及访谈法、参与式观察法等典型实证研究方法，力图在实证研究的基础上找准问题。通过调研发现，由于检察机关在认罪认罚案件中扮演着更重要的角色，公诉职能与审判裁量权之间理念上的冲突与博弈越发明显。为了解决这些问题，笔者以检察机关在重罪认罪认罚工作中的主导责任为视角，沿着认罪认罚工作中检察权"为什么是主导""怎么样主导"以及"如何更好主导"的主线，

---

[1] 本文中命案指故意杀人案、故意伤害（致人死亡）案等致被害人死亡的案件。

在通过理论研究解决实践中遇到的法律适用问题的基础之上，再整合调研数据，全面审视影响量刑的各个因素，力图以高质量且相对明确的量刑建议引导裁判结果达到控辩双方的预期，从而强化检察机关履行主导责任的能力。

一、检察机关在认罪认罚从宽制度中承担主导责任的缘由

（一）合法性义务要求检察机关保证认罪认罚从宽制度的合法实现

合法性义务是指检察官的所有行为必须在法律指引下进行，即检察官的活动一方面不能超越法律规定的权限，另一方面又必须完全地实现法律。因此，检察机关既应当按照刑事诉讼法的规定履行诉讼义务，又应当按照宪法的规定履行法律监督义务。

我国刑事诉讼法先是通过第15条对认罪认罚从宽制度作出原则性规定，接着在第162条中规定了侦查机关的职责[1]，接下来在第173条、第174条、第176条第2款中规定了检察机关的工作[2]，最后在第一审程序中又用多个条文，对法院的职权、审查内容、裁判情况作出了规定。按照合法性义务的要求，检察机关不但要完成法律交给自己的所有工作[3]，还要保

---

〔1〕 侦查阶段被追诉人自愿认罪的，侦查机关应当记录在案，随案移送，并在起诉意见书中写明有关情况。

〔2〕 检察机关应当告知其享有的诉讼权利和认罪认罚的法律规定，听取相关人员意见并记录在案，签署认罪认罚具结书的情形和方式以及提出量刑建议。

〔3〕 告知被追诉人权利义务，听取相关人员意见，主持签署具结书，提出量刑建议等。

证侦查机关和审判机关都依法履行了职责[1]。由此，法律赋予了检察机关参与整个认罪认罚工作的权力，而恰是这一贯穿始终的参与权使得检察机关享有更胜于其他两机关的信息掌控力，也就要求检察机关承担起主导责任。

现阶段，由检察机关串联并主导认罪认罚工作的争论不大，主要问题在于，按照法律规定，"法院一般应当采纳检察机关的量刑建议"。反对者质疑这一规定侵犯了法院的裁量权。从合法性义务来看，检察机关必须完成法律赋予的任务、实现法律的规定，即必须依法提出量刑建议，必须监督法院是否依法采纳量刑建议，对法院无法定理由不采纳的必须提起抗诉或启动审判监督程序。在这一语境下，检察机关如果不能及时有效地完成上述任务，就是没有履行法律要求其承担的义务，应当承担相应的责任。

（二）客观性义务要求检察机关确保认罪认罚从宽制度的公平实现

如果说合法性是检察官行为的外在表现，客观性就是其法治精神的集中体现。检察官不仅负有追诉犯罪的积极义务，更负有防范任何无辜者被肆意追诉或定罪的消极义务，以达到毋枉毋纵的理想状况，此即其所负有的客观性义务，也是检察机关与侦查机关、审判机关的重要区别之一。

刑事诉讼中，侦查机关最主要的任务就是积极主动地追诉犯罪，法院在刑事诉讼中受"不告不理原则"的限制，处于消极被动的地位，也不可能积极追诉犯罪。只有检察机关处于二者的中间地带又兼具侦查机关的主动性和审判机关的中立性，

---

[1] 侦查机关是否听取了被追诉人的意见并依法记录；审判机关是否核实了认罪认罚的自愿性、真实性、合理性，是否采纳了检察机关的量刑建议或是否依法向检察机关提出修改意见等。

能够积极客观地与被追诉人就罪名和刑罚进行协商，促使认罪认罚工作有序进行。

除了承上启下的诉讼地位有利于检察机关主导认罪认罚工作，客观中立的地位也能够有效防止冤假错案的发生。面对强大的国家机器，被追诉人有可能出于恐惧而违心认罪，这就需要有一个客观中立的机关来审查案件质量。《检察官法》第5条明确："检察官履行职责，应当以事实为根据，以法律为准绳，秉持客观公正的立场。"域外也有类似表述，[1] 说明检察机关客观中立的定位是公认的，也是可以信赖的。德国刑事法改革先驱米德迈尔也曾说："检察官应仅力求真实与正义，因为他知晓，显露他（片面打击被告）的狂热将减损他的效用和威信，他也知晓，只有公正合宜的刑罚才符合国家利益。"[2] 正是这种客观公正的立场才能保证无辜的人不被错误定罪，才能保证量刑建议的适当性，才能保证认罪认罚工作的公平进行。

（三）认罪认罚从宽制度的适用中检察权并不会侵蚀审判权

既然检察机关主导认罪认罚工作的进行，甚至可以通过提出量刑建议的方式提前"预定"最终的裁判，那么这种模式下，是否侵蚀审判权，甚至破坏了"以审判为中心"的诉讼制度？笔者对此持否定观点。

第一，"以审判为中心"并不意味着把所有案件、所有事项都放到庭审中解决。"以审判为中心"的诉讼制度改革是对诉讼阶段论架构下以侦查为中心司法流弊的反思与回应，[3] 目

---

[1] 多灵等人曾言："检察官乃世界上最客观之官署。"转引自林钰雄：《检察官论》，法律出版社2008年版。

[2] 林钰雄：《检察官论》，法律出版社2008年版，第26页。

[3] 陈胜才：《以审判为中心的检察应对——从证据裁判原则审前保障机制展开》，载《人民检察》2015年第21期。

的是在刑事诉讼中确立裁判形态及树立法院审判权威[1]。认罪认罚从宽制度并不减损法院的权威：所有的证据仍应经过法庭的检视，是否达到定罪标准（法定证明标准）仍应由法院进行判断，罪名和量刑仍由法院通过裁判作出最终决定。

第二，检察机关的量刑建议仍属于"求刑权"。法院需要审查该量刑建议的合理性，对于明显不当的依法作出改变，这就说明检察机关的量刑建议对法院并没有绝对的约束力。而法律之所以规定法院一般应当采纳检察机关的量刑建议，是为了保障认罪认罚从宽制度的顺利运行。况且，如果检察机关的量刑建议本身就是适当的，法院又基于何理由不采纳呢？难道只是为了彰显自身的权威性或存在感而故意不采纳量刑建议吗？这种做法只会减损双方的权威，于法律适用没有任何益处。

第三，认罪认罚从宽制度要求检察机关充分挖掘自身潜能，是对检察权提出了更高的要求。各国对检察官是"行政官"还是"司法官"的争论一直没有停止过。在我国，法律赋予了检察机关属于司法保留的"强制措施决定权"、属于裁判权"定罪免刑"的"相对不起诉权"等多项权力，实际上就是承认了检察官具有"司法官"的身份。"司法官"对于定罪、量刑的意见并不减损审判权的权威性，也不侵犯法官独立裁判的"自留地"。

综上所述，检察权在认罪认罚从宽制度中承担主导责任，是由其客观中立的性质决定的，是其履行合法性义务的必然结果。检察机关充分挖掘自己的"潜能"，完成职责范围内的工作，不会对审判权造成影响，也不可能侵犯"以审判为中心"

---

[1] 刘计划：《以审判为中心刑事诉讼制度改革中的几个认识问题》，载《苏州大学学报》2017年第1期。

的诉讼制度，更不存在所谓的"公诉权与审判权的博弈"，两者依然是分工负责、相互配合、相互制约的关系。检察权的主导不但不会损害法院独立审判地位，反而可以更好地把控案件质量、优化刑事诉讼结构，让以审判为中心的诉讼制度改革真正得以深入推进。

二、检察机关在认罪认罚从宽制度中承担主导责任的方式

认罪认罚从宽制度是将本应在审判阶段才能通过判决确定的罪名和刑罚前移到审查起诉阶段，通过控辩协商的方式将这两者用具结书的形式"预约"下来并最终由法院进行审核后予以实现的新型诉讼制度。在这一制度中，法律赋予了检察机关法律监督权、羁押控制权、程序控制权、救济控制权、量刑建议提出权等多项权力，使得检察机关成为该制度中当仁不让的主导者[1]。检察机关通过在刑事诉讼的各个阶段扮演不同的角色来主导认罪认罚从宽制度的顺利运行：检察机关既是侦查质量的评价者，[2] 也是认罪认罚从宽制度的适用者，又是司法资源的调控者，还是被追诉人诉讼权利的保障者，承担着主导认罪认罚从宽制度运行、案件客观公正处理、法律得以完整实现的重要责任。

---

[1] 李奋飞：《刑事审前程序中检察机关的角色定位》，载《中国检察官》2018年第15期。

[2] 李奋飞：《论"交涉性辩护"——以认罪认罚从宽作为切入镜像》，载《法学论坛》2019年第4期。

（一）检察机关是侦查质量的评价者

公安机关在侦查阶段的主要任务是全面固定证据，不仅包括口供，还包括物证、鉴定意见等客观证据。检察机关需要对侦查质量进行评价，只有符合"犯罪事实清楚，证据确实、充分"标准的，才能够提起公诉；对不符合标准的，或不起诉或退回补充侦查。

在认罪认罚从宽制度刚开始试行的时候，确实存在"证明标准降低说""证明对象限定说""证明责任减轻说""证据调查简化说"等多种学说并存的情况，但随着实践的深入，通说观点渐渐形成，认为在法律没有明确降低认罪认罚案件证明标准的情况下，该类案件的证明标准与其他案件无异，仍应达到"犯罪事实清楚，证据确实、充分"，这也是我国"实事求是"基本政策在刑事案件证明层面的体现。从这一角度来看，侦查机关的工作并不因为认罪认罚从宽制度的适用而有所减轻。只能说因为被追诉人认罪认罚，口供的获取难度降低，侦查机关可以根据口供更加迅速、全面地固定客观证据。而且从证据的"量"上来看，认罪认罚案件可能反而会更多。检察机关需要通过提前介入侦查、批捕时对证据进行审核、捕后提出继续侦查提纲等多种方式监督侦查机关合法、有效、全面地固定证据。

侦查机关能否开展认罪认罚工作？与部分学者的观点不同，[1]《指导意见》中规定"认罪认罚从宽制度贯穿刑事诉讼全过程，适用于侦查、起诉、审判各个阶段"，"认罚在侦查阶段表现为表示愿意接受处罚"，在某种程度上作出了肯定回答。

---

[1] 陈卫东：《认罪认罚从宽制度试点中的几个问题》，载《国家检察官学院学报》2017年第1期。

但是应当注意,这里对侦查机关开展认罪认罚工作是有限定的。侦查机关只能听取被追诉人"愿意接受处罚"的意思表示,但不能与被追诉人展开认罪协商,毕竟侦查机关没有提出量刑建议的权力,协商不具有现实基础。另外,侦查机关的工作重点是取证,若许可公安机关与被追诉人开展认罪协商,一方面可能导致过分依赖口供而忽略无罪证据的收集,另一方面可能出现威胁、利诱等迫使认罪的非法情形。

(二) 检察机关是认罪认罚从宽制度的适用者

我国《刑事诉讼法》第15条规定:"犯罪嫌疑人、被告人自愿如实供述自己的罪行,承认指控的犯罪事实,愿意接受处罚的,可以依法从宽处理。"既然是"可以",就表明该制度是选择性适用的。那么这一选择权归于何主体?在何种情况下适用,在何种情形下不适用呢?

1. 检察机关是决定适用认罪认罚从宽制度的最合适主体

首先,该制度的选择权不属于诉讼参与人。因为只要符合前提条件,被追诉人必然会选择对自己有利的"从宽处理",法律这样规定是没有意义的。同理,被害方出于报复心理,在没有谅解被追诉人的情况下也很难期望其会选择对被追诉人"从宽处理"。[1] 当事人尚且没有选择权,其他诉讼参与人也没有理由享有这一权利。因此,能够决定是否对被追诉人从宽处罚的只有专门机关。

其次,该制度的选择权不属于侦查机关。作为刑事诉讼中的证据收集者,侦查机关并不介入后续的审判过程,对案件的处理没有法律上的建议权也没有决断权,当然不享有决定对被追诉人从宽处罚的权利。

---

[1] 因为谅解并非法律规定的适用认罪认罚从宽制度的前提条件。

最后，该制度的选择权也不属于法院。第一，刑事诉讼法构建了认罪认罚从宽制度的基本框架：由检察机关宣告权利、听取意见、主持签署具结书、提出量刑建议、提起公诉，接着由法院审查被告人的认罪认罚是否系自愿、明知且理性作出的，审查具结书的合法性、量刑意见的合理性，并据此作出判决。根据程序法定原则，适用认罪认罚从宽制度时应当严格遵守刑事诉讼法规定的法定程序，由检察机关启动认罪认罚从宽制度的适用。第二，虽然对于程序性事项法院可以依职权作出决定，不受"不告不理原则"的限制，但是认罪认罚从宽制度中的控辩协商属性决定了法院的被动中立立场。任何契约的协商主体都是与协商事项有密切关联的主体，在认罪认罚协商中，被追诉人及其律师为维护自身权利是协商一造，公诉人代表国家指控犯罪，要实现自己的求刑权，是协商的另一造。[1]法官是协商结果的监督者和最终裁判者，一方面审查被告人是否自愿，是否知道指控的性质以及是否理解认罪认罚的内容和后果，监督检察机关克制地行使权力，审查协商结果是否符合法律规定等；另一方面享有最终决定协商结果是否有效的权力。[2] 为了保证协商过程的合法性和协商结果的合理性，作为

---

[1] 我国的法律为防止报应刑，向来不承认被害人（家属）刑事上的求刑权，因此，被害人（家属）并非认罪认罚协商中的适格主体。

[2] 这样的设置理由有二：一是法官监督是防止"强迫协商"的必要手段。控辩平等是协商的前提，法官通过询问被告人及其辩护人，确定协议是被告人出于自愿，而不是在控方的暴力胁迫下作出的；确定被告人明确知晓认罪的法律后果，整个协议是基于理性作出的；必要时法官还应当询问被害人家属，确定其认可协议。二是法官除了要进行形式审查，还要进行实质审查，即审查协商是否有事实根据和法律基础。这是"职权主义"下法官作为积极裁判者所必须承担的义务。未经人民法院依法判决，对任何人都不得确定有罪，协商协议不能等同于法院判决，也无法据以认定被追诉人有罪。法官基于"澄清义务"，必须进行阅卷，防止无罪的人被错误定罪。协议可以体现被告人认罪，但只能视为被告人供述，只有与检察机关提交的其他证据相互印证，达到证明标准才能定罪处罚。

监督者和最终裁判者的法院绝对不能直接介入协商，否则会带来一系列的法律问题：一是如果法官可以与被告人进行协商，那么这一协商过程将不受监督，被告人是否自由理性地作出决定也将无从核实。二是如果法官可以与被告人进行协商，那么协商之始法官就已经对案件形成预断，辩护、庭审都将徒具形式。三是如果法官可以与被告人进行协商，就无须公诉人指控和证明犯罪，其诉讼价值也就不存在了。四是如果法官可以与被告人进行协商，法官就会从中立的裁判者变成追究犯罪的主导者，诉讼又会退化为"纠问制"的模式，与现代诉讼理念背道而驰。

因此，检察机关是有权决定认罪认罚从宽制度适用与否的最合适主体。法院作为中立的裁判者不能以协商者的身份介入协商，也不能单方决定适用认罪认罚从宽制度。在检察机关未适用认罪认罚从宽制度时，法院可以建议检察机关适用，但不能越俎代庖，抛开检察机关单独与被告人达成认罪认罚协议并从宽处理。[1]

2. 检察机关依职权决定认罪认罚从宽制度的适用

虽然认罪认罚从宽制度适用于任何案件性质、诉讼程序类型，广泛存在于刑事诉讼过程中，[2] 法律没有限制其适用范围，但是基于公共政策考量，其适用仍存在一些例外情况，这也是契合《刑事诉讼法》第15条规定的。

---

〔1〕 以调研中发现的陈某盗窃案为例。陈某因涉嫌盗窃罪被 B 市 C 区检察院提起公诉，在开庭审理后，C 区法院认为陈某犯罪事实清楚，证据确实、充分，但考虑到陈某认罪态度较好，可以对其适用认罪认罚从宽制度，遂在 C 区检察院未适用该制度的前提下径行适用，对陈某从轻处罚。C 区检察院以法院开庭时未对认罪认罚具结书等证据进行质证为由提起抗诉，二审法院认为一审法院审判程序违法，将案件发回重审。检察机关的抗诉理由并不充分，应当以一审法院适用法律错误提起抗诉。

〔2〕 陈卫东：《认罪认罚从宽制度研究》，载《中国法学》2016年第2期。

重罪案件，尤其是命案等严重危害社会安全的案件，历来都是我国刑事政策严厉打击的对象，且在命案中还要充分考虑被害人及其亲属的诉求、权利保障和社会影响，因此在重罪案件中适用认罪认罚从宽制度需要尤为审慎。对一些恶性极大、引起社会强烈愤慨、从宽处罚可能起到较强负面效应的案件，应当谨慎适用。如2017年发生在北京西单大悦城的故意杀人案，犯罪嫌疑人为发泄个人不满情绪，在该商城多处地方，先后持铁棍、尖刀对餐饮工作人员和顾客进行击打、追砍、刺击，造成1人死亡、13人受伤的严重结果，社会影响极其恶劣。犯罪嫌疑人为发泄个人情绪而选择在人群密集度大的商场、餐厅公然实施杀人行为，犯罪性质极其恶劣，杀人手段特别残忍，情节、后果特别严重，社会危害性极大，虽然到案后能够如实供述所有事实，也表示愿意承担一切后果，但是如果适用认罪认罚从宽制度对其从宽处罚，不利于法治社会建设，也容易引起较大负面效果，故未对其适用该制度，从最终效果上来看也符合民众的一般期待。

（三）检察机关是司法资源的调控者

检察官既要保护被追诉人免于法官之擅断，亦要保护其免于警察之恣意，本来即暗寓其双重功能及居间位置。[1] 检察机关对侦查机关移送案件进行初审，符合起诉条件的依法提起公诉，不符合条件的依法作出不起诉决定。这种诉讼阶段论的结构自洽性，将检察权布局于承上启下的时空维度，具有衡量不同价值比重的先天条件。[2] 认罪认罚从宽制度更是扩展了检察机关不起诉裁量权的范围，对于部分情节轻微、被追诉人认罪

---

[1] 林钰雄：《检察官论》，法律出版社2008年版。
[2] 李奋飞：《刑事审前程序中检察机关的角色定位》，载《中国检察官》2018年第15期。

态度好的案件可以通过这一制度的适用，依法作不起诉处理，通过终止刑事诉讼进程的方式截流，更大程度地节约司法资源。

同时，为享受制度"红利"，原本不认罪的被追诉人为获得从宽处理而认罪认罚，也可以极大减轻检察机关的举证任务、节省庭审时间、降低上诉率。对适用认罪认罚从宽制度的案件还可以适用简易程序和速裁程序，最大限度地降低司法资源的消耗。与之对应的，对认罪认罚案件节约司法资源就意味着更多的资源可以向疑难复杂案件倾斜，从而发挥优化司法资源配置的作用。

（四）检察机关是被追诉人诉讼权利的保障者

在公权力主导的刑事诉讼模式下，相关当事人的诉讼权利始终会面临被侵犯的危险。[1] 作为宪法规定的法律监督机关，承担救济职责的自然非检察机关莫属。尤其是在认罪认罚从宽制度的特殊语境下，由于公诉权能在整个刑事诉讼中所占比重有所增加，检察机关更要严格依照法律法规的规定保护被追诉人的各项法定权利，不仅要审查案件是否符合移送审查起诉的标准、证据的合法性、羁押必要性、辩护权的保障情况、办案人员的适格性等，还要充分履行认罪认罚案件中对被追诉人的释明义务、在辩护人（包括值班律师）的见证下签署具结书等特殊义务。由于庭审程序的简化，检察机关在认罪认罚案件中需要承担更重要的保护被追诉人权利的义务。

---

[1] 李奋飞：《刑事审前程序中检察机关的角色定位》，载《中国检察官》2018 年第 15 期。

三、强化检察机关在重罪案件认罪认罚工作中履职能力的措施

既然检察机关在认罪认罚从宽制度的适用过程中需要承担主导责任,那就必须强化履职能力,以增强被追诉人对制度的认同感,提高适用率。通过调研发现,检察人员在以下几个方面仍然存在"短板",有提升的空间:一是案件审查过程中,对辩护意见的重视程度不够,客观义务未能充分履行;二是与辩护人沟通不充分,致使辩护人在法庭上发表不利于认罪认罚工作顺利进行的意见;三是量刑建议的精准度不够,质量仍有待提高;四是监督规范检察权行使的机制有待完善。针对这几个"短板"采取有针对性的措施,可以进一步提升履职能力,更好地发挥主导作用。

(一) 加强重罪案件认罪认罚工作中的控辩协商

由于公诉权能在认罪认罚工作中所占比重有所增加,对被追诉人的权利保障应当较其他案件更为周全。检察机关为达成认罪认罚的合意,应当认识到控辩沟通的重要性,并在合理的证据开示的基础上,与辩护人就案件中的量刑情节及影响因素进行充分的沟通,确保协商结果的理性、自愿性和真实性。

1. 重视对辩护权的保障

辩护权作为一种宪法性权利,意在保障被追诉人的权益,在认罪认罚案件的控辩协商过程中显得尤为重要。假定被追诉人不懂法,那么在协商过程中如没有专业人士的辅助,其必将陷入相当不利的境地(哪怕控方建议是公正的)。这也是协商平等原则所禁止的。为了保护认罪认罚的被追诉人的辩护权,刑事诉讼法引入了值班律师,《指导意见》也进一步赋予了值

班律师"阅卷权",使得值班律师进一步"辩护人化"。但调研中发现,部分检察人员甚至律师自己对辩护人的定位不清、重要性认识不足,影响到对被追诉人的权利保障。

辩护人具有独立的诉讼地位是在所有的刑事案件中都应当肯定的,认罪认罚案件也不例外。辩护人可以在当事人认罪认罚的同时提出罪轻或无罪的意见,这不影响认罪认罚的有效性。[1] 但是,由于实体的处罚结果须由被追诉人自己承担,辩护人无权要求被追诉人拒绝认罪认罚,也无权代替被追诉人与检察机关就罪名和刑罚达成一致。

需要注意的是,认罪认罚案件的法庭审理程序虽然有所简化,但是辩护人的实际工作量并没有减少。从实践情况来看,重罪案件,尤其是故意杀人和故意伤害(致死)案件(以下简称命案),检察机关一般都会要求被追诉人与被害方达成谅解协议,[2] 辩护人必须在审查起诉阶段的有限时间里快速与被害方达成一致,其工作量不降反增。如笔者在调研中发现的张某故意伤害案,其辩护人赴看守所数十次,与承办人电话联系多达四十余次,并多次与被害方代理人进行沟通,最终顺利促成认罪认罚工作,为张某争取到最优刑期,同时让被害方获得了

---

[1] 但是,辩护人不应当拒绝在认罪认罚具结书上签字。该签字只能证明具结书是被追诉人在自己明知法律后果的情况下自愿签署的,并不意味着辩护人一定认同其上记载的事项。辩护人可以在具结书中写明自己对罪名或量刑建议的不同意见,但是不应当拒绝自己见证程序合法的义务。

[2] 命案中被害方遭受巨大损失,家属情绪不稳,容易引发极端事件,需要慎重适用认罪认罚从宽制度。法律最重要的功效之一就是恢复社会关系,认罪认罚案件不同于普通案件的一个关键点在于刑罚是由检察机关和被追诉人协商达成的,这个过程并不公开,被害人家属对此有疑虑也是人之常情。在协商过程中,控辩双方都有必要与被害人家属沟通,争取其同意和解并出具刑事谅解书,以达到案结事了的目的。基于民众法律观念仍有欠缺的社会现状,取得被害人家属的同意仍然会是以后相当长的一段时间里,重罪案件中检方积极适用认罪认罚从宽制度的一个必要条件。

一定的经济补偿，息诉罢访，使案件得到了妥善处理。鉴于辩护人在认罪认罚工作中的重要性，检察机关应当重视、尊重、保护辩护人的地位，认真听取意见，积极沟通协商，确保双方交流顺畅，从而形成双方互相尊重、相互配合，理解共赢的诉讼新局面。

2. 适度进行证据开示

为保证协商过程中双方信息对称，确保被追诉人自愿理性地认罪认罚，刑事诉讼法及相关司法解释规定了一系列保护措施。如《指导意见》第29条规定："人民检察院可以针对案件具体情况，探索证据开示制度，保障犯罪嫌疑人的知情权和认罪认罚的真实性及自愿性。"

我国现行刑事诉讼法并没有确立证据开示制度，只是通过零星的条文赋予了被追诉人了解案情的权利，且对这一权利的行使作出了诸多限制。[1] 被追诉人首次接触到证明自己有罪的案卷材料是在审查起诉阶段，且只能接触到部分案卷，[2] 而能够真正直接接触、了解所有案卷材料是在庭审时。我们姑且不论在这种模式下被追诉人能否获得有效辩护[3]，单就结果来看，其还是有条件接触到所有作为定案依据的证据的。但在认

---

[1] 比如，在侦查阶段，辩护律师可以向侦查机关了解犯罪嫌疑人涉嫌的罪名和案件的有关情况，在案件侦查终结前，辩护律师有权要求侦查机关听取其意见，但是却没有向犯罪嫌疑人核实证据的权利。

[2] 毕竟辩护人核实的只是部分证据，犯罪嫌疑人自己并不享有直接的阅卷权。权利在传递的过程中将不可避免地有所减损。由于辩护人非亲历者，对某些证据的敏感度并不如当事人，因此两者的阅卷效果会有差异。

[3] 在这种模式下，犯罪嫌疑人只有极少的时间来熟悉证据，如果辩护人不能充分履职，犯罪嫌疑人将陷入极为不利的境地。

罪认罚案件中，法庭证据调查程序得到简化，[1] 检方只需宣读证据目录而不再详述证据的具体内容，不利于辩护权的保障。另外，被追诉人可能出于对国家公权力的敬畏，为求刑期之宽缓，在不了解证据的情况下违心认罪。故对认罪认罚案件设立证据开示制度具有深刻的理论基础和现实意义。

但这一举措也成为实践中困扰办案人员的难题：由于被追诉人在刑事诉讼过程中，有撤回认罪认罚的权利，因此其完全可以通过先认罪认罚后撤回的方式取得所有证据，从而获得较其他被追诉人更优势的地位。换言之，在认罪认罚从宽制度中赋予被追诉人额外的权利，可能会损害到法律的公平性，要对认罪认罚案件进行证据开示，就应当对所有案件均证据开示，否则很难兼顾平等原则。

因此，证据开示虽然是保证控辩双方协商平等的重要方法之一，但是应当掌握好开示证据的"度"。这个"度"包含两个维度：一是"量之维度"。认罪认罚从宽制度本质上是减轻诉累的制度，如果让被追诉人完整阅卷，办案机关就要派专人负责，若被追诉人刻意延长阅卷时长，可能拖延诉讼，故应当采取重点证据重点出示的方法，把握好出示的证据的"量"。二是"时之维度"。过早地开示证据一方面可能导致办案人员因对证据尚未吃透，与辩护人"交锋"时处于不利地位；另一方面也可能让被追诉人有充足时间"圆谎"，甚至串供，因此应当注意开示证据的时间，在保证办案质量的基础上打消被追诉人的侥幸心理。

---

[1] 为了达到认罪认罚从宽制度缓解案件压力、提高诉讼效率的设计初衷，势必要对认罪认罚案件与不认罪案件区别把握，否则，两种类型案件的办案模式事实上不会有区别，提高办案效率的目的也就没有了实现的基础。参见苗生明：《认罪认罚案件对公诉人举证、质证等工作的新要求》，载《人民检察》2016年第2期。

3. 把握好协商的限度

认罪认罚案件中的"协商"是"有限协商": 一是不对可能判处死刑立即执行的案件进行协商。不能通过协商的方式确定剥夺生命的刑罚。二是不对罪名进行协商,这既是我国"实事求是"的基本政策决定的,也是摒除美式"辩诉交易"的弊端所必须的。三是不依赔偿款的多少对刑期长短进行协商,以免陷入"花钱买刑"的误区。

虽然罪名、刑期都不是重罪案件的协商对象,但是并不意味着辩方没有提出意见的权利。就罪名而言,辩护人可以根据案件事实和在案证据,就案件的定性与检察机关进行沟通,但是不允许以"若判处××罪就认罪认罚"作为交易筹码。同样,对被追诉人的处罚也是检察机关综合量刑考量因素作出的判断,辩护人可以就具体的量刑情节与被追诉人进行协商,如"犯罪嫌疑人具有事后救助行为可以从宽处罚",但是不允许以"若判处××年就认罪认罚"或"再赔偿××钱,刑期能不能再少×年"等与检察机关讨价还价,即控辩双方协商的内容仅限于法律适用的争议问题、量刑考量因素的影响等,不能扩大到金钱额度。

(二) 通过高水准的量刑建议引导裁判结果

调研发现,检法现阶段对认罪认罚从宽制度最大的分歧点就在于量刑建议。量刑建议作为检察机关求刑权的表现形式,其存在本身没有争议,但是法律在认罪认罚从宽制度中增强了这一求刑权的"刚性",[1] 继而引发了审判机关的不安。从维

---

[1] 法律一方面要求检察机关对适用认罪认罚从宽制度的案件"应当"提出量刑建议,且该量刑建议不仅包含主刑,还包括附加刑及是否适用缓刑等;另一方面要求法院除满足法定条件外,均"应当"采纳检察机关的量刑建议。可以说,该量刑建议对被追诉人的最后处罚至关重要。

护制度运行的角度来看,这种"刚性"是必要的。如果检察机关与被追诉方协商形成的最终意见不具有一定的终局性,协商将没有意义,认罪认罚从宽制度也就失去了适用的根基。同时调研还发现,由于检察机关长期以来的追诉犯罪思想盛行,对犯罪嫌疑人的刑期预期要高于法院判决,因此尽快扭转观念,从客观公正的立场提出适宜的量刑建议变得极为迫切。再加上只有相对确定的量刑建议才更加符合被追诉方的预期,才能激发其协商热情,因而检察人员必须在一个相对较小的区间内提出量刑意见,这又增加了工作难度。

为了提高量刑建议的质效,提出法院能够接受的、相对确定甚至绝对确定的量刑建议,用高水准的量刑建议引导裁判结果,笔者收集并统计了近年来北京市二分院的获判案件。通过分析,笔者发现,重罪案件与轻罪案件认罪认罚工作最大的区别就在于量刑建议的提出。以故意杀人案件为例,量刑呈现出从死刑到有期徒刑递减的模式,从死刑到无期徒刑、从无期徒刑到有期徒刑之间不存在如轻罪一般按比例从宽处罚的情况,必须考虑"降档"的问题,即量刑考量因素及对刑罚的影响程度迥异于轻罪案件。笔者以命案为例,梳理影响量刑的因素,以期为其他罪名确定量刑建议提供一些思路。

1. 命案情况及特点

2016 年至 2019 年,北京市二分院共办结命案 183 件(故意杀人案[1] 95 件,故意伤害案 88 件),对其中的 27 名被追诉人适用认罪认罚从宽制度并提出量刑建议,法院采纳其中 25 份量刑建议,采纳率为 92.59%。

---

〔1〕 以起诉时罪名为准,下同。

表 1 2016 年至 2019 年命案适用认罪认罚从宽制度情况

	故意杀人案			故意伤害案		
	总件数	认罪认罚（人数）	采纳量刑建议（人数）	总件数	认罪认罚（人数）	采纳量刑建议（人数）
2012 年[1]	27	0	0	22	0	0
2017 年	29	1	1	22	1	1
2018 年	27	4	4	25	5	5
2019 年	12	2	1	19	14	13

上述数据显示，命案适用认罪认罚从宽制度的数量和占比总体有提升，量刑建议采纳率较高，但是与故意伤害案认罪认罚从宽制度的适用率有大幅上涨不同，故意杀人案中该制度的适用一直保持低位运行。

2016 年至 2019 年，故意杀人案共 95 件 95 人，判处死刑立即执行 12 人，占比 12.63%；判处死刑缓期执行 45 人（含限制减刑 9 人），占比 47.37%；判处无期徒刑 22 人，占比 23.16%；判处 10 年至 15 年有期徒刑 12 人，占比 12.63%；判处 7 年至 10 年有期徒刑 3 人，占比 3.16%；判处 7 年以下有期徒刑 1 人，占比 1.05%。

2016 年至 2019 年间，共有 88 人被诉故意伤害罪，其中判处死刑缓期执行 1 人，占比 1.14%；判处无期徒刑 20 人，占比 22.73%；判处 10 年至 15 年有期徒刑 56 人，占比 63.64%；判处 7 年至 10 年有期徒刑 6 人，占比 6.82%；判处 7 年以下有期徒刑 5 人，占比 5.68%。

故意杀人案中被判处死刑缓期执行人数最多占比最大，其

---

[1] 由于 2016 年 11 月后北京才开始试点工作。彼时认罪认罚从宽制度还处于初期探索阶段，前两个月未适用。

次是无期徒刑,判处死刑立即执行和 10 年以上有期徒刑的占比相同,判处 10 年以下有期徒刑的数量很少。而故意伤害(致人死亡)案中被判处 10 年至 15 年有期徒刑的占到 60% 以上,属于最密集的量刑区间;判处死刑缓期执行和缓刑的最少,近 4 年均仅有 1 起;判处 7 年以下有期徒刑的亦较少。同时,数据表明,故意伤害罪中量刑的区间从死刑缓期执行至判三缓三,量刑区间十分宽泛,认罪认罚从宽的幅度也相较故意杀人大。

2. 命案中的量刑考量因素

第一,致死、致伤人数是命案中最重要的量刑要素。12 件判处死刑立即执行的案件中有 8 件被害人人数超过 1 人,6 件死亡人数超过 2 人。另有两起案件,虽然致死 1 人,但是致伤多人。唯一一起因故意伤害被判处死刑缓期执行的案件也是因为被追诉人与同伙持械伤害他人,致 1 人死亡、1 人重伤、1 人轻伤。

第二,前科劣迹是体现人身危险性的重要因素。在仅致死 1 人的情况下有 4 名被告人被判处死刑立即执行,其中 3 名被告人系累犯,且有多次前科,1 人系有前科。故意伤害案中也能发现对有前科或构成累犯的被告人的量刑要明显重于无此情节的。

第三,犯罪对象、犯罪目的、作案工具、犯罪预谋、事后有无毁坏尸体的行为等也是体现被告人人身危险性的重要量刑因素。随机选择犯罪对象、滥杀无辜、为报复社会而杀人等情形体现出被告人具有较强的人身危险性。如陈某某悲观厌世,在公共场所随机选择无辜群众杀害,致 1 人死亡;朱某某为发泄不满情绪,于春节前夕在繁华公共场所随机杀人致 1 人死亡 13 人受伤;杨某某使用枪支射杀 1 人并埋尸,以上 3 名被告人均被判处死刑立即执行。

第四，刑事责任能力也是影响较大的从轻、减轻量刑因素。调研发现，凡是被认定为限制刑事责任能力的被告人最终判罚都会有较大幅度的宽缓。如唐某某故意伤害同居老人致其死亡，因其为限制行为能力人，最终被判处有期徒刑10年。

第五，被害人过错也是影响较大的量刑因素。如周某某故意杀人案，周某某致2人死亡、2人轻伤，犯罪结果严重。但是由于本案系被害方强行踹门进入周某某家后发生冲突，被害人对于案件起因负有较大责任，周某某最终被判处死刑缓期执行，限制减刑。再如，王某某故意杀人案中，王某某驾车冲撞被害人，之后用汽油泼洒、烧灼致其死亡，犯罪手段十分残忍。但本案系因被害人与王某某的妻子长期保持不正当两性关系所致，故对王某某判处死刑缓期执行，限制减刑。这两起案件中被害人对案发起因均负有一定责任，是两案被告人被判处死刑缓期执行的关键。需要注意的是，这两起案件中被告人均被限制减刑，可以看出对于罪行极其严重但又有一定可宽宥因素的被告人，死刑缓期执行不足以评价犯罪，但判处死刑立即执行也不能全部评价被告人可宽宥的因素时，限制减刑成了中间的缓冲地带。

第六，赔偿与被害人亲属谅解也能较大幅度地影响量刑，同时也是检方做认罪认罚工作时的重要考量情节。2016年至2019年的183件命案中，认罪案件有137件，占比74.86%；赔偿、谅解案件72件，占比39.34%；认罪同时具有赔偿或谅解情节的有60件，占比32.79%。其中，故意杀人案认罪率高（88.42%），但赔偿、谅解率低（同时具有的仅占25%）；故意伤害案赔偿、谅解率略高（约40%），但认罪率还不够高（不到70%）；既认罪又具有赔偿、谅解情节的案件数量少，占比低。

第七，事后救助行为，如案发后及时拨打急救电话的，法院一般会酌情予以考虑，而有异常介入因素，如医疗事故等，也会大幅度减轻被追诉人的责任。

除此以外，特殊身份、共同犯罪人数等都可能成为量刑考量因素，因其样本不大，此处不再展开。以上考量因素加上自首、立功、如实供述等法定情节就构成了样本中常见的量刑考量因素。

3. 量刑考量因素对刑罚的影响

笔者对量刑考量因素统计后发现：在故意杀人案中，犯罪结果（被害人人数）是最重要的量刑因素，如果死伤人数过多，即使有自首、如实供述、认罪悔罪等从轻量刑因素，也不能减轻刑罚，仍有可能会被判处死刑立即执行。在被害人仅1人的情况下，若被告人的前科劣迹、犯罪手段、犯罪目的、预谋杀人、毁灭尸体、特殊身份等情况能体现出被告人人身危险性较高，即使有自首、如实供述、认罪悔罪等从轻量刑因素，也有可能被判处死刑立即执行。除此以外，各情节对量刑具有不同程度的影响。

为提高量刑建议的精准度和法院采纳率，我们尝试用"正向分值计算"加"反向判例验证"的方法对命案提出精准化量刑建议。主要步骤是依据犯罪结果（主要是致死、致伤人数）确定基准刑，再依据量刑情节调节基准刑，最后确定建议的刑种、刑期。

第一步是正向计算量刑分值。科学合理地划分量刑情节的种类，进而确定每种量刑情节对最终量刑的影响，是实现对个案精准、公正量刑的基础。依据对183件命案判决中所有量刑情节的梳理、分析，结合其对判决结果的最终影响，笔者拟将命案中所有量刑情节及判决结果数值化，再对各量刑因素相互之间的关系、叠加之后的综合影响力、对最终量刑的影响力等进行探索性分析。需要说明的是，目前仅是依据北京市二分院近4年的命案判决结果进行分析，也仅针对已经致死1人以上命案的实行犯/主犯（从犯及共同犯罪中其他人员按其所起作用予以确定），有部分刑法规定的量刑情节没有予以考虑。

基准型情节：死伤人数。

综合量刑情节：犯罪次数、部位、工具、行为次数、不作为、对象、场所、目的、预谋、动机、间接故意、被害人过错、事出有因、防卫过当、防卫性质、施救被害人、介入因素、处理尸体、前科劣迹、限制责任能力、责任年龄、自首、自动投案、认罪悔罪、赔偿、谅解、干扰侦查、毁灭证据、干扰作证、抗拒抓捕、逃跑、隐匿身份、数罪并罚、认罪认罚、黑恶势力犯罪等。其中，应当减轻型量刑情节有防卫过当、从犯、犯罪中止，应当从重处罚型量刑情节主要有累犯，其余大部分为可以从重或可以从轻、减轻型量刑情节。

分值说明：（1）故意杀人罪如果系一般手段致死1人，设定基准分值为90分，再按各情节分值加减；故意伤害罪如果系一般手段致死1人，设定基准分值为80分。（2）跨档分数差一般为10分。（3）共同犯罪按其所起作用确定分值。

调整分值系分值幅度范围外一些需要考虑的情节，如致2人死亡，分值为100分，如杀害5人甚至更多人时，如果其同时具有自首、认罪等情节，则可以用调整分值来衡平，从而不予从轻或减轻处罚。（判决中经常表述为：罪行极其严重，虽具有自首/如实供述情节，但不足以对其从轻处罚。）

第二步是反向验证量刑分值。依据量刑值计算出来可能的刑期幅度后，找到对应幅度及上一幅度和下一幅度的既往判例进行验证，以判断计算出来的量刑幅度是否适当。

第三步是调整并确定量刑值。根据案件中可能存在的其他情形，对刑罚量进行调整，并确定量刑结果。

下面以武某某故意杀人案为例演示一下该规则的具体运用。

犯罪嫌疑人武某某在 KTV 唱歌时结识了被害人唐某某，而后二人确立了恋爱关系。2018 年 9 月 11 日 17 时许，武某某去唐某某住处为自己庆生，二人喝酒到次日凌晨。其间，因为唐某某告诉武某某自己与他人发生关系，两人发生矛盾，武某某骑自行车回家，唐某某随后乘坐摩的到达武某某家中，两人继续喝酒。至凌晨 3 点左右，唐某某持续用言语刺激武某某，二人再次发生争吵，武某某拿起床头柜里的尖刀朝唐某某身上捅刺，导致唐某某失血性休克死亡。武某某酒后昏睡直至警察将其抓获。武某某到案后能够主动供述自己的罪行、认罪认罚。

武某某多次捅刺他人要害位置致人死亡，符合故意杀人罪的构成要件，其行为导致一人死亡，基础分值为 90 分，多次打击加 5 分；初犯、非枪支等特殊工具、非预谋犯罪、未处理尸体、无前科劣迹、完全刑事责任能力、无自首；被害人持续以恋爱内与他人发生关系刺激被追诉人，可酌情减 5 分；被追诉人认罪认罚、赔偿被害人家属、获得谅解，可酌情减 10 分；最终得分 80 分，建议量刑无期徒刑。检察机关遂以武某某涉嫌故意杀人罪，向法院提起公诉，并提出对武某某判处无期徒刑的确定刑量刑建议。法院采纳该量刑意见以故意杀人罪判处武某某无期徒刑。

以上的量刑计算是基于小样本的统计，不具有充分调研、论证后的科学性、严密性，只是针对实践中无具体法律规范可依情况下的暂时替代性选择。

(三) 强化对认罪认罚从宽制度中检察权的监督

1. 内部监督：检察一体

从组织法上看，检察机关采用由上而下的阶层式构建，上命下从，检察长对检察官既有指挥监督权，还有建议任免权，检察官有服从和报告义务；上级检察院对下级检察院有领导权。检察长有权对检察官作出的是否适用认罪认罚从宽制度及从宽的幅度作出审查并指令修改；上级检察院认为下级检察院决定错误的，也可以指令纠正，或者依法撤销、变更。

根据我国检察机关现有的内设机构设置，检察长可以授权检察管理监督部门通过流程监督、质量评查、数据研判、情况通报等方式对案件办理质量进行监督；授权检务督察部门通过督察巡察、追责惩戒等方式实施监督；会同纪检监察派驻机构通过巡视整治、追责违纪行为等进行纪律监察。同时要求各业务部门加强对本部门案件和人员的管理，充分发挥"检察官联席会议"等制度的监督能力，形成各内设机构分工配合、相互制约的横向监督合力。

上级检察院、各业务条线、本院检察长、部门负责人也可以对承办人进行纵向监督，具体包括：不起诉决定书由检察长审批；起诉书向部门负责人报备；对明显不当的处理意见提出意见或提交检察委员会讨论决定，在有明显错误的情况下更换承办检察官，必要情况下追责惩戒；上级业务部门定期对下级同一条线的部门办理的案件进行复查并及时通报等。

2. 外部监督：诉讼监督与人民监督相结合

第一，诉讼监督。虽然认罪认罚从宽制度要求法院一般情况下应当采纳检察院提出的量刑建议，但是也规定了例外情况。法院经过审查，认为被告人的行为不构成犯罪或者不应当追究其刑事责任的，被告人系被检察机关强制，违背意愿认罪认罚的，起诉指控的罪名与审理认定的罪名不一致的，检察机关量刑建议明显不当的，应当书面告知检察机关。这种诉讼监督的方式最直接、最及时、最有效。

同时笔者认为，应当有限度地容忍被追诉人上诉。通过上级法院的审查，可以有效避免一审不当的情况，对检察机关也是又一重监督。

第二，人民监督。人民检察院组织法规定，最高人民检察院对全国人民代表大会及其常务委员会负责并报告工作，地方各级人民检察院对本级人民代表大会及其常务委员会负责并报告工作，各级人民代表大会及其常务委员会对本级人民检察院的工作实施监督。检察机关可以在有条件的情况下多邀请人大代表监督个案办理，通过公开听证、旁听庭审等多种方式，接受监督。

同时，还可以通过文书公开、对不起诉案件公开听证、网络直播庭审、设置举报热线、邀请媒体监督等多种途径对认罪认罚工作进行监督。

综上所述，为强化在重罪案件认罪认罚中履行主导责任的能力，检察机关应当切实履行客观忠实义务，加强保护被追诉人的权利，认真听取辩护人的意见，充分发挥辩护人的作用，谋求合作共赢。同时，适度进行证据开示，在坚持罪责刑相适应原则的基础上，与辩护人就量刑的各个情节进行深入、平等的讨论，依法确定量刑建议。只有精确到每个细节，才有可能保证量刑建议的精准度。另外，还要加强自身监督，自觉接受外部监督，确保权力的克制行使。

检察主导:"一般应当"原则之重申
——认罪认罚从宽视角下量刑建议制度的因应与转型

廖 明　王彬全[**]

一、规范视角下量刑建议制度的面向与逻辑

2018年刑事诉讼法确立的认罪认罚从宽制度,是一项十分典型的以检察官主导责任为基础的诉讼制度设计。[1] 而通过控辩协商达成诉讼合意,由公诉人提出量刑建议,从而推进认罪认罚从宽制度的顺利实施更是检察主导责任的题中之义。既然是建立在控辩合意基础上的量刑建议,那么其必然以被人民法院最终采纳为愿景。量刑建议权作为公诉权的一部分,其请求权属性决定了即使在认罪认罚案件中,人民法院仍享有拒绝采纳量刑建议的权力,这也在一定程度上削弱了量刑建议的效力。但为了使适用认罪认罚从宽制度的刑事诉讼程序能够良性运转,人民法院拒绝采纳量刑建议的权力应当受到适当限

---

[*] 本文荣获"认罪认罚从宽制度理论与实务研究"征文活动一等奖。
[**] 廖明,北京师范大学法学院暨刑事法律科学研究院副教授;王彬全,北京师范大学刑事法律科学研究院研究生。
[1] 张军:《关于检察工作的若干问题》,载《国家检察官学院学报》2019年第5期。

制。刑事诉讼法和"两高三部"《关于适用认罪认罚从宽制度的指导意见》（以下简称《指导意见》）均围绕认罪认罚案件中量刑建议的提出、采纳及调整作了规定。

（一）刑事诉讼法：超职权主义的余韵

在以往的司法实践中，公诉人通常是流程化地请求人民法院依法裁判，抑或是仅就从重、从轻、减轻处罚等量刑情节提出较为抽象的量刑请求。2018年刑事诉讼法修改后，其中第176条对检察机关量刑建议的提出作了义务性的要求，且该要求及于主刑、附加刑、是否适用缓刑等量刑建议的适用范围，但对于此情形下量刑建议的具体样态则语焉不详。若将2016年《关于在部分地区开展刑事案件认罪认罚从宽制度试点工作的办法》（以下简称《试点办法》）作为立法资料或刑事政策来看，不难推知彼时检察机关所提出的量刑建议呈现出以幅度刑为主、以精准刑为辅的趋势，而这也是一种相对稳妥的量刑建议提出模式。值得注意的是，《刑事诉讼法》第173条、第174条、第176条关于控辩协商的规定阙如，结合控方在刑事诉讼中的强势地位，可以判断彼时无论是量刑建议的提出环节，或是被追诉人的认罪认罚具结环节，其主要样态同检察机关单方主导相去无几。可见，最初确立的是一种检察机关单方主导的，以幅度刑为主、以精准刑为辅的量刑建议提出模式，也有学者将其界定为"单向相对明确式"的量刑建议提出模式。[1]

在量刑建议提出模式业已界定的情形下，笔者结合相关法律规范，以求对量刑建议采纳模式进行分析时有的放矢。有关

---

[1] 林喜芬：《论量刑建议制度的规范结构与模式——从〈刑事诉讼法〉到〈指导意见〉》，载《中国刑事法杂志》2020年第1期。

人民法院如何处理认罪认罚案件量刑建议的规定主要集中于2018年《刑事诉讼法》第201条中，该规定以立法语境的应然与实然维度作为参照，[1] 界分为两款：第1款为量刑建议采纳的应然构造，主要确立了"一般应当采纳"的处理原则，并较为明确地列举了5种不予采纳的除外情形；第2款为量刑建议采纳的实然境况，规定了量刑建议明显不当或辩方对其提出异议情形下的处理进路，检察机关的量刑建议调整权亦借此确立。就规范结构而言，第1款内部以"但书"为界，前半部分与后半部分之间构成原则与例外的关系；第1款与第2款则分别从应然与实然的维度展开，在量刑建议的采纳层面上成立一般与特殊的关系。有学者认为第1款与第2款在规范结构层面上应成立继受或原则与例外之关系，[2] 笔者对此持保留意见。从行为模式的角度来看，原则法与例外法迥然相异，而"特殊性规范所管制的是范围比较小的情况；其规定仅是一般（普遍）性规范的修正或补充，而不是直接与之相对立"[3]。易言之，例外法是对原则法的夺舍抑或背离，因而不能沿用后者的规范机理，在其规定的模糊地带亟须进行解释时无法从后者中获取有效指引；而特别法只是一般法在特别情形下的具象化，其本质上沿用一般法的规范机理，故当特别法亟待解释时可援引一般法为之提供指引与补充。[4] 在刑事诉讼视域下，有学者对例外规定的生成规则进行了专门研究，得出其具备必要性、

---

[1] 李步云：《法的应然与实然》，载《法学研究》1997年第5期。
[2] 郭烁等：《刑诉法开了认罪认罚的群架——余金平案中的法检之争》，载 https://www.sohu.com/a/388552006_120058306.2020-4-16，2020年7月9日最后访问。孙远：《"一般应当采纳"条款的立法失误及解释论应对》，载《法学杂志》2020年第6期。
[3] 范高祖等：《民法概要Ⅰ》，冯文庄译，澳门法律出版社1993年版，第13页。
[4] [德]卡尔·拉伦茨：《法学方法论》，陈爱娥译，商务印书馆2003年版，第147页。

合目的性及适用条件明确且具体等特点。[1] 同第 201 条第 1 款"但书"后半部分相比，第 2 款的抽象式列举显然不符合此处"适用条件明确且具体"之要求，因而在论证其作为原则的继受抑或例外时难免失之偏颇。由此观之，《刑事诉讼法》第 201 条第 1 款内部"但书"后面的内容作为与"一般应当采纳"原则相对立的除外情形，可谓之"当然不采纳"；而第 2 款作为原则在特别情形下的具象化，可谓之"视情况采纳"，在其规定的模糊地带如"量刑建议一般不当时人民法院应当如何处理"，则应援引原则为其提供指引，从而得出此情形下人民法院一般应当采纳量刑建议的结论。

就第 201 条之适用而言，量刑建议的采纳主要包括如下几种情形：第一，量刑建议适当的情形，此时实然境况与应然法则相趋同，适用"一般应当采纳"原则对量刑建议予以接受毋庸置疑。当然，司法实务中也存在辩方对适当的量刑建议提出异议之情形。以第 201 条规范为指引，检察机关应对其提出的适当量刑建议进行调整，且调整后的量刑建议并无明显不当时才可为人民法院所采纳。这之中涉及量刑观念与逻辑辨析的部分争议，笔者将在后文有关量刑建议调整权的研究部分进行深入探讨，此处暂不赘述。第二，量刑建议明显不当且辩方提出异议，控方调整后无明显不当的情形。第三，量刑建议明显不当且辩方未提出异议，控方调整后无明显不当的情形。第四，量刑建议一般不当且辩方提出异议，控方调整后无明显不当的情形。第五，量刑建议一般不当的其他情形。在刑事诉讼法的规范视域下，其属于第 201 条第 2 款规定的模糊地带，在特殊规范未作说明时应援引第 1 款所确立的"一般应当采纳"原

---

[1] 程绍燕：《刑事诉讼中的例外规定初论》，载《当代法学》2018 年第 3 期。

则。且该情形下量刑建议调整程序的启动条件仅为"辩方提出异议",故不存在辩方未提出异议时控方对其所提出的一般不当量刑建议作出调整的情形,亦即当辩方未提出异议时,一般不当的量刑建议应不经调整,直接被人民法院采纳。由此,笔者倾向于将刑事诉讼法规定的量刑建议采纳模式归纳为"常态化接受型",相较于前述"单方相对明确式"的量刑建议提出模式,这一模式下的量刑建议被赋予了一定的刚性,超职权主义影响下的余韵亦可见一斑。

(二)《指导意见》:协商式司法的兴起

作为一项对传统刑事诉讼模式造成巨大冲击的新生制度,认罪认罚从宽制度自施行以来经历了司法实践的重重考验,这其中既有制度适用后诉讼效率显著提升、司法资源配置不断优化的蜜月期,亦有背负加剧司法腐败、锐化检法矛盾、盲目法律移植等争议的阵痛期。在前期实践较为丰富的积淀之后,《指导意见》对认罪认罚从宽制度作了相当程度的丰富与完善。其中,第33条明确规定了控辩双方审前协商机制,此外其完全沿用了《刑事诉讼法》第176条对量刑建议范围的义务性规定,并确立了"以确定刑为主、以幅度刑为辅"的量刑建议提出模式。值得肯定的是,该条明确了检察机关对量刑建议的说理与论证义务,正如张军检察长所言,此乃检察机关的主动担当与自我加压,[1] 检察机关落实主导责任的决心不言而喻。《指导意见》确立的是一种控辩平等协商性质的,以确定刑为主、以幅度刑为辅的量刑建议提出模式,有学者将其界定为

---

[1] 蒋安杰:《2019的那场"头脑风暴" 新时代"控辩审三人谈"再聚首》,载 https://www.sohu.com/a/396883801_120228.2020-5-22,2020年7月7日最后访问。

"协商全面精准式"的量刑建议提出模式。[1]

至于量刑建议的采纳模式，则主要规定在《指导意见》第40条与第41条中。其中，第40条主要对标《刑事诉讼法》第201条第1款，其以"依法审查"为主导原则，弱化了"一般应当采纳"原则的刚性效力，且完全吸收了5种除外情形的具体内容，但对于"量刑建议适当，指控罪名与审理罪名不一致"的情形作了柔性规定，在重申公诉事实同一性原则的同时给予了量刑建议更多的包容空间。第41条则对标《刑事诉讼法》第201条第2款，对量刑建议的调整作了专门规定，其对调整程序的启动条件作了限缩，采异议有因性原则，即要求辩方所提出的异议有理有据时，人民法院才可告知检察机关调整量刑建议。值得注意的是，该条新增了"量刑建议经调整后适当"的处理规则，但仍对"量刑建议一般不当"情形下的处理原则未置一词。从体系解释的角度分析，结合第40条所确立的"依法审查"主导原则与新增"量刑建议经调整后适当"情形下处理规则之语境予以考量，对于"量刑建议一般不当"的情形，因其未达到"适当"之标准，应当视是否启动调整程序来决定告知调整或是直接依法裁判。申言之，在《指导意见》视域下，"量刑建议一般不当"的情形不应适用"一般应当采纳"原则。

就《指导意见》第40条、第41条而言，量刑建议的采纳主要包含如下几种情形：第一，无除外情形时量刑建议适当且辩方未提出有理有据异议的情形。鉴于第41条所规定的量刑建议调整之启动条件仅包含量刑建议明显不当与辩方提出有理

---

[1] 林喜芬：《论量刑建议制度的规范结构与模式——从〈刑事诉讼法〉到〈指导意见〉》，载《中国刑事法杂志》2020年第1期。

有据建议两项，故不存在辩方未提出异议时调整适当量刑建议的情形。第二，无除外情形时量刑建议适当但辩方提出异议，控方调整后适当的情形。第三，指控的罪名与审理认定的罪名不一致时量刑建议适当的情形。由于第 40 条最后一句对于该情形下量刑建议的处理作出了柔性规定，考虑到对公诉事实同一性原则下控方指控罪名偶发性失误的包容，故只有在第四种除外情形下量刑建议适当的，才可能被人民法院采纳。第四，量刑建议一般不当且辩方提出有理有据的异议，控方调整后适当的情形。如前文所述，当量刑建议一般不当且辩方未提出异议时，因其不满足启动调整程序之条件，故不存在该情形下调整量刑建议的情形。同时，由于第 40 条规定了"依法审查"的主导原则，而量刑建议一般不当明显不符合"适当"的采纳标准，故此情形下人民法院得不采纳量刑建议，径直依法裁判。由此，笔者倾向于将《指导意见》所规定的量刑建议采纳模式归纳为"审查主导型"采纳模式，该模式以"依法审查"为主导原则，只有最终的量刑建议符合"适当"之标准的，才得以为人民法院所采纳。

（三）现行规范框架下量刑建议制度的因应进路

近来不少有关认罪认罚从宽制度的辩论将争点局限于"是否应当采纳量刑建议"，从而陷入浮于表面的有关检法权力博弈的口舌之争，对实际问题的解决并无多少助益。问题的核心实为"人民法院应该采纳怎样的量刑建议"。量刑建议的提出、采纳与调整三位一体，同时接受该核心问题的拷问。认罪认罚从宽制度设立的初衷在于不影响司法公正实现的情况下惠及诉讼效率、司法资源配置及被追诉人的权利保障，讨论当下量刑建议采纳模式的适用原则是一项系统性的工程，绝不能将其同量刑建议制度所规范的其他内容割裂开来。如前文所述，《试点办法》自 2016 年发布时起试行两年，其所确立的"单向明确式"量刑建议提出模式未被 2018 年刑事诉讼法吸收，但其仍作为立法资料或刑事政策对当时检察机关量刑建议的提出工作给予了一定程度的指引与参照。2019 年《指导意见》出台后，"协商全面精准式"量刑建议提出模式在规范层面上全面取代了前者，且因其在正当性来源、保障辩方权利、体现检察机关主导责任及程序正义等方面的独特优势，表现出与认罪认罚从宽制度相协调的良好相性，目前已受到理论界与实务界的广泛认同。由此观之，现行法律框架下认罪认罚案件中量刑建议的提出模式为《指导意见》所规定的"全面协商精准式"采纳模式，可将其看作刑事诉讼法有关量刑建议提出模式规范阙如情形下对上位法的细化与补充。

《指导意见》的主要功能在于创制规则，用以解决当下司法活动中规则不足的问题，但绝不能同现有法律规范相抵触。[1] 因此，笔者认为在辩方未提出异议时，量刑建议一般不当情形下的处理进路应采刑事诉讼法所确立的"一般应当采纳"原则，即当量刑建议与法官内心的量刑尺度略有偏差，但尚未达到明显不当的程度时，仍应当作出采纳处理。[2] 此处"一般不当"同"明显不当""适当"等标准均涉及法律解释的范畴，因而不少争议围绕有关认罪认罚从宽制度最终解释权的归属展开。单就量刑问题而言，人民法院独立行使审判权原则为宪法所确立，人民检察院同样可通过抗诉等为宪法所赋予的法律监督权来对最终的刑罚裁量加以制约，故二者均有对量刑建议适当与否进行解释的权力。回归到认罪认罚从宽制度追

---

[1] 陈兴良：《案例指导制度的规范考察》，载《法学评论》2012 年第 3 期。
[2] 苗生明、周颖：《认罪认罚从宽制度适用的基本问题——〈关于适用认罪认罚从宽制度的指导意见〉的理解和适用》，载《中国刑事法杂志》2019 年第 6 期。

求公正优先、兼顾效率的初心上来，[1] 检法机关的首要任务应当是在满足审查、确认、肯定被追诉人之认罪认罚情节的条件下促成一份公正合法的判决。量刑建议的适当性审查只是司法实践中具体适用的基本准则，归根结底其还是为实现司法公正而服务的，应当以"公正"作为量刑建议是否应当采纳的唯一标准。从检察机关推行自上而下的主导责任制改革的角度而言，控辩主导下的量刑协商实质上是有关量刑的辩论环节前移至审查起诉阶段，是"审判中心主义"延伸至审前阶段的具体表征。[2] 若将检察机关实施法律监督工作中的抗诉视为被动性的事后救济，那么不妨将其量刑建议工作视为主动性的事前监督。一方面，量刑建议越精准，被追诉人越有可能形成合理而明确的刑罚预期，从而越有利于控辩合意的达成，确保制度的顺利适用；[3] 另一方面，精准化的量刑建议结合"一般应当采纳"原则虽会给人以干预人民法院量刑裁量空间的负面观感，但最终的刑罚决定权仍由人民法院独立行使，其对量刑建议的合理采纳是以不妨碍司法公正为底线。量刑建议最终得以采纳应当是人民法院充分尊重控辩合意，检法在个案量刑问题上达成司法共识与良性互动的结果。不能说量刑建议采纳率高就有人民法院沦为橡皮图章之虞，[4] 难不成要在量刑建议足以彰显司法公正之时故意不予采纳，才能体现人民法院独享刑罚

---

[1] 陈卫东：《认罪认罚从宽制度研究》，载《中国法学》2016年第2期。

[2] 李奋飞：《论"唯庭审主义"之辩护模式》，载《中国法学》2019年第1期。熊秋红：《比较法视野下的认罪认罚从宽制度——兼论刑事诉讼"第四范式"》，载《比较法研究》2019年第5期。

[3] 罗庆东：《以精准化量刑建议落实认罪认罚从宽》，载《检察日报》2020年2月10日，第3版。石经海：《量刑建议精准化的实体路径》，载《中国刑事法杂志》2020年第2期。

[4] 有学者认为，这种高的量刑建议采纳率"有消弭庭审法官独立调查、核实事实的可能性"。参见吕泽华、杨迎泽：《认罪认罚从宽制度的根基、困惑与走向》，载《国家检察官学院学报》2019年第3期。

裁量权之地位吗？这显然是违背逻辑的。对所谓的量刑建议提出率、采纳率等指标须以辩证的眼光去看待，才能做到对数据背后体现的正面利好与负面影响作理性分析，从而充分发挥司法能动性，推动司法制度的和谐、稳定发展。与"两造对抗，法官居中裁判"的传统刑事诉讼模式不同的是，认罪认罚案件中控辩双方通过平等协商已就案件处理达成合意，昔日等腰三角形的诉讼构造已演变为以控辩双方合为一方，以法院为另一方的双方构造。[1] 只有完成这种观念上的转变，检法机关向着实现司法公正的目标共同努力，在制度适用过程中相互适应、弥合分歧，才能真正形成司法合力，进而保障认罪认罚从宽制度的有效实施。

二、控辩协商语境下量刑建议的效力转型

除了基于认罪认罚案件特点与诉讼效率提升的考量以外，量刑建议作为控辩双方协商合意的核心载体，是检察机关在肯定被追诉人认罪认罚情节的基础上，代表国家意志就从宽处理所作出的对价性承诺，[2] 其对控辩双方形成契约意义上的约束，具有司法公信力[3]。如果该司法契约能促成司法公正之实

---

[1] 朱孝清：《刑事诉讼法第201条规定的合理性》，载《检察日报》2019年11月7日，第3版。
[2] 董坤：《认罪认罚案件量刑建议精准化与法院采纳》，载《国家检察官学院学报》2020年第3期。
[3] 张俊、汪海燕：《论认罪认罚案件证明标准之实践完善——兼评〈关于适用认罪认罚从宽制度的指导意见〉》，载《北方法学》2020年第3期。李奋飞：《论"确认式庭审"——以认罪认罚从宽制度的入法为契机》，载《国家检察官学院学报》2020年第3期。马明亮：《认罪认罚从宽制度中的协议破裂与程序反转研究》，载《法学家》2020年第2期。

现，那么人民法院就应当对其所承载的控辩合意给予充分的尊重，以维护司法权威，这也是认罪认罚从宽制度正当性来源的题中之义。正当性与合法性是量刑建议效力之源，但其效力过刚有僭越法院审判权之虞，过柔则又有损其所承载的司法公信力，亦有碍认罪认罚从宽制度的顺利适用。量刑建议的效力在刚柔之间进退维谷，亟须灵活性的规范加持以应对复杂且百态的司法实践，以便适时作出必要的转型。因此，《试点办法》、刑事诉讼法、《指导意见》等对量刑建议的调整作了规定，确定了量刑建议调整的被动性特征，即调整程序的启动取决于外部条件的成立——法院或辩方对量刑建议提出异议。多数学者主张量刑建议调整权的创制主要基于在坚持司法公正情形下提高诉讼效率、优化司法资源配置之考量。[1] 更有甚者认为该种考量正当性论证不足，且因其无法在控审分离、不告不理等诉讼原则下寻求依据，进而作出了赋予检察机关量刑建议调整权实无必要的判断。[2]

有关量刑建议调整的正当性之辩，笔者认为应对此作体系化解释与论证，明晰其与认罪认罚从宽制度正当性来源一脉相承之联系。如我国台湾地区学者所言："被告于侦查中自白者，经检察官同意并记明笔录后，检察官应以被告表示为基础，向法院为具体之求刑或求为缓刑之宣告……此系引进认罪协商制

---

[1] 王敏远：《认罪认罚从宽制度疑难问题研究》，载《中国法学》2017年第1期。谭世贵：《实体法与程序法双重视角下的认罪认罚从宽制度研究》，载《法学杂志》2016年第8期。卢建平：《刑事政策视野中的认罪认罚从宽》，载《中外法学》2017年第4期。张泽涛：《认罪认罚从宽制度立法目的的波动化及其定位回归》，载《法学杂志》2019年第10期。熊秋红：《认罪认罚从宽的理论审视与制度完善》，载《法学》2016年第10期。

[2] 孙远：《"一般应当采纳"条款的立法失误及解释论应对》，载《法学杂志》2020年第6期。

度之精神。"[1] 同前文所述，为了体现人民法院对控辩合意的充分尊重，在维护诉讼与裁判安定性的同时兼顾诉讼效率，在不存在有违司法公正的除外情形下量刑建议面临法院或辩方异议时，赋予检察机关量刑建议调整权实属必要之举。否则，一旦量刑建议遭受外部异议时即告撤销，由人民法院径直裁判，不仅其所彰显的司法公信力会在质疑声中逐渐瓦解，而且被追诉人的权利保障也面临窘境，可能导致"突袭裁判"之境况。而后续极易引发的控方抗诉与辩方上诉等问题更是无异于对司法资源的严重浪费，也与认罪认罚从宽制度设立的初衷背道而驰。即使不存在抗诉、上诉等情形，被追诉人也会在检法博弈的冲突中无所适从，不知到底应当向哪一方表示认罪认罚。此外，无论是刑事诉讼法还是《指导意见》，其对量刑建议调整的规定都是对特殊情形下的具体处理作出安排。既然在审前环节控辩双方已经进行了充分的量刑协商，那么出于节约时间成本、优化司法资源配置及维护被追诉人心理预期的考量，也应当以尽可能维护诉讼安定、减少无端争议与程序回转为立法趋势，赋予检察机关调整量刑建议的权力。

（一）合法性辨析：公诉变更主义下的公诉精密化实践

我国有关公诉变更主义的研究发轫于上世纪末期。[2] 有学者通过比较法的分析与研究，将公诉作为刑事诉讼展开的基本诉讼线，推演出公诉变更会同时对诉讼进程、辩护权行使、法官心证及判决结果施加决定性影响的结论。[3] 而精准化量刑建

---

[1] 林钰雄、王士帆：《刑事诉讼法》，新学林出版股份有限公司2018年版，第931页。

[2] 张小玲：《论公诉变更权》，载《中国刑事法杂志》1999年第2期。谢佑平、万毅：《刑事公诉变更制度论纲》，载《国家检察官学院学报》2002年第1期。龙宗智：《论公诉变更》，载《现代法学》2004年第6期。

[3] 龙宗智：《论检察》，中国检察出版社2013年版，第368~369页。

议的推行作为检察机关主导责任制改革的重要工作内容，实乃我国公诉精密化实践的具象化表征。[1] 同时量刑建议权作为公诉权的重要组成部分，也可在公诉变更主义项下得以丰富和完善，以一种全新的姿态为新时代下检察机关的公诉精密化实践提供理论支持与实务指引。公诉变更的正当性源于检察机关行使公诉权的客观性原则与效率性原则，[2] 合理地行使公诉变更权以提升诉讼效率、减少被追诉人诉累，也是实现检察官正当履职的客观性要求与效率的彰显。在现行法律框架下，赋予检察机关量刑建议调整权兼具了以往公诉变更主义有利于促进控方对量刑情节的充分调查与促成法官对量刑情节的综合考量之优势，[3] 同时也起到了刑事诉讼公力合作模式下维护诉讼与裁判安定、减少程序回转的功能[4]。

（二）正当性补充：被追诉人权利保障的进路初探

与传统刑事诉讼模式注重客观真实发现不同的是，认罪认罚从宽制度中更加注重被追诉人合法权利的保障，庭审的重点也由传统的定罪量刑环节转为对被追诉人认罪认罚的自愿性、明智性及真实性的审查环节，追求的乃是消极的实质真实发现

---

[1] 林喜芬：《论量刑建议的运行原理与实践疑难破解——基于公诉精密化的本土考察》，载《法律科学（西北政法大学学报）》2011年第1期。

[2] 龙宗智：《论新刑事诉讼法实施后的公诉变更问题》，载《当代法学》2014年第5期。

[3] 宋英辉、何挺：《检察机关刑事诉讼职权之比较》，载《国家检察官学院学报》2004年第3期。

[4] 陈瑞华：《刑事诉讼的公力合作模式——量刑协商制度在中国的兴起》，载《法学论坛》2019年第4期。

主义。[1] 现行规范框架下量刑建议的调整作为我国公诉变更主义下的公诉精密化实践，其兼具公诉变更主义下严肃性与灵活性相结合的种种优势，却也有对保障辩方合法权利之规范匮乏的缺点。因而有必要从制度本身的正当性来源出发，对被追诉人权利保障的可行进路进行探索，以期达到补充与完善制度之目标。

第一，建立控辩协商语境下符合效率导向的量刑建议调整程序。量刑建议的调整具备公诉变更的权力外观，其直接影响被追诉方辩护权的行使，此调整行为导致的结果对辩方的不利表现尤甚。如前文所述，控辩双方通过平等协商就量刑问题达成的合意具有司法公信力，是制度适用的重要正当性来源，那么对该合意进行调整的过程中，沿用初次协商时的基础程序、保障控辩双方的平等地位自然顺理成章。然而或出于立法语言简洁性要求之考量，刑事诉讼法、《指导意见》等对此均不甚明确。值得警惕的是，相关规范虽然均就调整程序规定了法院或辩方的异议启动条件，在辩方提出异议的场合或许不用对调整程序中的控辩协商另作要求；但在只有法院提出异议的情形下，控方可能只会朝着法院意见的方向进行调整而忽视对辩方权利的合理保障。因此，有必要确立量刑建议调整过程中的控辩协商原则，至少是为辩方在庭审中未提出异议的情形下提供一种合理的救济手段。同时，结合认罪认罚从宽制度的价值导向与《指导意见》第41条最后一句有关速裁程序中量刑建议

---

[1] 消极的实质真实发现主义相对于积极的实质真实发现主义。前者之目的在于减少犯罪之误认，藉以避免误无罪为有罪，重在无枉；后者之目的在于判明一切犯罪，藉以避免误有罪为无罪，重在无纵。陈朴生：《刑事诉讼制度于实体的真实主义之影响》，载《法学论集》，中国台湾中华学术院1983年版；张建伟：《从积极到消极的实质真实发现主义》，载《中国法学》2006年第4期。

调整的规范意旨，调整程序还应当注重对效率导向的追求。[1]可在此基础上寻求构建控辩协商语境下的量刑建议调整程序，如可在庭前会议环节由法院主导，协助控辩双方就量刑建议调整的有关问题进行充分沟通，减少分歧，将可能发生的争议尽量解决于审前阶段；也可以在启动调整程序后由人民法院宣布休庭，控辩双方得就量刑建议的调整问题进行再次协商，但应当考虑到诉讼效率与司法资源等因素，对协商的时间予以适当限制。此外，还可以对相关司法文书及办案手续进行简化，如在具结书的设计上添加适当留白，以备记录后续调整过程中的各方意见，且为控辩双方在具结书的二次签署问题上节约时间，提升效率。

第二，明确量刑建议的调整情形，及时进行转程序审理或抗诉处理。现实生活中的情形千变万化，以至于法律规范在应对之时难免稍显滞后且无法穷尽。司法实践中，审、辩双方对量刑建议提出的异议有时往往不能在量刑建议制度规范的框架内得到解决。前者如人民法院提出异议，后否定被追诉人认罪认罚情节而转程序审理的情形；后者如辩护律师单方面提出异议抑或被告人为追求"留所服刑"而采取"技术性上诉"等情形。上述情形下，为了保障认罪认罚从宽制度的顺利适用，彰显司法权威，实现公正优先，追求对案件的"从快从简从宽"处理，明确量刑建议的调整情形确属必要。在法院认为满足转换程序审理的条件时，检察机关应当理解，及时配合法官对案件转换程序审理。至于辩方上诉的场合，由于当下我国奉

---

[1] 陈卫东：《认罪认罚从宽制度的理论问题再探讨》，载《环球法律评论》2020年第2期。

行上诉无因性原则，且考虑到控方强势地位主导下的结构化风险，[1] 即时转为限制认罪认罚案件中被告人上诉权的态度未免有措置失宜之虞。[2] 此情形下应以被告人是否实质性否定认罪认罚情节为标准就个案进行具体分析，如果被告人始终坚持认罪认罚，但辩护律师单方面提出异议，以及人民法院拟在量刑建议幅度中线以上判罚，辩方认为量刑过重等情形下，[3] 因被告人未实质上否定认罪认罚情节，不宜采取抗诉方式对抗其上诉权的合理行使；但当被告人为追求"留所服刑"目的而采取"技术性上诉"或实施其他表现其"投机性认罪认罚"行为的情形时，[4] 其已实质上背离了认罪认罚从宽制度的适用要求，检察机关应当坚决采取抗诉方式抵制该滥用上诉权的行为，同时将其披露于社会监督之下。[5] 需要指出的是，此时检察机关抗诉的对象虽为一审法院作出的最终裁判，但审判法官并不必然为该裁判中的"错误"负责。因为该"错误"源于被告人虚假认罪认罚而形成的误导，检察机关对此行为采取抗诉方式

---

[1] 史立梅：《认罪认罚从宽程序中的潜在风险及其防范》，载《当代法学》2017年第5期。魏晓娜：《结构视角下的认罪认罚从宽制度》，载《法学家》2019年第2期。

[2] 学界观点如孙长永教授主张在未来可以考虑"只允许被告人在限定的理由范围内提出上诉，例如认罪认罚违背本人的自由意志、签署认罪认罚具结书的程序违反相关规定、判决认定的事实超出起诉书的指控范围、判处的刑罚违反法律规定或者超出认罪认罚的范围、有新证据证明被告人是无罪的，等等"。孙长永：《比较法视野下认罪认罚案件被告人的上诉权》，载《比较法研究》2019年第3期。实务界观点如"速裁程序实行一审终审，具有一定的理论和实践基础"。沈亮：《关于刑事案件速裁程序试点若干问题的思考》，载《法律适用》2016年第4期。

[3] 陈国庆：《量刑建议的若干问题》，载《中国刑事法杂志》2019年第5期。

[4] 董坤：《认罪认罚从宽案件中留所上诉问题研究》，载《内蒙古社会科学（汉文版）》2019年第3期。彭新林：《认罪认罚从宽中量刑建议存在的问题及对策》，载《人民法院报》2020年5月21日，第6版。

[5] 很多被告人将试图玩弄这个系统，假装悔意和道歉以博得量刑折减……将它们公开化很可能会缓和这些问题。参见［美］斯蒂芬诺斯·毕贝斯：《刑事司法机器》，姜敏译，北京大学出版社2014年版，第10页。

也远非所谓的"乱抗诉",而是以司法公正为目标,让"失信被告人"付出程序与实体的双重代价,[1] 实现"罚当其罪"。这其实是在践行司法规律与罪责刑相适应原则,也是向那些真诚认罪认罚的被追诉人彰显公平与正义。

三、结语

若将争议分立来看,检察机关大力推行量刑建议精准化的努力应予肯定,刑事诉讼法确立的"一般应当采纳"原则亦无可厚非。但当二者相结合时,便引起了学界铺天盖地的以"检察机关僭越人民法院审判权"为代表的猛烈批判,司法实践中亦不乏蔡某危险驾驶案与余某交通肇事案这样的典型案例。前者,一审法院在量刑建议之上量刑,被告人没有上诉,检方抗诉后二审法院最终采纳了其提出的量刑建议;后者,一审法院同样未采纳量刑建议,被告人上诉,检方抗诉后二审法院却在一审判决之上加重了量刑。[2] 两个判决均加剧了外界对检法关系日趋紧张的担忧,[3] 使得认罪认罚从宽制度尤其是处于基石地位的量刑建议制度一夜之间沦为千夫所指。但如学者所言,多数质疑并非鞭辟入里,只是囿于传统刑事诉讼模式中对新事

---

[1] 胡云腾:《正确把握认罪认罚从宽 保证严格公正高效司法》,载《人民法院报》2019年10月24日,第5版。

[2] 蔡某危险驾驶案参见浙江省台州市中级人民法院(2019)浙10刑终668号刑事判决书;余某交通肇事案参见北京市第一中级人民法院(2019)京01刑终628号刑事判决书。

[3] 范跃红、徐静、陈乐乐:《认罪认罚了,量刑从宽建议为何未采纳——浙江仙居:对一起认罪认罚从宽案件提出抗诉获法院改判》,载《检察日报》2019年9月21日,第1版。顾永忠:《对余金平交通肇事案的几点思考——兼与龙宗智、车浩、门金玲教授交流》,载《中国法律评论》2020年第3期。

物的误解。[1] 在量刑建议的采纳与调整问题上，应坚持理性与辩证的思维方式，肯定刑事诉讼法所确立的"一般应当采纳"原则之适用价值，《指导意见》所确立的"依法审查"原则与之并非南辕北辙，但不能架空其主导性地位。同时，还应注重结合《指导意见》等规范性文件以及司法实践的经验省思，明晰不同情形下量刑建议采纳与调整的适用规范，促进检法沟通，坚持控辩协商原则。量刑建议制度作为检察机关主导责任制改革的重要战略部署，其所追求的不是与人民法院审判权的等量齐观，而是肩负起推动认罪认罚从宽制度稳步良性发展的重担，只有法律职业共同体内的各方相互理解，达成理性共识与司法互信，才能有助于认罪认罚从宽制度的发展与完善。

---

[1] 郭烁：《控辩主导下的"一般应当"：量刑建议的效力转型》，载《国家检察官学院学报》2020年第3期。

法律帮助的理念误区与重构[*]

蔡元培　陈　速[**]

在近年来的刑事司法改革中，值班律师制度被法律界寄予了厚望。2014年，"两高两部"在《关于在部分地区开展刑事案件速裁程序试点工作的办法》中首次提出"建立法律援助值班律师制度"。2017年，"两高三部"出台了《关于开展法律援助值班律师工作的意见》，对值班律师的适用范围、工作职责、设置方式等问题进行了详细规定。2018年10月，随着刑事诉讼法的修改，我国正式在法律层面上确立了值班律师制度，尤其是《刑事诉讼法》第36条，将值班律师的性质定位为"法律帮助"，这一界定直接决定了值班律师制度的未来发展方向。2019年10月，"两高三部"颁布《关于适用认罪认罚从宽制度的指导意见》（以下简称《认罪认罚意见》），对认罪认罚案件中值班律师的法律帮助问题进行了细化。2020年6月，司法部起草了《法律援助值班律师工作办法（征求意见稿）》，并向全社会公布。尽管值班律师制度在立法过程中存在诸多争议，但有关规范在法律和司法解释层面已经得到了较为全面的确立。正确理解和适用刑事诉讼法及司法解释确立的值班律

---

[*] 本文荣获"认罪认罚从宽制度理论与实务研究"征文活动二等奖。
[**] 蔡元培，中国政法大学刑事司法学院讲师；陈速，北京市平谷区人民检察院党组副书记、副检察长。

师制度，消除既有的若干争议，使"纸面上的法"真正成为"实践中的法"，是理论界和实务界的当务之急。

一、当前围绕值班律师的两种误区

（一）应然层面的"辩护人化"

理论上，值班律师的功能地位随着 2018 年刑事诉讼法的生效已经得到了明确界定，然而事实是，在刑事诉讼法修改前，法学界已经围绕实践中的值班律师试点情况展开了一定的研究，并提出了一些富有洞见的建议，围绕值班律师功能定位的分歧一直存在，并延续到修法之后。

学界对值班律师功能定位的批判主要集中在两个方面。第一种观点是站在立法论上，认为《刑事诉讼法》第 36 条规定的"法律帮助人"的定位缺乏科学性和合理性，应当将值班律师"辩护人化"，以最大限度地保障被追诉人的辩护权。例如，有学者认为，值班律师从应然层面来讲应当是辩护人，其提供"法律帮助"的定位抑或具体的四项职责，与刑事诉讼法规定的辩护人及其辩护职责没有本质区别。[1]

第二种观点是从危害后果的角度出发，认为如果否认其辩护人地位，值班律师就无法享有辩护人所具有的那些诉讼权利，这种做法会严重损害有效辩护的实现。例如，有学者提出："值班律师如果无法作为辩护律师，继而无法全程充分行使辩护权，仅停留在法律帮助层面，无法主动会见当事人、无法阅卷等，导致其发挥的作用有限，对有效辩护的贡献也相对

---

[1] 顾永忠：《追根溯源：再论值班律师的应然定位》，载《法学杂志》2018 年第 9 期。

较小。"[1] 再如，有学者认为，值班律师地位、权利不明朗，立法不应当在普通的辩护律师之外，再创造出一种"次品"的值班律师。[2]

应然层面的"辩护人化"这一主张虽有一定的合理性，对于推动值班律师制度的进一步变革有着指引价值，但是其局限性也较为明显。第一，这种主张忽视了刑事诉讼法刚刚修改这一事实。在未来的数年内，刑事诉讼法很难再次修改。即便立法机关立刻启动了修法程序，对于广大的司法机关工作人员而言，其实施的对象也必须是2018年刑事诉讼法。在这过程中，司法机关不得以"法律不完善"为由而拒绝适用现行法。第二，值班律师"法律帮助人"的诉讼地位并不必然导致其没有会见权、阅卷权、调查取证权。值班律师享有何种诉讼权利仍需要分析刑事诉讼法的具体规定。第三，也是最重要的一点，值班律师的"辩护人化"会造成值班律师制度这一新兴事物和辩护制度混同，从而彻底否定值班律师制度的独立价值，最终导致值班律师制度被架空和搁置。在笔者看来，与其研究如何修改刑事诉讼法，不如思考如何解释好刑事诉讼法，应当对《刑事诉讼法》第36条进行善意而谨慎的解释，使其在不违反立法原意的前提下最大限度地符合当前的改革目标。

（二）实然层面的"见证人化"

除了应然层面的"辩护人化"，在实践层面，值班律师制度也遭到了一些曲解和误用。作为"法律帮助人"的值班律师，实践中常常无法完成刑事诉讼法规定的全部职责，而仅仅是充当了一种"见证人"的地位。具体而言，这种表现包括以

---

[1] 樊崇义：《2018年〈刑事诉讼法〉最新修改解读》，载《中国法律评论》2018年第6期。

[2] 魏晓娜：《结构视角下的认罪认罚从宽制度》，载《法学家》2019年第2期。

下三个方面。

首先,值班律师怠于行使其诉讼权利。根据《刑事诉讼法》第 36 条的规定,值班律师可以为被告人提供法律咨询、程序选择建议、申请变更强制措施、对案件处理提出意见。此外,根据《刑事诉讼法》第 173 条和第 174 条的规定,值班律师可以了解案情,人民检察院应当为值班律师了解案情的活动提供必要便利,在签署认罪认罚具结书时值班律师还应当在场。然而在实践中,值班律师很少积极主动地履行上述全部职责,大多值班律师在接受指派后,不阅卷、不会见,过于依赖被追诉人的主动上门"求助",而很少主动去了解案情、提出意见,申请变更强制措施的更是少之又少。

其次,司法机关对值班律师提供的"必要便利"不到位。一些办案机关认为,之所以设立值班律师制度,是为了配合认罪认罚从宽制度试点,为被追诉人提供随时、就地的法律服务,其工作方式类似于法官、检察官的多个案件集中办案,因此其主要体现的是效率价值。在这种"重数量、轻质量"的观念的影响下,一些办案机关不希望值班律师提出过多的要求,也不希望律师提出阅卷、会见的请求,对于律师提出的意见也很少认真回应,却要求律师在签署具结书时到场见证。[1] "由于参与程度过于局限,如无权参与庭审、提出意见难以获得及时回应等,被架空的值班律师身份往往使其成为案件流程的'见证者'……"[2]

最后,值班律师法律帮助趋于形式化。与办案机关"重

---

[1] 周新:《认罪认罚从宽制度立法化的重点问题研究》,载《中国法学》2018 年第 6 期。

[2] 刘方权:《认罪认罚从宽制度的建设路径——基于刑事速裁程序试点经验的研究》,载《中国刑事法杂志》2017 年第 3 期。

数量、轻质量"的做法相对应,值班律师的工作呈现出"重形式、轻实质"的特征。一些值班律师只为被追诉人提供最基础的咨询和建议,极少深度参与案件的办理。[1] 有时值班律师为了快速结案,经常侧重向犯罪嫌疑人讲解认罪认罚的"好处",其在控辩双方"协商"过程中的参与作用相对有限,对于具结书的内容特别是量刑建议的形成几乎没有参与和发挥作用。[2] 在变更强制措施问题上,法律帮助同样显得缺位。有学者统计,2017年到2019年上半年,在值班律师为认罪认罚的被追诉人提供法律帮助的414起案件中,为犯罪嫌疑人提出变更强制措施申请的只有22起,占比仅为5.3%。[3]

司法实践中,将值班律师"见证人化"的做法会对整个值班律师制度造成巨大的危害。其一,值班律师的"见证人化"会导致值班律师的辩护权利在无形中受到缩减,其辩护职责也会受到相应的弱化,从而导致有效辩护的实现难度进一步增大。[4] 其二,尽管值班律师制度最初是在认罪认罚从宽试点的过程中探索产生的,但是根据2018年刑事诉讼法的规定,值班律师制度适用于所有的刑事案件,而不仅仅是认罪认罚案件。对于不认罪的案件,值班律师的法律帮助如果趋于形式化,极有可能成为冤假错案的"帮凶"。其三,即便在认罪认罚案件中,有时被告人自愿认罪也未必就意味着所认的罪名是

---

〔1〕 笔者在调研的过程中还了解到一些更为极端的情况:云南某区法院的一名值班律师在一小时内会见了8名被告人并签署了认罪认罚协议;江苏某区检察院的一名值班律师坐堂见证犯罪嫌疑人排队签署认罪认罚具结书。

〔2〕 顾永忠:《刑事辩护制度改革实证研究》,载《中国刑事法杂志》2019年第5期。

〔3〕 于超:《刑事案件认罪认罚程序中值班律师工作调研报告》,载《中国司法》2019年第7期。

〔4〕 杨波:《论认罪认罚案件中值班律师制度的功能定位》,载《浙江工商大学学报》2018年第3期。

正确的、合适的，是否构成犯罪以及构成何种罪名需要经过专业人士的判断。经过律师的会见、阅卷等活动，依旧有可能挖掘出可能影响案件实体认定的线索。即便定罪不存在问题，值班律师也应当充分了解案情以积极应对检察阶段的量刑协商，并对司法机关的办案过程进行合法性监督。至于一些实务部门提出的"效率优先"的主张，在速裁程序中或许能够成立，但是在值班律师制度中是完全不成立的。值班律师制度的设立恰恰不是为了效率，而是为了公正。如果是为了效率，立法者应当舍弃这一制度，让被追诉人自行辩护，从而实现效率的最大化。正如樊崇义教授所言，值班律师制度会给司法机关的办案增加一些"负担"，但是这种"负担"是一种最低限度的公正，和法律援助制度位于统一轨道，凸显了我国人权司法保障的终极归宿。[1]

二、法律帮助的性质

无论是值班律师的责任、地位还是诉讼权利，其背后的根本问题是何为"法律帮助"，这是法律对值班律师的基本定位。通过历史解释、文义解释、体系解释和目的解释等方法可知，我国的法律帮助制度具有以下几个特征。

（一）法律帮助不完全等同于辩护，但是和辩护有着相同的性质

"法律帮助"一词，最早起源于1996年刑事诉讼法对侦查

---

[1] 樊崇义：《值班律师制度是实现司法人权保障的重大举措》，载《人民法治》2019年第11期。

阶段律师职能的概括。1996年刑事诉讼法规定，犯罪嫌疑人自第一次讯问或采取强制措施之日起可以委托律师提供法律咨询、代理申诉、控告，即律师自侦查阶段即可介入刑事诉讼。同时1996年刑事诉讼法又明确规定自审查起诉之日起才可以委托辩护人，也即在侦查阶段可以聘请律师，但此阶段律师尚不享有辩护人的地位。于是，理论界提出用"提供法律帮助的人"来概括侦查阶段的律师地位。[1] 直到2012年，刑事诉讼法第二次修改才正式赋予律师在侦查阶段的辩护人地位。

从这一改革历程可知，"法律帮助"和辩护有着相同的性质，均是为了落实宪法"被告人有权获得辩护"条款的具体体现。只是法律帮助是特定时代的产物，是辩护的"初级阶段"，其出发点和落脚点是相同的。我国《宪法》第130条规定："被告人有权获得辩护。"为了落实这一条款，刑事诉讼法专门设置了"辩护与代理"一章，规定了自行辩护、委托辩护、法律援助等制度来保障被告人的这一宪法性权利。2018年刑事诉讼法新设立的值班律师制度也正位于"辩护与代理"一章之内。因此，尽管立法者使用了"法律帮助"一词，认为目前我国的值班律师尚无法完全背负辩护人的使命，但是"法律帮助"和"辩护"在性质上完全相同，其目的都是保障辩护权的行使，推动有效辩护的实现。

从体系解释的角度讲，值班律师的法律帮助和刑事诉讼法其他条文规定的"法律帮助"在内涵上具有一致性。除了值班律师以外，刑事诉讼法还规定了三处"法律帮助"。第一处在第38条，该条规定，"辩护律师在侦查期间可以为犯罪嫌疑人

---

[1] 顾永忠：《论我国值班律师的应然定位》，载《湖南科技大学学报（社会科学版）》2017年第4期。

提供法律帮助"。这里的法律帮助是对侦查阶段律师职责的抽象概括，是履行辩护职责的具体体现，不能简单地局限于法律咨询，而应当根据时代的发展和案件的具体情况对其不断赋予新的含义。第二处在"未成年人刑事案件诉讼程序"一章。第277条规定，"人民法院、人民检察院和公安机关办理未成年人刑事案件，应当保障未成年人行使其诉讼权利，保障未成年人得到法律帮助"。法律帮助在这里的内涵更广，大致可以等同于"辩护与代理"。第三处在"依法不负刑事责任的精神病人的强制医疗程序"一章。第304条规定："被申请人或者被告人没有委托诉讼代理人的，人民法院应当通知法律援助机构指派律师为其提供法律帮助。"强制医疗不属于严格意义上的刑事诉讼，没有"被告人"和"辩护"一说，故立法者使用了"法律帮助"一词。但从体系解释来看，这里的"法律帮助"本质上就是具有辩护性质的代理工作。从这三个条文可以看出，刑事诉讼法所规定的"法律帮助"虽然不完全等同于辩护，但是和辩护有着相同的性质。

（二）法律帮助相较于辩护，具有便捷性和应急性

从整个律师制度的目的和体系来看，法律帮助和狭义上的辩护既有相同的地方，也有不同之处。相同处有四方面。其一，二者的目的相同。法律帮助和辩护都是为了维护被追诉人的合法权益，都是《刑事诉讼法》第11条和14条的具体化。其二，二者的介入时间相同。公安机关应当自第一次讯问或采取强制措施之日起告知犯罪嫌疑人有权获得辩护，值班律师或辩护律师均可以自此时起进入刑事诉讼。其三，值班律师和辩护律师履职的方法和手段大体相同。值班律师和辩护律师都享有会见、阅卷等诉讼权利，其提出的意见既包括实体性辩护也包括程序性辩护。其四，二者的保障主体相同。法律帮助和辩护的保障主体均是公安司法机关，三机关应当听取律师的意见，并为律师了解案情、提出意见提供必要的便利。

值班律师和辩护律师的不同主要体现在值班律师的便捷性和应急性。囿于我国刑事辩护率有待提高，值班律师在未来的一段时间内需要承担本应由辩护律师承担的角色，但是这并不意味着法律帮助制度和辩护制度相比毫无特色。值班律师由于其在固定场所值班，可以随时为当事人提供法律帮助，相比辩护律师"接受委托—预约会见—了解案情—提出意见"的方式，成本更低，更加快捷。而且，在一些特殊的情形下，例如委托或指派手续办理不及时，值班律师的法律帮助也可以发挥应急的作用，临时为当事人提供法律咨询和法律帮助。未来，如果立法者赋予律师讯问在场权，值班律师也可以应对那些辩护律师无法赶到的临时性讯问，充分发挥其在固定场所值班的优势。

（三）法律帮助是实现刑事辩护全覆盖的重要保障之一

2017年10月，最高人民法院、司法部发布了《关于开展刑事案件律师辩护全覆盖试点工作的办法》（以下简称《全覆盖试点办法》），在北京等8个省市开展刑事辩护全覆盖试点。2019年1月，改革者将这一试点推向全国。根据《全覆盖试点办法》第2条、第3条，值班律师是刑事辩护全覆盖的重要组成部分，是保障被追诉人辩护权的重要力量。改革者之所以通过法律帮助制度来实现辩护全覆盖，原因有二：其一，法律帮助的保障主体是政府，相比法律服务市场而言，政府主导的试点改革推广较快，律师队伍的发展和建设更加迅速。其二，法律帮助的覆盖面广，无论犯罪嫌疑人、被告人经济状况如何，涉嫌的罪行是否严重，都可以得到值班律师的法律帮助，这是法律帮助相较于目前法律援助制度的优势之一。

然而在理论上，通过值班律师制度来实现辩护全覆盖存在不同的声音。有学者认为，应当将值班律师"辩护人化"，赋予其辩护人的地位，从而真正地提高刑事辩护率。[1] 有学者认为，法律应当明确值班律师履行辩护职能。[2] 也有学者认为，应当将值班律师改为"值班辩护人"，从而形成委托辩护人、指定辩护人、值班辩护人的辩护梯队和格局。[3] 将值班律师"辩护人化"，对于提高刑事辩护率、实现"形式上的辩护全覆盖"有一定的积极意义，但是，真正意义上的辩护全覆盖不仅仅意味着辩护率这一数字的提升，还包括辩护质量和辩护效果的改善，否则就会沦为形式主义。

笔者认为，不应将值班律师法律帮助制度和辩护制度混同，二者应当是相辅相成、互相补充的关系。法律帮助的便捷性和应急性，可以弥补传统辩护制度的不足，更快更好地维护当事人的合法权益；但法律帮助毕竟采用的是长期坐班制，针对的不是单一当事人，承接的案件类型、数量不确定，劳务报酬也较为微薄，因此值班律师的法律帮助在总时间和专业性上可能不如辩护律师。尽管如此，法律帮助制度仍然有其存在的必要性，将值班律师"辩护人化"会导致2018年刑事诉讼法所确立的值班律师制度名存实亡。保证有效辩护的方式主要还是在于扩大强制性指定辩护的范围。[4] 正确的做法应当是：在

---

〔1〕 顾永忠：《追根溯源：再论值班律师的应然定位》，载《法学杂志》2018年第9期。
〔2〕 汪海燕：《三重悖离：认罪认罚从宽程序中值班律师制度的困境》，载《法学杂志》2019年第12期。
〔3〕 高一飞：《名称之辩：将值班律师改名为值班辩护人的立法建议》，载《四川大学学报（社会科学版）》2019年第4期。
〔4〕 谭世贵、赖建平：《"刑事诉讼制度改革背景下值班律师制度的构建研讨会"综述》，载《中国司法》2017年第6期；詹建红：《刑事案件律师辩护何以全覆盖——以值班律师角色定位为中心的思考》，载《法学论坛》2019年第4期。

完善现行法律帮助制度的基础上，建立法律帮助和法律援助的衔接机制，并逐步扩大指定辩护和法律援助的范围。关于法律帮助和委托辩护的衔接，有学者提出，值班律师可以接受当事人的委托从而转化为辩护律师。[1] 笔者认为，值班律师法律帮助和辩护在形式上有所不同，二者各司其职有利于最大限度地维护当事人合法权益。如果允许值班律师接受委托，可能会造成值班律师在工作期间过度宣传、拉拢案源、精力分配不均等问题，不利于保障其他当事人。

三、法律帮助的责任

什么才是一份"合格的"或者"有效的"法律帮助？换言之，值班律师提供法律帮助应当从事哪些活动？《刑事诉讼法》第36条列举了值班律师的四项职责，即"法律咨询、程序选择建议、申请变更强制措施、对案件处理提出意见等法律帮助"。如何理解该条中的"等"字是一个关键问题，涉及对值班律师责任的明确界定。《认罪认罚意见》第12条对认罪认罚案件中的法律帮助进行了细化，但仍然存在对兜底条款的理解问题，以及认罪案件和不认罪案件中值班律师的责任区分

---

[1] 韩旭：《2018年刑诉法中认罪认罚从宽制度》，载《法治研究》2019年第1期。

问题。[1]

（一）帮助不是辅助、协助，更不是见证

所谓"帮助"，原意指"替人出力、出主意或给以物质上、精神上的支援"[2]。帮助不是辅助，也不是协助。在刑事诉讼中，辅助和协助有着特定的含义。刑事诉讼中的辅助，是指当事人的监护人、近亲属、法定代理人在刑事诉讼中陪同当事人在场、陈述意见、代替当事人为一定诉讼行为，帮助当事人防御或攻击，维护其合法权益。[3] 2012年刑事诉讼法修改时，还引入了"有专门知识的人"，仅就个别的专业问题发表意见，理论上称为"专家辅助人"。[4] 可见，辅助不是辩护和代理，辅助人的核心功能是帮助当事人处理具体的诉讼事务，其所提供的支援作用远不如律师专业、全面。刑事诉讼中的协助，主要指侦查机关在侦查过程中吸收有关公民予以协助调查。[5] "协助"从字面上来看，带有明显的主从关系，刑事侦查的主导者是侦查机关，公民只能是协助者。但是在法律帮助关系中，律师不是协助者，律师的作用往往要比当事人自行辩护更加专业和有效，有时会对案件的处理起关键作用。所以，法律

---

[1]《关于适用认罪认罚从宽制度的指导意见》第12条规定："值班律师的职责。值班律师应当维护犯罪嫌疑人、被告人的合法权益，确保犯罪嫌疑人、被告人在充分了解认罪认罚性质和法律后果的情况下，自愿认罪认罚。值班律师应当为认罪认罚的犯罪嫌疑人、被告人提供下列法律帮助：（一）提供法律咨询，包括告知涉嫌或指控的罪名、相关法律规定、认罪认罚的性质和法律后果等；（二）提出程序适用的建议；（三）帮助申请变更强制措施；（四）对人民检察院认定罪名、量刑建议提出意见；（五）就案件处理，向人民法院、人民检察院、公安机关提出意见；（六）引导、帮助犯罪嫌疑人、被告人及其近亲属申请法律援助；（七）法律法规规定的其他事项。"

[2]《现代汉语词典》（第七版），商务印书馆2019年版，第40页。

[3] 王新清：《论刑事诉讼当事人辅助制度》，载《中国法学》2014年第5期。

[4] 吴洪淇：《刑事诉讼中的专家辅助人：制度变革与优化路径》，载《中国刑事法杂志》2018年第5期。

[5]《刑事诉讼法》第52条规定："必须保证一切与案件有关或者了解案情的公民，有客观地充分地提供证据的条件，除特殊情况外，可以吸收他们协助调查。"

帮助也不是协助。

实践中的另一种错误观点是将帮助片面地理解为"见证"。[1] 如前所述，一些司法机关为了办案的便利，只在签署认罪认罚具结书时通知值班律师到场，对于值班律师其他的法律帮助心存抵触，甚至不予提供必要便利。如果仅仅需要见证认罪认罚的自愿性，是根本不需要专业律师的，任何一名普通证人都可以见证，甚至同步录音录像也可以达致这一目的。认罪认罚案件中，律师在签署具结书时到场并不是为了见证，而是为了提供法律咨询、对案件处理提出意见，以及对司法机关进行监督。更何况，刑事案件还有很多不认罪认罚的案件，在这些案件中，律师的作用更远非"见证"一词所能概括。

既然"辅助""协助""见证"均不是对"帮助"一词的准确概括，那么什么才是帮助？真正意义上的帮助，是要替他人切实解决现实问题，排除具体的困难，从物质上、精神上给予大力支持。帮助应当是主动的、热情的，而不是被动的、冷漠的。值班律师不是一个被动的法律顾问，也不是国家对被追诉人的"施舍"。作为被追诉人最忠实的依靠，值班律师的法律帮助应当能够给予被追诉人一定的信念和希望，使其能够预见司法裁判的各种可能结果，并使其合法权益得到更好的维护。

（二）法律帮助的责任和方法应随刑事诉讼法的具体规定而扩充

《刑事诉讼法》第36条列举了值班律师的四项基本职责，但是又用了一个"等"字将实践中的可能情形交给司法机关自

---

[1] 汪海燕：《三重悖离：认罪认罚从宽程序中值班律师制度的困境》，载《法学杂志》2019年第12期。

由裁量。这种立法技术可以提前防范司法实践中的新情况，为法律人进行法律续造预留了一定的空间。但是也有一定的弊端，即对"等"字的解释过于主观、很难统一，不同的主体可能得出不同的方案，最终导致有利于被追诉人的解释方案无法落实。

如何理解"对案件处理提出意见"？这是一个相对宽泛的说法，结合《刑事诉讼法》第173条做体系解释，这里的"对案件处理提出意见"应当既包括向犯罪嫌疑人、被告人本人提出意见，也包括向司法机关提出意见。提出的意见既包括实体上的意见（如定罪量刑），也包括程序上的意见（如适用何种程序），还包括证据上的意见（如排除证据）。此外，《刑事诉讼法》第173条第3款还规定："人民检察院依照前两款规定听取值班律师意见的，应当提前为值班律师了解案件有关情况提供必要的便利。"这意味着，值班律师还可以提"要求了解案情"的意见，例如申请会见、申请阅卷、申请调查取证等，这也属于其职责之一。因此，"对案件处理提出意见"应当做相对广义的理解，这既符合体系解释的基本原理，也符合权利保障的解释原则。[1]

如何理解"等"字？根据《认罪认罚意见》，引导和帮助犯罪嫌疑人、被告人申请法律援助并转交相关材料也属于值班律师的职责之一，显然应当包括在"等"字范围内。此外，代理申诉、控告和量刑协商也应当包含在内。自1979年以来，我国刑事辩护制度已经从原有的实体性辩护逐步发展到程序性辩护，并且在辩护阶段上从原有的"法庭辩护"逐步走向"全

---

[1] 有关刑事诉讼法的解释原则和解释方法，参见汪海燕等：《刑事诉讼法解释研究》，中国政法大学出版社2017年版，第67页以下。

流程辩护"。[1]《刑事诉讼法》第36条所明确列举的"申请变更强制措施"正体现了这一特征。代理申诉、控告和申请变更强制性措施性质较为相似,同样应当成为值班律师的职责。事实上,由值班律师代理申诉、控告的法律效果远远比犯罪嫌疑人或其近亲属自己提起的效果要好。至于量刑协商,尽管实践中协商的成分较少,尤其是重罪案件的协商在制度上和观念上存在一定障碍。[2]但是只要检察机关和犯罪嫌疑人签署具结书,就必然会存在对量刑问题进行讨价还价的过程。当辩护律师缺位时,量刑协商这一职责当然也只能由值班律师来完成。从以上分析可以看出,应当将法律帮助的具体职责和方法放到整个刑事诉讼法体系中去理解,其也会随着诉讼制度的不断改进而具有更丰富的内涵。

(三) 法律帮助的工作重心应随着案件类型的不同而有所区别

对值班律师委以繁重的法律帮助职责并不意味着值班律师对每个案件都需要"平均用力",值班律师可以根据案件的具体情况作出不同的应对。对于事实和证据没有任何争议且犯罪嫌疑人选择了认罪认罚的案件,值班律师的首要职责是要保证犯罪嫌疑人的认罪认罚是自愿的、明智的,在此基础上最大限度地为犯罪嫌疑人争取从宽处理,充分运用手中的筹码和检察机关进行量刑协商。对于重大、复杂的案件,值班律师需要全面运用多种手段和方式,全面了解案情,尽职尽责地为当事人及司法机关提供法律意见,并依法对诉讼程序进行监督,最大限度地维护当事人的合法权益。但是值班律师毕竟案件多、任

---

[1] 陈瑞华:《刑事辩护制度四十年来的回顾与展望》,载《政法论坛》2019年第6期。
[2] 吴思远:《我国重罪协商的障碍、困境及重构——以"权力—权利交互说"为理论线索》,载《法学》2019年第11期。

务重，重大复杂案件由值班律师来提供法律帮助实属下策中的下策。为了更好地维护被追诉人获得辩护的权利，防止冤假错案，在未来的改革中应当进一步扩大法律援助的范围和质量，通过指派专门的辩护律师来为被追诉人提供更加周到的法律服务，以实现有效辩护这一目标。根据《全覆盖试点办法》第2条的规定，在所有适用普通程序审理的案件中，如果被告人没有委托辩护人，人民法院应当通知法律援助机构指派律师进行辩护。这一改革扩大了刑事诉讼法所确立的强制辩护范围，遗憾的是仅局限于审判阶段，不包括审前阶段。对于不认罪认罚的案件，审前程序往往更加重要，经常能够决定案件的走向。律师在审前阶段的辩护可以在事实认定的准确性、取证程序的合法性、强制措施的适当性以及疑罪从无的适用等问题上起到重大作用。因此，未来应当进一步扩大法律援助的范围，在侦查阶段就为不认罪认罚的犯罪嫌疑人指派法律援助律师，从而实现刑事司法全流程的辩护律师全覆盖。

四、值班律师的诉讼权利

关于值班律师的诉讼权利，刑事诉讼法并未作明确规定，只是在第173条第3款规定："人民检察院依照前两款规定听取值班律师意见的，应当提前为值班律师了解案件有关情况提供必要的便利。"《认罪认罚意见》第12条则进一步明确了值班律师的会见权和阅卷权。问题是，值班律师是否也享有调查取证权和核实证据权？如何促进案多人少的值班律师积极地行使上述诉讼权利？

对于第一个问题，笔者认为，诉讼地位并不完全决定诉讼权利,尽管值班律师不是辩护人,是法律帮助人,但是同样应当享有和辩护律师相同的诉讼权利,即值班律师也应当享有调查取证权和核实证据权。理由有三:第一,调查取证和核实证据是值班律师了解有关案情的必要途径。如前所述,法律帮助在形式上不完全等同于辩护,值班律师的服务质量和水平可能也不如辩护律师,但是其性质和辩护完全相同。尤其是在不认罪案件中,值班律师和辩护律师的工作内容差别不大。既然审查起诉时检察机关需要听取值班律师的意见,那么就应当赋予和辩护相同的权利和手段,即完整意义上的会见权、阅卷权、调查取证权、核实证据权。这也是《刑事诉讼法》第 173 条第 3 款的基本要求,即调查取证、核实证据属于"必要的便利"。第二,无论是认罪案件还是不认罪案件,审前程序都对案件的处理起着决定性因素。在认罪案件中,刑事司法的核心环节已逐渐从审判阶段向审前阶段转移,尤其是审查起诉阶段的量刑协商和具结书的签署,值班律师的有效法律帮助尤其重要。在不认罪案件中,事实和证据是控辩双方的核心争议焦点,为了防止冤假错案,调查取证和核实证据是必不可少的。检察机关应当成为保障被追诉人获得有效法律帮助的主导力量,不应对值班律师的深度介入有所排斥。第三,刑事诉讼法并不要求值班律师每个案件都必须核实证据、调查取证,实践中值班律师囿于案多人少,也不会每起案件都做到详尽的核实与调查,"必要的便利"的真正落脚点是当值班律师要求行使这些权利时,应当是没有任何法律障碍的。[1] 检察机关在审查起诉时必须听取辩护人或值班律师的意见,这是检察机关客观公正义务

---

[1] 胡铭:《律师在认罪认罚从宽制度中的定位及其完善——以 Z 省 H 市为例的实证分析》,载《中国刑事法杂志》2018 年第 5 期。

之所在，是依法保障被追诉人辩护权的必然要求。实践中，辩护人通常会在全面行使各种辩护权利的基础上向检察机关提出书面的辩护意见。既然刑事诉讼法规定检察机关在审查起诉时必须听取值班律师的意见，那么当然有义务保障值班律师享有和辩护人同样的诉讼权利。

需要说明的是，值班律师不等于"律师值班"，不是必须要待在值班场所才能进行工作。为了最大限度地维护当事人的合法权益，值班律师有时也需要走出值班场所。例如《刑事诉讼法》第36条所规定的"申请变更强制措施"和"对案件处理提出意见"，就需要值班律师离开值班地点和岗位去特定司法机关提交相关材料，这些工作均属于值班岗位上的职责。[1]

对于第二个问题，笔者认为，为了促使值班律师的法律帮助从形式走向实质，应当在有效辩护标准之外确立一个新的标准——"有效法律帮助"。这一标准可以略低于有效辩护，因为既强调值班律师参与的广度又要求参与的深度是不现实的，对值班律师而言是一个"鱼与熊掌不可兼得"的难题。[2] 为了实现法律帮助的有效性和实质化，司法机关和相关部门可以从以下方面进行完善。第一，公检法机关足额提供办公场所和设施，法律援助机构足额提供值班律师人手。[3] 充足的人财物是值班律师制度的基石，在北京等一线城市，律师资源、经费

---

[1] 高一飞：《名称之辩：将值班律师改名为值班辩护人的立法建议》，载《四川大学学报（社会科学版）》2019年第4期。

[2] 韩旭：《2018年刑诉法中认罪认罚从宽制度》，载《法治研究》2019年第1期。

[3] 《刑事诉讼法》第36条规定："法律援助机构可以在人民法院、看守所等场所派驻值班律师。"这里的"等"字显然也应当包括人民检察院。尤其是对于犯罪嫌疑人没有被羁押的轻罪案件而言，在人民检察院派驻或安排值班律师是十分必要的。在试点过程中，一些检察机关进行了类似的探索，取得了良好的效果。参见孙谦：《检察机关贯彻修改后刑事诉讼法的若干问题》，载《国家检察官学院学报》2018年第6期；陈国庆：《刑事诉讼法修改与刑事检察工作的新发展》，载《国家检察官学院学报》2019年第1期。

和配套相对充足，但就全国情况来看，形势仍不容乐观。对于人手实在紧张的地区，可以根据情况探索网络值班、电话值班的方式，以保障值班律师的人员配置。第二，司法行政部门应当积极探索鼓励值班律师积极履行职责的机制和措施，提高值班律师法律帮助的积极性。例如，可以通过政府购买服务等多种渠道逐渐提高值班律师的补助。第三，司法行政部门或律师协会应当构建值班律师的质量控制体系，为值班律师设定最低的服务标准。可以考虑运用大数据的方式对值班律师的法律帮助进行质量评估。《认罪认罚意见》第12条第3款规定："值班律师提供法律咨询、查阅案卷材料、会见犯罪嫌疑人或者被告人、提出书面意见等法律帮助活动的相关情况应当记录在案，并随案移送。"司法行政部门可以据此统计会见、阅卷、咨询、提出书面意见的次数或时长等数据，对法律帮助的质量进行评估，并制定最低服务标准。

论认罪认罚从宽制度发展的两个方向[*]

张家贞　刘　哲[**]

全国1—6月认罪认罚从宽制度的适用率已经达到了82.2%，[1]这是一个很高的水平，也预示着提升的空间在收窄，实际上标志着前一轮制度普及工作的完成。如果下一轮的发展不是适用率的目标，那应该是什么，这关涉认罪认罚从宽制度工作重心的转移问题，是我们当前迫切需要回答的问题。

一、认罪认罚从宽制度的发展方向概述

在全国认罪认罚从宽制度适用率达到80%后，适用率大幅度提升的空间已经不大。事实上，各地的适用率已经接近饱和，而且不认罪或者认罪不认罚也一定程度存在，甚至一些证据存在问题的案件也是客观存在的，追求特别高的适用率，甚至100%的适用率，是不符合司法规律的，也会潜藏一些认罪认罚不真实、不自愿的隐患，可能导致新型的"冤假错案"。

---

[*] 本文荣获"认罪认罚从宽制度理论与实务研究"征文活动二等奖。

[**] 张家贞，北京市人民检察院党组成员、副检察长、一级高级检察官；刘哲，北京市人民检察院第一检察部三级高级检察官。

[1]《最高检发布1至6月全国检察机关办案数据》，最高人民检察院微信公众号，2020年7月20日。

因此，在认罪认罚从宽制度普遍推开的背景下，应该考虑认罪认罚从宽制度的下一步，也就是发展方向的问题。这个发展方向应该回到制度设计的初衷，甚至是宽严相济的初衷和法律制度的本质去思考。

首先，认罪认罚从宽制度要解决一个效率问题，这是整体的要求，但是考虑到犯罪结构已经逐渐轻刑化的现实，根据最高人民检察院公布的相关刑事案件数据，3年以下的刑事案件已经占到总量的八成。也就是说，在认罪认罚中，速裁是个大头，占到一多半的案件。速裁中，又有一年以下和一年到3年两个层次，实际上还有进一步繁简分流的空间。也就是说，速裁程序可以更快，从更轻微、更简单的案件中进一步提高效率，从而助力认罪认罚在诉讼效率提升这个大目标上的解决。这样就可以让一年以上的案件，甚至3年以上的案件更从容一些，从总体上解决司法自愿的问题。目前，北京市海淀区已经探索了一套48小时全流程结案的速裁模式，主要集中在危险驾驶案件，逐渐向盗窃、故意伤害等其他罪名延伸。

其次，就是重罪领域，实现认罪认罚真正做到无禁区，发挥示范效应。对重罪案件适用认罪认罚从宽制度，会让公众确信认罪认罚的普遍性，也让其他犯罪嫌疑人对认罪认罚从宽制度建立信心，同时充分体现了法律面前人人平等的原则。另外，一些新类型案件和敏感复杂案件，因为相关证据难以收集和固定，导致证据达不成确实、充分的要求，这在一定程度上也影响了惩治犯罪的力度。实行认罪认罚从宽制度，有利于促使犯罪嫌疑人、被告人如实供述犯罪，配合司法机关及时查明犯罪事实。如在犯罪手段比较隐蔽的案件中，犯罪嫌疑人、被告人如实供述，对于查证案件细节、收集客观证据、起获犯罪工具或者赃款赃物等，显得尤为重要。

从这个意义上而言，认罪认罚从宽制度发展的方向已经不再是粗放型的广泛提高适用率的问题，而应该考虑适用率的结构问题，要看有多少重大疑难复杂案件能够得到适用，虽然这部分案件的适用率占比不高、适用的成本也比较高，但是意义却特别大，具有辐射效应，案件越是重大，办好这些案件所收到的效果自然也越大。这也会提升整个认罪认罚从宽制度的法治收益。

收益越来越大，而付出的成本却越来越低，则整个认罪认罚从宽制度的收益率就会不断提高，即在消耗同样司法资源的情况下，可以获得更大的法治产出，直观感觉就是司法机关更精干、更"出货"，使人民群众对司法机关的满意度也得到提升。正因此，笔者认为，下一步认罪认罚的方向应是向更轻更快、更复杂重大两个方面延伸，这也是对认罪认罚从宽制度结构的一次升级。

二、提高认罪认罚轻罪案件的诉讼效率

3年以下案件占到全部案件的八成，速裁案件也是认罪认罚案件的大头，这些案件是认罪认罚案件的重点领域。但是不应当满足于做了就完了，还应该考虑二次和三次繁简分流问题，速裁案件相对于简易程序和普通程序的认罪认罚案件就是需要分流的对象，而在速裁案件中一年以下又是进一步需要分流的对象。

对二次、三次分流的案件，就需要进一步提高办案效率，在效率上求极致，从而腾出手来处理更为复杂案件的认罪认罚问题。目前，北京市司法机关利用各区均已设立执法办案中心

的优势，设立速裁法庭，派驻刑事办案检察官，探索适用48小时全流程结案，在"更轻"案件中探索"更快"模式。例如，海淀区院创新适用48小时全流程快速结案机制，对部分证据简单且易收集的盗窃、危险驾驶类案件，在犯罪嫌疑人羁押被传唤后的24小时和刑拘后送至看守所前的24小时共计48小时内完成侦查至审判的全部流程，不仅压缩了机关内部流转时间，也大大减少了审前羁押期限，提高了办案效率。48小时机制的相关经验被《人民日报》报道。2019年最高人民检察院在北京举行的认罪认罚同堂培训班上，还组织全国法院、检察院的部门负责人和业务骨干到海淀区院和朝阳区院进行现场观摩，向全国检法同仁介绍经验。近期，结合疫情形势，平谷区院与区公安、法院、司法局达成一致意见，探索构建"48小时全流程结案速裁模式"，在远程视频讯问室基础上，新建远程视频开庭室，实行认罪认罚案件"云"提讯、"云"开庭，实现"零接触"办案，在疫情防控特殊时期减少人员聚集的同时，有效提高了刑事诉讼各阶段的诉讼效率。

"48小时全流程结案速裁模式"的具体工作模式就是公、检、法三机关合用48小时完成侦查、审查起诉、审判全部流程，且检察机关要联系律师与犯罪嫌疑人签署认罪认罚具结书。为此，检察机关必须利用在诉讼流程中的枢纽地位，发挥主导作用，上下联通，保证案件高效流转，同时为了减少纸质卷宗流转的成本，还需建立专门的网络系统，用于流转电子卷宗。"48小时全流程结案速裁模式"是对速裁案件进行繁简二次分流，因此仅适用于案情简单、取证便捷、犯罪嫌疑人认罪悔罪，可能判处一年有期徒刑以下刑罚的速裁案件。如果对犯罪嫌疑人宜作出酌定不起诉处理，或者社会矛盾尚未化解的，则不适用该模式。具体操作方式以海淀区为例，该区公、检、法、司四机关各指定一名专门联络人。公安机关在犯罪嫌疑人到案后的24小时内要完成侦查、装订卷宗工作,之后会电话与检察机关联络人沟通。检察机关联络人在确认案件不存在排除适用的情形后,会通知公安机关正式启动该模式,将纸质卷宗扫描进专用网络系统。之后,检察机关联络人要在第一时间与法院联络人沟通,确认庭审的时间和法官,并通知司法局法律援助中心联络人指派法律帮助律师,同时要安排确认办案检察官和前往执法办案中心提讯、签署具结书和出庭的检察官。在该模式推出之初,公、检、法三机关之间流转纸质卷宗,公安机关在装订完卷宗后要安排专人向检察机关移送纸质卷宗,人力物力消耗较大,于2018年3月建成专门用于流转电子卷宗的网络,开发了专门的办案系统,从此卷宗流转以电子卷宗为原则、以纸质卷宗为例外,节省了人力物力,提高了办案效率。

在该模式中,一般留给检察机关的办案时间不超过6个小时,因此,必须进行文书简化。海淀区院设计了表格化起诉书,且依托电子卷宗,不再单独制作审结报告,有效减轻了承办人的负担,提高了工作效率。由于办案时间短,为了方便律师了解案情,加强对犯罪嫌疑人的权利保护,实行检察官讯问时律师在场制度,讯问完毕,检察官与律师、犯罪嫌疑人直接签署认罪认罚具结书。为了克服诉讼流程加快可能引发的对犯罪嫌疑人权利保障与案件质量的担忧,要充分发挥法律帮助律师的监督作用,实行法律帮助律师的辩护人化。法律帮助律师不仅在讯问时在场、签署认罪认罚具结书,还要与犯罪嫌疑人签署委托手续,并在庭审阶段作为辩护人出庭辩护。以上举措在"48小时全流程结案速裁模式"中得到检验后,北京市检察机关已经开始在有条件的基层院以及全部速裁案件中推广。

2017年推出"48小时全流程结案速裁模式"后,海淀区院当年应用该模式办理案件20余件，2018年办案110余件，2019年办案160余件，应用数量逐年扩大，但目前仍仅占全部速裁案件的约15%。如果前述限制其广泛适用的问题得到破解，其适用范围、适用量还会有大幅增长。"48小时全流程结案速裁模式"中，犯罪嫌疑人被传唤到案后两天内就会接到法院判决书，突破了我国司法机关在刑事诉讼中制度化、常态化结案的效率纪录，是协商性、参与性司法的典范，其推广应用对我国刑事诉讼体系与诉讼模式都将产生深远影响。

除了速度快、时间短之外，还要注意实质的效率提升，比如减少上诉率。上诉率高虽然有多重原因，但是或多或少还是反映出认罪认罚的效果没落实到位。有些是留所服刑的问题，有些可能是认罪认罚比较勉强的问题。即使留所服刑问题也有轻罪羁押率高、实刑率高的问题，比如有的地区危险驾驶案件普遍性的羁押、实刑，是否符合作为轻罪的定位。这个问题在认罪认罚试点期间就已经被注意到了[1]，但是一直没有得到根本性的破解。

笔者认为，一个很重要的破解之道就是降低羁押率和实刑率，一方面可以极大地避免短期自由刑的负面影响，另一方面可以真正实现罪责刑相适应，体现认罪认罚从宽的真正价值，也只有这样才能让认罪悔罪的被告人心悦诚服。而且非羁押的被告人，能够更好地融入社会，从根本上避免了留所服刑的尴尬局面，同时也缓解了羁押场所的压力，可以说是实现了多赢。

---

[1] 龙超云委员在审议"两高"关于刑事案件速裁程序试点的中期报告时认为，审前羁押率有必要进一步降低。"从报告来看，刑事速裁案件被告人审前羁押率高达52.08%，虽然比简易程序低了十几个百分点，但是比例还是太高。建议对可能判处一年以下有期徒刑的被告人，除了极个别外地人员无固定住所外，一般情况下不羁押。"参见朱宁宁：《适用速裁程序案件尽可能少羁押》，载《法制日报》2015年11月5日。

现在的问题是对取保候审的监管没有信心,担心会影响诉讼效率的问题。目前,最直接的解决方式就是引入电子手铐及相关配套制度,给取保候审加一道"安全锁",也为以往一般都要受到羁押的被告人开了一个"减压阀"。在不羁押的情况下,一样可以确保随传随到,羁押减少,但是效率和安全性不减。

通过这些配套措施的改革,才能真正提高认罪认罚的效率,从而降低认罪认罚的上诉率,提高认罪认罚的认可度,减少后续程序的反复。让大量的轻微案件能够真正"快"起来,效果真正"好"起来。因此,速裁案件的平均办案时长、上诉率、非羁押率、非实刑率、确定刑提出率和采纳率以及不起诉率都可以作为一种效率和效果目标参考。

同时,还可以探索研究刑事处罚令工作机制[1],案件范围限定在危险驾驶等特别轻微、简单的案件,刑罚的类型限定为非羁押性刑罚,程序上是在检察官起诉后由法院书面审理,但允许在一定期间内申请进行开庭审理,如果放弃申请,则直接执行刑罚。这样可以进一步提高轻微案件的办理效率。当然这涉及重大诉讼制度的调整,如果试行的话,还应该采取全国人大常委会授权的方式在局部地区开展试点,评估效果后再做考虑。

---

[1] 欧洲大陆法系国家创造了"刑事处罚令"制度,由检察官直接向被告人签发处罚令,有的国家可以直接生效,有的国家还需要法官同意,但是法官几乎就是形式审查。这些国家的刑事司法体系实际由三种相互独立的程序组成:第一种是对于可能判处终身监禁刑的重罪案件,需要一个完整成熟的刑事程序,在该程序中应有三个法官组成合议庭进行审理;第二种是对于较轻的犯罪,可由独任法官审理;第三种是对于证据确凿的简单案件,可以使用刑事处罚令程序。目前,刑事处罚令的比例在德国占到1/3,在意大利占到12.2%,在克罗地亚占到29.75%。荷兰的刑事处罚令就不用经过法官同意,但也有一套救济程序,那就是当事人可以反对,如果提出反对,检察机关就要把案件移送到法院接受正常审判,但是这样刑罚可能会更重。如果不反对,刑事处罚令将具有终局性。参见[美]卢拉:《跨国视角下的检察官》,法律出版社2016年版,第143页。

三、扩大重罪案件适用认罪认罚从宽制度的范围

重罪案件的认罪认罚是整个认罪认罚工作的深水区，在这个领域适用认罪认罚对传统的报应刑观念冲击较大。一方面，复杂敏感案件大多社会关注度大，对犯罪嫌疑人做思想工作的难度也大，委托辩护人比例高而沟通难度增加，量刑建议能够参考的样本少而难度加大，没有法定情节又无法跨越刑档使得量刑建议的空间有限。另一方面，由于案情复杂，法律文书和工作文书简化的空间较小，在法庭上适用的简易程序和普通程序在流程简化上与一般的认罪案件也没有太大差别。以上是重罪案件认罪认罚适用率低的重要原因。但同时重罪案件的认罪认罚工作又有很强的示范效应，由于这些案件社会关注度高，容易产生重罪已经适用、轻罪案件更没问题的示范效果，对认罪认罚从宽制度本身也是一个宣传和普及。同时重罪的被告人背负被害人及其家属以及公众的恨意，如果他们能够真诚悔罪，势必有利于恢复遭到破坏的社会关系，而且由其自己道出真实的犯罪动因，更能帮助司法机关有的放矢地开展犯罪预防工作，真正实现政治效果、法律效果和社会效果的统一。目前，认罪认罚从宽制度实际适用的领域主要集中在速裁案件和轻罪简易程序案件，适用率已超过80%的地区再往前走，基本上都是重罪领域。正因此，重罪案件将成为下一步推进认罪认罚工作的重点领域，应当予以关注。

（一）树立认罪认罚无禁区的理念

2016年11月11日，"两高三部"《关于在部分地区开展刑事案件认罪认罚从宽制度试点工作的办法》第2条列明了四

种不适用认罪认罚从宽制度的情形，分别是：犯罪嫌疑人、被告人是尚未完全丧失辨认或者控制自己行为能力的精神病人的；未成年犯罪嫌疑人、被告人的法定代理人、辩护人对未成年人认罪认罚有异议的；犯罪嫌疑人、被告人行为不构成犯罪的；其他不宜适用的情形。但在认罪认罚从宽制度正式纳入刑事诉讼法之后，《刑事诉讼法》第174条第2款将同样的情形调整为免除签署认罪认罚具结书，但不再排斥适用认罪认罚从宽制度，该款规定："犯罪嫌疑人认罪认罚，有下列情形之一的，不需要签署认罪认罚具结书：（一）犯罪嫌疑人是盲、聋、哑人，或者是尚未完全丧失辨认或者控制自己行为能力的精神病人的；（二）未成年犯罪嫌疑人的法定代理人、辩护人对未成年人认罪认罚有异议的；（三）其他不需要签署认罪认罚具结书的情形。"由此可见，在能够认定犯罪事实的前提下，刑事诉讼法没有对认罪认罚从宽制度的适用进行任何限定，因此可以说认罪认罚无禁区。但是目前还是有很多思想顾虑，比如危害国家安全的案件、扫黑除恶案件等，实际上即便对这些案件，法律也没有设置任何禁止适用认罪认罚的规定，这也体现了法律面前人人平等的基本原则。所谓的顾虑，不是对认罪认罚适用范围的顾虑，实际上是是否敢于坚守法治原则的顾虑。认罪认罚敢不敢突破这些所谓的禁区，实际上是对法治精神的检验。再严重的犯罪行为，再敏感复杂的案件，再十恶不赦的犯罪嫌疑人、被告人，法律都不会阻止其真诚认罪悔罪、认可刑罚处断从而有可能获得轻缓刑事处断的权利。就好像再罪大恶极的被告人，我们都要让他接受审判，同时还要保障他的辩护权、上诉权，而不能当场击毙了事一样。这是人类文明的产物，不再简单以暴制暴、丛林法则，而必须尊崇法治和程序，而且平等适用于所有人。认罪认罚从宽制度是宽严相济刑事政策的制度化，已经成为刑事诉讼的基本制度，同样也平等适用于所有的犯罪嫌疑人、被告人，也是他们的基本权利。甚至不能因为他们存在表达上的障碍而剥夺这份权利，而应该免除具结书的签署以保障这份权利。有人认为，一些重大敏感案件如果适用认罪认罚，公众可能接受不了，有些案件就是不杀不足以平民愤，其实这是对公众接受度的一个误解。首先，公众要求精准打击，不要打击半天发现是冤假错案；其次，公众要的也不是简单的重罚，而是恰当、合理的处断，以及审慎严谨的程序，并且希望看到被告人对法律的制裁心悦诚服。也就是希望正义不但要看见，还要被看清楚，被告人的真诚认罪悔罪，显然是正义的直接彰显。不足以平民愤的话语体系是以一部分公众一时的态度，来作为复杂问题简单化、司法问题行政化处理的托词，本质上也是与法治精神相违背的。事实上，刑罚的目的不仅在于惩戒，更在于教化，公众渴望的不是严刑峻法，而是良法善治。

这种理念实际上是从以往单纯报应刑理念向预防刑理念、修复性司法理念转变，从对刑罚功能的过于自信，到更加关注社会的综合性治理，从把人定位为单独的理性人，到更加考虑社会网络的联系以及互动作用，从警惕人性之恶到激发人性之善，对人性多存一分"了解之同情"，更加愿意用善意来激发善意。有这样一个期货类犯罪的案子，非常复杂，主犯在逃，从犯在案，大量的通讯类证据需要分析，其关联性需要专业性的论证，审查和指控难度都非常大，检察机关通过做思想工作，从犯认罪认罚了，并向检察官详细交代了犯罪的方法，为检察机关审查案件、指控犯罪提供了极大帮助，通过认罪认罚，该人最终被处以缓刑。而在看守所期间，他由于感念司法机关的宽大，发自内心地认识到认罪认罚的意义，还帮助另一个重要案件的被告人起草了悔过书，使那个案件的庭审也收到了良好的效果。在该期货犯罪案件宣判数月后，一直在逃的主犯的家属突然主动与检察机关联系，咨询认罪认罚的有关事宜，最终促使该主犯到案，当然也适用了认罪认罚。由此可见，认罪认罚不仅是回归的金桥，也是传递善意的金桥，只有善意才能换来更大的善意。

这可能就是认罪认罚从宽制度在社会不断进化、文明不断发展的今天被推广的深层法治原因，事实上认罪认罚从宽制度就是社会进化的产物，是法治发展的成果。为什么有些案件就只能严不能宽，只有严没有宽，这并不是法律的要求，对这些案件排斥认罪认罚从宽制度的适用，实际上并不符合法治的精神，事实上也从根本上违背了宽严相济刑事政策的要求。

"宽严相济"首先要理解"宽"和"严"。宽严相济之"宽"的基本策略与目的是通过司法上的非犯罪化与非刑罚化以及法律上各种从宽处理措施，防止犯罪者再犯及促成其再社会化。但是"宽"并不是绝对的，对案件中主观恶性较深、客观行为较为恶劣的犯罪人，虽然也适用认罪认罚，但在"宽"的大原则下也要体现量刑幅度减让上的"严"，以及在刑罚执行方式上的"严"，做到宽中有严。同样，对于暴力犯罪、有组织犯罪、恐怖主义犯罪等严重危及社会安全与秩序的犯罪，"严"也不是绝对的，对那些主观恶性较小、客观行为较轻微的从犯、胁从犯，以及具有自首、立功等情节的犯罪嫌疑人则应该适用"宽"的刑事政策，即以"严"为原则、"宽"为例外，严中有宽。此外，对已经认罪的死刑案件犯罪人，在是否适用死刑的问题上也应该慎重，严格控制死刑适用。在宽严相济刑事政策中，该宽则宽、该严则严，对于"宽"与"严"加以区分，这是基本前提。因此，宽严相济是以区别对待或者差别处遇为根本内容的。区别对待是任何政策的基础，没有区别就没有政策。刑事政策也是如此，它是建立在对犯罪严重程度的区别基础之上的。当然，"宽""严"的区别本身不是目的，区别的目的在于对严重性程度不同的犯罪予以严格性程度不等的刑罚处罚，由此使刑罚产生预防犯罪的作用。

"济"，是指救济、协调与结合之意。宽严相济刑事政策不仅是指对于犯罪应当有宽有严，而且在宽与严之间还应当具有一定的平衡，互相衔接，形成良性互动，以避免宽严皆误结果的发生。"宽"和"严"虽然是有区别的，并且在不同时期、对不同犯罪和不同犯罪人，应当分别采取宽严不同的刑罚——该宽则宽，该严则严，但这并不意味着宽而无严或者严而无宽。实际上，既无绝对的宽又无绝对的严，应当宽严并用。例如，某些犯罪分子，所犯罪行虽然极其严重，应当受到刑罚的严厉制裁，但如果有坦白、自首或者立功情节的，在从重处罚的同时还要做到严中有宽，使犯罪人在受到严厉惩处的同时感受到刑罚的体恤与法律的公正，从而认罪服法。只讲"宽"，难以有效遏制犯罪，社会秩序无法得到保障；只讲"严"，严刑峻法，会导致重刑主义，也不能遏制犯罪。在宽严相济刑事政策中，既不能宽大无边或严厉过苛，也不能时宽时严、宽严失当，而要轻中有重、轻重兼济。认罪认罚从宽制度就是使宽严相济原则制度化和稳定化。而重罪的认罪认罚，实际上就是在重罪中适用宽严相济刑事政策的制度化。[1]

（二）口供与证据标准

我们要坚持不能仅以口供定案，但也不能忽视口供的重要

---

[1] 孙谦主编：《认罪认罚从宽制度实务指南》，中国检察出版社2019年版，第49~50页。

证据价值，尤其是认罪认罚背景下的有罪口供的重要证据价值。由于重罪认罪认罚的启动成本高，检察官在适用认罪认罚时也会从成本、收益的角度进行权衡，往往会优先选择一些原来不认罪但通过教育转化后认罪认罚的案件，这些有罪口供对案件的认定帮助比较大，也就是口供的含金量比较高，与认罪认罚付出的额外工作相比收效当然更大些。比如，犯罪嫌疑人在侦查阶段一直不供认犯罪事实，因而使得案件证据达不到确实、充分的证明标准的；犯罪嫌疑人在侦查阶段一直不供认犯罪事实，因而使得案件证据链条存在瑕疵，是否达到确实、充分的证明标准，存在较大争议的；犯罪嫌疑人在侦查阶段虽曾供认过犯罪事实，但其后又作出无罪辩解，因而造成对有罪供述采信困难的；犯罪嫌疑人在侦查阶段的有罪供述不稳定，前后不一致，因而造成对不同供述的采信可能影响此罪与彼罪的认定的；犯罪嫌疑人在侦查阶段的有罪供述一直稳定，但其一旦翻供，有可能影响定罪的；需要犯罪嫌疑人指证共同犯罪的同案人、检举揭发他人犯罪或提供其他犯罪线索的；等等。

对于上述案件应如何看待口供与案件证据、事实的充分性问题？笔者认为，不能完全跳开认罪口供来看证据和事实。认罪认罚的案件同样也要坚持事实清楚，证据确实、充分的起诉标准，当然不能在证据上做交易，但是在认定案件事实时，应考虑认罪之后的口供，与之前不认罪的口供以及其他证据放在一起来看待，综合全案事实来考量。犯罪嫌疑人的认罪口供，当然不仅仅是一个态度的问题，一定要与其他证据能够相互印证，甚至供述侦查机关没有掌握的事实，非亲历而不可知的细节，印证了一般人不会注意的证据细节；弥补案件其他证据的瑕疵，对之前的翻供进行合理充分的解释；即使是以往一直认罪，但一旦翻供会影响整个案件认定的，也要通过认罪认罚确保口供的稳定性；或者是对其他同案犯的犯罪行为能够进行详细有力的指证，从而确保整个指控的顺利进行；等等。可以说，口供就像一条线，将客观证据和在案其他证据串联起来。比如一个运输毒品的案件，二被告人抵京数日后被抓获，二人到案后对运输毒品的事实供述不一，且在预审阶段均翻供，认定是运输毒品还是非法持有毒品，以及能否认定犯罪，与二人供述紧密相关。经过做工作，一名犯罪嫌疑人最终认罪认罚，并指证同案犯的犯罪事实，提供了大量细节证据，检察机关最终将其以从犯起诉，并提出了较为轻缓的量刑建议。本案开庭阶段，辩护人提出非法持有毒品罪的罪轻辩护，该被告人仍然稳定地承认运输毒品的犯罪事实，对本案顺利完成指控提供了大量帮助。

而在一起发生在火车站附近的杀人案件中，由于系在热力井中沉尸，案发多年后才被发现，关联性痕迹、物证缺失。经多方排查，查找到犯罪嫌疑人，显然口供在本案中的作用非常关键。犯罪嫌疑人自始认罪，但翻供的风险随时存在。因此对犯罪嫌疑人适用了认罪认罚从宽制度，其供述了沉尸用的邮政布袋相关特征以及案发和沉尸周围的环境特征，虽然当地经过拆迁建筑外观已经面目全非，但经核查当地以往的规划图纸，与犯罪嫌疑人供述相吻合。考虑到犯罪嫌疑人自始至终的认罪态度、对案件认定的帮助作用以及案件事发有因的特殊情况，检察机关最终提出了10—12年有期徒刑的量刑建议，法院最终判处11年有期徒刑。通过认罪认罚程序获得的有罪口供很大程度上降低了案件的不确定性，增加了案件的确定性，不仅确保被告人认罪服法，也使检察官和法官心里更加踏实，由于认罪认罚的案件一般被告人也不再提出上诉，自然也不会有发回重审的风险，极大地降低了诉讼成本，同时确保了案件质量。

(三) 量刑建议和法律帮助

量刑建议在认罪认罚从宽制度的落实中始终是一个难点，因为它不是检察官的传统性工作，检察官普遍缺乏量刑的意识和基础。重罪认罪认罚的量刑建议尤其难，很多地区都推出了大数据的量刑建议辅助系统，但在重罪上往往不太适合，主要是因为样本太少，能够公开的判决少，而影响的因素又多。如果有从轻和减轻的情节，就存在跨越刑档的大幅度量刑区间问题，如何权衡，是否要在刑档之下量刑都不太好把握。而有些认罪态度特别好，有很好的酌定量刑情节，但又存在不能跨越刑档的问题，因此从宽的余地就小。这些难点又会成为与犯罪嫌疑人和辩护人沟通的难点，使其感觉要求难以被满足。当然量刑建议的能力，通过检察官的不断努力是可以逐步提高的。

但是量刑问题中最重要的因素其实是法官，量刑建议只有被法官认可才能作数。事实上，刑事诉讼法明确规定，法院一般应当采纳检察机关的量刑建议，只有几种特殊情况除外，如果确实需要在量刑建议之外判处刑罚的，应当首先要求检察机关调整量刑建议。但有个别法官对量刑建议不太适应，认为是侵夺了他们的刑罚裁量权，因此不在量刑建议的幅度内判决，显然违反了刑事诉讼法的明确要求。事实上，刑事诉讼法要求的"一般应当采纳"是立法赋予检察机关的权力，是立法将刑罚裁量权在检法之间重新进行了调整，而法官应当严格执行。而且刑罚裁量权的调整有着深层的法治考量，首先是从整个刑事诉讼流程的角度提高诉讼效率，其次量刑建议的采纳率是认罪认罚协商的基础。只有提出的量刑建议在极大概率上能够被判决所兑现，检察官在认罪认罚上的威信才能树立起来，这也是犯罪嫌疑人能否认罪认罚的关键，尤其是重罪案件。

在这个问题上，检察机关一方面需要加强沟通协调，帮助法院加强认罪认罚大局的认识，严格落实刑事诉讼法的要求，充分尊重检察机关的量刑建议权，同时检察机关也要提升量刑建议的能力。另一方面，对于完全无视刑事诉讼法的规定，故意违反法定条件和法定程序在量刑建议幅度之外判处刑罚，应当敢于提出抗诉，上级检察机关原则上应当予以支持，量刑畸轻畸重的判断上可以适当放宽，从而维护检察机关和整个司法机关的威信以及刑事诉讼法的权威。对于那些因为个人徇私而枉法裁判的，检察机关应当依法进行侦查。通过大数据进行量刑采纳情况分析，确定出重点法官，可以帮助有针对性地排查线索。而对于那些被告人认罪认罚之后又单方面撕毁具结书恶意上诉的，应该果断提出抗诉，二审检察机关应该提出更重的量刑建议，促使二审法院依法采纳并改判，从而维护认罪认罚的严肃性。

认罪认罚中的法律帮助也很关键。如前文提到的运输毒品案件，辩护人之所以提出非法持有毒品的罪轻辩护意见，主要是因为签署具结书的值班律师与出庭的指定辩护人不是同一人，导致人为产生认识分歧。这也暴露出值班律师与法律援助律师存在分离的制度性问题，其中有援助费用支付的问题以及两个制度沟通协调的问题，但根本上是没有一个制度进行统一安排的问题，因此有必要予以整体考虑，促使值班律师与法律援助律师合一，一个案子跟到底。

值班律师的法律帮助是认罪认罚的重要环节，同时也是制约认罪认罚从宽制度落实的瓶颈。一般的认罪认罚案件都以具结书的签署为要件，只有几种特殊情况可以免除，但这些案件的数量非常有限。也就是，一般来说没有律师签署具结书，认罪认罚就办不了。刑事诉讼法虽然规定了看守所要设立值班律师工作站，但很多地区还没有落实；有些地区落实了，但看守所以保障安全为由拒绝值班律师进入看守所，因为值班律师没有委托书不能直接进入看守所，这也使得很多值班律师工作站名存实亡。因此，建立值班律师进入看守所的绿色通道，共同推动在看守所设立认罪认罚专门会见室，成为破解重罪认罪认罚难的重要途径。

（四）效率与效果的问题

认罪认罚在轻罪上主要讲效率，在重罪上应该是在保证效果的前提下适当提高效率。效果是第一位，有好的效果，可以将示范效应达到最大化，促使更多的犯罪嫌疑人认罪认罚，这其实也是更广义上的效率最大化。而保证公正、准确、适当的办案效果，确保办案质量，避免案件被"拉抽屉"，这又是时间维度的效率最大化。因此，效率与效果是辩证统一的关系。在这个统一的关系中要考虑以下三个因素：

一是被害人及其家属，他们是一支不可忽视的力量。被害人死亡的案件，虽然近亲属不具备与被害人同等的权利，但从司法惯例上一般也将近亲属视同被害人看待，这体现的是一份尊重。被害人及其家属的心态平复程度、对犯罪嫌疑人的态度，达成谅解以及赔偿履行的效果，应当成为认罪认罚的重要考量因素，尤其是重罪案件。需要注意的是，要尊重被害人及其家属的意见，但也不要被"绑架"，狮子大开口的不合理的赔偿诉求不应当成为阻碍认罪认罚适用的因素，这也体现了认罪认罚的严肃性。

二是与辩护人、值班律师要形成良性互动。在教育转化、与犯罪嫌疑人沟通、释法说理等方面，辩护人和值班律师都发挥着重要的作用。事实上，很多辩护人对检察官适用认罪认罚也是持欢迎态度，认为这体现了检察官运用刑事政策的娴熟，节约了司法资源、提高了诉讼效率，体现了感化和挽救的政策，对被告人而言是最好的选择。

三是从审查报告上要效率，从办理质量上要效果。认罪认罚案件的审查报告可以避免大量的证据摘录，侧重证据分析以及量刑建议的分析研判。但要注意增强起诉书的叙述性，避免含糊，确保犯罪嫌疑人在认罪认罚时明确自己的认罪范围，以起诉书作为案件质量的"检验阀"。在庭审程序上可以适当简化，但也要做好应对当庭翻供的准备，因此对案件的审查要突出实质化，应根据案件的特殊情况进行适当的准备。

在重罪领域推进认罪认罚从宽制度，还要坚持审慎稳妥的原则，分步骤、有区分地统筹推进。在推进的过程中，要综合考虑法律、政治、舆论、时机、策略、节奏等多重因素，尤其是在重大敏感案件中还要体现法律与政治的双重智慧，彰显司法温度和实践理性。

以重罪案件为代表的重大复杂疑难案件代表了认罪认罚从宽工作的难度系数，这些案件适用认罪认罚比简单案件难度要大，但效果同样也大得多，具有极强的示范效应。首先，表明认罪认罚是没有禁区的，给公众和其他犯罪嫌疑人传达了一个明确的信号。其次，这样广受关注的案件，甚至让一部分公众心存疑虑的案件也认罪认罚了，就进一步树立了对法治的信心，表明司法机关的公正性，这些案件本身就是最好的法治宣传。最后，这些案件不认罪认罚将会耗费极大的精力开展庭审工作，认罪认罚极大地降低了庭审的不确定因素，避免负面舆情，这也将进一步节约司法资源。虽然重罪案件少，在适用率上占比也不高，但它的分量特别重，代表了一定的检察实力，也表明对认罪认罚从宽制度贯彻落实的彻底性。

认罪认罚从宽制度从试点期间的探索，到立法之后全面铺开，已经完成了第一个发展阶段的普及任务，正在进入全面深化的第二个阶段。在第二个发展阶段，适用率不再是最重要的衡量标准，在轻罪案件中不断挖掘效率提升的潜力，在重大复杂疑难案件不断予以突破，正在成为认罪认罚从宽制度发展的两个方向。这"一轻一重"两个方向代表了认罪认罚从宽制度向更深更远方向延伸，向更快更有效方向发展，有利于将认罪认罚从宽制度的发展水平提升到一个新的高度。

认罪认罚从宽制度改革视野下自愿型虚假认罪的识别与排除[*]

沈 威 陈凯明[**]

"一个人为什么会在侦查机关讯问的过程中,明知之后会导致一连串不利于己的后果,仍然对其没有做过的犯罪加以承认?"这是近年来法学家和心理学家所关注的问题。因为这一行为明显违反人类自我保护、趋利避害的天性,从而导致的一个后果就是,当犯罪嫌疑人愿意作出不利于己的供述时,在排除刑讯逼供等其他特殊情况下,原则上便会推断该供述具有真实性。在2018年修改后的刑事诉讼法已经将试点的认罪认罚从宽制度改革制度化、法定化的新形势下,这一推定将在更大程度上被强化:自愿认罪将导致刑事诉讼程序的简化以达到司法效率的制度目的。对犯罪嫌疑人而言,其自愿认罪的动机与追求的后果更容易达成。对控诉方而言,一方面,可以节约司法资源、快速结案;另一方面,对于证据体系不是那么牢固的案件则更容易掌控案件的结果。随着社会发展与法治文明的进步,直接以身体刑求作为取供手段的做法被法律禁止且在实务上逐渐减少,但是犯罪嫌疑人自愿虚假认罪的情形仍然普遍存

---

[*] 本文荣获"认罪认罚从宽制度理论与实务研究"征文活动三等奖。

[**] 沈威,福建省莆田市城厢区人民检察院副检察长;陈凯明,福建省莆田市城厢区人民检察院检察官助理。

在于世界各国,并造成诸多刑事司法错误的案件。在我国认罪认罚从宽制度改革并推行的形势下,如何在追求诉讼效率的同时,避免事实真相被操控,以维护司法的公正与权威,是当下司法机关应当警惕并积极应对的课题。

一、实务中自愿型虚假认罪的动因与特点

所谓供述,是指受审者陈述犯罪事实等。[1] 故,虚假认罪即为犯罪嫌疑人、被告人作出不实的承认犯罪的行为。以案件事实为区分标准,虚假的内容通常出现在以下三个方面:一是客观事实,如行为、结果以及对象等客观存在的事实;二是主观事实,如故意、过失、动机以及知情等内心状态;三是主体事实,即犯罪嫌疑人与真实犯罪人的同一性。从虚假认罪的类型、动因以及特点展开分析,有利于为虚假认罪的识别和排除提供基础帮助。

(一)虚假认罪的类型

根据学理通说与司法实例,虚假认罪以犯罪嫌疑人的主观状态为区分标准,大致可以分为以下三类:[2]

1. 强制屈从型虚假认罪

犯罪嫌疑人为逃避某些极端侦讯方式(如刑讯逼供、胁迫等),即使他们知道自己事实上没有犯罪,但基于立即的工具

---

[1] 《现代汉语词典》,商务印书馆2005年第5版,第480页。

[2] Kassin, S. M. & Wrightsman, L. (1985). Confession evidence. In Kassin, S. M. & Wrightsman, L. (Eds.), The psychology of evidence and trail procedure (p. 67 – 94). Beverly Hills: Sega Publications, p. 77 – 80. 转引自施志鸿、林灿章:《虚伪自白成因及过程解析》,载《东吴法律学报》2014年第21卷第2期。

性目的而作出认罪供述。在这种情况下，犯罪嫌疑人宁愿选择认罪后的短期利益（如休息、回家等），而无视认罪所造成的长期不利后果（如被定罪）。

2. 强制内化型虚假认罪

该种情形是指，犯罪嫌疑人作出了事实上是虚假的认罪供述，但他们相信自己做过该犯罪行为。强制内化型虚假认罪与心理学上的"记忆不信任症候群"有关，即一个人无法相信自己记忆的状态，将真实与虚构记忆相互混淆，并容易受到外在指示的引导或影响而虚构记忆并内化于心，进而向侦查机关作出有罪供述。

3. 自愿型虚假认罪

该种情形是指，在未受到侦查人员提问或其他压力的情况下，犯罪嫌疑人主动作出认罪的虚假供述。该情形是上述三种类型中最难以理解且不易被识别的类型。本文着重讨论该种类型虚假认罪在认罪认罚从宽刑事诉讼制度改革中的风险防范与识别排除。

（二）自愿型虚假认罪的现实功利性因素

自愿虚假认罪可能的动机多种多样，有的是为了寻求出名（特别是高度轰动的案件），[1] 有的是为了追求良心上的安宁试图弥补过去所犯的过错，还有的是因精神疾病导致无法区别现实与幻觉的差异。以上种种虽然亦是自愿虚假认罪的类型，但并非本文关注的重点。主要是因为这些类型的案件在实务中并不常见。本部分重点讨论的是认罪认罚从宽制度改革形势下，基于现实功利性而产生的自愿虚假认罪的动因。

---

[1] 如20世纪80年代美国人Henry Lee Lucas曾经主动承认600多项未决的谋杀案，成为近代史上最多产的自愿认罪者，而这些谋杀案经查证都与其无关。

1. 趋利避害的躲避

该类动因经常出现在犯罪嫌疑人犯有多项罪行或过错，为了使较重的犯罪行为不被追究，而主动承认较轻的罪名。例如，在性侵案件中，面对被害人强奸的指控，犯罪嫌疑人往往会策略性地选择承认猥亵罪名的成立，以逃避强奸罪更为严重的刑罚。又如，一些犯罪嫌疑人为了避免长时间行政强制措施的人身限制，而宁愿选择刑期较短甚至缓刑的莫须有的罪名认罪。如2014年甘肃兰州民警禹某某为了完成办案任务数，与自己抓获的两个吸毒人员达成了交易：两个吸毒人员按照禹某某安排的案件细节，承认两起虚构的扒窃案，禹某某保证其刑期在6个月以下，以换取该二人不再接受2年的强制戒毒。[1]

2. 利益追逐的包庇

此类动因在自愿型虚假认罪的功利性因素中最为常见，根据何家弘教授的调查，在导致行为人作出虚假认罪供述的原因中，有35%的调查对象选择了"出于某种目的自愿为他人顶罪而作出有罪供述"，仅次于刑讯逼供认罪的60%。[2] 这类案件常见于亲属之间，朋友之间，老板与雇员之间，出于亲情、江湖义气或金钱利益关系顶包，散见于各类罪名，尤其以危险驾驶、交通肇事等无直接目击者且轻刑罪名的案件居多。[3]

3. 认罪从宽的诱惑

不可否认的是，当认罪认罚从宽制度引入之后，犯罪嫌疑人相比之前将拥有更多选择的余地。对于检察官告知其证据已

---

[1] 程盟超：《民警的计谋》，载《中国青年报》2016年6月1日，第10版。

[2] 何家弘、何然：《刑事错案中的证据问题——实证研究与经济分析》，载《政法论坛》2008年第2期。

[3] 在百度搜索引擎里以"交通肇事顶包"为关键词搜索，可得出约1030000个结果，且以案件新闻的搜索结果居多。具体可参考刘维：《交通肇事后指使他人顶罪的刑法评价——周浩交通肇事、妨害作证案》，载《判例与研究》2011年第4期。

经确凿，其认罪态度将决定其刑罚轻重的案件，那些事实无罪却被指控的犯罪嫌疑人是否选择认罪将面临两难选择：一方面，如果选择认罪，无异于给自己套上无中生有的罪行枷锁；另一方面，如果选择不认罪，可能法院仍然会依据其他证据并因自己"认罪态度恶劣"而判处更重的刑期。特别是当可能是死刑的判决时，这对无辜的犯罪嫌疑人而言更是压力倍增：到底是要选择无辜的认罪以避免死刑还是死扛到底不认罪而可能被剥夺生命？事实上，按照美国的实务观察，即使被判处死刑的可能性很小，也能促使被告人（包括无罪的人）认罪以豁免死刑的风险。[1] 因此，在美国的诉辩交易史上出现了一个奇怪的规则——阿尔弗德答辩：它允许一个坚称无罪的人对自己未曾犯过的罪作出认罪的答辩。[2] 这显然将加剧冤错案产生的风险，也理应为我国全面推行认罪认罚从宽制度时所重视并予以防范。

（三）自愿型虚假认罪供述的特点

自愿型虚假认罪供述从本质上看，属于"谎言"——故意的虚假言论的范畴，因此，从谎言理论的一般性特点可以窥视自愿虚假认罪固有的缺陷，从而为识别和排除虚假供述提供有效的路径。

1. 谎言并非记忆错误

谎言是虚假的陈述，是基于故意的主观状态下的虚假陈述，因此有别于记忆错误。这就意味着两个方面的内涵：第一，该类供述是行为人主动作出的，本就在行为人行动计划之

---

[1] [美] John H. Blume, Rebecca K. Helm：《"认假罪"：那些事实无罪的有罪答辩人》，郭烁、刘欢译，载《中国刑事法杂志》2017年第5期。

[2] [美] John H. Blume, Rebecca K. Helm：《"认假罪"：那些事实无罪的有罪答辩人》，郭烁、刘欢译，载《中国刑事法杂志》2017年第5期。

内；第二，该类供述动机形成在侦讯程序之前，即与侦查人员讯问的压力并没有太大关系，从而区别于强制内化型的虚假认罪。

2. 谎言并非空想虚构的故事

谎言是伪造自身现实体验，令对方相信陈述是真实的。因此，谎言是具有理由和现实基础的陈述而非仅为虚构的故事，与运用想象力全然脱离现实的故事有所差异。这在甄别过程中的意义在于，行为人为了说服侦查人员相信自己，就必须组合对方所知道的资讯且与其他证据不发生矛盾。

3. 谎言具有阶层性结构

谎言并非一次性即终结，若谎言之上不再架构谎言，就无法构成具有说服力的谎言。为了让第一次谎言正当化，就有继续编造第二、第三、第四等多次谎言的必要，从而呈现一种连锁、递进而非并列的关系，带有阶层性结构。这种结构的特点在于，如果第一次谎言被识破，则后续谎言就无以为继；如果第二次谎言被识破，虽然第三、第四等多次后续谎言崩塌，但并不必然导致第一次谎言无效。换言之，行为人可能会为了守住第一次谎言而继续作出变更后的其他的第二谎言。

4. 谎言是假设的演绎过程

谎言为了具有说服力和可信性，就需要有相当程度的说理和逻辑内涵，并运用所谓假定的逻辑，模拟成像实际发生过的事。例如，事实上是某甲所为的事，却说"那件事是自己做的而与某甲无关"谎言，行为人就需要掌握某甲的基本情况、动机、过程以及结果等情节。如此谎言脱离现实体验所构成的假设演绎过程，就需要不仅不能与对方所确认或掌握的资讯相矛盾，而且其虚构的故事内部不能互相矛盾而应当具有内在逻辑的合理性。实务中，自愿性虚假供述的行为人是基于"自己是真正犯罪人"的假设，使自己的供述与侦查人员提出的证据相吻合，这个构架过程并非总是一气呵成完成于侦讯过程中，而是通过行为人供述与侦查人员讯问的不断往返中陆续成型，换言之，更像是行为人与侦查人员共同作业完成的产物。

二、认罪认罚从宽制度改革背景下自愿型虚假认罪的排除

自愿虚假认罪在认罪认罚从宽程序中有着得天独厚的隐蔽环境，要破解这一制度发展的现实难题，唯有控制认罪认罚从宽制度中能够影响虚假认罪风险扩大的关键因素，以尽可能地排除认罪认罚从宽程序中冤假错案的隐患。

（一）明确认罪认罚案件证明标准

自认罪认罚程序试点以来，这一制度的证明标准问题引起了学界和实务界的广泛争议。学界主流观点始终认为，认罪认罚程序可以在证据规则或者庭审证据调查程序上进行适当的从简，但是在证明标准上仍应当恪守"证据确实、充分的证明标准"。[1] 但实务界对于证明标准的论争则观点不一。有人提出可以根据认罪、罪行以及不同情节，实行差异化的证明标准，由此与认罪认罚从宽制度的效率价值相契合。[2] 也有人主张刑事诉讼法规定了同一的证明标准，这一标准适用于所有的刑事

---

[1] 陈卫东：《认罪认罚从宽制度研究》，载《中国法学》2016年第2期；陈瑞华：《认罪认罚从宽制度的若干争议问题》，载《中国法学》2017年第1期；叶青、吴思远：《认罪认罚从宽制度的逻辑展开》，载《国家检察官学院学报》2017年第1期。

[2] 2016年1月中央政法工作会议。

案件，其中也必须包括认罪认罚案件。[1]

1. 侦查证明标准的维持

对于侦查活动而言，因其处于刑事诉讼程序的第一道关口，如果对侦查活动采用节约司法资源、降低司法成本的措施，那么无疑将对后续的司法审查造成重大冲击。因为法定证明标准是无罪的人不受错误刑事追究的根本保障，一旦在侦查阶段就降低证明标准，对于自愿虚假认罪案件就可能因自愿性审查的难题而最终被判有罪，由此也会对审查起诉和审判产生连锁效应，导致对证据收集、固定、保全、审查的全面性、客观性形成冲击。因此，对于侦查机关的侦查活动、提请批准逮捕书等证据、文书必须"忠实于事实真相"，认定被告人有罪的处理结论必须达到"案件事实清楚，证据确实、充分"的证明标准。

2. 定罪证明标准的恪守

定罪标准应当遵照严格的证据标准，正如司法效率只能以司法公正为前提，离开了原有的证明标准，所谓的司法效率在本质上必定是反效率、高成本的。因为如果法院仅仅因被告人自愿认罪认罚，对检察机关指控的犯罪事实没有异议，就在没有查清案件事实，没有对证据是否确实、充分作出肯定结论的情况下，对被告人定罪量刑，那么这种判决势必是不可靠的。从公诉程序上看，认罪认罚程序已经很大程度上减轻了公诉人的证明责任，因此公诉人理应有更多的时间和精力将审查的重点放在认罪认罚的"自愿虚假认罪"主体同一性的审查上。

3. 量刑标准的降低

认罪认罚程序在大陆法系实践中的一大特点就是，通常只

---

[1] 孙谦：《刑案认罪认罚从宽制度试点工作九大问题要注意》，载 http://www.jcrb.com/gongsupindao/FXTX/201702/t20180208_1713961.html，2018 年 8 月 25 日最后访问。

允许以认罪为条件进行"量刑协商",而不允许相关主体就犯罪事实和指控犯罪的数量、性质进行协商,而且法院不得仅仅根据被告人的有罪供述即作出有罪判决。客观而言,这反映了在定罪证据标准上的坚守和适当地放宽量刑情节的认定标准。司法官在办案中要履行真实发现义务,但作为一种司法妥协,为保证认罪认罚程序的效率性,对认罪认罚量刑情节的认定标准可以相对地降低证据标准,否则从证明责任上看,认罪认罚程序的效率性也就无从谈起。

(二) 认罪认罚启动程序的调整

有学者提出,认罪认罚从宽制度应当有严格的诉讼节点限制,其仅能在审查起诉和审判阶段适用,应明确排除阶段的适用。[1] 对此可能会有实务人员和学者担心认罪认罚程序对侦查人员没有吸引力。但是如前所述,在侦查阶段证明标准的不可降直接决定了侦查机关不能够成为认罪认罚程序启动的主体。从源头上看,认罪认罚程序对侦查人员似乎是最具吸引力的。因为即使不降低证明标准,认罪认罚从宽制度也有利于提高犯罪嫌疑人认罪认罚的比例,降低收集证据尤其是获取犯罪嫌疑人有罪供述的难度和成本。在自愿虚假供述的高隐蔽性下,犯罪嫌疑人的供述即便没有降低证明标准,但由于其伪装的自愿性,法定证明标准更容易达到,不仅审前阶段的证据"造假"更加"顺畅",而且法庭上的举证、质证以及审查、认定证据的程序也因为侦查阶段证据固定的无能,直接带来冤假错案。

在德国,认罪协商制度甚至直接规定只有法院才具有协商程序的主导地位,对程序进程与结果开启,法院可以与诉讼参与人进行协商,由法官而不是检察官提议刑罚的上限与下限,

---

[1] 陈卫东:《认罪认罚从宽制度研究》,载《中国法学》2016年第2期。

如果被告人与检察院同意法院的提议，协议即成立。法官对协商程序的主导可以保障法官对量刑权的绝对控制，其严格规范适用主体的主要原因就是认为侦查机关甚至检察机关的责任就是代表国家权力查明事实真相，这一责任如果以协商方式进行难以排除虚假认罪的风险，因此只有在司法审判阶段方可适用。但是，笔者主张在侦查阶段不得适用认罪认罚程序，因为侦查机关的职权就是适用法定的各种侦查措施，依法全面收集证据材料、查明案件事实、抓捕犯罪嫌疑人归案是侦查机关的使命。只有在公安机关侦查终结，满足犯罪事实清楚，证据确实、充分的证据标准，公安机关将案卷材料、证据一并移送检察院审查决定，在审查起诉阶段检察院方可决定是否采用认罪认罚从宽制度处理此案。

（三）口供可信性的综合判断

犯罪嫌疑人供述的真实性一般是通过任意性规则、补强规则以及可信性判断加以保障。[1] 我国《刑事诉讼法》第 55 条虽然已有"只有犯罪嫌疑人供述不能定罪"的规定，但仍未建立口供补强规则体系，即如何补强、补强到何种程度并无明确标准。而在自愿型虚假认罪的案件中，有罪供述已然成立，侦查人员根据该供述多多少少总能够取得相应的其他印证证据。特别是关于被告人与犯罪人同一性的证明上，因为证据收集困难，一般认为难以要求有补强证据。[2] 在自愿型虚假认罪已符合任意性规则要求，而补强规则无法满足该类型虚假认罪的识别要求的情况下，笔者建议将重点转向供述可信性判断上来。

---

[1] 施志鸿、林裕顺：《自白信用性判断之探讨——以日本著名判例为例》，载《法令月刊》2007 年第 4 期。

[2] 黄东熊、吴景芳：《刑事讼法论》，三民书局 2002 年版，第 360~361 页。

1. 供述内容与客观证据的符合程度

将物证及其他确定的客观事实，与犯罪嫌疑人相应的供述加以对比，是口供可信性判断的重要方式。日本多数法院以客观证据具有真实性为前提，将被告人供述暂时搁置，让其他客观证据及确定的客观事实浮现，然后再就被告人供述与客观证据符合的范围及程度，是否有合理的理由解释等方面进行判断。[1] 如果被告人在审判阶段翻供，同时也要对翻供的供述，检视其与客观证据的符合性。供述内容与客观证据符合程度是否存有"超越合理范围的重大分歧"是供述可信性判断的重要标准。一般而言，主要或重要部分与客观事实不符者，除非有特别事由说明，否则将会影响供述的可信性；如果不是主要事项部分不符，就其不符理由可以说明时，则不影响供述全体的可信性；此外，行为人为减免罪责、隐瞒或夸大有利事实是犯罪者的一般心理状态，其供述与客观情形不一致也并非不可理解；同时，即使是完全一致的情形，也仍然需要注意有无因侦查人员诱导、暗示、提醒等干预行为人供述的情形，才能作出正确的判断。

2. 体验供述的可信程度

真正犯罪人供述的内容具体而明确，且具有若非亲身体验者无法表现出来的真实感；若是虚假认罪供述，则是对于未体验过事实的虚构陈述，内容往往缺失具体性与真实感，故二者在供述内容与叙述方式上容易产生一定程度的落差。如日本1973年富士高校纵火案，第一审判决指出，被告人在案发前并无特别理由在学校徘徊两个半小时之久，而且纵火后依照常理

---

[1] 施志鸿、林裕顺：《自白信用性判断之探讨——以日本著名判例为例》，载《法令月刊》2007年第4期。

应该会立即逃离,但是被告人却供述案发后脑袋空白在校园内徘徊并未逃离,且没有听到铃声大作的警报等。法院据此认为,被告人供述内容不合理且缺乏真实体验性,判定该供述不具备可信性。[1] 因此,司法机关在审查时不应忽视案件发生过程与结果的细节考察,应从客观的角度分析供述内容是否具有实际体验的真实性、叙述的方式是否具有一致性等,以提高供述可信性的正确判断程度。

3. 认罪供述的动机与过程

被告人是在何时、向何人、在何种情况下以及出于何种动机作出的认罪供述,考察这些情节对于口供的可信性判断将起到辅助性的作用。一般而言,被告人基于悔改或关切罪责等道德动机,所作出的供述可信度就会比较高;被告人被逮捕后或在侦讯初期立即认罪的,可能就比经过长时间及高度压力侦讯下的认罪供述更有可信度。是否基于道德或悔改的判断,可审酌被告人在犯罪前后曾对家人、亲友、看守人员作出的有罪供述,或对被害人及其家属的道歉等言行情节进行考察。

(四)个人独知事项的查明

所谓个人独知事项,又称隐蔽性事项或秘密的暴露,是指供述的内容含有仅"真正犯罪人所知晓的事项"。虚假认罪人没有身临其境与亲身体验,无法了解和掌握这些事项,因此,个人独知事项的查明是甄别真假犯罪人的重要途径,为多数判例所认可,深受侦查机关与司法机关的喜爱——一旦取得个人独知事项的证据,被告人供述就不仅不是孤证,而且还可以印证供述的真实性,从而极大提升可信度。包含了隐蔽性事项信

---

[1] 判例时报第 777 号,载 http://dl.ndl.go.jp/info:ndljp/pid/2794788,2018 年 8 月 20 日最后访问。

息的证据就被称为"隐蔽性证据",[1] 我国关于隐蔽性证据的规定详见下表。

我国关于隐蔽性证据的规定列表

时间	规定名称	内容
2010年	"两高三部"《关于办理死刑案件审查判断证据若干问题的规定》第34条	根据被告人的供述、指认提取到了隐蔽性很强的物证、书证,且与其他证明犯罪事实发生的证据互相印证,并排除串供、逼供、诱供等可能性的,可以认定有罪
2012年	最高人民法院《关于适用〈中华人民共和国刑事诉讼法〉的解释》第106条	根据被告人的供述、指认提取到了隐蔽性很强的物证、书证,且被告人的供述与其他证明犯罪事实发生的证据相互印证,并排除串供、逼供、诱供等可能性的,可以认定被告人有罪

根据上述规定可知,我国的隐蔽性证据规则包含三个要件:第一,隐蔽性证据只能来源于被告人供述;第二,隐蔽性证据必须符合印证规则;第三,隐蔽性证据的取得必须具有独立性与自愿性。一旦符合上述三个要件,即可成为司法机关认定被告人有罪的证据基础。实务中,自愿型虚假认罪很容易符合上述条件,因为其来源于被告人主动供述,符合自愿性要求,取得的隐蔽性证据如前所述,多多少少都会有补强证据予以印证,因此,对于自愿型的虚假认罪供述很难从隐蔽性证据的可靠性来辨别真伪。[2] 学者也提出要特别防范"替身犯"派生出的虚假隐蔽性证据,以降低错案风险。[3]

---

[1] 万毅:《"隐蔽性证据"规则及其风险防范》,载《检察日报》2012年6月6日,第3版。

[2] 祝婧婧:《从虚假供述角度分析隐蔽性证据的可靠性》,载《福建警察学院学报》2017年第3期。

[3] 万毅:《"隐蔽性证据"规则及其风险防范》,载《检察日报》2012年6月6日,第3版。

实务中自愿虚假认罪与隐蔽性证据的关联情况，从逻辑上可以归纳为以下两类：一类为供述与隐蔽性证据俱为虚假的情形，即被告人虚假认罪，侦查机关配合被告人制造虚假的隐蔽性证据，如前述的侦查人员指使吸毒人员认假盗窃罪的交易行为；另一类为供述假，但隐蔽性证据为真的情形，常见于被告人虚假认罪，但其供述的隐蔽性证据来源于真正犯罪人的传授，通过侦查人员发现并取得，如前述的顶包替罪情形。无论哪一类情形，被告人供述的隐蔽性证据都无法来源于自己的虚构，必须依赖于外界的输入，要么是侦查机关告知，要么需要事先与真正犯罪人串供，要么通过其他渠道（如公共信息、案发在场等）获取。因此，本部分讨论的焦点就集中于隐蔽性证据来源的独立性上，即必须排除"（与真正犯罪人）串供、（受侦查人员）诱供"的可能，方可保证隐蔽性证据的独特证明力。为达上述目的，笔者以是否进入刑事诉讼程序为标准，针对隐蔽性证据来源的独立性审查提出两点建议：

1. 严守隐蔽性事项保密原则，防止隐蔽性证据来源污染

首先，侦查机关在案件办理过程中，不得向被害人、媒体等第三方透露案件相关细节信息，以免造成隐蔽性事项的泄露，混淆隐蔽性证据的来源。其次，在带领犯罪嫌疑人指认现场、作案工具或开展侦查实验过程中，应当避免向犯罪嫌疑人提供关于案件细节的信息（如提示关键性物证、特征等）。最后，对于隐蔽性证据存在疑问的案件，应当组织犯罪嫌疑人进行现场重演。在此过程中，应当秉持全面原则，即从犯罪嫌疑人进入犯罪现场到离开犯罪现场的整个过程的重演，并让犯罪嫌疑人自由、详细地陈述、演示整个犯罪过程的细节，避免诱导及提示犯罪嫌疑人，以便能对犯罪嫌疑人所站的角度进行较为客观与完整的观察与评价。

2. 运用逻辑与经验法则，加强对隐蔽性证据独立性以及与其他证据印证关系的甄别

如果说侦查人员诱供或无意向犯罪嫌疑人透露隐蔽性事项的情形，因属于进入刑事诉讼程序可以通过加强案件信息保密以及同步录音录像等具体制度与措施，予以监督管控的话，那么自愿虚假认罪的犯罪嫌疑人与真正犯罪嫌疑人在事前的"联手布局"则无从开展案前防范。在这种情况下，逻辑与经验法则的运用对于隐蔽性证据的审查就具有相当重要的意义。所谓逻辑法则，是指一般实务推理及演绎的逻辑规则，不得将"可能性"直接变成"必然性"，而在立论及论证上，也应当避免循环论证的问题；所谓经验法则，是指基于日常生活经验所得的规则，并非个人主观推测或少数人特殊行为模式。[1] 逻辑与经验法则的运用规则，如我国台湾地区"法院办理刑事诉讼案件应行注意事项"第78点所称："证据证明力，固应由法院自由判断，但应注意所下证据判断，必须斟酌各方面情形，且不违背一般人之共同经验；所得结论不能有逻辑上的矛盾，不可凭空推测，仅以理想之词，如难保、自属当然等字样为结论。"既然虚伪认罪的无辜者并没有亲自体验当时的犯罪事件，即便其从真正犯罪人处所获取了隐蔽性事项的相关信息，也不可能具有完全的完整性、全面性与细节性，其与事实真相之间仍有可供辨识的特征。如陈某开设赌场顶包案，[2] 公安机关现场抓获的犯罪嫌疑人陈某自认是开设赌博游戏机的老板，并提供了

---

[1] 林钰雄：《自由心证：真的很自由吗？》，载《台湾本土法学杂志》2001年第27期。
[2] 最高人民检察院原侦查监督厅：《关于全国检察机关"优秀侦查活动监督案件"评选结果的通报》，载 www.gj.pro/cms/web/downfile.jsp? AID = 8451464762508224，2018年8月24日最后访问。

所谓隐秘的账本物证,但经检察机关审查,发现三处疑点:首先,陈某系年满 66 周岁且家住贫穷小山村的老年人,如何有能力独自在异地他乡开设赌博机店?其次,该游戏机店位于乡下,按照乡下习俗,一般租房均是口头协议,且陈某仅为小学肄业文化程度,但本案的《租房协议书》格式标准、内容翔实,且时间有涂改痕迹,不合常理。最后,陈某虽然认罪并称该赌博机店为其一人所经营,但是对于账本记录的赌博机采购、资金来源及去向均无法进行说明。该三点矛盾无法通过逻辑与经验法则检验,其有罪供述与隐蔽性证据之间的关联性存有重大疑问,最终在检察机关的严察细审之下,陈某承认其系受真实老板林某和王某雇佣顶包替罪。

三、结语

刑事诉讼程序作为公认的最为严苛的法律程序,最根本的保障就是国家权力和巨大司法资源的投入,而这些投入的目的就是能够破除"谎言",查明真相,进而正确适用法律。从方法论的角度看,应当在保持同样的定罪标准上,探究什么样的侦查和审查方法能够与认罪认罚的效率性相匹配。从口供的综合判断到个人独知事项的验证,更多的是需要通过客观证据补强、隐蔽事项保密等基础性制度予以保障。即便是在"谎言"过于逼真的复杂情况下,认真细致地运用逻辑与经验法则,也能够尽可能地为认罪认罚程序中自愿虚假认罪排除提供助益,从而降低冤假错案的出现可能。

认罪认罚量刑建议精准化实证研究[*]

——以 2019 年度宿迁地区司法实践为样本

刘兆东　康俯上[**]

2018 年 10 月 26 日，第十三届全国人大常委会第六次会议通过《关于修改〈中华人民共和国刑事诉讼法〉的决定》，正式确立了认罪认罚从宽制度。该制度实施以来，检察机关在提高认罪认罚适用率的同时，不断加大对量刑建议的提出力度。宿迁检察机关自认真贯彻落实该制度以来，不断发挥主观能动性，进一步探索量刑精准化适用空间，逐步拓宽其适用罪名的广度。正如张军检察长在 2019 年全国刑事检察工作会议上指出的：认罪认罚从宽制度是检察机关在刑事诉讼中履行主导责任，发挥主导作用的典型制度设计。在认罪认罚实施过程中，量刑精准化恰恰是该主导责任和作用的具体体现，也与以审判为中心、以证据为核心的刑事诉讼改革目标相一致，更是检察机关内设机构改革的初衷，从而达到该制度所追求的司法公正与效率的双重目标。

---

[*] 本文荣获"认罪认罚从宽制度理论与实务研究"征文活动三等奖。
[**] 刘兆东，江苏省宿迁市人民检察院党组成员、副检察长；康俯上，江苏省宿迁市人民检察院检察官助理。

一、认罪认罚案件量刑建议分析

(一) 量刑建议数据分析

1. 提出比例

在认罪认罚的起诉案件中,宿迁地区 2019 年度共起诉 4191 人[1],其中幅度刑量刑建议 4129 人,确定刑量刑建议 62 人,提出量刑建议为 100%。

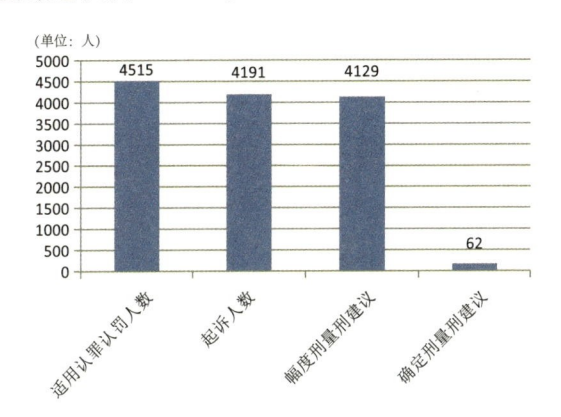

图 1　提出量刑建议人数

2. 采纳比例

在认罪认罚案件中,法院采纳量刑建议的 2638 人,量刑建议因各种原因被调整的 41 人,被告人撤回具结书的 1 人,经检察机关同意重新具结的为 0,被告人当庭翻供不认罪的 1 人,被告人异议经法院建议调整的为 0,因其他问题调整的 6 人。因此,根据一审判决为 2691 人,则该地区量刑建议采纳率为 98.03%,采纳率很高。

---

[1] 本文数据统计时间的区间为 2019 年 1 月 1 日至 2019 年 12 月 31 日。

(单位：人)

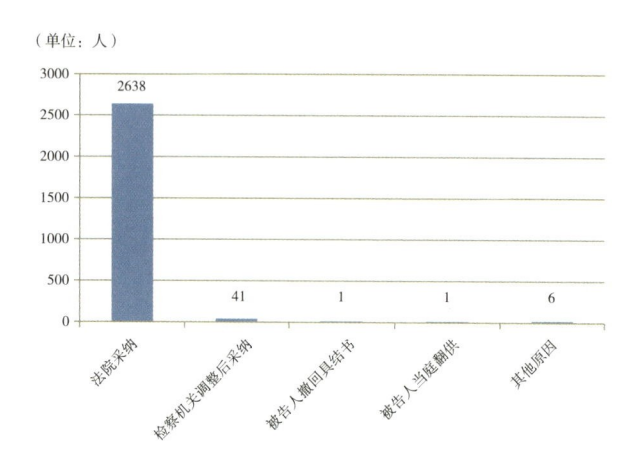

图2　量刑建议采纳情况

3. 类型比例

在上述41个检察机关调整的量刑建议中，调整为不同刑种的有10人，调整刑期的有21人，既调整刑种又调整刑期的有9人，既调整罪名又调整刑种、刑期的有1人。具体分析如下图：

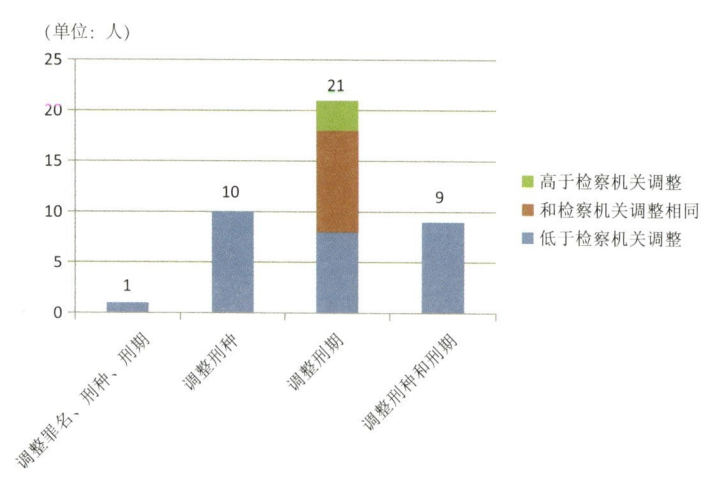

(单位：人)

图3　检察机关调整量刑建议情况

4. 罪名比例

在该统计年份中，检察机关共提出量刑建议4191人。其中，量刑建议排在前十的罪名和占比分别是：

表1

排名	罪名	量刑建议数（人）	占比（%）
1	危险驾驶罪	924	22.1
2	盗窃罪	801	19.11
3	诈骗罪	350	8.35
4	交通肇事罪	243	5.8
5	故意伤害罪	187	4.46
6	寻衅滋事罪	183	4.37
7	开设赌场罪	110	2.62
8	虚开增值税专用发票罪	105	2.51
9	强奸罪	101	2.41
10	非法经营罪	72	1.72

表1中，排名在前五的罪名占到一半还多，且涉及的罪名多以常见、多发罪名为主。

（二）主要特征与存在问题

1. 主要特征

（1）检察机关实现量刑建议全覆盖。该地区检察机关对提起公诉的4191人均提出了量刑建议。也就是说，只要进入审查起诉环节的认罪认罚案件，在适用认罪认罚的同时，检察承办案件人员也及时提出了量刑建议。该量刑建议不仅包括犯罪较轻的案件，也包括犯重罪的案件；不仅包括一般普通刑事案件，也包括未成年人犯罪案件，实现了各种类型犯罪提出量刑建议的全覆盖。如在杨某等人故意伤害致人死亡案件中，参与打架的 5 名被告人中既有直接拿刀刺戳被害人的主犯，又有参与殴打被害人的行为较轻者；既有成年人，又有未成年人。因此，根据该案中不同犯罪情节，考虑到被告人身份的特殊性，检察机关在提起公诉时，对该 5 名被告人适用了不同的量刑建议，并得到了法院的认可和采纳。

（2）以法院采纳量刑建议为主，建议检察机关调整量刑建议为辅。在一审判决的 2691 人中，法院直接采纳检察机关提出的量刑建议的为 2638 人，采纳率为 98.03%。司法实践中，法院根据案件实际情形，如在提起公诉后，被告人和被害人及其近亲属之间达成和解协议、被告人主动认罪构成自首或坦白、被告人主动退赃或赔偿相关损失，即在审判环节出现新情况后，主动和检察机关沟通，或者检察机关和法院主动对接，及时调整相应量刑建议，然后法院根据调整后的量刑建议进行裁判，该情形不多，占提出量刑建议的 1.23%。法院认为检察机关量刑建议不当建议调整的有 8 人，占提出量刑建议的 0.297%。因此，我们可以认为该地区以法院采纳量刑建议为主，建议检察机关调整量刑建议为辅。

（3）以被告人认罪服法为主，上诉率低。在一审判决的 2691 人中，提起上诉的为 76 人，上诉率为 2.82%，被告人的上诉率较低。上诉的量刑建议中，有 75 人为幅度刑量刑建议，1 人为确定刑量刑建议。在上诉的理由中，均提出量刑过重的理由。在提出抗诉的 2 人中，均因被告人以量刑过重提出上诉，后基层检察院以量刑畸轻为由提出抗诉请求，但上级检察院没有予以支持，后该抗诉案件均被撤回。

2. 存在问题

（1）量刑建议幅度过大，存在量刑建议空泛化、同质化现象。一是在幅度刑量刑建议中,按照刑法和最高人民法院《关于常见犯罪的量刑指导意见》规定提出量刑期限,量刑区间范围较大。如拘役刑中,该刑种的区间跨度在 1~2 个月之间的占 89.37%,跨度在 3 个月以上的占 7.22%,跨度以天计算的仅占 3.41%,量刑建议存在一定空泛化的倾向。二是量刑建议也存在同质化现象。一方面,量刑建议为同一刑种的不同类型案件,提出的量刑建议大多相同;另一方面,量刑建议为同一刑种的同一案件中,对每个犯罪嫌疑人的量刑建议也相同。对上述幅度刑量刑建议进行检索发现,只有 5 个案件对每个犯罪嫌疑人进行了区分量刑。三是有的案件中出现了跨刑种的量刑建议。如在张某开设赌场一案中,检察机关进行了跨刑种的量刑建议,该量刑建议为拘役 3 个月到有期徒刑 9 个月。四是幅度刑量刑建议中,均对主刑提出了量刑建议,但有八成案子应当提出附加刑而没有提出,有的虽提出但不提出一定范围的附加刑。如对并处罚金的,有的不提,有的虽提但只提"并处罚金",对到底要罚多少,没有提出一个明确的相对量刑区间,而是交给法院自由裁量。

(2)量刑建议的调整具有一定随意性。一方面,在检察机关调整的 41 人的量刑建议中,法院认为明显不当建议调整的有 8 人,而检察机关根据事实情节作出调整的有 22 人,其中作出调整说明的仅有 2 人[1],未作出调整说明的占 68.29%。另一方面,检察机关在单独调整刑期的 21 人中,有 8 人的一审判决刑期低于检察机关调整后的量刑建议,有 3 人的一审判决刑期高于检察机关调整后的量刑建议,只有 10 人的量刑建议被法院采纳,调整刑期建议采纳率仅为 47.62%。因此,检

---

[1] 2 人中,1 人是因为身体原因无法收监,1 人是因为案件提起公诉后进行了退赔。

察机关量刑建议的调整具有随机性,检察人员在调整量刑建议时没有具体的调整标准,具有一定的随意性。

(3) 出庭程序中,适用速裁程序审理的案件占比不高。在出庭的2447件案件中,适用普通程序的有416件,简易程序的有1412件,速裁程序的有619件,适用速裁程序占比为25.3%。适用速裁程序案件中,危险驾驶罪、交通肇事罪、盗窃罪三类案件占到96.77%,属于常见、多发罪名。质言之,适用速裁程序的案件仅占1/4,适用率较低。因此,对上述类型罪名的犯罪处理没有体现快速、高效。

(4) 当庭进行宣判的不多。在一审判决的2691人中,庭后进行宣判的有2627人,当庭宣判的有64人,仅占2.38%。在当庭宣判的人中,有18人是直接进行宣判,且是检法在庭前进行沟通的基础上进行的宣判;有46人是当庭进行合议后进行的宣判。总的来说,当庭宣判的人数不多,致使认罪认罚适用的即时性效果没有得到充分体现。

(三) 价值评价与反思

1. 程序价值在一定程度上被削弱

认罪认罚从宽制度,特别是量刑建议提出的基础,在于检察机关和犯罪嫌疑人一方的充分协商,并由犯罪嫌疑人(被告人)自愿签订《认罪认罚具结书》。具体来说,只有检察机关提出确定刑量刑建议,使当事人得以知悉,并主动参与其中,对所要接受的刑罚有一个明确的预期,从而形成自愿的意愿,并签订相关的法律文书进行认可。这样,后续的程序才能建立在合法性上。如果签订时是非自愿的,那么这就损害了程序的正义基础,进而损害到实体正义。在幅度刑量刑建议中,犯罪嫌疑人面对两难之境,一方面要服从,但服从的内容具有不明确性;另一方面要自愿,但自愿的形式却具有不确定性。因此，犯罪嫌疑人的权利无法得到有效的保障，致使认罪认罚从宽制度程序上的价值被削弱。

2. 降低了犯罪嫌疑人一方的期待可能性

根据数据统计，虽然幅度刑量刑建议具有一定的区间，但最低期限和最高期限往往相差 1 个月，甚至是 6 个月以上的刑期，这对要受到刑事处罚的犯罪嫌疑人（被告人）来说，确定的刑期无法期待，而不确定的刑期则大量存在。在认罪认罚从宽制度适用的路径上，检察机关如同产品的提供者，其提出的量刑建议产品是不确定的产品；而犯罪嫌疑人如同产品的获得者和使用者，其获得的是一个不确定产品。这种情况的存在是由于我国虽然引进了控辩双方"对抗制"的刑事制度，但职权主义诉讼制度的基本理念在司法实践中一直存在。在上述协商机制没有得到明确，并充分实行的情况下，这就必然导致犯罪嫌疑人一方对量刑建议的期待可能性，使他们迫于压力而承认自己的罪行，并进行认罚，使得认罪认罚从宽制度的价值根基受到侵蚀，丧失了制度发展的生命力，也就违背了刑罚的原则，因为刑罚首先是分配正义行为，分配正义就是使各得其份的原则[1]。

3. 增加了法律适用的不确定性

检察机关提出的幅度刑量刑建议虽然看起来节省了精力与时间，但在实践中，该量刑建议增加了两方面的法律风险：一是法律实施过程中的模糊性，无法给予犯罪嫌疑人明确的法律上的公示，使得犯罪嫌疑人很难对此进行认同，他们会天然地想到司法机关是否存有"暗箱操作"，致使权利不能得到充分

---

[1] [德]阿图尔·考夫曼：《法律哲学》（第二版），刘幸义等译，法律出版社 2011 年版，第 182～183 页。

保障。二是法律适用上的不确定性，该量刑建议本来是保障法院有限的司法资源尽量投入到那些重大、复杂、疑难和有争议的刑事案件之中，法院在审理时可以就此提高诉讼效率、有效降减诉讼成本、缩短审判周期。[1] 但幅度刑量刑建议仍然是一种不确定的刑期，需要法官腾出相应精力来重新计算和评估，且要调整量刑时，要和检察官进行充分沟通，这反而增加了时间成本，没有起到认罪认罚从宽制度的目的。因此，精准化量刑建议是检察机关未来必须迈向的方面，也是必须实现的目的。

二、确定刑量刑建议的探索与实践

（一）2019年量刑建议精准化推进过程中的数据分析

1. 确定刑量刑建议占比少

适用认罪认罚的案件中，检察机关对4191人提出了量刑建议，其中，幅度刑量刑建议4129人，占比98.52%；确定刑量刑建议62人，仅占1.48%，确定刑量刑建议的占比明显偏低。对提出的确定刑量刑建议和幅度刑量刑建议每月的数据进行统计分析发现[2]，幅度刑量刑建议的趋势是上升的，虽数据稍有波动，但每月都有增加；而确定刑量刑建议趋势起起伏伏，在2019年9月幅度刑量刑建议为456人的情况下，确定刑量刑建议竟然变为0。同时，在10月、11月连续增长以后，

---

[1] 陈瑞华：《认罪认罚从宽制度的若干争议问题》，载《中国法学》2017年第1期。
[2] 但从2019年4月以来（除去确定刑适用人数的12月），可以看出二者趋势是相同的，这是因为该地检察机关在4月进行了内设机构改革，改革后认罪认罚工作由公诉部门调整至各个业务部门。所以，当权责明晰后，该项工作随之展开，相关数据也在不断增长。

在 12 月又重回至个位数[1]，说明对该项工作的开展具有不稳定性。

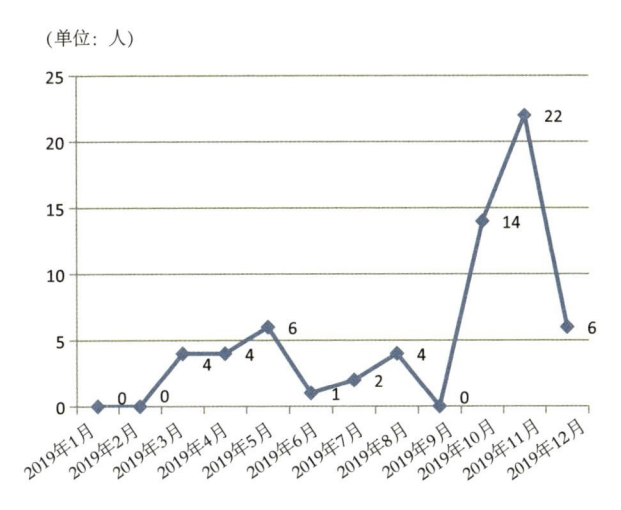

(单位：人)

图 4　确定刑量刑建议适用人数

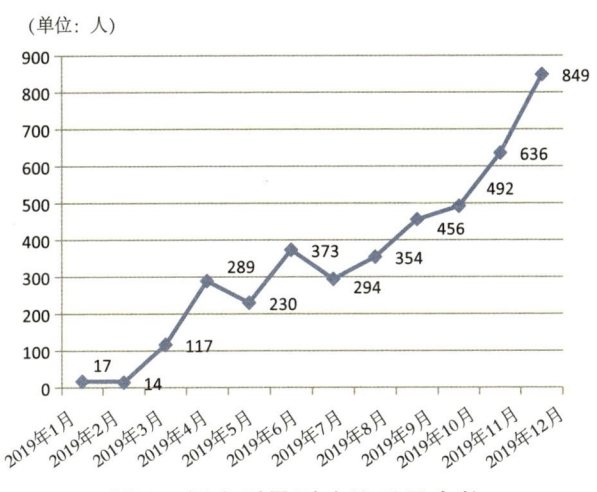

(单位：人)

图 5　幅度刑量刑建议适用人数

---

[1] 重回个位数的原因主要在于年终考核的压力增大，这时候已经来不及进行确定刑量刑建议，且提出该类型的建议，如果未和法院沟通协调一致，会增加认罪认罚适用率降低的风险，所以提出该类型的量刑建议是断崖式的。

2. 确定刑量刑建议精准化程度高

相对于幅度刑量刑建议的模糊性，包括主刑、附加刑、适用缓刑的模糊性，该地区确定刑量刑建议对主刑、附加刑、适用缓刑的刑种和刑期均提出了具体明确的量刑建议，其中主刑建议精准化达 100%；提出附加刑的 28 人，附加刑量刑建议精准化为 96.43%；适用缓刑的 11 人，缓刑量刑建议精准化为 81.82%；整个确定刑量刑建议精准化达到 95.24%。如在郑某锁、吴某敏虚开增值税专用发票一案中，承办人对郑某锁既提出了有期徒刑 1 年 11 个月，并处罚金 6 万元，又提出适用缓刑为 2 年的确定刑量刑建议，该量刑建议的提出具体、明确。

3. 确定刑量刑建议适用刑种多为轻缓刑

在该类型量刑建议中，提出轻缓刑的为 48 人，占比 76.19%，占比较大。提出有期徒刑以上刑罚的为 15 人，其中只对 1 人提出的刑罚为有期徒刑 5 年，其余 14 人均在 3 年以下。这说明，该地检察机关在轻缓刑量刑上存在主动性，而在重刑上提出确定刑量刑存在一定的被动性。

4. 一审判决的上诉率低

在一审判决后，提出上诉的人数为 76 人，上诉率为 2.82%，上诉率很低。这说明绝大部分被告人对认罪认罚适用情况是接受的。

（二）确定刑量刑建议中发现的问题

1. 员额检察官提出的量刑建议在精准化上具有不平衡性

在幅度刑量刑建议和确定刑量刑建议中，都不同程度存在量刑建议同质化现象，尤其是在共同犯罪案件中，对共同犯罪中的数个犯罪嫌疑人量刑建议均是相同的。其一，在 1628 人适用幅度量刑建议的共同犯罪案件中，减去 221 人为单个适用量刑建议的共同犯罪案件外，仅有 237 人适用的量刑建议是不等同的。如在司某仓、朱某凯等4人涉嫌寻衅滋事案中,对该4名犯罪嫌疑人适用了相同的量刑建议,均为有期徒刑6个月至1年,没有进行量刑区间的精细化建议。在如下表的仲某喜等人涉嫌开设赌场、寻衅滋事的一起涉恶犯罪中,检察官在适用幅度刑量刑建议时,按照在犯罪集团中各犯罪嫌疑人的地位、作用、犯罪情节等,提出了精细化的量刑建议。

表2

序号	姓名(按作用大小排列)	量刑建议幅度(主刑)
1	仲某喜	有期徒刑 9~11 年
2	何某成	有期徒刑 6~8 年
3	陶某得	有期徒刑 6~8 年
4	章某甲	有期徒刑 5~7 年
5	常某	有期徒刑 3 年 6 个月~5 年
6	赵某建	有期徒刑 3~4 年
7	伍某洋	有期徒刑 3~4 年
8	孙某浪	有期徒刑 2~3 年
9	葛某飞	有期徒刑 1~2 年
10	王某	有期徒刑 1~2 年
11	章某乙	有期徒刑 6 个月~1 年
12	龙某川	有期徒刑 6 个月~1 年
13	陈某	有期徒刑 6 个月~1 年
14	葛某	有期徒刑 6 个月~1 年
15	陆某富	有期徒刑 5~8 个月
16	周某	有期徒刑 3~5 个月
17	庄某军	有期徒刑 3~5 个月
18	仲某芝	有期徒刑 3~5 个月
19	陈某会	有期徒刑 3~5 个月

其二，在确定刑量刑建议中，也存在此类情形。如在于某贵等人盗窃共同犯罪中，对其中4人提出单处罚金3000元的量刑建议，而没有按照各个犯罪嫌疑人的具体量刑情节来提出；但在胡某飞等人涉嫌诈骗共同犯罪中，对其中4人提出了精准化的量刑建议，且主刑的量刑建议、附加刑的量刑建议、适用缓刑的刑期均有所不同，体现了量刑建议精准化的理念。如表3：

表3

序号	姓名	量刑建议幅度
1	任某燕	拘役5个月18日，缓刑6个月，罚金5800元
2	单某曼	拘役5个月6日，缓刑6个月，罚金5100元
3	张某宇	拘役5个月6日，缓刑6个月，罚金5000元
4	高某培	拘役4个月13日，缓刑5个月，罚金8000元

2. 当事人、辩护人和值班律师参与量刑建议的协商程度不高

在提出的62人确定刑量刑建议中，律师[1]均参与了认罪认罚从宽制度的适用环节，检察机关也征求了律师意见。在提出的4129人幅度刑量刑建议中，有4121人的律师参与了该环节，检察机关也听取了律师意见。但二者存在一个共同点，即征求的意见全是案件的事实和证据的认定、从轻、减轻量刑情节的采纳、适用程序等方面，而对量刑的刑种，特别是量刑刑期没有提出具体、明确的要求，基本上是检察人员提出量刑建议，由犯罪嫌疑人看后，在认罪认罚具结书上签字进行认可。律师，尤其是值班律师，囿于介入的时限短，参与度不够深

---

[1] 这里的律师包括自行委托辩护律师、指定委托辩护律师和值班律师。

入，只是起到一个见证人的角色，这与2019年10月"两高三部"《关于适用认罪认罚从宽制度的指导意见》（以下简称《指导意见》）规定[1]有所冲突，致使对量刑建议的协商不够，一定程度上抑制了认罚的自愿性。如在检察机关调整的量刑建议中，有两名被告人在审判环节，因不认同检察机关提出的量刑建议，撤回了具结书。

3. 释法说理不够充分

笔者对释法说理进行了分类，将其分为充分说理、一般说理和没有说理三种情形，这三种情形均是以量刑建议的合法性、合理性和程序性作为基准。首先，对提出量刑建议的案件进行分析发现，承办人在撰写审查报告、认罪认罚具结书和量刑建议书时，对为什么提出该量刑建议进行充分说理的为2.89%，如仲某喜等人涉嫌开设赌场、寻衅滋事一案中，承办人分别从涉及的罪名、行为次数、犯罪数额、从重从轻情节等方面进行了具体说理，对如何得出该量刑建议进行了说理。当然，该量刑建议也存在瑕疵，即没有以文字的形式进行表述，而只是以表格的形式进行了说明，且审查报告中对量刑建议的说理性提出的相关依据支撑不够。其次，进行一般说理的为14.27%，该量刑建议仅仅提出了说理的法条依据和刑档要求，而没有具体说明该量刑建议的合理性。再次，没有说理的占到总数的82.84%。通过分析，在上述三项法律文书中均没有进行合法性、合理性说明，仅仅提出了量刑建议。最后，在调整的量刑建议中，检察机关对其调整的量刑也没有进行说理，仅

---

[1]《指导意见》第12条规定："值班律师的职责。值班律师应当维护犯罪嫌疑人、被告人的合法权益，确保犯罪嫌疑人、被告人在充分了解认罪认罚性质和法律后果的情况下，自愿认罪认罚。值班律师应当为认罪认罚的犯罪嫌疑人、被告人提供下列法律帮助：……（四）对人民检察院认定罪名、量刑建议提出意见……"

仅作出了"根据事实情节进行调整"。

4. 幅度刑量刑的上诉率偏高

在上诉的人数中,对确定刑量刑建议提出上诉的仅为1人,对幅度刑量刑建议提出上诉的为75人,这侧面证实了被告人是认可确定刑量刑建议的,而对幅度刑量刑建议具有一定程度的不认同感。此外,在对76份上诉状进行分析时发现,这些上诉理由中对事实和证据均没有提出上诉,都是以"量刑过重"为由提出上诉,这也反映了量刑建议的不确定性致使被告人上诉可能性的提高。

5. 幅度刑量刑建议的办案周期偏长

在幅度刑量刑建议中,办理案件周期最长的为380天,最短的为10天,平均办案周期为174天;而在确定刑量刑建议中,办案周期最长的为201天,最短的为8天,平均办案周期为83天。通过对比可以看出,确定刑量刑建议的办案周期短,办案效率比幅度刑量刑建议高。

6. 确定刑量刑建议事先沟通的居多

通过《检察官量刑建议精准化问卷调查》发现,对该问题的回答中,有64.67%的检察官在提出量刑前和法官进行了沟通;有19.26%的检察官在提出量刑前没有沟通;还有16.07%的检察官对有没有沟通不置可否。从上述问卷中可以看出,事先和法院承办法官进行沟通的居多,没有沟通或记不清的只占少数。

(三) 确定刑量刑建议不多的原因

1. 诉前量刑建议机制尚未建立

《指导意见》第33条明确规定,犯罪嫌疑人认罪认罚的,人民检察院应当就主刑、附加刑、是否适用缓刑等提出量刑建议。人民检察院提出量刑建议前,应当充分听取犯罪嫌疑人、辩护人或者值班律师的意见,尽量协商一致。但在司法实践中,囿于以下几个方面原因,协商机制尚未真正建立起来:一是证据开示不到位。二是听取律师意见不到位。对有律师参与的认罪认罚案件,检察机关听取率为100%。但在听取律师意见的内容上,则存在疏漏。在听取律师意见过程中,检察机关大多从以下方面听取意见:(1)涉嫌的犯罪事实、罪名及适用的法律规定;(2)从轻、减轻或免除处罚等从宽处罚的建议;(3)认罪认罚后案件审理适用的程序;(4)其他需要听取意见的事项。虽然其中有一兜底听取事项,但没有明确对量刑建议的听取。三是与犯罪嫌疑人及律师的协商不到位。

2. 检察机关自身原因致使量刑精准化适用率不高

一是检察人员适用确定刑量刑建议动力不足。正如乔治·费希尔所说:"辩诉交易给予检察官们迅速、确定且相对容易的胜诉……每个检察官都希望自己显得与其他同行一样成功——当地区检察官的职位在1856年变成由选举产生时这一愿望也变得更为强烈。"[1] 观察美国辩诉交易史发现,当地检察官在适用辩诉交易时有着强烈的动机,既有政治的压力,又有经济的压力,还有个人名誉、社会地位等方面的压力,其中包括但不限于以下种种压力:选举的压力、案件数量不断增长的压力、获得经济利益的压力、案子胜诉率的压力、个人出色办案能力的压力等。考察我国检察官所面临的案多人少的压力,随着案件量增长变成检察官日常工作的一部分时,该部分所产生的压力则不足以使检察官有足够动力去提出确定、明确的量刑建议,以获得较高的胜诉率。二是确定刑量刑建议的提出能力

---

[1] [美]乔治·费希尔:《辩诉交易的胜利——美国辩诉交易史》,郭志媛译,中国政法大学出版社2010年版,第36页。

不够。对于量刑来说，长期以来并不是检察人员关注的焦点。在以往办理案件中，检察人员关注的点是案件的事实和证据、定性是否正确等方面，对于量刑只是提出法律规定的刑档即可，有的甚至交给法院进行自由裁量。在一审判决裁定审查过程中，关注的也是定性是否准确，量刑否是畸轻、畸重，从而是否具有诉讼监督的必要性，致使该能力长期处于空白状态。三是说理能力存在欠缺。通过上述分析，对量刑建议的说理性不足也是导使量刑建议不精准的重要原因之一。检察官在办案中，对自身能力的不自信，同时对该部分的理论研究不够透彻，致使在提出量刑建议时，也不加以说理。正如该地区调整的量刑建议中，除了刑事和解的以外，基本上是法院建议后，检察机关进行调整。此外，在量刑建议调整时，也未予以充足的理由加以说明。

3. 以审判为中心的庭审改革效应在认罪认罚工作中体现得还不明显

一是一审判决的案件不具有当庭性。正如前文所述，当庭进行判决的案件是个别现象，而不具有普遍性。即使进行当庭判决的案件，也多数集中于危险驾驶、小额盗窃犯罪等简单、量刑较轻的案件，对于复杂、量刑较重的案件是以庭后判决为主，对于控辩双方存有争议的案件则是庭后经合议庭、审判委员会讨论进行判决的。正因为适用认罪认罚案件的判决不具有当庭性、及时性，尤其是对确定刑量刑建议的确认不具有当庭性、及时性，使得认罪认罚从宽制度适用的权威性大打折扣。庭审中，检察机关提出的量刑建议没有使"诉判一致"得到当庭确认，检察机关的公信力也难以得到体现，使得被告人的获得感不强，检察机关在认罪认罚过程中的主导作用也有被架空的危险。二是个别法官认为自由裁量权受到了侵犯。在胡某宽危险驾驶一案中,检察机关在《量刑建议书》中以及发表公诉意见时,均提出拘役1个月10日至2个月幅度刑量刑建议,被告人也签订了《认罪认罚具结书》予以同意,在一审判决书中,审判机关也认同该量刑建议,但判决的刑期却为拘役1个月,对该判决也未给出任何理由予以说明。在适用认罪认罚从宽制度的案件中,法官存在误区或者一种错误的观念,认为自由裁量权仅仅专属于法官所有,检察官不能对其自由裁量权进行侵犯。或者说,部分法官对于过度适用认罪认罚从宽制度案件的自由裁量权还没有做好心理上和事实上的准备,尤其是在量刑精准化这一点上。

4. 公检法司之间的衔接配合机制尚未运转成熟

在该地司法实践中,案件的速裁程序的提起和社会调查评估工作还未能全部前移至侦查阶段,侦查机关实施过程中,也不尽如人意,公检法司四部门之间还没有形成真正的推动合力,使认罪认罚从宽制度运转得更加流畅,致使检察官难以有更充分的时间考虑量刑建议精准化的问题。此外,由于前两项工作开展不扎实,致使类案案件的集中移送、集中审查、集中开庭机制尚未明确统一,使得检察官、法官不愿就量刑精准化开展工作。

三、实践中确定刑量刑建议的操作方法与成效

(一) 构建以检察机关为主导作用的"回合制"量刑磋商机制

从刑事诉讼法和《指导意见》可以看出,检察机关在认罪认罚从宽制度中起着居中主导的作用,特别是在量刑建议的提

出中有着不可替代的作用，这既是法律的实然规定，也是"认罪认罚"的应然追求。如若不然，将对法的实施的公信力造成损害，也将对当事人的权利造成法的不作为的侵害。为此，笔者提出以下量刑建议的协商模型：

1. 参与方

参与量刑建议的有检察官、犯罪嫌疑人一方、被害人一方。其中，犯罪嫌疑人一方包括犯罪嫌疑人（被告人）、辩护人、值班律师等；被害人一方包括被害人及其近亲属、诉讼代理人等。参与方以检察官为主体，起着居中、主导作用，这里的居中、主导是指对量刑建议的提出应当客观、公正，正如学者林钰雄所提出的，检察官乃世界上最客观的官署，[1] 即检察官应当以公平公正的视角，对确定刑量刑建议的提出、调整、说理起着主导作用。

2. 参与目的

通过三方共同"磋商"，达成各方能够予以接受的量刑建议。其中，检察官是量刑建议的提出者，犯罪嫌疑人一方是量刑建议的协商者，被害人一方是量刑建议的提供者，而这既是《指导意见》的明确要求，也是重新赋予被害人权利。可以采取恢复被害人自主感的形式，而恢复被害人自主感最有效的一种方法便是邀请其参与决定过程，从而使其内心的不安或物质损失得到很好的恢复。[2]

3. 参与形式

（1）基本形式：检察官和犯罪嫌疑人之间进行"回合制"磋商，被害人一方通过检察官听取意见的形式参与。（2）特别

---

[1] 林钰雄：《检察官论》，法律出版社2008年版，第45页。
[2] ［英］詹姆斯·迪南：《解读被害人与恢复性司法》，刘仁文、林俊辉等译，中国人民公安大学出版社2009年版，第221页。

形式——公开听证：包括检察官、犯罪嫌疑人一方、被害人一方、受邀的人民监督员、社会调查人员、缓刑建议的所在社区人员等。

4. 参与内容

一方面，检察官要和犯罪嫌疑人一方就量刑建议展开协商，一般案件中以 1~2 轮协商为宜，重大、复杂、疑难案件中以 2~3 轮协商为宜。在协商过程中，检察机关要主动进行证据开示，将本案涉及的证据种类、证明内容、采纳情况向犯罪嫌疑人一方进行充分展示，说明理由。另一方面，要主动听取被害人一方对量刑建议的意见，对被害人一方和犯罪嫌疑人一方达成刑事和解的，要记录在案，并体现在量刑建议中。

5. 参与时限

整个协商的周期应当在审查起诉期限内完成，对重大案件的量刑建议，应当给予犯罪嫌疑人一方一定的考量时间，保障其参与量刑建议的知情权、参与权。

6. 参与结果

达成量刑的初步建议，犯罪嫌疑人签订《认罪认罚具结书》，检察官提出量刑建议或出具《量刑建议书》，并充分说明理由。

（二）强化责任单位之间的协作力度

1. 检察官能力要加强

一是要转变观念主动向法官学习。实际上，精准量刑本身就是检察机关的弱项和短板，对此检察官应当有清晰的认识，而精准量刑本身就是审判机关的强项和长处，对此检察官也应当有明确的认识。因此，检察官也要转变自身的观念，主动就精准量刑向法官请教，以求尽快掌握精准量刑的要义。二是量刑建议精准化能力要提高。正如美国著名法学家波斯纳所提出的那样:从经济学的视角而言,其中核心便是准确性(因为准确性常常有利于提高威慑力,尽管并非总是如此)和成本。[1] 从量刑精准化的路径来看,检察官提出确定刑量刑建议,具有量刑的准确性,这不仅对犯罪嫌疑人(被告人)提高了威慑力,也提高了对检察权权威性的认知水平。同时,结合76人提出上诉的数据分析,其中仅有1人是因确定刑量刑建议提出上诉,其他均因幅度刑量刑建议提出上诉。即提出精准化量刑,不仅不会增加上诉的成本,反而会有效降低诉累,减少不必要的司法资源浪费,从而促进司法成本的降减和司法资源的有效配置。此外,检察机关要主动邀请法院系统量刑方面的业务专家进行"实战化"授课,就具体罪名量刑传授方式、方法和技巧,确保检察官精准量刑能力快速适应司法实践。

2. 公检法司四单位之间要权责明晰

一是明确将社会调查评估和速裁程序的提出前移至侦查阶段。将社会调查评估提前至侦查阶段,即犯罪嫌疑人在侦查阶段愿意认罪认罚的,公安机关认为符合认罪认罚适用条件的,一般应当委托犯罪嫌疑人居住地的县(区)司法行政机关进行调查评估。此外,对于可能判处3年有期徒刑以下刑罚的案件,案件事实清楚,证据确实、充分,犯罪嫌疑人认罪认罚并同意适用速裁程序的,则要求公安机关在侦查阶段引导犯罪嫌疑人适用速裁程序。二是设立专门的社会调查官来迅速有效地完成犯罪嫌疑人的社会调查评估工作。借鉴美国缓刑官和假释官的模式,在司法局设立专门的社会调查评估委员会,下设专门独立的社会调查官,依法对犯罪嫌疑人开展社会调查评估工

---

[1] [美]理查德·波斯纳:《证据法的经济分析》,徐昕、徐昀译,中国法制出版社2001年版,第167页。

作,从而确保社会调查评估报告在提起公诉前移交给检察官,使检察官能够对拘役、宣告缓刑的案件提出确定刑量型建议。三是不断提高当庭庭审的判决率。对于适用确定刑量刑建议的案件,法院要在当庭庭审时,加大当庭判决的力度。在庭审判决过程中,量刑建议有所调整时,检法两家及时进行合议,并与被告人一方进行协商,确保检察机关量刑建议的采纳率和审判机关的当庭判决率。

(三) 强化量刑建议书的说理性

1. 采取双向说理模式

探索建立、推行确定刑量刑建议的双向说理模式:一方面,检察官在量刑建议书中提出量刑建议时,既要向犯罪嫌疑人一方释法说理,又要在提起公诉时,向法官就如何提出该量刑建议作出说理。另一方面,法官在不采纳该量刑建议或调整该量刑建议的部分内容时,要向检察官说明不采纳的理由和依据,也要向被告人一方说明作出新量刑的理由和依据。

2. 对确定刑量刑建议的说理

一是检察官的说理内容。检察官主要从量刑的起点、基准点,法定、酌定量刑情节等方面进行阐明,并附上量刑的主要事实和依据。对主刑的量刑要精确到月或日,对附加刑中有罚金刑的要精确到具体数额,对适用缓刑的要精确到具体缓刑期限。对不采纳犯罪嫌疑人一方或被害人一方意见的,要着重说明不采纳的理由和依据。二是检察官调整量刑建议时的说理内容。在提起公诉阶段,如法官就该量刑建议提出调整时,检察官不同意的,要主动和法官进行协商,就量刑建议的提出情况向法官进行说明。如通过协商后,检察官就量刑建议在采纳法官建议后进行调整的,要说明调整的具体事由和依据。三是法官对不采纳确定刑量刑建议的说理。除具有法定事由不采纳量刑建议外，法官就经过协商后仍不同意量刑建议，作出不采纳决定的，要出具《不采纳量刑建议决定书》，并就不采纳的量刑建议作出说理，说理的内容应包括刑种、刑期、量刑情节、新的事实和证据等方面。

（四）做好确定刑量刑建议的简化和优化工作

1. 优化确定刑量刑建议的流程

一是明确提高公检法司等机关的诉讼效率。对于认罪认罚的案件，特别是轻罪案件一般应当集中移送审查起诉、提起公诉、开庭审理和宣判。二是明确公安机关快速移送社会调查评估报告。对已委托司法行政机关调查评估的案件，在侦查终结移送人民检察院审查起诉时，应当将调查评估意见或委托调查函附卷，一并移送人民检察院。三是明确人民检察院提供材料要全面。对决定适用认罪认罚的案件，应当在提交起诉书的同时出具量刑建议书，一并提供犯罪嫌疑人的具结书、调解或和解协议等材料。四是明确人民法院开庭审理要集中。在审理认罪认罚案件时，可以简要核实被告人的自然情况、前科情况、被采取强制措施情况，告知诉讼权利义务。集中开庭审理的，可以集中核实被告人情况，但应当逐案审查。

2. 简化合并相关法律性文书

一是探索对相关文书的合并、简化，努力实现"一纸告知""表格式审查"，使办案流程更加顺畅、办案节奏更加合理，提高工作质效。二是制定通用文书。区分速裁程序、简易程序、未成年人特别程序的适用文书，简化部分文书，一年以下速裁案件制作表格式审查报告，其他认罪认罚程序案件制作简化版审查报告，完善权利告知文书，创设程序转换文书。三是绘制不同程序办案流程图，实现办案人员看懂一张图就能实施整个流程，编写实务操作问答，制作认罪认罚从宽制度量刑建议精准化办案指导手册，从而规范案件办理。

3. 设计统一的量刑辅助智能系统

其一，量刑辅助智能系统要标准化。利用好检察机关内部的统一业务应用系统，在大数据的基础上，建构量刑辅助系统模型，对案件的数据进行分析，按照罪名、刑种、量刑情节等进行建模，依据最高人民法院、各地量刑指导意见，形成相对统一的标准。其二，要注重实用性。精准量刑建议要因地制宜、因时制宜，要把握不同时期不同地区的经济社会发展和治安形势的变化，对同一地区同一时期、案情相近或相似的案件，所判处的刑罚应当实现同案同判、类案类判、量刑均衡。

四、结论

对检察官、法官和适用确定刑量刑建议的当事人来说，认罪认罚从宽制度使控辩双方的对抗性在不断减弱，而合作性、协商性在不断加强，这说明，随着现代社会多元化、复杂性的不断加深，刑事司法系统为有效应对这种不确定性，对案件越来越趋于采用"对话形式"来加以处理。在寻求案件处理结果的确定性过程中，不断走向量刑建议精准化则是应付不确定的刑事司法实践的关键方向，而检察官在其中扮演着主要作用，这亦是当代检察官的主要使命担当。正如法学家阿图尔·考夫曼所言："我们现代世界的特征在于高度的社会复杂性……凡是因此种关系的复杂性与开放性而无法形成自己意见的人，是无法在这世界上阔步行走，他的行为多半只是局限在个人的范畴之内。人们如果想要合乎情况而有所行事，便无法避开'风险预付的问题'。"[1] 我们必须对未知、不确定和不保险的事情不断进行探索，使我们所能具有的理性，尽可能好地为安全和自由而制订计划。[2]

---

[1] [德] 阿图尔·考夫曼：《法律哲学》（第二版），刘幸义等译，法律出版社 2011 年版，第 327 页。

[2] [英] 卡尔·波普尔：《开放社会及其敌人》（第一卷），陆衡等译，中国社会科学出版社 1999 年版，第 393 页。

认罪认罚从宽制度中的利益博弈：从认罪的功能出发

陆而启　洪文海[**]

一、从审判资源配置到利益博弈

"以审判为中心"的诉讼制度改革，除审判前程序完善外，通过"简案快审"也可能有效促进"疑案精审"，实现审判资源的优化配置。2016年10月11日"两高三部"发布的《关于推进以审判为中心的刑事诉讼制度改革的意见》第21条要求，推进案件繁简分流，优化司法资源配置。2017年2月17日最高人民法院发布的《关于全面推进以审判为中心的刑事诉讼制度改革的实施意见》（以下简称《实施意见》）第32条要求，推进认罪认罚从宽制度改革。由此可知，当前的"认罪认罚从宽制度改革"在程序的简化上具有极大的包容性，当然，其中的"认罪""认罚"既可能是一种需要进行"自愿性和真实性"判断的证据，也可能是一种自主决策的事实基础。2016年11月11日"两高三部"印发的《关于在部分地区开展刑事案件认罪认

---

[*] 本文荣获"认罪认罚从宽制度理论与实务研究"征文活动三等奖。

[**] 陆而启，厦门大学法学院副教授；洪文海，福建省厦门市翔安区人民检察院副主任科员、二级检察官。

罚从宽制度试点工作的办法》（以下简称《办法》）第1条规定，"犯罪嫌疑人、被告人自愿如实供述自己的罪行，对指控的犯罪事实没有异议，同意量刑建议，签署具结书的，可以依法从宽处理"。2018年刑事诉讼法对认罪认罚从宽制度进行了法律层面的规定，其中第174条第1款规定，"犯罪嫌疑人自愿认罪，同意量刑建议和程序适用的，应当在辩护人或者值班律师在场的情况下签署认罪认罚具结书"。简单来看，这其中包含了一种协议（具结书）的性质和控辩交换的成分（认罪和从宽）。尽管在审判资源优化配置的前提下，认罪认罚从宽处理作为繁简分流的配套措施更侧重于其效率层面，但本文将从规范和现实层面分析，认罪认罚从宽处理分别在程序运行和实体处理上的控辩双方的利益博弈：权利减损—补偿，成本节约—后果激励，自主选择—情境理解等。

二、程序选择的认罪前提

作为"坦白从宽"刑事政策的具体化、制度化，"认罪认罚从宽制度"虽然在我国刑法和刑事诉讼法中已有较为充分的体现，但是，为了解决案多人少矛盾，合理优化司法资源，繁简分流，拓宽处理方式，以被追诉者认罪认罚为前提构建程序分流机制，在审前程序中应侧重于通过起诉便宜主义强化程序分流功能；在审判程序中则需依据案件轻重、难易程度不同，构建多元化的简易速裁程序。[1]

（一）实体认罪和程序选择的二元合意

美国耶鲁大学教授达玛什卡指出，在美国的某些州，检察

---

[1] 熊秋红：《认罪认罚从宽的理论审视与制度完善》，载《法学》2016年第10期。

官和被告人可以达成协议——仅仅根据预审笔录中所包含的证据而将案件提交审判；在刑事被告人的认罪表示或不拟答辩申明时，被告人被认定为放弃了进入审判阶段的权利；被告人还可以通过放弃接受陪审团审判的权利来影响法官审判和陪审团审判之间的选择。[1] 他还分析指出，相反，在能动型刑事检控制度中，"你是否有罪？"（"你是否认罪？"）的问题不过是向被告提出的要求他供认犯罪事实的邀请，至于他的供认是否可信，以及所供认的事实根据国家法律是否构成犯罪，则应当由法官而不是被告人自己来加以确定。即使被告人供认自己"有罪"，程序也必须继续进行下去——不过有可能会采取一种专门为事实发现较为容易的案件保留的不太严苛的形式。[2] 由此可见，在纠纷解决型或者政策实施型的不同国家，被告人的认罪可能会影响到证据调查方式和诉讼程序选择。

然而，在我国，认罪并不必然带来程序从简的自然结果，但是被告人对从简程序的选择以认罪甚至认罚为前提。由此可见，简化程序的适用至少要有实体认罪和程序选择上的二重合意。我国刑事诉讼法确立了"不得强迫自证其罪"的原则，但同法仍然要求"犯罪嫌疑人如实供述自己罪行"，尽管这附加了"从宽处理"利益因素。虽然口供孤证不立，但是获取口供从来就是取证活动的重要内容；2013年1月1日起施行的最高人民法院《关于适用〈中华人民共和国刑事诉讼法〉的解释》第106条规定，"根据被告人的供述、指认提取到了隐蔽性很强的物证、书证，且被告人的供述与其他证明犯罪事实发生的

---

[1] [美]达玛什卡：《司法和国家权力的多种面孔：比较视野中的法律程序》，郑戈译，中国政法大学出版社2015年版，第129页。

[2] [美]达玛什卡：《司法和国家权力的多种面孔：比较视野中的法律程序》，郑戈译，中国政法大学出版社2015年版，第123页。

证据相互印证,并排除串供、逼供、诱供等可能性的,可以认定被告人有罪"。由此可见,"认罪"所反映的事实往往成为定罪依据,口供获取的难易及其中反映的被告人的认罪态度又成为量刑根据。更主要的是,一方面,口供给侦查取证带来了便利,提供了必要线索;另一方面,合法真实、稳定一致的口供也能节省审查起诉和法庭调查的时间,由此发展出以认罪和自主选择二元合意为主导的多元的简易审理格局。

(二) 程序递简和权利减损的层级格局

学者魏晓娜简单回顾了我国多元化的刑事程序格局的形成和发展。她认为,我国刑事诉讼自 1996 年以后形成了"普通程序—简易程序"二级"递简"格局,在 2014 年启动速裁程序试点后,我国刑事诉讼已形成"普通程序—简易程序—速裁程序"三级"递简"格局,更是提出要以"审前分流""繁简分化"和"程序激励"三个关键词来完善认罪认罚从宽制度,着力实现三个方面的转变:第一,立法重心应从审判程序简化延伸至审前分流机制的构建,以实现对进入审判程序的案件总量的控制。第二,进一步分化审判程序,拉开各程序之间的繁简差距,提高程序针对性。第三,改进激励机制,除了量刑减让,还应构建与之并行不悖的程序激励机制。尤其是其中提出从简易程序中分化出可能判处 3 年有期徒刑以下刑罚的案件,另外设立协商程序,并对速裁程序彻底简易化,改造成原则上不开庭的快速处理程序,从而最终形成"普通程序—简易程序—协商程序—速裁程序"的四级"递简"格局。[1] 其实,这三个关键词焦点都集中于"从宽"的把握问题上,在审前的从

---

[1] 魏晓娜:《完善认罪认罚从宽制度:中国语境下的关键词展开》,载《法学研究》2016 年第 4 期。

宽有可能直接分流了案件，而在审判中的从宽则主要体现在量刑程序和量刑后果上。回归现实而言，认罪案件的确可能存在层级化的程序从简路径。

1. 以罪行轻重程度适用不同的程序

从当前的刑事司法实践和刑事案件速裁程序、认罪认罚从宽制度工作来看，对于认罪认罚案件根据罪行轻重程度分别适用：

（1）刑事速裁程序。根据2014年"两高两部"制定的《关于在部分地区开展刑事案件速裁程序试点工作的办法》第1条规定，其适用范围主要针对两类案件，一类是"对危险驾驶、交通肇事……犯罪情节较轻、依法可能判处一年以下有期徒刑、拘役、管制的案件"，另一类是"依法单处罚金的案件"。其具体的适用条件首先是"案件事实清楚、证据充分"；其次是就指控事实、适用法律、量刑建议、程序适用与检察机关形成"合意"。《办法》第16条、2018年《刑事诉讼法》第222条对速裁程序适用范围取消了罪名限制并且扩大至"基层人民法院管辖的可能判处三年有期徒刑以下刑罚的案件"。

（2）简易程序。2012年刑事诉讼法及2018年刑事诉讼法将简易程序的适用范围扩大至所有基层法院审理的第一审刑事案件，同时进一步明确了简易程序适用的条件，在"案件事实清楚、证据充分"之外，将"被告人承认自己所犯罪行，对指控的犯罪事实没有异议""被告人对适用简易程序没有异议"，也即实体事实和程序选择两个"合意"作为简易程序适用的前提。当然，简易程序的适用还需要人民检察院和人民法院两家同意才可适用。

（3）不起诉或者免予刑事处罚。如2013年4月2日发布的"两高"《关于办理盗窃刑事案件具体适用法律若干问题的解释》第 7 条规定,"盗窃公私财物数额较大,行为人认罪、悔罪,退赃、退赔,且具有下列情形之一,情节轻微的,可以不起诉或者免予刑事处罚;必要时,由有关部门予以行政处罚:(一)具有法定从宽处罚情节的;(二)没有参与分赃或者获赃较少且不是主犯的;(三)被害人谅解的;(四)其他情节轻微、危害不大的"。第 8 条规定,"偷拿家庭成员或者近亲属的财物,获得谅解的,一般可不认为是犯罪;追究刑事责任的,应当酌情从宽"。这个司法解释较之于所废止的《关于审理盗窃案件具体应用法律若干问题的解释》(法释〔1998〕4 号)第 6 条第 2 项的相关规定,以"不起诉或者免予刑事处罚"替代了"可不作为犯罪处理",维护了法院的统一定罪权,更主要的是,把"认罪、悔罪,退赃、退赔"上升为上述盗窃罪,达到"数额较大"而仍可以"不起诉或者免予刑事处罚"的必备项而不是一种可选项。

2. 不同程序的审限压缩程度

为了凸显效率价值,对这些从简程序的案件,一般要求"当庭宣判",并且根据罪行轻重不同,审理时限不同程度受到压缩。2018 年《刑事诉讼法》第 220 条规定,"适用简易程序审理案件,人民法院应当在受理后二十日以内审结;对可能判处的有期徒刑超过三年的,可以延长至一个半月"。《办法》第 16 条第 2 款则规定,"适用速裁程序审理案件,人民法院一般应当在十日内审结;对可能判处的有期徒刑超过一年的,可以延长至十五日"。可见,一般而言,可能判处有期徒刑 1 年以下的速裁案件审理时限为 10 日;超过 1 年徒刑但 3 年以下速裁案件的为 15 日;相应地,3 年徒刑以上的简易程序审理时限也会进一步压缩。

此外，除了认罪案件在审查起诉阶段根据2018年《刑事诉讼法》第177条第2款可以采取酌定不起诉之外，在侦查阶段撤销案件，在审查起诉阶段进行的法律规定外的裁量不起诉，以及在审判阶段法定刑以下量刑的情形应分别根据《办法》第9条、第13条第1款以及第22条的规定履行"层报－核准"的程序。

（三）"认罪"条件的特殊情形

英美法系认罪天然地带有一定的程序选择的处分效果，在我国则不然，认罪和程序选择是两道工序，体现了被指控人的自主性，也表现出了对被指控人的秉性的怀疑。2018年《刑事诉讼法》第174条除明确了"具结书"的形式化要求，还突出提到了事实合意和量刑合意作为该程序的两个实质条件。其中，量刑合意即"同意量刑建议"，也可以说是"认罚"的主要内容。当然，认罪本身就可能是认罚，认罪和认罚也存在相对分离的可能。

1. 认事（犯罪事实）而不认法（法律适用）

有一种情形，被指控人对犯罪事实没有异议，但是对罪名有异议。一般而言，罪名与处罚相关，根据"罪责刑相适应"的原则，认罪之后在特定的罪名之下就有相应的"量刑起点"和"基准刑"。因此，有学者指出，被指控人对犯罪事实没有异议，但是对罪名有异议，因为罪名与处罚相关，这样会因为被告人不认可罪名，所谓的《认罪认罚具结书》也就无从签署。但是，这就相应地要求在侦查、审查起诉过程中，侦查机关、检察机关应当告知犯罪嫌疑人享有的诉讼权利和认罪认罚可能导致的法律后果，人民法院审理认罪认罚案件，应当告知被告人享有的诉讼权利和认罪认罚可能导致的法律后果，应当保障犯罪嫌疑人、被告人获得有效法律帮助，听取犯罪嫌疑人及其辩护人或者值班律师的意见，也就是说，公安司法机关对被指控者"不认法"的问题，既可以主动向其释明法律规定和法律后果，还可以保障律师能够给其提供及时有效的帮助，最大限度地满足被指控者的合理利益，这也突出了权利告知和获得律师帮助的权利保障的意义。律师帮助有时不仅仅出于对抗的目的，也可能更有利于被指控人认清形势，而增强合作的自主意愿。值班律师正是对应于被指控人的权利减损和法律知识不足而作出的相应的弥补。需要注意的是，根据《办法》值班律师与指派律师虽然都是由法律援助机构安排，并且都是在没有辩护人时起补充作用，但是值班律师的适用范围更为普遍，场所和时间相对固定（在人民法院、看守所设立法律援助工作站），职责主要是提供法律咨询、程序选择、申请变更强制措施等法律帮助，以及值班律师（或者辩护人）在场见证签署具结书。

2. "认罪"而"不悔罪"

"自首"尤其是"走投无路"情形下的"自首"更突出的含义在于主动到案接受处罚，也不一定是主动"认罚"，甚至还存在被指控者认罪而不悔罪的情形，例如，他就"打人"认罪，但是认为被打之人该打，这就动摇了"从宽"的悔罪之心理基础。学者魏晓娜认为，根据2004年3月26日最高人民法院颁布的《关于被告人对行为性质的辩解是否影响自首成立问题的批复》所规定的"被告人对行为性质的辩解不影响自首的成立"，由此，"认罪"即使对法律适用存在异议的，也不影响认罪成立。因此，"认罚"在某些情形下还需要"承认犯罪事实"之外的特定行为表现。正如《办法》第7条规定，"办理认罪认罚案件，应当听取被害人及其代理人意见，并将犯罪嫌疑人、被告人是否与被害人达成和解协议或者赔偿被害人损失,取得被害人谅解,作为量刑的重要考虑因素"。另一个需要注意的问题是,惩罚是一个定罪量刑的后果问题,而所谓的"认罚"已经先于刑罚结果要求对刑罚结果的接受,这只是被指控人对惩罚处理表示认同和承诺的态度问题。因为将来的"处罚"本来就不明确,认罪认罚从宽程序适用的前提,被指控人第一步的态度是愿意接受犯罪带来的刑事处罚,第二步是认同检察机关的具有一定从宽幅度的量刑建议。注意这里的从宽幅度尽管是一个国家专门机关伸出的"橄榄枝",但是,其还是在法律法规的限度内。

三、定罪量刑的"认罪"证据

刑事诉讼中的认罪主导了程序选择,认罪要求如实供述自己的行为或者承认被指控的犯罪事实,对犯罪事实没有争议,所谓的从宽处理或者量刑问题骤然成为焦点。"认罪"以"如实供述自己的罪行"为内容,理应包括刑法中的"自首""坦白"等其他相关情形。[1] 一般而言,认罪的内容既包括对犯罪事实的承认,同时也对法律的适用没有异议;其中不同"认罪"方式主要存在主动、积极与被动、消极上的差别,由此可能带来从宽处理上的差异。对认罪、认罚和积极退赃退赔的被追诉人予以从宽处理,在理论逻辑上主要有两方面的根据:一是客观上,行为人通过事后行为,修补犯罪后果,降低了社会危害性。二是主观上,犯罪人事后的认罪、自愿接受处罚,或者积极退赃退赔的态度和行为,往往表明其已经认识到自己行

---

[1] 陈光中、马康:《认罪认罚从宽制度若干重要问题探讨》,载《法学》2016年第8期。

为的不法性,说明其尚存在法规范意识,并有配合司法机关的意愿。这表明行为人已有悔罪表现,人身危险性不大、再犯可能性较小,不再有通过严厉刑罚实现矫正效果之必要。[1]

我国从《人民法院量刑指导意见(试行)》到 2014 年施行的最高人民法院《关于常见犯罪的量刑指导意见》[2],再到 2017 年 5 月 1 日起试行的最高人民法院《关于常见犯罪的量刑指导意见(二)(试行)》,对量刑规范化进行了持续的探索,其中有关"从宽"幅度的细化规定对我国的认罪认罚从宽制度试点进行了铺垫。2016 年 11 月 28 日,最高人民检察院副检察长孙谦在江苏省南京市召开的"检察机关刑事案件认罪认罚从宽试点工作部署会议"上讲话指出,"从宽情节的把握可以依照刑法、刑诉法和有关司法解释关于自首、坦白、自愿认罪、真诚悔罪、取得谅解、达成和解等法定、酌定从宽情节的规定,依法决定是否从宽、怎么从宽、从宽的幅度。对于减轻、免除处罚,必须于法有据,不具备法定减轻处罚情节的,应当在法定刑幅度以内提出从轻处罚的量刑建议,对其中犯罪情节轻微不需要判处刑罚的,可以依法作出不起诉决定"。

(一)认罪让步与"从宽"激励

"认罪",这是对过去的犯罪事实的承认;"认罚",这只是把自己交付起诉、审判,以及一种对即将到来的惩罚的服从姿态,而到底如何"从宽"在专门机关作出决定和判决之前都只是一种尚未确定的意向。由此可见,认罪认罚的最终谜底就是处理或者量刑的"从宽"问题。从 2018 年刑事诉讼法对认罪认罚的规定可知,程序法中的认罪、认罚与从宽之间是逐步

---

[1] 魏晓娜:《完善认罪认罚从宽制度:中国语境下的关键词展开》,载《法学研究》2016 年第 4 期。

[2] 已于 2017 年 3 月 9 日修改,2017 年 4 月 1 日起施行,法发〔2017〕7 号。

递进的关系，犯罪嫌疑人、被告人认罪、认罚之后一般会达到诉讼程序的尽快终止这一程序意义上的从宽效果，但实际结果而言不一定能真正起到减轻刑罚的效果。[1]

认罪认罚从宽制度中的"从宽"不仅包括实体处理上的从宽，也包括程序适用上的从宽。学者魏晓娜分析认为，认罪认罚从宽与公诉案件当事人和解有重叠，但旨趣不同，前者旨在以从宽为条件，鼓励犯罪嫌疑人、被告人与公权力机关合作；后者旨在促进犯罪嫌疑人、被告人与被害人和解，进而在一定程度上影响刑事案件的处理。[2] 这也正与学者陈瑞华曾经总结的两种刑事诉讼合作模式相对应，前者属于国家检察机关与被告人经过协商而进行的诉讼合作，具有"协商性公力合作"的特征；后者属于被害人与被告人经过协商达成和解协议，属于一种"私力合作模式"。[3] 笔者认为，关键点恰恰不在于公力合作和私力合作的方式差异，而在于这两者都转化为了某种量刑情节，而具有从宽的效果。其实，前者属于认罪从宽，更多的时候是现有犯罪嫌疑人、被告人的认罪，而国家给予被告人的一种"从宽"承诺；后者更多的应该归为认罚从宽，虽然可能表现为接受刑罚处罚或者检察机关的量刑建议，但更侧重于犯罪嫌疑人、被告人积极赔偿、退赃退赔承担民事上的责任和惩罚后果，而体现了悔罪态度以及可能赢得被害人的谅解，进而产生"从宽"处理效果。

"认罪"的从宽效果首先表现为刑法中的"自首""坦白"

---

[1] 孔令勇：《论刑事诉讼中的认罪认罚从宽制度——一种针对内在逻辑与完善进路的探讨》，载《安徽大学学报（哲学社会科学版）》2016年第2期。

[2] 魏晓娜：《完善认罪认罚从宽制度：中国语境下的关键词展开》，载《法学研究》2016年第4期。

[3] 陈瑞华：《司法过程中的对抗与合作——一种新的刑事诉讼模式理论》，载《法学研究》2007年第3期。

等量刑情节、证据形态或者其他相关情形。正如日本学者城下裕二对日本刑事司法的观察，在接受公开审判的被告人中，90%以上对全部的公诉事实进行了坦白，极高的有罪判决率下特定的量刑结果更为被告人所关注，2005年普通一审案件中认罪案件的比例占91.5%，无罪率0.08%，2005年控诉审理中"量刑不当"为最多的控诉理由，其中被告人提出的为71.5%，检察官提出的为62.8%。[1] 由此可见，即使认定了自首和坦白，如何从宽以及从宽到何种程度仍然是一个被控告人的未名期许或者依赖于司法裁判者的自由裁量。

在中国刑事诉讼法学研究会2016年年会上，陈光中先生认为，实体从宽是指在依法正常定罪量刑的标准下免予追究刑事责任或者从轻、减轻处罚；程序从宽主要体现在采取较轻的强制措施方面。[2] 或者说，正是因为实体上从宽和程序上从宽一直建立在高质量的案件事实查明上，防止了同案异判、权钱交易、以宽压服，或者避免诱发疑罪从轻、强迫自证其罪等有违刑事诉讼基本原则的现象，因此程序上从简并无太大的实质意义（并且也不是我国刑事审判的突出问题，所谓的"案多人少"恰恰是因为法官的庭后作业，对每一案件都要撰写判决书而重新反复阅卷、摘记笔录之类活动引起的），并不是因为开庭本身引起的。由此，认罪认罚案件更突出的是实体从宽标准和程序从宽标准这两个问题。实体从宽主要体现为在审判阶段对具体刑罚裁量上。程序从宽主要体现在审判之前选择较轻的强制措施种类和期限，或者作出撤诉以及不起诉等程序分流方面。

---

[1] [日]城下裕二：《量刑理论的现代课题》（增补版），黎其武、赵珊珊译，法律出版社2016年版，第1~2页及注释。

[2] 刘金林：《认罪认罚从宽制度仍应坚持常规证明标准》，载《检察日报》2016年8月25日，第3版。

（二）认罪情境与量刑梯度

这些认罪从宽的法定性首先是体现在相关法律规定的应当/可以"从轻""减轻""免除"处罚之中。学者熊秋红梳理了量刑阶段中认罪认罚从宽制度的相关内容，主要体现在刑法总则以及刑法分则中。[1] 这里笔者只讨论与"认罪"有关的自首、坦白以及当庭认罪等量刑情节。刑法所规定的法定情节仍然要由司法裁决者通过自由裁量来弥补立法规定的不明确之处。为了防止同案不同判或者司法自由裁量权的滥用，司法机关对量刑规范化进行了有益的探索。在 2010 年试行的基础上，2014 年最高人民法院《关于常见犯罪的量刑指导意见》对自首、坦白、当庭自愿认罪规定了不同的量刑层级。

1. 法定情节细则化

我国刑法总则中关于自首、坦白等量刑情节规定体现了"认罪"内容。

（1）在自首方面，《刑法》第 67 条规定的一般自首是指犯罪后主动投案并将自身的罪行进行陈述；特别自首（亦称"准自首""余罪自首"）则指被采取强制措施的犯罪嫌疑人、被告人和正在服刑的罪犯如实供述司法机关还未掌握的本人其他罪行。《刑法》第 67 条第 1 款后段规定，对于自首的犯罪分子，可以从轻或者减轻处罚，其中，犯罪较轻的，可以免除处罚。2017 年修订的最高人民法院《关于常见犯罪的量刑指导意见》（以下简称《量刑指导意见》）第三部分"常见量刑情节的适用"第 4 条对此作了细化规定，"对于自首情节，综合考虑自首的动机、时间、方式、罪行轻重、如实供述罪行的程度以及悔罪表现等情况，可以减少基准刑的 40% 以下；犯罪较轻

---

[1] 熊秋红：《认罪认罚从宽的理论审视与制度完善》，载《法学》2016 年第 10 期。

的，可以减少基准刑的40%以上或者依法免除处罚。恶意利用自首规避法律制裁等不足以从宽处罚的除外"。

（2）在坦白方面，2011年通过的《刑法修正案（八）》在《刑法》第67条中增加第3款，规定"犯罪嫌疑人虽不具有前两款规定的自首情节，但是如实供述自己罪行的，可以从轻处罚；因其如实供述自己罪行，避免特别严重后果发生的，可以减轻处罚"。该条的主体仅仅被限定为"犯罪嫌疑人"，对坦白的犯罪嫌疑人并非一律从轻、减轻处罚，主要是让坦白与自首之间有所区别，形成一定的梯度。[1]《量刑指导意见》第三部分"常见量刑情节的适用"第5条规定，"对于坦白情节，综合考虑如实供述罪行的阶段、程度、罪行轻重以及悔罪程度等情况，确定从宽的幅度。（1）如实供述自己罪行的，可以减少基准刑的20%以下；（2）如实供述司法机关尚未掌握的同种较重罪行的，可以减少基准刑的10%～30%；（3）因如实供述自己罪行，避免特别严重后果发生的，可以减少基准刑的30%～50%"。

2. 酌定情节规范化

在当庭认罪方面，由于进入审判阶段在法庭上被告人才如实坦白，虽然能增加审判者的内心确信，也或许对程序简化有一些好处，但是这并没有作为法定量刑情节。《量刑指导意见》（以及先前的2010年《人民法院量刑指导意见（试行）》）第三部分第6条规定，"对于当庭自愿认罪的，根据犯罪的性质、罪行的轻重、认罪程度以及悔罪表现等情况，可以减少基准刑的10%以下。依法认定自首、坦白的除外"。这种"从宽"效

---

[1] 黄太云：《刑事立法的理解与适用——刑事立法背景、立法原意深度解读》，中国人民公安大学出版社2014年版，第169～170页。

果主要是因为认罪的被告人放弃了沉默权、反对自我归罪权、质证询问权、无罪辩护权等诸多权利,从而使庭审程序简化,节约了司法资源,提高了司法效率;并且认罪的被告人主观恶性和人身危险性小。[1]

《办法》第 7 条突出加害人"赔偿"或"赔礼"与被害人同意并谅解互动因素之刑事和解作为"从宽"量刑的重要考虑因素。这种民事认罚的实体从宽效果在《量刑指导意见》得到进一步具体化和规范化。《量刑指导意见》第三部分第 9 条、第 10 条对达成刑事和解协议的、积极赔偿被害人经济损失并取得谅解的、退赔退赃但未取得谅解的、未赔偿单取得谅解的等情形,分别规定了 50%、40%、30%、20% 等分层级的量刑折扣。

综上可见,在我国基于不同的认罪情况而有不同的量刑折扣的梯度,如果不考虑有关立功的相关规定,认罪从宽的优惠体现出如下顺序:自首 > 坦白 > 当庭自愿认罪。犯罪嫌疑人、被告人认罪认罚的早晚成为影响量刑折扣高低的重要因素。学者熊秋红指出,犯罪后的态度、认罪的早晚虽然并不必然反映其悔罪的程度以及再犯罪可能性的高低,但更主要的是,被指控者越早认罪,越有利于公安司法机关处理案件,越有利于节省司法资源,减轻公安司法机关负担,需要基于刑事政策给予其相应的奖励。[2]

---

[1] 熊选国:《〈人民法院量刑指导意见〉和"两高三部"〈关于规范量刑程序若干问题的意见〉理解与适用》,法律出版社 2010 年版,第 153 页。《人民法院量刑指导意见(试行)》于 2015 年 1 月 19 日已经被最高人民法院《关于实施量刑规范化工作的通知》代替。

[2] 熊秋红:《认罪认罚从宽的理论审视与制度完善》,载《法学》2016 年第 10 期。

四、"认罪"证据的审查运用

目前中央政法部门以及学者的主流声音认为认罪认罚案件的证明标准并不降低。如学者陈卫东教授所言,"我们推行的认罪认罚必须在案件事实清楚,证据确实、充分的条件下进行,不允许司法机关借认罪认罚之名,让犯罪嫌疑人、被告人承受事实不清、证据不足情形下的罪与罚,依此减轻或降低检察机关的证明责任"。[1] 更进一步而言,前述"案件事实清楚、证据充分"[2] 是认罪认罚从宽处理制度的前提条件,而不是经过法庭调查程序后的水落石出。与英美法系控辩协商可能把口头程序转化为书面程序[3](transmissio actorum)一样,我国一直有着笔录确认程序的传统,可以说,与庭审实质化所追求的举证、质证和认证以及裁判结果形成在法庭的情形相对,在刑事诉讼法已经恢复了卷宗移送制度的整体大背景下,认罪认罚当然不排斥一种书面的确认程序,甚至被告人的认罪认罚都被转化为有辩护人/值班律师在场见证的"认罪认罚具结书"。基于孤证不立、口供补强规则,被告人的认罪并不是认定有罪的唯一证据,由此,认罪必然存在一定的事实基础,而认罪的自愿性、真实性将成为证明程序审查的重心。

---

[1] 陈卫东:《认罪认罚从宽制度研究》,载《中国法学》2016 年第 2 期。
[2] 注意这里的表述与刑事诉讼法对侦查终结、提起公诉和作出有罪判决均要求"案件事实清楚,证据确实、充分"的标准存在差异,笔者揣测可能"确实"是法院查证属实的职责要求,而在认罪认罚从宽处理程序的选择上放宽了要求。
[3] 该词的出处参见〔美〕达玛什卡:《司法和国家权力的多种面孔:比较视野中的法律程序》,郑戈译,中国政法大学出版社 2015 年版,第 129 页。

（一）认罪生成的程序正当性

2018 年《刑事诉讼法》第 120 条、第 173 条规定在侦查过程、审查起诉过程中，公安机关、人民检察院要进行诉讼权利与法律后果的告知，以及向犯罪嫌疑人及其辩护人或者值班律师听取意见。这都一定程度上突出了"讯问"活动的程序正当性。正如前述对律师帮助权的保障，在某种程度上更有利于促成认罪，《办法》第 8 条第 2 款规定，"犯罪嫌疑人向看守所工作人员或辩护人、值班律师表示愿意认罪认罚的，有关人员应当及时书面告知办案单位"，这为认罪提供了一个意见转达的渠道。"签署具结书"的辩护人或者值班律师在场制度也是一种程序正当性需要。认罪认罚从宽处理程序的最大特点往往是"口说无凭"，还要白纸黑字地"记录在案并附卷""签署具结书"以及"起诉意见中写明认罪认罚情况""在起诉书中写明认罪认罚情况"。笔者认为，这种认罪认罚的意见从侦查机关到检察机关再到审判机关的书面累积性的传递，一方面可能含有在正当程序下的固定证据的作用；另一方面却可能又因为这种固定证据而使被指控人的翻供无力，积重难返。

这里要注意的是，尽管"认罪"孤证不立，但是很显然降低了证明的难度，减少了对其他证据的收集。在以认罪口供作为线索而收集到其他的证据时，口供发挥了其边际效应。但是，认罪口供本身还可能作为定罪的重要一环，常常会使侦查人员过于关注口供而忽视其他证据的收集和口供补强，一旦被指控人反悔而推翻口供，可能会造成证据链缺失而时过境迁难以弥补。例如，发生强奸案，犯罪嫌疑人到案认罪后，如果侦查机关过于轻信而忽视收集的受伤痕迹、体液等物证，一旦现场遭到破坏，就再难收集到原先的证据。这种问题不仅仅存在于我国认罪认罚案件之中。

(二) 认罪证据的自愿、真实和合法性审查

正是基于认罪案件的"书面审"特点,在审判之中简化甚至不进行法庭调查和法庭辩论,由此产生了一个审查重心从法庭调查和法庭辩论转向了对认罪和量刑建议的审查。2018年《刑事诉讼法》第190条第2款规定,"被告人认罪认罚的,审判长应当告知被告人享有的诉讼权利和认罪认罚的法律规定,审查认罪认罚的自愿性和认罪认罚具结书内容的真实性、合法性"。有美国学者将口供区分为两种主要情境。一种情境就是被告人在法庭上作出的口供。这种类型的口供,一般是被作为普通的言词证据处理的。法官或陪审团听取这些口供,就如同听取其他证人的陈述一样。另一种是在审判前作出的口供,通常是向警察作出的,并随后被撤回,司法制度在口供和陪审团之间设置了许多障碍物。并且,在口供能够到达陪审团之前,它必须通过自愿(voluntariness)、合法性(legality)和补强性(corroboration)的三重检验。[1] 由此可见,审判前的认罪和审判之中的认罪在前后一致的情况下,尽管可能存在主动"冒名顶替"而有违真实性的情形,但是,基于一定的"量刑优惠"的认罪服法在真实性上也往往不存疑问,因而可以成为定罪的根据,定案并不是只有认罪供述,还要有其他证据的补强。

但是,不排除存在认罪的犯罪嫌疑人、被告人又翻供或者反悔的情形。对此,有学者建议参照美国联邦证据规则规定,有关被告人在与检察官进行辩诉交易中答辩不予争执,或答辩有罪后又予撤回,这些答辩的证据不能被用来证明被告人有被诉的犯罪行为,更不能以之追究被告人的刑事责任。同时,也

---

[1] Larry Laudan. Truth, Error, and Criminal Law – An Essay in Legal Epistemology. Cambridge University Press, 2006, p. 172 – 173.

不能用来显示偏见，或将它用作证明被诉刑事犯罪以外的用途。[1] 然而，由于我国不存在"沉默权"规则，并不会在认罪认罚从宽处理案件中对认罪后的反悔而单独创设一种先前"认罪"不得作为定案根据的"新制度"；除了非法证据排除情形，先前认罪还是可能在后续程序之中经过合法性、合理性的审查之后而作为控诉方的定罪证据使用。从程序而言，2018年《刑事诉讼法》第226条明确了以下情形，应当转为普通程序审理：（1）被告人的行为不构成犯罪或者不应当被追究刑事责任；（2）被告人违背意愿认罪认罚的；（3）被告人否认指控的犯罪事实等。在程序转换的同时，检察官就顺理成章地可以提出撤回"量刑"上的"从宽"优惠的建议。

此外，还可能发生这样一种比较特殊的情形，被告人认罪判刑后提出无罪的上诉意见，充分利用上诉不加刑的机会，这样被告人一方面在量刑上得到了实惠，另一方面又对认罪作出了反悔。当然，这里可能有被告人想先获得缓刑或者通过拖延而在看守所服完短期刑等各种现实利益的考虑。对此，有些地方的检察机关及时提起抗诉，从而打破"上诉不加刑"的魔咒，找机会夺回所提供的量刑优惠。

五、"认罪"的动机

认罪认罚从宽处理制度在我国某种程度上是解决案多人少的司法资源短缺问题，而以提高诉讼效率为价值追求的制度探

---

[1] 陈界融：《〈美国联邦证据规则（2004）〉译析》，中国人民大学出版社2005年版，第37页。

索。认罪认罚从宽处理制度是在常常以不认罪为前提的正规审判程序之外的，一个根据罪行轻重而分别采用的多层级的简化审理程序，以及可能的撤销案件或者不起诉制度。当然，在我国由被指控人直面检察官而形成实体认罪和程序选择的双重合意，甚至再加上处罚方式和处罚幅度上的合意，双方以各自的优势作为协议的对价，而作出一定的让步或者弥补自己的劣势。一般而言，犯罪的被指控者掌握着案件的事实信息，并且可能掌握着自身所在的犯罪组织中的一些内幕消息，而国家掌握着依法惩罚犯罪的权力，因此，被指控者以认罪为代价来换取国家专门机关对案件的快速、宽缓处理，尤其突出体现在获得一定的量刑折扣。由于被指控者的认罪，一定程度上弥补了检察机关追诉证据的薄弱环节，通过给予一个相对明确的打折的量刑上的建议而避免败诉风险。国家在追求效率的简化程序之中可能会在被告人无罪推定、对质辩论等权利上进行压缩，反过来要强化辩护人或者值班律师的帮助，从而增强被指控者的自主决策的能力。被指控者为了一定程度量刑优惠的激励，也可能会使被害人及早获得赔偿或者精神尽快得到抚慰。

认罪认罚从宽制度在一定程度上将作为追诉机关的检察机关降格为一方当事人的意味，好像那种国家的利益与个人进行交换，但是，这是一种实用主义的考量，也对国家提出了要求信守契约的要求，更主要的是通过被指控者的自我选择和自愿认罪而体现了程序参与性的要求。当然，在这场"相互让步的交易"之中，也可能存在反悔或者反复的情形，这就要求重新回归到正当程序的途径。

认罪认罚从宽制度中实体争议问题研究[*]

杜笑倩[**]

认罪认罚从宽制度改革从试点到正式确立以来，一方面与繁简分流的诉讼制度体系建设密切相关。另一方面其最核心的规定体现在新修改的刑事诉讼法中。因此，程序领域对认罪认罚从宽制度的讨论无疑是较为深入细致的。但是，笔者认为，仍有必要将相关程序与实体问题进行剥离，这对制度的长期运行有益。

在同一认罪认罚从宽制度实施背景下，刑事实体法学者和刑事程序法学者关注的侧重点有所不同。与刑事程序法学者更关注制度运行和主体关系不同，刑事实体法学者更关心法律解释和实际效果。具体而言：法律解释问题既涉及立法上下一步刑事法如何与刑事诉讼法相衔接，又涉及具体的法律解释问题（比如围绕余金平案展开的缓刑和实刑轻重比较问题）；实际效果则主要围绕犯罪嫌疑人、被告人适用认罪认罚从宽制度是否获得足够的实体优待进行考察，即周光权教授所称"用户体验"，实际上也就是研究合理的量刑从宽幅度。加强认罪认罚从宽制度中的刑事实体法研究，从认罪认罚从宽的依据，认罪认罚与自首、坦白的关系，认罪认罚的成立条件，认罪认罚的

---

[*] 本文荣获"认罪认罚从宽制度理论与实务研究"征文活动三等奖。
[**] 杜笑倩，四川大学法学院博士研究生，四川大学法学院刑事案件研究中心研究人员。

从宽幅度等方面进行整合，划清各个概念之间的界限，才能够为程序的运行调整提供相对平稳的刑事法理论支持。

一、认罪认罚从宽的依据

（一）刑事法律依据与刑事政策依据

在我国现行刑法条文和法律政策中，认罪认罚与自首（包括一般自首、准自首、特别自首）、坦白存在相同的从宽依据。

一是刑事法律依据。目前，认罪认罚从宽制度的总则性规定直接体现在刑事程序法上。《刑事诉讼法》第15条规定："犯罪嫌疑人、被告人自愿如实供述自己的罪行，承认指控的犯罪事实，愿意接受处罚的，可以依法从宽处理。"[1] 虽然，在刑事立法上对于认罪认罚从宽制度的衔接工作尚未完成，但是在我国刑法中，"认罪"历来是司法过程中可以考虑的酌定从宽情节。多数学者认为可根据"如实供述"这一特征，将《刑法》总则第67条关于自首、坦白的规定作为衔接认罪认罚从宽制度的关键条款。另外，《刑法》分则中的一些罪名也有认罪、悔罪、积极赔偿等可以减轻或免除处罚的"特别自首"情节，比如第164条对非国家工作人员行贿罪、第276条之一拒不支付劳动报酬罪、第383条贪污罪、第390条行贿罪、第392条介绍贿赂罪的处罚规定。但是，这种仅针对个别罪名的

---

[1]《刑事诉讼法》涉及认罪认罚从宽制度的相关条文还包括第81条（逮捕的必要性审查）、第120条（侦查阶段认罪认罚的告知）、第172条（审查起诉的时限）、第173条（审查起诉阶段认罪认罚的告知）、第174条（认罪认罚具结书的签署）、第176条（案卷及证据材料的移送）、第190条（审判阶段认罪认罚的告知和审查）、第201条（量刑建议的采纳）、第222条（适用速裁程序）、第226条（重新审理）等，但是这些条款基本上只涉及程序性规定，不是在实体上讨论认罪认罚从宽制度。

"特别自首"从宽一直以来备受质疑,学者们认为这种立法上的"不公平"有违适用刑法人人平等的原则。"两高三部"《关于适用认罪认罚从宽制度的指导意见》已经明确规定了认罪认罚从宽制度适用于所有刑事案件,没有适用罪名和可能判处刑罚的限定。从这个意义上讲,既然认罪认罚从宽适用于所有刑事案件,它就应该作为量刑的一般原则在刑法中明确规定,因此下一步应该将《刑法》第61条量刑的一般原则与认罪认罚从宽制度相衔接。

二是刑事政策依据。宽严相济是认罪认罚从宽的主要刑事政策依据,认罪认罚从宽制度作为宽严相济的刑事政策的制度化,在实体上表现为从宽处理。学者认为宽严相济的刑事政策最大的进步和特点就在于对宽缓政策的侧重。[1] 2010年最高人民法院《关于贯彻宽严相济刑事政策的若干意见》第16条、第17条,专门对有悔罪表现和自首的从宽作了规定,"两高三部"《关于适用认罪认罚从宽制度的指导意见》开宗明义,在基本原则上,认罪认罚从宽制度首先体现的就是"贯彻宽严相济刑事政策"。在认罪认罚案件中尤其强调"对因民间矛盾引发的犯罪,犯罪嫌疑人、被告人自愿认罪、真诚悔罪并取得谅解、达成和解、尚未严重影响人民群众安全感的,要积极适用认罪认罚从宽制度,特别是对其中社会危害不大的初犯、偶犯、过失犯、未成年犯,一般应当体现从宽",这充分体现了认罪认罚从宽适用的普遍性,制度设计的目的就是给予被告人更多实体上的优待,从而体现出宽严相济的刑事政策对宽缓的侧重。

---

[1] 魏东:《刑事政策学》,四川大学出版社2011年版,第271页。

（二）刑法理论依据

根据孙长永教授的考察，量刑从宽的正当依据主要有五种学说："节约资源说""人身危险性降低说""节约资源且人身危险性降低说""权利放弃对价说"和"预防+修复+宽恕说"。[1] 笔者认为以上观点基本都是从功利角度出发的，而在价值分析的角度，认罪认罚从宽的依据既有与坦白、自首共同的价值考量，也有独立的刑法理论依据。

首先，共同的理论依据包括：

第一，认罪认罚从宽制度体现刑法适用平等的原则，具体而言体现的是量刑上的平等。如前述，当前我国刑法对于一些贪污贿赂犯罪存在"特别自首"规定，但是从法理上又没有充分的理由解释为什么不对其他犯罪也实行更优待的认罪从宽，既然从司法实践的角度，贪污贿赂犯罪中的"特殊优惠"确实起到了更好的犯罪惩治和预防效果，也节省了司法资源，那么将认罪认罚从宽制度作为一种量刑上从宽的总则性规定，能进一步发挥其在所有类型的案件中惩治预防犯罪的实际效果。因此，认罪认罚从宽制度实际上解决了此前量刑情节适用上的不平等问题。

第二，认罪认罚从宽制度体现刑罚适度原则。现代刑罚理论要求刑罚适度，这是刑法谦抑性在刑罚理论中的体现。传统刑罚理论中报应刑论和目的刑论经历了由对立走向和解的过程，报应刑作为定罪处罚的基础。并合主义实际上更强调预防刑的调节作用。尤其是从目的刑论的角度来看，既然犯罪嫌疑人和被告人有了认罪悔罪的行为和表现，此时对预防刑尤其是

---

[1] 孙长永：《认罪认罚案件"量刑从宽"若干问题探讨》，载《法律适用》2019年第13期。

特殊预防刑的考量，会对犯罪嫌疑人和被告人的教育改造产生积极影响。相反，如果不予考量或者说对于认罪悔罪程度不加区分、不进行个别化的考量，就会对犯罪嫌疑人和被告人的认罪和悔改产生消极作用。[1] 有学者甚至明确提出应该在量刑情节上"多确认从宽情节，少确认从重情节"[2]。18世纪以后，西方刑法学家诸如贝卡利亚等倡导的轻刑主义已经逐渐被越来越多的国家接受，虽然不像废除死刑一样具有争议性，但是受中国传统法律思想的影响，在实践中过度依赖刑罚的使用仍然是比较突出的问题。现在我们在程序法上借鉴协商型的司法模式，实行认罪认罚从宽制度，就需要在实体上贯彻刑罚适度的理念，重视刑罚的教育甚至是修复治愈的目的。

第三，认罪认罚从宽体现刑罚的个别化原则。日本刑法学者认为，刑罚个别化的实现贯穿法定刑、处断刑、宣告刑等各个阶段，量刑情节是刑罚个别化的唯一根据，各种量刑情节繁多，按照量刑情节所处的时间可以分为犯前情况、犯中情况、犯后行为，按照影响量刑的程度由重到轻依次包含构成犯罪的事实、与犯罪事实密切相关的情况、相关的其他情况。[3] 前田雅英教授认为："（量刑时）报应与预防两方面都要考虑到。再者，也不能无视被告人在行为后是否反省、反省的程度，以及被害人的意向。"认罪认罚从宽就是对此前经常被忽视的犯后

---

[1] 马克昌：《刑罚通论》，武汉大学出版社2011年版，第27~78页、第247~264页、第326~400页。

[2] "纯粹减轻预防需要的情节，虽然完全不对犯罪的害恶性产生减轻影响，但如果其存在时犯罪人具有可宽恕、可奖赏性条件，那么以其作为从宽配刑的法定情节，对于社会是一种节俭用刑的表现，符合刑罚的适度性规定；对于个人，是一种因符合报应与功利相冲突的有利让步律，符合等价性的修正规定与适度性的同一性。"参见邱兴隆：《刑罚理性导论——刑罚的正当性原论》，中国检察出版社2018年版，第293页。

[3] [日]前田雅英：《刑法总论讲义》（第6版），北京大学出版社2017年版，第366页。

行为和其他情况进行的规定，排除罗列量刑情节进行机械式加减的做法。在刑罚个别化的原则下，如何体现案件之间的动态平衡是今后法官量刑的重点和难点，也是在根本上摆脱与检察官量刑建议冲突的方法。

第四，认罪认罚从宽符合有利于被告人的原则。[1] 至于为什么要有利于被告人，通说的观点是从人权的保障和国家权力的限制来讨论的。关于程序上"存疑有利被告人"的讨论已经非常多，但是在实体上有利于被告人有着不同的价值。在程序的角度，有利于被告人的原则是一个价值取向的问题，而不是一个事实真相的问题。因为查明过去的事实真相总是需要透过证据间接来进行推理、审查和判断的，事实真相的情节是无法百分之百重现的。但是在实体的角度，认罪认罚的情节具有不可替代的真实性。犯罪嫌疑人、被告人认罪认罚切切实实发生在侦查人员、检察官和法官的眼前，从这个角度上讲，这种正在发生的量刑情节比其他情节都具有可奖赏性（或者说从宽的必要性）。

其次，认罪认罚从宽有其独立的价值考量。一直以来刑罚论上都存在"认罪从宽"的依据，但是在认罪的基础上"认罚"也能从宽在传统刑罚论中却暂时寻找不到合适的解释，如果从国家主义服从的角度来讲又似乎不太符合近代以来限制权利的政治哲学传统。德国学者介绍的新兴刑罚论中提供了理解该问题的有益视角：关于报应和预防的两组传统刑罚理论，越来越难以满足人们对于刑罚目的解释的需要，"现在还剩下这样一组理论，它们反对旧报应刑论的痛苦崇拜思想，也同样对

---

[1] 邱兴隆：《刑罚理性泛论——刑罚的正当性展开》，中国检察出版社2018年版，第57~71页。

责任（这里指的是有责之不法意义上的责任）抵偿的形而上学持怀疑态度。对这组理论来说，刑罚是一种存在于人世间的必要性，是一种在国家共同体中不可抛弃的制度。这里所说的必要性，并不是指保护共同体将来不受犯罪人侵害的必要性，也不是指威慑潜在的行为人、防止其受现实行为人所实施之犯罪的诱导而在将来步其后尘的必要性。此处的必要性所涉及的是法以及遭到行为人违反的举动规范本身。刑罚的必要性在于它对于保障法的某一特定状态不受损害来说是必不可少的，这种状态就是法的效力和不可动摇性"。[1] 新的理论肯定了对于秩序的否定之再否定的价值（当然这种理论的萌芽早在宾丁、费尔巴哈时代就已被提及，其表述方式相近，但是核心价值却发生了较大的变化），这种否定已经与威慑力无关，而是将法律制度的维持看作价值本身。从这个角度上讲，认罚的意义就在于它表现出对秩序的臣服和回归，这也成为从宽的依据。

二、认罪认罚与坦白、自首的关系

认罪认罚与坦白、自首总体上存在何种关系？学界目前主要是在"认罪"范畴内讨论三者关系，有学者认为自首和坦白在是认罪认罚的"如实供述"中包含的特殊情况；[2] 有学者则认为认罪认罚中的"认罪"与自首、坦白中的"认罪"有

---

[1] [德]沃尔夫冈·弗里施：《变迁中的刑罚、犯罪与犯罪论体系》，载《法学评论》2016年第4期。

[2] 谭世贵：《实体法与程序法双重视角下的认罪认罚从宽制度研究》，载《法学杂志》2016年第8期。

着细微的差别，不是单纯的包含与被包含关系。[1] 而在"认罪认罚"整体的范畴内讨论三者关系就会涉及认罚能否直接与自首、坦白在量刑上相衔接的问题，对此樊崇义教授和周光权教授都认为应当在认定自首、坦白的基础上，对于进一步认罚的犯罪嫌疑人、被告人适用认罪认罚从宽制度，争取更大的量刑优惠。

笔者认为，认罪认罚与坦白、自首的关系问题在当前的学术讨论中是不尽完善的，其研究价值也未得到足够的重视。作为法定从宽情形，认罪认罚和坦白、自首之间的关系决定了认罪认罚从宽的适用情形和三者不重复适用时如何体现量刑个别化的问题，因此应该将三者的关系论作为讨论认罪认罚的成立和从宽幅度的前提。当前最突出的问题在于对认罪认罚、自首和坦白的关系认识仅仅停留在实质要件的、静态的、宏观的层面，即仅仅在实质要件上讨论交叉或者重叠关系是不充分的。由于认罪认罚在不同诉讼阶段采取阶梯式从宽，同时自首的不同类型实际上也存在于诉讼的不同阶段，因此需要将三者全部带入诉讼的各个阶段进行讨论。否则，就无法充分考虑到认罪认罚中的程序性要素的实体化问题。与自首、坦白这样的无附加条件法定从宽不同，认罪认罚是一种附程序条件的法定从宽，附程序条件主要是犯罪嫌疑人、被告人在自愿下可以选择压缩程序利益表示认罪态度，进而通过这种认罪悔罪态度换取实体从宽的利益，是一种有程序代价的从宽，而自首、坦白并无程序代价。因此，在这里程序性要素可以转化为实体性要素，同时我们讨论的方法也必须是实体的。为什么程序性要素

---

[1] 魏东、李红：《认罪认罚从宽制度的检讨与完善》，载《法治研究》2017年第1期。车浩教授在评论余金平案中也曾表达相似观点。

可以在实体问题中以实体的方法进行讨论？或许"疑罪从无"的理论能够给我们一些启发，适用"疑罪从无"的案件中司法机关按照有利于被告人的原则选择"疑罪从无"，虽然在国家的层面达到了限制权力的目的，但是在具体案件中实体正义被牺牲，程序正义被选择。那么，在认罪认罚从宽制度中，通过权力被施加的犯罪嫌疑人、被告人的自愿放弃，就类似于在个人层面上进行了反向选择，程序正义可以变成实体正义的代偿。

引入了程序性坐标之后，认罪认罚和自首（包括一般自首、准自首、特别自首）、坦白之间的关系就变得更加明确了。如下图所示：

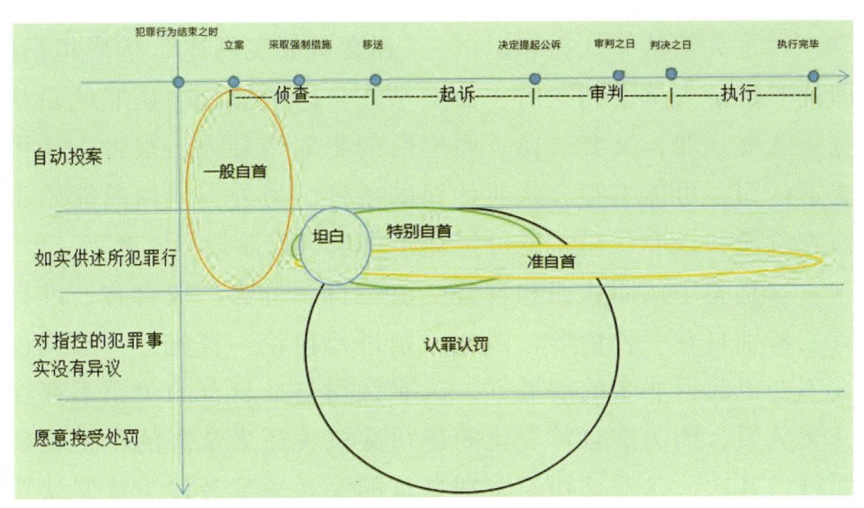

认罪认罚、自首、坦白的动态关系图[1]

---

[1] 准自首中如实供述的是其他罪行，此处为方便在一张图中说明，并未区分此罪和他罪。

（一）认罪认罚与坦白、自首的联系

一是在行为模式要件上共享"如实供述所犯罪行"的概念。二是在采取强制措施之日起到审判结束前可能存在适用上的重叠。但是，应当注意到：一方面，"两高三部"《关于适用认罪认罚从宽制度的指导意见》第9条规定了量刑幅度上禁止重复评价认罪认罚、自首、坦白的基本原则。另一方面，认罪认罚从宽中的"认罪"既包括"如实供述所犯罪行"，还包括"对指控的犯罪事实没有异议"，因此不重复评价不是简单地择一适用，而应该包含比原来单纯自首、坦白更多的可考虑的量刑从宽情节，虽然不能重复评价，但是也应该在原来单纯自首、坦白的基础上考虑不超过重复评价上限的更高从宽幅度。

（二）认罪认罚与自首、坦白的区别

一是关于认罪认罚和坦白。"到案后如实供述"构成坦白，即犯罪嫌疑人被动到案后，如实供述自己的罪行。认罪认罚从宽是既要认罪，又要认罚。而坦白的犯罪嫌疑人、被告人还可能不认罚，可能不符合认罪认罚的条件。另外，坦白只能始于侦查阶段，认罪认罚从宽可贯穿于整个诉讼阶段。

二是关于认罪认罚和自首。由于自首分为一般自首、准自首、特别自首三种情形，因此分别进行讨论。首先，一般来说在不变更起诉罪名的前提下，认罪认罚与准自首的关系不存在交叉关系，因为准自首交代的是司法机关还未掌握的本人其他罪行。其次，认罪认罚与特别自首的关系。笔者认为认罪认罚实际上吸收了特别自首的情形，主要原因是：特别自首的适用条件和阶段与认罪认罚完全相同，只是适用于贪污贿赂等几个特殊罪名。在认罪认罚从宽制度设立之后，相当于将特别自首扩大适用到了所有罪名，原有的相关条款实际上已经变成了提示性条款，不具有实际意义，是否继续保留"特别自首"的分类失去了学理上的正当性。但是是否将"特别自首"的规定删去，实现一种法条上的简洁与平衡，还需要从量刑的实际效果考虑。由于"特别自首"设立是基于对贪污贿赂等特殊案件中鼓励被告人，交代对合犯的一种特别优待，认罪认罚在当前实践中适用的从宽比例有可能小于"特别自首"，虽然从宽的上限不受影响，但是下限超过只有坦白的情况，而"特别自首"作为自首的一种情形实践中比坦白从宽幅度要高得多。因此，从激励犯罪嫌疑人的角度来看，虽然认罪认罚比自首制度的包容性大，但是有可能实际适用时无法达到"特别自首"的激励作用。最后，认罪认罚与一般自首的关系。一般自首必须具备"自动投案"的情节，因此，认罪认罚和一般自首在诉讼阶段上一般不存在重叠的可能。但是，在"如实供述所犯罪行"的实质要件上可以相互衔接，因而可能打破一般自首的从宽上限。

三、认罪认罚的成立条件

刑事诉讼法规定认罪认罚从宽是指犯罪嫌疑人、被告人自愿如实供述自己的罪行，承认指控的犯罪事实，愿意接受处罚的，可以依法从宽处理。下面从法律规定本身出发，结合体系解释的方法来对认罪认罚的成立的实质条件逐一进行分析。

（一）关于"自愿"

无论是考虑实质要件还是程序要件，认罪认罚的成立都要优先考虑犯罪嫌疑人、被告人的自愿性。一是自愿开始时间的确认。由于认罪认罚适用于刑事诉讼的各个阶段，在试点中也确立了"认罪认罚越早，从宽幅度越大"的做法，因此必须确认犯罪嫌疑人、被告人是从何时自愿认罪认罚的。二是自愿的连续性。与认罪认罚的反悔不同，在检察官出具量刑建议之前如果出现认罪认罚的反复，是否需要对自愿的连续性予以认定。如果自愿性的连续性中断，就不能当然的将犯罪嫌疑人和被告人的认罪认罚时间推迟到最后一次认罪认罚的时间节点。

（二）关于"如实供述自己的罪行"

从体系性解释的角度，此处的"如实供述"似乎应该同自首和坦白中的"如实供述"做同质理解。但是，余金平案反映出的一个争议性问题是：依据最高人民法院《关于处理自首和立功具体应用法律若干问题的解释》，如实供述的内容即"主要的犯罪事实"，是否包括与加重构成情节有关的事实。对此，车浩教授的观点是进行基本犯和加重构成的切割，即如实供述存在"全面的如实供述"和"部分的如实供述"，加重构成的隐瞒并不当然否定基本犯罪事实的"如实供述"。笔者赞同上述观点，理由主要有：第一，认罪认罚的全面性体现在适用效果上。虽然犯罪嫌疑人的如实供述不一定是全面的，但是应当体现对于案件量刑的影响。第二，对犯罪嫌疑人、被告人而言，要求全面的如实供述存在一定的困难。尤其是余金平案之类的过失犯罪，其如实供述的全面性更无法苛求，判决书中推定余金平应该意识到撞人的论述虽然具有相当的合理性，但是这种主观心态在何种情况下可以使用推定，何种情况下应该按照存疑有利于被告人的原则界限是十分不明确的，不能因此加重被告人的证明责任，一律要求全面的供述，毕竟认罪认罚时的态度也是应该考虑的因素。

（三）关于"承认指控的犯罪事实"

与"如实供述"不同，对"承认指控的犯罪事实"的理解存在"承认事实—承认犯罪—承认罪名"的不同层次。因此,"承认指控的犯罪事实"可能存在不同的抗辩情况,[1] 主要是在"承认指控的犯罪事实"的前提下是否依据犯罪构成的四要件或者三阶层理论提出其他的抗辩理由。犯罪嫌疑人、被告人对检察机关所提出的控诉是否仅仅在事实判断上认可就可以成立认罪认罚,还是必须同时接受事实判断和价值判断,对此学界也有不同的观点。最高人民法院胡云腾法官认为:"'认罪'实质上就是'认事',即承认指控的犯罪事实,这里的犯罪事实应指主要犯罪事实。因此,犯罪嫌疑人、被告人对指控的个别细节有异议或者对行为性质的辩解不影响'认罪'的认定。"[2] 但是在实践中实行认罪认罚从宽制度试点的多地政法机关出台的细则中,很多明确要求犯罪嫌疑人必须承认检察机关所指控罪名。笔者认为应该寻求"认事"和"认罪"(主要是承认罪名)之间的平衡,承认主要事实,并且对是否属于犯罪有概括性的认识就可以认定为"承认指控的犯罪事实"。因为,如果只是承认事实而不认为是犯罪的话,实际上就缺乏了下一步认罚的前提条件,而如果对罪名也必须承认的话,就相当于进一步压缩了犯罪嫌疑人、被告人及其辩护人的抗辩权。

(四) 关于"愿意接受处罚"

一是接受处罚的范围。最高人民检察院相关部门负责人认为,这里的处罚不仅是刑事处罚,还包括侦查阶段愿意接受处罚;审查起诉阶段,接受检察机关拟作出的起诉或不起诉决定,认可人民检察院的量刑建议,签署认罪认罚具结书;审判

---

[1] 谢登科:《两种犯罪构成理论下认罪的界定》,载《学术交流》2011年第10期。
[2] 胡云腾主编:《认罪认罚从宽制度的理解与适用》,人民法院出版社2018年版,第77~78页。

阶段当庭确认自愿签署具结书，愿意接受刑罚处罚。[1] 笔者基本认同上述观点。

二是能否结合退赃退赔、赔偿损失、赔礼道歉等因素来考量认罚的态度和程度。从更广义的层面上考虑，犯罪嫌疑人、被告人退赃退赔、赔偿损失、赔礼道歉主动承担后果和责任实际上也是对罪行后果的一种抵偿，与承担刑罚有着同质性，同时比刑罚的效果更为显著，能够及时修复被破坏的社会关系，一定程度上挽救被害人及其家庭。因此，笔者认为这是一种应当受到刑法鼓励的认罚形式，应当将其纳入认罪认罚量刑的考量中。

（五）关于"可以依法从宽"

张明楷教授指出，"刑法设立自首、立功、坦白制度的实质根据有两点：一是从法律上说，行为人在犯罪后自首、立功或者坦白表明其再犯罪的可能性会有所减轻。二是从政策上说，行为人自首、立功或者坦白有利于司法机关发现、侦破犯罪案件，减轻司法负担、节约司法资源。作为对被告人的奖励，对被告人从轻或者减轻处罚。显然，如果行为人同时具备上述两个实质根据，刑法一定会规定'应当'从宽处罚。刑法之所以对自首、立功与坦白仅规定'可以'从宽处罚，就是因为只要行为人具备其中一个实质根据便可以从宽处罚"。因此，类似于自首和坦白等规定，认罪认罚从宽中的"可以"也不是法官任意裁量的意思，而是只要存在认罪认罚情节就应当在量刑中体现从宽是原则，但是需要依据不同的情况综合判断从宽的幅度。

---

[1] 苗生明、周颖：《认罪认罚从宽制度适用的基本问题——〈关于适用认罪认罚从宽制度的指导意见〉的理解和适用》，载《中国刑事法杂志》2019年第6期。

四、认罪认罚的从宽幅度

需要明确接下来讨论从宽幅度的限制条件：第一，此处只讨论案件整体适用认罪认罚从宽的情况，暂时不讨论数罪并罚案件中部分认罪认罚的复杂情况。第二，暂时不讨论除刑罚之外的情况，比如侦查阶段的解除强制措施、撤销案件；审查起诉阶段的酌定不起诉等。

(一) 从宽是否以预防刑为限

关于这一点学者有不同认识，张明楷教授、周光权教授等刑法学者都认为认罪认罚作为犯罪后的态度和行为，其从宽只影响预防刑。[1] 但孙长永教授认为从从轻和减轻的幅度上看认罪认罚从宽，不仅影响预防刑还能影响责任刑。[2] 笔者认为以预防刑为限度的观点是合理的，因为以行为时的行为确定责任刑，而认罪认罚作为犯罪后情节，只能在预防刑的范围进行调解。[3] 责任刑和预防刑并不存在绝对数量上的对应关系，当预防刑的减轻幅度等于或大于责任刑的时候就会出现免除处罚的情况，所以根据从轻还是减轻来判断是否影响责任刑还是预防刑是不符合量刑的原理的。

(二) 从宽的案内平衡

理论上从宽包括从轻、减轻和免除处罚，学者们从当前认

---

[1] 张明楷：《论犯罪后的态度对量刑的影响》，载《法学杂志》2015年第2期；周光权：《论刑法与认罪认罚从宽制度的衔接》，载《清华法学》2019年第3期。

[2] 孙长永：《认罪认罚案件"量刑从宽"若干问题探讨》，载《法律适用》2019年第13期。

[3] [日] 前田雅英：《刑法总论讲义》（第6版），曾文科译，北京大学出版社2017年版，第12页。

罪认罚获得的从宽幅度有限的司法实践出发，倾向于尽量使得犯罪嫌疑人、被告人感受到认罪认罚从宽的实际效果。但是我国实行的是"依职权的协商"，而非类似美国辩诉交易的"交易式协商"，因此既不可能出现没有底线的"花钱买刑"，也不可能出现共同犯罪中正犯比帮助犯量刑更轻的情况。[1] 所以，从宽的幅度又是较为有限的，不可能达到辩诉交易那样的巨大幅度。

（三）认罪认罚从宽的总体幅度

首先，应该做法律规定上的梳理。根据最高人民法院2017年《关于常见犯罪的量刑指导意见》（以下简称《量刑意见》）的规定，自首情节减少的一般幅度是基准刑的40%以下（犯罪较轻的，可以减少基准刑的40%以上或者依法免除处罚）；坦白情节减少的一般幅度是基准刑的20%以下（根据不同情况可以浮动在10%到30%，避免特别严重后果的可以减少30%到50%）；当庭认罪的减少幅度为基准刑的10%以下。另外，《量刑意见》还规定，退赃退赔情节可以减少基准刑的30%以下；赔偿被告人损失并取得谅解可以减少基准刑的40%以下（已赔未谅解30%以下，未赔已谅解20%以下）；达成刑事和解协议的可以减少基准刑的50%以下（犯罪较轻的，可以减少基准刑的50%以上或者依法免除处罚）。上述规定中的情节与认罪认罚从宽存在交叉关系，又根据"两高三部"《关于适用认罪认罚从宽制度的指导意见》第9条规定："认罪认罚的从宽幅度一般应当大于仅有坦白，或者虽认罪但不认罚的从宽幅度。对犯罪嫌疑人、被告人具有自首、坦白情节，同时认罪认罚的，应当在法定刑幅度内给予相对更大的从宽幅度。认罪认

---

[1] 周光权：《论刑法与认罪认罚从宽制度的衔接》，载《清华法学》2019年第3期。

罚与自首、坦白不作重复评价。"由此，可以推导出认罪认罚从宽的下限应该在 20% 以上，而如果与其他犯罪情节相结合，认罪认罚从宽自身贡献率的上限也不超过基准刑的 50%。

其次，通过比较法研究，很多学者给出了从宽幅度的进一步限制标准。左卫民教授认为："如果被告人具有自首或者坦白情节，除非犯罪情节特别严重，原则上应当从轻、减轻乃至免除处罚；尤其是有罪口供被采纳，用作主要定案证据的，原则上应当比照本应判处的刑罚减少 1/3 到 1/4 的刑罚。"[1] 熊秋红教授通过比较英国、意大利等国的量刑折扣，认为我国规定的量刑折扣"明显过高，应当予以下调，以避免形成'剪刀差'，冲击罪刑相适应的刑法原则。"[2] 周光权教授则根据审判实际指出，多个减轻情节的情况下应当体现更大的减轻幅度，在数额特别巨大的经济类犯罪中考虑退赔情况激活特别减轻制度。实际上认罪认罚从宽试点中从宽的幅度是极为有限的，一般在 10% 到 20%，犯罪嫌疑人、被告人实际"用户体验"并不好。

通过学者的讨论，可以看出当前认罪认罚从宽幅度具有理论和现实的巨大差异，实践中对于从宽的幅度过于严格，而学者讨论却集中在法律规定的上限是否合理的问题上。笔者认为周光权教授的观点值得认真思考，当前讨论认罪认罚从宽制度从宽幅度问题的关键不在于上限是否过高（本质上这还是在讨论认罪认罚从宽制度和辩诉交易制度的差异性问题），而在于引导检察官量刑建议和法官最终量刑的量刑精准化的问题，加强量刑说理。按照适用认罪认罚案件数量比例目前在 80% 左

---

[1] 左卫民：《认罪认罚何以从宽：误区与正解——反思效率优先的改革主张》，载《法学研究》2017 年第 3 期。

[2] 熊秋红：《认罪认罚从宽的理论审视与制度完善》，载《法学》2016 年第 10 期。

右，即使是采取现行 20% 到 50% 的幅度，不同案件量刑情节各不相同，在这个幅度内的分布比例应该比现在更为分散，才能反映出法官量刑的精准化，当前最应该解决的是从宽幅度两极分化倾向，而不是单纯讨论提高上限和下限的问题。

（四）不同诉讼阶段从宽的幅度层次问题

与其他从宽相比，认罪认罚从宽制度的一大特点是在不同诉讼阶段有不同的从宽幅度，即"认罪认罚越早，从宽幅度越大"。但是这种阶梯式的比例问题，实践和学术中存在不同的事实和观点。首先，根据《量刑意见》规定，侦查、起诉和审判阶段认罪的可分别减少基准刑的 20%、20%、10%，即 2-2-1 模式。虽然 2-2-1 模式并没有体现出实质的阶梯式从宽，但是根据学者开展的实证研究，现实认罪认罚试点中不少办案机关给予的量刑从宽比例大约只有 10% 到 20%，也就是 2-2-1 模式实际上是当前的审判实际。[1] 其次，一些学者根据实际和一些地方文件规定提出了 3-2-1 模式。[2] 有学者认为该模式的提出也是在制度设计之初受英国、德国等国家的量刑折扣上限为 1/3 而提出的观点，但是同时也质疑这个比例是否符合中国审判实际。因此，有学者在此基础上提出了 4-2-1 模式，理由主要有两方面：一是提高不同案件的从宽落差，加强犯罪嫌疑人、被告人对从宽的感受；二是与其他从宽制度不同，认罪认罚从宽制度中犯罪嫌疑人、被告人通过权利的牺牲为司法运行带来程序上的利益，应该得到更多的从宽优待。笔者认为上述观点中的 4-2-1 模式在现阶段是值得鼓励的，因为该模式并没有超出法律规定的上限，而且有利于

---

[1] 周新：《认罪认罚从宽制度试点的实践性反思》，载《当代法学》2018 年第 2 期。
[2] 宋一心、李晨：《"认罪越早、从宽越多"量刑理念的实例应用及价值探究》，载《法律适用》2019 年第 22 期。

扩大法官适用量刑上的自由裁量权。

综上所述，认罪认罚从宽制度实施以来，理论和实践出现了巨大的真空。一方面在理论上，由于缺乏刑事实体法的立法支持，程序和实体衔接上出现一些问题。另一方面在实践中，认罪认罚从宽对犯罪嫌疑人、被告人的优惠并没有达到理论上的从宽幅度，一些当事人适用后并不买账。比如，如何体现认罪认罚从宽的效果的问题，笔者认为应当跳出当前的思维禁锢，加大从宽幅度确实是在客观上体现从宽效果的基础，但是加强法官在审判过程和判决书中对于预防刑的量刑说理才是提升当事人感受的关键。毕竟从宽的幅度当事人满意与否和其主观感受有关，法官检察官不可能穷尽所有的量刑情节做到所有案件量刑均衡，如何做到使得当事人知晓认罪认罚效果，就需要法官在判决书中将之具体化，这些问题是认罪认罚从宽制度顺利进行的先决条件，而不是制度本身需要作出自我调整的问题。

认罪认罚从宽背景下相对不起诉工作机制探析[*]

张 剑 宋 杨[**]

相对不起诉制度是检察机关在审前程序发挥指控和证明犯罪的主体作用的重要抓手，同时也是体现宽严相济刑事政策的重要形式。认罪认罚从宽制度的设立，从立法角度为检察机关开展相对不起诉工作构建了平台。因此，研究认罪认罚从宽背景下的相对不起诉工作，并在机制构建层面进行有益探索和完善势在必行。笔者结合工作实践，提出运用检察意见书完善认罪认罚相对不起诉案件中刑事司法"倒接"行政执法这一工作机制（以下简称相对不起诉倒接机制）的思考，并结合刑事诉讼法和2019年10月最高人民法院、最高人民检察院、公安部、国家安全部、司法部联合发布的《关于适用认罪认罚从宽制度的指导意见》（以下简称《指导意见》）有关规定，以该项机制的价值意义、理论思考、实践探索等方面为切入点，探讨如何用足用好《刑事诉讼法》第177条第3款之规定，准确把握《指导意见》第51条"等义务"的范围，以求相对不起诉工作与认罪认罚从宽制度更好地契合。

---

[*] 本文荣获"认罪认罚从宽制度理论与实务研究"征文活动三等奖。
[**] 张剑，北京市人民检察院第四分院检察委员会委员、第一检察部主任；宋杨，北京市人民检察院第四分院第一检察部检察官助理。

一、认罪认罚从宽背景下相对不起诉倒接机制的价值

(一) 相对不起诉中检察意见的价值

相对不起诉是检察机关对于犯罪情节轻微，依照刑法规定不需要判处刑罚或者免除刑罚时，依法作出不起诉的决定，不仅体现了轻刑化的刑事政策，同时也符合诉讼效率的要求。《刑事诉讼法》第177条第3款规定，"对被不起诉人需要给予行政处罚、处分或者需要没收其违法所得的，人民检察院应当提出检察意见，移送有关主管机关处理。有关主管机关应当将处理结果及时通知人民检察院"。由此可见，检察机关作出相对不起诉决定后，并非意味着被不起诉人将不会受到任何处罚，检察机关仍然可以对有关主管机关提出检察意见，建议在行政层面给予被不起诉人相应处罚。这即是本文所探讨的相对不起诉案件中刑事司法倒接行政执法的工作机制，在实践中有利于有关主管机关及时了解掌握司法机关对相关案件的事实认定、案件处理等情况，并有效给予被不起诉人相应的处罚。

(二) 相对不起诉倒接机制的司法实践

虽然《刑事诉讼法》第177条第3款作出了明确规定，但在司法实践中，对于这一规定的运用仍存在诸多不足，相关立法价值并未充分实现。

一方面，检察意见书制发动力不足，相对不起诉后续行政处罚跟进不到位。虽然依据刑事诉讼法规定在作出相对不起诉决定后，检察机关可提出给予被不起诉人行政处罚等检察意见，但由于该工作机制系不起诉终结后程序，且并非强制规

定，涉及多方沟通协调等问题，实际操作中比较复杂，一些相对不起诉案件仅仅不诉了之，后续并未提出检察意见书。笔者认为，实践中，若检察机关作出相对不起诉决定后不制发检察意见书，行政机关往往也不再主动给予行政处罚。这容易使人产生相对不起诉就是无处罚的误解，甚至出现相对不起诉案件的实际处理还不如行政处罚有惩戒作用和震慑力的情况。

另一方面，在《指导意见》出台前，如果检察机关在作出相对不起诉决定并依法制发检察意见书后，有关行政机关依照检察意见作出了行政处罚，但行为人拒不履行行政处罚，此时，相对不起诉决定已经生效，即使行为人的此类行为体现了其主观恶性，但由于缺乏相关法律规定，也无法回转再进入刑事诉讼程序。

（三）相对不起诉倒接机制的现实意义

《指导意见》明确指出，"充分发挥不起诉的审前分流和过滤作用，逐步扩大相对不起诉在认罪认罚案件中的适用。对认罪认罚后没有争议，不需要判处刑罚的轻微刑事案件，人民检察院可以依法作出不起诉决定。人民检察院应当加强对案件量刑的预判，对其中可能判处免刑的轻微刑事案件，可以依法作出不起诉决定"。笔者认为，认罪认罚从宽制度，尤其是《指导意见》的出台，为在相对不起诉案件中探索完善相对不起诉倒接机制提供了平台。

一是认罪认罚从宽制度扩大了相对不起诉的适用空间。对符合条件的认罪认罚案件依法作出相对不起诉决定，能够起到审前分流和过滤作用，从程序和实体两方面体现认罪认罚从宽的核心价值。在认罪认罚案件审查中，检察机关要综合考量案件事实、情节及犯罪嫌疑人认罪悔罪态度，合理运用不起诉裁量权，对于符合相对不起诉条件的，依法作出不起诉决定，从而节约司法资源,从程序上实现效率价值,切实体现对于犯罪嫌疑人的"从宽"。从司法实践来看,在深入推进认罪认罚从宽制度过程中,相对不起诉的适用率较此前也有所提升。

二是认罪认罚从宽在制度设计上为开展相对不起诉倒接工作搭建了平台。《指导意见》规定,"因犯罪嫌疑人认罪认罚,人民检察院依照刑事诉讼法第一百七十七条第二款作出不起诉决定后,犯罪嫌疑人否认指控的犯罪事实或者不积极履行赔礼道歉、退赃退赔、赔偿损失等义务的,人民检察院应当进行审查,区分下列情形依法作出处理:……(三)排除认罪认罚因素后,符合起诉条件的,应当根据案件具体情况撤销原不起诉决定,依法提起公诉"。这一规定明确了在认罪认罚相对不起诉案件中,对于犯罪嫌疑人反悔情形的处理,为启动后续监督提供了制度抓手。

因此,可以在对犯罪情节轻微的刑事案件开展认罪认罚从宽工作中,将"自愿接受行政处罚"作为考察犯罪嫌疑人认罪认罚态度的内容之一,且写入认罪认罚具结书,在作出相对不起诉决定后,检察机关及时制发检察意见书,提出参照认罪认罚具结书内容对被不起诉人进行行政处罚的检察意见,送达行政机关。

二、认罪认罚从宽背景下构建相对不起诉倒接机制的思考

(一)相对不起诉是否属于认罪认罚中的"罚"

实践中对于相对不起诉的性质、被不起诉人是否构成犯罪、对被不起诉人进行有罪化处理还是无罪化处理等问题,存

在一定的认识分歧，特别是在认罪认罚从宽背景下，相对不起诉是不是"罚"，也存在一定的理论争议。有观点认为，《刑事诉讼法》第177条第2款明确了，检察机关行使相对不起诉职权的前提是经审查认定有犯罪事实且犯罪情节轻微。因此，在作出相对不起诉决定时，被不起诉人构成犯罪，相对不起诉仅仅是对被不起诉人免除刑罚，但并不意味着是一种无罪化处理。因而，相对不起诉仍是一种有罪的评价，本质上是一种"罚"。

也有观点认为，相对不起诉是对于那些已经认错悔改、行为危害不大的犯罪嫌疑人，由于已经没有继续追诉的必要，或者说，不追诉比追诉更有助于实现教育和改造，立法授权检察机关在符合条件下作出酌定不起诉决定，终止刑事追诉并作无罪处理。[1] 笔者同意这种观点。首先，《刑事诉讼法》第12条规定："未经人民法院依法判决，对任何人都不得确定有罪。"检察机关作出相对不起诉决定后，案件不再进入审判阶段，自然不能认定被不起诉人有罪。其次，对于刑事诉讼法中"犯罪情节轻微"的规定，应理解为检察机关在审查起诉阶段通过对事实、证据的审查，最终在犯罪构成要件层面认定了犯罪的事实和情节。相对不起诉是检察机关在此前提下对犯罪嫌疑人作出的"无罪化"处理，对被不起诉人并未产生犯罪记录。最后，由于刑罚的前提是构成犯罪，相对不起诉是无罪化处理，自然不是一种刑罚，因此，相对不起诉本身并不属于认罪认罚中"罚"的范畴。

（二）"认罚"在相对不起诉案件中的体现

如前述所言，如果认为相对不起诉不是一种刑罚，那么适

---

[1] 樊崇义、吴宏耀：《酌定不起诉是有罪认定吗？》，载《人民检察》2001年第8期。

用认罪认罚从宽制度作出相对不起诉决定时，检察机关和犯罪嫌疑人协商具结的内容该如何认定？如果认为相对不起诉决定并不是一种"罚"，犯罪嫌疑人是否还存在"认罚"空间？

《指导意见》明确指出，"认罚"在审查起诉阶段表现为接受检察机关拟作出的起诉或不起诉决定。可见，检察机关作出的相对不起诉决定，既是对犯罪嫌疑人"从宽"的体现，又是犯罪嫌疑人和检察机关协商具结的"认罚"内容。但同时这也不可避免地带来以下问题，即在"认罚"层面，仅仅是提出拟对犯罪嫌疑人进行无罪化处理，实质上不存在协商的空间，也无法体现出"认罚"的本质。笔者认为，在相对不起诉案件中，可以从两个方面把握"认罚"：第一，重点考察犯罪嫌疑人的认罪悔罪态度。在认罪认罚协商中，"认罪"层面重点考察犯罪嫌疑人是否如实供述犯罪事实，对于检察机关经审查认定的犯罪事实和犯罪情节是否完全认可。"认罚"层面重点考察犯罪嫌疑人的认罪悔罪态度。因此，在可能作出相对不起诉决定的案件中，对于"认罚"的考察，重点在于结合犯罪嫌疑人是否真诚悔罪，是否有愿意接受处罚的意思表示等进行判断。第二，履行赔礼道歉、退赃退赔、赔偿损失、接受行政处罚等义务可以作为"罚"的内容。《指导意见》也规定，"认罚"考察的重点是犯罪嫌疑人、被告人的悔罪态度和悔罪表现，应当结合退赃退赔、赔偿损失、赔礼道歉等因素来考量。需要重点指出的是，自愿接受行政处罚具有与《指导意见》所规定的赔礼道歉、退赃退赔同样的性质，属于《指导意见》里"等义务"的范畴。以走私类刑事案件为例，国务院 2004 年发布的《中华人民共和国海关行政处罚实施条例》第 2 条规定，"依法不追究刑事责任的走私行为和违反海关监管规定的行为，以及法律、行政法规规定由海关实施行政处罚的行为的处理，适用本实施条例"。作出相对不起诉决定的走私刑事案件相较走私行政案件，具有更大的数额和更重的情节，在检察机关作出相对不起诉决定后，应按照规定进入行政处罚程序，接受行政处罚同样是被不起诉人应承担的义务。因此，是否自愿接受后续行政机关给予的行政处罚，体现了犯罪嫌疑人的主观态度，在作出相对不起诉决定时应予考量。如果行为人为了逃避刑法制裁而作出悔罪的意思表示，但主观上不认可其行为的犯罪本质及后果，不履行赔礼道歉、退赃退赔、赔偿损失等相关义务，则不应适用认罪认罚从宽制度。

（三）司法权和行政权的关系

对于将自愿接受行政处罚纳入认罪认罚协商具结范围、构建相对不起诉倒接机制这一构想，在前期研讨中曾出现两种观点：一种观点认为，相对不起诉后续行政处罚为行政权的范畴，前期相对不起诉为司法权的范畴，二者界线分明且处于不同的阶段，应由行政机关独立作出是否给予行政处罚的决定，如在审查起诉阶段要求犯罪嫌疑人履行后续行政处罚，有通过行使司法权干涉行政权之嫌。另一种观点认为，刑事诉讼法明确规定检察机关可以通过检察意见书建议有关主管机关对被不起诉人进行行政处罚，是否愿意接受后续行政处罚反映了犯罪嫌疑人的认罪悔罪态度，可以作为认罪认罚协商内容。

笔者认为，将是否自愿接受行政处罚纳入协商具结范围，能够有效保证刑事司法和行政执法的有效衔接。首先，刑事诉讼法赋予检察机关在作出相对不起诉决定后向有关主管机关发出检察意见的职权，便于行政机关及时接收信息和开展后续处理。将是否自愿接受行政处罚纳入协商具结范围，是在检察机关和相关行政机关充分沟通的基础上，将后续衔接环节提前告知犯罪嫌疑人。一方面，能够使其对后续行政环节的处罚提前知晓，另一方面，也能够保障后续行政处罚的顺利进行。其次，基于作出相对不起诉决定的刑事案件相较普通行政案件，具有更大的数额和更重的情节这一基本事实，此类案件应形成相对不起诉刑事案件行政处罚重于普通行政案件中行政处罚的基本原则。在这一基本原则下，检察机关应和行政机关协商明确行政处罚的相关规定、处罚标准，以行政处罚的最高标准与犯罪嫌疑人进行协商具结，此时考察重点仍为犯罪嫌疑人是否自愿接受后续行政处罚的态度。在作出相对不起诉决定后，检察机关制发检察意见书并发送相关行政机关，建议行政机关在充分考量认罪认罚具结书内容后参照执行，检察意见书本身属于建议性质，自然不存在司法权对行政权的干涉。

（四）被不起诉人不履行具结承诺的处理

认罪认罚具结书本质上是检察机关和犯罪嫌疑人达成的合意，将自愿接受行政处罚纳入协商具结范围，不仅能够考察犯罪嫌疑人的认罪悔罪态度，而且能够保证后续行政处罚的执行效果，解决相对不起诉决定作出后被不起诉人不履行行政处罚的刑事程序回转问题，便于对被不起诉人反悔情形进行处置。

《指导意见》规定，认罪认罚不起诉案件中出现犯罪嫌疑人否认指控的犯罪事实，或者不积极履行赔礼道歉、退赃退赔、赔偿损失等义务的处理机制，其中包含排除认罪认罚因素后，符合起诉条件的，应当根据案件具体情况撤销原不起诉决定，依法提起公诉。如前述，"自愿履行行政处罚"和赔礼道歉、退赃退赔、赔偿损失具有相同的义务属性，若被不起诉人反悔拒绝缴纳行政罚款，检察机关可以按照规定进行审查，如果排除认罪认罚因素后，符合起诉条件、应当追究行为人刑事责任的，应撤销原不起诉决定、依法提起公诉。

三、认罪认罚从宽背景下相对不起诉倒接机制的实践探索

基于上述探讨，北京市检察院第四分院（以下简称四分院）刑事检察部门形成了构建相对不起诉倒接机制的基本思路，并逐步开展实践探索。

（一）沟通协调、充分研讨，在理念层面达成基本共识

一是通过沟通交流更新认罪认罚案件办理理念。立足集中办理海关移送的走私类刑事案件的管辖特点，四分院刑事检察部门与北京海关缉私局采取座谈会、个案探讨等方式积极开展沟通交流，就如何形成合力共同做好认罪认罚从宽工作等问题进行充分研讨，实现了更新理念、消除认识误区的良好效果。二是围绕相对不起诉案件的行政处罚原则、处罚标准等方面达成共识。对于经审查认为犯罪数额较小、情节轻微的个别刑事案件，在拟作出相对不起诉决定前与北京海关缉私局先行沟通，形成相对不起诉案件在司法层面虽不处罚，但相较普通行政案件应承担更重行政处罚的统一认识，并根据相关行政法规明确走私行为的行政处罚标准。三是协商确定检察意见书的具体内容。对于检察机关在检察意见书中是否列明建议行政处罚的具体数额等方面内容，经过多轮沟通，北京海关缉私局对于检察机关发送检察意见书建议对被不起诉人进行行政处罚并无异议，但对于是否列明具体数额持保留意见。经多次协商最终达成共识，即检察意见书不明确行政处罚的具体数额，但建议行政机关参考认罪认罚具结书中被不起诉人承诺缴纳行政处罚数额等相关内容进行行政处罚。

(二) 注重细节、周密设计，在操作层面积极探索

在具体的案件审查中，将犯罪嫌疑人认罪悔罪态度以及是否自愿接受后续行政处罚作为不起诉决定的考量内容之一，探索开展在相对不起诉案件中拓宽具结认罚的范围。如在办理陈某走私普通货物相对不起诉案件中，承办人坚持教育与惩罚并重的原则，对走私行为的法律规定、社会危害性等进行充分讲解，犯罪嫌疑人表示自愿认罪认罚，并在协商后将检察机关拟依法向有关主管机关提出建议行政处罚的检察意见、陈某自愿接受高限行政处罚、承诺如期缴纳行政罚款等相关内容写入认罪认罚具结书，为后续行政处罚的顺利进行打下了良好基础。

(三) 保持跟进、事后追踪，确保行政处罚执行到位

在依法作出相对不起诉决定并发出检察意见书后，继续加强后续追踪，积极跟进行政立案、处罚全过程，并要求行政机关在行政处罚执行完毕后及时反馈，确保落实到位。同时，将被不起诉人自愿承诺接受行政处罚的内容认定为《指导意见》第51条"等义务"范围，如被不起诉人拒不履行承诺，检察机关应及时进行审查，判断排除认罪认罚因素后是否符合起诉条件，对于符合条件的，根据案件具体情况决定撤销原不起诉决定，依法提起公诉。截至目前，在四分院根据上述工作机制作出相对不起诉决定的认罪认罚案件中，被不起诉人均履行承诺，甚至积极主动要求尽快执行行政处罚，体现出被不起诉人真诚悔罪和对法律的敬畏态度，案件办理呈现良好的社会效果。

国家治理现代化 与 认罪认罚从宽制度

下

最高人民检察院 / 组织编写

中国检察出版社

《国家治理现代化与认罪认罚从宽制度》编委会

主　任：孙　谦

副主任：陈国庆　张志杰

委　员：苗生明　元　明　王守安　郑新俭
　　　　朱建华　谢鹏程

主　编：苗生明

副主编：罗庆东　常　艳

目录 CONTENTS

上

一、独具中国特色的认罪认罚从宽制度

张军检察长在国家治理现代化与认罪认罚从宽
制度研讨会强调　共同把彰显人民意愿体现
时代需求的好制度落到位　　　　　　　　　／003

发挥认罪认罚从宽制度作用是司法机关共同的
责任　　　　　　　　　　　　　　　高憬宏／008

进一步发挥律师职能作用　共同推进认罪认罚
从宽工作　　　　　　　　　　　　　熊选国／011

深入落实认罪认罚从宽制度的几点建议	朱孝清	/ 015
关于促进量刑建议科学化精准化的几个问题	胡云腾	/ 019
国家治理现代化对认罪认罚从宽制度提出新要求	卞建林	/ 023
关于认罪认罚从宽程序实施中的几个问题	田文昌	/ 027

二、认罪认罚从宽制度理论基础

认罪认罚从宽制度的价值功能	李寿伟	/ 033
构建认罪认罚从宽制度的方向是节约司法资源	黄　永	/ 036
从刑事速裁程序到认罪认罚从宽制度的演进	颜茂昆	/ 040
落实好认罪认罚从宽制度是全体司法人员的共同责任	杨立新	/ 044
提出量刑建议既要精准化更要规范化	陈学勇	/ 047
在认罪认罚案件中落实值班律师制度　为维护当事人合法权益提供司法保障	孙春英	/ 051
适用认罪认罚从宽制度要坚持刑法谦抑性	陈卫东	/ 054
认罪认罚案件中量刑建议的困惑与澄清	汪建成	/ 058
认罪认罚从宽制度与我国"和合"文化特质相契合	张建伟	/ 060

目 录

认罪认罚从宽制度改革重在强调刑事协商	吴宏耀 / 062
认罪认罚从宽制度中如何均衡各诉讼主体权益	熊秋红 / 065
审判分合关键在对质权	魏晓娜 / 069
认罪认罚从宽制度符合刑事司法二元化机制	万　毅 / 072
认罪认罚从宽制度在量刑环节应关注的问题	刘桂明 / 075
认罪认罚从宽制度是司法机关贯彻刑事政策服务国家治理能力现代化的重要举措	姚　莉 / 077
认罪认罚从宽制度与刑法的衔接	于改之 / 081
认罪认罚从宽制度更应强化程序法功能	闵春雷 / 084

三、认罪认罚从宽制度检察实践

对认罪认罚从宽制度检察实践的思考	苗生明 / 089
认罪认罚从宽制度中检察机关应发挥主导作用	元　明 / 091
职务犯罪检察工作中适用认罪认罚从宽制度	王守安 / 094
经济犯罪检察工作中适用认罪认罚从宽制度	郑新俭 / 096
认罪认罚案件中值班律师的有效参与	罗庆东 / 099

构建量刑协商程序平台　保障协商充分性和
　　规范性　　　　　　　　　　　　　　　刘　辰 / 102
认罪认罚从宽制度的价值功能选择　　　　　董　坤 / 105

四、认罪认罚从宽制度发展完善

认罪认罚从宽制度中的刑事诉判关系解构　高松林　师　索 / 111
论认罪认罚案件中量刑建议与量刑裁决的
　　良性互动　　　　　　　　　　　　　李奋飞 / 132
认罪认罚从宽制度在重罪案件中的适用分析
　　——以检察机关的主导责任为视角
北京市人民检察院第二分院认罪认罚从宽制度研究课题组 / 155
检察主导："一般应当"原则之重申
　　——认罪认罚从宽视角下量刑建议制度的
　　　　因应与转型　　　　　　　　　　廖　明　王彬全 / 182
法律帮助的理念误区与重构　　　　　　　蔡元培　陈　速 / 200
论认罪认罚从宽制度发展的两个方向　　　张家贞　刘　哲 / 219
认罪认罚从宽制度改革视野下自愿型虚假认罪的
　　识别与排除　　　　　　　　　　　　沈　威　陈凯明 / 238
认罪认罚量刑建议精准化实证研究
　　——以 2019 年度宿迁地区司法实践为样本
　　　　　　　　　　　　　　　　　　　刘兆东　康俯上 / 254

认罪认罚从宽制度中的利益博弈：从认罪的
　　功能出发　　　　　　　　　　　　陆而启　洪文海 / 279

认罪认罚从宽制度中实体争议问题研究　　　　杜笑倩 / 299

认罪认罚从宽背景下相对不起诉工作机制探析
　　　　　　　　　　　　　　　　　　张　剑　宋　杨 / 318

下

五、认罪认罚从宽制度与检察机关主导责任

检察机关主导责任视野下深化认罪认罚从宽
　　制度实施之改革路径　　　　　　吕天奇　贺英豪 / 331

论认罪认罚从宽制度中检察官的主导作用
　　　　　　　　　　　　　　　　　　潘金贵　王志坚 / 352

检察机关"主导责任"的表象与实质
　　——以认罪认罚从宽制度为主要视角　　路　旸 / 368

六、认罪认罚从宽制度与当事人权益保障

认罪认罚从宽制度实施中被害人权利保障研究　　韩　旭 / 391

权利与义务之间：认罪认罚案件中被告人上诉权的
必要限制
——以 286 份认罪认罚上诉案件裁判文书为样本　　张　琦 / 403

认罪认罚案件中上诉与抗诉共存现象实证研究　　施珠妹 / 420

"见证"还是"认可"：被告人签署认罪认罚
具结书时辩护人在场的性质研究
——论认罪认罚案件辩护人可否作无罪辩护　　刘劲阳 / 444

论认罪认罚从宽制度中被害人的权益保障
　　　　　　　　　　　　　　　　　　商浩文　石　魏 / 459

七、认罪认罚从宽制度与律师作用

认罪认罚案件中律师的有效辩护　　孔红征 / 475

检察视域下值班律师的参与保障与功能实现
　　　　　　　　　　　　　　　　　　张　拓　李　珂 / 489

认罪认罚从宽制度中退休法官、检察官担任
值班律师路径研究　　陶建旺　钟文方 / 507

解构认罪认罚从宽制度中的刑事辩护问题　　曹　坚 / 525

八、认罪认罚从宽制度与量刑建议

论认罪认罚量刑建议的效力 　　　　　　　　　　　李瑞登 / 537

认罪认罚从宽制度量刑模型的构建 　　　　　　　　徐旺明 / 560

量刑协商程序的价值及其制度设计 　　　林红宇　张志超 / 572

人工智能辅助认罪认罚量刑建议研究 　　　　　　　肖　军 / 584

九、认罪认罚从宽制度在特殊类型案件中的适用

刑民交融的价值意蕴与功能表达
　　——以完善认罪认罚从宽制度为视角　张　垚　梁　博 / 599

环境犯罪案件适用认罪认罚从宽制度的难点
　　及对策 　　　　　　　　　　　　　孙洪坤　陈雅玲 / 630

涉众型经济犯罪案件适用认罪认罚从宽制度研究
　　　　　　　　　　　　　　　付　强　吕晓华　邵烟雨 / 647

五、认罪认罚从宽制度与检察机关主导责任

检察机关主导责任视野下深化认罪认罚从宽制度实施之改革路径[*]

吕天奇　贺英豪[**]

一、检察机关对于认罪认罚从宽制度实施承担主导责任的内涵与功能发挥

最高人民检察院党组书记、检察长张军指出,要切实履行检察官在刑事诉讼中的主导责任。认罪认罚从宽制度是刑事诉讼法修改后确立的一项重要制度,通过对认罪认罚的犯罪嫌疑人、被告人依法给予程序上从简或者实体上从宽的处理,实现有效惩治犯罪、强化人权司法保障、提升诉讼效率、化解社会矛盾、减少社会对抗、促进社会和谐。检察机关既是认罪认罚程序的启动主体,也是认罪认罚从宽制度的实施主体,更是对适用认罪认罚的案件作出相关司法处置(起诉并提出量刑建议、不起诉)的决定主体。因此,检察机关对认罪认罚从宽制度实施承担主导责任,既是检察机关恪守客观公正义务,依法规范履行刑事检察职能的体现,也是依法办理刑事案件,保护

---

[*] 本文荣获"认罪认罚从宽制度理论与实务研究"征文活动一等奖。
[**] 吕天奇,四川省人民检察院检察委员会委员,检察委员会办公室主任,法律政策研究室主任;贺英豪,四川省天府新区成都片区人民检察院干部。

嫌疑人、被告人人权，维护被害人合法权益的需要。从时间维度，检察机关主导责任主要分为审前阶段主导和庭审阶段主导。从内容维度，则主要体现为程序主导和实体主导。

（一）主导责任的三个阶段：侦查、公诉与庭审

从实施认罪认罚从宽制度的时间维度出发，检察机关承担主导责任主要体现在侦查、公诉和庭审三个阶段。根据当前司法实践，检察机关主要在公诉阶段实施认罪认罚从宽制度，而少有在侦查阶段或庭审阶段实施该项制度。但实际上，侦查和庭审阶段仍然存在实施认罪认罚从宽制度的现实可行性，如果侦查阶段实施认罪认罚从宽制度，能够在侦查阶段就激励犯罪嫌疑人认罪伏法，既提高了刑事司法办案效率，又有效维护了犯罪嫌疑人乃至被害人的合法权益。

《刑事诉讼法》第15条规定，犯罪嫌疑人、被告人自愿如实供述自己的罪行，承认指控的犯罪事实，愿意接受处罚的，可以依法从宽处理。在侦查阶段，公安机关应当告知犯罪嫌疑人享有的诉讼权利即如实供述罪行可以从宽处理和认罪认罚规定，听取犯罪嫌疑人、辩护人（值班律师）的意见，记录在案并随案移送。对在非讯问时间、办案人员不在场情况下，犯罪嫌疑人向看守所工作人员或者辩护人（值班律师）表示愿意认罪认罚的，有关人员应当及时告知办案单位。同时还规定公安机关对犯罪嫌疑人进行认罪教育，且在起诉意见书上写明犯罪嫌疑人自愿认罪认罚的情况。但是，从上述制度规定看，不仅参与的主体比较单一，主要局限于公安机关和犯罪嫌疑人及其辩护人（值班律师）之间，检察机关没能及时有效地参与进来并发挥作用，而且实施方式也比较有限，主要是公安机关听取意见并简单地记录在案。

认罪认罚相关法律条款主要集中在公诉阶段，主要从审理

期限、适用程序以及听取相关主体意见等方面对公诉阶段认罪认罚制度的适用予以规范。如《刑事诉讼法》第172条规定，人民检察院对于监察机关、公安机关移送起诉的案件，犯罪嫌疑人认罪认罚，符合速裁程序适用条件的，应当在10日以内作出决定，重大复杂的案件，可以延长至15日。第173条第2款规定，人民检察院审查案件，犯罪嫌疑人认罪认罚的，人民检察院应当告知其享有的诉讼权利和认罪认罚的法律规定，听取犯罪嫌疑人、辩护人或者值班律师、被害人及其诉讼代理人的意见，并记录在案。同时，第174条、第176条分别对审查起诉阶段检察机关主导的认罪认罚具结书的签订和检察机关对主刑、附加刑、是否适用缓刑等提出量刑建议作出规定。

值得注意的是，目前对于庭审阶段如何适用认罪认罚从宽制度，制度规范相对空缺。刑事诉讼法及《人民检察院刑事诉讼规则》对此也没有相关规定，只有《关于适用认罪认罚从宽制度的指导意见》（以下简称《意见》）第49条、第50条对被告人当庭认罪认罚的情形作了规定，即被告人当庭认罪，愿意接受处罚的，人民法院应当根据审理查明的事实，就定罪和量刑听取控辩双方意见，依法作出裁判。在二审程序中认罪认罚的，法院仍然按照二审程序审理，根据其认罪认罚的价值、作用决定是否从宽，并依法作出裁判，确定从宽幅度时应当与第一审程序认罪认罚有所区别。事实上，除了上述侦查、公诉两个阶段可实施认罪认罚从宽制度外，庭审阶段如果被告人主动提出要适用该制度，检察机关根据客观情况也可以实施认罪认罚从宽制度，但是庭审阶段认罪认罚从宽制度实施由谁来主导，具体怎么运行，检察机关对于认罪认罚从宽制度的主导责任如何体现，其与审判权怎么协调，都值得进一步研究。

综上所述，认罪认罚实施主要分为三个阶段，分别为侦查、起诉和庭审。无论哪个阶段，检察机关均应作为重要推动主体，从刑事诉讼全流程层面推进该项制度。一方面，其实施过程大致有四个部分，即权利告知、程序启动、控辩协商、量刑建议（具结书），核心内容是控辩协商，落脚点在于量刑建议。另一方面，由于三个阶段实施认罪认罚的时点不同，主体不同，方式也不同，实施内容和效果也有所不同。侦查阶段实施认罪认罚，主体为公安机关和犯罪嫌疑人，公安机关告知犯罪嫌疑人相关权利义务，听取犯罪嫌疑人及其辩护人（值班律师）意见，对犯罪嫌疑人进行"认罪教育"，同时在起诉意见书中写明犯罪嫌疑人自愿认罪认罚的情况。因此侦查阶段，实施认罪认罚更多是为之后检察机关主导的控辩协商、量刑建议（具结书签署）做准备，检察机关应予提前介入，对公安机关实施认罪认罚的合法性、规范性进行指导和监督。既确保犯罪嫌疑人认罪认罚的自愿性，又确保案件事实和证据认定的准确性。公诉阶段则是认罪认罚的实质性推进阶段，检察机关既履行追诉犯罪之职责，也承担着搭建平台，实施控辩协商之责任，同时还肩负着诉讼监督等职责。在该阶段，相关参与主体为检察机关、犯罪嫌疑人及其辩护人（值班律师），内容涵盖了权利告知、程序启动、控辩协商、量刑建议（具结书）。该阶段实施认罪认罚更具全面性、深入性，不仅对犯罪行为之定性、定量影响更大，而且很大程度上决定了案件实质性处理结果。同样在庭审阶段，检察机关也应充分发挥实质性主导作用。一方面，控辩协商程序应当独立于法院的审判程序，另一方面，在具结书签订前提下，检察机关量刑建议一般应当得到法院认可。即法院不直接参与认罪认罚的量刑协商过程，只对控辩协商的结果即检察机关量刑建议作出相关审查，主要审查认罪认罚的自愿性、真实性，更多为形式审核。

（二）主导内容的两个方面：程序主导与实体主导

检察机关实施认罪认罚从宽制度，总体上是要在刑事案件日益增长背景下，解决刑事案件办理模式优化和司法效率提升等问题，即转变办案方式，优化办案程序，提升办案质效。而实现上述目标，检察机关需从办案程序和实体两个维度，履行好检察职能，承担相应主导责任。

1. 程序主导

检察机关实施认罪认罚从宽制度，程序上主要是实现办理刑事案件程序从简、进度从快。程序从简包括程序选择、程序简化和程序优化重组三层含义，从程序推进过程来看，主要包括程序启动、控辩协商（具结书签订）、量刑建议等实施流程。检察机关在上述方面都应发挥主导作用，承担主导责任。

一是程序从简，其具有三层含义。

首先是程序选择。检察机关履行认罪认罚告知义务，其类似于合同法上的要约邀请。犯罪嫌疑人、被告人可以根据自身情况作出是否愿意适用认罪认罚的意思表示，其类似于要约，检察机关是否同意实施认罪认罚类似承诺。一旦作出同意实施认罪认罚的承诺即等于检察机关将按照认罪认罚从宽制度要求审查处理案件。因此，检察机关对于是否适用认罪认罚具有最终选择权（决定权），这可理解为程序启动之主导作用。

其次是程序简化。检察机关享有公诉权，其在对案件进行审查起诉时，一方面通过缩短时间或者减轻量刑的方式换取犯罪嫌疑人对其犯罪事实的自愿供述，从而简化在法庭上的举证质证程序；另一方面通过起诉裁量权的行使，将一些情节较轻且犯罪嫌疑人真诚悔罪的案件纳入相对不起诉的范畴，从而避免所有案件均进入法庭审理程序达到为审判减压的效果，为实现以审判为中心的诉讼制度改革做好铺垫。

最后是程序优化重组。实施认罪认罚从宽制度，既需优化司法资源配置，又需优化诉讼程序流程。一方面，把最合适的司法资源配置到对应案件处置上，另一方面，坚持程序相称性原则，将诉讼程序的设计、运行与所处理的案件性质（犯罪之轻重），类别（犯罪侵害的客体，如未成年人犯罪等），罪行情节，犯罪嫌疑人、被告人的认罪悔罪态度、是否认罚等情形结合，适用最合适、最优化的程序予以处理。程序上的相称性要求在对刑事案件进行分流时，根据案件的具体类别及情形设计科学合理的程序规则。[1] 当前适用认罪认罚从宽制度更多还是围绕既有的普通、简易、速裁三类程序来进行选择性适用，对于有重大社会影响的案件和其他不宜适用速裁程序的案件可以适用普通程序或简易程序。《意见》第46条、第47条对认罪认罚案件适用简易程序、普通程序简易审理的情形作出规定。但是，无论是速裁程序、简易程序还是普通程序，均是在既有程序制度中作存量改革即选择性适用程序，一方面，认罪认罚所适用的案件分类和相应标准体系没有建立，认罪认罚适用于不同类别、不同性质特点的案件精细化规则不明晰，实际操作中尺度难以把握。另一方面，存量程序制度的优化重组与增强程序独立性改革没有有效协同，程序适用较为碎片化、随意化，不具有贯通性和一致性，不利于认罪认罚从宽制度的规范开展。

二是从推进认罪认罚从宽制度的过程看，认罪认罚适用脱

---

[1] 刘国媛：《认罪认罚从宽视角下刑事诉讼程序繁简分流》，载《人民检察》2019年第18期。其认为刑事诉讼程序的相称性是指诉讼程序的设计与运行应与所处理案件的性质、罪行严重程度、犯罪嫌疑人、被告人的人认罪悔罪态度等相适应，从而从案件进行合理处理。程序相称性是对司法资源进行合理配置，保证当事人付出的诉讼成本与其获得的程序利益相适应。

离不了刑事诉讼语境,其应在刑事诉讼整体层面推进,同时应当体现司法化、诉讼化特点。推进认罪认罚大致有三个方面,即程序启动、控辩协商、量刑建议。

程序启动是起点。单纯的认罪只是犯罪嫌疑人悔罪或对案件作出认罪的单方面意思表示,认罚也是一个相对专业和宽泛的概念。检察机关将综合考量犯罪嫌疑人、被告人的适用意愿,案件类型、特征以及对社会的影响等因素,决定是否适用该制度。

控辩协商是关键。事实上,犯罪嫌疑人、被告人可能由于不具备专业的法律知识而对认罪认罚的性质、幅度和后果难以进行准确、清晰的评估、预判,从而作出理性的认罪认罚行为。同时,认罪与认罚由于受限于各种客观原因在司法实践中往往难以始终保持同步性、自愿性,这就需要认罪认罚在一个相对规范、可控的程序制度下展开,控辩协商无疑是这样一个非常好的制度载体。首先,控辩协商提升了诉讼效率,检察机关通过案件分流将部分刑事案件引入控辩协商处理,不仅加快了审查案件的节奏,为以后法院审理案件减轻了压力,而且通过案件分流处置,特别是通过不起诉权运用,直接对部分案件进行终结处理,很大程度上节约了司法资源。其次,控辩协商给认罪认罚实施提供了一个可操作、可观测、可量化的程序平台。其不仅实现了控辩对接,控方、辩方、被害方对接以及控审对接,而且改变了传统控辩两级的对抗性诉讼结构,形成了一种新型的协商性刑事司法模式。[1] 这有利于彰显犯罪嫌疑人、被告人的主体地位,充分调动其认罪悔罪的积极性,变单一的控辩对抗为多维的、丰富的控辩协商合作结构。

---

[1] 郑肖垚:《检察官主导下的协商性司法》,载《四川警察学院学报》2019年第3期。

量刑建议是落脚点。控辩协商的目的是在控辩之间达成一致性意见或协议,主要就量刑的结果达成协议。一般是检察机关提出量刑建议的方案以征求辩方意见,如果辩方同意即签署相关具结书,检察机关根据具结书的内容向法院提出正式量刑建议。这个过程,检察机关也可征求值班律师或辩护律师以及被害人的意见,征求意见的目的,一是有利于更全面了解案情和知晓各方诉求,二是有利于追赃挽损,保护被害人和相关人合法权益,三是有利于解决刑事纠纷,缓和犯罪嫌疑人和被害人的矛盾,修复被犯罪破坏的社会关系。

最后是检察机关向法院正式提出量刑建议。检察机关提出量刑建议既是基于案件的事实和证据即"依法办",也是基于双方协商后达成一致的认罪认罚具结书即"依协商办",这体现了检察机关依法办案和依协商办案的有机统一,也充分表明检察机关作为国家追诉机关对双方达成一致的认罪认罚具结书的尊重和认可。从这个层面,法院对检察机关正式量刑建议的审核认可,既是对检察机关案件指控的合法性、正确性进行审核认可,也是对检察机关与被告人签订的具结书的认可,量刑建议是对协商量刑和依法适用法律量刑的综合考量。

另外,适用认罪认罚处理的刑事案件,强制措施的适用也是检察机关程序主导的一个重要内容。《意见》规定在审查逮捕阶段或批准逮捕后,犯罪嫌疑人如认罪认罚的,检察机关可以从羁押必要性审查这个角度,根据案件情况变化对强制措施进行变更,这对于激励犯罪嫌疑人、被告人认罪认罚,柔性处置犯罪也具有一定意义。

2. 实体主导

由于我国法律没有规定罪名协商,因此我们适用认罪认罚从宽制度仅限于量刑协商。但检察机关对犯罪嫌疑人、被告人的罪名、罪状、性质、情节等依法准确认定,不仅对于检察机关坚持宽严相济刑事政策,准确适用刑法予以定罪即检察机关既要确保认罪者系有罪之人且依法应当追究刑事责任,又应确保认罪名的准确性具有重要意义,[1] 而且对于检察机关收集、认定量刑证据,依法提出量刑建议或根据事实和证据依法作出起诉或不起诉决定具有重要意义,主要体现为:

一是就定罪而言,在法律适用和证据认定上,认罪在法律上有着深刻的含义和严格的要求,即认罪是以有罪为前提,并且以对认罪者依法应当追究刑事责任为条件。检察机关作为追诉机关首先是准确适用法律,正确把握案件性质,明确相关罪名适用的定性和定量,精准认定罪名。其次是严格按照证据的三性原则及客观真实性、关联性、合法性认定证据和事实。而上述两方面均对案件性质认定以及案件结果走向具有重要意义。

二是就量刑而言,检察机关实施认罪认罚从宽制度最终落脚还是量刑建议,主要依托控辩协商平台与犯罪嫌疑人、被告人就量刑进行协商,在确保准确认定事实和证据以及准确认定罪名的基础上,依法提出从宽处罚的量刑建议。当前检察机关正在为实施精准量刑建议而积极探索,精准是指检察机关一般应当提出确定量刑建议,即对犯罪嫌疑人适用主刑、附加刑的刑种、刑期以及刑罚执行方式提出明确的、确定的建议。同时,在认罪认罚案件中,检察机关应当重点考量量刑建议的合法性、合理性和合意性。[2]

---

[1] 顾永忠:《检察机关的主导责任与认罪认罚案件的质量保障》,载《人民检察》2019 年第 18 期。

[2] 杨宇冠:《认罪认罚从宽制度中量刑建议精准化的进路》,载《人民检察》2020 年第 7 期。

三是就案件结果处置而言，检察机关不仅对刑事案件具有重要分流和引导作用，而且在很大程度上决定了案件走向甚至处理结果。一方面，检察机关起诉及其提出的量刑建议对于案件实体判罚起着重要作用，因为法院一般应当采纳检察机关量刑建议。另一方面，检察机关不起诉权的运用也对案件起到相对的终结性效果，如检察机关运用不起诉裁量权，综合考量犯罪嫌疑人、被告人认罪认罚的态度、认罪认罚的时点、事实情节、控辩协商结果、刑事和解（谅解）等多重因素，决定是否对犯罪嫌疑人、被告人给予不起诉处理。

二、检察机关实施认罪认罚从宽制度存在的主要问题

全面深入实施认罪认罚从宽制度，需要检察机关切实履行好主导责任，但是主导不是决定，主导的目的在于给控辩双方提供一个更专业、规范的协商平台。主导也不是包办，更不是裹挟，而是要充分发挥协商和双向征求意见的重要作用，以犯罪嫌疑人、被告人自愿协商、自愿接受检察机关量刑建议为前提，从而保障刑事案件办理质效。但当前认罪认罚从宽制度无论是权力配置还是程序设计上均存在着一些问题，不利于检察机关发挥主导作用以及承担相应主导责任，亟待改革。

（一）认罪认罚从宽制度的实施具有局限性和滞后性

当前，认罪认罚从宽制度的实施过程中，各阶段之间缺乏贯通性和一致性。一是制度供给不足，规定较为分散，总体实施难以规范。一方面，现有法律只是规定了审前阶段（侦查、批捕和公诉阶段）如何实施认罪认罚从宽制度，没有规定在审理阶段如何实施，特别是没有规定检察机关如何在庭审中参与

和实施该制度,应发挥怎样的主导作用。另一方面,侦查阶段实施该制度的规范条文较少,内容也较单一。同时,侦查阶段和公诉阶段实施认罪认罚从宽制度,如何协同,检察机关如何发挥衔接作用等,制度上仍然存在空白。二是制度定位和功能不清晰。一方面,审前和庭审阶段实施认罪认罚从宽制度的定位不明确。另一方面,侦查阶段和公诉阶段未能体现该制度实施在不同阶段的特点和规律。三是制度实施有待统筹。检察机关介入侦查阶段实施认罪认罪的手段和方式有限,难以发挥实质性的主导作用,不仅对公安机关实施认罪认罚指导不足,对其办案过程的诉讼监督也不够,很难为后续认罪认罚从宽制度实施乃至案件判决等作出应有准备。另外,配套机制不足,特别是侦查和庭审阶段,公安和法院实施该制度的动力机制不足。公安机关在侦查阶段实施该制度,可能导致其放弃全面收集证据,法院在庭审中实施该制度则存在角色冲突,即法官既充当审判主体,又充当协商主体的一方,会影响法官的中立性和公正性。

(二)检察机关实施认罪认罚从宽制度的相关权力配置和程序设计有待进一步优化

检察机关实施认罪认罚,涉及检察权配置和程序优化两方面重要内容。当前存在一些问题。

权力配置方面,一是宏观上,权力配置不平衡。认罪认罚从宽制度实施中,检察机关侧重于案件实体化处理和诉讼进程的推进,而轻诉讼管理和诉讼监督权力的协同。检察机关通过履行审查批捕和审查起诉职能,将认罪认罚案件向诉讼纵深推进。但与此同时,对认罪认罚案件的分类别管理、分类分级实施上略显不足。监督层面,检察机关对公安机关和值班律师监督的弱化,也可能导致侦查阶段认罪认罚从宽制度实施不规范，由此导致认罪认罚的自愿性和真实性的"欠缺"，以及值班律师未能积极履职，无法有效保护犯罪嫌疑人、被告人之合法权益。二是重点环节方面，在检察机关主导的控辩协商和量刑建议中，体现的协商性和司法性不足，职权色彩较为浓厚。这一定程度上压缩了控辩协商空间，限制了平等有效的量刑磋商，降低了处罚弹性，不利于更好激励犯罪嫌疑人依法认罪认罚。听取意见权力配置上，检察机关单方面听取辩方、被害人以及其他主体的意见，具有典型的职权性和单向性特征，双向互动磋商不足。具结书签署上，检察机关无须签字盖章，犯罪嫌疑人、被告人对于检察机关的量刑建议，只能作出同意或不同意两种意见，其适用的实际是"要约+同意"职权式听取意见机制，对于不同意量刑建议或相关意见，可否要求检察机关予以调整，对此未作规定。另外，向法院正式提出的量刑建议其决策过程也不明确，特别是其中"依协商办"和"依法办"在量刑建议中的比例不甚清晰，这可能让放弃控辩对抗模式下的犯罪嫌疑人、被告人不能从中得到应有的、可预期的量刑减让，这对犯罪嫌疑人、被告人的人权保障是不利的。

程序优化方面，首先是程序适用模式具有局限性。一是对既有程序的选择性适用。检察机关实施认罪认罚更多的是在现有三种程序即普通、简易、速裁程序中进行"三选一"的选择性适用。二是对既有程序的简化适用。速裁程序事实上是简易程序的进一步裁剪，而对普通程序的简化适用，即普通程序简易审，也仅是组合优化、存量优化的一种表现。因此，总体上对于认罪认罚案件适用程序的独立设计及其独立的程序价值关注不足。其次是程序实施的顺序与逻辑存在现实误区。实践中犯罪嫌疑人、被告人作出认罪认罚的意思表示往往只是初步意向，要达成规范和有法律效果的认罪认罚，则需通过控辩协商才能达成量刑建议的一致性意见，从而为签订具结书打下基础。即控辩协商才是逻辑起点，量刑建议与具结书是控辩协商的程序果实。正确的顺序逻辑应当是通过控辩协商达成规范性和实质性的认罪认罚。最后是程序实施结构的司法化设计不足，存在程序走形式和程序被架空的风险。一是程序参与的主体不够多元化，听证式设计不足。关于参与主体，当前主要是引入辩护律师、值班律师等，而对公安办案人员、专业调解组织、公共利益代表（有些犯罪是损害公共利益的）等主体引入不够，且相关听证程序设计也不足。二是程序的互动性和协商性不足。受职权式磋商影响，当前主要是采取检察机关听取意见方式，可能导致选择性和单向性的听取意见，对控辩双方磋商的程序设计不够。三是对值班律师的功能定位存在偏差，现实中律师走过场，没有起到实质性的帮助和建议作用。[1] 四是权利保障及救济机制缺位，不利于保障诉讼主体的权利。如何适度限制司法机关权力，充分保障诉讼主体权益考虑还不充分。

（三）检察机关对案件实体处理的引导力有待进一步增强

首先，没有从整体上把握认罪认罚从宽制度对于案件实体处理的重要作用。当前无论是制度上还是司法实践操作中，对于认罪认罚存在拆分理解的情况，即认罪是什么，认罚是什么，认罪认罚又当如何处置，[2] 其缺乏从整体上尤其是程序上把握认罪认罚从宽制度对于案件实体处理的引导力。

其次，认罪认罚作为独立量刑情节运用不足。当前制度上没有明确认可认罪认罚可以作为单独法定的量刑情节，同时也

---

［1］顾永忠：《追根溯源：再论值班律师的应然定位》，载《法学杂志》2018年第9期。
［2］赵恒：《"认罪认罚从宽"内涵再辨析》，载《法学评论》2019年第4期。

不认可叠加情节之适用，这样一方面，认罪认罚对于案件的量刑不具有必然的从轻或减轻作用。另一方面，减轻处罚的效果不明显，特别是根据现有制度不能突破法定刑的限度进行减轻处罚，这样对刚性的法定刑限度遵守，可能导致从宽嫌疑人、被告人获得量刑优惠减让的预期不足，不利于激励其主动认罪认罚。

最后，规范、精准运用不起诉权不足。认罪认罚的案件是否可作不起诉处理，作什么类别的不起诉处理？现有制度规定不仅限制了不起诉权的运用，而且实体处理效果不明显，运用该制度的过程不具有可视化，从宽嫌疑人对自身的处理缺乏预期。主要是运用不起诉对案件的走向、结果导向不够，对犯罪情节认定，如叠加情节的适用对案件从宽处理作用不明显。叠加情节结合刑事和解、赔偿效果等可以给予检察机关较大的不起诉处理空间，比如，如何考量协商量刑情节和法定情节（自首、坦白等）在量刑建议中的分量，是否可在法定刑以下处理？越早认罪认罚的是否对应越轻的处罚？这个标准和度难以把握。

三、检察机关深化认罪认罚从宽制度实施改革的路径构建

认罪认罚从宽制度作为中国特色的刑事司法制度，有其自身的特点和价值目标，既涉及刑事诉讼司法结构调整，又涉及各方诉讼主体利益调整。关键是要树立正确的刑事司法理念，切实发挥其优化司法资源配置、提升司法效率和激励犯罪嫌疑人、被告人主动认罪等制度功能。进一步发挥检察机关的主导作用，主要可以下几个方面着力：

(一) 准确把握认罪认罚从宽制度的综合性刑事司法制度之定位

认罪认罚从宽不是某一种单一法律制度，而是集刑事实体和诉讼程序多种法律制度于一体的综合性刑事法律制度，可以说，认罪认罚从宽制度的适用是一项涉及面非常广泛的系统工程，既有刑事实体法、程序法层面的法律修改、完善，又有司法机制、体制的建构、调整和发展。它从实体上和程序上鼓励、引导、保障犯罪嫌疑人、被告人自愿认罪认罚并予以从宽处理、处罚，是由一系列具体法律制度、诉讼程序组成的法律制度的总称。在设计之初，认罪认罚从宽制度的目的是从实体法的角度将认罪认罚作为一种法定量刑情节纳入法律框架，用以鼓励被追诉人尽早认罪认罚，并在此基础上谋求诉讼程序的简化处理，优化配置司法资源。"认罪认罚"这一法定从宽情节具有很强的统括性，除了包含刑法中已有的自首、坦白等认罪激励情节外，还能将所有与"认罪"和"认罚"有关的被追诉人的主客观情节予以涵盖，如退赃退赔、给予被害人补偿、获得被害人谅解、协助恢复被破坏的社会关系和不良影响等，并且这些情节还在实践中随着犯罪形态的变化不断丰富和调整，体现了新时代国家治理犯罪方式的新发展。[1]

(二) 从刑事诉讼全流程视角，一体化实施认罪认罚从宽制度

一是结合不同诉讼阶段的特点和规律，采取适当的认罪认罚措施。不同阶段的诉讼功能有所区别，而且对各方诉讼主体的利益影响程度也是不同的。侦查阶段诉讼功能是发现犯罪行为，对涉嫌犯罪依法侦查，同时决定是否采取刑事强制措施，

---

[1] 陈卫东：《认罪认罚从宽制度的理论问题再探讨》，载《环球法律评论》2020年第2期。

其正处于代表国家控方的公安机关与犯罪嫌疑人之间最为强烈的对抗阶段。在该阶段，犯罪嫌疑人表示认罪认罚，其大多为概括性意思表示，这种宣示性表态仅具有形式上的意义，并无实质性或法律性内涵。因为规范意义上或者说实质性的认罪认罚应通过控辩全面深入协商方能达成。即认罪认罚是控辩双方谈判达成的，而非一方表态即可。因此，在侦查阶段，一方面，犯罪嫌疑人愿意适用认罪认罚从宽制度，检察机关应当提前介入，引导和监督侦查机关全面收集证据，确保认罪认罚建立在法定的证据和事实基础上，避免违反罪刑法定、不得自证其罪等原则，尤其是注重审查犯罪嫌疑人认罪认罚的自愿性，分析研判认罪认罪案件的走向，避免该制度实施偏离合法性方向。另一方面，公安机关应当发挥诉讼管理功能，对认罪认罚案件初步处理，作出管理上的分流，并为其预留专门的程序通道和制度处置空间，以规范流转认罪认罚类案件。如对认罪认罚案件在卷宗上作出标记，对公安机关实施的认罪认罚工作过程，包括检察机关提前介入的情况等予以记载留痕，归入诉讼卷宗，以专门的认罪认罚"案号"移送检察机关审查起诉，这样既可以清楚仔细记载认罪认罚的时点、相关情节及过程，保障犯罪嫌疑人权益，为以后检察机关更精准实施认罪认罚打下基础，也利于强化此项工作的标识性和显示度，增强其司法公信力。

庭审阶段实施认罪认罚从宽制度也应当采取符合其特点的方式。即如被告人在侦查阶段和审查起诉阶段均没有提出适用认罪认罚制度，其在庭审中提出愿意适用认罪认罚从宽制度，检察机关同意适用的，法院应当征求检察机关意见后中止审理，即将案件退回检察机关，检察机关按照认罪认罚从宽制度组织控辩协商，如果就量刑建议与被告人签订具结书，再由检察机关向法院依法提出正式量刑建议,法院按照认罪认罚相关程序审理。这既保证了认罪认罚从宽制度实施的一致性,又避免法官庭上组织控辩协商,因为角色冲突影响司法公正。

二是注重各个诉讼阶段之间实施认罪认罚的衔接和协同。侦查阶段实施认罪认罚侧重于给检察机关实施认罪认罚作铺垫,主要是为控辩协商做准备,既包括事实和证据的准备,也包括认罪认罚过程印证材料的准备,还包括案件管理分流的准备。检察机关审查起诉应首先审查犯罪嫌疑人是否在侦查阶段认罪认罚并适用认罪认罚程序,如在侦查阶段已经启动并适用认罪认罚(公安机关作出标记、留有适用认罪认罚过程之印证材料),检察机关应当仔细查看认罪认罚的具体情形,如犯罪嫌疑人认罪认罚的时间节点,是否自愿认罪认罚,辩护人或值班律师参与帮助的情况以及犯罪嫌疑人的诉求等,对该案是否继续适用认罪认罚,征求犯罪嫌疑人意见后作出研判。如认为符合认罪认罚从宽制度适用条件,可继续适用认罪认罚,对于先前在公安机关记载的认罪认罚之印证材料应当在公诉阶段组织控辩协商时予以参考,如根据认罪认罚的具体时点,认罪认罚后的供述及主动提供相关新的证据等,对其依法采取从宽处理,如可采取不起诉或依法提出从轻或减轻量刑建议。这就真正把侦查阶段和公诉阶段实施认罪认罚相互衔接,确保该制度实施协同一致。

同样,庭审阶段由检察机关主导实施认罪认罚,既是避免法院直接参与控辩协商导致其角色冲突,确保该项制度得到客观公正实施,也是为保障该制度得到一致性贯彻的必要举措。

(三) 优化认罪认罚从宽制度实施相关权力配置和程序配置

权力配置既包括宏观面上的权力配置,也包括重点环节的权力配置。宏观面上的权力配置,主要指检察机关实施认罪认罚应从诉讼、监督和管理三个方面加强相关权力配置，实现面上权力的平衡配置。即检察机关既应注重认罪认罚，特别是控辩协商的诉讼推进，也应注重对认罪认罚实施过程的管理，包括对流程的管理以及对案件的管理，确保认罪认罚在实施过程中管理有序。同时，还应加强对认罪认罚实施过程和结果的监督，即包括对认罪认罚实施合法性的监督，也包括对犯罪嫌疑人、被告人是否自愿认罪以及是否虚假认罪等监督，[1]当然对认罪认罚的廉政监督也是学界和实务界比较关注的问题，应当将专业监督和一般监督，内部监督和外部监督充分结合，避免认罪认罚可能出现的廉政风险。

重点环节的权力配置，主要针对控辩协商环节，确保点上的权力配置精准。一方面是弱化控辩协商的职权性，突出其协商性。首先，检察机关听取意见应当采取更加平等和双向的方式。检察机关听取被害人、犯罪嫌疑人、被告人、辩护人、值班律师等的意见，可采取"要约—调整—承诺"的方式代替现在的"要约+同意"机制。即如果犯罪嫌疑人不同意检察机关的意见或量刑建议，可以在控辩协商过程中要求检察机关作出调整后，再考虑是否承诺或同意。这样一来，"协商"将更具有实质性意义，而不流于单向地听取意见。其次，在具体司法处置权上（量刑建议权或不起诉权）较为清晰和标准化地配置"依协商办"和"依职权办"的比例关系，确保协商从宽得到落实，即从现在的"职权从宽"向"协商从宽"适度转型，关键是要建立"依协商办"的具体标准，进一步细化量刑规范和量刑标准，提高控辩量刑合意的可预测性。最后，应适度拓

---

[1] 周新：《公安机关办理认罪认罚案件的实证审思——以G市、S市为考察样本》，载《现代法学》2019年第5期。

展检察机关的法律帮助权。一是检察机关应主动开示证据。让犯罪嫌疑人或辩护律师有权全面、清晰地知晓控方掌握的事实和证据情况。二是检察机关所提供的值班律师，其权利范围应当有所扩展。即不限于见证和一般的法律咨询或帮助等权利，赋予值班律师辩护人的权利，即值班律师"辩护人"化,[1]为其阅卷、辩护等提供良好条件。另一方面是充分运用不起诉权与适度突破法定从宽幅度。首先是针对部分认罪认罚案件，充分有效行使不起诉权。如针对犯罪情节轻微的认罪认罚案件，被害人谅解的案件或者可修复社会关系的案件等均可以适用不起诉制度，依法不予起诉。其次是可适度突破法定量刑的幅度，对认罪认罚的犯罪嫌疑人提出减轻的量刑建议。如可将认罪认罚作为一个单独情节，综合案件犯罪事实和证据，依法在法定刑以下提出量刑建议，这样就可增加检察机关量刑减让的弹性幅度，更大程度地激励犯罪嫌疑人认罪服法。

程序配置上，则应当将优化认罪认罚适用程序与塑造独立性认罪答辩程序相结合，构建更加多元和多层次的认罪认罚诉讼程序体系。

一是优化诉讼程序。首先是根据程序相称性原则，分类、分级实施认罪认罚从宽制度。采取对案件分类和对案件情形分层等两种方式，匹配认罪认罚实施的司法资源和具体程序。案件分类方面，按照犯罪行为所侵害的客体大体分类，如侵害社会经济管理秩序类案件、侵害社会管理秩序类案件、侵害人身自由权类案件、侵害未成年人权益类案件等；按照犯罪的轻重分类，如严重刑事犯罪、较重刑事犯罪、一般刑事犯罪、较轻

---

[1] 汪海燕:《三重悖离：认罪认罚从宽程序中值班律师的制度困境》，载《法学杂志》2019年第12期。

刑事犯罪、轻微刑事犯罪；按照有无被害人进行分类，如有被害人的刑事犯罪，无被害人的刑事犯罪。这样区分的意义在于，对于不同类别、性质的刑事案件应根据其犯罪特点规律，采取对应的认罪认罚程序制度也将有一定差异性。如对于毒品犯罪和经济犯罪采取认罪认罚从宽制度其侧重点应有所不同，前者更偏重于犯罪矫正，后者则根据案件情况可能更偏重于追赃挽损，如果犯罪嫌疑人积极退赃，赔付效果好，又得到被害人、投资人谅解，则可以采取更加从宽和从简的程序机制予以处置。对于轻、重犯罪，未成年人犯罪类别等同样也存在上述问题，这都需要采取有所区别的认罪认罚程序。案件情形分层方面，则主要是根据案件的具体情形，采取差异化的认罪认罚程序制度。大体可以分为案件犯罪的形态情形和案件的具体情节情形两个层面。前者是指犯罪的预备、未遂、中止、既遂，因为不同的犯罪形态可以确定犯罪的危险性，不同的犯罪危险性显然应当有所区别地适用不同的认罪认罚程序。后者是指犯罪的情节、危害后果、社会危害性，如犯罪情节是否轻微，是否得到被害人谅解，社会关系是否得到修复及其修复的可能性等均可影响对其适用相应程序。检察机关应当将上述认罪认罚案件施以规范、精准的对应程序，当简则简，当宽则宽。

其次是优化控辩协商程序，增强协商的双向性和互动性。结合调查核实权的运用，探索建立证据开示程序和独立的认罪认罚自愿性审查程序。司法实践中，若犯罪嫌疑人获知的控方证据极为有限，不利于其自愿认罪认罚。有必要针对特定的认罪认罚案件探索设立证据开示程序，即在检察机关主持下，由控辩双方进行证据开示，双方达成较为一致的量刑意见，而据此提出的精准化量刑建议，利于法院采纳。同样，认罪认罚的自愿性对于该项制度的适用具有基础性意义，需要从程序设计上加强对认罪认罚自愿性的审查。

最后是将程序设计一简到底。通过简化起诉意见书，简化起诉书，简化判决书，简化审批程序，抓住认罪认罚从宽制度的核心和精髓是控辩协商与合意，其他一切程序设计要围绕这个核心，或为此做准备，或为此提供平台载体，或为此提供配套保障等。

二是设立独立性的认罪答辩程序。塑造独立性和专业性的程序应当是认罪认罚从宽制度的本质要求。当现有的三种程序制度，无论是从内部优化还是重组上均不能满足认罪认罚案件千变万化的情况时，就需要以控辩协商为核心，设计一套相对独立的程序制度。另外，认罪答辩程序还可和认罪认罚特别处罚机制相结合，以达到更好的刑事司法处置效果。

论认罪认罚从宽制度中检察官的主导作用[*]

潘金贵　王志坚[**]

2019年最高人民检察院工作报告首次提出检察官"主导作用"的概念。2019年4月，张军检察长在最高人民检察院干部业务讲座中再次强调要发挥好"检察官的主导责任"。可以说，检察官"主导作用"是对新时代背景下检察官在刑事诉讼中的地位和作用、工作目标和方向的高度概括。检察官肩负国家追诉执行者、刑事政策调控者、程序分流主导者、诉讼活动监督者、案件质量把关者等多重角色，理应承担认罪认罚从宽制度的主导作用，这在学界和实务界已达成广泛共识。[1] 张军检察长也直言"认罪认罚从宽制度是以检察官主导责任为基础的诉讼制度设计"。[2] 发挥好检察官的主导作用已成为"准确适用认罪认罚从宽制度，在更高层次上实现刑事司法公正与效率相统一"的关键点，[3] 故对认罪认罚从宽制度中检察官主导作

---

[*] 本文荣获"认罪认罚从宽制度理论与实务研究"征文活动二等奖。

[**] 潘金贵，西南政法大学法学院教授、博士生导师；王志坚，西南政法大学法学院博士研究生。

[1] 贾宇：《认罪认罚从宽制度与检察官在刑事诉讼中的主导地位》，载《法学评论》2020年第3期；胡铭、宋善铭：《认罪认罚从宽制度中检察官的作用》，载《人民检察》2017年第14期。

[2] 张军：《关于检察工作的若干问题》，载《国家检察官学院学报》2019年第5期。

[3] 胡云腾：《准确适用认罪认罚从宽制度在更高层次上实现刑事司法公正与效率相统一》，载胡云腾主编：《认罪认罚从宽制度的理解与适用》，人民法院出版社2018年版。

用展开深入研究具有深远意义。

一、认罪认罚从宽制度中检察官主导作用的重要意义

（一）有助于强化刑事诉讼中检察官的主导作用

从世界范围来看，在检察制度设立初期，检察官远谈不上刑事诉讼的主导者，主导刑事诉讼程序者实乃法官（包括预审法官）。1877年，德国刑事诉讼法引入检察官制度，在保留检察官公诉职能的同时将其改造为侦查程序的控制者和刑罚执行的指挥者，检察官由此成为刑事诉讼程序的"枢纽"。[1] 再后来，随着欧洲大陆预审法官被废除以及审前案件分流机制的兴起，检察官逐步成为"刑事程序的主人"，占据主导地位。[2] 检察官在英美法系国家被称为"法官之前的法官"，主导着审前协商，拥有影响定罪量刑的实质性权力；在大陆法系国家被称为"站着的法官"或"准司法官"，对于诉讼进程和案件结果都具有实质性抑或终局性的影响力。[3] 相较域外而言，早期我国检察官在刑事诉讼中的主导作用并不明显，自认罪认罚从宽制度实施以来，我国检察机关的主导责任才得到凸显。[4]

---

[1] 万毅：《论检察官在刑事程序中的主导地位及其限度》，载《中国刑事法杂志》2019年第6期。

[2] 陈卫东：《刑诉中检察官主导地位：形成、发展与未来——评〈美国和欧洲的检察官〉》，载《检察日报》2019年8月21日，第3版。

[3] 熊秋红：《域外检察机关作用差异与自由裁量权相关》，载 http://news.jcrb.com/jxsw/201904/t20190422_1992357.html，2019年11月8日最后访问。

[4] 汪海燕：《认罪认罚从宽制度中的检察机关主导责任》，载《中国刑事法杂志》2019年第6期。

《2020年最高人民检察院工作报告》指出，截至2019年12月，认罪认罚从宽制度的适用率达83.1%，量刑建议采纳率达79.8%。检察机关应以认罪认罚从宽制度为契机，进一步强化主导作用，努力形成大部分认罪案件由检察官处理、极少数不认罪案件由法官处理的刑事诉讼程序的二元化格局，这也契合以审判为中心诉讼制度改革的总体要求。

（二）有助于发挥认罪认罚从宽制度的分流功能

实施认罪认罚从宽制度的目的之一在于有效落实繁简分流，优化配置司法资源。现有权力结构中，检察官享有程序控制权，其不能局限于将案件诉至法院的"二传手"角色，更需要通过对案件的自由裁量而提早终止诉讼程序。[1] 可以说，认罪认罚从宽制度激活了检察官的主导地位，同时检察官主导作用的发挥也决定着认罪认罚从宽制度改革的成败。在现有刑事诉讼结构下，检察官是扛起案件分流大旗的最佳人选：一是因为检察机关具有承上启下的"地缘优势"，[2] 能够公正衡量不同价值的比重；二是因为起诉裁量主义的渐进流变，赋予检察官调配资源的合法手段。由此可见，检察官主导作用会直接影响案件分流的成效，进而影响认罪认罚从宽制度改革以及以审判为中心诉讼制度改革的推进。

（三）有助于保障认罪认罚案件质量

在刑事诉讼中，检察官作为侦查质量的评价主体，具有保证案件质量的责任。检察官应依法履行审查起诉职能，充分发挥审前、审中的主导作用，严把"证据关""质量关"，避免"过水面""流水线"的走过场做法，确保案件质量经得起法

---

[1] 李奋飞：《论检察机关的审前主导权》，载《法学评论》2018年第6期。
[2] 顾永忠：《贯彻认罪认罚从宽，检察机关具有"地缘优势"》，载《检察日报》2019年1月20日，第3版。

律的检验。认罪认罚从宽制度并未降低案件的证明标准,反之,检察官需要更加重视认罪认罚案件的质量审查:其一,由于犯罪嫌疑人认罪认罚,办案人员容易掉以轻心,忽视其中的质量瑕疵,最终酿成冤假错案;其二,认罪认罚案件一般采用速裁程序或简易程序审理,法院对案件事实不会进行实质性审理,除法定例外情形以外仅作司法确认,可以说认罪认罚案件的事实是由检察官最终认定的;其三,量刑建议的采纳率极高,可以说检察官的量刑建议直接影响认罪认罚被追诉人的定罪处刑。综上,检察官在认罪认罚从宽制度中的责任和使命重大,必须以此为标准切实发挥主导作用,严格审查案件事实,确保认罪认罚从宽制度的公正适用。

(四) 有助于构建中国特色认罪认罚案件处理机制

随着刑事案件数量的暴涨,"案多人少"的矛盾在各国都有所凸显。为此,各国刑事诉讼法相继确定了认罪案件的协商性处理机制。但由于法律传统、司法理念、诉讼模式、法律制度等差异,各国协商性司法的立法与实践均有所不同。如美国辩诉交易中,检察官享有广泛的自由裁量权,可通过变更罪名、降格指控、减少罪数、减轻量刑等来换取被告人作有罪答辩。德国认罪协商程序中,检察官可以减少对被告人多项指控中的若干指控罪名,也可能许诺在庭审中为被告人请求较轻的刑罚。[1] 我国认罪认罚从宽制度的发展不能照搬域外,必须立足国家实情、社会环境和法制土壤,开辟具有中国特色的认罪认罚案件处理机制。而构建中国特色认罪认罚案件处理机制,应以检察官主导作用为基准点和突破口,因为检察官被视为公

---

[1] 杨立新:《认罪协商制度之比较》,载胡云腾主编:《认罪认罚从宽制度的理解与适用》,人民法院出版社2018年版,第419页。

共利益的守护者,其自由裁量权直接决定了恢复性司法理念在我国能够实施的限度。

二、认罪认罚从宽制度中检察官主导作用的具体表现

(一)案件审查过程中检察官的主导作用

首先,检察官重点审查认罪认罚案件中犯罪嫌疑人的社会危险性。若采用非羁押性强制措施足以防止发生社会危险性的,检察官应作出不批准逮捕的决定。已被逮捕的犯罪嫌疑人选择认罪认罚,驻所检察官会及时进行羁押必要性审查,依法决定变更强制措施。在"捕诉一体"改革背景下,检察官应将审查批捕和审查起诉两项工作进行有机整合,[1] 既要最大限度发挥"捕诉一体"的优势,将逮捕审查向后延伸,将起诉审查向前延伸,又要防止两项工作的混同,避免够罪即捕、凡捕必诉的倾向。

其次,检察官严格把守认罪认罚案件的"证据关"。认罪认罚从宽制度并未降低案件的证明标准,依然要达到案件事实清楚、证据确实充分的要求。其一,对于案情较为复杂的认罪认罚案件,检察机关可适时提前介入,规范引导侦查机关及时全面收集、固定证据,就事实认定、证据补查、程序选择、法律适用提出意见建议。其二,检察官严格依照证据裁判原则对认罪认罚案件的证据体系进行审查。证据不足需要补充侦查

---

[1] 2018年11月,北京市检察机关刑事检察审查工作座谈会上,北京市人民检察院敬大力检察长提出"整合两项审查、突出实质审查、审查引导侦查"的基本思路,成为指导"捕诉一体"工作开展的方法论。

的，检察官积极引导侦查机关收集证据。检察官通过案件审查将审判标准不断向前传导，使侦查活动更加合法、规范，倒逼案件质量的提高。其三，检察官还主导侦查监督，依法处理侦查过程中出现的徇私舞弊、违反程序的行为。[1] 检察官将审查是否存在因暴力、威胁、引诱而非自愿认罪的，审查犯罪嫌疑人认罪认罚时认知能力和精神状态是否正常，审查犯罪嫌疑人是否理解认罪认罚的性质和法律后果。

最后，检察官努力实现刑事案件的有效分流。应然的案件分流机制呈"二级漏斗型"：是否提起公诉作为首层分流，被提起公诉的案件适用不同审判程序作为次层分流。由于首层分流功能弱化，大量案件进入审判程序，我国刑事案件分流机制呈"管道型"样态。[2] 认罪认罚从宽制度将起诉裁量权和程序建议权同时赋予检察官，由其统领二级分流机制。一方面，检察官充分发挥自由裁量权，依法作出不起诉的决定。检察官经审查认为，案件尚未形成完整证据锁链或未达到法定证明标准，即使犯罪嫌疑人认罪认罚，检察官也会依法决定不起诉。[3] 对于犯罪情节轻微，依照刑法规定不需要判处刑罚或者可以免除刑罚的，检察官可以充分发挥自由裁量权，大胆作出酌定不起诉的决定。另一方面，检察官正确履行程序建议权，主导构建有序衔接的多层次诉讼制度体系。除了提出程序建议以外，不少检察机关已在进一步探索内部工作机制的繁简分流。如北京市检察机关开展一年以下速裁案件不再撰写审查报

---

[1] 龚云飞：《检察机关在刑事诉讼中的主导责任——访中国政法大学教授樊崇义》，载《检察日报》2019年10月28日，第3版。

[2] 向燕：《我国认罪认罚从宽制度的两难困境及其破解》，载《法制与社会发展》2018年第4期。

[3] 陈瑞华：《刑事诉讼的公力合作模式——量刑协商制度在中国的兴起》，载《法学论坛》2019年第4期。

告，简易程序案件不再撰写"三纲一词"工作。东城区检察院在合理分工的基础上，制定案件办理指引，对四类案件探索填写"证据审查表"替代传统的审查报告。[1]

（二）量刑协商过程中检察官的主导作用

首先，量刑协商的启动由检察官主导。《认罪认罚从宽制度试点中期报告》显示，检察机关建议适用的认罪认罚案件占98.4%。[2]"两高三部"《关于在部分地区开展刑事案件认罪认罚从宽制度试点工作的办法》（以下简称《试点办法》）规定："对拟移送审查起诉的案件，侦查机关应当在起诉意见书中写明犯罪嫌疑人自愿认罪认罚情况。"可见，认罪认罚从宽程序一般是在审查起诉阶段启动的，且由检察官决定。此外，即使被告人在审判阶段选择认罪认罚，也需要由检察官与被告人进行协商，并提出量刑建议。[3]

其次，量刑协商的过程由检察官主导。从《试点办法》来看，量刑协商可划分为"权利告知—检察官提出量刑建议以及适用程序建议—犯罪嫌疑人及其辩护（值班）律师发表意见—双方达成一致并签署认罪认罚具结书"等过程。此间，检察官享有指控选择权、量刑建议权和程序建议权三项职权，负有告知义务、披露义务、说明义务三项义务。[4]

最后，量刑协商的结果由检察官主导。其一，量刑建议由

---

[1] 北京市人民检察院：《检察机关主导和主体作用例证指导》，中国检察出版社2018年版，第12页。

[2] 周强：《最高人民法院、最高人民检察院关于在部分地区开展刑事案件认罪认罚从宽制度试点工作情况的中期报告》，2017年12月13日。

[3] 陈瑞华：《刑事诉讼的公力合作模式——量刑协商制度在中国的兴起》，载《法学论坛》2019年第4期。

[4] 杨先德：《检察官在具体案件办理中的职责与行为界限》，载 http：//news.jcrb.com/jxsw/201904/t20190422_1992357.html，2019年9月29日最后访问。

检察官裁量提出。认罪认罚从宽制度试点以来,各地纷纷出台相关量刑规范,如厦门市集美区法院创立了"321"阶梯式从宽量刑机制。[1] 不过,各地量刑规范大多只是规定最高可以减少的幅度,具体量刑建议仍由检察官自由裁量。其二,检察官提出量刑建议后,值班律师很少提出不同意见,量刑协商的结果基本由检察官决定。笔者曾对 C 市 J 区检察院进行调研,发现认罪认罚案件中值班律师提出意见的比例仅有 8.6%,不足一成。其三,根据《试点办法》规定,法院一般应当采纳人民检察院指控的罪名和量刑建议,除非五种特殊情形。可以说,检察官提出的量刑建议基本决定了犯罪嫌疑人的刑罚。

(三) 法庭审理过程中检察官的主导作用

认罪认罚案件的庭审重点是核实认罪认罚自愿性、具结书内容的真实性及合法性,[2] 在此过程中检察官始终处于主导地位。

首先,检察官宣读起诉书并对量刑建议进行说明,必要情况下,还要对认罪认罚自愿性、真实性加以证明。法官在审查认罪认罚案件过程中,若认为可能存在被告人违背意愿认罪认罚的,或存在刑讯逼供等非法取证行为的,检察官应对认罪认罚真实性、自愿性加以证明。检察官可以举示讯问同步录音录像,也可以提请侦查人员、值班律师出庭说明情况。

其次,检察官在庭审过程中适时调整量刑建议。当被告人及其辩护人在庭上对案件事实或量刑建议提出异议,人民法院

---

[1] 所谓"321"阶梯式从宽量刑机制,即嫌疑人在侦查阶段认罪的,最多可以减少基准刑的 30%;审查起诉阶段认罪的,最多可减少 20%;审判阶段认罪的,最多可减少 10%。参见安海涛、李松荣:《找准撬动改革的支点——福建省厦门市集美区认罪认罚从宽制度改革调查》,载《人民法院报》2019 年 3 月 29 日。

[2] 苗生明、周颖:《认罪认罚从宽制度适用的基本问题》,载《中国刑事法杂志》2019 年第 6 期。

经审查认为异议成立的，或人民法院认为量刑建议明显不当的，检察官可以与辩方协商后，调整量刑建议。适用速裁程序审理的，检察官调整量刑建议应在庭前或者当庭提出。需要强调的是，现行法律规定了"先置调整程序"，即当法院认为量刑建议明显不当时，应告知检察机关调整量刑建议，检察机关拒绝调整或调整后仍然明显不当的，法院才可以依法作出判决。

最后，检察官在庭审过程中还要主导程序的转换。当庭上被告人翻供的，或是有其他影响定罪量刑情节的发生，依法不能适用认罪认罚从宽制度的，应当转换程序，检察官有权建议法院按照普通程序对案件重新审理。当检察官发现有不宜适用速裁程序审理情形的，应当建议人民法院转为普通程序或者简易程序重新审理。当检察官发现有不宜适用简易程序审理情形的，应当建议人民法院转为普通程序重新审理。

（四）庭后监督过程中检察官的主导作用

一方面，针对法院未依法采纳量刑建议的情况，检察机关可以提起抗诉，要求上级法院依法予以纠正。如某危险驾驶认罪认罚案件，检察院提出"拘役二个月十五日，并处罚金六千元"的量刑建议，犯罪嫌疑人同意并在具结书上自愿签字。一审法院未采纳检察机关的量刑建议，判处"拘役三个月十日，并处罚金八千元"。检察机关认为一审法院无故未采纳量刑建议，违反了《刑事诉讼法》第 201 条之规定，系适用法律错误，遂提出抗诉。二审法院审查后支持检察机关的观点，依法予以纠正。

另一方面，针对认罪认罚被告人"投机性上诉"，检察机关有权提出抗诉，要求上级法院加重量刑。如某强奸案件，犯罪嫌疑人周某认罪认罚，检察院提出"有期徒刑二年至三年"

的量刑建议，一审法院判处"有期徒刑二年"。后周某以量刑过重为由提起上诉。检察院认为，在证据没有任何变化的情况下，周某以量刑过重提起上诉，属认罪动机不纯，原量刑建议的基础已不存在，应对其处以更重的刑罚，遂依法提出抗诉。二审法院经审理后采纳检察机关的抗诉意见，依法改判周某"有期徒刑二年六个月"。

三、认罪认罚从宽制度中检察官主导作用的必要规制

（一）宏观规制：分工负责是基础，互相配合是重点，互相制约是底线

公、检、法三机关"分工负责、互相配合、互相制约"是我国刑事诉讼法确定的基本原则之一，[1] 是对公、检、法三机关关系的高度概括。有学者提出"确立检察官的主导地位必须要打破诉讼阶段论的藩篱，重塑刑事诉讼的纵向构造"，[2] 笔者认为，强调检察官主导责任绝不是要推翻三机关原则，而是为了更好地落实该原则，不能因为其实践中存在偏差而否认其应然地位。认罪认罚从宽制度中，三机关不仅应坚持贯彻"分工负责、互相配合、互相制约"的基本原则，而且还需进一步解释为"分工负责是基础，互相配合是重点，互相制约是底线"。

首先，"分工负责是基础"是为了强调认罪认罚案件中三

---

[1] 沈德咏：《论以审判为中心的诉讼制度改革》，载《中国法学》2015年第3期。
[2] 陈卫东：《刑诉中检察官主导地位：形成、发展与未来——评〈美国和欧洲的检察官〉》，载《检察日报》2019年8月21日，第3版。

机关应保持各司其职。检察官发挥主导作用的原因之一在于其具有承上启下的结构优势,但不能据此认为检察官可以非法干涉侦查权、审判权的行使。一方面,检察官在引导侦查人员调查取证的过程中,应坚持"适时、适度、适当"的总原则,注意在各自分工基础上,检察不能替代侦查,避免把引导、监督变成领导、指挥。[1] 另一方面,检察官在主导认罪认罚案件的过程中应尊重司法裁判权。以审判为中心诉讼制度改革要求以审判权为中心,以审判标准为中心。认罪认罚案件即使是检察官主导,也不可以超越审判权,仍然要接受法官的最终审核与认可。另外,认罪认罚案件的庭审过程较为简单,裁判结果也多受检察官的量刑建议所影响,但检察官并不能因此干涉法官的庭审指挥权和裁判决定权。

其次,"互相配合是重点"是为了契合认罪认罚从宽制度中合理配置司法资源的重要目标。相对于普通案件,认罪认罚案件应更重视审前阶段的检警配合,这对于提高诉讼效率、保障案件质量具有重要意义。[2] 针对认罪轻刑案件,检警配合需以提高诉讼效率为主要目标,完善审前检警联动机制,犯罪嫌疑人在侦查阶段认罪的,侦查机关应及时记录相关情况并提前通知检察机关。针对认罪重刑案件,互相配合应以保障案件质量为主要目标,检察官立足审查逮捕、审查起诉职能,提出补侦意见,全面、客观、及时收集与案件有关的证据,提高指控质量。当然无论如何,"检警互相配合"都不得逾越认罪认罚自愿性这一根本红线,必须从源头预防刑讯逼供。

---

〔1〕 北京市人民检察院"两主"作用课题组:《检察机关发挥审前主导作用问题研究》,载北京市人民检察院主编:《检察机关主导和主体作用例证指导》,中国检察出版社2018年版。

〔2〕 樊崇义:《"以审判为中心"与"分工负责、互相配合、互相制约"关系论》,载《法学杂志》2015年第11期。

最后,"互相制约是底线"是为了避免认罪认罚从宽制度适用中冤假错案的发生。从司法规律上说,互相制约主要是一种"递进制约",他们之间的职能关系不应当是平行的,而应当是起伏的,[1] 也就是说,检警之间主要是检察制约侦查,侦查一般不能反向制约检察,否则就会造成诉讼关系错位。一方面,检察官作为侦查质量的评价者,在审查起诉阶段应重点审查认罪认罚案件的自愿性和真实性,以此制约公安机关。前文已有论述,此处不再展开。另一方面,检察官提起公诉的认罪认罚案件,需接受刑事审判标准的检验,受其制约。认罪认罚从宽制度要坚持以审判为中心刑事诉讼制度的发展方向。[2] 因此,检察官在主导认罪认罚案件过程中也应始终受到以审判为中心诉讼制度改革要求的制约,在提高诉讼效率的同时必须保证案件质量。认罪认罚案件一般采用速裁程序或简易程序审理,庭审并不会对案件事实进行实质性审理,这就要求检察官将审判标准传导至侦查机关,依照审判标准严格审查,避免案件"带病"进入审判阶段。

(二)微观规制:保障认罪认罚程序的规范运行

检察官主导认罪认罚程序需以规范运行为前提,确保认罪认罚的自愿性和真实性。实践中已有不少检察院在努力推进认罪认罚程序规范化,如北京市通州区检察院牵头制定了《北京市认罪认罚案件办理流程工作指引》《认罪认罚从宽工作评估要素》《认罪认罚从宽制度立法建议稿》,并结合流程图使适用

---

[1] 顾永忠:《"以审判为中心"是对"分工负责、互相配合、互相制约"的重大创新和发展》,载《人民法院报》2015年9月2日,第5版。

[2] 胡云腾:《准确适用认罪认罚从宽制度在更高层次上实现刑事司法公正与效率相统一》,载胡云腾主编:《认罪认罚从宽制度的理解与适用》,人民法院出版社2018年版。

认罪认罚从宽制度的案件的办理流程一目了然。[1]

1. 规范启动认罪认罚程序

为保证犯罪嫌疑人认罪认罚的明智性，检察官在启动认罪认罚程序之前应及时、全面、客观地履行告知义务。首先，告知时间应当及时。检察官应当在收到审查起诉材料3日内告知犯罪嫌疑人享有认罪认罚的权利，认罪认罚可能导致的法律后果可以在告知权利时一并进行，也可以在有初步审查意见后再进行。其次，告知内容应当全面，包括认罪认罚从宽制度的内涵、适用条件、法律效果、诉讼权利、法定刑、可能判处的刑罚等。最后，告知方式应当客观。检察官不得采用威胁、引诱、欺骗等非法劝导方法，促使犯罪嫌疑人认罪认罚，必须保证认罪认罚的自由性。

2. 规范通知值班律师介入

一方面，明确讯问程序和认罪认罚程序的界限。实践中，检察官为了提高诉讼效率，一般是在讯问程序之后直接进入认罪认罚程序，因此有必要将二者适度分离。检察官询问犯罪嫌疑人是否同意适用认罪认罚程序，犯罪嫌疑人表示同意即进入认罪认罚程序。讯问程序和认罪认罚程序的笔录应当分开。

另一方面，规定认罪认罚程序启动之时即应通知值班律师到场，否则程序无效。只有在值班律师在场的情况下，检察官才可以进行权利告知、量刑建议磋商、程序选择等后续行为。

3. 规范主导控辩协商过程

首先，保障犯罪嫌疑人提出意见的权利。一方面，检察官应发挥主导作用，主动询问被追诉人对量刑建议的意见，并将

---

[1] 北京市人民检察院：《检察机关主导和主体作用例证指导》，中国检察出版社2018年版，第12页。

讯问、告知及听取意见的过程记录在案。另一方面,设立答复期限制度。犯罪嫌疑人在听取检察官量刑建议和程序适用建议之后,无须仓促作答,可有 3 日的思考期限。期限内犯罪嫌疑人可以寻求律师帮助,对量刑建议进行考虑和权衡,期限届满后作出是否同意的答复。[1]

其次,主动加强同值班律师的沟通协商。值班律师制度是化解控辩不平衡的极佳方案,为了解决值班律师的"站台效应",检察官应当发挥主导作用,促使值班律师积极发表意见。一方面,检察官应恪守诉讼关照义务,主动将值班律师的会见、阅卷时间提前,确保值班律师全面了解案情。在值班律师会见、阅卷后,检察官应主动与值班律师就案件的事实证据、程序选择等进行沟通、协商。另一方面,检察官可主动将值班律师参与、见证办案的时间提前至讯问阶段,这样既可以保证充分听取值班律师关于事实证据以及定罪量刑的意见,又可避免二次讯问,提高诉讼效率。检察官主动与值班律师进行沟通交流,能为实现自由、平等、合意、互利、互约的认罪协商提供空间和条件。

最后,积极探索量刑协商前的"证据开示"制度。平等协商是建立在双方掌握的信息基本对称的前提之下,而我国犯罪嫌疑人并不享有阅卷权,对案件事实和检察官掌握的证据材料一无所知,很难实现平等协商。事实上,一项有效的有罪答辩必须是在被告人了解"任何义务所具有的真实价值"之情况下作出的,检察官有义务在量刑协商之前将相关证据进行展示,

---

[1] 曾亚:《认罪认罚从宽制度中的控辩平衡问题研究》,载《中国刑事法杂志》2018 年第 3 期。

才可以保证有罪答辩的"明智性"。[1] 另外，认罪认罚从宽制度中开示证据还可以促使被追诉人真正的认罪伏法，实现法律效果和社会效果的统一。实践中已有部分检察院在认罪认罚从宽制度试点过程中探索"证据开示"工作，如北京市房山区检察院制定了《认罪认罚案件证据开示清单》，北京市大兴区检察院检察官会在值班律师的监督下，将在案关键性的客观证据进行提前开示。

4. 规范提出量刑建议

认罪认罚从宽制度的关键是量刑建议，直接影响犯罪嫌疑人的最终刑罚，因此必须强调检察官规范主导量刑建议的提出过程。第一，检察官在主导认罪认罚程序的过程中需严格依照相关量刑标准提出量刑建议，保证罪责刑相适应；第二，检察官应主动将相关量刑标准告知犯罪嫌疑人及其辩护律师、值班律师等，方便辩方针对量刑建议提出意见；第三，检察机关应充分发挥大数据优势，探索扩大适用类案量刑建议精准化的各类软件，以此适度限制检察官的裁量权。[2]

为了提高量刑建议的规范化程度，各地检察机关纷纷制定认罪认罚案件量刑参考标准，如北京市海淀区检察院会同海淀区法院共同制定《刑事速裁案件量刑参考意见》，北京市人民检察院第二分院形成了故意伤害、寻衅滋事、盗窃三类案件的《量刑建议审查备案表》，并牵头制定《常见罪名量刑建议参考标准》。

总之，检察官"主导作用"不是在权力上分主次，而是要

---

[1] 谢澍：《美国检察官是辩诉交易中的主导者》，载《检察日报》2016年5月31日，第3版。

[2] 陈卫东：《刑诉中检察官主导地位：形成、发展与未来——评〈美国和欧洲的检察官〉》，载《检察日报》2019年8月21日，第3版。

让检察官具有更重的责任意识，正确、充分地履职。[1]"主导作用"是对新时期检察职能的高度凝练，检察官应以此为指导，增强责任感、使命感、荣誉感，充分发挥检察机关在刑事诉讼中的职能作用，强化检察机关的司法权威和公正公平，保障以审判为中心的诉讼制度改革和认罪认罚从宽制度改革的顺畅运行。

---

[1] 张军：《关于检察工作的若干问题》，载《国家检察官学院学报》2019年第5期。

检察机关"主导责任"的表象与实质[*]

——以认罪认罚从宽制度为主要视角

路 旸[**]

检察机关在 2015 年提出审前"主导作用"的概念,其目的在于围绕以审判为中心的诉讼制度改革,构建以证据为核心的刑事指控体系和新型的诉侦、诉审、诉辩关系。[1] 2018 年中央政法委召开的全面推进司法改革推进会,将这一概念从审前扩展到刑事诉讼全过程,并将"主导作用"修正为"主导责任",意在减少原有概念之中对权力主次的强调,而凸显检察机关的责任担当。[2]

现有的"主导责任"的用法可以简要地分成四种方式:其一,将"主导"理解为对检察机关在刑事诉讼中所处重要地位的强调。这一观点认为检察机关在刑事诉讼中起到了承前启后的中坚作用,是主要的程序角色之一,甚至能够决定某些案件

---

[*] 本文荣获"认罪认罚从宽制度理论与实务研究"征文活动三等奖。
[**] 路旸,清华大学法学院博士研究生。
[1] 孙谦:《努力提升公诉水平 为全面依法治国作出新贡献》,载《检察日报》2015 年 7 月 22 日,第 3 版。
[2] 张军:《关于检察工作的若干问题》,载《国家检察官学院学报》2019 年第 5 期。

的实体性结果。[1] 其二，将"主导责任"作为一种检察机关在刑事诉讼各职能中主动积极履职的强调。由于检察机关在自身所负责的刑事诉讼各职能中都具备一定的主导性，可以区分出多种主导责任的类型，并以此为基础，强化检察官在履行职能中的主动性和责任意识。[2] 其三，将主导责任等同于在认罪认罚案件中的"检察权裁判"。这种观点认为检察机关"主导"的含义不仅包含一种"主动"履行职能的含义，更为重要的是包含了对案件的实质裁断或者决定性的权力，其对应的是认罪认罚从宽制度以及不起诉制度中的裁量权。[3] 其四，认为"主导责任"是对认罪认罚从宽制度中检察机关主动充分履职的一种描述。这种观点结合了第二种和第三种观点，但是仅认为检察机关在认罪认罚从宽制度的检察环节承担主导责任（程序性责任），而并非是指对案件结果的最终决定权。[4]

这四种不同用法都揭示了主导责任的某些重要的侧面，但是使用的不统一也模糊了"主导责任"的本质，使其在研究中逐渐变成了一种在任何检察职能中都能套用的"空壳"概念，影响了这一概念的解释力，也限缩了其在未来司法实践中的拓

---

[1] 万毅：《论检察官在刑事程序中的主导地位及其限度》，载《中国刑事法杂志》2019年第6期；贾宇：《认罪认罚从宽制度与检察官在刑事诉讼中的主导地位》，载《法学评论》2020年第3期。

[2] 张建伟：《检察机关主导作用论》，载《中国刑事法杂志》2019年第6期；樊崇义、熊秋红、李奋飞等：《检察机关在刑事诉讼中的角色担当》，载《检察日报》2019年10月28日，第3版；霍敏：《论检察官在刑事诉讼中的主导责任》，载《人民检察》2019年第19～20期。

[3] 赵恒：《论检察机关的刑事诉讼主导地位》，载《政治与法律》2020年第1期；赵恒：《量刑建议精准化的理论透视》，载《法制与社会发展》2020年第2期。

[4] 汪海燕：《认罪认罚从宽制度中的检察机关主导责任》，载《中国刑事法杂志》2019年第6期；刘华：《认罪认罚从宽制度下的检察官主导作用》，载《法治现代化研究》2020年第1期；李美福、李江：《认罪认罚从宽制度中检察机关主导作用的实现路径》，载《检察调研与指导》2019年第6辑。

展空间。因此，本文试图解决三个重要问题：现有的"主导责任"研究是否只是触及其部分表象？"主导责任"的实质究竟是什么？其对于认罪认罚从宽制度改革及其他检察实践能提供怎样的解释与指导？

一、检察机关"主导责任"的表象

在四种不同的定义方式中，第一种是对检察机关在刑事诉讼中地位的强调，更多具有一种宣示性意义，而几乎不具有对实践的具体指导价值。而第四种方式可以看成是第二种方式在认罪认罚从宽制度中的具体化和特定化，真正具有澄清价值的是第二种和第三种定义方式。因此，这一部分将第二种和第三种定义方式作为讨论的重点，反思两者对实践的指导意义及存在的不足。

（一）"主导责任"是否指认罪认罚从宽制度中的"检察权裁判"

第一种典型的思考进路是将"主导责任"界定为在认罪认罚从宽制度中的"检察权裁判"。这一进路源于对认罪认罚从宽制度中公诉权与审判权未来分配结果的预判，认为随着认罪认罚从宽制度的不断发展，检察机关将会通过认罪认罚具结协议、精准量刑建议等制度工具获得实质性的对案件结果的裁断权力。同时，在检察机关拥有的控诉权不断扩张，法院的审判空间被压缩的情形下，审判的重心开始向审前转移，检察机关将成为未来司法系统的中枢，而"主导责任"就是对这一权力转移过程的描述。这种观点的可取之处在于意识到了在从对抗型司法向协同型司法的转变过程中包含着一种司法权力转移的趋势，认罪认罚案件的高比例适用以及《刑事诉讼法》第201条规定的法院在一般情形下应当采纳检察院量刑建议的规定推动了检察机关地位的提升。[1] 同时，由于"主导责任"是在2018年提出，其与刑事诉讼法通过立法确立认罪认罚从宽制度在时间上具有同步性，这种逻辑上的先后关系似乎也具有某种强烈的暗示效果，而域外经验类似"替代程序"中检察机关的实体处分权力的强化似乎也为这一判断提供了依据。

但是，这一观点将"主导责任"与认罪认罚从宽制度进行严格绑定，带有较强的主观色彩，存在一些明显的问题：

第一，这种认识与"主导责任"概念的发展趋势相背离。提出检察机关的"主导作用""主导地位"到"主导责任"是一个概念适用范围不断扩大的过程，在2016年以前提出的"主导作用"更多是指在审前或者诉前阶段，2018年以后，这一概念扩展到庭审之中，而到2019年，新的提法表明"'主导责任'不仅体现在庭前，而且体现在审判期间，包括审判后检察官认为判决不当还要抗诉，执行阶段也是这样"。[2] 因此，这一概念事实上的适用已经扩张到整个刑事诉讼领域，将"主导责任"直接界定为检察机关在认罪认罚从宽制度之中的一种裁量权的扩张，与这一概念的发展趋势产生了第一重的背离。同时，"主导责任"的本意虽然包含有部分对检察官权力的描述，但是其并非争夺权力的主次，而主要是对检察官积极承担责任、正确充分履职的强调，这也是从强调"主导地位"到最终修正为"主导责任"的原因所在。而将其聚焦于认罪认罚从宽中的权力变化则过分凸显了检察权扩张这一维度，这是与概

---

[1] 张建伟：《协同型司法：认罪认罚从宽制度的诉讼类型分析》，载《环球法律评论》2020年第2期。

[2] 张军：《关于检察工作的若干问题》，载《国家检察官学院学报》2019年第5期。

念发展趋势的第二重背离。实际上，随着认罪认罚从宽制度的发展，"主导责任"的提法无法回避对"检察官裁量"这一现象的描述，但是后者仅仅是作为前者的一个子集而存在，并不是这一概念创设的全部目的。

第二，这种认识事实上直接对认罪认罚从宽制度进行了定性，会在某种程度上引发检察权与审判权的权力争议。认罪认罚从宽作为基本原则写入刑事诉讼法之后，对于这一制度的性质争议尚未达成共识。最典型的如对于《刑事诉讼法》第201条"一般应当采纳"条款的认识上产生了很大的分歧。有学者认为以教义学方法进行分析，在立法上和司法上并不存在有拘束力的"一般应当采纳"规则。这一规则在立法论上存在明显失误，对控审分离的刑事诉讼基本原则造成了相当程度的冲击。[1] 另一部分学者则认为在认罪认罚案件中的量刑建议是控辩协商的合意，具有司法公信力，同为司法机关的法院应受到其拘束。通过这种合意，事实上为量刑建议注入了"权利"的属性，使之有点类似于当事人之间的"调解协议"，尊重这个协议符合了诉讼参与各方对"可预期结果"的合理期待。[2] 上述争议体现了这一制度在设计及具体运行中的复杂性，如果将"主导责任"简单界定为检察机关在认罪认罚从宽制度中的"检察权裁判"，就是直接认可了检察官在这一制度中具有事实上决定案件结果的权力，而这将会引发控审权力争议，这绝非检察机关提出这一概念的本意所在。

---

[1] 黄京平：《幅度刑量刑建议的相对合理性》，载《法学杂志》2020年第6期；孙远：《"一般应当采纳"条款的立法失误及解释论应对》，载《法学杂志》2020年第6期。

[2] 董坤：《认罪认罚案件量刑建议精准化与法院采纳》，载《国家检察官学院学报》2020年第3期；郭烁：《控辩主导下的"一般应当"：量刑建议的效力转型》，载《国家检察官学院学报》2020年第3期。

第三，与"检察权裁判"相类似的"检察裁量权"的概念在我国早已出现，可以直接通过扩大其适用范围来描述检察机关在认罪认罚从宽制度中权力扩张的现象，而使用"主导责任"来描述反而导致原来清晰的概念模糊化。"检察裁量权"的概念最早被提出用于描述在起诉便宜主义之下裁量不起诉制度中的检察官权力，有研究者提出这一概念的范围应当包括批捕权、程序选择权以及民事行政案件之中的选择性起诉权和撤诉权。[1] 之后，随着附条件不起诉的出现，这一概念也被用在这种新型的不起诉制度上，因为与裁量不起诉一样，附条件不起诉也属于"在决定是否起诉的环节，人民检察院都有自由裁量决定的权力"。[2] 当认罪认罚从宽成为刑事诉讼法的基本原则之后，即使最终认可检察机关对案件结果的实质决定权，也可以直接通过扩展"检察裁量权"的概念来描述这一现象，这样就保持了概念的统一性与延续性。而"主导责任"这一语词本身就带有一定的模糊性，在理解上也存在颇多争议，用其来描述这一现象反而容易导致误解，进而对司法实践造成不利的影响。

（二）"主导责任"是否等同于检察机关在各职能中主动积极履职

第二种典型的思考进路是将"主导责任"等同于在刑事诉讼各职能中的主动积极履职的描述。相关研究几乎涵盖了所有检察机关的基本职能，包含自行侦查、审查批捕、自行补充侦查、提起公诉等诉讼职权，及立案和侦查监督、审判监督与执

---

[1] 罗金昌：《我国检察机关自由裁量权的完善及救济》，载《人民检察》2003年第6期。

[2] 陈光中、张建伟：《附条件不起诉：检察裁量权的新发展》，载《人民检察》2006年第4期。

行监督等诉讼监督职权，还有审查起诉与认罪认罚从宽制度中的程序选择职权。这种定义方式的积极意义在于，是对检察机关主要职能的重新梳理及其地位的重新确定，也反映了检察官在各职能中主动履职承担责任的要求。检察机关作为国家的法律监督机关，其宪法定位无疑是清晰的，在侦查部门转隶之后，适时提出检察机关在刑事诉讼各职能中的"主导责任"意在表明检察职能的多元化，在侦查权上的减弱并不影响其在诉讼、诉讼监督等职能中的主导性。同时，不起诉裁量权的强化及认罪认罚从宽制度中检察机关程序决定权的凸显，在事实上强化了其在审前的重要地位。只有打破检察官不愿行使酌定不起诉权的现状，才能真正实现繁简分流，减轻庭审的负担。而认罪认罚从宽制度作为一种有中国特色的协商程序，也进一步加强了检察机关的裁量权，使得决定案件结果的权力至少部分转移到庭前。[1] 这些权力定位的微妙变化都影响了检察官在这些职能中的角色与地位，以"主导责任"来统一描述这些变化有助于人们注意到当下司法改革中权力结构的整体调整趋势。

但是这种界定方式也存在过于笼统，对于制度改革缺乏启发性的不足，具体而言：

第一，这种定义主要是对于检察机关在刑事诉讼中的重要地位具有宣誓意义，但是却难以为改进司法实践提供指导。具体而言，对检察机关的各项职能冠以空泛的"主导责任"之名，一方面，并不能强化对当下制度的认知深度，另一方面，也对制度未来的发展无法提供有效的论证。比如，在最高人民检察院提出在庭审中的主导责任之后，对检察机关在庭审中的

---

[1] 万毅：《论检察官在刑事程序中的主导地位及其限度》，载《中国刑事法杂志》2019年第6期。

职能要求并没有明显的变化,分析的重点依然是从三个方面展开。其一,积极承担指控和证明责任,主导证据的收集、审查和运用。其二,提升庭审的应对能力,增加在交叉询问及法庭辩论中的"临场感"。其三,做好庭前准备与庭审演练,以增强在实际庭审中展示证据,说服法庭的论证技巧。[1] 而在20年前关于法官是否"主导"庭审的讨论中,这些内容同样是被强调的对象,如控方承担举证及证明责任,在庭审中要掌握证明与论辩的策略,庭审推进和证据调查的主动权要交给诉讼当事人掌握,等等。[2] 可见,这种语词的改变并没有真正对制度变革起到推动作用,而是通过一种"新瓶装旧酒"的方式对已有知识进行了重新包装。

第二,这种提法难以建构有效的支撑性概念,对不同检察职能的变化无法进行更为细致的解释。有研究者按照传统的诉讼阶段论将"主导责任"区分为审前主导责任、庭审主导责任和法律监督中的主导责任,或者根据检察机关在不同职能中承担的角色重要性将其分成"全过程中的主导责任"或"检察环节中的主导责任"。这些分类能帮助研究者更好地认识与区别原有的检察职能,也对于理解检察机关在不同职能中究竟"主导"了什么以及有多大的"主导性"具有启发意义,但是,其依然无法为检察职能的变化提供更为细致的解释和指导。以法律监督为例,刑事诉讼法规定了不少带有指令性的监督手段,比如通知纠正违法、通知立案,等等。但是监督效果却一直差强人意,究其原因,主要是因为检察机关的支配可能性不足,

---

[1] 樊崇义、熊秋红、李奋飞:《检察机关在刑事诉讼中的角色担当》,载《检察日报》2019年10月28日,第3版。

[2] 龙宗智:《法官该不该"主导"庭审——审判工作散论之一》,载《法学》1998年第11期。

除非被监督者配合，否则检察机关的监督意图就难以实现。[1]这一问题的解决仅靠区分出法律监督中的"主导责任"并无实质意义，而是要真正通过强化检察机关在法律监督中的权力保障手段来解决。建立"主导责任"与实质的惩戒权之间的联系才是"主导责任"能够真正指导实践的突破口之一。

二、检察机关"主导责任"的实质

"主导责任"是对于检察机关在刑事诉讼中地位的一个总体描述，但是这种描述并非是空洞的、宣示性的，而是可以具体化为不同的权力类型的。笔者通过三个不同的维度的比较，尝试确立"主导责任"的初步内涵，并通过这一内涵对检察机关未来的权力发展作出预测。

（一）界定实质内涵的三个维度

界定"主导责任"的概念可以从三个维度上进行展开，分别是语词涵义、官方话语、与检察学相关概念的比较。这三个维度之前研究者都有所涉及，但是将三个放置在一起进行比较分析更具实践意义。

第一，词典定义。通过词典能了解一个概念内涵中最核心、最稳定的部分。探究语词本身的含义是必要的，因为"我们不仅能看到语词……同时也看到了我们使用语词去谈论的现实。我们正是以语词的深刻认识来加深我们对现象的感

---

[1] 张相军：《论检察机关刑事诉讼监督手段和监督程序的完善》，载《烟台大学学报（哲学社会科学版）》2007年第4期。

知"。[1]《现代汉语大词典》对"主导"的定义基本一致，一般包含两层含义："主要的并且引导事物向某方面发展的"，以及"起主导作用的事物"。[2] 一般而言，前者作为形容词，描述一种主控并引导事物发展的功能，后者则一般作为名词，凸显的是事物的主导地位本身。当然对"主导"的理解不能仅以词典定义为依据，因为虽然一个语词有特定的、约定俗成而且受到权威性语义支配的工具性内涵，但是其仍存在很大的引申发挥的余地。通过词典，"主导"的两层含义可以得到确认，即检察机关引导刑事诉讼全过程的程序发展，并且在侦查活动、审前分流、庭审举证等活动中承担主要角色可以得到确认。但是，其在多大程度上，以何种形式发挥主控性的作用，以及如何理解这里的"主控性的"都需要通过其他文献进一步加以确认。

第二，相关机构的话语表述。关于这一概念适用范围的论述有："检察官在整个刑事诉讼中是承担主导责任的，这种主导责任不仅体现在庭前，而且体现在审判期间，包括审判后检察官认为判决不当的还要抗诉，执行阶段也是这样。"[3] 关于这一概念具体表现的论述有："主导责任主要表现在：一是追诉标准的主导。……二是证明活动的主导。……三是程序选择的主导。"[4] 而关于"主导责任"对责任的强调及对检察官能力的要求有："检察机关在诉讼中承担主导责任并不意味着

---

[1] [英] 哈特：《法律的概念》（第二版），许家馨、李冠宜译，法律出版社2011年版，第14页。

[2] 阮智富、郭忠新：《现代汉语大词典》（上册），上海辞书出版社2009年版，第149页。

[3] 张军：《关于检察工作的若干问题》，载《国家检察官学院学报》2019年第5期。

[4] 苗生明：《新时代检察权的定位、特征与发展趋向》，载《中国法学》2019年第6期。

'高人一等',也不意味着权力的无限扩张,而是要按照法定的范围和标准行使权力,保持诉讼结构的稳定和平衡。"[1] 关于认罪认罚从宽制度中"主导责任"的特殊性包括:"在认罪认罚案件的诉讼中……检察官的权力不仅仅是程序权,而且还包括相当程度的实体权。"[2] 从上述论述中可以总结出有关机构的话语表述的三个趋势:其一,"主导责任"并不单指审前阶段,也并非特指在认罪认罚从宽制度之中,而是贯穿整个刑事诉讼全过程;其二,"主导责任"并非强调地位的差别,而是强调权力、责任与能力的匹配,需要注意相应责任的承担及诉讼能力的提升;其三,在认罪认罚从宽制度中"主导责任"已经不仅是程序权力的主导,而且也包含了"相当程度"的实体权力,至于多大程度,在理论上还有可以探讨的空间。

第三,与检察学概念体系的连接。要认识与理解"主导责任"的概念,还需要把握其与检察学概念体系之中的联系。从比较法的视角看,德国及美国都出现过检察官主导刑事诉讼程序的提法。德国检察官的主导作用贯穿刑事诉讼全过程,他既主导着侦查程序,也在很大程度上影响着公诉的进程与结果,其可以通过公诉或类似起诉方式、程序停止及案件移交等途径终结侦查程序。[3] 而美国检察官的主导作用则主要体现在"选择性起诉"及"辩诉交易"这两项审前程序中,反映在检

---

[1] 苗生明:《新时代检察权的定位、特征与发展趋向》,载《中国法学》2019年第6期。

[2] 朱孝清:《认罪认罚从宽制度对刑事诉讼制度的影响》,载《检察日报》2020年4月2日,第3版。

[3] 施鹏鹏、褚侨:《德国:检察官在刑事诉讼中的作用》,载《检察日报》2019年5月15日,第3版。

察官权力上是证人罪刑豁免权、起诉决定权和辩诉交易权。[1]这两种主导作用恰好与当下中国司法实践中检察机关在刑事诉讼全过程中的主导性及在认罪认罚从宽制度中的特殊主导作用有着一种准确的对应,具有很好的借鉴价值。而从国内已有的相关概念看,"主导责任"与"检察裁量权"和"能动检察"的提法具有一定的关联性。"检察裁量权"在中国最早的提出主要是针对起诉便宜主义之下,我国检察官享有的酌定不起诉的权力,而随着我国不起诉类型的增加,这一概念也出现了扩大趋势。在认罪认罚从宽制度出现之后,这一概念是否应该覆盖于认罪认罚具结中的检察官作出精准量刑建议的权力存在一定的争议,这也是本文要进一步讨论的问题之一。而"能动检察"的概念则是在法院系统提出"能动司法"的大背景下检察机关提出的对应性概念,其实质并没有改变检察权的属性,而是对检察权积极、主动的本体价值的重述,也是对检察机关在各职能中履职的主动性的强调。[2] 其与"主导责任"的共性在于都反映了检察权的主动性特征,以及对检察机关主动积极履职的强调。

(二) 程序决定权与实体处分权的区分逻辑

从上述三个维度中,我们能够明显发现"主导责任"的概念所包含的两种不同的检察权面向。当下,检察权沿着这两个面向不断发展与分化。可以将"主导责任"定义为,检察机关所拥有的程序决定权与实体处分权的动态平衡以及二者对应的司法责任的总称。这一概念比"检察权的主动性"及"能动检

---

[1] See Alschuler, Albert. The Prosecutor's Role in the Plea Bargaining. University of Chicago Law Review, 1968, 36 (1).

[2] 陈丽玲:《正名"能动司法"——兼谈"能动检察"之本体价值》,载《广西师范大学学报(哲学社会科学版)》2016年第2期。

察"的概念更加具体，同时，也比"检察裁量权"有着更为开阔的内涵。其中，程序决定权是指检察机关启动、推进和终结有关刑事诉讼程序的权力，包括自侦案件中的立案侦查、管辖移送、莅庭公诉、诉讼监督等，诉讼监督作为刑事诉讼程序的纠错环节也应是程序整体的一部分。而实体处分权是指检察机关对被追诉人、被监督对象人身及财产的处置权，包括审查逮捕、酌定不起诉、认罪认罚从宽中的精准量刑建议以及未来与法律监督权配套的惩戒性权力等。将检察机关实体处分权与检察裁量权区分开来很有必要，因为裁量权更多是指检察机关对案件结果的直接决定权，基本是对不起诉权的描述。这一方面忽视了批捕权作为一种实体性权力的价值，另一方面也无法解释未来检察机关在认罪认罚具结以及法律监督刚性化之后可能拥有的实体的处置权。检察权的多元性质决定了其必然囊括多种性质的实体权力，对这些权力进行综合性的描述是必要的，因为程序性权力与实体性权力的运用原则、规制方式都存在本质差异，相应的责任承担也存在很大的不同。动态平衡则是指从一个较长的历史时期看，检察机关的程序与实体性权力此消彼长、保持稳定及平衡的状态，而总体权力及对应责任的稳定也意味着检察机关作为法律监督机关的宪法地位的长期稳定。

将检察机关在刑事诉讼中的主导权力区分为程序决定权与实体处分权，也意味着其所对应的"责任"方式的不同。在关于"主导责任"的讨论中，大多关注的是"主导"的内涵，鲜有对于"责任"的研究。与程序决定权对应的主要是一种事前责任，即在刑事诉讼程序的进行中积极主动履行职能的一种要求。这种责任是一种自我评价的责任，其是否履行得全面、到位是检察官对自身的要求，这种要求除了与责任心相关，也与检察官的自身能力有关，提升在自侦、莅庭公诉及诉讼监督中的能力是履行好这种责任的关键。而实体处分权对应的是一种事后责任，也就是与一般意义上的司法责任相对应。在涉及实体处分权的情形中，检察官的权力使用空间大，产生腐败的空间也随之扩大，因此需要设立完善的责任追究机制，保证检察官的违法行为得到及时纠正。[1] 如在不捕不诉及当下改革的认罪认罚从宽等司法实践中，通过对司法责任的强调以及对违反办案责任的情形进行专业认定和及时处罚，有助于缓解检察官被"围猎"的问题。因此，在区分权力类型的基础上同时区分责任的类型也具有重要的实践意义。

（三）程序决定权与实体处分权的动态平衡

在区分了"主导责任"下的程序决定权与实体决定权之后，可以通过这两个子概念观察和分析检察权的发展现状及未来的变化趋势。

第一，检察权在当下的发展趋势是程序决定权有所下降，而实体处分权不断上升。检察机关内设机构进行"捕诉一体"改革之后，表现出"四个一体"的特点，即侦监部门与公诉部门整合成了一个部门，批捕权与公诉权整合成了一项权力，办案权由同一主体行使，同时审前程序的司法责任也由同一检察官承担。[2] 同时，法律监督的刚性化、认罪认罚从宽制度中的精准量刑建议、检察引导侦查权的强化等都在某种程度上增加了检察机关的实体处分权。这一变化趋势反映在检察机关内设机构改革上，就是其设置由侦查、批捕、公诉、监督的程序法逻辑，变成了按照普通、重大、职务犯罪、经济犯罪等案件类型划分的实体法逻辑。

---

[1] 周新：《我国检察制度七十年变迁的概览与期待》，载《政法论坛》2019年第6期。

[2] 洪浩：《我国"捕诉合一"模式的正当性及其限度》，载《中国刑事法杂志》2018年第4期。

第二，检察机关的程序决定权与实体处分权总体保持平衡。典型的例子是检察机关免予起诉制度的取消的同时确立了不起诉制度。免予起诉制度的存废问题曾在 1996 年刑事诉讼法修改时被广泛讨论，根据 1979 年《刑事诉讼法》第 101 条规定，即"依照刑法规定不需要判处刑罚或免除刑罚的，人民检察院可以免予起诉"。而 1996 年《刑事诉讼法》修改之后将其改为第 142 条第 2 款，即"对于犯罪情节轻微，依照刑法规定不需要判处刑罚或者免除刑罚的，人民检察院可以作出不起诉决定"。[1] 而近些年，检察机关在侦查部门转隶之后，程序决定权出现了部分的削减，但是却又借此契机推动法律监督的刚性化，而所谓"刚性化"必然伴随着一定的权力属性，否则永远只能进行得到被监督者同意的"配合式监督"，因此，给法律监督配给相应的实体处分权是非常必要的。检察机关已经在这一道路上进行了一定的尝试，比如最高人民检察院在 2018 年发出"一号检察建议"，并通过持续的检查督导及对违法违纪人员的严肃处理来确保该项检察建议的具体落实。

第三，未来检察机关想要更好地落实程序决定权必须以更多实体处分权为基础。程序决定权与实体处分权之间遵循着一种"依附性定律"，即当检察机关内设机构的权力配置是以程序决定权与实体处分权相结合的形式出现时，程序的实施效果会更好。一方面，这是由于程序决定权的实施常常关涉其他机关的利益，如果没有一定的实体处分权作为保障，程序的推进便容易受阻。比如，在检察监督体系内部，立案监督和侦查行为监督的力度是最强的，正是由于这两项权力被内附于侦监部

---

[1] 周少元：《"免于起诉"的取消与"不起诉"的改革》，载《人民公安》1996 年第 11 期。

门，可以仰仗审查逮捕权所创造的威慑效应。[1]另一方面，更多的实体处分权意味着更重的司法责任，这样会倒逼对程序处置的要求，使其更加规范有序。从法理上说，产生一个符合和平、安全和正义等价值的好的结果是一个良好程序的重要目标之一，如果赋予检察机关某种"结果"的决定权也将为其在刑诉程序中行使权力提出更高的要求。比如，赋予检察机关酌定不起诉的权力之后，在审查起诉中对事实和证据的审查及相应的责任承担都有了更高的要求，反过来，这种压力也是部分地区检察机关不敢行使酌定不起诉权的重要原因。

三、以认罪认罚从宽制度验证"主导责任"的实质

认罪认罚从宽是反映检察机关"主导责任"的一种典型制度，只有为检察机关赋予更多实体处分权，才能帮助其更好地落实程序决定权，"检察机关在刑事诉讼全过程中承担主导责任"这一命题才能真正成立。

（一）对认罪认罚从宽制度中检察权性质定位的厘清

认罪认罚从宽制度中的检察权性质定位问题一直存在广泛的争议，将其完全定义为程序决定权或是"检察裁量权"都存在一定的不妥，当下最好的办法是将其认定为广义的实体处分权。不可否认的是，检察机关在认罪认罚从宽制度中提出的量刑建议对法院具有实质的约束力，这种拘束力体现在《刑事诉讼法》第201条的"一般应当采纳"条款中，这意味着检察机关在这一程序中的主导不再仅仅是程序流程的开启和终结，而

---

[1] 孙皓：《论检察权配置的自缚性》，载《环球法律评论》2016年第6期。

是能够对被追诉人的人身、财产权利有了实质的处置权，将其定位为单一的程序性权力明显不妥。同时，如果将其直接定位为"检察裁量权"，又与量刑建议本身的性质相矛盾，"建议"的提法从根本上决定了其并不具有对案件结果的直接决定权，最终的裁量还是应该由接受建议的机关来掌握，而且使用"裁量"一词也会招致审判机关的抵触和反感。最佳的方式是将其定位为广义的检察机关实体处分权的一种，既强调其具有明显的实体处置性质，与检察机关其他审前权力存在不同，强化检察官的责任意识，又能避开与审判机关在谁是"裁判者"问题上无休止的争议。

将检察机关在认罪认罚从宽制度中的权力定位为一种实体处分权，将会反过来强化检察官在引导相关程序中的责任意识和公正意识。精准量刑建议的"准实体性"需要相应的责任机制与其配套，在这一制度中，提出公允量刑建议的责任不再仅仅是检察官客观义务的"软要求"，而需要与一定的否定性后果相连。因为在"确认式庭审"中法官可能仅仅对具结书进行形式性审查，在排除了明显不当的情形后，不公允甚至不合法的量刑建议依然可能被"确认"为最终的量刑方案。检察官对这种类型的误判应承担相应的责任，具体评价可以交由检察官惩戒委员会进行认定和处罚。相比于非认罪案件中无罪率的考核指标，完善认罪案件的责任机制会促进检察官积极履行程序性权力。因为在少数检察官的头脑中尚存在重刑化思维，忽视那些有利于被追诉人的酌定量刑信息，导致提出的量刑建议偏重。[1]而且，在我国由于权力本位的诉讼理念和法定主义的职权行使

---

〔1〕 李奋飞：《量刑建议的检察主导评析》，载《苏州大学学报（哲学社会科学版）》2020年第3期。

方式的影响，控辩双方的协商空间被压缩，"协商"的过程很容易被控方所主导。实体决定权带来的责任强化将抑制检察官的追诉者倾向，保障程序性权力的公正行使。

然而，无论这一制度最终如何定性，检察权与审判权的分配格局为何，都不影响检察机关在认罪认罚从宽制度中的"主导责任"。很多研究者坚持认为裁判权只能由法院依法行使，定罪量刑作为审判权的核心内容，具有专属性，检察机关提出的量刑建议，本质上仍然属于程序职权。[1] 即使最终检察机关的权力被压缩到程序决定权的范畴，其依然在认罪认罚从宽程序中扮演着主导地位。从《刑事诉讼法》第 173 条、第 174 条、第 176 条的有关规定来看，检察机关在这一程序中具有不可替代的程序性主导作用，包括：告知犯罪嫌疑人享有的诉讼权利以及认罪认罚的法律规定；为值班律师的履职提供必要的便利；在辩护人或值班律师在场的情况下主持签署认罪认罚具结书；在认罪认罚案件起诉时提出量刑建议等。检察机关的职责贯穿了认罪认罚程序的整个环节，其在这一程序中的主导作用是毋庸置疑的。

（二）对认罪认罚从宽制度产生的积极影响

将认罪认罚从宽制度中的检察权定位为一种广义的实体处分权也将对这一制度本身的发展产生积极的影响。第一，对完善精准量刑建议而言，确定刑量刑建议的正当性天然得到证成。因为如果认可了检察官在这一制度中的权力是实体处分权，而对人身、财产权利的处置就需要是明确的，否则便缺乏了处分结果的确定性与可预期性，这也就意味着幅度刑量刑建

---

[1] 胡云腾主编：《认罪认罚从宽制度的理解与适用》，人民法院出版社 2018 年版，序言第 8 页。

议与这种权力在本质上相悖。也就是说，量刑建议范围和性质是否能够包含精准化的方式，不是取决于对于量刑建议的研究和考量，而是取决于对检察权属性的认定方式。

第二，一旦明确了精准量刑建议作出实体处分权的性质定位，就能反向消解认罪认罚具结中的很多程序性问题。在认罪认罚具结中，由于检察机关不仅具有信息、知识、技能等方面的优势，而且由于权力上的主控地位，使得"协商模式"很容易变成"听取意见模式"，使得被追诉人陷入不利地位。而实体处分权所对应的责任要求更高，类似于法官的错判责任，这就会让检察官更加谨慎对待具结的全过程，主要表现为：为被追认提供必要的释法说理与其他方面的帮助，给予被追诉人更长的同意时间和表示异议的权利。为被追诉人获得有效辩护提供咨询与帮助。减弱具结的行政化色彩，而保证具结书是控辩双方平等协商的结果，等等。[1] 实体决定权直接与司法责任挂钩的特点，决定了检察官需要像处理自身权利一样谨慎对待被追诉人的权利。反之，如果事实上赋予了检察官在认罪认罚中几乎完全的主导权力，但是却仅将这一权力定位为程序决定权，便会造成权责的分离，即审判机关对量刑建议事实上作形式化审查却又承担案件错误裁判的全部后果。

第三，将检察机关在认罪认罚从宽制度中的权力视为实体处分权也有助于这一制度与不起诉制度的衔接。在司法实践中，酌定不起诉制度的适用率普遍偏低，并且在较长时期未得到有效改观。承认认罪认罚从宽制度中精准量刑建议的实体处分性质，可以实现与不起诉制度在权力性质上的同构化。在犯罪情节轻微，依照刑法规定不需要判处刑罚或免除刑罚的情形

---

[1] 赵恒：《论检察机关刑事诉讼主导地位》，载《政治与法律》2020年第1期。

中，人民检察院可以作出不起诉决定。而对于构成刑罚处罚的轻罪案件，人民检察院通过精准量刑建议来完成实体性质的处分。这两种方式都是检察机关行使实体处分权的一种方式，其在审查起诉阶段的要求是相一致的：赋予检察官更大的权力，提升检察官在审查证据和判断事实问题上的能力，同时也对责任提出了更高的要求。不起诉与精准量刑建议也都是提高审前分流比例的手段，将这两种手段结合起来使用，才能有效发挥检察机关的主导责任，提升检察官的诉讼地位，赋予检察官充分的非犯罪化与轻罪案件的处置权，进而缓解法院的审判压力。[1]

（三）对其他检察职能的解释

检察机关"主导责任"概念的明晰化，不仅对认罪认罚从宽制度的性质定位和制度变革具有解释力，也能解释和论证其他检察职能的发展，这就赋予了这一概念更为长久的理论生命。

第一，羁押必要性审查制度与逮捕必要性审查具有同构性，两者都应作为检察机关主导的实体处分权的一种。在2012年《刑事诉讼法》第93条规定羁押必要性审查制度后，缺乏层次与结构使得这一制度在框架搭建之余，在理论研究与法律实务中遭遇多重困境。[2] 将羁押必要性审查定位为"诉讼监督权"或"羁押救济权"等程序性权力，不利于这一制度的长期发展。批捕权本质上也是羁押必要性审查的过程之一，其后的审查过程在条件上并无本质区别，都是围绕着逮捕的条件进

---

[1] See Erik Luna. Prosecutorial Decriminalization. The Journal of Criminal Law and Criminology, Vol. 102, No. 3, 2012.

[2] 陈浩：《羁押必要性审查：从"框架构建"到"梯度制衡"》，载《北方法学》2018年第2期。

行，包括证据要件、刑罚要件和社会危险性要件三个方面而展开的。可以说，每次审查都是一次独立的、对于被告人人身权利的决定，具有明显的实体处分权性质。将这一权力定位为实体处分权，可以帮助检察机关意识到其对应着更重的司法责任与更严格的外部监督，而非仅仅是自身可以任意决定使用的程序性权力。应将审查方式从内部审查向公开审查进行转变，采取公开听证的方式，积极接受外部监督。

第二，检察机关法律监督职能发展的最大瓶颈在于其权力属性凸显的困难。现有完善法律监督制度的方式主要集中于规范检察机关调阅审判卷宗、调查违法、建议更换办案人员、提出检察建议等方式。[1] 这些方式都为检察机关进行法律监督提供了便利，但是依然难以解决监督缺乏刚性的根本问题。究其原因，法律监督作为检察机关所主导的权力，一直被定性为程序决定权，也即检察机关启动、推进和终结监督程序的权力，因而提升监督实效性的手段都被限缩在程序上。将法律监督权由程序决定权向实体处分权进行转化是法律监督刚性化的基础，这一过程会加强检察机关在监督中的主导作用。

---

[1] 王守安：《法律监督方式与检察院组织法的修改》，载《国家检察官学院学报》2015年第2期。

六、认罪认罚从宽制度与当事人权益保障

认罪认罚从宽制度实施中被害人权利保障研究[*]

韩 旭[**]

一、问题的提出

我国刑事诉讼法虽经历次修改，被害人也获得了当事人地位，但整体上是以被追诉人为中心构建起来的，被害人诉讼权利保障不足的问题比较突出，以致出现了被追诉人权利与被害人权利保障严重失衡的问题。在认罪认罚从宽制度中，这一问题更加突出，表现在以下三个方面：

一是值班律师制度仅适用于被追诉人，对于没有委托辩护律师的被追诉人，值班律师可以为其提供法律帮助，被害人则不享有获得值班律师法律帮助的权利。被害人若要较好地维护自身权利，则需要聘请诉讼代理人（法定代理除外）。在认罪认罚从宽制度中，被害人也需要专业的律师维护其合法权利。例如，赔偿的数额和计算方法、就案件实体问题和程序适用表达意见权的代为行使。

二是被害人对是否适用认罪认罚从宽制度并无决定权。无

---

[*] 本文荣获"认罪认罚从宽制度理论与实务研究"征文活动一等奖。
[**] 韩旭，四川大学法学院教授、博士生导师。

论是"两高三部"《关于在部分地区开展刑事案件认罪认罚从宽制度试点工作的办法》，还是2018年刑事诉讼法，抑或是2019年10月"两高三部"出台的《关于适用认罪认罚从宽制度的指导意见》（以下简称《指导意见》），虽然规定被害人与被追诉人是否达成和解或者谅解协议，是量刑的关键性因素，决定从宽的幅度，但是被害人并无适用该制度的决定权。实践中的问题是，被害人尤其是经济条件比较好的被害人或者"为争一口气"的被害人，并不需要被追诉人及其家属给予经济赔偿，而是希望被追诉人能够被"从重"处罚。如此局面，如果对被追诉人适用认罪认罚从宽制度，被害人就会面临"人财两空"的窘境。若处理不妥当，还会引发"信访"等事件。

三是对于适用速裁程序审理的案件，被害人及其代理人难以介入发挥作用。长期以来，在我国刑事司法实践中，被害人的当事人地位并未得到重视，而经常被作为证据的来源。在普通程序中被害人作为当事人出庭的比例就比较低，在适用速裁程序审理的案件中，由于法院原则上应当采纳检察机关的量刑建议，且一般不进行法庭调查和法庭辩论，审理时间大大缩短，被害人及其代理人更无出庭的积极性和动力，被害人的当事人地位可以说是"名存实亡"。

四是在是否达成和解或者谅解协议的问题上，究竟应以被害人的意见为准还是以其代理人的意见为准，这涉及两种意见的法律地位问题，也是困扰司法实务的一个问题。笔者调研过一些检察院，适用认罪认罚从宽制度的检察官表达了对被害人权利保障的关注。认罪认罚从宽制度对被追诉人是"福音"，但最高立法机关和司法机关希冀通过被害人谅解来决定"从宽"幅度大小的善良初衷，在实践中遭遇了一些被害人的"抵制"。

二、被害人权利保障不周的可能原因

被害人权利保障不周在整个刑事诉讼中普遍存在，在认罪认罚从宽制度中尤甚。分析其原因，大体与下列因素相关：

一是检察机关作为公益的代表，代表国家处分追诉权。现代刑事理论认为犯罪是对国家公共利益的侵害，即侵害的是"法益"。然而，无论是公共利益还是"法益"，都是比较抽象的概念，而在诸如人身伤害等案件中，具体被侵害人的身体或者精神痛苦只有其自身"感同身受"，其他人是无法感受和体验的。因此，除了"无被害人犯罪"案件外，其他案件中检察机关作为"公益"的代表，并不能完全代表被害人的利益。被害人参与到追诉活动中来提出自己的诉求、陈述自己不幸的遭遇完全有必要。认罪认罚案件，因其"程序从简"和诉讼的高效，使被害人无法充分参与诉讼程序。

二是认罪认罚案件，无论是实体处理还是程序适用，很大程度上都是控辩双方协商合意的结果，被害人基本被排斥在程序之外，在该程序中并无"话语权"，无论是该制度的适用还是程序的选择，均是如此。

三是值班律师制度并未给被害人提供相应的法律帮助，在缺乏律师等专业人士作为诉讼代理人的情况下，其诉求带有一定的"盲目性"，他们往往会夸大所造成的损害，甚至出现"漫天要价"的问题，这就决定了被追诉人难以与被害人达成和解或者谅解协议，赔偿无法及时到位，被害人的身体或者心理创伤也难以及时得到抚慰。

四是被害人意见虽然对"从宽"幅度有影响，但是检察官关注更多的是犯罪嫌疑人的刑罚问题，而对民事赔偿关注不足，由此导致认罪认罚从宽制度适用中被害人更进一步地"边缘化"。即便是刑罚问题，在"从宽"幅度的把握上标准也并不统一，由此可能导致被害人新的不满。

五是赔偿并非保障被害人利益的最佳方式。且不说相当一部分的被追诉人并无经济能力，即便是有经济能力的被追诉人，被害人也未必需要其赔偿，赔偿并不足以减轻被害人的痛苦。刑事诉讼中的被害人应当区分为侵财类案件的被害人和人身伤害类案件的被害人。不同类型的被害人对赔偿的需求度和感受并不相同。"侵害人身犯罪中，赔偿并不是被害人的首要利益，被害人更愿看到罪犯受罚或防止罪犯再犯。"[1] 在侵害人身的认罪认罚案件中，被追诉人赔礼道歉、真诚悔罪可能比赔偿损失更适宜、更有效。但是，如何判断被追诉人是否真实悔罪则是一个难题，很难保证被追诉人不会为了获得"从宽"处罚的量刑优惠而赔偿损失或者"做做样子给人看"的赔礼道歉。

六是"案多人少"矛盾下的被害人权益保障工作的不足。检察官既要与被追诉人和值班律师或者辩护人进行认罪认罚协商，又要与值班律师到看守所签署认罪认罚具结书。无论是听取被害人及其代理人意见，还是做被追诉人的赔偿工作，都需要花费大量的时间和精力，在巨大的案件压力下，司法官在办理认罪认罚案件时就被害人权益保护是心有余而力不足。《指导意见》规定了公安司法机关有促进和解谅解的义务，第17条第1款规定："对符合当事人和解程序适用条件的公诉案件，犯罪嫌疑人、被告人认罪认罚的，人民法院、人民检察院、公

---

〔1〕［瑞士］古尔蒂斯·里恩：《美国和欧洲的检察官——瑞士、法国和德国的比较分析》，王新玥、陈涛等译，法律出版社2019年版，第149页。

安机关应当积极促进当事人自愿达成和解。对其他认罪认罚案件，人民法院、人民检察院、公安机关可以促进犯罪嫌疑人、被告人通过向被害方赔偿损失、赔礼道歉等方式获得谅解，被害方出具的谅解意见应当随案移送。"且在内设机构改革后，检察官还需承担羁押必要性审查的工作，也分散了其部分精力。从实践中的情况看，速裁程序是适用认罪认罚从宽制度的主要程序。依据刑事诉讼法的相关规定，适用速裁程序的案件审查起诉和审判期限均较短，在短短10天内，如此大量繁重的工作任务需要完成，确实有点勉为其难。这在一定程度上影响了速裁程序的适用。

三、被害人的意见与其代理人的意见法律地位分析

在认罪认罚从宽制度的适用中，当被害人的意见与其诉讼代理人的意见不一致时，究竟以谁的意见为准？这对是否同意适用认罪认罚从宽制度以及能否达成和解或者谅解协议尤为重要。有些检察官认为，诉讼代理人往往由律师担任，他们更容易作出专业的判断。因此，当被害人与其诉讼代理人意见不一致时，倾向于采纳诉讼代理人的意见。这种认识应当从法理上予以澄清。笔者认为，应当区分法定代理和委托代理两种情形。在被害人系未成年人时，其法定代理人的意见具有更高的法律地位。因未成年被害人心智发育尚未成熟，对事物的判断不及成年人，此时法定代理人的意见对该未成年人具有约束力。在认罪认罚问题上应当以法定代理人的意见为准。在委托代理的情形下，如果诉讼代理人向检察机关提出了不同于被害人的意见，如是否同意适用认罪认罚从宽制度、赔偿数额、是

否予以谅解等，此时检察机关应当征求作为被代理人的被害人本人的意见，如果其同意诉讼代理人的意见，意味着其放弃了自身意见；否则，应当以被害人的意见为准。根据代理的一般原理，对于诉讼代理人未经授权的代理行为，只有事后取得被代理人的追认，才能对被代理人产生法律效力。毕竟，代理不同于辩护，辩护人具有相对独立的自由意志，而代理必须在被代理人的意志之内行动，否则代理行为无效。

四、被害人"漫天要价"和被追诉人无赔偿能力的处置

被害人作为诉讼的受害一方，基于"复仇"和"趋利"动机，无论是作为证据信息的来源者还是当事人，都不可避免地存在夸大损失数额的可能。其中，不乏"漫天要价"。对此，《指导意见》规定，犯罪嫌疑人、被告人自愿认罪并且愿意积极赔偿损失，但由于被害方赔偿请求明显不合理，未能达成调解或者和解协议的，一般不影响对犯罪嫌疑人、被告人从宽处理。对此的应对方式是，由诉讼代理律师或者值班律师释法说理，告知其合法、合理的赔偿项目和数额，使被害人理性地提出赔偿请求，同时告知其根据现有规定，即使其未获得赔偿，只要被追诉人认罪认罚，仍不影响认罪认罚从宽制度的适用。这种告知，可以解决被害人因不懂法律而导致的"漫天要价"，使其采取务实的态度。在其作出"让步"的情况下，也许可以达成和解协议或者谅解协议，从而取得双赢的效果。当然，被追诉人及其辩护人也可以指出其请求的不合理之处，通过"协商"实现加害人与被害人新的平衡。有时，即便被害人提出合

理的赔偿请求，被追诉人尽了赔偿努力仍无法满足被害人的要求。此时，可考虑通过被追诉人制订切实可行的赔偿计划来实现，如通过在监狱服刑期间获得的劳动改造报酬来弥补自己的行为给被害人造成的损失。这既有利于被追诉人将来的改造，也有利于赔偿被害人的经济损失。此外，还可考虑采用以劳务折抵等其他方式弥补被害人的损失。例如，在破坏环境类犯罪中，当前普遍采用的"补种复绿"方式，就是一种较好的赔偿或者弥补损失的方法。

五、加强被害人权益保障的若干举措

在认罪认罚从宽制度的适用中，为了防止被追诉人与被害人的权益出现严重失衡，有必要采取以下措施：

一是给被害人提供免费的法律帮助。目前，我国的值班律师制度仅是为犯罪嫌疑人、被告人设立的。作为刑事诉讼的当事人，其有效参与程序离不开专业人士的法律帮助。被害人因犯罪行为遭受侵害后经济利益可能受到损害，如果再由其花钱聘请律师，以维护自身的合法权益，无疑"雪上加霜"。基于此，建议值班律师制度能够为被害人所用，被害人可以从值班律师处获得免费的法律帮助，以此减轻其经济负担。日本建立了被害人支援者制度（全国50个地方检察厅共配备了115名被害人志愿者）和被害人志愿者热线制度。[1]

二是保障被害人的知情权。知情权中的"情"包括两方面

---

[1] [日]田口守一：《刑事诉讼法》（第七版），张凌、于秀峰译，法律出版社2019年版，第210页。

内容：其一为指控犯罪的证据。代理律师与辩护律师一样享有阅卷权，但法律并未赋予被害人阅卷权。笔者认为，既然被害人系当事人，且行使控诉职能，理应赋予其了解检察机关指控证据的权利。只有了解指控证据，被害人才能协助检察机关，从而形成控诉合力，指控将更"有力"。而且，检察机关的诉讼行为也更易得到被害人的理解，比如检察机关作出"存疑不起诉"决定的理由。笔者始终认为，应当赋予被害人阅卷权，但是对案卷材料中涉及的敏感信息，可以令被害人签署保密协议，以平衡被害人知情权与其他诉讼利益的关系。在日本，不向被害人提供案件处理结果、审判日期、审判地点等案件信息，被认为不仅剥夺了被害人参与程序的机会，而且还会使被害人产生受刑事司法排斥的感觉。[1] 其二为程序进展，尤其是被追诉人被取保候审或者被释放的信息，目的是防止被害人遭受打击报复，对可能来自被追诉人的人身伤害及早做好防范。

三是强化对酌定不起诉的制约。随着认罪认罚从宽制度的深入推进，酌定不起诉比例将会有较大提升。为防止检察官自由裁量权的滥用，日本建立了检察审查会制度和准起诉程序，德国建立了强制起诉制度，我国刑事诉讼法规定了"公诉转自诉"制度。实践中，对犯罪嫌疑人决定酌定不起诉的，检察机关应当向被害人及时送达不起诉决定书，并说明不起诉的理由，便于被害人向上一级检察院申诉或者向法院提起自诉。《人民检察院刑事诉讼规则》第377条规定，不起诉决定书应当送达被害人或者其近亲属及其诉讼代理人、被不起诉人及其辩护人以及被不起诉人所在单位。送达时，应当告知被害人或

---

[1] [日] 田口守一：《刑事诉讼法》（第七版），张凌、于秀峰译，法律出版社2019年版，第209页以下。

者其近亲属及其诉讼代理人，如果对不起诉决定不服，可以自收到不起诉决定书后7日以内向上一级人民检察院申诉；也可以不经申诉，直接向人民法院起诉。

四是赋予被害人一定的程序选择权。笔者建议，被害人提起刑事附带民事诉讼的案件，如果在程序进行中赔偿不到位，或者被害人希望作为当事人参与庭审的，人民法院应当按照普通程序进行审理，以保障被害人的程序参与权。对于拟适用速裁程序审理的案件，法院应提前征求被害人意见，若被害人反对的，不应适用速裁程序进行审理。在瑞士，谈判协议应送至被害人，被害人应在10日内决定是否接受该协议，如果被害人不接受，检察机关必须按普通程序处理。[1] 我国《人民检察院刑事诉讼规则》第438条第5项规定，被告人与被害人或者其法定代理人没有就附带民事诉讼赔偿等事项达成调解或者和解协议的，人民检察院不得建议人民法院适用速裁程序。第269条第1款规定："犯罪嫌疑人认罪认罚的，人民检察院应当告知其享有的诉讼权利和认罪认罚的法律规定，听取犯罪嫌疑人、辩护人或者值班律师、被害人及其诉讼代理人对下列事项的意见，并记录在案：（一）涉嫌的犯罪事实、罪名及适用的法律规定；（二）从轻、减轻或者免除处罚等从宽处罚的建议；（三）认罪认罚后案件审理适用的程序；（四）其他需要听取意见的事项。"对于程序事项是否属于兜底条款规定的"其他需要听取意见的事项"，并不明确。

五是被害人应当参与控辩协商程序，并提出主张或要求。《指导意见》第33条第1款规定："犯罪嫌疑人认罪认罚的，

---

[1] [瑞士]古尔蒂斯·里恩：《美国和欧洲的检察官——瑞士、法国和德国的比较分析》，王新玥、陈涛等译，法律出版社2019年版，第250页。

人民检察院应当就主刑、附加刑、是否适用缓刑等提出量刑建议。人民检察院提出量刑建议前，应当充分听取犯罪嫌疑人、辩护人或者值班律师的意见，尽量协商一致。"这意味着控辩协商制度在我国的建立，尽管"协商"并非强制性的，而是鼓励和倡导性的，但是，被害人不能被排除在协商程序之外。既然被害人是当事人，应体现其对程序的处分权，并对裁判结果能产生实质上的影响。被害人参与进来，既可以说明赔偿是否已经到位、自己是否谅解被追诉人，也可以表达对被追诉人量刑的意见，从而制约量刑建议的提出。被害人参与协商程序是程序正义的重要因素。如果被害人不能参与协商程序，对其无疑是不公正的。另外，既然是否取得谅解和与被追诉人达成和解协议，是影响量刑的重要因素，就没有必要将被害人排除在程序之外。被害人的参与，对矛盾的化解也是有利的。这正是"恢复性司法"和"协商性司法"的价值所在。为了提高被害人的协商能力，其可以委托律师作为诉讼代理人，而且诉讼代理人也可以参与协商程序。经检察机关通知，被害人及其代理人不参加协商程序的，视为放弃权利，不影响控辩协商的进行。

六是被害人有获得国家保障基金经济补偿的权利。我国虽然建立了司法救助制度，但是许多被害人因条件所限，并未能获得救助。司法救助范围难以覆盖全部刑事被害人群体。[1] 对

---

[1] 根据《关于建立完善国家司法救助制度的意见（试行）》的规定，国家司法救助的对象包括：第一，刑事案件被害人受到犯罪侵害，致使重伤或严重残疾，因案件无法侦破造成生活困难的；或者因加害人死亡或没有赔偿能力，无法经过诉讼获得赔偿，造成生活困难的。第二，刑事案件被害人受到犯罪侵害危及生命，急需救治，无力承担医疗救治费用的。第三，刑事案件被害人受到犯罪侵害而死亡，因案件无法侦破造成依靠其收入为主要生活来源的近亲属生活困难的；或者因加害人死亡或没有赔偿能力，依靠被害人收入为主要生活来源的近亲属无法经过诉讼获得赔偿，造成生活困难的。第四，刑事案件被害人受到犯罪侵害，致使财产遭受重大损失，因案件无法侦破造成生活困难的；或者因加害人死亡或没有赔偿能力，无法经过诉讼获得赔偿，造成生活困难的。

于被追诉人经济能力有限，无法赔偿被害人遭受的经济损失的，可考虑由国家建立专门的保障基金对被害人给予补偿，以解"燃眉之急"。国家补偿后，保留对被追诉人的追偿权。

七是对于被害人既不接受赔偿，又要求对被追诉人从重处罚的案件，仍然可以适用认罪认罚从宽制度，但是应当赋予被害人及其代理人异议权和协商权。这是因为追诉权奉行"国家保留"原则，不能让渡给被害人。但是，此种情况下，司法机关应当考虑被害人的感受，从宽幅度不宜过大。《指导意见》第18条规定，被害人及其诉讼代理人不同意对认罪认罚的犯罪嫌疑人、被告人从宽处理的，不影响认罪认罚从宽制度的适用。犯罪嫌疑人、被告人认罪认罚，但没有退赃退赔、赔偿损失，未能与被害方达成调解或者和解协议的，从宽时应当予以酌减。"从宽酌减"固然能体现对被害人的保护，但是"酌减"的幅度应相对明确，以保障认罪认罚从宽幅度的大致统一。可以制定类似国外"量刑指南"的"量刑规范化意见"作为参考。如前所述，在协商程序中，被害人及其代理人应参与其中。一则被害方的意见可以得到充分表达，其权利可以得到更好的维护，也符合"兼听则明"的精神；二则体现直接言词原则，当面听取意见比书面听取意见效果更好；三则当事方均在场，检察官可以通过案件的集中办理，节约时间成本，缓解办案的压力。

八是司法人员应当切实保障被害人的隐私权，防止其遭受"二次伤害"。对于办案过程中了解到的被害人不愿公开的信息，司法人员应当保密。比如，在性侵案件中，应当对被害人的身份信息保密。

九是在未来的制度改进上可考虑引入附条件不起诉制度。目前的附条件不起诉制度，针对的是未成年人，未来可以扩大及成年人。对于法院可能判处罚金、管制、缓刑、拘役和一年以下有期徒刑的轻罪案件,检察官拟作出酌定不起诉决定的,可以设定赔礼道歉、赔偿损失、禁止接触等条件,只有实现了该条件,检察官才可以作出不起诉决定。如果被追诉人在规定时间内没有履行规定条件中的义务,检察官可以撤销原不起诉决定,予以起诉,以此对被追诉人形成威慑,促使其履行对被害人的义务。

权利与义务之间：
认罪认罚案件中被告人上诉权的必要限制[*]
——以 286 份认罪认罚上诉案件裁判文书为样本

张　琦[**]

完善刑事诉讼中的认罪认罚从宽制度，是党的十八届四中全会作出的重大改革部署。自试点以来，认罪认罚从宽制度对于提升司法效率发挥了重要作用。但认罪认罚案件中被告人的上诉权问题始终是困扰该制度的痼疾。被告人在获得了认罪认罚所对应的从宽处遇后，利用上诉不加刑进行"投机型"上诉的情况时有发生，与认罪认罚从宽制度的价值预期严重悖离。因此，对认罪认罚被告人的上诉权给予必要的限制，有利于在保障被告人基本诉讼权利的基础上，实现认罪认罚从宽制度的价值平衡，确保诉讼资源的有效利用。

一、现象：认罪认罚案件上诉问题现状

为分析认罪认罚案件上诉情况，笔者在中国裁判文书网

---

[*] 本文荣获"认罪认罚从宽制度理论与实务研究"征文活动一等奖。
[**] 张琦，河南省高级人民法院刑三庭四级高级法官。

上，以"认罪认罚"为关键词对 H 省 2019 年审理的二审案件进行筛选，共筛选出 363 个案件，排除上诉人声称自己认罪认罚，但实际上并未与检察机关进行量刑协商，一审未启动认罪认罚从宽程序的案件 65 个，仅检察机关提起抗诉，被告人并未上诉的案件 12 个，以剩余的 286 份有效裁判文书为样本进行分析。这 286 个案件均为一审适用认罪认罚从宽制度，被告人提起上诉的二审案件。

（一）认罪认罚后上诉仍然存在，但数量不多

从裁判文书网公布的裁判文书情况看，2019 年 H 省法院共审结认罪认罚案件 22498 件，其中被告人提起上诉 286 件，占比 1.27%，被告人上诉的同时检察机关提起抗诉的 31 件，占比 0.14%。

（二）事实认定和量刑成为上诉的主要理由

在全部 286 个上诉案件中，共涉及上诉人 306 人。否定全部和部分犯罪事实、认为一审对量刑情节考虑不足是主要的上诉理由，认为应当判处缓、免刑是醉驾上诉案件中的主要上诉理由。

认罪认罚被告人上诉理由

	上诉原因	样本数	占比
事实不清、证据不足	否定全部或部分犯罪事实	71	24.8%
	认为证据有瑕疵或对鉴定程序、结果有异议	14	4.9%
	认为一审认定罪名错误	12	4.48%
原判量刑重	认为应当判处缓、免刑	42	14.69%
	认为共同犯罪中的地位认定不当	29	10.14%
	认为量刑情节考虑不足	81	28.32%
	认为应当在量刑建议幅度的中线以下量刑	14	4.9%
	未采纳检察机关的量刑建议	6	2.1%

续表

上诉原因		样本数	占比
出现新事实、新证据	与被害人达成赔偿谅解协议	13	4.55%
	二审期间认罪认罚	23	8.04%
	社区矫正机关出具适格评估意见	4	1.4%
其他	家庭困难，老人孩子需要照顾	6	2.1%
	财产刑判罚不当（量刑建议中无）	4	1.4%
	留所服刑	16	5.59%

注：由于存在一名上诉人提出两个以上上诉理由的情况，因此各项总和超过样本总数。

（三）二审裁判结果以维持原判为主

在286个上诉案件中，维持233件，占比81.47%；改判52件，占比18.18%；发还1件，占比0.35%。在改判案件中，加重18件，改轻34件；维持原判的案件占了绝大多数。

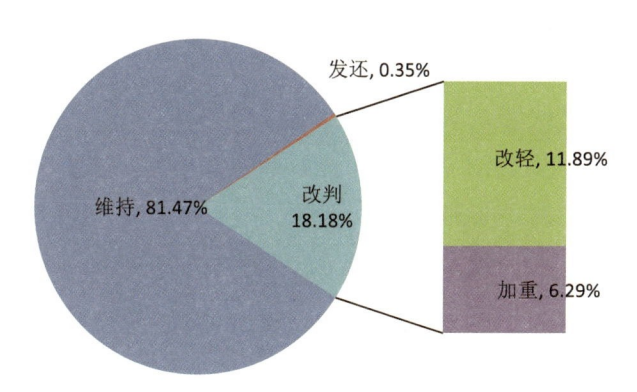

图1 认罪认罚案件二审裁判结果

二、反思：认罪认罚上诉案件中存在的三重悖离

（一）表面"认罚"与实质"认罚"的悖离

现象一揭示了被告人表面"认罚"与实质"认罚"之间的悖离。被告人虽然在一审期间同检察机关签署了认罪认罚具结书，同意量刑建议，经一审法院按照量刑建议量刑后，但又以量刑过重为由提出上诉。在286份样本文书中，除23份系二审期间认罪认罚外，其余263个案件中，被告人在一审期间均认罪认罚且与检察机关签署具结书，并基于认罪认罚获得了量刑上的从宽待遇。但仍有172个案件的被告人以量刑过重为由提出上诉，占比高达65.8%。

表面"认罚"与实质"认罚"之间的悖离导致认罚从宽被不当利用。对于一审采纳量刑建议的案件，除个别出现可能影响量刑的新事实、新证据外，被告人就量刑提出上诉，是对其所签署具结书的背弃，应当视为对认罪认罚的反悔，并因此不应再享受因认罪认罚而获得的量刑从宽。但在286个上诉案件中，检察机关同时提起抗诉的仅为31件。对于未提起抗诉的案件，受上诉不加刑原则的制约，二审法院无权对上诉人从重处罚。上诉人获得了因认罪认罚而享有的量刑从宽，但并未兑现认罪认罚的承诺，不利于认罪认罚从宽制度价值的发挥。

（二）所谓"认罪"与否认"犯罪"的悖离

现状二揭示了被告人所谓"认罪"与否认"犯罪"的悖离。被告人"认罪"并签署具结书，表明其承认犯罪，接受检察机关的指控事实。但从样本情况看，在286个上诉案件中因事实不清、证据不足上诉的有96件，占比33.5%，在这96个

案件中，更有71件系全部或部分否定犯罪事实，即有将近三分之一的被告人虽然在一审期间认罪认罚并签署具结书，但实际上其并不承认实施了全部或部分犯罪，这与其所谓的"认罪"是相互矛盾的。

所谓"认罪"与否认"犯罪"的悖离一定程度上反映了被告人认罪认罚的不慎重。无因上诉权和上诉不加刑的规定使得部分被告人在投机心理的作用下，采取"判前随意认，判后再救济"的方式，在已经获得量刑从宽的情况下，通过上诉获得更为轻缓的刑罚。

（三）无效上诉与提质增效的悖离

现状二和现状三揭示了无效上诉与提质增效之间的悖离。所谓无效上诉主要指留所上诉，即剩余刑期超过3个月的被告人为延缓或者避免到监狱服刑，进行无诉求的上诉以延长羁押时间的情形。从样本情况看，为留所服刑提出上诉的有16件，占比5.59%。此类案件的上诉理由往往只有"原审量刑重"一句，上诉人对一审认定事实无异议，至于量刑为什么重，是没有采纳量刑建议，还是量刑情节考量不足，均未具体说明。经逐案与承办人沟通后获悉，上诉人对一审量刑结果实际上是满意的，上诉目的仅为拖延时间以实现留所服刑。这些案件二审结果均为维持原判，但所耗费的二审审理时间则为10~45天。[1] 在案多人少的现实下，司法资源的稀缺性本就难以改变。将有限的司法资源用于重大疑难复杂案件的审理，真正实现繁简分流是包括认罪认罚从宽制度在内的一系列制度改革的初衷和价值所在。但利用二审程序所必需的审理周期产生的时

---

[1] 这里的审理时间指二审判决书落款时间与一审判决书落款时间之间的间隔，可能包含卷宗移送、检察机关阅卷时间等。

间差，人为造成诉讼程序空转以拖延诉讼，使本就稀缺的资源在这些细碎之处"流连忘返"，这甚至可以说是对认罪认罚从宽制度的一种亵渎。

三、争议：应否保留认罪认罚被告人的上诉权

鉴于认罪认罚上诉案件中存在的诸多悖离，有观点主张对于认罪认罚案件，特别是速裁案件应当实行一审终审，主要理由是提高司法效率[1]和被告人基于诉讼诚信原则对协商基础上形成的具结书的遵守[2]。然而，上诉权是被告人依法享有的一项基本诉讼权利，否定认罪认罚被告人的上诉权不利于保证认罪认罚的自愿性、真实性和合法性，也难以防范冤假错案，不利于实现司法公正。

（一）上诉权的固有属性决定了认罪认罚被告人的上诉权不应被完全否定

上诉权是法律赋予被告人的程序性救济权利，对于保障公权力在法定范围内正当行使具有重要意义。从上诉权的固有属性出发，完全否定认罪认罚被告人的上诉权具有不合理性。

1. 上诉权是请求权，否定上诉权就是剥夺了被告人自我救济的权利

根据《公民权利和政治权利国际公约》的规定，凡被判定有罪者，应有一个较高级法庭对其定罪及刑罚依法进行复审。

---

[1] 艾静：《刑事案件速裁程序的改革定位和实证探析——兼论与"认罪认罚从宽制度"的理性衔接》，载《中国刑事法杂志》2016年第6期。

[2] 最高人民法院刑一庭课题组：《关于刑事案件速裁程序试点若干问题的思考》，载《法律适用》2016年第4期。

因此，上诉权从本质上应当是一种复审请求权。被告人通过行使上诉权请求二审法院纠正一审判决可能存在的错误，以维护其正当权益。虽然对被告人来说，第二次审判不一定比第一次审判结果更好，但至少赋予了被告人以获得较为优良判决的机会。[1] 如果剥夺被告人的上诉权，那么就封闭了被告人请求纠正一审错误判决的救济途径，悖离司法公正的要求。

2. 上诉权是质疑权，否定上诉权就是剥夺了被告人对一审判决提出质疑的权利

对于一审判决结果，被告人有权提出质疑并要求二审法院予以释明。即使二审法院维持一审结果，至少也应当通过裁判文书释明维持的理由，对一审判决进行解释以回应上诉人的质疑。特别是对于一审法院没有采纳量刑建议或认定事实与起诉事实不同的案件，被告人的质疑权更应当予以保障，二审法院有义务向被告人释明一审判决认定的事实和据以量刑的根据。

从样本情况看，二审案件的改判率为18.18%，高于全省同期刑事案件二审改判率。这也说明，完全否定认罪认罚案件被告人的上诉权具有不合理性。

（二）二审程序目标价值决定了剥夺被告人上诉权可能存在司法风险

与一审重在查明案件事实的法律定位不同，二审程序系对案件的全面审查，不仅包括对案件事实的审理，亦包含对法律适用的判断，因此在价值目标上二者并不完全相同。否定认罪认罚被告人的上诉权就排除了二审功能的发挥，可能存在错判的司法风险。

---

[1] 周枏：《罗马法原论》（下册），商务印书馆2002年版，第997页。

1. 赋予认罪认罚被告人上诉权有利于发挥二审程序的纠错功能

二审程序的设置目的是通过纠正一审错误，防止审判权肆意。因此，纠错是二审程序的首要任务。在认罪认罚案件中，一审法院审查的重点是被告人认罪认罚的自愿性、真实性和合法性，而二审法院则是对案件进行全面审查。如果说一审法院的审查范围因被告人认罪认罚而限缩，那么二审则将其还原，更容易发现一审判决中的错误。从样本情况看，二审因认定事实错误改判的有 36 件，占比 67.9%，远远超过半数，二审纠错功能得到有效发挥，认罪认罚剥夺被告人上诉权将导致此类错判难以纠正。

2. 赋予认罪认罚被告人上诉权有利于发挥二审程序的救济功能

二审程序的救济功能是在其纠错功能上延伸出来的，通过纠错使上诉人获得救济。认罪认罚案件中，如一审法院不采纳检察机关量刑建议，那么否定被告人的上诉权将导致其救济无门。刑事诉讼法规定，对于检察机关的量刑建议，人民法院一般应当采纳。但量刑建议明显不当的，应当依法判处。根据该规定，法院经审理认为检察机关基于认罪认罚具结书提出的量刑建议不当的，如果检察机关不予调整，法院将直接依法判处，被告人在这个过程中不再具有参与协商的权利。法院的量刑也不再局限于量刑建议的范围，重于或轻于量刑建议均符合法律规定。如果说否定认罪认罚被告人上诉权的依据是一审判决的作出系基于控辩合意，那么在法院不接受量刑建议的情况下，否定上诉权的基础自然消失。同理，对于量刑建议中未提及的刑罚部分，一审判决的基础亦与量刑合意无关，被告人基于该部分量刑的上诉权亦不应被剥夺。

（三）有效辩护缺失的现实决定了剥夺被告人的上诉权难以保证认罪认罚的自愿性和真实性

认罪认罚从宽制度存在的正当性基础是被告人认罪认罚的自愿性、真实性和合法性。司法实践中，被告人通常缺乏能与公诉人相当的法律知识，因此，其在与检察机关进行量刑协商时往往很难判断量刑建议的合理性，具结书签署的自愿性、真实性和合法性难以保障。因此，认罪认罚从宽制度推行的一个关键就是保障被追诉人获得有效的法律帮助，以确保其认罪认罚的自愿性和程序选择权。[1] 基于此，2019年10月"两高三部"《关于适用认罪认罚从宽制度的指导意见》规定，犯罪嫌疑人、被告人没有辩护人的，司法机关应当通知值班律师为其提供法律帮助。然而，这只是从制度上解决了"有人辩护"的问题，"有人辩护"是否就能实现"有效辩护"，在"有效辩护"率难以保证的情况下，剥夺被告人的上诉权也难以保证认罪认罚的自愿性、真实性和合法性。

1. 律师资源不足导致辩护范围较窄

从样本情况看，全部22498件一审认罪认罚案件中，委托辩护人的为4731件，占比21%；依照法律规定获得指定辩护的为3051件，占比13.56%，[2] 即使将二者相加，有辩护人参与的案件也仅有7782件，占比34.59%，将近三分之二的被告人没有辩护人为其提供法律服务。从H省刑事案件数量和律师总数看，2019年该省一审审结刑事案件96145件，涉及被告人123522人，全省共有律师20734人，其中以刑事辩护为主的

---

[1] 吴小军：《我国值班律师制度的功能及其展开——以认罪认罚从宽制度为视角》，载《法律适用》2017年第11期。

[2] 此处指在指定辩护的案件中，大多为共同犯罪案件，部分被告人委托辩护，而其他共同被告人没有委托，依法为其指定辩护的情形。

律师约为 2100 人，如果实行强制辩护全覆盖，每个刑事辩护律师每年办理的案件数将达到 60 个，案件数量多与援助律师数量严重不足之间的矛盾突出。因此，强制辩护全覆盖在短期内难以实现，辩护范围窄的现状将长期存在。

2. 值班律师法律作用有限，辩护效果难以发挥

鉴于上述情况，刑事诉讼法规定了值班律师制度，并明确了其"提供法律咨询、程序选择建议、申请变更强制措施、对案件处理提出意见"的法律服务内容。然而，值班律师的"法律服务者"定位导致其调查取证权、会见权等诸多权利严重受限。加上待遇较差、身份歧视、案件数量大、服务临时性等因素，[1] 很多值班律师不能提供有效法律服务，沦为签署具结书的见证人。

3. 量刑问题的专业性导致"有效辩护"难以保障

在认罪认罚从宽制度开展以前，量刑一直被认为是法官的职责，检察机关和辩护人关注较少。之前开展的量刑规范化改革虽然也要求检察机关提出量刑建议，但由于该改革由法院主导，检察机关参与程度较低，且所提量刑建议一般也以较大的幅度刑为主，律师基本上没有参与。因此，相对于定罪，量刑的专业性更强。在检察机关都难以逐案提出准确建议的情况下，让律师提供"有效辩护"难度较大。综上，在"有效辩护"尚无法保证的情况下，难免出现被告人在理解错误、被欺骗或慑于检察机关公权力的情况下签署具结书，完全剥夺被告人的上诉权，将不利于保证认罪认罚的真实性、自愿性和合法性。

---

[1] 汪海燕：《三重悖离：认罪认罚从宽程序中值班律师制度的困境》，载《法学杂志》2019 年第 12 期。

四、破局：限制认罪认罚被告人上诉权的必要性

如果说认罪认罚被告人的上诉权应当予以保留，那么要破解认罪认罚上诉案件中诸多困境，只有对上诉权进行必要的限制。

（一）认罪认罚从宽制度的本质要求对上诉权予以限制

1. 放弃部分上诉权是"认罚"的应有之义

认罪认罚从宽制度的本质是被告人通过认罪认罚，放弃部分程序、实体利益，换取量刑上的从宽和程序上的从简。从本质上说，认罪认罚实际上是广义上的如实供述，其中的"认罪"因素完全可以被自首、立功、当庭自愿认罪等情节所涵盖。认罪认罚的被告人之所以能获取额外的量刑优待，核心在于其"认罚"，以及基于"认罚"所"忍受"的程序权利上的克减。这里的程序权利克减除了选择速裁或简易程序外，也应当包含有限的放弃部分上诉权。

2. 放弃部分上诉权是签署具结书的附属结果

与自首、坦白等一般意义上的如实供述不同，认罪认罚案件中固定被告人认罪认罚的法律文件不是讯问笔录，而是具结书。控辩双方基于量刑协商签署的具结书具有"司法契约"的性质，对控辩双方均有约束力。因此，基于诚实信用的契约精神，控辩双方均不得随意反悔。即被告人对于与具结书不矛盾的判决不应提出上诉权，是其因自愿受具结书约束的必然后果。

（二）赋予被告人有限上诉权是落实庭审实质化的必然选择

与认罪认罚从宽制度改革同时开展的还有以审判为中心的

诉讼制度改革。如果说前者着眼于诉讼效率，那么后者就更多专注实体公正。对于普通刑事案件，特别是被告人不认罪、案情重大复杂的案件，通过庭审最大限度地查明真相，让控辩双方充分辩论，以精细化、专业化的庭审，最大限度保障被告人权益，提升法院裁判的权威性。落实庭审实质化需要大量人力物力的投入，耗费大量司法资源。为了将有限的司法资源集中用于重大疑难案件的审理，促使庭审实质化效果的发挥，刑事诉讼法确立认罪认罚从宽制度，并在被告人认罪认罚的基础上适用速裁程序、简易程序等，保障案件的繁简分流。赋予认罪认罚的被告人有限上诉权，只对有实质性上诉理由的案件启动二审程序，排除无效上诉案件的干扰，以保障在一审程序中实现的繁简分流效果不至于因为无效上诉而功亏一篑。

此外，庭审实质化的重点是强调庭审在认定案件事实上的关键作用。诚如前述，一二审程序在审级功能定位上完全不同，价值目标设定也各有侧重。一审更注重查明事实，二审则是全面审查，主要是纠错。因此，二审可以采用书面审理的方式，庭审实质化应当主要体现在一审庭审中。一定程度的限制被告人的上诉权，有利于防止被告人在一审期间随意表态，到二审才积极开展有效对抗，人为将二审程序异化为一审程序，从而使审级功能错位，影响一审庭审实质化功能的发挥。

（三）赋予被告人有限上诉权有助于实现认罪认罚从宽制度的价值目标

提升司法效率、节约司法资源是认罪认罚从宽制度的价值目标之一。如果对被告人的上诉权不加限制，只要不服一审判决就可以提出上诉，上述价值目标就很难实现，因被告人认罪认罚而节省的司法资源也将因二审程序的随意启动被抹杀。因此，一定程度上限制认罪认罚被告人的上诉权，由一审法院对被告人的上诉理由进行审查过滤，仅允许就确实影响一审判决结果的程序和事实认定问题提出上诉，有利于避免因无效上诉导致的二审资源流失，也有助于上诉人提出明确具体的上诉理由。

此外，从类似认罪认罚从宽制度的域外考察情况看，出于诉讼效率的考量，无论英美法系还是大陆法系，对认罪认罚案件的可上诉范围均进行了限制。[1] 虽然笔者不赞同"言必及英美"，但这至少表明对认罪认罚被告人的上诉权予以限制已经是当下世界司法实践中的普遍做法。

五、构建：有因上诉制度的初步构想

如果认罪认罚被告人的上诉权应当受到限制，那么应当以什么为标准对上诉权进行限制就成为讨论的核心。笔者建议，以二审处理方式的不同对上诉理由进行分类，通过限制部分上诉理由缩小认罪认罚上诉权范围，并通过相关配套制度的设计建立适用于认罪认罚案件的有因上诉制度。

（一）上诉理由的分类

即使在同意对认罪认罚上诉权进行限制的观点中，对于如何限制仍存在分歧。有观点认为，应当以刑期长短或适用程序为标准对是否享有上诉权进行划分，被判处一年以下有期徒刑或适用速裁程序的被告人不应享有上诉权。[2] 然而，轻罪与错案并非排斥关系，即使最轻微的醉驾案件，仍有顶包认罪导致

---

[1] 孙长永：《比较法视野下认罪认罚案件被告人的上诉权》，载《比较法研究》2019年第3期。

[2] 李本森：《刑事速裁程序的司法再造》，载《中国刑事法杂志》2016年第5期。

错案的先例。因此，以刑罚轻重和适用程序作为划定上诉权范围的标准在科学性上存疑。以二审处理方式对上诉理由进行界分，仅允许被告人以部分上诉理由提起上诉的分类方式更具有可操作性。

根据我国刑事诉讼法的规定，对于上诉、抗诉案件，应当根据不同情形，分别维持原判、改判或者发回重审。根据二审处理方式的不同，被告人的上诉理由可以大致划分为当然的上诉理由、可能的上诉理由和排除的上诉理由。

1. 当然的上诉理由

刑事诉讼法规定，第一审法院的审理具有违反法律规定的诉讼程序的情形的，应当裁定撤销原判，发回重审。因此，审理程序违法侵犯了被告人的基本权利，不论被告人是否认罪认罚，其均具有当然的上诉权。这类情形包括但不限于一审判决违反公开审判的规定，违反回避制度，管辖权错误，没有为被告人安排援助律师或值班律师，审判组织不合法，存在刑讯逼供，错误适用速裁、简易程序等。同时，认罪认罚的前提是自愿、合法，如果被告人有证据证实具结书是在被欺骗、胁迫的情形下签署的，也应当具有当然的上诉权。

2. 可能的上诉理由

我国刑事诉讼法规定，原判认定事实没有错误，但适用法律有错误或者量刑不当的，应当改判。事实不清、证据不足的，应当发还或在查清事实的基础上改判。因此，被告人对一审认定的事实、量刑有异议的，可以提出上诉，但应当有所限制。

一审法院认定的事实并未超出起诉事实，量刑亦在量刑建议幅度内的，说明一审判决未超出量刑协商的范围，被告人以事实认定和量刑问题提出上诉的权利应予排除，除非其有证据证实认罪认罚的自愿性、真实性和合法性存疑。

一审认定事实超出起诉书范围，或者一审判决后出现新事实、新证据，或者一审判决未采纳量刑建议或者判决中存在量刑建议中未涉及的量刑部分的，说明一审判决的内容已经超出控辩协商的范围，部分判决内容并未被控辩协商的内容所涵盖，亦不是具结书中的协议条款，因此，被告人对这些内容提出上诉具有正当性。且被告人在此种情形下的上诉不应认定为对具结书的反悔，亦不应因此否定其认罪认罚。

3. 排除的上诉理由

根据刑事诉讼法的规定，原判认定事实和适用法律正确、量刑适当的，应当裁定驳回上诉，维持原判。也就是说，被告人对事实无异议，量刑又在具结书所确定的量刑建议幅度内，且并未否定认罪认罚自愿性的，应当排除其上诉权。

各上诉理由的关系可用下图表示：

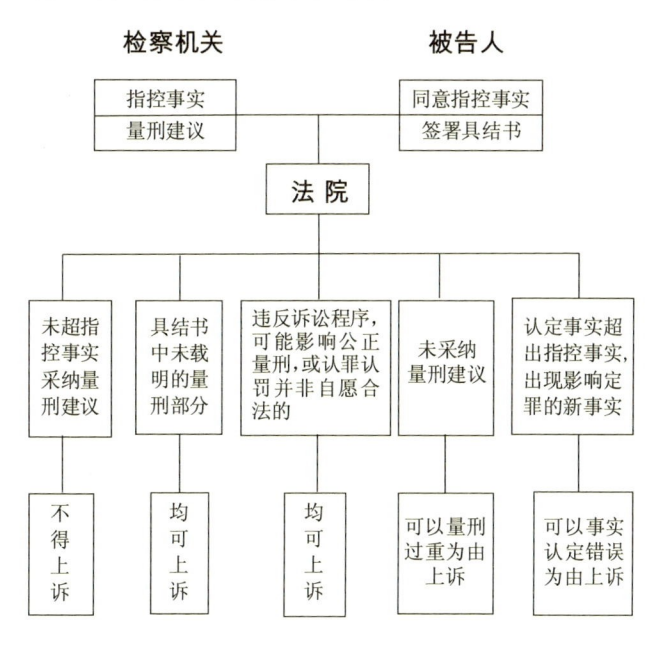

图 2　上诉理由关系

（二）有因上诉制度的初步构想

以上诉理由的分类为基础，通过一系列制度设计对认罪认罚上诉权进行重构，形成以释明说理为前提，上诉审查为基础，明确范围为要件的有因上诉制度，以制度优化保障认罪认罚功能、价值的发挥。

1. 加强认罪认罚过程中的释法说理

与普通刑事案件无因上诉相反，有因上诉制度是认罪认罚案件所特有的，也是认罪认罚的附随后果。检察机关在向犯罪嫌疑人告知享有的诉讼权利和认罪认罚的法律规定时，要着重释明认罪认罚后上诉权将受到限制的规定。法院在对被告人认罪认罚自愿性审查的过程中，也要告知被告人上诉权将受到限制的有关规定，确保犯罪嫌疑人、被告人在充分理解法律后果的基础上自愿认罪认罚。上述告知应作为认定被告人自愿性的必要条件，司法机关未进行上述告知的，不论犯罪嫌疑人、被告人认罪认罚是否自愿，均应认定其认罪认罚具有非法性。

2. 建立上诉案件审查机制

对被告人的上诉理由进行限制后，并非所有的上诉案件都能进入二审程序，因此应当建立相应的审查机制。审查工作宜由一审法院进行，一方面可以省略卷宗文书流转的时间，另一方面也有利于沟通了解案情。但为了防止先入为主，应当由作出一审判决以外的合议庭或独任审判员承担审查任务。对于符合上诉条件的，则按照普通上诉案件，向上级法院呈送案卷；不符合上诉条件的，直接制作不予移送决定书，关闭启动二审程序的通道。

3. 以法律的形式明确认罪认罚案件的上诉范围

根据我国立法法的规定，涉及诉讼和仲裁制度的，必须制定法律予以规制，因此，建议修改刑事诉讼法，对认罪认罚案件的上诉权范围及相关配套制度予以明确。

建议将《刑事诉讼法》第 227 条第 3 款修改为:"对被告人的上诉权,不得以任何借口加以剥夺。适用认罪认罚从宽制度的案件,具有下列情形之一的,被告人可以提出上诉:(一)具有违反法律规定的诉讼程序的情形,可能影响公正审判的;(二)被告人认罪认罚并非自愿、明知且合法的;(三)一审判决认定的事实超出起诉书指控范围的;(四)一审法院未采纳检察机关量刑建议不当的或就量刑建议中未涉及的刑罚部分作出判决的;(五)有新事实、新证据足以推翻原审事实认定或足以影响量刑的;(六)其他可能影响公正审判的情形。一审法院应当对被告人的上诉理由进行审查,但应当另行组成合议庭或由作出一审判决以外的法官审查。"

对认罪认罚被告人的上诉权进行限制,是在公平和效率博弈与平衡基础上的必然选择。然而在该制度尚未被法律确立的情况下,能否先试先行或者以何种形式将理论成果予以转化,仍然是实践中可能遇到的难题。正如周强院长指出的,实施认罪认罚从宽制度是深化刑事诉讼制度改革、构建科学刑事诉讼体系的需要。[1] 完善认罪认罚上诉机制,不仅涉及上诉权的改造,更可能影响二审程序、审前羁押程序、法律援助制度等一系列相关诉讼制度的设计,对于实现刑事诉讼改革的总体目标也将大有裨益。

---

[1] 刘子阳:《落实宽严相济刑事政策 提升司法公正效率——周强就开展刑事案件认罪认罚从宽制度试点工作说明》,载《法制日报》2016 年 8 月 30 日,第 1 版。

认罪认罚案件中上诉与抗诉共存现象实证研究

施珠妹[**]

上诉权源远流长，是被告人权利的重要组成部分，不得随意剥夺。公元前449年颁布的古罗马《十二铜表法》第九表《公法》第4条就有关于上诉权的明确记载："对刑事判决不服的，有权上告。"我国上诉制度据徐朝阳先生在其《中国刑诉法溯源》一书中记载，自周礼之证载始。[1] 作为被告人权利的重要组成部分，《刑事诉讼法》第227条第3款明确规定，"对被告人的上诉权，不得以任何借口加以剥夺"。在认罪认罚案件中，尽管关于已经签署了具结书的被告人的上诉权是否应当有所限制问题在学理上争论不休，[2] 但只要立法上没有剥夺被告人的上诉权，其就有完整上诉权。抗诉权是检察机关针对未生效一审判决、裁定的法律监督权，既是检察机关依法享有的权力，也是其应当依法履行的一种职责，当发现一审判决、裁定确有错误的时候，应当提起抗诉，不得放弃其职责。在认罪认罚案件中也同样如此，即使在审查起诉环节被告人在值班

---

[*] 本文荣获"认罪认罚从宽制度理论与实务研究"征文活动一等奖。
[**] 施珠妹，西南政法大学法学院博士研究生。
[1] 陈卫东：《刑事二审程序论》，中国方正出版社1997年版，第4~14页。
[2] 笔者认为，关于认罪认罚案件被告人上诉权是否应当限制的观点总体上可以归纳为三种："完整上诉权说""有限上诉权说""无上诉权说"。

律师的见证下签署了具结书，但如果检察机关认为一审法院作出的裁判确有错误，仍然应当依法抗诉。

一般而言，在二审程序中上诉权与抗诉权的行使往往处于分离状态，即仅有被告人提起上诉或仅有检察机关提起抗诉，二者同时共存状态较少，立法机关在制定有关条文时也主要考虑二者的分离状态，而较少注意二者共存时情形。例如，关于上诉不加刑的规定，《刑事诉讼法》第237条第1款规定，被告人或者他的法定代理人、辩护人、近亲属上诉的案件，二审法院不得加重被告人的刑罚。第2款规定，人民检察院提出抗诉或者自诉人提出上诉的，不受前款规定的限制。但是对于既有被告人上诉，也有检察机关抗诉或自诉人上诉的，应当如何处理立法并没有明确规定，大家看法不一，[1] 比较典型的当属曾引发热议的余某某交通肇事案。在该案中，既存在被告人上诉，又存在检察机关抗诉，二审法院能否加刑成为争议焦点之一。引发争议的重要原因，就是立法上对于抗诉权与上诉权共存情况下二审应当如何判决并没有规定，尤其是对当检察机关提出对被告人有利抗诉时是否可以加刑没有规定。实际上，在实践中，上诉与抗诉共存现象并不少见，因为既然上诉权是被告人不可剥夺的重要权利，抗诉权是检察机关不能放弃的法定权力，权利与权力的交织便不可避免，尤其是在认罪认罚案件中，这种交织比其他类型的案件更容易发生。促使二者发生交织的因素可能来自两方面：一是来自法院。如果被告人与检察

---

[1] 有的认为可以提起的先后顺序为标准，如果被告人一方先提起，适用上诉不加刑原则，反之则不适用；有的认为可以提起理由的充分性为标准，如果被告人一方理由更充分，则适用上诉不加刑原则，反之则不适用。参见陈卫东：《刑事二审程序论》，中国方正出版社1997年版，第77页。笔者认为以是否有利于被告人作为标准更为可取，如果是有利于被告人的，不论是上诉还是抗诉，均适用上诉不加刑原则，反之则不适用。

机关达成"合意",签署了具结书,同意检察机关的量刑建议,但法院基于自由裁量对量刑建议不予认可,判处比量刑建议重的刑罚,可能引发被告人上诉以及检察机关抗诉。二是来自被告人。如果被告人在一审签署具结书,同意量刑建议,但一审判决后基于各种理由提起上诉,也可能同时引发检察机关抗诉。随着认罪认罚案件的增多,上诉与抗诉二者共存的现象可能越发常见,因此应当引起我们足够关注。

一、上诉与抗诉共存的情形

在认罪认罚案件中,当上诉与抗诉共存时,权利与权力间的交织情形有两种:一是被告人上诉,检察机关也提出对被告有利的抗诉;二是被告人上诉,检察机关同时提出对被告人不利的抗诉。

(一)上诉与有利抗诉共存

在认罪认罚案件中,当上诉与抗诉共存且检察机关提出对被告人有利抗诉的情形有两个重要特点:一是上诉与抗诉对象"实质同一"。也就是说,被告人在认罪认罚后又对法院作出的一审裁判不服,提起上诉。检察机关也认为法院作出的一审裁判确有错误,提起抗诉,无论是被告人的上诉还是检察机关的抗诉,指向对象同一,实质都指向一审法院作出的未生效裁判,一审裁判构成二审审理对象。在此需要说明的是,关于二审审理对象是否为一审裁判这个问题理论上有一定争议,有的认为,"二审审理对象只能是案件事实,因为如果是一审裁判,二审程序中一审法院要以被告人的身份为一审裁判的正确性进行辩护是违背诉讼基本原理的"。[1] 有的认为，"二审审理对象是一审未生效裁判，认为审理对象是案件事实的观点不能成立，因为案件事实本身不能区分不同程序，区分各程序审理对象是构成案件的形式，如一审审理对象是起诉认定的案件，二审审理对象是未生效一审裁判认定的案件，再审审理对象是生效裁判认定的案件"。[2] 笔者认为后者更合理，因为"案件事实"本质上是主观性概念，不同的人所声称的案件事实可能不同，只有一审法院认定的"事实"才能构成二审法院审理的对象。而且，二审法院除了审理一审法院认定的事实外，还审查一审法院作出裁判的程序是否合法，并不仅限于案件事实。二是检察机关的抗诉是部分有利于被告人的。之所以强调部分有利于被告人，是因为检察机关的抗诉除了可能维护了被告人的合法权益之外，还包括准确及时地查明犯罪事实，正确应用法律，纠正错误裁判，实现权力制衡等。

（二）上诉与不利抗诉共存

在认罪认罚案件中，当上诉与抗诉共存且检察机关提出对被告人不利抗诉的，主要有两种情形：第一种是认为一审裁判认定的具体案件事实有误，从而导致法律适用错误，量刑不当而提起抗诉。第二种是认为被告人在一审中已经签署认罪认罚具结书，判决后又上诉导致一审从宽缺乏依据，量刑不当而提起抗诉。检察机关提起抗诉的这两种情形，表面抗诉对象均是法院一审未生效裁判，但实质上两种情形抗诉的对象并不同一，前者检察机关抗诉指向的是法院的一审未生效裁判，抗诉目的是通过行使抗诉权要求法院依法纠正一审中错误的事实认

---

[1] 赵永红：《刑事二审程序功能探析》，载项明主编：《刑事二审程序的难题与应对》，法律出版社2008年版，第94页。
[2] 陈卫东：《刑事二审程序论》，中国方正出版社1997年版，第32页。

定。后者检察机关抗诉实质指向的是被告人的上诉行为，因为一审法院在作出判决时所依据的案件事实是清楚的，证据是确实、充分的，所以一审判决本身并无不当，此种情形从逻辑上看，一旦被告人撤回上诉，检察机关抗诉对象不存在时，检察机关随后便也可能撤回抗诉。事实上实践中已经出现大量这种案例。

二、上诉与抗诉共存的实践样态

（一）上诉与有利抗诉共存实证研究

不可否认，在绝大部分情况下检察机关的抗诉是不利于被告人的。但这一论断并未否定检察机关提起有利于被告人抗诉的可能性。例如，笔者通过在中国裁判文书网中以关键词"刑事案件""认罪认罚""上诉人""抗诉机关"搜索发现，截至2019年12月13日，符合条件的案件有319件。逐案梳理后发现，在认罪认罚案件中，既有被告人上诉又有检察机关抗诉的案件有157件，其中检察机关提起的抗诉有利于被告人的案件有21件，占比13.38%；检察机关提起的抗诉不利于被告人的案件有136件，占比86.62%。也就是说，在认罪认罚案件中，仍然有一成多的案件检察机关提出有利于被告人的抗诉。

在这21件案件中，除1件因为一审判决宣告后、生效前，司法解释发生变化而导致罪名发生改变，检察机关针对定罪提起抗诉，以及1件检察机关针对附加刑提起抗诉外，[1] 其余

---

[1] 完全针对定罪的抗诉为（2018）辽02刑终703号。还有1起案件，案号为（2018）冀05刑终546号，有部分针对定罪问题，有部分针对量刑问题，故统计时未将其纳入。针对附加刑抗诉的为（2017）辽02刑终56号。

19件案件均与量刑问题有关。在这19件案件中，除4件判决书未写明具体量刑建议外，[1] 其余15件案件的抗诉可以分为三种：一是检察机关提出的幅度量刑建议未被采纳而抗诉的。在15件案件中，有5件案件是因为检察机关提出的幅度量刑建议未被采纳而抗诉的，占比33.33%；最终法院支持抗诉的案件有3件，占比60%；维持原判的案件有2件，占比40%。二是检察机关提出的精准量刑建议未被采纳的。在15件案件中，有4件案件检察机关是因为提出精准的量刑建议未被法院采纳而提起抗诉的，占比26.67%，检察机关的量刑建议与法院的一审判决刑期差距均在1~2个月之间，差距较小，在4件案件中仅有1件案件二审法院支持了抗诉意见。三是检察机关提出适用缓刑量刑建议未被采纳的。在15件案件中，有6件案件检察机关提出一审法院应当适用缓刑而未适用，除1件案件一审法院当庭及庭下均向检察机关指出量刑建议不妥，检察机关坚持量刑建议，二审法院维持原判，以及1件案件检察机关二审提交新的量刑证据，二审法院适当从轻量刑但未适用缓刑外，其余4件案件二审法院均支持了抗诉意见，对被告人适用缓刑。（详见表1）

---

[1] 四个未写明量刑建议的为（2019）苏11刑终172号、（2019）甘09刑终28号、（2018）辽02刑终674号、（2017）鄂01刑终657号，二审均是维持原判。

表 1　上诉与有利抗诉共存时的抗诉理由

类型	案号	量刑建议	一审判决	二审判决
幅度量刑	（2019）粤 13 刑终 567 号	有期徒刑 6~8 个月	有期徒刑 1 年	有期徒刑 8 个月
	（2019）浙 03 刑终 1109 号	拘役 5~6 个月	有期徒刑 7 个月	维持原判
	（2019）辽 02 刑终 48 号	5 年以下有期或拘役	有期徒刑 5 年	有期徒刑 3 年，缓刑 5 年
	（2018）赣 01 刑终 581 号	有期徒刑 3~7 年	有期徒刑 9 年 6 个月	有期徒刑 6 年
	（2018）鲁 01 刑终 1 号	拘役 1~3 个月，适用缓刑	拘役 1 个月	维持原判
精准量刑	（2019）湘 02 刑终 353 号	有期徒刑 1 年 4 个月	有期徒刑 1 年 6 个月	维持原判
	（2019）闽 07 刑终 241 号	免予刑事处罚	拘役 5 个月，缓刑 6 个月	免予刑事处罚
	（2019）浙 06 刑终 594 号	拘役 1 个月 15 日并处缓刑	拘役 1 个月 15 日	维持原判
	（2019）川 15 刑终 46 号	有期徒刑 7 个月并处罚金 1000 元	有期徒刑 8 个月并处罚金 2000 元	维持原判
适用缓刑	（2019）冀 02 刑终 549 号	应适用缓刑	有期徒刑 9 个月	有期徒刑 9 个月，缓刑 1 年
	（2019）津 02 刑终 208 号	应适用缓刑	有期徒刑 10 个月	维持原判

续表

类型	案号	量刑建议	一审判决	二审判决
适用缓刑	（2019）冀11刑终60号	应适用缓刑	拘役2个月	拘役2个月，缓刑2个月
	（2018）豫14刑终495号	应适用缓刑	有期徒刑3年6个月	有期徒刑3年，缓刑4年
	（2018）冀05刑终546号	应适用缓刑	有期徒刑1年6个月	有期徒刑1年
	（2015）吉中刑二终字第20号	应适用缓刑	有期徒刑6年6个月	有期徒刑3年，缓刑5年

通过表1我们可以发现，在认罪认罚案件中，当被告人提起上诉，同时检察机关提出对被告人有利抗诉的情况下，二审判决有三个特点：第一，二审法院只有减轻被告人刑罚与维持原判两种处理方式，不存在二审加重被告人刑罚的情形。这也就意味着被告人在上诉时无须担心二审法院会加重自己刑罚，可以"放心"上诉。这一观点似乎与余某某交通肇事案的处理结果有所出入，[1] 余某某案也属于认罪认罚案件中，抗诉权与上诉权共存且检察机关提出对被告人有利抗诉的情形，但二审法院加重了被告人刑罚。需要说明的是，笔者统计的数据是截至2019年12月13日，余某某二审判决2019年12月30日作出，所以笔者统计的数据里不包括余某某案。而且，通过前文统计数据我们可以发现，关于此类案件，法院之前没有加重被告人刑罚的情形，所以对余某某案件的处理结果笔者持保留意见。第二，二审法院减轻被告人刑罚比例较高，减轻幅度较

---

[1] 北京市第一中级人民法院，余金平交通肇事二审刑事判决书，（2019）京01刑终628号。

大。例如，在 15 件案件中，二审法院减轻被告人刑罚的案件有 9 件，占比 60%，维持原判的案件仅占 40%。在二审法院减轻被告人刑罚的 9 件案件中，有 6 件案件被告人被判缓刑或免予刑事处罚，其余 3 件案件的量刑分别降低了 2 个月、3 年 6 个月与 6 个月，就具体案件而言，减轻幅度是比较大的。第三，检察机关提出幅度量刑与适用缓刑的量刑建议二审法院采纳率要高于检察机关提出精准量刑建议的采纳率。例如，检察机关提出适用缓刑的案件有 6 件，有 5 件案件二审法院减轻了被告人刑罚，占比 83.33%。检察机关提出幅度量刑建议的案件有 5 件，有 3 件案件二审法院减轻了被告人刑罚，占比 60%；而检察机关提出精准量刑建议的案件有 4 件，只有 1 件案件二审法院减轻了被告人刑罚，占比 25%。

（二）上诉与不利抗诉共存实证研究

在前述的 157 件案件中，检察机关提起的抗诉不利于被告人的有 136 件，占比 86.62%。其中，由于一审法院未采纳检察机关量刑建议而提起抗诉的有 7 件，占比 5.15%；由于一审法院具体案件事实认定有误提起抗诉的有 34 件，占比 25%；其余 95 件案件检察机关提出抗诉的理由均可以概括为"被告人认罪认罚后又上诉导致从宽基础不存在"，占比 69.85%。（详见表 2）

表 2 上诉与不利抗诉共存时的抗诉理由

类型	案件数量（件）	占比
未采纳检察机关量刑建议	7	5.15%
具体案件事实认定有误	34	25%
被告人认罪认罚后又上诉从宽基础不存在	95	69.85%
总数	136	100%

在检察机关以"被告人认罪认罚后又上诉从宽基础不存在"为由提起抗诉的95件案件中,被告人提出上诉的理由可以概括为四种:第一种是"量刑过重"。在95件案件中,被告人以"量刑过重"为由提出上诉的有72件,占比75.79%。第二种是"无理由"上诉。之所以没有上诉理由,要么是因为判决书没有写被告人上诉理由,要么是判决书只是简单地写上诉人"不服"提起上诉,未明确具体上诉理由。在95件案件中,"无理由"上诉的案件有14件,占比14.74%。第三种是认为自己"无罪"而上诉。在95件案件中,有6件案件被告人认为自己无罪,占比6.32%。需要说明的是,尽管有的被告人上诉时并未明确提出"无罪",但根据上诉人的上诉事由可以判断,其实质上认为自己无罪,所以将其归为这一类。[1] 第四种是承认自己构成犯罪,但对指控的罪名不服。在95件案件中,有3件案件被告人对罪名提出上诉,占比3.15%。[2] (详见表3)

表3 上诉与不利抗诉共存时被告人的上诉事由

上诉事由	案件数量(件)	占比
量刑过重	72	75.79%
无理由	14	14.74%
无罪	6	6.32%
罪名有误	3	3.15%
总数	95	100%

---

〔1〕 这6件案件案号分别为(2019)桂12刑终133号、(2019)鲁03刑终195号、(2019)川01刑终820号、(2019)川16刑终104号、(2019)晋08刑终460号、(2019)冀04刑终637号。其中,(2019)桂12刑终133号、(2019)川01刑终820号案件,被告人否认自己的犯罪事实,(2019)鲁03刑终195号案件,被告人认为自己"与伤害案没一点关系",(2019)川16刑终104号案件,被告人认为"一审指控的事实错误,证据不足"。

〔2〕 这3件案件案号分别为(2019)辽02刑终260号、(2019)辽02刑终377号、(2019)鄂28刑终246号。

检察机关之所以认为被告人认罪认罚后又上诉会导致从宽基础不存在，理由可以概括为三点：一是从道德上论证被告人认罪认罚后又上诉不应当给予从宽优待。如有的检察机关认为被告人认罪认罚后又上诉，表明"认罪动机不纯，是以认罪认罚形式换取轻刑罚"[1]，"恶意增加司法成本"，[2]"对自己签署的认罪认罚具结书缺乏基本敬畏和尊重"[3]。二是从制度实施效果上论证被告人认罪认罚后又上诉不应给予从宽优待。如有的检察机关认为被告人认罪认罚后又上诉，"不利于维护认罪认罚从宽制度效果"，[4]"导致司法资源浪费，诉讼效率降低"，[5]"严重影响认罪认罚从宽制度的正确实施，破坏了认罪认罚从宽制度的严肃性和权威性"[6]。三是从量刑情节出发论证被告人认罪认罚后又上诉不具备"认罪认罚"的量刑情节，从宽失去基本根据。如针对被告人提出自己"无罪"的上诉事由，有的检察机关抗诉认为其"既不认罪，也不认罚"，不具备"认罪"与"认罚"情节。针对被告人提出"量刑过重"的上诉事由，检察机关抗诉认为其"认罪不认罚"，不具备"认罚"情节，所以均不应当从宽。

在认罪认罚案件中，当同时有被告人上诉与检察机关提起的对被告人不利的抗诉时，二审时被告人与检察机关的做法有四种：一是被告人单方撤回上诉。当被告人单方撤回上诉时，二审

---

[1] 如（2019）桂12刑终133号、（2019）粤01刑终549号、（2019）浙07刑终962号、（2019）豫01刑终1121号、（2019）赣03刑终160号、（2019）川11刑终162号、（2019）京03刑终763号、（2019）鄂03刑终192号、（2019）沪02刑终673号、（2019）浙07刑终962号等。

[2] 如（2019）浙07刑终962号。

[3] 如（2019）沪02刑终673号。

[4] 如（2019）冀04刑终637号。

[5] 如（2019）浙06刑终530号、（2019）粤13刑终373号。

[6] 如（2019）沪02刑终673号。

法院有准予撤诉与不准予撤诉两种处理方式。在上述所说的95件案件中,二审法院准予撤诉,维持原判的案件有26件,占比27.37%;准予撤诉但却加重刑罚的有1件,占比1.05%。二审法院不准予撤诉,维持原判的有1件,占比1.05%;不准予撤诉且加重刑罚的有8件,占比8.42%;不准予撤诉但减轻刑罚的有1件,占比1.05%。二是检察机关单方撤回抗诉。当检察机关单方撤回抗诉时,二审法院一般均准予撤回抗诉。在上述所说的95件案件中,二审法院准予撤回抗诉并维持原判的有5件,占比5.26%;准予撤回抗诉但减轻被告人刑罚的有1件,占比1.05%。三是被告人与检察机关同时撤回上诉与抗诉。二审法院也有准予撤回与不准予撤回两种处理方式,其中,二审法院准予撤回上诉、抗诉,维持原判的有30件案件,占比31.58%;二审法院不准予撤回发回一审法院重审的有2件案件,占比2.11%。四是被告人与检察机关均不撤回上诉、抗诉。在这种情形下二审法院的处理方式主要有四种:维持原判、加重刑罚、减轻刑罚、发回重审。在上述95件案件中,当被告人、检察机关均不撤回上诉、抗诉时,有8件案件二审法院维持原判,占比8.42%;有10件案件二审法院加重了被告人的刑罚,占比10.54%;有1件案件二审法院减轻了被告人的刑罚,占比1.05%,有1件案件被发回重审,占比1.05%。(详见表4)

表4 上诉与不利抗诉共存时被告人与检察机关撤诉情况

是否撤诉	是否准予	二审判决	案例数量(件)	占比
仅被告人撤诉	准予撤诉	维持	26	27.37%
		加重	1	1.05%
	不准予撤诉	维持	1	1.05%
		加重	8	8.42%
		减轻	1	1.05%

续表

是否撤诉	是否准予	二审判决	案例数量（件）	占比
仅检察机关撤诉	准予撤诉	维持	5	5.26%
		减轻	1	1.05%
同时撤诉	准予撤诉	维持	30	31.58%
	不准予撤诉	发回重审	2	2.11%
同时不撤诉		维持	8	8.42%
		加重	10	10.54%
		减轻	1	1.05%
		发回重审	1	1.05%
总数			95	100%

通过表4我们可以发现：第一，在认罪认罚案件中，当同时存在被告人上诉与检察机关提起的不利于被告人的抗诉时，二审法院一般倾向于维持原判。在上述95件案件中，有70件案件二审法院维持原判，占比73.68%。其中，当被告人与检察机关同时撤回上诉与抗诉时，维持原判的比例最高，达到31.58%；其次是被告人单方撤回上诉，维持原判的比例为27.37%。第二，当同时存在被告人上诉与检察机关提起的不利于被告人的抗诉时，有20%的被告人二审被加重了刑罚。在95件案件中，被告人被加重刑罚的案件有19件。其中，当被告人与检察机关均不撤回上诉、抗诉时被告人被加重刑罚的比例最高，在19件被告人被加重刑罚的案件中，有10件案件是被告人与检察机关均不撤回上诉、抗诉的，占比52.63%。其次是当被告人单方撤回上诉二审法院不准予时，二审法院加重被告人刑罚的比例也比较高，在19件被告人被加重刑罚的案件中，有8件案件是被告人单方撤回上诉但二审法院不准予，加重刑罚的，占比42.11%。第三，当同时存在被告

人上诉与检察机关提起的不利于被告人的抗诉时，二审法院减轻被告刑罚或发回重审的案件均只有3件，占比3.16%，比例均较低。

三、上诉与抗诉共存与分离对上诉行为及二审刑罚的影响比较研究

（一）上诉与有利抗诉的共存与分离

前述提到，当上诉权与抗诉权共存且检察机关提出对被告人有利抗诉的情况下，二审只有维持与减轻处罚两种情形。要考察检察机关提出对被告人有利抗诉是否实际对被告人产生"有利"影响，我们可以考察二审减轻刑罚的情况，尤其是与仅有被告人上诉相比，二审减轻刑罚情况是否有所不同。需要说明的是，二审是否减轻刑罚是二审法院基于全面审查所得出的审理结果，检察机关的抗诉可能只是间接原因之一。

从实践情况来看，当同时存在被告人一方上诉以及检察机关提出有利于被告人的抗诉时，在前文所述的21件案件中，二审法院减轻刑罚（包括无罪、免予刑事处罚）的案件有10件，占比47.62%。在这10件案件中，1件案件二审改判无罪，1件案件免于刑事处罚，5件案件由实刑改判缓刑，改判无罪、免予刑事处罚与缓刑的比例为33.33%，其余3件案件分别减少4个月、6个月、42个月有期徒刑，分别减轻了50%、50%、58.33%。（详见表5）

表5　上诉与有利抗诉共存时二审减轻刑罚情况

案号	一审判决	二审判决
（2018）辽02刑终703号	有期徒刑10个月，缓刑1年	无罪
（2019）闽07刑终241号	拘役5个月，缓刑6个月	免予刑事处罚
（2019）辽02刑终48号	有期徒刑5年	有期徒刑3年，缓刑5年
（2019）冀02刑终549号	有期徒刑9个月	有期徒刑9个月，缓刑1年
（2019）冀11刑终60号	拘役2个月	拘役2个月，缓刑2个月
（2018）豫14刑终495号	有期徒刑3年6个月	有期徒刑3年，缓刑4年
（2015）吉中刑二终字第20号	有期徒刑6年6个月	有期徒刑3年，缓刑5年
（2019）粤13刑终567号	有期徒刑1年	有期徒刑8个月
（2018）冀05刑终546号	有期徒刑1年6个月	有期徒刑1年
（2018）赣01刑终581号	有期徒刑9年6个月	有期徒刑6年

与此形成鲜明对照的是，认罪认罚案件中，仅有被告人单方上诉时二审减轻刑罚的情况。笔者通过中国裁判文书网搜索关键词"刑事案件""认罚认罚""上诉人"发现，截至2019年12月25日，符合条件的案件共有9506件，由于中国裁判文书网技术限制，仅能显示前600件案件。笔者对这600件案件进行逐案分析，剔除55件一审未认罪认罚二审期间认罪认罚或其他无效样本，最终有效分析样本为545件案件，即被告人在一审认罪认罚后又上诉（无检察机关抗诉）的案件为545件。在这545件案件中，二审法院维持判决的有469件案件，占比86.06%；[1] 二审法院减轻被告人刑罚的案件仅有76件，

---

[1] 需要说明的是，这里的二审法院维持判决的情形包括了二审维持原判（448件），被告人撤回上诉法院准许撤诉（13件），定罪量刑未改变但附加刑（如罚金、没收财产）有所减轻（7件）或罪名改变但量刑未改变（1件）。同时，在共同犯罪案件中，仅统计上诉的被告人的二审判决情况，不考虑未上诉但二审减轻刑罚的情形。

占比 13.94%。在这 76 件案件中，二审改判无罪的 0 件，发回重审的案件 1 件，免予刑事处罚的案件 2 件，实刑改判缓刑的案件 22 件，刑期减轻的案件 51 件，改判无罪或发回重审、免予刑事处罚、缓刑的比例为 4.59%。[1]（详见表 6）

表 6　认罪认罚案件中仅有被告人上诉时二审判决情况

二审判决情况		案件数量（件）	占比
维持判决		469	86.06%
减轻刑罚	无罪	0	0%
	发回重审	1	0.18%
	免予刑事处罚	2	0.37%
	改判缓刑	22	4.04%
	其他减轻刑罚	51	9.35%
总数		545	100%

通过表 5 与表 6 的对比我们可以发现：第一，在认罪认罚案件中，当上诉与有利抗诉共存时，减轻刑罚的比例要远高于仅有被告人上诉时二审法院减轻刑罚的比例。如表 5 与表 6 数据显示，仅有被告人上诉时二审法院减轻刑罚的比例为 13.94%；而同时有被告人上诉与检察机关对被告人有利的抗诉时二审法院减轻刑罚的比例为 47.62%，后者为前者的 3.42 倍。第二，在认罪认罚案件中，当上诉与有利抗诉共存时，二审法院判无罪、免予刑事处罚或改判缓刑的比例也要远高于仅有被告人上诉时的比例。根据表 6 数据显示，仅有被告人上诉时二审法院判无罪、发回重审、免予刑事处罚或改判缓刑总比例为 4.59%；

---

[1] 发回重审案件为（2018）辽刑终 132 号；免予刑事处罚案件为（2019）云 29 刑终 248 号、（2019）云 29 刑终 261 号。限于篇幅原因改判缓刑与其他减轻刑罚的在此不具体列出。

而当同时存在被告人上诉与检察机关提起的对被告人有利抗诉时这一比例可达到33.33%，后者是前者的7.26倍。

所以，通过上述两组数据的对照我们可以发现：当上诉与有利抗诉共存时，二审法院减轻被告人刑罚以及判无罪、免予刑事处罚、改判缓刑的比例均要远高于仅有被告人提起上诉的情形。

（二）上诉与不利抗诉的共存与分离

当检察机关同时提出对被告人不利抗诉时，可能影响被告人的上诉行为以及二审刑罚情况。例如，当上诉与不利抗诉共存时，被告人撤诉的比例要远高于仅有被告人上诉的情况。通过前述表4的数据我们可以发现，在上诉与不利抗诉共存时，在前述的95件案件中，有69件案件被告人在二审开庭前或开庭中选择了撤诉（包括被告人单方撤诉和被告人与检察机关同时撤诉），占比72.63%；被告人未撤诉的案件仅有26件，占比27.37%。在仅有被告人提起上诉的情况下，在前述的545件案件中，被告人选择撤诉的案件仅有13件，占比2.39%，前者撤诉的比例是后者的30.39倍。虽然这两种情况下被告人撤诉比例形成如此巨大的反差可能是多种原因综合作用的结果，但不可否认，检察机关提起的对被告人不利的抗诉可能是导致被告人选择撤诉的重要原因之一，因为仅有被告人上诉时，被告人受到"上诉不加刑"原则的保护，二审法院不会加重被告人刑罚，被告人可以"勇敢"地上诉。但当被告人上诉而检察机关同时也提起对被告人不利的抗诉时，被告人不再受到"上诉不加刑"原则的保护，由于检察机关的抗诉"介入"，被告人上诉面临着可能被加重刑罚的风险，许多不敢冒风险的被告人选择撤回上诉。

所以在这个时候，检察机关提起的抗诉无形中会影响被告人上诉权的行使。最典型的当属被告人认为自己"无罪"上诉,由于检察机关同时提起了对其不利的抗诉而选择撤诉的案例。例如在前述表3中,以"无罪"为由提起上诉的6件案件中,有4件案件被告人选择撤回上诉,[1] 还有二审庭审中为证实无罪提交了新的证据,但庭审后又递交撤诉申请书的。[2] 我们可以合理推断,被告人既然选择上诉并且在二审庭审中提交了证明无罪的新证据,如果不是检察机关的抗诉权,其在庭审结束后选择撤回上诉的可能性是很小的,因为即便法院不采纳自己的证据,最糟糕的情形也不过是"维持原判",而不可能被加重刑罚,所以根本无须撤诉。由此可见,在认罪认罚案件中,针对被告人的上诉而提起的对被告人不利的抗诉可能影响上诉权的行使。

另外,检察机关提出对被告人不利的抗诉也可能影响二审刑罚结果。例如,当上诉与不利抗诉共存时,与仅有被告人上诉相比,二审法院维持判决比例不相上下,但减轻刑罚比例大大减少,且加重刑罚比例较高。通过上述表4与表6数据我们可以发现,当上诉与不利抗诉共存时,在95件案件中有70件案件二审维持了原判,占比73.68%。仅有被告人上诉时,在545件案件中有469件案件二审维持了原判,占比86.06%,两者相差比例不大。但是二审减轻刑罚或发回重审的比例与加重刑罚的比例却差别很大。当上诉与不利抗诉共存时,在95件案件中只有6件案件二审法院减轻了被告人刑罚或发回重审,占比6.32%;而当仅有被告人上诉时,在545件案件中,有76件案件二审法院减轻了被告人刑罚(或发回重审),占比13.94%,

---

[1] 这4件案件案号分别为(2019)鲁03刑终195号、(2019)川01刑终820号、(2019)川16刑终104号、(2019)冀04刑终637号。

[2] (2019)冀04刑终637号。

前者比例仅有后者的一半不到。同时，由于仅有被告人上诉二审法院不得加重被告人刑罚，所以仅有被告人上诉时二审加重被告人刑罚的案件为 0 件，但是当上诉与不利抗诉共存时，在 95 件案件中，有 19 件案件二审被告人被加重了刑罚，比例高达 20%。

通过对二审法院维持判决、减轻刑罚、加重刑罚这三组数据进行对照我们可以发现：上诉与不利抗诉共存对二审减轻刑罚或加重刑罚的比例影响较大，由于存在检察机关提起的对被告人不利的抗诉，被告人被二审法院减轻刑罚的可能性大大降低，同时面临较大的被加重刑罚的风险，所以"上诉有风险"，被告人可能会经过利弊权衡而最终选择不上诉或撤回上诉，或检察机关撤回不利抗诉。事实证明，被告人撤诉的行为的确让许多检察人员撤回抗诉，如在前述表 4 显示，在 95 件案件中，被告人撤回上诉同时检察机关也撤回抗诉的案件就有 32 件，比例高达 33.68%。也就是说，有超过三分之一的案件被告人撤回上诉后检察机关也撤回了抗诉。从相关判决书中我们可以知道，至少存在许多案件检察机关撤回抗诉是认为被告人撤回上诉后，检察机关"无抗诉必要"或"抗诉不当"或"抗诉的理由不存在"。[1] 那么，被告人的上诉行为是否是检察机关"有必要抗诉"或"抗诉正当"的正当依据？检察机关的抗诉究竟应当针对一审裁判本身还是可以针对被告人的上诉行为？这样的抗诉是否会阻碍被告人上诉权的正当行使？这些都值得我们反思。

---

[1] 如 (2019) 琼 01 刑终 434 号、(2017) 鲁 02 刑终 813 号、(2017) 鲁 02 刑终 795 号、(2019) 豫 71 刑终 1 号、(2019) 豫 71 刑终 2 号、(2019) 苏 13 刑终 172 号、(2019) 苏 06 刑终 420 号、(2019) 沪 02 刑终 681 号、(2019) 鲁 14 刑终 214 号、(2019) 鄂 06 刑终 286 号、(2019) 藏 03 刑终 11 号、(2019) 辽 02 刑终 260 号。

四、实践审思：上诉与抗诉共存现象产生的深层影响

抗诉权是检察机关为履行法律监督职责所享有的一项重要"权力"。"权力"是政治学的基本概念之一，虽然到目前为止究竟何为"权力"学术界仍存在较大争议，有"力量说""能力说""控制说""关系说""动原说"等多种不同观点，[1]但有一点是毋庸置疑的，即国家机关"权力"的范围指的是职责范围内的权力。具体到抗诉权上，即意味着检察机关行使抗诉权只能是为了履行法定职责才可"合法"行使，超出法定职责范围而行使权力可能构成权力滥用。所以，在认罪认罚案件中，当被告人提起上诉时，判断检察机关提起的抗诉是否正当一个重要衡量标准是，检察机关提起的抗诉是不是为了依法履行法律监督职责，如果是，则意味着抗诉权的行使是合理的，反之同理。但是通过上文分析我们发现，在认罪认罚案件中，检察机关抗诉理由与一审法院未采纳量刑建议或被告人对量刑建议反悔提起上诉密切相关，这种抗诉驱动对相关权力与权利的行使都可能产生不良影响。

（一）对审判权行使的潜在影响

在认罪认罚案件中，当检察机关针对与量刑建议相差很小的一审判决提起抗诉时，是否可能影响法院审判权的正当行使？《刑事诉讼法》第228条规定，地方各级人民检察院只有

---

[1] 关于"权力"定义的不同学说，参见王爱冬：《政治权力论》，河北大学出版社2003年版，第5~10页。

认为本级人民法院第一审的判决、裁定确有错误的时候，才可以提起抗诉。那么当一审法院定罪没有错误，而量刑与检察机关的量刑建议相差较小时，是否属于裁判"确有错误"？在实践中针对这种情况检察机关认为"确有错误"的理由一般有两种：第一种理由是认为违反了《刑事诉讼法》第 201 的规定，即对于认罪认罚案件，人民法院依法作出判决时，一般应当采纳人民检察院指控的罪名和量刑建议，有特殊情形除外。[1] 但通过分析该条所列举的允许法院不采纳检察机关量刑建议的特殊情形后我们可以发现，第 201 条所列举的五种特殊情形主要可以归为两类情形：一是针对定罪存在问题的，如第一、三、四种情形；二是针对违背意愿认罪认罚的，如第二种情形，并没有针对量刑的特殊规定。这也就意味着认罪认罚案件中检察机关提出的量刑建议，不论是精准量刑建议还是幅度量刑建议，法院几乎没有理由拒绝接受，除非按照第 201 条第 2 款规定，法院建议检察机关调整量刑建议，"人民检察院不调整量刑建议或者调整量刑建议后仍然明显不当的"，法院才可以依法判决。在实践中，一审法院如果认为检察机关的量刑建议不当，必须在向检察机关提出调整量刑建议未果的情况下才可以判决，而且依法判决之后仍然可能被检察机关以违反《刑事诉讼法》第 201 条规定提起抗诉。[2] 第二种理由是认为"量刑畸重"。[3] 根据《人民检察院刑事诉讼规则》第 584 条规定，检察机关可以就"重罪轻判，轻罪重判，适用刑罚明显不当的"

---

[1] 如（2019）湘 02 刑终 353 号、（2019）川 15 刑终 46 号。

[2] 如（2019）浙 03 刑终 1109 号。判决书显示，"法院庭前已告知原公诉机关量刑建议不当，但原公诉机关表示不调整量刑建议。在法庭审理中，审判员又当庭告知被告人量刑建议不当，征求汪军军意见后依法当庭作出判决"，后检察机关以"一审无故不采纳检察机关量刑建议"提起抗诉。

[3] 如（2019）津 02 刑终 208 号、（2019）粤 13 刑终 567 号。

提起抗诉。但是，何为"重罪轻判，轻罪重判"？判断是否轻判或重判的标准是什么？一审判决与量刑建议相差 1 个月、2 个月是否属于"重判"？笔者认为这里的"轻判""重判"的标准尽管没有明确规定，但我们可以"准确、及时、慎重抗诉原则"作为衡量的标准，[1] 尤其是慎重抗诉原则，准确把握抗诉必要性，对于相差 1 个月、2 个月的，一般不抗诉，充分尊重法院的自由裁量权。

（二）对上诉权行使的潜在影响

通过前文对上诉与不利抗诉共存时，被告人撤回上诉情况与二审法院判决情况进行分析可以得知，上诉与不利抗诉共存时，被告人撤诉比例远高于仅有被告人上诉时的比例，且二审法院减轻被告人刑罚比例大大减少，加重被告人刑罚比例较高。所以，当被告人上诉遇到检察机关提起的对其不利的抗诉，被告人撤回上诉尽管看似"自由"，却可能是在某种潜在"心理强制"下"被迫"作出的选择。

当然，我们也应客观理性地看待被告人上诉这个问题，因为任何权利的行使都受到成本的制约。"权利总是需要或者包含着金钱性质的权衡，开支模式在某种程度上是由政治决定的，政府公共资金的流向决定了何种权利可能得到实现以及实现的程度。"[2] 司法资源的有限性是客观存在的事实，如果被告人在一审中通过律师有效的法律帮助与检察机关就量刑建议内容达成了一致却又无故反悔提起上诉，的确会造成司法资源的较大浪费。所以检察机关提起抗诉笔者可以理解，但是这种

---

〔1〕 关于刑事抗诉的基本原则，参见周永年主编：《刑事抗诉重点与方法》，中国检察出版社 2008 年版，第 17 页。

〔2〕 李海青：《公民、权利与正义：政治哲学基本范畴研究》，知识产权出版社 2011 年版，第 78 页。

做法值得商榷。因为针对被告人认罪认罚后又无故上诉问题，抗诉并不是解决该问题的"钥匙"。我们需要思考的，不是如何通过抗诉让被告人撤回上诉，因为只要上诉制度存在，就会有被告人提起上诉。笔者认为，解决认罪认罚案件中的上诉问题的关键是，发现上诉的真正"原因"，然后"对症下药"。例如，针对"留所上诉"的，如果能够通过改变关押制度，让被告人不再需要为了"留在看守所服刑"而提起上诉，自然就没有被告人再会提起这种类型的上诉了。再如，针对被告人认罪认罚后又认为"量刑过重"上诉的，出现这种问题的原因有很多，但最重要的原因是两个：一是被告人在一审中对于量刑建议的内容确实没有完全理解。针对这种情况，解决办法是在侦查、审查起诉、审判阶段进一步加强对量刑建议内容的解释工作，特别要注意对文化水平不高的被告人的解释应当更简单、易懂，确保被告人完全理解量刑建议内容。二是被告人已经完全理解量刑建议内容，但想钻"上诉不加刑"漏洞，希望能获得更轻刑罚。针对这种情况，如果能够完善上诉制度有关规定，如针对认罪认罚等特殊类型案件，被告人上诉时必须有正当理由，二审法院可以进行事先审查决定是否立案，可能会较大减少无故上诉的数量，检察机关也无须抗诉。但对何为"正当理由"应进行合理解释，避免变相剥夺被告人上诉的权利，同时还应赋予被告人对于二审法院不予立案的合法申诉途径。

总而言之，不论是理论界还是实务界，人们都更加关注抗诉权与上诉权分离情形，而对二者共存情形关注较少。随着认罪认罚从宽制度改革的纵深推进，未来二者共存情况可能会增多，所以二者共存现象应当引起我们重视。实践证明，二者发生共存现象并不少见，而且当二者共存时，检察机关可能提出对被告人不利的抗诉，也可能提出对被告人有利的抗诉，检察机关提起的抗诉不同，对被告人的上诉行为以及二审法院判决情况的影响也不同。囿于篇幅限制，笔者主要从实证研究角度对二者共存现象进行了分析，但对与此相关的一些理论问题涉及较少，比如究竟是什么原因使得认罪认罚案件中抗诉权与上诉权二者能发生共存？其他类型案件是否也存在这种情形？当二者共存时，检察机关的抗诉行为对被告人上诉权行使以及二审法院审判权行使会产生多大影响？如何防止被告人因为检察机关提起的不利抗诉而被迫撤诉？当被告人认罪认罚后又上诉，检察机关应当如何应对，是直接提起抗诉还是通过其他方式？诸如此类问题都值得我们进一步研究。

"见证"还是"认可":被告人签署认罪认罚具结书时辩护人在场的性质研究[*]

——论认罪认罚案件辩护人可否作无罪辩护

刘劲阳[**]

从 2014 年 10 月党的十八届四中全会通过的《中共中央关于全面推进依法治国若干重大问题的决定》首次提出"完善刑事诉讼中认罪认罚从宽制度"到 2018 年 10 月该项制度正式写入刑事诉讼法,认罪认罚从宽制度用了 4 年时间从党的一项决定和政策到刑事司法改革的一项举措再到成为最终的法律制度,完成了从幕后逐步走到台前的过程。这项制度目前的实施状况可谓如火如荼,特别是检察机关予以大力推行。客观地说,在案件数量呈爆炸式增长的情况下,认罪认罚从宽制度的大力推行,在实现繁简分流、简案快审、提高诉讼效率和节约司法资源的目标上取得了一定效果。但也要看到的是,作为一项新出台的制度,其具体的制度设置仍在摸索和建设之中,在适用过程中不可避免地会出现问题,其中就有辩护人能否作无罪辩护的争议,对这一问题,学界、实务界可以说是旗帜鲜明地分为"肯定说"和"否定说"两派。这一问题关系被告人、

---

[*] 本文荣获"认罪认罚从宽制度理论与实务研究"征文活动二等奖。
[**] 刘劲阳,广西壮族自治区桂林市中级人民法院刑事审判第二庭审判员、三级法官。

辩护人诉讼权利的保障，也关乎认罪认罚从宽制度根本目的能否实现，在法律没有明确规定的情况下，很有必要进行深入探讨。本文拟围绕被告人签署认罪认罚具结书时辩护人在场的性质问题展开研究，以期对辩护人能否作无罪辩护的问题给出自己的建议，供学界、实务界参考。

一、"肯定说"与"否定说"之争

（一）"肯定说"：被告人认罪认罚不影响辩护人作无罪辩护

1. 辩护人在场仅是见证，不必然表示认可具结书内容

持该论者认为，无论犯罪嫌疑人、被告人认罪认罚是否真实、自愿，法律都赋予了他们无条件申请程序回转的权利，即无条件的反悔权。被告人签署认罪认罚具结书时辩护人在场仅是进行见证，目的是保障被追诉者诉讼权利，具结书虽具有记录被告人认罪认罚决定的功能，但并不意味其同时具有限制反悔权之效，更不表示辩护人对具结书内容"照单全收"。[1] 签署具结书时辩护人或者值班律师在场一方面是为了保障其诉讼权利，确保犯罪嫌疑人签署具结书是在充分了解认罪认罚后果情况下的自愿行为；另一方面也起到见证作用。具结书是控辩双方达成合意的结果，一旦签署即具有法定效力，对犯罪嫌疑人、被告人具有拘束力。如果犯罪嫌疑人、被告人签署具结书后反悔的，办案机关应当向其说明反悔的法律后果，包括可以采取羁押性强制措施、不再享受量刑从宽、不得主张适用速裁

---

[1] 孔令勇：《刑事速裁程序救济机制的反思与重构》，载《安徽大学学报（哲学社会科学版）》2019年第2期。

程序等内容。[1] 可见，无论是学界还是实务界均有观点主张辩护人在签署具结书时在场仅起到见证作用，具结书仅对犯罪嫌疑人、被告人本人有拘束力，因此，犯罪嫌疑人、被告人是否认罪认罚与辩护人采取何种辩护策略没有必然联系。

2. 无罪辩护是履行辩护人义务、维护被告人合法权益的需要

樊崇义教授认为，刑辩律师辩护工作所遵循的规则，就是要最大化地维护当事人的合法权益，即使被告人认罪，依法精准地做好无罪辩护，才能达到最大化地维护当事人的合法权益之目的。因此，认罪和无罪辩护二者之间并无矛盾。即使被告人本人认罪认罚，但如果案件符合《刑事诉讼法》第16条规定情形，或者证据不足，不能认定被告人有罪的，或者被告人非自愿性认罪的，律师当然可以，而且应当坚决作无罪辩护。[2] 此时律师应当从犯罪构成要件及证据等方面对被告人进行详细的释法说理工作，并劝说被告人撤回认罪认罚具结书，放弃认罪认罚程序，而转作无罪辩护，如果被告人仍执意认罪认罚的，辩护人也不应配合其作有罪辩护，这是辩护人履行真实义务、忠诚义务和独立辩护权的体现。[3]

（二）"否定说"：认罪认罚案件与无罪辩护互斥

1. 辩护人在场是对具结书的认可，作无罪辩护违背具结书约定和认罪认罚从宽制度的根本目的

有观点认为，法律没有明确赋予辩护人单独排除认罪认罚

---

[1] 苗生明、周颖：《认罪认罚从宽制度适用的基本问题——〈关于适用认罪认罚从宽制度的指导意见〉的理解和适用》，载《中国刑事法杂志》2019年第6期。
[2] 樊崇义：《认罪认罚从宽与无罪辩护》，载《人民法治》2019年第23期。
[3] 郭恒：《辩护律师忠诚义务论》，对外经济贸易大学2019年博士学位论文，第144页。

从宽制度适用之权利，而且从现行法律的规定中可以推导出认罪认罚案件明确排斥无罪辩护。首先，辩护人在签署具结书之前，就应充分向被追诉人释明其行为性质是否构成犯罪，这本身就是辩护人不容推卸的职责，而且具结书必须在辩护人的见证下签署，已间接表明辩护人认可具结内容。其次，依照《刑事诉讼法》第201条规定，辩护人无罪辩护的观点如果成立，表明被告人的行为不构成犯罪或者不应当追究其刑事责任，法院本就不应当采纳检察机关指控的罪名和量刑建议，自然不再适用认罪认罚从宽制度。最后，从诉讼效率的角度看，认罪认罚引入协商的程序激励机制，其内在逻辑是提高司法效率、节约司法资源。认罪认罚从宽制度中若导入无罪辩护，不仅完全达不到提升司法效率的目的，反而徒然增加司法机关工作量，甚至可能引发大量投机式的认罪认罚，严重阻碍该项制度的有效推进。[1]

2. 认罪认罚案件适用的是"交涉性辩护"而非"对抗性辩护"

李奋飞教授认为，随着认罪认罚从宽制度的全面推行，在此类案件中，控辩双方不再在法庭上进行"唇枪舌剑""你来我往"的"对抗性辩护"，而是辩方与检察机关在审前程序尤其是在审查起诉环节进行沟通、协商和对话的"交涉性辩护"，这种"交涉性辩护"所追求的不是削弱、推翻检察机关的指控，而是为了让控方能够尽快终结诉讼和在提起公诉的情况下向法庭提出较为轻缓的量刑建议，从而可以让被告人获得更为有利的量刑结果，此时辩方不再将定罪问题作为防御对象，其

---

[1] 林国、李含艳：《认罪认罚从宽制度之实践审视》，载《中国检察官》2019年第22期。

与控方之间通常不再存在根本性对立和冲突,双方关系趋向缓和,至少已不再如"对抗性辩护"体现的那样针锋相对、势不两立。相对于"对抗性辩护"常常会被公检法机关情绪性地排斥,律师的这种"交涉性辩护"有时反倒更易产生一些积极效果,并最终有利于维护被告人的利益。[1]

二、辩护人在场是对具结书内容的"认可"

"肯定说"和"否定说"之争聚焦于被告人签署认罪认罚具结书时辩护人在场的性质究竟是"见证"还是"认可"。辩护人在认罪认罚案件中可否作无罪辩护的问题其实就可以通过解决这一争议焦点来寻找答案:若是"见证",那么辩护人在被告人本人始终认罪认罚的情况下作无罪辩护不影响对被告人依照认罪认罚之规定从宽处理;若是"认可",则意味着辩方整体接受认罪认罚具结书的拘束,如果此时辩护人作无罪辩护,就应视为以行动表达辩方对认罪认罚具结书的反悔和撤回,此时无论被告人本人态度如何,都应当导致认罪认罚程序的回转,不再适用。从辩护人对量刑协商的充分参与、对被告人辩护效果、认罪认罚从宽制度的根本目的和价值这三个角度进行分析,都应当将辩护人在场的行为解读为对认罪认罚具结书内容的认可。

---

[1] 李奋飞:《论"交涉性辩护"——以认罪认罚从宽作为切入镜像》,载《法学论坛》2019年第4期。

（一）将辩护人在场解读为"认可"，与辩护人深度参与量刑协商的实际相契合

当被告人在审查起诉阶段委托辩护人以后，正常情况下辩护人都会与检察机关就案件情况进行沟通、交流，这是司法机关和辩护人履行职责的表现。在当前检察机关大力推行认罪认罚从宽制度的背景下，[1] 只要案件有适用认罪认罚的空间，检察机关通常都会极力建议或者劝说辩方适用该制度，建议、劝说的对象，既包括被追诉人本人，也包括辩护人。在认罪认罚案件中，控辩双方是在对抗与协商的诉讼过程中形成控辩认识的最大公约数。这种最大公约数是建构在案件事实证据基础上，控辩双方依据法律和情节，各自从己方的诉讼目的出发判断出案件的合理处理框架，在彼此交叉共有的处理框架范围内，通过提审会见、沟通交流等方式，理性取舍，作出最有利于己方之选，从而达成共同可接受的案件处理结果。[2] 在这个过程中，具有专业法律知识的辩护人（通常是律师）绝不是处于消极被动的地位，而应充分发挥主观能动性，积极主动地向被告人充分阐明认罪认罚与不认罪之间的法律后果差异，积极主动地与司法机关就事实认定、法律适用尤其是量刑建议充分沟通、交流，其最终目的是依法维护被追诉人的合法权益，为被追诉人争取尽可能轻缓的量刑建议。

---

[1] 2020年1月18日召开的全国检察长会议上，最高人民检察院党组书记、检察长张军谈到，在2019年6月至12月间，检察环节的认罪认罚适用率从38.4%提高至82.9%。张军进一步要求，认罪认罚这项工作没有止境，还要加强，要履行好刑事诉讼主导责任，有力、平稳落实认罪认罚从宽制度，要依法"可用尽用"，持续提升工作标准；强化内部监督、防止检察权滥用和司法腐败。详载 https://www.thepaper.cn/newsDetail_forward_5560070 及 http://news.hexun.com/2020-01-19/200020424.html，2020年2月10日最后访问。

[2] 曹坚：《认罪认罚从宽与刑事辩护的诉讼合意》，载《检察日报》2019年12月17日，第3版。

从上述控辩双方达成诉讼合意的过程来看，一纸认罪认罚具结书可谓凝结了检察机关、被告人、辩护人三者的共同意愿，在正式签署具结书之前，辩护人已经和检察机关、被告人经过充分的沟通、交流，在辩护人的努力下，检察机关给出被告人能够接受的量刑建议，被告人亦对认罪认罚的后果清楚了解，这是办理认罪认罚案件过程中的关键和实质环节。尽管具结书只有签字后才发生法律效力，但这毕竟只是对前期已经达成的合意进行书面确认，如同新产品发布会上为早已经制造好的新产品揭开幕布宣告其正式问世，体现得更多的是一种符号意义。当然，辩护人在场确实是犯罪嫌疑人、被告人基于真实意愿作出认罪认罚选择的有力保障，起到了见证作用，但是在辩护人深度参与整个量刑协商过程的前提下，若把辩护人在场解读为单一的"见证"，实际上否认了辩护人在量刑协商过程中所付出的心血，仅仅将辩护人当作一台会说话的摄像机而已，明显不符合社会一般公众的认知。只有将辩护人在场并签字的行为理解为"认可"具结书的内容，控辩双方就量刑进行协商的过程才算是画上圆满句号，与辩护人深度参与量刑协商的实际相契合。

（二）将辩护人在场解读为"认可"，对被告人的辩护效果更好

认罪认罚案件中，控辩双方已经就事实认定、定罪量刑达成了书面协议，法庭审理的实质环节已前移至审查起诉阶段，审理重点也由事实认定、定罪量刑转变为认罪认罚的真实性、自愿性、合法性，庭审过程大幅度简化，如果辩护人执意以"仅是见证"为由选择无罪辩护，司法机关工作人员很可能会将辩方视为无故违背契约精神，因此这种辩护会产生什么样的效果是可想而知的。

辩护人为了避免或者降低上述辩护带来的不利影响，司法实践中常采取"骑墙式辩护"[1]策略，其目的在于让被告人既能尝试争取无罪，又能在争取无罪失败的情况下不至于失去"如实供述自己的罪行"带来的从宽处罚。一般认为，"骑墙式辩护"源于"辩护人独立辩护说"，该观点认为辩护权是辩护人独立的法定权利，辩护律师不是委托者的附属，在被追诉人认罪而律师认为被追诉人无罪的冲突之下，律师应当坚持独立的无罪辩护，不能无条件服从被追诉者。[2] 此外，《律师办理刑事案件规范》第5条第1款规定，律师担任辩护人，应当依法独立履行辩护职责。该观点往往也成为辩护人在被告人明确认罪的情况下，当庭发表独立的无罪辩护意见的法理、法律依据。

但是在认罪认罚从宽制度中，"辩护人独立辩护说"受到了巨大挑战。因为此时律师辩护已经聚焦于确保被追诉者认罪认罚的自愿性和真实性，律师曾经就认罪认罚的后果与被追诉者进行充分的沟通和协商，并且在签署具结书时也在场，这一过程体现了辩护人对于当事人更为明显的从属性、依附性，从"绝对独立"转变为"有限独立"，这种"有限"表现在被告人可以在律师充分释明之后自己选择程序并承担选择后的风险，律师应充分尊重被告人的意见，不应越俎代庖，被告人、辩护人应当保持意见的一致性。在司法实践中，如果认罪认罚案件辩护人发表无罪辩护意见的，法官一般都会问被告人：

---

[1] 所谓"骑墙式辩护"，是指被告人本人如实供述自己的罪行，表示认罪，但辩护人作完全无罪或者部分无罪辩护。

[2] 肖璐：《认罪认罚从宽制度之律师辩护》，载《郑州大学学报（哲学社会科学版）》2017年第4期；韩旭：《辩护律师在认罪认罚从宽制度中的有效参与》，载《南都学坛》2016年第6期。

"你的辩护人刚才发表的是无罪辩护的意见,对此你是否认可?"这是一个让被告人陷入两难选择却又不得不回答的问题。所以,一般案件中常采用的"骑墙式辩护",在认罪认罚案件中已经失去了其理论和实践基础。将辩护人在场解读为"认可",由对抗性辩护转为以量刑轻重为重点的"交涉性辩护",是为被追诉人争取利益最大化的不二之选。

(三)将辩护人在场解读为"认可",符合认罪认罚从宽制度的根本价值和目的

2016年9月3日,第十二届全国人民代表大会常务委员会第二十二次会议通过的全国人民代表大会常务委员会《关于授权最高人民法院、最高人民检察院在部分地区开展刑事案件认罪认罚从宽制度试点工作的决定》开头部分即规定:为进一步落实宽严相济刑事政策,完善刑事诉讼程序,合理配置司法资源,提高办理刑事案件的质量与效率,确保无罪的人不受刑事追究,有罪的人受到公正惩罚,维护当事人的合法权益,促进司法公正。2019年10月11日,"两高三部"《关于适用认罪认罚从宽制度的指导意见》中也明确规定,适用认罪认罚从宽制度,对"推动刑事案件繁简分流、节约司法资源"具有重要意义。也就是说,认罪认罚从宽制度的根本价值和目的,或者说该制度更为看重的,是效率,是在合理配置有限的司法资源,节约司法成本的大前提下,实现实体和程序公正,而不是相反。

效率价值被提升到更为重要的地位,应该说在人类司法发展历程中具有必然性。"二战"后,先期工业化国家普遍遭遇犯罪高涨的问题。为了解决司法资源有限性与司法需求不断增加之间的矛盾,科学配置资源,提高诉讼效率,节约司法成本,实现诉讼经济,不少国家都或多或少借鉴了美国的辩诉交易制度，通过审理实质环节前移、简化法院审理程序、缩减审判权裁量空间的方式，对认罪和控辩协商案件作出快速处理，尽早终结诉讼。[1] 当今我国刑事诉讼中出现案多人少的矛盾，诉讼分流，简化审判程序，对被追诉人认罪认罚案件适用控辩双方协商程序，不仅符合人类诉讼历史的发展规律，而且正当其时。[2]

在我国刑事诉讼中，认罪认罚从宽既是一项基本原则，也是一项具体制度，它的确吸收了诉辩交易制度的一些内容。既然如此，它就理所应当地有别于普通的被告人认罪案件，后者常见的"骑墙式辩护"在认罪认罚从宽中失去了存活基础。任何没有明确法律依据的、阻碍效率价值充分实现的行为，在认罪认罚从宽制度的范围内都应当坚决予以排除。从刑事诉讼法关于法院审理程序的相关规定和大部分刑事案件属于认罪案件的现实可以推导出，基层法院大部分刑事案件都符合适用认罪认罚从宽制度的条件，且可适用速裁程序审理。即使适用简易程序和普通程序审理认罪认罚案件，其审理过程也较之普通案件大为简化。所以认罪认罚案件既大大减少司法机关工作量，同时也大大减少当事人的讼累，充分实现了效率价值。如果允许认罪认罚案件中引入无罪辩护，则由于控辩双方对抗性的增加，会拖长诉讼进程，审理程序变得更繁冗，无端增加司法机关的工作量，同时还会引发更多的被告人"钻空子"，既想享受认罪认罚带来的更大幅度从宽，又试图争取无罪的可能性。实际上，认罪认罚从宽制度是否适用，被告人可以完全自主决

---

[1] 朱孝清：《刑事诉讼法第201条规定的合理性》，载《检察日报》2019年11月7日，第3版。

[2] 樊崇义：《刑事诉讼模式的转型——评〈关于适用认罪认罚从宽制度的指导意见〉》，载《中国法律评论》2019年第6期。

定,且即使在签署了具结书后,法律也赋予了被告人无任何门槛的反悔权。从这样的制度设计来看,已经足以保障被告人的程序选择权,实现效率和公正的适度平衡,如果还允许认罪认罚案件中辩护人作无罪辩护,效率价值将会被蹂躏得体无完肤。唯有将辩护人在场解读为"认可",将无罪辩护排除在认罪认罚从宽程序之外,才符合该制度的根本价值和目的。

三、围绕辩护人"认可"具结书和辩方权利保障为主题的机制修补

鉴于辩护人在场的性质应解读为"认可"具结书内容,从而完全排除无罪辩护,需要从立法层面确认这种"认可",使排除无罪辩护有明确的法律依据。另外,针对认罪认罚实施过程中出现的一些可能损害辩方诉讼权利的问题,也需要对认罪认罚机制进行修补,以在辩方让渡无罪辩护权的情况下,继续强化辩方权利保障,确保被告人完全真实、自愿认罪认罚,巩固认罪认罚从宽制度全面铺开的硕果,彻底实现以保障效率为前提的公正。

(一)明确规定辩护人在场属于"认可"并修订认罪认罚具结书模板

目前我国法律、司法解释仅是规定了被告人签署认罪认罚具结书时辩护人或者值班律师必须在场,但并没有明确其在场的性质,这也是本文所阐述的争议焦点能够产生的最重要原因。建议将《刑事诉讼法》第174条第1款修改为:"犯罪嫌疑人自愿认罪,同意量刑建议和程序适用的,应当在辩护人或者值班律师在场的情况下签署认罪认罚具结书。有辩护人在场

的,视为该辩护人认可认罪认罚具结书内容。"

在现有的认罪认罚具结书模板中,辩护人或者值班律师签名之前的声明是这样表述的:本人是犯罪嫌疑人、被告人×××的辩护人/值班律师。本人证明,犯罪嫌疑人、被告人×××已经阅读并理解了《认罪认罚具结书》及《认罪认罚从宽告知书》,根据本人所掌握和知晓的情况,犯罪嫌疑人、被告人×××系自愿签署上述《认罪认罚具结书》。[1] 各地司法机关基本上直接采用了这套模板。从这一段文字的表述来看,很容易理解为辩护人的确只是对被告人签署具结书的真实性、自愿性进行见证,明显不符合辩护人应当承担的"认可"责任。建议将该段表述修改为:"本人是犯罪嫌疑人、被告人×××的辩护人/值班律师。本人证明,犯罪嫌疑人、被告人×××已经阅读并理解了《认罪认罚具结书》及《认罪认罚从宽告知书》,根据本人所掌握和知晓的情况,犯罪嫌疑人、被告人×××系自愿签署上述《认罪认罚具结书》,本人亦认可上述《认罪认罚具结书》内容,对检察机关指控犯罪嫌疑人、被告人×××的犯罪事实和提出的量刑建议无异议。"另外,现有具结书模板中被告人、辩护人(值班律师)签名的位置有一定距离,建议将二者签名的位置放在相邻的两行中,以突出被告人、辩护人作为辩方的整体性。

(二) 完善值班律师制度

现代刑事辩护制度的发展经历了从"被告人有权获得辩护"到"被告人有权获得律师帮助",再到"被告人有权获得律师的有效帮助"的历程。[2] 刑事诉讼法设立值班律师制度

---

[1] 胡云腾主编:《认罪认罚从宽制度的理解与适用》,人民法院出版社2018年版,第129页。

[2] 陈瑞华:《刑事辩护的理念》,北京大学出版社2016年版,第101页。

的初衷是为犯罪嫌疑人、被告人及时提供法律帮助，特别是避免犯罪嫌疑人被强迫或者被蒙蔽的非自愿认罪认罚。这种法律帮助包括提供法律咨询、提供实体处理意见和程序选择建议、申请变更强制措施、在场参与具结书签署等。毫无疑问，即使是要做好这些临时性、应急性的法律帮助，也需要律师熟悉卷宗、核实证据、与被追诉人充分沟通，以便全面、彻底地了解案情。但是，法律没有赋予值班律师阅卷、调查取证、申请司法机关收集证据和主动约见犯罪嫌疑人、被告人的诉讼权利，加之值班律师存在风险高、责任重[1]与报酬少的矛盾，导致值班律师不能给犯罪嫌疑人、被告人提供有效法律帮助。

目前来看，值班律师制度亟须完善，以适度弥补我国刑事辩护率低的现实状况，保障认罪认罚从宽制度的有效实施。第一，应将值班律师的定位由"法律帮助"升级为"辩护"，即在诉讼中，值班律师是被追诉人的合法权利的维护者。虽然值班律师也具有见证认罪认罚从宽具结自愿、真实的功能，但是，这应与辩护人的功能一致，即此种见证的主要目的是保证诉讼权力行为的合法性。[2] 第二，为了与辩护人的定位相协调，应当赋予值班律师以辩护人的诉讼权利，包括阅卷权、调查取证权、申请司法机关调取证据权、主动约见当事人权等。第三，加大财政支持力度，适度提高值班律师酬劳，同时为平衡财政压力增大的困难，应将值班律师制度与市场经济制度相衔接，允许值班律师接受当事人及其近亲属的委托，担任其委

---

[1] 责任重体现在，一旦查实犯罪嫌疑人、被告人非自愿认罪认罚的，那么当时在场参与具结书签署的值班律师是否要承担相应责任？如果不承担任何责任，那么值班律师在场完全流于形式，起不到应有作用；如果承担责任，则与值班律师享有的诉讼权利、获取的报酬极其不相称，成为值班律师不能承受的负担。

[2] 汪海燕：《三重悖离：认罪认罚从宽程序中值班律师制度的困境》，载《法学杂志》2019年第12期。

托辩护人，使值班律师按照市场价格取得相应报酬。

（三）建立辩护人程序优先参与制度

《刑事诉讼法》第 174 条第 1 款将辩护人和值班律师置于并列地位，检察机关在让犯罪嫌疑人签署认罪认罚具结书时，可以自主决定到底是让辩护人还是值班律师在场。

设立辩护人程序优先参与制度，具体内容为：第一，签署具结书之前犯罪嫌疑人、被告人已经委托或者被指定了辩护人的，认罪认罚具结书必须由辩护人在场方能签署，不能用值班律师代替，否则该具结书无效，人民法院不适用认罪认罚程序进行审理；第二，如果犯罪嫌疑人、被告人在签署具结书时未委托辩护人，当然可由值班律师在场，但在签署之后被告人又委托了辩护人的，[1] 那么该份具结书自动失效，如果仍需要适用认罪认罚从宽程序审理的，需要在委托辩护人在场的情况下让被告人重新签署具结书。同时，为了防止实践中有些被告人通过不断更换辩护人的方式扰乱司法机关案件审理进程，可规定被告人在委托辩护人在场的情况下签署具结书后第一次更换委托辩护人的，不必重新签署具结书，由新辩护人以书面形式认可具结书效力即可；在此之后再次更换辩护人的，除非该辩护人以书面形式或者当庭对具结书提出异议，否则直接视为具结书对该辩护人有拘束力。

自认罪认罚从宽制度开展试点以来，基层法院审理的刑事案件大部分已经开始适用该项制度，因此，在确保公正的基础上，效率价值永远是认罪认罚从宽制度最需要关注的主题。将签署具结书时辩护人在场视为认可具结书内容，符合效率价值

---

[1] 鉴于绝大部分认罪认罚案件依法需要快审快结且当庭宣判的现实状况，为了防止案件审理的过分迟延，影响效率，应将被告人在签署具结书之后才委托辩护人的时间限于一审法庭辩论终结前。适用速裁程序审理的，限于被告人最后陈述前。

的要求，是认罪认罚从宽制度的应有之义。需要强调的是，辩护人作无罪辩护导致程序回转绝不是对被追诉人的惩罚，仅仅是不再适用认罪认罚从宽制度而已。但是如何在保障了效率价值的前提下实现公正，实现每一起认罪认罚案件都是基于被追诉人真实意愿，还值得进一步思考，要解决这个问题，根本路径还是尽快推进以审判为中心的刑事诉讼制度改革。

论认罪认罚从宽制度中被害人的权益保障[*]

商浩文 石 魏[**]

为有效应对我国刑事案件数量剧增与司法资源有限带来的紧张局势，化解社会矛盾，提升审判质效，变"对抗性司法"为"恢复性司法"，促进被追诉人认罪认罚后与国家、被害人和解，从而达到化解矛盾、促进和谐的目的，[1] 2014年10月，党的十八届四中全会提出认罪认罚从宽的制度构想，历经四年的实践摸索、实验、矫正，2018年10月26日刑事诉讼法修改对其明确加以规定，认罪认罚从宽制度被正式纳入法治轨道。但由于我国认罪认罚从宽制度在刑事诉讼法公布之日即生效，与以往不同的是，该制度没有预备期限，执行中也没有一个磨合期，[2] 适用中出现一些问题，被害人权益保障即是其中突出的一个。在法律规范上，我国对被告人权益的保障已经形成了相对完善的保障体系。但是，被害人与被告人在现有刑事法律中享有的权利相差悬殊。被害人参与刑事诉讼所享有的权

---

[*] 本文荣获"认罪认罚从宽制度理论与实务研究"征文活动三等奖。

[**] 商浩文，北京师范大学刑事法律科学研究院暨G20反腐败追逃追赃研究中心研究员；石魏，北京市东城区人民法院法官。

[1] 胡云腾：《正确把握认罪认罚从宽 保证严格公正高效司法》，载《人民法院报》2019年10月24日，第5版。

[2] 樊崇义：《刑事诉讼模式的转型》，载《中国法律评论》2019年第6期。

利多是被动性权利,传统刑事司法更为关注刑罚权的适用,对被害人权益保障缺乏足够关注,且被害人相关权利由国家代为行使,不仅导致权益保障范围大为缩减、被害人参与深度大为降低,而且享有的实体权利很少,如刑事诉讼法对被告人辩护权不断完善,北京等地区对被告人实行律师全覆盖,权益保障无微不至。相对而言,一方面,被害人权益的保障严重缺失;[1]另一方面,被害人权益保障措施缺乏明确性、可操作性,如能否申请法律援助缺乏明确规定。

从社会公正的角度看,在存在被害人的案件中,被害人作为被告人犯罪行为的被侵害者,与被告人一起构成法律关系的诉讼主体,被告人能够通过认罪认罚换取刑罚的从宽,被害人的权益如何得到保障?其在量刑协商制度中有无发言权?在程序上如何加以保障?在公平与效率之间如何实现平衡?这些是司法实践中亟须解决的难题。本文从权益平衡的视角,对认罪认罚从宽制度刑事立法及司法实践中存在的被害人保障不足问题进行探析,以求能为被害人权益的完善提供参考。

一、从三起认罪认罚案件说起

【案例1】2018年4月,被告人王某在北京市东城区建国门某酒店内,酒后因琐事与被害人李某发生纠纷,持棍棒将被害人李某打致双侧下颌骨骨折,经鉴定构成轻伤一级。后被告人王某到公安机关投案自首。

---

[1] 石魏:《刑事速裁程序存在的问题及完善建议》,载《西华大学学报》2015年第6期。

由于被告人王某自动投案、到案后如实供述所犯罪行，构成自首，且对指控的犯罪事实没有异议、同意量刑建议，并签署了《认罪认罚具结书》，依照《刑事诉讼法》第 15 条及第 174 条的规定，对其可以适用认罪认罚从宽制度。但被告人王某到案前及到案后既没有与被害人李某达成和解，也没有对其进行任何赔偿及精神抚慰，故无论是被害人李某的物质损失，还是心理创伤均没有得到弥补、抚平，被告人王某如果因认罪认罚而得以从轻处罚，极易导致案件审结、裂痕仍存、矛盾加剧。

【案例 2】2018 年 2 月，被告人范某驾驶经改装的二轮摩托车行驶至北京市东城区东便门时，遇东城交通支队民警检查，在民警李某示意其停车接受检查时，仍驾车试图冲过检查，将民警李某撞倒导致其头皮裂伤、头皮下血肿、面部皮肤多处裂伤，后被当场抓获。经鉴定，李某所受损伤属轻伤二级。

案发后，被告人范某自愿如实供述所犯罪行，对指控的犯罪事实没有异议，同意量刑建议并签署《认罪认罚具结书》，依法可以适用认罪认罚从宽制度。但由于本案犯罪客体系社会管理秩序，故执勤民警是否属于刑法意义上可以提起刑事附带民事诉讼的被害人？对此立法及司法解释均未明确，最终法院也以李某不具备主体资格而未同意其提起刑事附带民事诉讼的申请。但问题是李某作为被告人犯罪行为的直接受害者，人身权受到侵犯，如果不享有刑事附带民事诉讼的参与权、求偿权，其权益如何得以保障？

【案例 3】2017 年 11 月，被告人王某酒后驾驶一辆灰色宝马牌小型轿车行驶至北京市东城区朝阳门南小街处与被害人张某的车辆相撞，造成张某多处软组织挫伤，经鉴定为轻微伤，且车辆损失2万余元。经抽血鉴定,被告人王某血液中酒精含量为250mg/100ml。

本案被告人认罪认罚,同意适用刑事速裁程序审理,但在审理过程中,由于被害人既有身体损伤,还有物质损失,其可否参与量刑协商,参与后享有哪些权利缺乏明确规定。

实践中,众多的认罪认罚从宽案例,为完善被害人权益保障提供了充足的素材和实践基础。为有效实现权益平衡,在对被告人认罪认罚从宽的同时,加强对被害人权益的保障,无论是对实体公正、弥补裂痕,还是对提升诉讼效率、节约司法资源,均是一种进步。

二、认罪认罚从宽制度中被害人权益保障之实践困境

近年来,认罪认罚从宽制度的研究如火如荼,但对认罪认罚从宽制度背景下被害人权益保障的研究却凤毛麟角。司法实践中,被害人权益保障滞后,严重影响审判质效。对此,需在对实践中具体问题剖析的基础上,找寻保障被害人权益之良策。目前,我国认罪认罚从宽制度中被害人权益保障面临以下问题:

(一)被害人参与认罪认罚从宽制度的范围模糊

2019年10月"两高三部"颁布的《关于适用认罪认罚从宽制度的指导意见》(以下简称《指导意见》)明确规定,"办理认罪认罚案件,应当听取被害人及其诉讼代理人的意见"。然而,在现有的刑事法律规范下,有资格参与刑事诉讼的被害人范围模糊。根据我国刑事立法的相关规定,刑事被害人主要

包括人身权受到侵害的被害人和财产权受到侵害的被害人。据此，所有因犯罪行为而使自身人身权或财产权遭受损失的单位或个人均应属于被害人。但我国《刑事诉讼法》第101条以及最高人民法院《关于适用〈中华人民共和国刑事诉讼法〉的解释》第138条规定，能够提起刑事附带民事诉讼的被害人仅限于人身权被侵犯或财产受毁坏而遭受物质损失的被害人。遭受物质损失，顾名思义，精神损失不在此列；物质损失应该是指已经发生的直接损失，而未发生的预期损失及间接损失均不包括在内。另外，最高人民法院《关于适用〈中华人民共和国刑事诉讼法〉的解释》第139条对提起刑事附带民事诉讼进行了进一步的限制，即被告人非法占有、处置被害人财产的，应当依法予以追缴或者责令退赔。被害人提起刑事附带民事诉讼的，人民法院不予受理。根据以上规定，实践中存在如下问题：（1）因人身权被侵犯而提起刑事附带民事诉讼的单一客体案件，如故意杀人、故意伤害案件，法院具有通知被害人并征询其是否提起刑事附带民事诉讼的义务。但在侵犯复杂客体其中包括人身权的具体案件中，法院是否具有征询被害人意见的法定义务，立法并无规定，如妨害公务罪中，因履行职务而受伤的国家机关工作人员是否属于刑法意义上的被害人？其因公伤而支付的医疗费用可否通过刑事附带民事诉讼得以弥补？（2）法院判令追缴或责令退赔的案件中，由于被害人无法参与刑事诉讼，其只能在庭后获知判决结果，导致其既无法对量刑发表意见，也缺乏对被告人认罪认罚从宽制度适用的有效参与及回应。总之，在立法尚未明确规定何种类型、多大范围被害人可参与庭审、提起刑事附带民事诉讼情况下，实践中会存在大量被害人无法通过有效参与庭审从而保障自身权益的案件。

（二）被害人参与认罪认罚从宽制度的程度有限

最高人民法院《关于适用〈中华人民共和国刑事诉讼法〉的解释》第138条规定，因受到犯罪侵犯，提起刑事附带民事诉讼或者单独提起民事诉讼要求赔偿精神损失的，人民法院不予受理。被害人获得弥补的方式为物质赔偿，且仅限于直接损失的物质赔偿。被害人权利包括人身权和财产权，人身权具体包括生命权、健康权、人格权、名誉权以及性权利等，财产权包括财产所有权、增值权、收益权、使用权以及管理权等。将被害人权益弥补方式局限为物质赔偿，且为直接损失，则被害人人身权中的人格权、名誉权、性权利及财产权中的增值权、管理权等预期的权利受到保护的可能性微乎其微。之所以限制被害人提起精神损害及间接损失的赔偿要求，刑事法律立法本意是考虑到刑事法律的惩罚性，其本身对被告人施以限制人身自由的惩罚已经是对被害人的精神抚慰，故不再责令被告人赔偿被害人精神损失及间接损失，对此我们可以理解为对被告人的刑事处罚是默认将不支持被害人提起精神损害赔偿和间接损失赔偿作为让渡条件。但在推行被告人认罪认罚从宽制度背景下，需要重新审视这一内在逻辑。尤其在一些特殊案件中，诸如强制猥亵、强奸、故意杀人案中的被害人及其家属，往往遭受的精神创伤更为严重，有的甚至导致严重的心理疾病。虽然对被告人予以刑事处罚能够给被害人以精神宽慰，但如果在被害人不知情、不参与情况下，仅因被告人认罪认罚、检察机关就建议对被告人从宽处罚，会导致被害人物质损失难以弥补、精神抚慰流于形式，极可能导致对被害人的二次伤害。

另外，被害人参与力度不足。认罪认罚从宽制度既可以适用于刑事速裁程序、简易程序，也可以适用于普通程序。[1] 刑事速裁程序及简易程序案件审限短、案情简单、数量众多，立法对被害人是否必须到庭没有明确规定，故实践中审判机关怠于通知被害人的情形时有发生，致使被害人知情权、参与权、异议权等难以实现。另外，刑事和解及调解过程中，被害人囿于经济层面的考虑，极易发生被迫和解、调解情形。

(三) 被害人在量刑协商中的作用有待加强

量刑协商直接关系到案件能否适用认罪认罚从宽制度。虽然刑事诉讼法及司法解释规定，对于认罪认罚案件，要听取被害人及其诉讼代理人的意见，并记录在案，但一方面，未对量刑协商的主体、量刑幅度、效力进行明确；另一方面，对未听取被害人意见的法律后果未予明确，致使实践中被害人可否参与量刑协商、如何参与、参与后享有哪些权利大相迥异。同时，被害人权利缺失容易导致一系列问题，如引发上访、信访、群体性事件等，致使司法机关缺乏适用认罪认罚从宽制度的动力。另外，认罪认罚从宽制度中的被害人经济状况较差，有的因被告人犯罪行为的侵犯而面临巨额医疗费用、丧失收入来源。如果其无法参与量刑协商，则既无法从被告人处得到应有的物质赔偿、精神抚慰，也无法从国家部门得到相应补偿，会导致其经济生活雪上加霜、难以为继。

另外，被告人在认罪认罚的同时，如能通过刑事和解或调解方式积极赔偿被害人、取得被害人谅解，可有效化解社会矛盾、弥补社会裂痕。然而，实践中认罪认罚从宽制度背景下被害人通过调解或刑事和解方式得到赔偿、精神抚慰的案例凤毛

---

[1] 苗生明、周颖：《认罪认罚从宽制度适用的基本问题》，载《中国刑事法杂志》2019年第6期。

麟角，重要原因即在于刑事和解弥补方式单一，缺乏具体的操作模式，且执行及保障机制欠缺。此外，少数被害人以此为筹码进行要挟或者漫天要价，亦影响认罪认罚从宽制度的适用效果。

三、认罪认罚从宽制度中被害人权益保障之完善建议

（一）明确被害人范畴，加强被害人参与力度

刑事立法关于被害人权益保障的条款较少且过于分散，对诸多具体问题缺乏明确规定，导致参与刑事诉讼的被害人范围、参与深度相差悬殊。鉴于法律规定不明确，如果被害人执意提起刑事附带民事诉讼，法院则很难支持，故对被害人权益保障的前提和基础是必须有明确的被害人范畴，尤其是能够提起刑事附带民事诉讼的被害人范畴。考虑到司法实践的可行性以及司法资源的有限性、短缺性，并根据人身权大于财产权的价值位阶原则，建议规定人身权受到侵犯的被害人，无论是单一客体为人身权的被害人，还是复杂客体中包括人身权的被害人，都可以提起刑事附带民事诉讼，这样既可以明确参与刑事附带民事诉讼的范围，还可以对权益更加重要的人身权加以重点保障。

另外，可通过以下措施深化被害人权益的保障力度：

第一，明确被害人身份，在庭审中设置被害人席位，保障其参与权、辩论权。侦查机关在立案后，要及时对被害人身份进行核实、确认，并将被害人基本信息，如姓名、地址、联系方式、遭受损害的事实等列明，连同起诉意见书一并移交检察

院。检察院和法院要对被害人的身份情况及受害事实进行审核和确认,[1] 并完善权利告知制度,[2] 通过手机、微信、传真等多种方式及时告知其阅卷及开庭时间等。在庭审中,要设置专门的被害人席位,对于涉及被害人权益的内容,允许其与被告人进行对质,并提供有利于其的相关证据,充分保障其与被告人的质证权、辩论权。

第二,丰富被害人权益弥补方式。建议将精神损害赔偿纳入赔偿范畴。刑事案件中,被害人遭受的不仅是物质损失,还包括损伤更为严重的身心健康和精神损害。我国侵权责任法对精神损害赔偿进行了规定,[3] 危害相对较轻的侵权行为尚且可以予以精神赔偿,举轻以明重,危害更加严重的犯罪行为更应予以赔偿,以保持法律内涵、宗旨的连贯性和一致性。另外,刑事附带民事诉讼中免除被告人的精神损害赔偿义务,将会使被告人的犯罪成本大为降低,不适当的减轻被告人本应承担的法律责任。被告人的犯罪行为在侵害被害人刑事权益的同时,还侵害了被害人的正当民事权益,如果仅让被告人承担刑事责任,则民事责任的承担缺失,与司法公平理念相悖。而且刑事附带民事诉讼案件事实上是一种刑事案件与民事案件的混合,刑事附带民事诉讼本质上是民事诉讼,其以损害赔偿为目的,属于给付之诉。[4]

---

[1] 孙仲玲、郭永亮:《刑事被害人庭审参与权及其完善》,载《云南民族大学学报》2018年第6期。

[2] 闵春雷:《回归权利:认罪认罚从宽制度的适用困境及理论反思》,载《法学杂志》2019年第12期。

[3] 《民法典》第1183条也作了规定,但尚未生效。

[4] 邓陕峡:《以被害人权利救济为视角解读我国刑事附带民事诉讼》,载《成都大学学报》2008年第5期。

（二）完善被害人参与量刑协商的可行性与可操作性

第一，明确量刑协商的主体是检察机关与犯罪嫌疑人、被告人。量刑协商是认罪认罚从宽制度的核心，犯罪嫌疑人、被告人在放弃抗辩权、质证权的基础上换取量刑的从宽。对此，需要双方主体平等地参与协商。鉴于我国法院对案件的审查是实质审查，法院不应介入量刑的协商过程，否则会导致先入为主、庭审流于形式，影响案件的公正审理，而且法官参与量刑协商，会浪费司法资源，甚至影响诉讼效率。法官尤其是基层法院一线法官工作繁忙，既要承担疑难案件的审理，还要顾及刑事速裁、认罪认罚案件，如量刑协商必须参与，势必要花费大量时间在庭审前，甚至还要优先考虑此类案件（审限短），与以审判为中心的改革趋势背道而驰，亦会严重影响司法机关适用的积极性及主动性。另外，虽然域外法官有参与量刑协商的范例，但域外参与量刑协商的并不是主审法官，而是预审法官，我国并没有预审法官的配置，故不具有借鉴性和参考性。侦查机关负责案件的证据收集工作，如允许其作为量刑协商主体，则可能导致其怠于收集口供之外的其他重要证据，在起诉或审判阶段，一旦被告人翻供，将导致证据补充良机丧失，严重影响案件的公正性，故侦查机关也不适合作为量刑协商的主体。综上，作为量刑协商的主体只能是检察机关及犯罪嫌疑人、被告人。犯罪嫌疑人、被告人作为被追诉刑责的一方，面对具备法律专业知识的检察机关，处于劣势，故建议赋予值班律师参与协商的权利。[1] 为更好地向犯罪嫌疑人、被告人答疑解惑、提供咨询，建议赋予值班律师阅卷权、会见权，在客

---

[1] 杨诚：《完善刑事速裁程序法律体系——以认罪量刑协商为核心、建立配套机制》，载《犯罪研究》2016年第6期。

观、真实、详尽地了解案情基础上，通过与犯罪嫌疑人、被告人单独会见、沟通、交流，一方面充分了解犯罪嫌疑人、被告人的想法、顾虑；另一方面提供专业性、有针对性的法律建议，从而提升量刑协商的自愿性、平等性和公正性。

第二，提高被害人在量刑协商中的参与程度。《指导意见》第16条规定，将犯罪嫌疑人、被告人是否与被害方达成和解协议、调解协议或者赔偿被害方损失，取得被害方谅解，作为从宽处罚的重要考虑因素。《刑事诉讼法》第173条第2款也明确规定，犯罪嫌疑人认罪认罚的，人民检察院应当告知其享有的诉讼权利和认罪认罚的法律规定，听取犯罪嫌疑人、辩护人或者值班律师、被害人及其诉讼代理人的意见。量刑协商直接关系到被害人权益能否实现，在被害人人身权遭受重创的情况下，如果其财产权益无法得到保障，受损害的不仅是其身体和精神，还包括社会对正义的追求，故建议在量刑协商过程中，对于有能力赔偿但不尽力赔偿的被告人，不能适用刑事速裁程序，且即使适用认罪认罚从宽制度，也应对从宽幅度从严掌握，此不仅可以提升被害人的能动性及对权益的保障力度，更能激发被告人对刑事和解或赔偿的积极性、主动性，从而更好地维护被害人权益。另外，为了防止被害人在赔偿中漫天要价、滥用此项权利、影响司法公正、让公众产生"花钱赎刑"的错误认知，可以允许被告人为了证明自己的赔偿诚意，将赔偿款预交至检察院、法院，已交至检察院或法院的，不影响对被告人适用认罪认罚从宽制度。

第三，明确量刑协商内容。一般情况下，不能就罪名及罪数进行协商。认罪认罚从宽制度中的认罪，要求犯罪嫌疑人、被告人对检察机关指控的事实及罪名无异议或者对主要事实及罪名无异议，此是适用认罪认罚从宽制度的前提。对罪名、罪数的认定是审判机关的法定职责，如果允许对罪名、罪数进行协商，一方面尺度难以把握；另一方面容易给公众造成花钱买刑的假象。但特殊情况下，经最高人民检察院的核准，可以允许对数罪中的一项或数项进行协商。对此，《刑事诉讼法》第182条第1款也规定，犯罪嫌疑人自愿如实供述涉嫌犯罪的事实，有重大立功或者案件涉及国家重大利益的，经最高人民检察院核准，公安机关可以撤销案件，人民检察院可以作出不起诉决定，也可以对涉嫌数罪中的一项或者多项不起诉。如果双方对量刑协议商定的事实、罪名、罪数、量刑有重大争议，应由刑事速裁程序变更为简易程序或者普通程序，并将争议内容进行法庭调查及法庭辩论。另外，可就罚金刑进行协商。刑法分则规定的一些罪名可以单独判处罚金，如果不允许对罚金刑进行协商，则此类犯罪嫌疑人、被告人缺乏适用认罪认罚从宽制度的内在动力。罚金刑相对于自由刑而言，刑罚更轻，对自由刑犯罪尚且可以适用认罪认罚从宽制度，对刑罚更轻的罚金刑犯罪更应允许适用，且允许对罚金刑进行协商，还可以让犯罪嫌疑人、被告人对罚金的缴纳情况有所预期，避免其因罚金问题不同意适用认罪认罚从宽制度或者因此而上诉，浪费司法资源。

（三）加强被害人参与刑事和解及调解的保障机制

认罪认罚从宽制度以提升诉讼效率为重要目的，如何在提升效率的同时保障当事人权益，尤其是作为受害者的被害人权益，最大化地实现公正和效率平衡，[1] 是我国司法面临的难题。我们认为，可以通过刑事和解以及赔偿多样化等手段不断完善认罪认罚从宽制度：

---

[1] 周新：《论认罪认罚案件救济程序的改造模式》，载《法学评论》2019年第6期。

第一，针对赔偿的不同情形进行区别对待。司法实践中，被害人因案件的不同诉讼阶段，对赔偿数额可能提出不同的要求，且差别巨大。如在侦查阶段，被害人会认为，如果与被告人达成和解协议，则被告人可能会逃避刑事处罚，故在此阶段，被害人往往提出巨额赔偿要求；而到了起诉或审判阶段，因被告人已被逮捕或即将被起诉，被害人往往能够恢复理性，提出相对合理的赔偿要求，从而在审判阶段与被告人达成和解。故对被害人的这种错误预期和判断，应提前进行释法说理，促使和解提前达成。另外，在赔偿方式上也应注重多样化，注重非物质赔偿。绝大多数被告人经济困难，赔偿能力不足，要求被告人一次性赔偿高额费用，往往难以实现。因此，应鼓励多种赔偿方式，除被告人本人赔偿外，其亲友、单位也可以代为赔偿，且可以分期、分次进行赔偿。另外，除经济赔偿外，被告人还可以通过出狱后劳务补偿，或者通过社会活动、公益活动等进行赔偿。

第二，适当区分被害人赔偿要求的合理性。因被害人要求赔偿数额过高无法达成调解的，可由被告人先行将赔偿金预交到侦查机关，由侦查机关在侦查终结后随案一并移送至检察机关。在起诉阶段，被害人仍不同意调解的，不影响对被告人适用认罪认罚从宽制度。此种情况下，被害人无权否决该制度的适用。被告人因客观原因无法赔偿或无力赔偿，从而导致无法与被害人和解或调解的，被害人可申请司法救助或要求被告人通过其他方式弥补。在被害人符合国家救助条件或通过其他方式得到弥补时，被害人对被告人不谅解的，不影响对被告人适用认罪认罚从宽制度。对于没有提起刑事附带民事诉讼的被害人，明确表示另行提起民事诉讼的，被告人仅能获得从轻处罚的机会，而不能获得减轻处罚的机会。对于具有精神损失但没有财产损失的被害人，被告人愿意赔偿被害人的，可以适用认罪认罚从宽制度。

如何在刑事诉讼中既有效保障被告人合法权益、降低司法成本，又最大程度地弥补被害人经济损失、抚慰其精神创伤、重构社会关系，实现公平与效率的双重提升，是司法面对的亟须解决的难题。在明确认罪认罚从宽制度背景下，被害人享有参与权、获得赔偿权的基础上，不断细化、完善其权益内容、形式、实现途径，通过理论探索和操作完善，[1] 相信假以时日，认罪认罚从宽制度必将在我国司法实践中发挥更大的效用。

---

[1] 储槐植、李梦：《论认罪认罚从宽制度》，载《刑法论丛》2018年第4卷。

七、认罪认罚从宽制度与律师作用

认罪认罚案件中律师的有效辩护[*]

孔红征[**]

2018年10月26日,第十三届全国人民代表大会常务委员会第六次会议通过了《关于修改〈中华人民共和国刑事诉讼法〉的决定》,正式确立了认罪认罚从宽制度。2019年10月11日,"两高三部"《关于适用认罪认罚从宽制度的指导意见》(以下简称《指导意见》)对认罪认罚从宽制度的相关问题作了较为详尽的规定。认罪认罚从宽制度在全国推行以后,各地检察机关在办理刑事案件中适用认罪认罚从宽制度的比例有了明显提升。2019年1月至12月,单月适用率由20.5%增至83.1%。[1] 2020年1月至6月,全国检察机关已办理的审查起诉案件中,适用认罪认罚从宽制度审结618999人,占同期审查起诉案件审结人数的82.2%。上半年除2月份受疫情影响适用率为72.3%外,其余月份适用率均在80%左右。[2] 毋庸置疑,认罪认罚从宽制度是以检察官履行主导责任为基础的刑事诉讼制度设计,正如最高人民检察院张军检察长在2020年最高人民检察院工作报告中所讲:"刑事诉讼法确立的认罪认

---

[*] 本文荣获"认罪认罚从宽制度理论与实务研究"征文活动二等奖。
[**] 孔红征,河南愚公律师事务所律师。
[1]《2019年全国检察机关主要办案数据》,载《检察日报》2020年6月3日,第4版。
[2]《2020年1至6月全国检察机关主要办案数据》,载《检察日报》2020年7月21日,第2版。

罚从宽制度要求检察机关以在案事实、证据促进犯罪嫌疑人自愿认罪、认同量刑建议，同时听取律师意见、细致做好被害人工作，办案难度倍增、检察责任更重。"与此同时，认罪认罚从宽制度的适用也给律师的刑事辩护提出了新的挑战。在认罪认罚案件的司法实践中，囿于各种因素的影响和制约，律师的参与情况与认罪认罚从宽制度适用率日渐提升的趋势相比，还存在一定落差；律师辩护的实际效果也不尽如人意。因此，科学、理性地认识律师参与认罪认罚案件的现状，准确、全面地把握制约律师参与认罪认罚案件中有效辩护的制约因素，并在此基础上尝试提出认罪认罚案件中律师有效辩护的实现路径，是当前值得关注和探讨的重要问题。

一、认罪认罚案件中律师参与并提供有效辩护的重要意义

认罪认罚从宽制度的确立，对于落实宽严相济刑事政策，完善诉讼程序，合理配置司法资源，提高刑事案件的质量与效率等均具有重要意义。在司法效率和人权保障两种价值取向之间，认罪认罚从宽制度无疑更倾向于前者。但是，从被追诉人的角度来讲，认罪认罚就等于放弃了部分辩护权利。在此情形下，确保被追诉人在了解认罪认罚的性质和法律后果的基础上，自愿、真实认罪认罚就显得尤为重要。《指导意见》第四部分"犯罪嫌疑人、被告人辩护权保障"明确提出被追诉人有获得法律帮助权，并对值班律师的派驻及其职责、法律帮助的衔接、辩护人职责等问题作出了具体规定。以笔者看来，认罪认罚案件中被追诉人的辩护权保障不仅是获得形式上的法律帮

助，更应是实质上的有效辩护。刑事辩护的发展完善经历了被追诉人有权获得辩护、有权获得律师辩护和有权获得律师有效辩护三个阶段。[1] 认罪认罚从宽案件中，不仅要保障律师的参与，还要促使其为被追诉人提供有效帮助。律师的有效辩护在认罪认罚从宽制度适用中具有极为重要的意义。

（一）保障被追诉人认罪认罚的自愿性、真实性、合法性

被追诉人认罪认罚的自愿性、真实性、合法性，是适用认罪认罚从宽制度的前提。由于被追诉人大多法律意识淡薄、法律知识缺乏，难以真正了解其行为的性质和认罪认罚的法律后果。加之出于免受刑事程序煎熬的考虑和对刑罚的畏惧，在面对强大的公安司法机关和专业的办案人员时，往往会难以招架。因此，被追诉人需要来自外界的有效帮助，特别是辩护律师的有效帮助。[2]

首先，保障被追诉人认罪认罚的自愿性。律师通过与被追诉人会见、与办案人员沟通了解案情，帮助被追诉人了解其涉嫌罪名的相关法律规定和认罪认罚的性质和法律后果，保障其不致违背意愿作出认罪认罚的意思表示。

其次，保障被追诉人认罪认罚的真实性。要确保被追诉人认罪认罚符合客观真实情况，包括对其行为的事实判断和法律判断，防止被追诉人在"罪与非罪""此罪与彼罪"等问题的认识上出现偏差。[3]

最后，保障被追诉人认罪认罚的合法性。律师在履行辩护职责中如发现办案机关存在刑讯逼供等非法取证行为或者以暴

---

[1] 陈瑞华：《刑事辩护的理念》，北京大学出版社2017年版，第101页。
[2] 陈国庆：《认罪认罚从宽制度司法适用指南》，中国检察出版社2020年版，第173页。
[3] 林偶之：《认罪认罚从宽中的律师作用》，载《黑龙江省政法管理干部学院学报》2017年第5期。

力、威胁、引诱等方法迫使被追诉人违背意愿认罪认罚的，应当通过提出排除非法证据申请等方式保障被追诉人的合法权利。

（二）维护被追诉人的程序权利和实体利益

首先，维护被追诉人的程序权利。被追诉人依法享有对认罪认罚从宽的法律规定的知情权、对诉讼程序的选择权、申请变更强制措施、申请排除非法证据、依法委托律师辩护、申请法律援助和获得值班律师法律帮助等程序权利。其中大部分程序性权利需要借助律师的有效帮助才能真正实现。如律师通过向被追诉人阐明普通程序、简易程序、速裁程序等的异同，帮助其更好地作出程序选择；通过为被追诉人申请变更强制措施，使其免受审前羁押之累；通过申请排除非法证据，使其不致因非法取证而受到错误的追究；等等。

其次，维护被追诉人的实体利益。被追诉人一旦最终被追究刑事责任，将面临剥夺其人身权利、财产权利、政治权利的刑罚。即使被追诉人自愿认罪认罚，也应遵循罪刑法定、罪刑相当的基本原则，对其定罪量刑。律师通过量刑协商和量刑辩护，可以为被追诉人争取最优的实体处理结果，如更短的刑期、更轻缓的刑种、宣告缓刑，甚至免予刑事处罚、不起诉处理等。

二、认罪认罚案件中律师参与和提供有效辩护的现状

（一）认罪认罚案件中律师整体参与度不高

我国刑事案件辩护率低是一个不争的事实。根据 2020 年 5

月 25 日最高人民检察院、最高人民法院在第十三届全国人民代表大会第三次会议所作的工作报告，2019 年各级人民检察院办理审查起诉案件 141.3 万件；各级人民法院审结刑事案件 197.6 万件，其中一审案件 129.7 万件。根据司法部 2020 年 6 月 22 日发布的《2019 年度律师、基层法律服务工作统计分析》，全国律师办理刑事诉讼辩护及代理案件为 109.4 万件。考虑到律师案件统计是以侦查、审查起诉、审判等各个刑事诉讼阶段作为 1 件，律师参与刑事案件辩护的比例实际上更低。据李伟锋律师在中国裁判文书网随机抽取北京市、河南省、山东省三地各 200 份认罪认罚案件法律文书的结果来看，河南有律师参与辩护案件数量为 18 件，仅占 9%；北京市和山东省分别为 11.5% 和 6.5%。[1] 2018 年 12 月 27 日，最高人民法院、司法部联合发布《关于扩大刑事案件律师辩护全覆盖试点范围的通知》，将刑事案件辩护全覆盖试点从原定的 8 个省（直辖市）扩大到全国。但是，刑事案件辩护全覆盖试点仅限于人民法院审理的刑事案件，而认罪认罚案件律师参与的重点应在审前阶段控辩双方的协商。从司法实践来看，审前阶段辩护率通常要更低。

（二）认罪认罚案件中律师参与的主要方式——值班律师的法律帮助

根据《指导意见》的相关规定，认罪认罚案件中被追诉人可以由委托辩护人、法律援助指派律师或值班律师为其提供法律帮助。从司法实践来看，认罪认罚案件中律师参与的主要方式是值班律师，法律援助指派律师次之，委托辩护人最少。而且，有些地区即便是值班律师的法律帮助也不能完全保证。

---

[1] 李伟锋：《我国律师参与认罪认罚案件的现状分析》，载《法制博览》2020 年第 4 期。

一直以来，理论界和司法实务中对值班律师的定位和职责都存在不少争议。[1] 有学者认为，值班律师存在身份上权利保障者与权力合法性见证人的悖离、功能与权利的悖离和职责与收益、风险的悖离。[2]《指导意见》第12条规定了认罪认罚案件中值班律师的职责，主要包括：提供法律咨询；提出程序适用的建议；帮助申请变更强制措施；对人民检察院认定罪名、量刑建议提出意见；就案件处理，向人民法院、人民检察院、公安机关提出意见；引导、帮助犯罪嫌疑人、被告人及其近亲属申请法律援助；法律法规规定的其他事项。2020年8月20日"两高三部"颁布的《法律援助值班律师工作办法》进一步明确了值班律师的工作职责。从上述规定来看，值班律师的职责和权利与过去相比都有了较大的扩展，其功能和权利的悖离有所缓解，但其职责与收益、风险的悖离却有加剧的趋向。《法律援助值班律师工作办法》第30条第2款规定："值班律师提供法律咨询、转交法律援助申请等法律帮助的补贴标准按工作日计算；为认罪认罚案件的犯罪嫌疑人、被告人提供法律帮助的补贴标准，由各地结合本地实际情况按件或按工作日计算。"实践中，各地值班律师主要是按日计算工作补贴，若办理法律帮助案件则是按件补贴，各地标准普遍较低，部分地区每日只有150元左右。[3] 在此情形下，值班律师很难担负起认罪认罚案件中为被追诉人提供法律帮助的"主力军"这一重任。

---

[1] 樊崇义：《法律援助制度研究》，中国人民公安大学出版社2020年版，第193~201页。

[2] 汪海燕：《三重悖离：认罪认罚从宽程序中值班律师制度的困境》，载《法学杂志》2019年第12期。

[3] 张泽涛：《值班律师制度的源流、现状及其分歧澄清》，载《法学评论》2018年第3期。

（三）认罪认罚案件中律师辩护存在空间受限、风险增加等问题

一是认罪认罚案件中律师辩护的空间受限。陈瑞华教授认为，可将律师辩护划分为五种形态，即无罪辩护、罪轻辩护、量刑辩护、证据辩护和程序性辩护。[1] 在认罪认罚案件中，因被追诉人已经"认罪"且"认罚"，律师除进行量刑辩护外，进行其他形态辩护的空间都不太大。有的被追诉人认为律师做过多的辩护没有实际意义，甚至担心自己因此无法享受认罪认罚带来的"程序从简"和"实体从宽"的优惠。此外，在审前阶段签署认罪认罚具结书后，法庭审理的重点是审查被追诉人认罪认罚的自愿性、合法性和检察机关的量刑建议。根据《指导意见》第33条规定，人民检察院一般应当提出确定刑量刑建议，而实践中量刑建议基本都被采纳，律师进行量刑辩护的空间也就不太大了。

二是认罪认罚案件中律师辩护的风险增加。律师的参与可以防范认罪认罚从宽制度存在的潜在风险，但是律师在办理认罪认罚案件中可能会面临自身风险的增加。例如，律师在被追诉人认罪认罚具结书上署名后，如果人民法院经审理作出无罪判决、认定为其他更轻罪名或者作出比量刑建议更轻的处理，律师可能因没有严格履行法定职责而受到追究；值班律师接触了多名被追诉人或多起案件的相关信息，可能存在泄密或利益冲突的情形。

---

[1] 陈瑞华：《刑事辩护的理念》，北京大学出版社2017年版，第31页。

三、认罪认罚案件中律师有效辩护的制约因素

（一）相关法律规范不尽完善

1. 认罪认罚从宽制度的部分程序性规定仍不够具体

2018年修订后的刑事诉讼法只是对认罪认罚从宽制度作了原则性、框架性规定，《指导意见》则从12个方面对60个问题进行了较为详尽的规定，各地自试行至今也积累了很多丰富经验。但认罪认罚从宽制度毕竟是新生事物，很多问题仍有待探索完善。例如，控辩协商被认为是认罪认罚从宽诉讼程序的本质内核，[1] 但相关规定却语焉不详。《指导意见》第33条第1款规定，人民检察院提出量刑建议前，应当充分听取犯罪嫌疑人、辩护人或者值班律师的意见，尽量协商一致。检察机关提出量刑建议后，律师应如何同其协商、检察机关是否在听取意见后修改量刑建议、协商是否可以有多次、如协商无法达成一致应如何处理等问题均未予以明确。再如，检察官提出幅度刑量刑建议时，建议幅度区间是否应有一定限制（《人民检察院开展量刑建议工作的指导意见（试行）》对此曾有较为细致的规定）。

2. 认罪认罚从宽制度的实体法支撑不足

认罪认罚从宽制度既是实体制度，又是程序制度，是集实体规范与程序规则于一体的综合性法律制度。[2] 认罪认罚从宽制度的实施离不开刑事实体法的有力支撑，与"程序从简"相

---

〔1〕 樊崇义：《认罪认罚从宽协商程序的独立地位与保障机制》，载《国家检察官学院学报》2018年第1期。
〔2〕 陈国庆：《认罪认罚从宽制度司法适用指南》，中国检察出版社2020年版，第63页。

比,"实体从宽"才是被追诉人追求的实质目标。有刑法学者已敏锐地察觉到了刑事实体法与认罪认罚从宽制度的衔接问题,并提出了修改刑事实体法的建议。[1] 2020 年 6 月 29 日,第十三届全国人大常委会第二十次会议对《刑法修正案(十一)(草案)》进行了分组审议,从随后公布征求意见的草案全文来看,并未涉及刑法总则部分,而认罪认罚从宽制度中关键的量刑问题,主要是和刑法总则部分相关。比如,认罪认罚是否作为独立量刑情节、从宽幅度如何把握、能否在法定刑以下量刑等。

(二) 配套制度和保障措施不能完全适应

认罪认罚从宽制度的实施,还需要配套制度和保障措施的建立和完善。比如,如何加强监督机制,防控潜在风险;法律援助机构人员紧缺、经费保障困难的问题亟待解决;部分案件需要社区矫正机构进行社会调查评估;大数据和智能辅助系统的运用;等等。

(三) 律师业务素养有待提升

除上述客观因素外,刑事辩护律师的业务素养是制约其在办理认罪认罚案件时开展有效辩护的内在因素。从刑事辩护形态来看,律师素来以无罪辩护为其最高追求目标,而司法实践中无罪判决率极低,根据 2020 年最高人民法院工作报告,2019 年各级法院判处罪犯 166 万人,仅有 637 名公诉案件被告人和 751 名自诉案件被告人无罪。从刑事辩护阶段来看,律师更加重视审判阶段的法庭辩护,而对审前阶段辩护不够重视。如前所述,认罪认罚案件中律师辩护空间受限,其核心任务应是审前阶段与检察机关的量刑协商。检察机关提出精准量刑建

---

[1] 周光权:《论刑法与认罪认罚从宽制度的衔接》,载《清华法学》2019 年第 3 期。

议不易，而律师提出有效的量刑辩护意见则更难。有的律师对量刑情节理解或过于宽泛，或过于狭隘，或对量刑情节含义理解不清，致使不能规范、全面、精准识别和运用量刑情节。在提出量刑辩护意见时，往往对量刑情节只是泛泛而谈，诸如初犯、偶犯、认罪、悔罪、坦白、自首、从犯等均是不加区分，一概罗列。上述情节有些属于法定量刑情节，有些属于酌定量刑情节；有些是应当从宽情节，有些是可以从宽情节。根据最高人民法院《关于常见犯罪的量刑指导意见》（以下简称《量刑指导意见》）及各地实施细则，每个量刑情节基准刑调整幅度不一。认罪认罚从宽制度需要律师为被追诉人争取最大限度的"实体从宽"利益，这就迫切需要律师转变观念，提升业务能力，在专业化、精细化上下大功夫。

四、认罪认罚案件中律师有效辩护的实现路径

（一）加强法律职业共同体的认同与建设

第一，重塑信仰，增强认同。法官、检察官、律师都应该加强法律信仰的培育，通过多种途径树立为实现社会的公平正义而努力的价值追求。刑事诉讼是多方主体参与、多元利益交织、多维价值共融的司法活动。[1]法官、检察官和律师都应各司其职、恪守行业道德规范。

第二，增进交流互动，构建新型控辩审关系。认罪认罚从宽制度的适用迫切需要打破法官、检察官和律师之间的藩篱，构建新型的控辩审关系。法律职业共同体内部的交流互动是消

---

[1] 张军、姜伟、田文昌：《新控辩审三人谈》，北京大学出版社2014年版，序二。

除彼此隔阂的有效途径。2019年11月18日，国家检察官学院举办了认罪认罚从宽制度检察官、法官、律师同堂培训，引起了强烈反响，为今后控辩审之间的互动交流作出了示范。

第三，保障律师执业权利。刑事诉讼法律制度每一次修改完善，都伴随着律师执业权利的进一步扩展。中国偏职权主义的诉讼模式下律师执业权利更易受到压缩。从过去的阅卷、会见、调查取证"老三难"到如今的发问、质证和辩论"新三难"，规范层面的律师执业权利还需在司法实践中得到切实保障。

（二）完善认罪认罚从宽制度相关法律规范

第一，完善刑事诉讼法和相关程序规则。逐步调整诉讼结构，完善诉讼程序，改变现行立法将认罪认罚从宽制度分割、散落而嵌入到各个诉讼阶段和各个诉讼模式之中的现状，构建一套完整而又独立的认罪认罚从宽程序体系。[1] 此外，配套程序规范也需进一步细化完善。

第二，完善刑法及《量刑指导意见》等相关实体法律规范。如前所述，认罪认罚从宽制度的实施离不开刑事实体法的支持。为与认罪认罚从宽制度相衔接，应在刑法总则第四章"刑罚的具体运用"部分增加认罪认罚从宽的相关规定，如有学者建议将第61条修改为："对于犯罪分子决定刑罚的时候，应当根据犯罪的事实、犯罪的性质、情节和对于社会的危害程度，以及犯罪分子的认罪认罚情况，依照本法的有关规定判处。"[2] 此外，应在原有量刑规范化改革的基础上，进一步完善《量刑指导意见》，明确认罪认罚后"从宽"的幅度，以便

---

[1] 樊崇义：《我国认罪认罚从宽的立法发展与完善》，载《人民法治》2019年第17期。
[2] 周光权：《论刑法与认罪认罚从宽制度的衔接》，载《清华法学》2019年第3期。

更好地指导检察官提出量刑建议和律师提出有效的量刑辩护意见。

(三) 构建认罪认罚案件的强制辩护和无效辩护制度

第一,要努力实现认罪认罚案件刑事辩护的全覆盖,逐步构建强制辩护制度。如前所述,当前的全覆盖试点限于人民法院审理的刑事案件。认罪认罚从宽制度贯穿刑事诉讼全过程,适用于侦查、起诉、审判各个阶段,审前阶段与办案人员的量刑协商是重中之重。因此,应努力实现认罪认罚案件刑事辩护的全覆盖,逐步改变由值班律师承担大部分案件的现状。

第二,探索构建认罪认罚案件中的无效辩护制度。要明确律师提供有效辩护的基本标准,若人民法院经审查认定律师在办理认罪认罚案件中未提供实质、有效辩护,应通过及时转变程序、重新指定辩护等形式保障被追诉人获得有效法律帮助的权利。

(四) 促使律师转变观念,提升业务能力

第一,律师应转变刑事辩护观念。要改变过去片面追求无罪辩护和法庭辩护的误区,将审前辩护和量刑辩护作为认罪认罚案件办理的重点。要第一时间介入认罪认罚案件,全面履行辩护职责。比如,因司法实践中"实报实销""刑期倒挂"等现象还普遍存在,要尽早提出变更强制措施申请或羁押必要性审查申请,避免被追诉人在审前被长时间羁押,致使在随后量刑协商中失去余地。再如,要全面识别、审查核实对被追诉人有利的法定、酌定量刑情节,并通过获得被害人谅解等方式为被追诉人争取最大程度的从宽。

第二,律师应不断提升刑辩业务能力。认罪认罚从宽制度的实施,使不少律师产生了不适应感。认罪认罚案件中律师辩护存在形式化现象有其客观因素,但也有自身业务能力不足的

原因。律师要从程序规则、实体规范等方面加强学习,要全面掌握程序规则中对被追诉人有利的相关规定,并在办理案件中穷尽使用。2019 年,全国检察机关共批准逮捕各类犯罪嫌疑人 1088490 人,不批准逮捕 313743 人,不捕率为 22.4%;提起公诉 1818808 人,不起诉 190258 人,不起诉率为 9.5%。[1] 如果律师能充分利用程序规则,力争做到不捕不诉还是有较大空间的。要掌握刑法分则罪名的构成要件、定罪量刑标准和所有酌定、量刑情节的含义及基准刑调整幅度,熟悉量刑的基本程序。此外,还应具备与检察官、法官、被害人等协商沟通的技巧。

(五) 充分发挥司法行政机关和律师协会作用

第一,充分发挥司法行政机关的职能作用。各级司法行政机关是律师行业和法律援助主管机关,应在与司法机关沟通交流、维护律师合法权益、解决法律援助实际问题等方面发挥更加积极的作用。"各级人民法院、人民检察院、公安机关、国家安全机关、司法行政机关在分工负责、各司其职的基础上,要加强沟通、协调和配合,建立绿色通道、专人联络、定期通报、联席会议等制度,及时研究解决实践中出现的问题,形成贯彻实施合力。对法律援助机构人员紧缺、经费保障困难等问题,司法行政机关要积极争取党委和政府支持,将值班律师补贴纳入法律援助业务经费开支范围并合理确定补贴标准。"[2]

第二,律师协会作为行业自治机构的作用也应进一步加强。全国律师协会应通过制定业务规范、标准等强化对律师办理认罪认罚案件的指引,地方律协应通过行业内部交流、教育

---

[1] 《2019 年全国检察机关主要办案数据》,载《检察日报》2020 年 6 月 3 日,第 4 版。
[2] "两高三部"《关于适用认罪认罚从宽制度的指导意见》,高检发〔2019〕13 号,2019 年 10 月 11 日发布。

培训等方式，引导律师事务所和律师提供规范化、专业化和精细化的刑事辩护法律服务。

综上所述，认罪认罚从宽制度的施行，迫切需要律师积极参与和为被追诉人提供有效辩护。要改变目前律师在认罪认罚案件中提供辩护不尽如人意的现状，必须全面分析各种制约因素，多管齐下，多措并举，积极探索律师提供有效辩护的路径，促使刑事辩护法律服务有质的提升，以期更好地为认罪认罚从宽制度实施作出贡献。

检察视域下值班律师的
参与保障与功能实现*

张 拓 李 珂**

认罪认罚从宽制度"应当坚持以被追诉人自愿性选择为基础，强调控辩双方协商并经由法院最终司法审查确认"[1]。"未来的认罪认罚从宽制度不仅要继续保持开庭审理的方式，而且要将法庭审理的重心放在被告人认罪认罚的自愿性问题上面。"[2] 自愿性是认罪认罚从宽制度的基础，值班律师制度是为了保障认罪认罚自愿性而提出的配套制度。"在当前委托辩护率低下、指定辩护范围有限的情况下，发挥值班律师的作用有助于保障被追诉者认罪认罚的自愿性，确保认罪认罚从宽制度试点的正当性。"[3] 但是，在当前的司法实践中，值班律师功能异化的现象较为突出，部分值班律师沦为单纯的见证人甚至成为帮助检察机关"追诉犯罪"的人。[4] 对此，学界以提

---

* 本文荣获"认罪认罚从宽制度理论与实务研究"征文活动二等奖。
** 张拓，中国人民公安大学法学院讲师；李珂，北京市丰台区人民检察院第三检察部检察官助理。
〔1〕 陈卫东：《认罪认罚从宽制度研究》，载《中国法学》2016 年第 2 期。
〔2〕 陈瑞华：《认罪认罚从宽制度的若干争议问题》，载《中国法学》2017 年第 1 期。
〔3〕 吴小军：《我国值班律师制度的功能及其展开——以认罪认罚从宽制度为视角》，载《法律适用》2017 年第 11 期。
〔4〕 周新：《值班律师参与认罪认罚案件的实践性反思》，载《法学论坛》2019 年第 4 期。

供有效辩护为标准,就如何全面赋予值班律师辩护人的诉讼地位和相应的诉讼权利进行了广泛讨论。然而,此种论证逻辑忽略了值班律师制度自身的局限性与现实条件的限制,难以根本解决自愿性保障缺位的实践难题。基于此,本文拟在梳理值班律师的功能定位及功能异化原因的基础上,从检察机关的主导责任与客观义务入手,找寻认罪认罚从宽制度中值班律师参与困境的解决办法。

一、值班律师的功能异化及其反思

(一)值班律师功能的实质与形式界分

《刑事诉讼法》第 36 条对值班律师的职责作出了规定:"犯罪嫌疑人、被告人没有委托辩护人,法律援助机构没有指派律师为其提供辩护的,由值班律师为犯罪嫌疑人、被告人提供法律咨询、程序选择建议、申请变更强制措施、对案件处理提出意见等法律帮助。"对此,有学者从实质与形式两个层面作出了解读,认为我国的值班律师制度采值班律师制度之形,实现有效辩护之实,是在我国刑事辩护制度整体发展水平较为滞后的情况下,落实认罪认罚案件有效辩护过程中的一种颇具特殊性的制度选择,其所承载的权利保障目标主要是帮助被追诉人实现有效辩护,却也吸收了值班律师制度本身所内含的便利性、无偿性、普遍性的特点。[1] 从结构上来看,值班律师的功能在实质与形式上具有不同表现。

---

[1] 杨波:《论认罪认罚案件中值班律师制度的功能定位》,载《浙江工商大学学报》第 3 期。

从实质上看，值班律师提供的法律帮助带有明显的辩护性质。设置值班律师制度的目的是保障被追诉人认罪认罚的自愿性，维护其合法权益。认罪认罚的自愿性与真实性是认罪认罚从宽制度的正当性基础。与不认罪的案件相比，在认罪认罚案件中，以放弃重要的程序权利为代价，换取实体从轻逻辑之上的被追诉人面临着更大的法律选择风险。如果被追诉人没有获得充分的案件信息，也没有在证据采信、量刑协商、程序选择等方面获得专业的法律帮助，则难以保证选择的自愿性。因此，法律要求值班律师不仅要提供一般的法律咨询，更要就案件的实体处理方面向被追诉人提出专业的建议，保障被追诉人在获得充分信息的基础上作出自愿、明智的选择。同时，从定罪和量刑两个方面向办案机关提出专业意见，使被追诉人获得从轻处理的结果，保证认罪认罚从宽制度不偏离司法公正。[1]

从形式上看，值班律师提供的法律帮助具有普遍性、便捷性与无偿性的特征。当前，"从数据来看，律师辩护率有所改善，2013年至2017年五年间，从19.07%提升到22.13%"，[2]但是总体的刑事辩护率依然有待提升，一些研究也证实了刑事辩护率偏低的判断。[3] 由于适用对象存在局限性，法律援助也难以实现全覆盖。这种情况下，对于适用认罪认罚从宽制度的案件，在看守所、人民检察院以及人民法院派驻值班律师，不区分被追诉人的经济状况和案件类型提供免费的法律帮助，能够在一定程度上实现"所有人的正义"。

---

[1] 戎静：《认罪认罚从宽制度中值班律师职责定位及完善思路》，载《华侨大学学报（哲学社会科学版）》2019年第2期。

[2] 王禄生：《论刑事诉讼的象征性立法及其后果——基于303万判决书大数据的自然语义挖掘》，载《清华法学》2018年第6期。

[3] 左卫民、张潋瀚：《刑事辩护率：差异化及其经济因素分析——以四川省2015—2016年一审判决书为样本》，载《法学研究》2019年第3期。

（二）法律帮助形式化与全面赋权的缺陷

值班律师提供的法律帮助在满足无偿性、便捷性、普遍性的形式功能的前提下，其维护被追诉人合法权益的实质功能却出现了严重异化。"大部分值班律师除了解释法律、回答咨询之外，通常不再提供其他法律帮助，对于检察机关提出的量刑建议，值班律师往往是简单表示确认，鲜有提出异议或者发表实质性意见的情形，仅在犯罪嫌疑人签署具结书时被要求在场。"[1] 由此可见，在司法实践中，部分值班律师在事先不了解案情也不进行量刑协商的情况下，已然从法律帮助者沦为诉讼行为合法的"背书者"，严重背离了值班律师制度设立的初衷。

对此，理论界和实务界展开了广泛而深入的讨论。主流观点认为值班律师功能异化的主要原因在于缺乏履行辩护职能所必备的诉讼权利。根据刑事诉讼法的规定，作为提供法律帮助者，值班律师目前并没有辩护人的诉讼地位，不具有辩护律师享有的会见权、阅卷权等一系列辩护权利。这导致值班律师无法通过阅读案卷材料深入了解案情，也无法与被追诉人进行充分沟通、交流，极大地限制了其功能的发挥，出现了值班律师功能和权利相悖离的局面。[2] 在此基础上，许多学者都主张全面赋予值班律师以辩护人的诉讼地位与相应的权利。这种全面赋权的思路确实在理论层面完善了值班律师发挥功能的权利基础，但是忽略了值班律师制度自身的局限性，以及限制其功能发挥的现实条件。

---

[1] 韩旭：《认罪认罚从宽制度中的值班律师——现状考察、制度局限以及法律帮助全覆盖》，载《政法学刊》2018年第2期。

[2] 汪海燕：《三重背离：认罪认罚从宽程序中值班律师的困境》，载《法学杂志》2019年第12期。

在认罪认罚从宽制度确立的初期，值班律师的确缺乏必要的权利保障，难以为被追诉人提供实质性的法律帮助。然而，"两高三部"《关于适用认罪认罚从宽制度的指导意见》（以下简称《指导意见》）已经明确规定了值班律师享有会见权、阅卷权等基础性权利。[1] 据此，值班律师已经拥有了全面了解案件情况，与被追诉人沟通交流的制度保障，具备了为被追诉人提供实质性法律帮助的基础。然而，权利的赋予并不代表在实践中会得到充分的运用，值班律师是否会主动行使会见权与阅卷权，以及是否具有行使权利的客观条件，值得斟酌。可以预见的是，即使拥有相应权利也鲜有值班律师进行阅卷和会见，值班律师形式化的问题依然难以得到根本解决。

（三）值班律师的局限性与外部保障的必要

值班律师怠于行使会见、阅卷等权利与其工作方式的局限性密切相关，而且收入水平偏低的现实状况也难辞其咎。

一方面，派驻值班的工作方式限制了值班律师参与案件的深度。根据《刑事诉讼法》第36条和《指导意见》第11条的规定，值班律师主要在人民法院、人民检察院、看守所进行派驻，采取定期值班或轮流值班的方式，为没有委托辩护人和没

---

[1] 《指导意见》第12条第2款规定："值班律师可以会见犯罪嫌疑人、被告人，看守所应当为值班律师会见提供便利。危害国家安全犯罪、恐怖活动犯罪案件，侦查期间值班律师会见在押犯罪嫌疑人的，应当经侦查机关许可。自人民检察院对案件审查起诉之日起，值班律师可以查阅案卷材料、了解案情。人民法院、人民检察院应当为值班律师查阅案卷材料提供便利。"

有获得法律援助的犯罪嫌疑人、被告人提供法律帮助。[1] 派驻值班的工作方式保障了值班律师提供法律帮助的普遍性和及时性，然而也具有先天的局限性。定期值班或轮流值班的工作方式犹如一条流水线，值班律师坐等案件上门，带有明显的临时性与被动性。此外，根据当前的实践状况，在人数有限的情况下，值班律师每天可能会为几个甚至十几个被追诉人提供法律帮助，这在一定程度上导致值班律师没有过多的时间和精力进行阅卷与会见。

另一方面，较低的工资收入水平难以鼓励值班律师主动参与。与委托辩护和法律援助指派辩护的律师相比，值班律师的补贴普遍较低。某些地区一般的法律援助（作为律师辩护）案件全程为2900元，而法律帮助（作为见证人的值班律师）仅260～300元。[2] 经济较为发达的上海市浦东新区在试点中给值班律师的补贴能达到700元/次，但是在全面展开的情况下援助经费也存在一定困难。[3] 经济欠发达地区的补贴更加不足，部分地区值班律师一天的补贴也只有150元。[4] 虽然值班律师提供法律帮助是其职责所在，但是阅卷与会见并非强制性

---

[1]《刑事诉讼法》第36条规定："法律援助机构可以在人民法院、看守所等场所派驻值班律师。"《指导意见》第11条规定："法律援助机构可以在人民法院、人民检察院、看守所派驻值班律师。人民法院、人民检察院、看守所应当为派驻值班律师提供必要办公场所和设施。法律援助机构应当根据人民法院、人民检察院、看守所的法律帮助需求和当地法律服务资源，合理安排值班律师。值班律师可以定期值班或轮流值班，律师资源短缺的地区可以通过探索现场值班和电话、网络值班相结合，在人民法院、人民检察院毗邻设置联合工作站，省内和市内统筹调配律师资源，以及建立政府购买值班律师服务机制等方式，保障法律援助值班律师工作有序开展。"

[2] 胡铭：《律师在认罪认罚从宽制度中的定位及其完善——以Z省H市为例的实证分析》，载《中国刑事法杂志》2018年第5期。

[3] 胡晓伟、刘玮琍：《法律援助值班律师工作实证研究——以上海市浦东新区为例》，载《中国司法》2020年第4期。

[4] 张泽涛：《值班律师制度的源流、现状及其分歧澄清》，载《法学评论》2018年第3期。

规定。因此，微薄的收入在一定程度上导致了值班律师工作积极性不高，即使赋予其阅卷、会见等诉讼权利，也难以付诸实践。

总而言之，单纯地赋予诉讼权利不能从根本上解决值班律师提供法律帮助形式化的问题。即使拥有阅卷权、会见权等诉讼权利，在不积极行使的情况下，值班律师提供的法律帮助依然缺乏实质性。从值班律师制度本身出发，增加值班律师人数、提高值班律师的职业保障有助于缓解值班律师的工作负担，提升法律帮助的质量，但这有赖于我国法律援助制度的不断完善，并非一朝一夕之事。现阶段，在值班律师参与案件主动性不足的情况下，应当为值班律师的实质性参与创设更加高效、便捷的外部环境。除此之外，从工作方式方面不难看出，值班律师所提供的法律帮助具有临时性、被动性的特点，与刑事诉讼理论中的有效辩护相去甚远。现阶段，在值班律师提供法律帮助之外，还需要对被追诉人认罪认罚的自愿性、真实性的保障提供有益的补充。

二、检察机关保障值班律师功能实现的基本逻辑

在认罪认罚从宽制度中，侦查机关、检察机关与人民法院各司其职、相互配合，每个阶段发挥的作用有所区别。在侦查阶段，侦查人员向犯罪嫌疑人告知认罪认罚可以得到从宽处理的相关权利，对犯罪嫌疑人的认罪态度予以记录，并随案移送。在审判阶段，由于被告人自愿认罪，大部分认罪认罚案件适用简易程序或者速裁程序，庭审程序大为简化，法官主要对已经认罪认罚的案件进行最终确认。而且，值班律师由于尚未

明确获得出庭辩论的权利,在审判阶段能够提供法律帮助的空间极为有限。审查起诉阶段是认罪认罚从宽制度的核心阶段,量刑协商、签署具结书等重要环节都在这一阶段进行。因此,审查起诉是充分发挥值班律师作用、保证被追诉人自愿性的关键环节。在此阶段起到主导作用的检察机关应当积极引导值班律师的实质参与,为被追诉人的自愿性提供必要保障。

(一) 检察机关的主导地位及责任

认罪认罚从宽制度在调整、改变司法职权配置及其关系方面具有重要价值。认罪认罚案件中,刑事司法重心前移至审查起诉阶段,检察机关通过控辩协商、提出量刑建议、不起诉等活动,不仅引导诉讼程序的进行,而且实际上拥有了影响案件处理结果的决定作用,这是合作性司法理念冲击传统对抗性诉讼构造的结果。[1]

具体而言,检察机关在认罪认罚从宽制度中的主导地位在程序和实体两个方面均有体现。一方面,检察机关是控辩协商的主要引导者。《刑事诉讼法》第173条第2款和第174条第1款对控辩双方就案件处理意见进行协商的程序作出了规定。[2]根据该规定,检察机关应当听取犯罪嫌疑人、辩护人或者值班律师、被害人及其诉讼代理人的相关意见,体现的是控辩之间的沟通。"检察机关向辩方告知拟处理意见不是检察机关单方

---

[1] 赵恒:《论检察机关的刑事诉讼主导地位》,载《政治与法律》2020年第1期。
[2] 《刑事诉讼法》第173条第2款规定:"犯罪嫌疑人认罪认罚的,人民检察院应当告知其享有的诉讼权利和认罪认罚的法律规定,听取犯罪嫌疑人、辩护人或者值班律师、被害人及其诉讼代理人对下列事项的意见,并记录在案:(一) 涉嫌的犯罪事实、罪名及适用的法律规定;(二) 从轻、减轻或者免除处罚等从宽处罚的建议;(三) 认罪认罚后案件审理适用的程序;(四) 其他需要听取意见的事项。"《刑事诉讼法》第174条第1款规定:"犯罪嫌疑人自愿认罪,同意量刑建议和程序适用的,应当在辩护人或者值班律师在场的情况下签署认罪认罚具结书。"

面通知'我说你听',而是为了'听取意见',因此,辩方有权提出自己的意见和要求。"[1] 辩方提出的意见和要求只有被检察机关采纳,转化为案件处理结果,在认罪认罚具结书中予以体现,才能对双方产生约束力。在此过程中,检察机关对于意见的听取与采纳决定了控辩协商的实质效果,直接影响认罪认罚从宽制度的顺利进行。另一方面,检察机关是案件处理的实质影响者。对于认罪认罚案件,《刑事诉讼法》第201条规定,"人民法院依法作出判决时,一般应当采纳人民检察院指控的罪名和量刑建议"。换言之,检察机关对认罪认罚案件的处理意见在很大程度上决定了法院的判决内容。因此,检察机关在一定程度上拥有了影响案件处理结果的决定性作用。

为了克服人类生存的种种障碍,"每个结合者及其自身的一切权利全部都转让给整个集体",[2] 但是国家被授予这种权力的唯一目的就是让其为公民负责,提供公民所要求的公共服务[3]。因此,职权与责任应当具有对应关系。检察机关在享有主导地位的同时也应承担相应的主导责任,具体表现为:在主导协商的过程中应当保障值班律师的有效参与以及保证关于案件的处理意见是在控辩双方进行有效沟通与协商的基础上达成的。

控辩之间就案件处理结果展开协商,是认罪认罚从宽制度中合作性司法理念、被追诉人主体地位的重要体现,因此,控辩双方应当具有基本平等的诉讼地位。如果检察机关在与犯罪

---

[1] 朱孝清:《检察机关在认罪认罚从宽制度中的地位和作用》,载《检察日报》2019年5月13日,第3版。

[2] [法]卢梭:《社会契约论》,何兆武译,商务印书馆2003年版,第19页。

[3] 秦晖:《公共权力、公共责任与限权问责》,载《吉林大学社会科学学报》2003年第3期。

嫌疑人进行协商时，犯罪嫌疑人没有获得值班律师有效的法律帮助，没有准确理解相关法律规定和法律后果，没有对个案结果产生相对稳定的、准确的预期，那么整个"协商"过程也将沦为带有明显行政色彩的检察机关的"一家之言"。[1]一旦认罪认罚具结书的内容不是控辩双方平等沟通形成的合意结果，那么其承载的关于案件处理的结果也就失去了正当性基础。因此，引导值班律师提供有效的法律帮助是检察机关在主导认罪认罚从宽制度中应尽的责任。尤其在当前值班律师难以实质性参与认罪认罚案件的情况下，检察机关应当在主导控辩协商的过程中积极主动地为值班律师的实质参与创设条件，保证协商过程的平等性与协商结果的合意性。

（二）检察官的客观公正义务

检察官的客观公正义务是不同法系国家和地区普遍接受、国际准则确认的一项重要法律制度，也是检察官的重要行为准则。[2]我国2019年4月修订的《检察官法》第5条规定："检察官履行职责，应当以事实为根据，以法律为准绳，秉持客观公正的立场。"自此，我国正式将检察官的客观公正义务在法律层面予以确认。检察官的客观公正义务，是指在刑事司法活动中，检察官为了发现案件真实，应当超越一方当事人的立场，站在客观公正的立场上展开检察活动。有学者基于我国检察制度的特色，从检察机关的政治色彩和检察活动的法律监督性质两个方面阐释检察官客观公正义务的正当性基础。一方面，我国检察机关具有强烈的政治性，其所追求的是保护和实现"人民群众的根本利益"，而这种利益体现在司法活动中就

---

[1] 赵恒：《论检察机关的刑事诉讼主导地位》，载《政治与法律》2020年第1期。
[2] 朱孝清：《检察官的客观公正义务及其在中国的发展完善》，载《中国法学》2009年第2期。

是实现司法公正。因此，承担客观义务，努力实现公平正义，而不是单纯追求有罪，这是我国检察机关政治性的基本要求。另一方面，作为国家的法律监督机关，监督法律实施是最基本的、也是最重要的要求，监督者必须客观公正，即站在法律的立场而不是任何当事人的立场。[1]

笔者认为，在认罪认罚从宽制度中，强调检察官的客观公正义务具有特殊的意义。一方面，认罪认罚从宽制度的确立伴随着检察权能的扩张，因此，检察机关发挥主导作用的同时更需履行客观义务，保证认罪认罚从宽制度的正确实施。检察官的客观公正义务"是平衡检察官的控诉角色与护法职能的应对性措施，其突出意义在于抑制检察官作为控方当事人而可能形成的对法律制度的偏离"[2]。在认罪认罚从宽制度中，检察机关作为控方享有引导控辩协商并对案件的处理结果产生实质影响的主导地位。为了防止认罪认罚从宽制度沦为控方追诉犯罪的工具，需要检察机关客观公正地履行义务。对此，检察机关应当超越控方立场，对辩方权利给予足够的关照，推动认罪认罚从宽制度的正确实施。另一方面，在值班律师只能提供最低限度法律帮助的情况下，检察官的客观公正义务是保障被追诉人认罪认罚自愿性的必要补充。作为"以实体的真实主义和职权审理主义为基本原理的德国法学的产物"[3]，检察官的客观公正义务天然地要求检察官坚持客观公正立场，以案件事实真相为核心实现司法公正。对于认罪认罚从宽制度，客观公正义务要求检察官在被追诉人作出有罪供述的前提下，坚持公正立

---

[1] 龙宗智：《中国法语境中的检察官客观义务》，载《法学研究》2009年第4期。
[2] 龙宗智：《中国法语境中的检察官客观义务》，载《法学研究》2009年第4期。
[3] [日] 松本一郎：《检察官的义务》，郭布罗·润麒译，载《法学译丛》1980年第2期。转引自龙宗智：《中国法语境中的检察官客观义务》，载《法学研究》2009年第4期。

场对案件进行实质性审查，发现事实真相，实现对被追诉人认罪认罚真实性、自愿性的保障。从这个角度看，检察官的客观公正义务在一定程度上带有实质性辩护的性质。[1] 在当前认罪认罚从宽制度中，值班律师只能提供最低限度的法律帮助，参与性明显不足，被追诉人认罪认罚自愿性、真实性缺乏有效保障。为了弥补上述不足，检察机关应当通过履行客观公正义务对被追诉人权益的保障提供必要补充。

三、检察机关保障值班律师功能实现的具体路径

在值班律师实质性参与不足的现实情况下，检察机关应当充分发挥主导作用，更加积极主动地寻求值班律师的合作，为值班律师的参与创造更加便捷、高效的外部条件。与此同时，在值班律师为被追诉人提供了最低限度法律帮助的基础上，检察机关应当通过客观义务的履行，加强对被追诉人认罪认罚自愿性与真实性的保障。

（一）以实质参与为核心的内部强化

在认罪认罚从宽制度中，检察机关应当发挥主导作用，以保障被追诉方诉讼权利为核心，对值班律师与被追诉人进行积极引导。对此，应当考虑如下措施：

1. 实质性告知诉讼权利

被追诉人申请值班律师提供法律帮助的动力不足，也是影

---

[1] "被告为保护其正当利益，固有辩护权，即以促进司法之正当运用为目的之法院或检察官，亦应认为其有此项权利（或义务），对于此种辩护，称为实质辩护……检察官诉追被告之犯罪，法官则审判被告之犯罪，均难期其对于被告之利益予以正当之辩护，此以须要有专门保护被告权利之辩护人，为被告之利益予以辩护，称为形式辩护。"蔡墩铭：《刑事诉讼法论》，五南图书出版公司1993年版，第94页。

响值班律师发挥作用的主要因素。《刑事诉讼法》第36条第2款规定："人民法院、人民检察院、看守所应当告知犯罪嫌疑人、被告人有权约见值班律师，并为犯罪嫌疑人、被告人约见值班律师提供便利。"但是，在实践中，部分检察人员通常只是转述上述权利，并不做深入的解释说明。因此，被追诉人对值班律师的地位和作用难以形成合理的认识，接受律师帮助、向律师咨询的积极性也随之降低。有些被追诉人认为值班律师的帮助流于形式，无法通过值班律师获得实质性帮助。有的被追诉人对申请值班律师的帮助心存顾虑，担心被视作认罪态度不好，而无法获得量刑上的从宽。[1] 基于这种现状，检察机关不能只是简单地告知具有会见值班律师的权利，而是应当对被追诉人进行实质性告知。检察机关不仅要向被追诉人解释值班律师作为提供法律帮助者的职责定位，以及在审查起诉阶段将要进行的量刑协商、签署具结等具体流程，而且还要告知被追诉人值班律师能够在案件的实体处理及程序选择方面提供的咨询、建议等法律帮助。通过实质性告知，被追诉人能够明确认识值班律师的定位以及在审查起诉阶段值班律师提供法律帮助的重要性。因此，从提高被追诉人申请法律帮助主动性的角度来看，实质性告知能够加强值班律师与被追诉人之间的交流，深化值班律师对案件的参与。

2. 积极探索证据开示制度

不了解案件具体情况是值班律师参与认罪认罚案件时限制其发挥实质作用的最大障碍。但是基于本文第一部分的分析，期待值班律师积极主动地阅卷的可能性不大，因此，检察机关

---

[1] 韩旭：《认罪认罚从宽制度中的值班律师——现状考察、制度局限以及法律帮助全覆盖》，载《政法学刊》2018年第2期。

应当按照《人民检察院刑事诉讼规则》第 269 条第 2 款的规定，为值班律师查阅案卷材料提供便利。"对于该条不应狭义理解为检察院被动地等待值班律师提出阅卷申请，而是检察院应当通过主动披露特定信息的方式向值班律师提前展示案件的轮廓和相关情况。"[1] 检察机关通过主动向值班律师披露案件证据，使值班律师能够在充分了解案件情况的基础上提出实质性的意见。

检察机关不仅需要向值班律师披露案件证据，还应当向被追诉人开示案件的证据情况。根据刑事诉讼法的规定，目前只有辩护律师自移送审查起诉之日起，才可以向被追诉人核实有关证据，而作为提供法律帮助者，值班律师并无此项权利。《指导意见》赋予了值班律师会见权，但是关于证据核实权却没有明确规定。可见，在尚无制度基础的情况下，被追诉人难以通过值班律师深入了解案件证据情况。因此，现阶段由检察机关向被追诉人开示案件证据的做法更为稳妥。通过向被追诉人开示案件证据，被追诉人可以针对案件的具体情况向值班律师寻求法律帮助，强化被追诉人与值班律师之间的沟通与交流，进一步提高值班律师提供法律帮助的实质性。

3. 切实保障量刑透明化

在认罪认罚从宽制度中，"认罪认罚"是前提，"从宽"是结果，直接体现在检察机关提出的量刑建议当中。因此，在审查起诉阶段，被追诉人最为关心的是如何就量刑问题与检察机关展开协商，获得从宽处理的结果。虽然根据《刑事诉讼法》第 173 条的规定，检察机关应当就从轻、减轻或者免除处

---

[1] 王帅琳、王杰：《证据开示表：破解值班律师见证效率与效果难题》，载《检察日报》2020 年 3 月 8 日，第 3 版。

罚等从宽处罚的建议听取被追诉人的意见，但是由于被追诉人缺乏专业法律知识，无法从科学量刑的角度给出实质意见，而只是一味地请求从轻处罚。这样极有可能导致检察机关与被追诉人之间的量刑协商或者成为检察机关的"拍板决定"，或者沦为一场无意义的"讨价还价"。所以，量刑协商还是需要在值班律师的参与下展开。

然而，从现实情况来看，值班律师无法在量刑协商环节发表实质意见，一方面是因为不了解案情——这通过前文的证据开示已经得到初步解决；另一方面是由于检察机关没有披露量刑的过程，只是在给出量刑建议之后，表示已经对被追诉人认罪认罚的情节给予考虑并从轻处理，这种笼统的交代，使得值班律师没有充分发表意见的空间。因此，检察机关在与值班律师进行量刑协商时，应当对量刑的过程进行解释说明，包括量刑起点的选择、量刑幅度的考量等。例如，根据最高人民法院《关于常见犯罪的量刑指导意见》，以盗窃罪为例，在满足入罪标准，没有其他严重情节的情况下，可以在1年以下选择量刑起点；又如，积极赔偿被害人损失并取得谅解的，可以减少基准刑的40%以下。检察机关应当对上述选择的起刑点、从宽的具体幅度以及理由作出详细说明。通过量刑的透明化，值班律师可以针对量刑起点的选择、量刑情节的补充说明及从宽幅度的考量等问题有的放矢地发表意见，整个量刑协商过程将更加具有可操作性。

（二）以客观公正为目标的外部保障

检察机关在主导认罪认罚从宽制度的过程中，应当通过上述方法切实保障值班律师的参与，充分发挥值班律师的作用。但是，在我国刑事辩护率较低的现实情况下，值班律师提供的法律帮助只是为了满足认罪认罚从宽制度正当性的最低限度法律保障，无法充分实现被追诉人认罪认罚的自愿性与真实性。因此，检察机关应当以客观公正为标准，积极展开外部保障。具体方法如下：

1. 强化证据裁判原则

在适用认罪认罚从宽制度的案件中，被追诉人自愿作出有罪供述，大大减轻了控方在审判阶段的举证责任，这是控方选择适用认罪认罚从宽制度的动力之一。检察官在诉讼程序简化的情况下也应当坚持客观公正立场，全力实现司法公正，不能违背事实真相。因此，在认罪认罚从宽制度中，应当更加强调证据裁判原则的重要性。证据裁判原则强调对案件争议事实的认定应当依据证据，作为刑事诉讼的一项基本原则，已经为现代法治国家和地区的立法所普遍确认。[1] "证据是刑事诉讼的基础和灵魂，围绕证据进行的证据裁判原则，是现代司法证据制度的核心原则，对于认罪认罚从宽认定过程中出现的证据，应当坚持证据裁判原则。"[2] 据此，检察机关应对案件的事实和证据进行全面审查，不能因为被追诉人作出了有罪供述而忽视案件的其他证据。尤其需要加强对侦查活动的监督，重点审查被追诉人是否自愿作出有罪供述，保障被追诉人作出有罪供述的自愿性、真实性。

2. 提高量刑建议质量

"检察机关的量刑建议作为公诉权的一部分，在认罪认罚从宽制度中具有承上启下的重要作用。一方面，在审前程序，量刑建议是被追诉人审前阶段认罪认罚的结果载体，是被追诉人与检察机关协商之后的有效成果。另一方面，认罪认罚案件

---

[1] 陈光中主编：《刑事诉讼法》（第六版），北京大学出版社、高等教育出版社2016年版，第167页。

[2] 樊崇义：《认罪认罚从宽与刑事证据的运用》，载《南海法学》2017年第1期。

中，由于定罪问题实质上已无较大争议，量刑建议毫无疑问将会是审判程序的重点内容。"[1] 根据刑事诉讼法的规定，对于被追诉人认罪认罚的案件，人民检察院应当提出量刑建议，除法律规定的情形之外，人民法院一般应当采纳人民检察院指控的罪名和量刑建议。可见，检察机关提出的量刑建议在很大程度上会决定法院的判决，这对检察机关的量刑建议提出了很高的要求。因此，检察机关必须进一步提高量刑建议的质量，为后续的审判工作奠定基础。详言之，检察机关提出的量刑建议应当合理、公正，最大限度地符合审判的要求和标准。检察机关在提出量刑建议时，应当履行客观公正义务，恪守客观公正立场，在充分听取值班律师意见的基础上，综合考虑有利、不利于被追诉人的所有情节，保证提出量刑建议的公正、合理。[2]

3. 注重量刑建议调整权

根据《刑事诉讼法》第201条的规定，人民法院经审理认为量刑建议明显不当，人民检察院可以调整量刑建议，人民检察院不调整或者调整后仍然明显不当的，人民法院应当依法作出判决，也就是赋予了检察机关量刑建议调整权。检察机关提出的量刑建议应当是控辩双方协商一致后的结果，作为一种诉讼合意，法院一般应当予以尊重。但是，就目前现实状况而言，由于辩护方交涉能力有限以及交涉机制严重缺失等问题，[3] 在量刑协商过程中可能存在辩方参与不足的问题，尤其在只有值班律师提供法律帮助的情况下显得更为突出，由此可

---

[1] 卞建林、陶加培：《认罪认罚从宽制度中的量刑建议》，载《国家检察官学院学报》2020年第1期。

[2] 汪海燕：《认罪认罚从宽制度中的检察机关主导责任》，载《中国刑事法杂志》2019年第6期。

[3] 李奋飞：《论"交涉性辩护"》，载《法学论坛》2019年第4期。

能导致控方提出的量刑建议未能充分考虑量刑上的从轻、减轻情节，导致量刑过重。因此，检察机关应当慎重、理性对待法院提出的量刑建议过重的建议，重新综合审视案件全部情节，确实存在量刑过重情形的，依法予以调整。

综上所述，认罪认罚从宽制度已经进入全面实施阶段，值班律师为被追诉人提供有效的法律帮助是保障程序正当性、实现司法公正的关键一环。从现实情况来看，值班律师提供的法律帮助在满足无偿性、便捷性与普遍性的形式功能的基础上，保障认罪认罚的自愿性与真实性的实质功能显得不足。前期全面赋予值班律师诉讼权利的理论探讨已经在为值班律师提供法律帮助奠定了规范基础。当务之急是要为值班律师参与案件营造良好的外部环境，促使其发挥实质作用。对此，检察机关要肩负起主导责任，积极引导值班律师深入参与。同时还要履行客观公正义务，以实现认罪认罚从宽制度的良性发展。

认罪认罚从宽制度中退休法官、检察官担任值班律师路径研究

陶建旺　钟文方[**]

在推行认罪认罚从宽制度的过程中，各地因经费等现实因素制约，普遍存在值班律师补助标准过低且经费保障不足、律师积极性不高、看守所律师工作配合不到位等问题。理论界和司法实务界为此提出了许多真知灼见，少数专家学者和司法人员还建议充分吸纳社会力量参与值班律师的工作，可以考虑让退休法官、检察官承担具有法律公益性质的值班律师职责。2020年初，最高人民检察院党组在部署2020年重点工作时提出，要立足认罪认罚从宽制度的落实，建议修改完善相关法律，让退休的法官、检察官等接受指派承担公益性律师工作职责，解决值班律师不足等难题。由此可见，探讨认罪认罚从宽制度中退休法官、检察官担任具有公益性质的值班律师这一课题，既是司法机关应客观工作的需要，也是理论界的共同呼声。

---

[*] 本文荣获"认罪认罚从宽制度理论与实务研究"征文活动三等奖。
[**] 陶建旺，广西壮族自治区人民检察院法律政策研究室主任；钟文方，广西壮族自治区人民检察院法律政策研究室检察官助理。

一、概念辨析：需要厘清的三个关键要素

论证之前首先必须厘清课题隐含的三个关键要素，即：认罪认罚从宽制度、值班律师及退休法官、检察官。厘清这些关键要素必须从基本概念出发，从定义上加以阐释，同时，还要清晰描述其外在表现以及与课题论证密切关联的内在逻辑。

第一，认罪认罚从宽制度是课题研究的大背景。也就是说，这个课题就是立足认罪认罚从宽制度的落实而展开的，这也是最高人民检察院党组提出"让退休的法官、检察官等接受指派承担公益性律师工作职责"这一工作要求的出发点和落脚点，背离这个目的，其他都是徒劳的。认罪认罚从宽是指犯罪嫌疑人、被告人自愿如实供述自己的犯罪，对于指控犯罪事实没有异议，同意检察机关的量刑意见并签署具结书的案件，可以依法从宽处理。[1] 2019年10月"两高三部"发布《关于适用认罪认罚从宽制度的指导意见》，对认罪认罚从宽制度的基本原则、当事人权益保障等作出了具体规定。认罪认罚从宽制度的目的就是把化解矛盾、认罪认罚工作做在前面，减少社会戾气、促进社会和谐。认真审视认罪认罚从宽制度改革进程不难发现，公安机关的侦查工作基本没有发生改变，法院的审判工作内容则有所减少，而检察机关的审查起诉工作不仅没有减少，还增加了量刑协商、主持签署具结书等内容，同时还对量刑建议提出了更高要求。可以说，认罪认罚从宽制度的重点难点在检察机关，更多的是对检察机关和检察人员的考验。正因

---

[1] 吕瑶、王永强、陈成：《认罪认罚从宽制度若干证据问题研究》，载《证据科学》2017年第5期。

为如此,课题论证所支撑的法理依据和实践基础主要立足于解决当前检察机关在落实认罪认罚从宽制度中的实际问题,同时,更多是从检察机关或者检察办案环节为视角来阐述。

第二,值班律师的概念和法律定位是课题研究的基础要素。在认罪认罚从宽制度的大背景下,值班律师是其中关键一环。而要论证退休法官、检察官担任值班律师这一课题,必须充分了解值班律师的概念和法律定位,从而为课题研究"是什么""为什么""怎么样"的逻辑推理奠定基础。值班律师制度并不是我国独创,而是学习借鉴了国外的司法理念和司法实践。2006年,司法部开始探索"法律援助值班律师制度"试点工作。2015年,国家层面提出建立法律援助值班律师制度。2017年,"两高三部"印发《关于开展法律援助值班律师工作的意见》,对值班律师的权利义务、管理模式以及基本保障等予以明确和规范。2018年,刑事诉讼法修改增加了值班律师的规定,值班律师制度才得以正式确立。2020年8月,"两高三部"发布《法律援助值班律师工作办法》,规定了值班律师的定义、职责范围、法律帮助工作程序、工作保障等。值班律师既不属于"辩护律师",也不等同于当事人通过申请或法律援助机构依法指派的特殊案件法律援助律师,而是伴随着认罪认罚从宽制度的出现应运而生的新生事物,担当着认罪认罚案件中"见证人"和"法律帮助人"的角色。因此,本课题论证都是以现有法律规定为基础,并没有扩大化值班律师的概念和法律定位。

第三,退休法官、检察官是课题研究的主体因素。退休实际上是一个法律概念,是指依据法律规定而退出工作岗位,包括劳动者年老到龄和劳动能力不足等情况。本文所讲的退休指的是到龄退休,而不是其他离休、离职情况。按照相关规定,到龄退休后的法官、检察官将依法被免去其法律职务,所以严格意义上讲他们已经不是法官、检察官，其身份应该就是退休人员。本文之所以称之为"退休法官、检察官"，一方面是为了与其他单位退休人员有所区别，另一方面也是为论证其担任值班律师应该具备的法律资格来考量。当然，由于司法体制改革和员额制改革，不少原来的法官、检察官或者因各种原因没有入额但具有法官、检察官资格条件的其他人员，在退休时已经不具有法官、检察官的身份，但从历史和辩证的角度看，仍然把退休前具备法官、检察官资格条件但没有入额的或者员额制改革前已经是法官、检察官的退休司法人员认定为退休法官、检察官。

二、直接动因：退休法官、检察官具有数量比较优势

现行制度下，值班律师的主体是律师。律师较之于法官、检察官，虽属法律职业共同体，但仍有明显区别，与退休法官、检察官相比，则差别更大。那么，为什么要把视角投向退休法官、检察官而不是其他群体呢？其主要原因就在于有一定基础数量的退休法官、检察官恰恰提供了可能有效解决当前值班律师数量不足窘境的新视角。

认罪认罚案件办理中值班律师数量不足并不是某个地区的问题，而是全国各地普遍存在的问题。截至2018年底，全国共有执业律师42.3万多人，其中法律援助律师约7000人，占比仅有1.75%。[1] 以西部某省为例，截至2019年10月，该省

---

[1] 数据来源：2019年3月司法部发布的《2018年度律师、基层法律服务工作统计分析情况》。

15个地级市中，只有6个落实了值班律师制度，能够满足办理认罪认罚案件需要；在全省117个县区（县级市）中，只有23个地区的值班律师能够或者基本能够保障办理认罪认罚案件需要，个别地区甚至没有执业律师。

此外，值班律师数量还存在结构性矛盾，也就是相对数量不足，具体表现为虽有值班律师但远远无法满足办理认罪认罚案件的需要，导致"供需关系"不平衡。法律并没有限定认罪认罚从宽制度的适用范围，这就意味着包括重罪、职务犯罪等大部分案件都可以适用，因此，认罪认罚案件总量自然会大幅上升。据最高人民检察院相关负责人介绍，2019年1月至9月，全国检察机关办理刑事案件认罪认罚从宽制度平均适用率为40.1%；重庆、天津、江苏等省份平均适用率超过70%。[1] 而随着认罪认罚从宽制度的落实和大力推进，这个比例会更大，全国整体适用率基本可以达到70%以上。从检察办案数据看，2018年全国检察机关共批准逮捕各类犯罪嫌疑人1056616人，提起公诉1692846人。[2] 因此，保守估计每年全国检察机关适用认罪认罚从宽制度的犯罪嫌疑人、被告人数量将超过100万。当然，这些犯罪嫌疑人、被告人中也有部分人员是自身委托了辩护人或者依法指定了辩护人的。按照刑事诉讼法的规定，少数特殊案件才能指定辩护人，因此这个比例并不高。另外，由于中国国情和法治现状，犯罪嫌疑人、被告人没有委托辩护人的情况还很多，特别是农村地区黄赌毒、盗抢骗案件的犯罪嫌疑人、被告人基本上没有委托辩护人。可以预见的是，值班律师不足导致的"供需关系"不平衡未来还会加剧。

---

[1] 数据来源：2019年10月24日最高人民检察院"准确适用认罪认罚从宽制度"新闻发布会。

[2] 数据来源：2019年《最高人民检察院工作报告》。

值班律师的绝对数量或者相对数量不足必然导致其作用发挥不够，最终必定影响认罪认罚从宽制度的落实。一方面，"供需关系"不平衡会大大降低值班律师的"法律帮助"效果，在人员有限的情况下履行值班律师职责只可能有形式上的意义而没有实质上的效果。另一方面，认罪认罚案件的目的之一是追求效率，努力做到程序相对简化，尤其是速裁程序的案件，时间很短、节奏很快，导致部分律师为完成法律帮助任务只追求案件数量而忽视其质量。

既然认识到值班律师数量不足会导致一系列不良后果，能不能考虑现阶段安排更多律师承担值班律师职责呢？这当然是一个很好的解决办法，但事实上短期内并不可行。主要原因在于：一是目前我国律师数量本身缺口就很大，短期内要增加值班律师数量很不现实。改革开放以来，我国法治事业取得了举世瞩目的巨大成绩，律师数量有了极大增长，但总体来说与我国日益增长的法治需求相比还是明显不足，而且律师数量还存在发展不平衡问题——北京、上海、广州等一线城市律师数量多，占比较高；西部偏远地区律师数量少，占比很低，甚至还有100多个县没有律师。与域外律师数量对比看，截至2018年，美国每万人中有41名律师，而中国（不含港澳台地区）每万人中只有3名律师，差距明显。党的十八大以来随着全面依法治国的深入推进，经济社会发展各项事业都需要更多律师的广泛参与，律师需求量只会越来越大。即使短期内增加律师数量，更多也是倾向于参与办理新领域案件或者被侵害法益更严重的案件以及疑难复杂案件等。因此，在资源分配不均而且本身普通程序案件办理需要大量律师的现实条件下，要把更多的律师资源安排到认罪认罚案件办理中是不现实的。二是值班律师本身具有公益性质，短期内动员更多律师参与也并非易事。值班律师不是受当事人委托，而是由法律援助机构指派，提供服务但不收取当事人任何报酬，实际上是一种义务。当然，考虑到律师的付出，国家财政会给予其一定的补贴，但十分有限，而且很多地方没有保障，甚至有些律师因为交通、通信等原因还做"赔本买卖"。长此以往，必定影响值班律师的积极性和履职发挥。目前，法律规定律师事务所和律师要配合做好值班律师相关工作，但这些规定强制性不够，而且长期来看依靠奖惩等硬核手段去强制增加值班律师数量既不可行也不可取。

综上可以看出，一方面，随着认罪认罚从宽制度的推进，值班律师数量不足众所周知、亟须解决；另一方面，短期内又无法通过强制手段直接增加值班律师数量。因此，解决值班律师数量不足成为落实认罪认罚从宽制度的当务之急，这也是考虑让具有一定基础数量的退休法官、检察官承担值班律师职责的直接动因。

基于此，探讨退休法官、检察官的基础数量就变得极为重要。那么，究竟全国有多少退休法官、检察官可以承担值班律师职责呢？回答这个问题的前提就是科学统计已经退休的法官、检察官数量，只有掌握了这个数量才能进一步推断出可以担任值班律师的数量。数量统计是统计学的范畴。在现有公开数据并不全面的情况下，数量统计不可能也没有必要非常精确，完全可以利用统计推断[1]的方法进行样本统计，但必须确保足以满足课题论证的需要。

退休法官、检察官数量统计方面，需从两个方面来考虑：

第一，统计当年的退休法官、检察官数量。目前全国在职

---

[1] 统计推断属于统计的一种方式，指的是通过样本数据分析从而估计或假设推论出总体特征。

法官、检察官人数在19万左右,[1] 每年退休的法官、检察官数量没有公开资料予以查询,但按照样本统计推断[2],近年来每年退休的法官、检察官数量均不低于当年法官、检察官总人数的1%,约1900人。

第二,统计近年来退休法官、检察官数量。这一数量统计可以考虑分为退休不足5年、5年以上10年以下和10年以上三个层次。统计不足5年的数量,主要考虑在延迟退休的大背景下,提升法官、检察官法定退休年龄是大概率事件。因此,只要其他条件具备,退休不足5年的法官、检察官完全可以胜任值班律师职责。统计5年以上10年以下的数量,主要考虑我国目前人均寿命已从20世纪80年代的68岁提高到2018年的77岁,多数退休人员身体比较健康。而且在有些发达国家,法官、检察官的退休年龄普遍在65岁以上,少数国家甚至达到70岁。因此,这一年龄段的退休法官、检察官多数也具备胜任工作的身体条件。至于统计10年以上的数量,这只是备选项。不可否认,在现在的生活条件和个人健康保养下,部分退休人员特别是脑力劳动者70岁以上仍然可以胜任很多工作。从退休教师、医生返聘情况看,部分教师、医生70多岁甚至80多岁高龄仍在一线岗位工作,而且精力旺盛、口碑良好。按照三个层次统计标准,退休法官、检察官的总数量就在每年的基础上相应增加倍数,完全具备数量比较优势。

至于这些退休法官、检察官中,到底有多少可以担任值班

---

[1] 法官数据来源:2019年7月2日,最高人民法院举行新闻发布会公布全国法官的人数从改革前的21万多人锐减到12万人。检察官数据来源:官方没有通报相关数据,但据2019年7月20日中国女检察官协会第五次会员代表大会公布数据得知全国女检察官人数已达23540名,占全体检察官总数的34.9%。从而推出全国检察官总人数约7万人。

[2] 样本统计推断,指的是按照一地检察机关的数据来推断全国检察机关的数据,此处指西部某省检察机关退休法官、检察官的数量占比。

律师，这是一个占比和概率问题。笔者以为，只要个人自愿又符合值班律师准入规定且身体条件允许的都可以担任，基本可以确保每个地级市至少拥有1名由退休法官、检察官担任的值班律师，经济发达地区或法官、检察官数量较多地区则会相应有所增加。具有了这些基础数量，就可以使立法机关和有关部门出台相应法律或机制确保符合条件的退休法官、检察官尽快履行值班律师职责，有力推进解决由于值班律师数量不足导致认罪认罚从宽制度落实不到位的困境。

三、核心要素：退休法官、检察官具备良好的法律素养

认罪认罚从宽制度不是"诉辩交易"的中国版，认罪认罚的案件必须案件事实清楚，证据确实、充分。这就意味着，值班律师要在认罪认罚案件办理过程中，主动了解基本案情，积极为犯罪嫌疑人、被告人提供法律意见，包括认罪认罚的基本常识、主要方式、权利义务、法律后果以及需要如何与检察机关协商量刑等内容，确保其自愿如实供述罪行、接受公平量刑建议，从而获得依法从宽的机会。与此同时，值班律师还要见证认罪认罚具结书的签署，从某种意义上讲也起到一个"监督"案件办理的作用，能够有效防止办案机关可能出现的不合理甚至不合法行为，真正实现公正与效率的有机统一。实际上，要做到这些，就要求担任值班律师必须具备良好的法律素养。

法律素养是一种能力要求，核心就是如何运用法律实现合法权益最大化，具体包括专业法律知识、理性法律思维和娴熟

法律技巧等方面的内容。评判值班律师法律素养的重要指标就是其能否运用掌握的法律知识为犯罪嫌疑人、被告人提供有效的法律帮助。退休法官、检察官在退休前都是依法专门从事法律工作的职业群体。可以说，具备良好的法律素养是退休法官、检察官的天然优势，也是其承担值班律师职责的核心要素。主要体现在三个方面。

第一，系统扎实的法律专业知识。主要包含三层意思：一是受过专门的法律教育。法官法、检察官法都明确规定了担任法官、检察官必须具备的学历学位条件和法律基本知识。当前，法官、检察官多数是高等院校法律专业毕业，即便有些法官、检察官不是法律专业毕业或者是退伍军人转业而来，但是他们通过自身努力学习和相关单位的专门培训，同样具备系统扎实的法律专业知识。这些知识包括刑法、刑事诉讼法等基础法律以及与自身执法司法相关的专门性法律知识。二是通过国家统一法律职业资格考试。法律职业资格考试是律师、法官、检察官和公证员都必须通过的资格考试，被誉为"天下第一考"，涉及各方面的基础法律知识和法律能力，报考人员通过比例很低。通过这一资格考试的法官、检察官可以充分证明其法律功底扎实、法律能力过硬。三是通过法官、检察官遴选考试或考核。员额制改革后，法官、检察官遴选门槛提高、入选更为严格，必须要通过遴选考试或考核才能当选。这些考试或考核都是由独立第三方的法官、检察官遴选委员会主导，更偏重于理论和实务的结合，对法律知识的要求更高。

第二，丰富娴熟的办案经验。办案工作不同于一般行政工作，也不同于一般的法律工作，实践中相当复杂，需要足够多的经验积累。法官、检察官长期从事办案工作，不仅需要准确理解法律条文，还要结合不同案件娴熟运用法律，在此基础上，再作出符合内心认同和法律要求的公正判断。在一些城市的基层法院、检察院，负责刑事案件的法官、检察官每年办案量都是数以百计来统计，而且涉及案件类型复杂，需要花费大量的精力，当然也积累了丰富的办案经验。

第三，坚定自觉的法律职业信仰。法律不仅是办案工具，更是职业信仰。我国法官、检察官不仅是法律属性很强的职业群体，更是政治属性、人民属性很强的职业群体，需要在办案中讲大局、懂民意，处理一些重大复杂疑难案件。司法实践中，法官、检察官会遇到各种各样的挑战，既有案件本身复杂的法理逻辑，也有案外各方面的社会逻辑。面对这些挑战，法官、检察官在办案过程中都能够做到坚持法律为本，坚决捍卫法律尊严，坚定自觉的法律信仰。即使退休了，这些信仰也必将伴随其一生，不会消退。

综上，退休法官、检察官具备良好的法律素养，在法律知识、法律资格、法律能力和办案经验等方面完全符合值班律师履职要求，必将在值班律师角色转换、工作转接方面更有其便利性和基础性，更能确保值班律师制度作用发挥的最大化。

四、价值支撑：退休法官、检察官具有公益意愿

由一般执业律师担任值班律师，履行认罪认罚案件法律援助职责是现行制度下的当然之选。而由退休法官、检察官等不是一般执业律师的职业群体担任值班律师，会不会影响值班律师的法律地位和履职效果？要论证这个问题，首先就要了解值班律师与一般执业律师有什么本质不同，履行职责有什么区别之处，建立值班律师制度本身有什么初衷和目的。

作为众多社会职业的一种，一般执业律师为当事人提供法律帮助从而赚取服务费用是其谋生的基本手段，而法律援助只是他们的法定义务。按照法律规定，一般执业律师都应当依法履行法律援助义务，而且不得向受援人收取任何费用。由此看来，一般执业律师和法律援助律师的本质区别在于收费标准，前者是作为一般职业群体按照政府指导价和市场价依法收取法律服务费，后者则是作为法律援助义务人不收取任何费用。法律援助的这种特征，我们可以称为公益性法律服务。认罪认罚从宽制度中履行值班律师职责更是一种公益性法律服务。这种公益性主要体现在：一是具有无偿性。通俗地讲就是"只有付出没有回报"。在市场经济的今天，提供服务必然要获取报酬，这是无可非议的。律师行业也不例外。特别是随着法治需求的增大，律师服务费节节升高，甚至上百万元也屡见不鲜。但值班律师除了获得极少的象征性财政补贴以外，不收取任何报酬。二是具有广泛性。法律规定，只要符合认罪认罚从宽条件的犯罪嫌疑人、被告人都可以得到值班律师的法律帮助。而且法律并没有限定认罪认罚从宽制度的适用范围，目前来看，基层检察院70%以上的案件都可能适用这一制度。因此，值班律师制度受益的对象相当广泛。三是具有公共性。值班律师制度是由国家层面主导实施并具有强制性义务的制度，体现了国家责任，本质上是公共服务产品的内容。

综上可知，公益性是值班律师与一般执业律师的本质区别，是值班律师制度的价值所在，也是值班律师履职的出发点和落脚点。笔者以为，退休法官、检察官能否担任值班律师，关键在于其能否真正履行公益性法律服务，即是否满足以下三个条件。

第一，具有无可置疑的身份认同。按照目前的观点，值班律师首先是执业律师。因此，退休法官、检察官的身份与值班律师的公益律师身份有没有冲突，会不会导致接受法律帮助的犯罪嫌疑人、被告人降低对值班律师的信任度？这是必须考虑的问题。这就必然涉及法官、检察官离职后的任职回避问题。法官法、检察官法及律师法都禁止离任后的法官、检察官两年内以律师身份担任诉讼代理人或辩护人。法官法、检察官法还禁止离任后的法官、检察官担任原任职法院、检察院办理案件的诉讼代理人或者辩护人。但是，相关法律并没有禁止离任后的法官、检察官担任具有公益性质的值班律师。当然，实践中不能仅以法律条文的要求来看待退休法官、检察官的身份认同，即使法律没有禁止，仍要考虑社会是否认同。因此，规范才是重塑退休法官、检察官身份认同的关键。除了相关机构对退休法官、检察官担任值班律师有关身份等情况公示以外，在选拔任用以及考核监督等方面也要加强管理，对其履行值班律师职责进行严格规范，从而获得社会更多认同。

第二，坚守客观公正立场。前面已经多次阐述，值班律师履行职责是无偿提供法律帮助，注重和追求的是社会价值而非经济利益。正因为如此，在值班律师职责履行过程中更不容易掺杂律师个人利益，也更能做到不偏不倚、客观公正。司法机关作为维护社会公平正义的最后一道防线，司法公正是最基本、最底线的要求。这就要求法官、检察官履行法律职责，必须坚守客观公正立场。司法实践中，客观公正也已经成为法官、检察官价值追求的核心内容。主要表现为法官、检察官在办理案件时，严格审查犯罪证据，注意倾听律师意见，准确认定案件事实，始终坚持罪刑法定原则，做到既惩治犯罪，又保障无罪的人不受刑事追究。退休法官、检察官一直坚守的客观公正立场将确保其履行值班律师职责的公正性。

第三，具有强烈的公益意愿。认罪认罚从宽制度是法律制度，更是政治制度、民心工程，其最终目的就是通过认罪认罚工作，积极化解矛盾、减少社会戾气、促进社会和谐。因此，在认罪认罚从宽制度中，值班律师仅仅定位于"法律帮助人"的角色是远远不够的，还必须具有强烈的公益意愿。客观讲，针对值班律师制度的诸多不足，固然有关方面也在加大力度完善和推进落实，但是无论是数量不足还是经费保障不到位，不但短期内无法解决，即使长期来看，也很难有根本解决的可能，因为值班律师制度具有公益性质，更多是寄希望于律师个人的法律公心和法律义务，这更像是道德层面的范畴，不是任何制度完善就能够轻易强制做到的。所以，如果只是把履行值班律师职责作为法律援助机构的"摊派任务"，而不是从内心认同这么一种利国利民的"大善举"，是不可能做好这份工作的。这种内心认同的表现形式就是一种强烈的公益意愿，就是带着做公益的心态来做好值班律师工作，从而获得内心的满足，而不是物质的回报。退休法官、检察官的公益意愿主要体现就是为民情怀。近年来，法官、检察官待遇有了明显提升，但与律师相比，同等工作量的前提下还是有比较大的差距，很多法官、检察官留在法院、检察院，看中的更多是一份荣誉和责任，是一种与生俱来的为民情怀。司法为民是党领导下的司法机关始终践行的优良传统。这些年来，司法机关积极回应社会关切和人民呼声，依法严厉打击犯罪，坚决捍卫群众利益，努力满足新时代人民群众司法需求，始终坚守着为民初心。而法官、检察官作为司法机关的中坚力量，即使退休以后，这份司法为民的情怀也依然存在，在实践中就体现为强烈的公益热情。这些年来，新闻媒体关于退休法官、检察官发挥法律专业优势热衷公益的报道屡见不鲜，主要参与公益的方式包括参与化解涉诉矛盾、社区法律宣传、弱势群体法律咨询等，而且社会效果很好，认同度很高。这些都充分说明，退休法官、检察官愿意做公益、也有能力做公益，做公益能帮助更多的群体，更能使他们内心得到一种满足。马斯洛需求层次理论告诉我们，人类最高层次的需求就是自我实现的需要，也就是认为自己所从事的事业能为这社会带来价值。因此，值班律师所具有的公益性质完全符合这一需求特征，退休法官、检察官履行值班律师职责是其愿意做、能够做又能获得内心满足的"大善事"。

五、路径选择：退休法官、检察官担任值班律师的制度化重塑

从以上分析不难发现，认罪认罚从宽制度中退休法官、检察官担任值班律师有其必要性、可行性，然而要真正付诸实践仍是一项繁重复杂工作，其路径到底为何？笔者以为，就目前实际情况而言，有三条路径可供选择：一是从制度层面予以规范。基本思路就是制定法律援助值班律师有关专门法律，以法律形式明确退休法官、检察官担任值班律师的各项规定。二是基于国情的权宜之计。基本思路就是结合现行法律法规进行修改完善，从而确保退休法官、检察官担任值班律师有规可循。三是鉴于检察办案需要的应急之举。基本思路就是由"两高三部"联合下文明确仅在检察环节认罪认罚具结书签署阶段引入由退休法官、检察官担任的特殊"值班律师"。以上路径各有千秋。总体来说，第一种是制度化推进，效果最佳，难度也是最大；第二种是对现行法律法规的小修小补，效果不够明显；

第三种则纯粹是一家之言，社会上肯定会有不少争议，司法实践中也必然会有阻力。通过比较分析，笔者认为，从国家治理体系和治理能力现代化的高度看，制度建设是最根本、最有效的路径，只有把制度优势更好地转化为治理效能，才能真正实现认罪认罚从宽制度的价值目标。建议立法机关科学制定规范法律援助值班律师制度的法律援助法，并在此基础上，由司法部牵头制定具体的工作办法，进一步明确退休法官、检察官担任值班律师的准入机制、对象范围、工作职责、管理主体、工作方式以及基本保障等内容，具体可以从以下方面完善。

第一，建立准入机制。目前，大部分适用认罪认罚从宽制度的案件都需要指派值班律师参与，需要明确值班律师的准入标准。由退休法官、检察官担任值班律师如何确定其身份，准入机制建设非常重要。在选任条件上，必须满足四个条件：一是退休前是法官、检察官或者具有法官、检察官任职资格；[1]二是身体健康，可以履行相应职责，年龄原则上是70岁以下；三是符合自愿性要求，就是自身有意愿参与公益性值班律师工作，主动到法律援助机构报名登记，而且家庭成员不予阻拦、抵制；四是没有法律法规禁止的行为，比如违法违纪行为等。在选任方式上，对于符合上述条件的退休法官、检察官应当为其设置值班律师相关内容的考试或考核。当然，考试或考核方式可以根据实际需要，相应合理简化。

第二，明确对象范围。由于退休法官、检察官年龄较大、精力有所弱化等各方面客观制约因素，值班律师主要还是以一般执业律师为主，符合条件的退休法官、检察官作为适当补

---

[1] 具有法官、检察官任职资格，指的是按照相关法律规定，具有法官、检察官的基本任职条件，包括政治素质、职业素质、法律知识、学历条件、年龄要求等内容，但由于员额比例限制暂时不能任职的情况。

充。具有下述情况之一的，可以启动退休法官、检察官的选任程序：一是当地没有执业律师，无法开展值班律师相关工作；二是认罪认罚案件量大，值班律师不足以满足办案需求；三是认罪认罚案件需及时办理，安排的值班律师无法到场或无法安排值班律师；四是法律援助机构指派的值班律师存在需要回避的情形；五是特殊认罪认罚案件的办理，由退休法官、检察官担当值班律师更为合适。

第三，明确工作职责。退休法官、检察官担任值班律师应该遵循现行制度下值班律师的法律定位，担当起认罪认罚案件"见证人""法律帮助人"角色，重点在于发挥自身优势提供专业的法律帮助。具体来说，就是按照刑事诉讼法等现行法律法规的要求，履行值班律师的相关职责，包括法律咨询、转交材料、申请变更强制措施、见证认罪认罚具结书签署等具体内容；同时，担当起"监督者"角色，对相关办案人员刑讯逼供、非法取证等不合理、不合法行为代理申诉、控告。需要强调的是，退休法官、检察官在履行值班律师职责时需要明示其退休法官、检察官身份和相关工作职责内容，确保犯罪嫌疑人、被告人的知情权。

第四，明确管理主体和工作方式。根据规定，现行制度下值班律师的管理主体是法律援助机构。退休法官、检察官担任值班律师的管理主体也理应是法律援助机构。需要考虑的是，退休法官、检察官毕竟是司法机关的退休人员，在履行值班律师职责方面接受法律援助机构具体管理的同时，其他退休待遇和职业权利保障以及纪律约束等方面仍要接受原单位管理。如果是以法律援助工作站形式派驻到相关单位，还需要遵守所在单位的管理规定。法律援助机构要单独对依法获准担任值班律师的退休法官、检察官建立花名册或"特殊值班律师"库，实行动态管理。在工作方式上，可以按照花名册或"特殊值班律师"库轮流、随机派遣或指定退休法官、检察官到派驻工作站值班，以面对面的方式提供法律帮助，也可以选择以电话或网络等方式提供法律帮助。在考核监督方面，法律援助机构要会同相关单位对退休法官、检察官担任值班律师的履职情况进行年度考评或定期检查，对履行职责不力又不整改纠正的，一律取消其值班律师资格。履职过程中涉嫌违法犯罪的，及时移送有关部门从严处理。

第五，明确基本保障。经费保障方面，虽然值班律师制度是带有公益性质的制度性安排，但退休法官、检察官履行值班律师职责必要的待遇应该予以保障，比如出差、交通、通信补贴等。同时，还要明确补贴标准和范围，规范补贴资金的使用，确保专款专用。职业培训方面，应当定期为担任值班律师的退休法官、检察官提供有关其工作职责、服务内容等方面的专门业务培训。权利保障方面，退休法官、检察官已经是退休人员，依法由其担任值班律师实际上就相当于再就业、"返聘"，应该给予其一般劳动者具有的权利保障，比如履行职责中受到侵害的权益保护、办公场所和设施的保障、必要的健康体检等都需要进一步明确。

解构认罪认罚从宽制度中的刑事辩护问题[*]

曹 坚[**]

认罪认罚从宽制度作为一项全新的刑事诉讼制度在司法实践中得到了广泛运用,检察机关的诉讼定位与法律职责决定了其在适用认罪认罚从宽制度中发挥主导作用。认罪认罚内在诉讼活动的客观规律和运行机理,要求办案检察官与犯罪嫌疑人、被告人及其辩护人、值班律师一方发生更加直接密切的诉讼联系,如何全面理解认罪认罚从宽制度中的诉辩关系,特别是如何依法理性认识辩护人的辩护权和被追诉人的自我辩护权,关乎认罪认罚从宽制度的行稳致远。

一、认罪认罚从宽与刑事辩护在诉讼制度层面的合意与共融

"两高三部"《关于适用认罪认罚从宽制度的指导意见》(以下简称《指导意见》),专门规定了对犯罪嫌疑人、被告人辩护权的保障,针对不同情况由值班律师或者辩护律师为犯罪嫌疑人、被告人提供必要的法律帮助与辩护。2019 年修订的最

---

[*] 本文荣获"认罪认罚从宽制度理论与实务研究"征文活动三等奖。
[**] 曹坚,上海市静安区人民检察院副检察长。

高人民检察院《人民检察院刑事诉讼规则》（以下简称《诉讼规则》），进一步细化了检察环节认罪认罚从宽制度适用中依法发挥辩护律师、值班律师功能作用的规定。在刑事诉讼的整体框架内，认罪认罚从宽制度与辩护制度都是刑事诉讼的基本制度，两者的诉讼价值与诉讼目的并行不悖，在诉讼功能上起到彼此增效的积极作用，共同提高刑事诉讼的质效。

（一）认罪认罚从宽制度的诉讼价值和目的与刑事辩护制度具有内在共融性

虽然检察机关的犯罪指控与辩护人的辩护因诉讼角色和分工的不同，天然具有不同的诉讼立场，但是必须客观地认识到，无论是审查逮捕、审查起诉还是辩护，诉讼双方在对案件事实的客观尊重，对诉讼程序的严格遵守，对被追诉人诉讼权利的充分保障等方面具有共同的价值立场。笔者认为，认罪认罚从宽制度和刑事辩护制度是融合、吸纳与支撑的关系，不会出现制度对峙与背离的情况。具体而言：首先，认罪认罚从宽制度的价值在于以有限的刑事司法资源集约化地处理数量庞大的争议不大的案件，而被追诉人在辩护律师、值班律师的专业帮助下，放弃没有证据基础或法理依据的无效对抗，以积极认罪、悔罪、退赔的态度，获得检察机关在实体上的从宽量刑建议和程序上的简化处理，这对及时化解社会矛盾、保障被追诉人及被害人的合法权益，提升刑事治理的科学性，均具实际意义。其次，要切实发挥认罪认罚从宽制度的作用功效，真正实现惩罚犯罪与保障人权并重的目的，必须充分重视刑事辩护的功能作用，实现两种制度运行的同频共振。无论是《指导意见》还是《诉讼规则》，均强调在检察环节须充分听取和有效吸收辩护律师、值班律师的意见和建议，杜绝被迫认罪、片面认罪等现象。简言之，离开了辩护制度的充分介入与有力支撑，认罪认罚的自愿性、合法性、正当性等均会受到质疑。实践中，检察机关应以有效的诉讼举措全面保障、落实辩护律师和值班律师的执业权利，科学、妥善、全面地推进认罪认罚从宽制度。

（二）认罪认罚从宽与刑事辩护是在诉讼对抗与协商过程中形成的最大控辩合意

认罪认罚从宽制度中蕴含着客观、公正、高效的诉讼价值，在其诉讼化进程中检察机关必须通过有效渠道客观、全面地听取和采纳合理的辩护意见，以协商达成诉讼合意。这种诉讼合意的最大公约数，不是控辩双方一方对另一方的无原则迁就与妥协，更不是一方对另一方的施压，而是牢固建构在案件事实证据的基础上，各自从己方的诉讼目的出发判断案件的合理处理框架，在彼此交叉共有的处理框架范围内作出最有利于己方的取舍，从而达成共同可接受的案件处理结果。具体来讲：一方面，检察官在认罪认罚从宽制度中发挥的主导作用体现为对诉讼进程的主导。在犯罪事实、证据、情节简单的案件中，能够快速高效地形成诉辩双方对认罪认罚的合意，但在相对复杂的案件中，这种合意的形成并非一帆风顺，需要控辩双方反复多次的协商。检察官的主导作用就是以客观、韧性的态度，用事实、证据、法律、情理因势利导，逐渐争取被追诉人认罪认罚，获得辩护人的理解和配合。在这个过程中，办案检察官应通过约见律师、阅看法律意见书等途径充分听取辩护意见，并通过意见交换等形式求同存异，形成双方可接受的处理结果。另一方面，辩护律师和值班律师在认罪认罚从宽制度的适用中不是消极被动的角色，而应有效发挥意见表达、程序建议和结果磋商的功能，依法维护被追诉人的合法权益。需要强调的是，值班律师更应注重发挥实质功能，切实担负起为被追诉人提供法律帮助的作用。当然，值班律师和辩护律师在诉讼功能上存在一定差异，主要体现在辩护权的行使上，实践中应注意发挥好值班律师和辩护律师的互补作用。

（三）认罪认罚从宽与刑事辩护起到相互促进与增效的作用

刑事辩护的要义在于依据事实和法律，依法全面保障被追诉人的诉讼权利，依法争取对其最为有利的处理方式和认定结论。认罪认罚从宽制度的实施，使得辩护的效果得以提前实现，使得被追诉人对自己可能承受的刑罚得以提前获知，而这种相对确定甚至非常确定的处理预期正是刑事辩护所孜孜追求的诉讼目的。从另一个维度看，刑事辩护充分参与到认罪认罚从宽诉讼活动中，高效发挥其应有的作用，有利于平衡诉讼各方的关系，保证认罪认罚结果的客观形成。具体来讲：第一，对没有争议的轻微犯罪案件，辩护的重点是程序的适用及预期的刑罚。例如，在被追诉人认罪的前提下辩护方提出不予批准逮捕、变更强制措施、适用相对不起诉的程序性请求，由办案检察官进行全面评估决定是否同意；在实体方面，辩护方就量刑问题与办案检察官进行沟通。第二，对有争议但是被追诉人有认罪认罚意愿的案件，辩护的重点无疑是最大限度地与检察机关达成相对共识。

二、认罪认罚从宽制度中诉辩协作场景的客观建构

（一）建构有利于诉讼各方平等交流的物理场景

具体来讲：一方面，对轻罪案件的被追诉人采取取保候审等非羁押性强制措施，相对于封闭隔离的羁押性强制措施而

言，检察官与辩护律师或值班律师交流见面更为方便。检察机关通知被取保候审的被追诉人到办案场所接受讯问时，也可一并通知辩护律师或值班律师在场，当面听取各方对认罪认罚事项的意见。可选择在相对宽松的办案场所进行讯问、谈话，例如布置圆桌式的交谈场景，各方围坐一起，就涉案事实、罪名、情节、程序等事项充分发表各自意见和观点。为保证协商过程客观、公正、合法，在书面记录的同时可辅以全程录音录像。另一方面，当被逮捕的被追诉人羁押于看守所时，可根据案件情况及被追诉人的人身危险程度，商请看守所提供合适的提审协商场所。对涉嫌非暴力犯罪、人身危险程度不高的被追诉人，经看守所同意，可将被追诉人由看守所民警提至所内会议室等安全有保障的场所，并约请辩护律师、值班律师到场，在办案检察官的主导下开展认罪认罚从宽协商工作。对涉嫌暴力犯罪、人身危险性较高的被追诉人，仍应在普通提审场所提审，但可在安全围栏外设置桌椅供辩护律师或值班律师使用。

（二）建构有利于诉讼各方真实意愿表达的语言场景

认罪认罚的前提是被追诉人基于真实的意愿表达，并且在已有效获得辩护律师或值班律师的法律帮助下，清楚理解认罪认罚的性质和可能导致的法律后果。只有真实自愿，才能有效发挥认罪认罚从宽制度促使被追诉人真诚悔罪、积极修复社会矛盾的制度价值和作用。基于此，在设计交流场景时，应在具体的细节上特别注意引导协商过程中各方真实意愿的表达，以防因意思表达错误或者主观误判而反悔，从而在后期影响到认罪认罚的效果。具体来讲：一方面，辩护律师与被追诉人应当就是否认罪认罚及如何认罪认罚进行坦诚而充分的交流，必要时，办案检察官可参与交流协商。协商时应注意逐渐拉近被追诉人的真实意愿与辩护律师、办案检察官专业意愿的距离。需要指出的是，被追诉人一般不了解法律，有的对处理结果还抱有侥幸甚至赌博的心态。辩护律师原则上应当从客观实际出发，帮助被追诉人分析利弊，而非一味迁就被追诉人逃避罪责的心态。既要耐心听取被追诉人的合理诉求，也要及时打消其不合理的预期乃至幻想，从利弊两个方面帮助其分析认罪认罚与否的法律后果，使其尽早端正认罪态度。对被追诉人与辩护律师、值班律师观点存在抵牾冲突的，办案检察官可适时介入，结合案情阐述法理与情理加以引导。辩护律师对认罪认罚持不同意见的，办案检察官应及时了解掌握被追诉人的真实心态，对辩护律师不顾被追诉人认罪认罚的真实态度执意做无罪辩护的，办案检察官可以向被追诉人说明情况，由其自行决定是否继续聘请该辩护人。另一方面，值班律师应在阅卷的基础上为被追诉人是否认罪认罚提供具有质量保证的法律建议和意见，而不仅仅是起到程序性帮助的作用。建议区别案件难易程度采取不同的交流方式。对适用速裁程序、简易程序的认罪认罚案件，值班律师可简化沟通环节，以格式化文书的形式，向被追诉人解释说明认罪认罚的相关情况，在被追诉人确认无误后由其具名认可。对适用普通程序的认罪认罚案件，值班律师应当与被追诉人进行充分必要的沟通，阐明案件的事实、证据、定性及量刑情况，依法帮助被追诉人进行认罪认罚，必要时可建议办案检察官为其指定法律援助律师。

（三）建构有利于释法说理的法治宣传场景

认罪认罚的前提和基础是被追诉人认罪态度真诚，这种真诚的配合态度既源自其内在的真实悔意，也有赖于外在因势利导的法治教育。因此，加强释法说理是认罪认罚从宽制度适用的应有之义。基于此，办案检察官应发挥法治宣传的主导作用，抓住案件的主要症结点，以法释理，以案释法，从被追诉人最关切、最疑惑的问题入手，从定罪、量刑、程序等方面逐一打消其疑虑，促使其心悦诚服地认罪认罚。而辩护律师、值班律师则应从保护被追诉人的合法利益出发，为其阐述从宽或从严处罚的依据及后果，使其充分知晓采取认罪认罚态度或不认罪态度可能面临的不同法律后果，从而帮助其作出理性的判断和选择。实践中，应注意避免以压迫甚至威胁的态度开展认罪认罚从宽工作。办案检察官应以求同存异的心态，耐心推进认罪认罚从宽制度的适用，坚持实事求是的基本原则。对被追诉人是否认罪认罚存在较大分歧意见，沟通说理存在较大障碍的，可暂缓适用认罪认罚从宽制度，视情形调整指控策略；对确实不认罪的，依普通程序提起公诉。

三、认罪认罚从宽制度中专业辩护与自我辩护的法律边界

（一）辩护律师的专业辩护意见是在被追诉人认罪认罚真实意愿的基础上形成的

一方面，辩护律师应依法维护被追诉人的最大合法利益，但不可能对被追诉人言听计从，也不可能抛开被追诉人的意愿和想法随意发表辩护意见，应恰当平衡自身专业判断与尊重当事人意愿、利益的内在关系。提出专业辩护意见应尊重被追诉人的认罪认罚立场，如果认为认罪认罚的事实、依据和理由有争议或者不当的，应向被追诉人及时提出。在其慎重考虑后仍然作出认罪认罚意愿的，应当尊重被追诉人的选

择；确实有不同意见的，也可以反馈给办案检察官，但不宜抛开被追诉人的诉讼立场坚持完全不同的辩护意见。另一方面，当辩护律师的辩护意见中对事实、证据、情节、法律的认识理解与被追诉人认罪认罚的意愿产生偏差甚至矛盾时，应看这种分歧的性质是否影响到认罪认罚的根基。如果这种分歧不影响认罪认罚的基础，例如，虽然对案件的罪名认识有分歧，但对构成犯罪的基本案件事实没有异议的，则可容忍这种分歧的存在。办案检察官可将相关辩护意见记录在案，作为庭审时质证与辩论的重点予以应对。如果这种分歧影响到认罪认罚的基础，例如，被追诉人选择认罪认罚，但辩护律师、值班律师认为其无罪或者罪轻的，则办案检察官首先应建议辩护律师、值班律师做好与被追诉人的交流沟通工作；如果仍然无法形成相对一致的意见，那么办案检察官应认真听取辩护律师、值班律师的意见和建议，客观审视是否需要调整认罪认罚从宽协商工作的进程。如果被追诉人不采纳相关辩护意见和建议，办案检察官须在提审时告知被追诉人，考察其真实的态度，以及是否有更换辩护人的意愿；如果被追诉人确实愿意认罪认罚但又不愿意更换辩护人，办案检察官须审慎推进认罪认罚从宽协商工作，做好应对辩护律师无罪或罪轻辩护意见的庭审准备。

（二）被追诉人的自我辩护权在认罪认罚从宽制度适用中的权利边界

被追诉人认罪认罚的，仍然享有自我辩护的权利。但需要注意的是，认罪认罚之后，被追诉人自我辩护的内容和程度相比不认罪认罚会有较大的不同。实践中应克服两种认识偏差。一种认为既然认罪认罚了，就不应该对定罪量刑还有不同意见，否则就是推翻了之前的认罪认罚具结书；另一种认为认罪认罚不能限制被追诉人自我辩护的权利，被追诉人仍然可以任意发表对案件处理的不同辩解。这两种认识都失之偏颇，有必要予以廓清。

一方面，认罪认罚不否定、不排斥被追诉人享有的法定自我辩护权，只不过由于被追诉人自愿认罪认罚，自我辩护的内容和边界相较于不认罪认罚时发生了明显的变化。

《指导意见》指出，认罪认罚从宽制度中的"认罪"，是指被追诉人自愿如实供述自己的罪行，对指控的犯罪事实没有异议。承认指控的主要犯罪事实，仅对个别事实情节提出异议，或者虽然对行为性质提出辩解，但表示接受司法机关认定意见的，不影响认罪的认定。被追诉人认的是罪行，即涉嫌犯罪的主要事实，对次要事实有不同意见的，不影响主要事实的认定，也即不影响"认罪"。

《指导意见》指出，认罪认罚从宽制度中的"认罚"，是指被追诉人真诚悔罪，愿意接受处罚；认罚考察的重点是被追诉人的悔罪态度和悔罪表现，应当结合退赃退赔、赔偿损失、赔礼道歉等因素来考量；被追诉人虽然表示认罚，却暗中串供，干扰证人作证，毁灭、伪造证据或者隐匿、转移财产，有赔偿能力而不赔偿损失的，则不能适用认罪认罚从宽制度；被追诉人享有程序选择权，不同意适用速裁程序、简易程序的，不影响认罚的认定。被追诉人的认罚既是态度也是行为，认罚的态度应真诚，确实是出于内心真实意愿，愿意接受刑罚的惩罚；认罚的行为应真实，必须是从自身能力出发竭尽所能赔偿、退赃。确实因客观能力等因素影响了退赃退赔的实现，但作出有关解释说明的，不影响认罚的认定。

另一方面，被追诉人接受了认罪认罚必然要放弃相当一部分的自我辩护权。换言之，被追诉人在认罪认罚的过程中已经进行了自我辩护，认罪认罚的过程就是允许自我辩护的诉讼过程，对达成的认罪认罚具结书予以接受，也就表明其对主要犯罪事实、情节和处罚均无异议。在签署认罪认罚具结书后，被追诉人当然还可以作罪轻甚至是无罪的辩解，只是当这种辩解发生时，也就表明之前的认罪认罚具结书已被单方反悔，案件的办理随即应转入不认罪程序。

八、认罪认罚从宽制度与量刑建议

论认罪认罚量刑建议的效力[*]

李瑞登[**]

量刑建议是检察机关对被追诉人应判处的刑罚及执行方式依法向人民法院提出的建议。这种建议的效力体现为对法院量刑裁判有一定的参照和制约功能。在认罪认罚案件中,量刑建议的效力明显得以强化。根据我国《刑事诉讼法》第173条、第174条的规定,被追诉人认罪认罚的,需同意量刑建议并签署具结书,而检察机关提出量刑建议也要听取被害人有关量刑问题的意见。较之一般案件的量刑建议,认罪认罚量刑建议经被追诉人同意,并听取被害人意见,特别是考量了被追诉人赔偿、被害人谅解或建议对被追诉人予以刑罚从宽的和解协议内容,因而对被追诉人和被害人产生一定的"约束力"。同时,根据《刑事诉讼法》第201条、"两高三部"《关于适用认罪认罚从宽制度的指导意见》(以下简称《指导意见》)第40条,对于认罪认罚案件,除一些特殊情形外,人民法院一般应采纳检察机关的量刑建议。认罪认罚量刑建议对法院量刑程序形成更明显的制约和监督效果,对量刑裁判具有比一般案件量刑建议更大的影响力。然而,司法实践中,认罪认罚量刑建议的效力并没有充分体现。一是被追诉人和被害人对量刑建议的

---

[*] 本文荣获"认罪认罚从宽制度理论与实务研究"征文活动二等奖。
[**] 李瑞登,福建省厦门市人民检察院第六检察部副主任,四级高级检察官。

信任度有待提高，例如被追诉人认罪认罚后又反悔或在判决采纳量刑建议后又就量刑问题上诉，被害人对量刑建议提出不同意见等；二是量刑判决与量刑建议经常有明显偏差，如判决的刑罚幅度超出量刑建议的幅度等。这些问题一定程度上影响了认罪认罚量刑建议的制度功效。鉴于此，梳理认罪认罚量刑建议效力存在的缺陷，分析量刑建议约束力和制约力产生的实体法和程序法基础，探讨增强量刑建议效力的措施，具有理论和实践意义。

一、认罪认罚量刑建议存在的效力问题

认罪认罚量刑建议虽不具有最终的法律效力，但也具有一定的约束力和制约力。根据我国刑事诉讼法的规定，量刑建议的内容载于具结书中，经被追诉人同意，自当承载着被追诉人的量刑预期。被追诉人的同意承诺，体现了一种控辩协商后的合意，受诉讼契约之约束。具结书将控辩双方的诚信精神以可见的形式书面落实，能为被追诉人带来较明确的可期待利益。[1] 同时，量刑建议形成过程中听取了被害人的意见，蕴含着被害人的追责诉求。尽管对"认罚"的制度内容存有争议，但不少学者倾向于认为认罚包含退赔、赔偿被害人之意。[2] 我国刑事诉讼法要求检察机关应听取被害人有关量刑方面的意

---

[1] 刘原：《认罪认罚具结书的内涵、效力及控辩应对》，载《法律科学》2019 年第 4 期。

[2] 陈卫东：《认罪认罚从宽制度研究》，载《中国法学》2016 年第 2 期；孙长永：《认罪认罚从宽制度的基本内涵》，载《中国法学》2019 年第 3 期；魏晓娜：《完善认罪认罚从宽制度：中国语境下的关键词展开》，载《法学研究》2016 年第 4 期。

见，以致被追诉人赔偿损失、与被害人和解或取得谅解的意愿、合意情况似与认罚情况或认罚态度有交叉，故认罪认罚情形经常伴有赔偿损失、取得谅解或和解的情节。申言之，认罪认罚量刑建议往往又暗含被追诉人与被害人之间有关赔偿、谅解、和解及同意从宽处罚的另一诉讼合意。被追诉人、被害人受前述两种诉讼契约之约束，其在契约中的量刑预期反映在追诉方的量刑建议中，故量刑建议对被追诉人与被害人有一定的约束力。此外，因综合了检察机关、被追诉人、被害人的量刑信息，并通过多元的诉讼合意预示了量刑的较好社会效果，故量刑建议更容易为法官所接受，对量刑裁判理应产生较大的制约力。然而，司法实践中，认罪认罚量刑建议的诉讼效力并没有完全发挥，其约束力和制约力均存在一定的不足。

(一) 量刑建议的约束力问题

检察机关提出的量刑建议对被追诉人和被害人的约束力主要表现在，被追诉人同意量刑建议后不反悔，在法院接受量刑建议后认罪服判；被害人接受赔偿、谅解、和解后信任控辩量刑协商过程，并认为检察机关提出的量刑建议能够罚当其罪。然而，这种约束力并没有在认罪认罚从宽实践中得到完全体现。一是被追诉人在同意量刑建议后反悔的情形不少。一些被追诉人在量刑协商后又在一审判决前退出认罪认罚，或者在法院采纳量刑建议后又以量刑问题提出上诉。如 2019 年全国检察机关适用认罪认罚从宽制度的案件中，上诉率为 3.5%，2020 年 1 月至 6 月上诉率达到 4.4%；[1] 2019 年某省检察机关认罪认罚案件上诉率为 7.87%，2020 年 1 月至 5 月上诉率则有

---

[1] 数据来源：《最高检就 1 至 6 月全国检察机关主要办案数据答记者问》，载 http://www.scio.gov.cn/xwfbh/qyxwfbh/Document/1683972/1683972.htm，2020 年 7 月 22 日最后访问。

8.46%[1]。虽然我国刑事诉讼法对认罪认罚的被追诉人的反悔权、上诉权并没有限制，但被追诉人否认量刑建议，既违背了量刑协商中的承诺，也影响了量刑建议的诉讼效力。被追诉人签署具结书后反悔，或是因为受不当压力而违心同意量刑建议，但更多是源于对认罪认罚从宽制度的认知不足，对法律后果理解不透。第一类因素的存在，反映了被追诉人的自主选择权在量刑协商中没有得到充分的保障。例如，在面对轻型犯罪指控时，无辜者更容易选择认罪并接受量刑协议，因为严格的审判程序带来的时间消耗成本和高昂律师费用，远远超过了认罪、认罚可能带来的损害[2]。又如，受到司法机关不当的引诱、威胁等施压时，被追诉人也可能非自愿地签署具结书，而后又退出认罪认罚程序。第二类因素的存在，则与被追诉人对认罪认罚从宽制度和法律后果认知的模糊有关。一旦被追诉人难以明智地作出选择，即便同意了量刑建议，也容易出现反悔的情形。被追诉人作出选择的明智性的缺失，反映了量刑协商过程中权利义务告知、法律适用解释、获得律师帮助、量刑结果说明等制度没有起到应有的功效。二是被害人对量刑建议的信任度不够。实践中，一些被害人在谅解或与被追诉人和解后，对检察机关提出的量刑建议能否体现公平正义存有疑虑，认为自己因犯罪遭受的结果与被追诉人被追究的刑罚不相符合。这一问题与量刑协商公开性不足、量刑建议对被害人量刑信息和量刑意见的关注不够有关。控辩协商过程缺乏透明度，而法院对协商结果往往又仅是备注确认，这种封闭性程序将被

---

[1] 数据来源：《2019年福建检察适用认罪认罚从宽制度办理刑事案件26013件》，载http：//www.chinanews.com/sh/2019/12-31/9047984.shtml，2020年7月22日最后访问。

[2] David Ireland, Bargaining for Expedience: The Overuse of Joint Recommendations on Sentence, 38 Man. L. J. 273, 2015, p. 293.

害人或其亲属所掌握的因犯罪遭受的直接或间接损害、被追诉人是否真正采取补救赔偿措施等有关量刑的信息，以及被害人对量刑的意见均排除在外。[1] 由此，量刑建议也难以体现对被害人的约束力。

（二）量刑建议的制约力问题

认罪认罚量刑建议是法院量刑裁判的重要参照。根据《刑事诉讼法》第201条的规定，认罪认罚案件中，除有不构成犯罪或不应追责、违背意愿认罪认罚、被追诉人否认指控事实、指控罪名与审理认定罪名不一致、量刑建议明显不当等情形外，人民法院应采纳检察机关的量刑建议。量刑建议对量刑程序的制约力大小，是否为量刑裁判所采纳，也关乎量刑建议是否实现被追诉人和被害人的量刑预期，能否体现公信力的问题。然而，实践中，检察机关的量刑建议与法院的量刑裁判有时存在冲突：一是法官严重依赖量刑建议并在建议幅度内随意量刑的消极冲突；二是法官量刑偏离量刑建议的积极冲突。[2] 关于第一种冲突，法官消极对待量刑程序，对定罪事实及量刑协商怠于审查，在量刑建议幅度内任意确定宣告刑，虽然一定程度上体现了量刑建议对量刑裁判的制约效力，长此以往却会损害量刑建议的公正性。关于第二种冲突，如果法院的量刑经常偏离量刑建议的幅度，特别是不采纳确定刑量刑建议，不仅弱化了量刑建议对量刑程序的制约力，也会降低被追诉人与被害人对量刑建议的信任度。较之幅度刑量刑建议，确定刑量刑建议提出的比重及为法院所采纳的比率，更能反映量刑建议对

---

[1] Richard A. Bierschbach; Stephanos Bibas, Notice – and – Comment Sentencing, 97 Minn. L. Rev. 1, 2012, p.7, 50.

[2] 林喜芬：《论量刑建议的运行原理与实践疑难破解——基于公诉精密化的本土考察》，载《法律科学》2011年第1期。

量刑裁判的制约效力。如 2019 年全国检察机关认罪认罚案件量刑建议的采纳率为 85.04%。2020 年 1 月至 6 月全国检察机关认罪认罚案件量刑建议的采纳率为 90.5%，但提出确定刑量刑建议的仅占 58.5%。[1] 又如，2019 年某省认罪认罚案件量刑建议的采纳率为 86.21%，但提出确定刑量刑建议的比率仅为 40.61%，2020 年 1 月至 5 月该省认罪认罚案件量刑建议的采纳率为 92.20%，而提出确定刑量刑建议的比率仅为 48.57%。[2] 难以充分体现出量刑建议对量刑程序的制约力。量刑建议与量刑判决之偏差，反映了检法两家量刑信息来源不同、对量刑信息的影响度认识不一、对非财产型和非数量型犯罪缺乏统一量刑标准，以及量刑建议缺乏规则依据和论证说明等问题。[3] 例如，被害人可以在控辩量刑协商阶段就与控方沟通并提出看法，也可在审理阶段法院采纳量刑建议前才提交量刑信息和量刑意见，[4] 如果检察机关在拟定量刑建议时没有充分听取被害人的意见，则被害人在法院阶段提供的量刑信息和意见，可能导致量刑判决与量刑建议的偏差。又如，如果量刑协商过程的记录和证据不充分，量刑建议计算依据和过程缺乏说明，则法院对认罪认罚的自愿性、量刑建议的合法性难以作出判断，也容易出现量刑判决与量刑建议存在偏差的情形。

---

[1] 数据来源：《最高检就 1 至 6 月全国检察机关主要办案数据答记者问》，载 http://www.scio.gov.cn/xwfbh/qyxwfbh/Document/1683972/1683972.htm，2020 年 7 月 22 日最后访问。

[2] 数据来源：《2019 年福建检察适用认罪认罚从宽制度办理刑事案件 26013 件》，载 http://www.chinanews.com/sh/2019/12-31/9047984.shtml，2020 年 7 月 22 日最后访问。

[3] 严明华、赵宁：《检察机关量刑建议偏差问题调查与评析》，载《法学》2010 年第 11 期。

[4] Dana Pugach; Michal Tamir, Nudging the Criminal Justice System into Listening to Crime Victims in Plea Agreements, 28 Hastings Women's L. J. 45, 2017, p. 49.

二、认罪认罚量刑建议约束力的实体法蕴意

在认罪认罚案件中，量刑建议虽由检察机关提出，但实为检察机关与被追诉人就量刑形成的合意，并考量了被害人与被追诉人之间有关赔偿、谅解、同意从宽处罚等达成的一致意见，体现了刑事诉讼中的契约精神。前述涉量刑的合意，体现了被追诉人的认罪、认罚情节，既影响对被追诉人实体刑罚的从宽处理，也关乎被追诉人对被害人的实体赔偿问题。与此相应，涉量刑合意的退出、反悔，也将在刑事处罚和民事赔偿等实体权益方面产生一定的法律效果。

（一）涉量刑合意：契约精神在刑事诉讼中的体现

刑事诉讼主要服务于惩治犯罪的正义目标，体现刑罚权的国家主导性。为应对犯罪数量多、纠纷解决难等问题，刑事诉讼法也在关注司法效率的提升和社会关系的有效修复。前者带来由控辩双方达成一致意见的协商性司法模式，后者则形成了让被追诉人、被害人双方协商和解、调和矛盾的恢复性司法模式。[1] 无论协商性司法，还是恢复性司法，均包含刑事诉讼参与主体之间进行意见交换、互动协商的内容，并赋予诉讼合意一定的法律效果。这种契约精神在刑事诉讼中的制度化，体现为辩诉交易与刑事和解等实体利益契约、保释和简化诉讼程序等程序利益契约，以及证据开示和污点证人豁免等证据运用契约。[2] 认罪认罚从宽制度也是契约、协商精神在刑事诉讼中的

---

[1] 李卫红：《刑事和解的实体性与程序性》，载《政法论坛》2017年第2期。
[2] 詹建红：《论契约精神在刑事诉讼中的引入》，载《中外法学》2010年第6期。

集中体现，认罪认罚量刑建议背后蕴含了不同类型的诉讼合意，兼涉协商性司法和恢复性司法理念。

第一，控辩双方的合意。根据《刑事诉讼法》第 174 条的规定，被追诉人是以签署具结书的形式，对检察机关提出的主刑、附加刑及是否适用缓刑等量刑建议为认同之意思表示。具结书实为控辩双方合意，具有合同要约、承诺之外在表征。虽然合同法可以对控辩双方的合意进行较广泛、充分的保护，例如合同诚实信用、公平交易原则可在一定程度上促进合意的执行，[1] 但控辩合意毕竟不同于一般的民事合同。量刑协商的主体为代表国家的检察机关与被追诉人，协商的内容涉及被追诉人的人身自由，显然不属于合同法的调整范围。这种量刑协商不涉及罪名、罪数交易，区别于辩诉交易，但也是刑事领域的一种公法契约，即检察机关对契约相对方的私人权利作出让渡，通过控辩双方的直接协商，将毫无折扣、不惜代价的追诉模式，演变成一种双方互惠的结果。[2] 刑事和解、量刑协商等刑事处罚权中的契约因素，也被称为公权契约化，即公权的运行可以部分融入契约理念并采用契约方式予以实现的过程及其发展趋势。[3] 关于控辩合意的效力，因协商的内容涉及人身自由，不宜简单通过合同法的强制履约予以实现；同时，在控辩协议中被追诉人处于绝对的弱势地位，由合同法自行规范容易发生"失灵现象"，需要通过刑法中非法证据排除、不得强迫自证其罪、获得律师帮助并寻求正当审判程序等原则，来为被

---

[1] Michael D. Cicchini, Broken Government Promises: A Contract – Based Approach To Enforcing Plea Bargain, 38 N. M. L. Rev. 159, 2008, p. 174 – 175.

[2] 张凌、李婵媛：《公法契约观视野下的刑事和解协议》，载《政法论坛》2008 年第 6 期。

[3] 殷继国：《论公权契约化——兼论国家干预契约化》，载《行政法学研究》2013 年第 1 期。

追诉人提供更充分的保护。[1] 为此，立法没有直接赋予量刑合意强制执行力，而是允许被追诉人反悔、退出协议，或由检察机关调整量刑建议。然而，基于诉讼诚信原则，量刑协商等公法契约对双方也具有一定的约束力。立法可能对被追诉人和检察机关退出、变更量刑合意的权利（力），在不同阶段作出不同程度的限制，以强化控辩合意的效力；或者通过苛以违约之不利后果来进行间接规制，一旦被追诉人违背承诺，就可能失去立约所可以获得的量刑优惠，而检察机关退出量刑协议，则意味着诉讼成本、风险的增加。

第二，被追诉人与被害人的合意。在有被害人的案件中，向被害人赔偿损失、赔礼道歉等，是被追诉人认罚的重要体现。根据刑事诉讼法的规定，认罪认罚的，检察机关应该听取被害人的意见。申言之，检察机关将被追诉人是否赔偿被害人损失、与被害人达成和解协议、取得被害人谅解，作为量刑的重要考虑因素。[2] 被追诉人与被害人通过协商达成赔偿、和解或谅解协议，自行化解纠纷，体现了恢复性司法的制度功效。这种合作式刑事司法，既满足了冲突双方的利益诉求，也提升了诉讼效率，并有助于修复社会关系。[3] 被追诉人与被害人间的合意，是平等主体之间有关损害赔偿的协议，具有民事合同的外在表征，但又不具有一般债权的全部效力内容，而是赋予当事人一定的反悔权利。当然，根据最高人民法院《关于适用〈中华人民共和国刑事诉讼法〉的解释》（以下简称《刑诉法

---

[1] Jennifer Rae Taylor, Restoring the Bargain: Examining Post-Plea Sentence Enhancement as an Unconscionable Violation of Contract Law, 48 Cal. W. L. Rev. 129, 2011, p. 168.

[2] 杨立新：《认罪认罚从宽制度理解与适用》，载《国家检察官学院学报》2019年第1期。

[3] 胡铭：《认罪协商程序：模式、问题与底线》，载《法学》2017年第1期。

解释》)第502条的规定,若和解协议已经全部履行,当事人反悔的,除非和解协议是非自愿、合法的,否则法院不予支持。同时,和解或谅解协议并非纯粹的民事合同,而是置于刑事诉讼活动中,包含被害人同意或请求对被追诉人从宽处罚的内容,能够产生被追诉人认罚的效果并影响量刑的诉讼合意。在这个意义上说,被追诉人和被害人的和解、谅解协议是一种非典型的公法契约。

(二) 刑民实体权益:涉量刑合意的基本内容

被追诉人自愿认罪,同意量刑建议并签署具结书,目的在于维护自身实体权利,力求人身、财产得到法律从宽处罚。在控辩协商之前,被追诉人主要考虑法庭审理后有可能被判处较重刑罚的风险,而检察机关则考虑后续诉讼需要较高的司法成本,且定罪量刑不一定取得好的效果。[1] 被追诉人参与量刑协商,旨在降低被苛以更严厉刑罚的风险,促使预防刑的伸缩朝着有利于自己的方向。主要表现在:一是巩固坦白、自首等量刑情节。坦白、自首虽与认罪紧密相关,但同意检察机关的量刑建议,一般也意味着承认自己的犯罪事实,也会产生坦白、自首情节所要求的如实供述效果。二是争取认罚情节。认罚情节有广义和狭义之分,同意量刑建议,即是狭义的认罚,而广义的认罚还包括退赔、赔偿、与被害人和解、取得谅解等内容,是狭义认罚为基础的民事赔偿和解。[2] 我国刑事诉讼法已明确认罪认罚是可以依法从宽处理的情节,也规定了退赔、赔偿、与被害人和解的从宽情节。虽然法律未明确对狭义认罚即

---

[1] Holly P. Pratesi, Waive Goodbye to Appellate Review of Plea Bargaining: Specific Performance of Appellate Waiver Provisions Should Be Limited to Extraordinary Circumstances, 81 Brook. L. Rev. 1237, 2016, p.1248.

[2] 黄京平:《认罪认罚从宽制度的若干实体法问题》,载《中国法学》2017年第5期。

同意量刑建议的量刑处理，最高人民法院的量刑指导意见也未设定狭义认罚的从宽幅度，但司法实践已尝试对狭义认罚作了一定的量刑优惠考量。基于此，被追诉人参与量刑协商并与检察机关达成合意，也是出于获得认罚从宽处理的心理预期。

被追诉人与被害人达成赔偿、谅解及建议对被追诉人予以刑罚从宽的合意，不仅涉及被追诉人可能获得刑罚从宽的实体权益问题，也关乎对被害人因犯罪所受损害的弥补和赔偿。这是一种实体利益契约，虽形成于刑事诉讼中，但同时产生刑事和民事上的法律效果。事实上，在刑民交叉案件领域，大陆法系国家出于诉讼效率考量，允许在刑事诉讼中附带解决民事赔偿问题。英美法系国家原本通过独立诉讼保护民事权益，但也出现了在刑事诉讼中一并解决民事责任的倾向。例如，美国法院在刑事案件中的赔偿令与民事侵权诉讼中的损害赔偿责任具有同等的功效，《被害人和证人保护法》规定法官对赔偿令适用有较大的自由裁量权，且要同时考虑被害人损害情况和被告人经济状况，而之后的《强制被害人赔偿法》则强制要求法官在所列举犯罪类型中发布赔偿令，并仅仅需要考虑被害人的实际损失。[1] 被追诉人与被害人的赔偿合意，既是关乎刑事处罚的认罚情节，也作为对被害人的民事救济方式并附带于刑事诉讼中，在一定意义上是刑事诉讼法对犯罪所产生的责任的综合性处理。从私法角度来看，被追诉人对被害人赔礼道歉、赔偿损失是履行因犯罪侵害行为而产生的民事责任；从公法角度而言，刑事和解等制度根据被追诉人赔偿损失并取得被害人谅解之情节，对被追诉人减少或免予刑罚，是刑事责任新的实现方

---

〔1〕 T. Dietrich Hill, The arithmetic of justice: Calculating restitution for mortgage fraud, 113 Colum. L. Rev. Sidebar 1939, 2013, p.1941-1943.

式。这种责任追究方式不同于单纯的严厉刑罚，也与保安处分有别，更不能为非刑罚方法的概念所涵盖。[1]

（三）违约之实体权益变动：涉量刑合意的效力体现

控辩双方量刑合意的约束力，涉及协议一方是否可以反悔的内容，但更多体现在违背协议所产生的法律效果上，特别是隐含的实体权益的变更。我国刑事诉讼法对被追诉人在法院确认具结书后一审判决前的反悔权并没有限制，对上诉后又否认具结书的法律后果也没有作相应的明确。《指导意见》仅在第45条规定，一审适用速裁程序判决后，被追诉人又不认罪而上诉的，二审法院应当裁定撤销原判，发回重审，不再按认罪认罚案件从宽处罚。控辩量刑合意作为一种公法契约，按约履行是诉讼诚信应有之义，而合意一方失信也当产生不利的后果。被追诉人对量刑合意反悔的，如果仅是不同意量刑内容，而没有否认指控的犯罪事实，则可能丧失认罚意义上的量刑优惠；如果否认犯罪事实和量刑建议，则不仅难以享受认罚从宽，还可能影响到自首、坦白等量刑情节。被追诉人与被害人达成协议后，需要实际履行协议内容，才能达到弥补被害人损失、获得认罚从宽的民、刑法律效果。如果被追诉人违反协议约定，所产生的民事后果不是承担违约责任，而是该和解协议不生效，所引发的刑事风险为丧失一个获得从宽处理的机会。[2]

---

[1] 杜宇：《刑事和解与传统刑事责任理论》，载《法学研究》2009年第1期。
[2] 姚显森：《公诉案件中当事人和解协议效力扩张及法律规制》，载《现代法学》2013年第5期。

三、认罪认罚量刑建议制约力的程序法基础

认罪认罚案件中，法院在认定犯罪事实的基础上，针对量刑建议更多是审查有关量刑协商自愿性和合法性、量刑情节形成和量刑计算过程的证据。记录量刑协商、量刑情节、量刑计算的过程证据，与量刑建议能否为法院采纳密切相关。控辩双方的量刑协商，既是量刑信息的互通，也是对量刑情节成立与否、影响力大小甚至量刑计算等交换意见的过程，体现了类似法庭量刑调查、辩论的程序功能，对法院量刑裁判具有较大的参照意义。同时，量刑建议经被追诉人同意，并听取了被害人意见，为可能的量刑判决预设了较好的法律效果和社会效果，而建议的刑罚幅度不断精细化，更加显现了量刑建议作为庭前监督标尺对量刑裁判的制约功效。

（一）量刑建议的证明规范

量刑建议只有为法院所采纳，成为量刑判决的一部分，才能体现最终的法律效力。根据我国《刑事诉讼法》第190条的规定，被追诉人认罪认罚的，法庭要审查认罪认罚的自愿性和具结书的真实性、合法性。申言之，对认罪认罚自愿性和具结书合法性、真实性的证明，关系到量刑建议是否为法院所接受，能否通过法院的判决形成法律上的约束力。其中，认罪的真实性主要靠物证、书证、供述、证言等结果证据加以证明，而认罪认罚的自愿性、具结书的合法性及量刑情节的真实性问题，则与追诉人认罪认罚的经过、犯罪后量刑情节的形成过程紧密相关，其证明主要依赖于记录、反映有关诉讼活动情况的过程证据。过程证据包括勘验、搜查、提取等笔录证据，破案

和抓捕经过等情况说明，以及录音录像资料等，旨在证明刑事诉讼中的过程事实，如刑事诉讼过程中出现的自首、立功、认罪、退赃等量刑情节，以及证明是否刑讯逼供或以其他非法方法收集证据等诉讼过程的合法性问题。[1] 认罪认罚案件中，法院在认定犯罪事实的基础上，越来越多地关注证明量刑合意形成、量刑情节产生的过程证据，以便确认量刑建议是否合理。过程证据的收集及运用，已成为量刑建议是否为法院采纳的一个重要因素。具体而言，检察机关对认罪认罚诉讼过程的证明，可以关注以下几个方面：

第一，认罪认罚自愿性、合法性的过程证据。认罪认罚自愿性旨在判断被追诉人是否具备承认指控罪名与同意量刑意见的能力，保障认罪认罚的真实意愿。[2] 一般而言，自愿性包括同意能力的体现和意志的自主性表达等内容。前者涉及对认罪认罚权利义务的知悉和对法律后果的理解等权利保障，后者则包括不受强迫、威胁、不当引诱等内容。认罪认罚自愿性的保障，即具结书合法性的证明。证明同意能力的过程证据主要有诉讼权利义务和认罪认罚后果告知书或告知笔录、律师见证及向被追诉人释明法律后果的记录等；证明意志自主表达的过程证据有认罪认罚过程的录音录像、量刑协商过程记录、确认认罪认罚笔录等。

第二，量刑情节的过程证据。犯罪后才形成的量刑情节主要依靠过程证据予以证明。这些量刑情节，是被追诉人在诉讼中实施的反映其社会危险性大小的行为。记录这些行为过程的，或为到案经过、破案经过等涉及自首、坦白认定的证据，

---

[1] 陈瑞华：《论刑事诉讼中的过程证据》，载《法商研究》2015年第1期。
[2] 孔令勇：《被告人认罪认罚自愿性的界定及保障——基于"被告人同意理论"的分析》，载《法商研究》2019年第3期。

或是协助破案说明、协助抓捕记录等影响立功成立的证据,或是被追诉人赔偿记录、和解经过等关乎认罚情节的证据等。前述过程证据虽不直接证明定罪事实,但能客观反映被追诉人认罪、悔罪、认罚等情况,是衡量预防刑大小、基准刑调节幅度的依据,也是量刑建议合理性的重要支撑。

第三,量刑过程的证据。量刑建议的产生与量刑判决一样,均是司法人员根据罪行内容、量刑情节等案件事实,确立量刑起点和基准刑、调节基准刑并最终确定宣告刑的裁量、推演、计算过程。在犯罪事实、量刑情节清楚的情况下,将检察机关选择刑罚种类及计算、权衡刑罚幅度的内心过程加以呈现,既有助于与被追诉人达成量刑合意,又能提升量刑建议对法官的说服力。反映这一过程的证据主要是量刑的说理、论证。量刑建议书的拟定应涵盖案件中的所有法定、酌定情节,对量刑建议得出过程作充分阐述,说明各个罪量因素的影响力,并在公诉意见发表环节将量刑说理部分予以宣读。[1]

(二) 量刑建议的诉讼蕴意

量刑程序具有不同于定罪程序的裁判规则和制度价值。根据我国《刑事诉讼法》第198条,法庭对定罪、量刑事实、证据都应进行调查、辩论;《刑诉法解释》第231条进一步明确,被告人认罪的,法庭辩论可以引导控辩双方主要围绕量刑等问题进行,不认罪或作无罪辩护的,可以引导先辩论定罪问题,后辩论量刑问题。我国立法初步形成了定罪程序与量刑程序相对分离的模式。检察机关提出的量刑建议具有启动量刑程序、为量刑程序提供明确"诉讼争议点"及防御对象的独特诉讼意

---

[1] 孙春雨、李斌:《量刑规范化改革的现状与出路》,载《国家检察官学院学报》2013年第5期。

义。[1] 然而，在认罪认罚的情形下，检察机关既要听取被害人的量刑意见，又要与被追诉人进行量刑信息互通，在与被追诉人量刑协商达成一致意见后，才提出量刑建议。控辩双方庭前相互就对方量刑信息的确认，就量刑情节、量刑内容协商并形成合意，似为法庭量刑调查、辩论活动的预演，特别是在简易程序、速裁程序案件中，更是发挥了类似量刑审理的制度功效。

第一，多方参加与量刑信息的全面性。虽然《刑事诉讼法》第198条规定，法庭审理中，被害人可以提出量刑意见，但被害人参与量刑程序的程度不高，参与也未达到预期的效果，多是被动参与，且量刑意见难以体现实效。[2] 较之控辩双方，被害人可为量刑裁判提供另一类量刑信息来源，有助于法官更全面地评价犯罪行为的社会危害性。被害人因犯罪所遭受的侵害后果、负面影响和精神伤害等问题，只有被害人参与量刑过程并当面陈述，法官才可能将这些信息纳入量刑依据中。[3] 在认罪认罚量刑协商阶段，除检察机关与被追诉人的量刑信息沟通外，依《刑事诉讼法》第173条的规定，被害人可以向检察机关提交自己的量刑意见，特别是关于被追诉人赔偿的情况说明，并可能为量刑建议所考量。这不仅是吸收被害人量刑信息的便捷途径，也有助于提升被害人量刑意见的实际成效。控辩协商的过程，也被视为被害人能为公正量刑协议的形成发挥相应作用的重要阶段。量刑信息的全面性，提升了量刑协商、量刑建议的合法性和可信度。

---

[1] 陈国庆：《检察官参加量刑程序的若干问题》，载《法学》2009年第10期。
[2] 韩轶：《论被害人量刑建议权的实现》，载《法学评论》2017年第1期。
[3] 陈瑞华：《论量刑程序的独立性——一种以量刑控制为中心的程序理论》，载《中国法学》2009年第1期。

第二，控辩互动与量刑协商的对抗性。量刑信息不对称是控辩双方辩论争议产生的重要缘由，量刑形成过程不公开则往往是双方辩论的焦点。认罪认罚案件中，检察机关庭前与被追诉人就量刑问题交换意见，既是量刑信息互通的过程，也是量刑演算、调节过程公开的方式，包含控辩双方对被害人之量刑信息的公开考量。缺乏对被害人的利益、意见特别是有关损害弥补情况的陈述的关注，控辩双方作出的量刑协商结果可能会面临不公正的风险。[1] 我国刑事诉讼法已明确检察机关对辩方的证据开示制度，借助律师的有效帮助，被追诉人可以获取在案的量刑证据，也会向检察机关提供自己掌握的量刑信息，以便获取对自己有利的量刑建议。同时，控辩双方也会对量刑情节成立与否、量刑情节的影响力、被害人提供的量刑信息，甚至是基准刑调节等问题交换意见。这种庭前的意见交换，虽不同于庭审辩论，但可以将争论的范围拓展至量刑的全过程，进一步明确争点所在，实则蕴含了控辩双方就量刑问题的充分对抗性。因此，控辩量刑协商的结果也容易为法院所采纳。

第三，证明标准层次化与量刑结果的可信度。量刑事实在证明责任、证明标准上有别于定罪事实。对量刑事实是否均无须达到"事实清楚，证据确实、充分"的严格证明标准，存在一定争议。有人认为应采"自由证明"准则，采取低于定罪事实的证明标准；[2] 也有人认为法定量刑情节或最高人民法院量刑指导意见规范的情节，需严格证明，而其他的量刑事实应属"强自由裁量"的范围，可降低证明标准[3]。量刑事实应区分

---

[1] Marie Manikis, Recognizing Victims' Role and Rights during Plea Bargaining: A Fair Deal for Victims of Crime, 58 Crim. L. Q. 411, 2012, p. 441.
[2] 陈瑞华：《论量刑建议》，载《政法论坛》2011年第2期。
[3] 吕泽华：《定罪与量刑证明一分为二论》，载《中国法学》2015年第6期。

不同类型，并采取不同的证明标准，如被害人陈述的犯罪产生的负面效应、精神损害等酌情裁量情节，不宜要求较高的证明标准。对量刑情节采取层次化、相对较低的证明标准，使得控辩双方对量刑事实的把握能够比较准确，以此达成的量刑合意及控方提出的量刑建议，具有较高的可信度，也容易为法院所确认。

（三）量刑建议的监督意义

量刑建议不仅是检察机关对量刑判决的潜在预期，也是对法官量刑裁量的无形制约。这种制约实为一种监督标尺的事前预设，即量刑建议为检察机关事后开展量刑监督预设了标尺或参照系。[1] 事后的抗诉使得量刑建议对量刑裁判具有潜在的柔性制约力。量刑建议无疑会对法院的量刑程序起到规范作用，所产生的监督效果甚至比事后监督更强、更及时。从这个意义上说，量刑建议区别于检察机关以往审查判决、提出抗诉的事后监督，呈现出了类似事前或事中监督的潜在功效。在认罪认罚情形下，量刑建议往往在起诉时一并向法院提出，故更多是一种事前监督的模式。如果量刑判决超出了量刑建议的范围，且不符合法律规定，量刑建议可能成为检察机关进行法律监督的重要参考。

在认罪认罚案件中，量刑建议呈现出更强的监督功能，主要体现在：首先，量刑建议是一种有公信力的法律效果预设。认罪认罚案件中量刑建议的形成，体现了量刑信息的全面性、量刑协商的公开性以及量刑推演的可信性，对法院量刑具有较强的参照意义。《刑事诉讼法》第 201 条规定，人民法院对于认罪认罚案件，除了一些特殊情形外，一般应采纳检察院指控

---

[1] 朱孝清：《论量刑建议》，载《中国法学》2010 年第 3 期。

的罪名和量刑建议。换言之，在控辩协商案件中，法院往往表现出一定的谦抑性，仅是对控辩协议的基础事实、被追诉人参与协商的自愿性加以确认，并在量刑规则及量刑协议的范围内，对量刑作有限的裁量。[1] 其次，量刑建议是一种较明确的社会效果预设。与一般案件中检察机关单方形成的量刑建议不同，认罪认罚量刑建议经被追诉人同意，且听取了被害人意见，可能呈现出较合理的社会效果。其所预设的社会效果，可能成为法院衡量判决效果的参照，对法院量刑裁判起到一定的制约功能。最后，量刑建议是一种较精细的量刑监督。《指导意见》第33条要求，人民检察院一般应提出确定刑量刑建议。实践中，一般刑事案件在起诉时或仅宽泛地表述量刑情节及适用的法律条款，或虽提出了量刑建议，但更多是有较大幅度的相对确定刑量刑建议。认罪认罚案件中，量刑建议所设定的刑罚幅度一般更小，并呈现出不断细化的趋势，在许多案件中已尝试提出具体、确定的刑罚建议。量刑建议的不断具体化，为法院量刑提供了更有效的参考，形成了一种更明确的审前监督标尺。

四、认罪认罚量刑建议效力强化的主要途径

认罪认罚从宽制度体现了契约精神和司法文明，不仅使刑事被害人的主体地位、权利获得尊重，增强了权利救济的实效性，还创新了正当程序，推进纠纷的多元化解决。[2] 要通过规

---

[1] Darryl Brown, The Judicial Role in Criminal Charging and Plea Bargaining, 46 Hofstra L. Rev. 63, 2017, p. 64.
[2] 李璐君：《契约精神与司法文明》，载《法学论坛》2018 年第 6 期。

范量刑协商程序，记录量刑协商过程，体现庭前类似量刑调查、辩论程序的公开、公正性，进一步增强量刑建议的参照价值；同时，要逐渐强化量刑建议对法律效果、社会效果的预设功能，实现作为审前监督标尺的诉讼意义，从而提升量刑建议对量刑裁判的制约力。基于上述考量，有必要重点关注诉讼合意形成中过程证据的收集、固定，探索律师有效见证、协助及参与量刑审理程序的制度，并逐步推动量刑建议的精准化。

（一）完善量刑建议的过程证据

量刑建议的过程证据包括反映控辩协商经过、被追诉人与被害人赔偿、谅解、和解情形及量刑演算过程的证据。这些过程证据可以印证被追诉人参与量刑协商的自愿性和量刑建议形成过程的合法性。具体而言：第一，关于控辩协商的过程证据。要重视认罪认罚权利义务与法律后果告知程序，形成有效告知文书或者通过笔录固定告知过程。规范量刑协商的过程，确保被追诉人获得律师的有效帮助，并在律师见证下签署认罪认罚具结书。对于疑难复杂或敏感案件，还要通过一定的方式，记录、固定量刑协商的全过程。对量刑协商过程的记录，可以有同步录音录像或文本记录等形式。我国设立侦查讯问录音录像制度的初衷，是为了防范违法讯问，保证讯问程序的合法性，同时客观记录审讯内容，保障讯问内容的公信力和确定力。[1] 将录音录像运用于量刑协商中，也可以客观记录被追诉人认罪认罚、律师见证和帮助、量刑合意形成的全过程，体现认罪认罚的自愿性和量刑协商的合法性。第二，关于被追诉人与被害人赔偿、谅解或和解的过程证据。要向被追诉人或被害

---

〔1〕 董坤：《侦查讯问录音录像制度的功能定位及发展路径》，载《法学研究》2015年第6期。

人核实有关赔偿、谅解、和解的过程，调取赔偿的转账或给付记录，要求被害人提交有关说明，说明的内容包括因犯罪遭受的损害结果，被追诉人赔偿及赔礼道歉等认罚情况，被害人是否谅解被追诉人以及对量刑的意见。这些过程证据可以加强量刑建议对被害人的"约束力"，也有助于强化法律效果特别是社会效果预设功能，提升量刑建议对量刑程序的制约力。第三，关于量刑建议计算的过程证据。检察机关要重视对量刑建议的说理，对量刑建议形成中的量刑起点判断、基准刑确立、基准刑调节、宣告刑拟定等步骤，作一定的分析和说明，并提交给法官。实践中，认罪认罚量刑建议或在起诉书中载明，或制作专门的量刑建议书。对于前者，可另行制作量刑建议说理文书；对于后者，说理部分应在量刑建议书中充分体现。

（二）探索值班律师有效参与量刑协商过程的制度

当前，我国被追诉人获得律师辩护的比例较低。虽然刑事诉讼法新设值班律师制度，为没有委托辩护律师或指定辩护律师的被追诉人提供法律帮助，并明确要求对认罪认罚案件，人民检察院应听取值班律师的量刑意见，被追诉人签署具结书应有值班律师在场，然而，实践中值班律师就量刑问题提出意见的很少，为被追诉人提供事实说明、法律解释等帮助的不多，对具结书的见证也多流于形式。在委托辩护律师比例低，而获得值班律师帮助又少的情况下，被追诉人对认罪认罚从宽制度特别是法律后果、量刑过程等专业问题可能存在理解上的障碍，认罪认罚的自愿性或明智性可能受到一定质疑。控辩协商的诉讼效率优势与被追诉人欠缺法律帮助存在一定的冲突，在由国家提供律师帮助的情况下，被追诉人也需经由律师而对协议条款、罪名定性、放弃的诉讼权利、可能判处的刑罚等内容有明确的理解。[1] 值班律师不宜仅限于对具结书签署过程的在场见证，而应在了解案件证据事实的基础上，提出相应的量刑意见，并向被追诉人释明事实证据及法律适用问题，以确保其对认罪认罚有明智性理解，并自愿作出选择。对此，可以适度提升对值班律师的公共经费支出，激励值班律师为被追诉人提供有效的法律帮助；检察机关要确实听取值班律师的量刑意见，并为值班律师了解案件情况提供便利；在条件成熟时，值班律师的法律帮助职能也可以拓展至量刑审理阶段，针对法院提出的量刑问题予以说明，协助被追诉人参与量刑调查、辩论等。

（三）逐步提升量刑建议的精准化程度

在认罪认罚案件中，量刑建议的幅度不断缩小乃至形成确定的刑罚建议，是对被追诉人认罪认罚后量刑预期的明确回应，也是量刑建议体现诉讼效力、达到监督功效的必然要求。量刑建议的内容包括适用刑罚的种类、刑罚轻重程度以及执行方式，其中，确定刑罚轻重程度是量刑精准化的难点，主要集中于有期徒刑、拘役、管制、罚金等幅度刑。判断量刑起点和基准刑、调节基准刑、确定宣告刑等量刑步骤，体现了先权衡责任刑，再由预防刑调节后形成宣告刑的基本过程。责任刑往往是一个幅度，如量刑起点设立、基准刑确定存在浮动比例，而预防刑也是一个幅度，如调节基准刑的量刑情节也存在量刑幅度，在责任刑的幅度内用有幅度的预防刑调整后要得出确定点的宣告刑，存在一定的难度。[2] 另外，量刑情节包括法定和

---

〔1〕 Lisa Kern Griffin, State Incentives, Plea Bargaining Regulation, and the Failed Market for Indigent Defense, 80 Law & Contemp. Probs. 83, 2017, p.84, 91.

〔2〕 李冠煜：《量刑规范化改革视野下的量刑基准研究——以完善〈关于常见犯罪的量刑指导意见〉规定的量刑步骤为中心》，载《比较法研究》2015年第6期。

酌定情节，特别是酌定情节的范围很宽泛，也给量刑过程增加了困难。基于量刑计算过程的复杂性及量刑情节的多样性，需要综合运用多种方式来推进量刑建议的精准化。首先，在法院原有量刑指导意见的基础上，可由省级检察院和法院联合制定量刑指导意见实施细则，地市级检察院和法院根据本地犯罪查处、判决情况，制定量刑指导意见实施办法或会议纪要，将量刑较为成熟的更多罪名纳入规范化范围，为量刑建议和量刑裁判提供统一的指导标准。其次，逐步建立量刑规范化大数据平台，为办案人员提供量刑数据搜索服务。大数据平台提供的同种案件的量刑数据，能够印证依量刑步骤得出的量刑建议的合法性和合理性，也可以在量刑协商中作为向被追诉人释明量刑建议公正性的依据，有助于被追诉人更好地理解量刑过程，并自愿认罪认罚。最后，可由"两高"适时发布认罪认罚典型案例，作为量刑计算、调节、确定过程的指导和参照。由于财产型、数量型等犯罪多为常见犯罪类型，犯罪数额与量刑存在联系，在量刑指导意见或实施细则中也有较具体的量刑规范，因而典型案例的重点之一是为非常见罪名或量刑复杂的案件提供量刑指导。

认罪认罚从宽制度量刑模型的构建*

徐旺明**

确定量刑建议是推进认罪认罚从宽制度的重点和难点。构建认罪认罚从宽制度量刑模型,据以提出科学合理的量刑建议,对夯实检察机关诉讼基础、破除法检两机关量刑分歧具有重要意义;同时,有助于提高量刑的公开性、公正性和公信力,有助于提高司法效率和人们对司法机关的信赖度、满意度。

一、当前认罪认罚量刑建议的困境

量刑是司法决策行为,是依据犯罪事实和法律规定,对具体案件进行分析、判断,并最终确定刑罚度量的思维活动。从启动认罪认罚从宽制度试点工作以来,为规范量刑行为,法律理论界和实务界做了很多的探索,但司法实践中,仍然缺乏科学合理的认罪认罚从宽制度量刑方法,办案人员量刑具有一定的随意性,往往凭经验作出,自由裁量权过大,类案不同判的情形时有发生,有时甚至严重违背罪刑均衡原则,不能实现量

---

* 本文荣获"认罪认罚从宽制度理论与实务研究"征文活动三等奖。
** 徐旺明,广东省人民检察院四级主任科员。

刑的公正与均衡。最高人民法院、最高人民检察院、公安部、国家安全部、司法部2019年公布的《关于适用认罪认罚从宽制度的指导意见》（以下简称《指导意见》）要求，认罪认罚量刑建议应以确定刑为原则，以幅度刑为例外。但司法实践中，完全达到这种量刑要求还有相当大的难度。

（一）认罪认罚量刑建议采纳率不高

2020年1月至3月，全国检察机关适用认罪认罚从宽制度办结案件人数占同期审查起诉案件办结人数的76.1%，总体保持在70%以上，维持了较好的势头，但其中确定刑量刑建议占比相对较低。《指导意见》要求："对于人民检察院提出的量刑建议，人民法院应当依法进行审查。对于事实清楚，证据确实、充分，指控的罪名准确，量刑建议适当的，人民法院应当采纳。"从2020年一季度全国的数据看，法院对量刑建议的采纳率为83%，但各地量刑建议水平参差不齐，采纳率最低的省份仅为54%，离《指导意见》的要求还有不小差距。

（二）检察人员量刑水平不足

长期以来，检察人员更多关注犯罪嫌疑人的定罪问题，量刑经验相对不足。如果检察人员在办理认罪认罚案件中量刑建议不精准，则量刑建议可能不被法院所采纳，向犯罪嫌疑人承诺的量刑上的利益无法实现，进而有损检察机关的司法权威。

（三）侦查机关不注重收集量刑证据

犯罪事实和量刑情节是检察机关提出量刑建议的基础，全面、客观的量刑信息有利于公正量刑。但在司法实践中，有的侦查人员不能区分定罪证据与量刑证据，收集量刑证据意识不强，通常只关心破案，注重收集定罪证据，忽视量刑建议所依据的各种量刑证据的收集，无法客观全面地反映量刑事实，量刑评估的基础薄弱。另外，公安机关移交的量刑证据在内容制作上也存在一些不规范的情况，量刑证据要素不全，量刑信息有遗漏，这些都可能成为导致量刑建议不准确的原因。

二、认罪认罚量刑困境的原因分析

（一）检察人员对量刑建议工作不够重视

检察机关内设机关改革后，捕诉一体化机制全面推开，很多原本侦监部门的检察人员不熟悉量刑建议工作，有的检察官对量刑建议工作有畏难情绪，产生了较重的思想负担。即使原来公诉部门的检察人员，也可能没有深刻领会刑事诉讼重心前移对量刑建议的影响，不能正确把握认罪认罚量刑建议方法，不重视对量刑情节的调查、核实以及全面评价，没有摆脱"重法定情节、轻酌定情节"的思维定式，致使量刑水平与认罪认罚从宽制度要求不相匹配。

（二）缺乏认罪认罚量刑规范

目前，有关认罪认罚从宽制度的规范性主要是刑事诉讼法和《指导意见》，但二者对认罪认罚量刑建议的规定非常概括，量刑建议顶层设计还不够完善。例如，《刑事诉讼法》仅在第176条规定："犯罪嫌疑人认罪认罚的，人民检察院应当就主刑、附加刑、是否适用缓刑等提出量刑建议……"其中没有就如何确定认罪认罚量刑建议进行更多的表述。首先，"从宽"的最高限度不明确。对于"从宽"，学术界曾提出20%、30%甚至50%的从宽限度，但并未形成统一意见，刑事诉讼法和《指导意见》也没有明确量刑建议的幅度范围，从宽量刑缺乏边界参照系。其次，认罪认罚从宽的具体比例标准不明确。在刑事诉讼法和《指导意见》中，仅以自首、坦白的从宽幅度为对照，认罪认罚的具体情形没有明确对应的从宽幅度。换句话说，即使我们可以对照自首、坦白情节的规定去把握"认罪"的标准，但"认罚"却缺少相应的规范性评价，使得认罪认罚的量刑从宽标准不明，在司法实践中造成一定的困扰，不利于认罪认罚从宽制度价值的实现。

（三）缺乏科学有效的认罪认罚量刑工具

最高人民法院《关于常见犯罪的量刑指导意见》以及《关于常见犯罪的量刑指导意见（二）（试行）》规定了部分罪名在不同量刑情节下加重或减轻的量化指标，但只有23种罪名，无法涵盖全部罪名，也无法指导认罪认罚案件中从宽幅度的确定，不能适应认罪认罚从宽制度的量刑要求。为指导各级司法机关科学依法办案，最高司法机关陆续出台了认罪认罚从宽制度的指导性案例，有的地方法院还试行了案例指导制度，试图通过判例的类比作用，实现量刑的统一性和平衡性。但最高司法机关的指导案例数量有限，难以以点带面指导全部细分类型的认罪认罚案件的量刑活动，无法应对层出不穷的量刑情节。为解决认罪认罚案件中量刑失衡和类案不同判的问题，有的地方检察院开始利用大数据和人工智能的方式进行辅助量刑的实践探索，在一定程度上提高了量刑的准确性和自动化水平，提高了司法效率，有助于预防司法腐败。

三、构建认罪认罚从宽制度量刑模型

2018年刑事诉讼法的修改以及2019年《指导意见》的出台，为公检法推行认罪认罚从宽制度扫清了制度障碍。构建有效的认罪认罚从宽制度量刑模型，提供切实可行的量刑参考或指南，提升量刑方法的科学性、精准性、规范化，提高量刑建议采纳率，是推动认罪认罚从宽制度向纵深发展的关键。

（一）基本模型

笔者认为，对认罪认罚的刑事案件提出量刑建议时，可以采用如下模型：第一，确定量刑基准，即犯罪嫌疑人、被告人在没有认罪认罚的情况下应该受到的刑事处罚。量刑基准的确定采用二维量刑模式，以犯罪行为的社会危害性为横轴，以犯罪嫌疑人、被告人的人身危险性为纵轴。第二，确定认罪认罚量刑的从宽幅度。从宽幅度的确定也采用二维量刑模式，以案情的清晰程度和证据的充分程度为横轴，以犯罪嫌疑人、被告人认罪认罚的选择时机为纵轴。第三，确定宣告刑。用量刑基准扣除从宽幅度，即为犯罪嫌疑人、被告人认罪认罚从宽后的刑罚裁量。

该认罪认罚从宽量刑模型具有以下几点优势：首先，作为一种思维方式，该模型为司法人员建构了量刑的逻辑导图，归纳成先确定量刑基准后确定从宽幅度的逻辑层次，并分别向两个层次的两个维度拓展的方法论。其次，作为一种量刑工具，该模型兼具实用性和科学性，用最为简洁的维度概括了认罪认罚案件可能涉及的量刑因素，如果再参照最高司法机关指导性案例的刑罚裁量，或者与基于大数据、人工智能的计算机辅助量刑系统的量刑结果进行比对，能得出更为合理、准确的量刑结果。最后，作为一种制度导向，如果将此模型以某种方式向社会公布，可以使犯罪嫌疑人、被告人有明确的心理预期，以积极作为取代消极抵抗，尽早、全面地认罪认罚，主动进行补救以减少犯罪的不良影响。

（二）量刑基准细分模型

量刑基准不同于基准刑。基准刑，是指在不考虑任何法定或酌定量刑情节的条件下，依据基本犯罪事实的既遂状态所应该判处的刑罚。量刑基准，是指在综合考虑基准刑和各种量刑情节（不含认罪认罚）情况下的刑罚量。量刑基准是认罪认罚案件量刑的基础，司法实践需要可操作性的量刑基准，作为共性的标准或方法以减少量刑的个性差异。量刑的分配根据是个别的法律预防和法律报应，个别的法律预防强调的是犯罪行为的社会危害性，法律报应强调的是犯罪嫌疑人、被告人的人身危险性，两者组成了量刑基准的横轴和纵轴。综观各国刑事立法，尽管表述不同，一般都会在总则中对人身危险性作一原则性的规定，量刑时既要考虑行为人实施犯罪行为的社会危害性程度，还要参考反映其人身危险性的事实。

1. 量刑基准之横轴：犯罪行为的社会危害性

《指导意见》要求："人民法院、人民检察院、公安机关应当将犯罪嫌疑人、被告人认罪认罚作为其是否具有社会危险性的重要考虑因素。"犯罪行为的社会危害性，是指犯罪行为对社会关系所造成的实际损害或危险的属性，既包括实然的侵害结果，也包括可能的危险状态。社会危害性不仅是一种客观事实，也是一种价值评价，换言之，社会危害性是基于犯罪行为各方面的事实而作出的否定的法律评价。社会危害性是传统刑法学意义上的犯罪的本质特征，犯罪圈划定的一个主要标准就是社会危害性的有无和大小。每个案件的量刑，都离不开社会危害性的评价，社会危害性不仅是配置法定刑的标尺，也是选择宣告刑的标尺。

社会危害性在量刑中的评判原则主要有两条。首先，坚持行为标准和危害事实标准双重评价原则，即在判断某项行为时，既考察其外在表现形式，也考察其社会危害性，从主观和客观两个层面对行为主体进行多角度分析判断。其次，坚持社会危害性的层次性评价原则,以哲学思辨分清犯罪行为社会危害性的主要评价因素和次要评价因素,客观、辩证地看待犯罪行为产生的不利社会影响。

笔者认为,社会危害性应该结合社会危害性理论和具体个案进行综合评价,只有全面考察行为人各个阶段的表现,综合考虑行为人实施犯罪时的时期特殊性、手段恶劣性以及破坏性大小等影响社会危害性的各种因素,才能真正实现量刑情节考量的全面性原则。

2. 量刑基准之纵轴:行为人的人身危险性

从意大利刑事人类学派创始人龙勃罗梭提出"人身危险性"一词至今,其作为法律概念一直未形成一致观点,综合各种学说,笔者认为人身危险性是特定的人格事实和规范的评价的有机统一。首先,作为特定的人格事实,它决定了犯罪的可能性或者犯罪倾向性,既包括再犯可能性,也包括初犯可能性。其次,作为一种规范评价,它从法律规范的层面对具有犯罪倾向的特定的人格事实作出否定性评价。

对于不同人身危险性的犯罪人处以不同的刑罚,可使刑罚适用更加合理有效。由于《指导意见》只是笼统规定,量刑建议要兼顾衡量犯罪嫌疑人、被告人罪行的轻重及其刑事责任,并未定量二者比例,深入个案量刑活动,很难将抽象的罪责刑相适应具化为与社会危害性情节和人身危险性情节对应的刑罚。笔者认为,罪责刑相适应原则适用之道是报应与预防一体化,但不能将二者等量齐观,报应犯罪是刑罚正当化的基石,犯罪人的人身危险性作为预防犯罪的因素,只能对刑事责任的大小和刑罚的轻重起微调作用。笔者认为,人身危险性可以表征具有犯罪倾向性的危险人格,应从犯前、犯中、犯后不同阶段动态考察人身危险性消长变化的过程,根据特殊预防的需要来确定刑种与刑期，为合理量刑服务。在量刑时，不能直接运用事实的人身危险性，而必须结合人身危险性事实和相关理论进行价值判断，这种判断包括质的判断和量的判断。笔者主张通过个人基本情况、犯前表现、犯中表现以及犯后表现来考察人身危险性，并对考察的结果进行简要的分析。

（三）从宽幅度细分模型

从宽幅度是犯罪嫌疑人、被告人选择认罪认罚从宽制度最关心的问题之一，也是量刑建议的难点和关键。围绕从宽幅度在何种范围内妥当这一问题，有的观点认为应加大减轻处罚的力度，大幅增加从宽幅度，但相反的意见认为过大幅度的从宽有诸多弊端。在当前大力推进认罪认罚从宽制度的环境下，制定从宽幅度的量刑范式成为当务之急。对一项制度的研究通常可以归纳为两种维度，即伦理（公正）与经济（效率）。就认罪认罚量刑的从宽幅度而言，如果说证据的充分程度是从公正的视角说明从宽幅度的横轴，那么认罪认罚的时机则是从效率的视角探讨从宽幅度的纵轴。认罪认罚量刑从宽幅度的两个维度之间不相关，即在量刑时，证据的充分程度和认罪认罚的时机选择应分别独立考量。

1. 从宽幅度之横轴：案件证据的充分程度

在认罪认罚案件中，如果证据充分，案件事实清楚，则司法机关无须犯罪嫌疑人、被告人的供述或提供的证据也能顺利侦查、审查起诉并定罪量刑，甚至可以零口供定罪量刑，犯罪嫌疑人、被告人是否认罪认罚对案件的诉讼进程没有促进意义。相反，如果案件证据不足，或者部分证据不足，则可能终止或阻却诉讼进程，在这种情况下，犯罪嫌疑人、被告人认罪认罚时提供的证据或供述对诉讼进程具有重要或决定性影响，有利于节约诉讼成本。所以，认罪认罚案件的从宽幅度的确定，应把案件证据的充分程度作为重要的考量因素。

所谓"证据不足"，是指证明犯罪事实的证据不足以形成一条令人信服的证据链，以排除合理怀疑，并得出唯一的结论。实践中，涉案人员较多、法律关系复杂、在事实认定上存在困难和争议的案件证据不足的比例较大，如黑恶势力犯罪和经济类犯罪等，这些案件有以下特点：一是证据量大。由于取证量大、取证主体之间的衔接不畅，导致有的证据存在瑕疵甚至相互矛盾。二是直接证据匮乏，主要依据间接证据定案。在蓄谋行凶的案件中，通常难以收集直接证据，只能依靠犯罪现场遗留的痕迹和相关鉴定意见等间接证据定案。三是犯罪嫌疑人、被告人或证人翻证。有的犯罪嫌疑人、被告人始终否认犯罪，或者时供时翻，证人前后证言不一，难以形成稳固的证据体系，致使案件"认之无据、否之无理"。

刑事诉讼法没有规定"证据不足"的实体标准，对此，可以对照移送审查起诉的法定条件"犯罪事实清楚，证据确实、充分"的规定进行理解和界定。笔者认为，"证据确实、充分"，是指证据既真实可靠又环环相扣，形成一条足以证明犯罪事实的证据锁链。大体来说，"证据确实、充分"可从四个方面进行理解：一是认定犯罪嫌疑人、被告人实施犯罪的每一个证据均已查证属实，符合证据的客观性、关联性、合法性的要求。二是涉及定罪量刑的案件事实均有相应证据予以证明，即证据对犯罪事实、情节的认定没有疏漏。三是证据之间、证据与案件事实之间的矛盾得到合理的排除。四是认定案件事实的结论是唯一的，与犯罪有关的人物、时间、地点、动机、目的、手段、后果清楚，合理地排除了其他可能性，这里并非指所有细节清楚，而是指有关定罪量刑的情节清楚。

2. 从宽幅度之纵轴：认罪认罚的时机选择

认罪认罚从宽制度可以适用于审查起诉和审判阶段已毋庸置言，但理论界对其是否适用于侦查阶段还存有争议。坚持认罪认罚从宽制度不能适用于侦查阶段的观点认为，侦查阶段的主要任务是取证而不是认罪协商，认罪认罚可能导致侦查机关过分依赖口供，放弃全面取证的职责，还有可能导致侦查机关使用违法手段逼迫犯罪嫌疑人认罪认罚。笔者认为，认罪认罚从宽制度适用于侦查阶段具有该当性，它有助于侦查机关及时、有效地收集证据，特别是对破获"盗抢骗"等涉财类新型案件的效果特别明显。侦查阶段可只启动"认罪"程序，犯罪嫌疑人可依诉讼权利自愿启动，办案机关也可依职权启动，同时告知犯罪嫌疑人法律后果和程序，待犯罪嫌疑人作出对犯罪的概括刑罚的接受，在审查起诉后再"认罚"，达到将认罪认罚案件快办快结的目的。

综上，认罪认罚从宽制度在刑事诉讼的各个阶段都可适用。首先，它通过从宽处理激励犯罪嫌疑人、被告人尽快认罪认罚，有助于提高诉讼效率，进一步减轻司法机关负担。其次，它有助于犯罪嫌疑人、被告人和被害人更早地摆脱讼累，保障当事人的权益。再次，它有助于优化司法资源配置，促进公正价值的实现。最后，它有助于贯彻宽严相济的刑事政策，尽可能地减少社会对抗，化消极因素为积极因素，实现法律效果和社会效果的统一。总而言之，认罪认罚从宽制度有助于实现"及时有效惩治犯罪、维护社会和谐稳定"和"优化司法资源配置、提升司法公正效率"的价值目标。

《指导意见》第33条第4款要求："犯罪嫌疑人在侦查阶段认罪认罚的，主刑从宽的幅度可以在前款基础上适当放宽；被告人在审判阶段认罪认罚的，在前款基础上可以适当缩减。

建议判处罚金刑的，参照主刑的从宽幅度提出确定的数额。"由于现行的量刑规范还未就认罪认罚量刑的从宽幅度作出具体规定，不利于认罪嫌疑人、被告人对其认罪认罚后的刑罚作出相对明确的判断，在一定程度上限制了其认罪认罚的积极性、主动性。笔者认为，认罪认罚从宽既要注重程序从宽，更应注重实体从宽，实体从宽量刑规范要具有阶段性，对不同诉讼阶段的认罪认罚给予不同的从宽幅度，越早认罪认罚获得的从宽幅度越多，促使犯罪嫌疑人、被告人尽早认罪，节约司法资源。我国司法实践可以借鉴梯度从宽的量刑设置，区分不同的审理程序，综合考虑犯罪嫌疑人、被告人认罪认罚的及时性、全面性、稳定性和有效性等维度，根据侦查阶段、审查起诉阶段、审判阶段的认罪认罚时机，分别确定合理的从宽幅度。

3. 从宽幅度之实证分析

假设认罪认罚量刑规范规定：首先，认罪认罚案件的量刑从宽幅度不超过量刑基准的30%，亦即从宽幅度上限。其次，在从宽幅度的纵轴，即认罪认罚的时机选择维度上，犯罪嫌疑人在侦查阶段认罪认罚，从宽幅度不超过上限的100%；犯罪嫌疑人在审查起诉阶段认罪认罚，从宽幅度不超过上限的80%；被告人在审判阶段认罪认罚，从宽幅度不超过上限的50%。最后，在从宽幅度的横轴，即案件证据充分程度的维度上，如果案件重要证据不足，犯罪嫌疑人、被告人认罪认罚提供的证据对诉讼进程影响重大，从宽幅度不超过上限的100%；如果案件重要证据部分不足，犯罪嫌疑人、被告人认罪认罚提供的证据对诉讼进程影响重要，从宽幅度不超过上限的80%；如果案件证据充足，犯罪嫌疑人、被告人认罪认罚提供的证据对诉讼进程没有影响，从宽幅度不超过上限的50%。

按上述规定，计算认罪认罚量刑的从宽幅度时，只需根据犯罪嫌疑人、被告人认罪认罚的实际情况，在横轴和纵轴上先找出对应的数值，由于二者不相关，最后只需将二者与量刑基准的30%相乘即为最终结果。

量刑协商程序的价值及其制度设计[*]

林红宇　张志超[**]

我国刑事诉讼法并未明确规定"量刑协商"程序，但普遍认为存在事实上的量刑协商制度。实践中，检察机关在审查起诉过程中，控辩双方围绕着量刑的种类和量刑的幅度进行协商，检察官对自愿认罪的被告人承诺给予一定幅度的量刑减让，可以称其为"量刑协商制度"。量刑协商是适用认罪认罚从宽制度的重要环节，实践中由于缺乏量刑协商的相关程序规范，量刑协商过程不够规范和透明，影响司法机关的公信力。

一、量刑协商程序的价值

（一）有利于满足群众多元化的司法需求，实现国家追诉与诉讼民主的平衡

我国认罪认罚从宽制度体现了国家追诉与诉讼协商融合发展的趋势，既吸收了辩诉交易、认罪协商制度的合理成分，又高度契合我国国情和司法实践需要，是为满足人民群众多元化

---

[*] 本文荣获"认罪认罚从宽制度理论与实务研究"征文活动三等奖。
[**] 林红宇，四川省人民检察院第一检察部主任；张志超，四川省人民检察院第一检察部四级高级检察官。

的司法需求，平衡国家追诉与诉讼民主而建立的具有中国特色的量刑协商制度。控辩双方的诉讼合意是量刑协商制度构建的正当性基础，被追诉人与国家司法机关通过协商达成合意，意味着在刑事司法程序的运行中不再以国家公权力为绝对主导，被追诉人也不再只是默默接受国家对其命运作出决定，其能够参与到量刑的过程中去。被追诉人主动和有效参与诉讼活动，契合了当事人不断增强的参与诉讼、影响诉讼的主体意识，有利于平衡好各方诉求，恢复被损害的社会关系，化解社会矛盾，推动实现国家治理体系和治理能力现代化。

（二）有利于保障充分协商，最大程度实现诉讼合意

诉讼合意，是指两个或多个特定的诉讼主体之间就诉讼中实体问题或程序问题所达成的具有一定约束力的、旨在对诉讼过程或结果施加一定影响的一致意思表示。达成合意的基础是充分协商，合意中蕴含着丰富的合作、协商、平等精神。量刑协商程序基于意思自治和契约自由的理念而形成，确立了一种建立在平等、沟通、协商的公力合作模式。量刑协商是实施认罪认罚从宽制度的关键环节，在被追诉人已自愿认罪的前提下，整个诉讼程序的重点是解决量刑问题。"两高三部"《关于适用认罪认罚从宽制度的指导意见》（以下简称《指导意见》）第33条规定，人民检察院提出量刑建议前，应当充分听取犯罪嫌疑人、辩护人或者值班律师的意见，尽量协商一致。"尽量协商一致"的规定为控辩双方量刑协商提供了重要制度依据。规范量刑协商程序，有利于保障双方在充分沟通基础上，开展有效的量刑协商达成诉讼合意，并签署认罪认罚具结书。

（三）有利于量刑协商过程的规范化、透明化，实现实质的程序正义

实质的程序正义，是指对于具体案件不设独立的公正结果

标准，而是在充分保证程序公正的前提下，对由此产生的结果一律视为公平、公正的。[1] 量刑协商过程中，被追诉人自愿认罪认罚，与检察机关经协商达成体现双方真实意思的量刑协议，并签署认罪认罚具结书。检察机关依据被追诉方签署的具结书，向法院提出量刑建议。对于检察机关提出的量刑建议，法院一般应当采纳，这种经过公正程序所形成的裁判结果就具有了公正性。量刑协商程序与量刑建议之间，犹如法院开庭程序与判决一样，是确保判决公正的重要途径。量刑协商程序主要表现为控辩协商程序，虽然是一项程序性规定，但它所包含的价值远远超过了它作为程序性规定的价值。透明、规范、合理、完善的量刑协商程序，能够为量刑协商实践提供具体的指引，确保控辩双方的平等协商，实现实质的程序正义。

二、我国量刑协商程序存在的不足

（一）刑事诉讼法和相关规范并未明确量刑协商程序规定

根据《刑事诉讼法》第 173 条和第 174 条第 1 款的规定，检察机关应当就涉嫌的犯罪事实、罪名及适用的法律规定，从轻、减轻或者免除处罚等从宽处理的建议，认罪认罚后案件审理适用的程序，以及其他需要听取意见的事项，听取犯罪嫌疑人、辩护人或者值班律师、被害人及其诉讼代理人的意见；犯罪嫌疑人自愿认罪、同意量刑建议和程序适用的，应当在辩护人或者值班律师在场的情况下签署认罪认罚具结书。《指导意

---

[1] 陈瑞华：《刑事诉讼的公力合作模式——量刑协商制度在中国的兴起》，载《法学论坛》2019 年第 4 期。

见》第 33 条规定，人民检察院提出量刑建议前，应当充分听取犯罪嫌疑人、辩护人或者值班律师的意见，尽量协商一致。刑事诉讼法和《指导意见》的规定，实质上已经包含了一些控辩双方就案件处理意见进行协商的程序。"听取意见""尽量协商一致"，是控辩双方围绕案件的处理协商并取得一致意见的过程。"签署具结书"体现的是控辩协商的成果。2019 年 12 月于重庆召开的认罪认罚从宽制度研讨会上，孙长永教授曾指出，无论是英美法系国家，还是大陆法系国家，都是先有正当程序，后有协商司法。认罪认罚从宽制度的正确实施，离不开量刑协商程序的有效运行这一至关重要的因素。上述立法及规范性文件对量刑协商程序有初步的规定，但规定较为粗糙且不够系统，统一科学的量刑协商程序尚未建立。量刑协商程序规定的不明确、不透明，将在一定程度上阻碍量刑协商的高效进行。同时，还带来较大的廉政风险，损害司法机关的公信力。

（二）量刑幅度和标准有待完备

根据我国刑事诉讼法和《指导意见》的相关规定，协商的内容仅限于量刑，控辩双方不能就所指控的罪名和罪数进行协商，主要围绕量刑的种类和量刑的幅度进行协商，检察官对自愿认罪认罚的犯罪嫌疑人给予一定幅度的量刑减让。刑法中关于量刑的规定基本上都有较大的裁量空间。我国刑法总则尚未将"认罪认罚"作为独立的量刑情节，规定量刑减让的具体幅度。实践中，对于认罪认罚案件的量刑多以 2017 年最高人民法院发布的《关于常见犯罪的量刑指导意见》《关于常见犯罪的量刑指导意见（二）（试行）》为参照，但司法实践中涉及的罪名非常多，对于 23 个罪名以外的案件，量刑建议如何提出难以准确把握。另外，上述文件对于附加刑、刑罚执行方式、数罪并罚等量刑标准没有明确规定，也给量刑建议工作带来难度。要排除控辩双方量刑协商的随意性，尤其是防范控方在协商中对犯罪嫌疑人的诱导性，就需要一套相对统一的量刑标准作为准绳，这样双方才能参照标准形成预期的量刑结果。

（三）量刑协商平衡机制有待完善

协商性司法设置前提是对被追诉人诉讼主体地位的确认，以及在此基础上设置的控辩平衡诉讼机制。以检察官为代表的控诉方处于刑事程序的主导地位，若缺乏相应的平衡机制，控诉方就可能利用信息不对称以及其他资源优势，压制被追诉人，迫使、诱使其接受协商条件，使协商性司法异变为压制型司法。认罪认罚从宽制度的关键一环便是量刑协商，既然是协商，参与的控辩双方的地位应当较为平等。[1] 我国有职权主义的刑事诉讼传统，控辩双方力量对比有一定的差距，尤其在审前程序中，我国的刑事诉讼制度对于被追诉人及其辩护人的权利保障存在不太完善的地方。认罪认罚从宽制度蕴含的协商司法因素，有利于控辩双方秉持合意性司法理念，平等武装、真诚协商。我国的量刑协商主要发生在起诉阶段，是检察官主导下的量刑协商。实践中，对于缺乏专门法律知识的被追诉人来讲，要提升参与量刑协商的能力，需要有量刑辩护的有效参与。值班律师在量刑协商中其职能是提供法律帮助，调查取证权、核实证据权并未确立，这就决定了值班律师难以就检察机关的量刑建议提出有针对性的意见，实践中往往蜕变为认罪认罚程序合法性的见证人与背书者。同时，值班律师的职责与收益、风险等在一定程度上不对等。面对处于强势地位的控诉方，辩护方不太可能在量刑上有讨价还价的余地。

---

[1] 杨诚：《完善刑事速裁程序法律体系——以认罪量刑协商为核心，建立配套机制》，载《犯罪研究》2016年第6期。

(四) 量刑协商的监督机制有待健全

实践中，量刑协商一般是控辩双方在检察机关的办案场所或者犯罪嫌疑人被羁押的看守所内进行，主体为检察官、被追诉人及其辩护人或者值班律师。协商过程未建立同步录音录像制度，相关规范没有明确要求检察官对于协商过程进行书面或者其他形式的记载。控辩双方只需要最终形成书面的具结书，协商的具体过程则只有参与人知晓，协商过程不够公开透明。由于检察官主导了量刑协商的过程，值班律师基本处于"见证人"和"辅助者"的地位，法官的司法审查往往又流于形式，协商程序监督制约机制的不完善，可能带来检察官滥用自由裁量权、被追诉人被迫认罪认罚等问题。

三、完善我国量刑协商程序的建议

(一) 加强量刑协商程序规范化建设

建立成熟完善的量刑协商程序是落实认罪认罚从宽制度的重点，对于保障被追诉人认罪认罚的自愿性和合法性，促进控辩双方平等协商，实现协商过程的公开、透明、公正，具有重要意义。认罪认罚从宽制度是十分典型的以检察官履行主导责任为基础的诉讼制度设计。检察机关是量刑协商程序启动和实施的主要承担者，量刑协商程序规范化建设应当发挥检察机关主导作用。量刑协商程序的构建，涉及办案机制调整、程序衔接等系列问题。建议最高人民检察院在时机和条件基本成熟的情况下，制定出台量刑协商程序规范的相关文件。

(二) 推动量刑协商程序的诉讼化

1. 量刑协商的实施阶段

量刑协商是"认罪认罚"后的必经程序。量刑协商主要发生在起诉阶段，由检察官主持实施。被告人在侦查、起诉阶段没有认罪认罚，但在审判阶段认罪认罚，仍然应当由检察官与被告人进行协商，并提交变更后的量刑建议。根据《指导意见》的规定，被告人在侦查、起诉阶段没有认罪认罚，但当庭认罪，愿意接受处罚的，人民法院应当根据审理查明的事实，就定罪和量刑听取控辩双方意见，依法作出裁判。因此，对于当庭认罪认罚的被告人，可以不进行量刑协商，由法院依法裁判。

2. 量刑协商的参与主体

量刑协商的参与主体包括检察机关和犯罪嫌疑人、被告人及其辩护人或值班律师。对于被害人是否是协商的参与主体，存在一定争议。笔者认为，被害人不是量刑协商的参与主体。《指导意见》中规定，检察机关办理认罪认罚案件应当听取被害人及其诉讼代理人的意见，被害人及其诉讼代理人不同意对犯罪嫌疑人、被告人从宽处理的，不影响认罪认罚从宽制度的适用。从该规定可以得出，被害人意见不是量刑结果的决定性因素，只是参考因素。即使被害人不同意检察机关的量刑建议，也不影响签署具结书和适用认罪认罚从宽制度。量刑协商的参与主体是控辩双方，控辩双方的意见对量刑协商结果的达成具决定性影响。被害方的意见可能在一定程度上影响被追诉人的量刑，但量刑协商的过程不需要被害方参与。

3. 量刑协商程序的具体设置

应当通过设置公正、公开的协商程序，以促进协商结果的公正。根据刑事诉讼法和《指导意见》规定，量刑协商程序的设置，应当至少包括以下重要环节：（1）审查犯罪嫌疑人认罪认罚的自愿性、合法性，这是开展协商的前提和基础；（2）听取被害人及其诉讼代理人意见，并促进和解谅解；（3）针对案件具体情况，开展证据开示，保障犯罪嫌疑人的知情权；（4）听取犯罪嫌疑人、辩护人或值班律师的意见，并记录在案；（5）提出量刑建议，要充分听取犯罪嫌疑人、辩护人或者值班律师对量刑的意见，尽量协商一致；（6）签署具结书，在辩护人或者值班律师在场的情况下签署具结书。

（三）进一步明确量刑标准和幅度

量刑协商的核心是检察机关与被追诉方之间达成从宽处罚的合意，落实载体是量刑建议书。确定刑量刑建议是合意最直接、最充分的体现，有助于达成控辩协商，并增强认罪认罚适用的稳定性和可预期性。明确的量刑标准和幅度，有利于控辩双方在量刑幅度范围内开展协商，增强对协商结果的预期和可接受性。明确而具体的量刑标准，能够保障被追诉方在量刑协商过程中进行充分的对话协商。当前量刑协商实践中，协商的控辩双方很多时候不清楚协商的具体标准，犯罪嫌疑人、被告人在不知道具体的量刑标准和规范的情况下，无法对自己的认罪认罚行为所获得的从宽幅度进行评估，无法同检察机关就具体量刑进行协商。认罪认罚作为独立的量刑情节，应当在刑法中被明确的予以规定，即对于认罪认罚的被告人，可以从轻或减轻处罚。同时，最高人民检察院与最高人民法院应当加强协商，共同推进量刑标准的逐步扩大和完善，力争使量刑标准更加贴近办案实践，更加具有可操作性和指引性。各地可以发挥主观能动性，积极和同级法院沟通，结合地方实际细化量刑标准。

(四) 加强协商程序的公平性保障

1. 保障值班律师发挥实质性作用

对认罪认罚从宽制度正当性的主要威胁，是诉讼资源配置的控辩失衡。控辩平衡并非实际资源的平均分配和实际能力的平等赋予，而是仅指在诉讼程序中的法律地位平等与诉讼手段对等。[1] 协商性司法所要求的控辩平衡，首先是信息分享。被追诉人作为程序主体，根据案件相关信息尤其是证据信息的知晓，作出明智合理的诉讼选择。实现认罪认罚的控辩平衡，创造平等协商的基本条件，最直接也是最重要的路径之一，需要充分发挥值班律师作用。《指导意见》已赋予了值班律师会见权和阅卷权，但为落实上述权利，需解决以下问题：一是相关部门应当出台规范性文件，细化值班律师阅卷、会见的程序、手续和其他具体规则。二是建立值班律师与法律援助辩护制度相衔接机制。允许值班律师在特定案件中转化法律援助辩护律师；允许值班律师接受当事人及其近亲属的委托，担任其委托辩护人。三是改革刑事法律援助体制配套制度，将法律援助包括值班任务明确为国家责任，由政府购买法律援助服务。

2. 加强对协商过程的监督

量刑建议的基础是量刑协商。开展量刑协商，办案检察官与当事人、值班律师、辩护人接触明显增多，加上检察官在量刑建议方面有一定的自由裁量权，办案廉政风险进一步加大，更需要有针对性的制度约束。一是建立量刑协商录音录像制度，有条件的地区可以对量刑协商过程进行录音录像，既防止检察官在协商过程中滥用权力，又可以约束相关协商参与主体

---

[1] 龙宗智：《完善认罪认罚从宽制度的关键是控辩平衡》，载《环球法律评论》2020年第2期。

的协商行为。二是建立量刑建议说理制度，检察官应当记录各协商参与主体的意见，对于不采纳被追诉方量刑意见的，要重点说明理由。三是建立量刑建议计算过程透明化和审批机制，量刑建议的计算过程要附卷备查，必要时可以向被追诉方详细解读量刑建议的得出过程。

3. 突出起诉工作重点

无论是从立法规定来看，还是从认罪认罚从宽制度运行情况看，认罪认罚案件的程序重心就是起诉环节。检察机关的审查起诉工作重心有三个转变：由单方的追诉向量刑协商转变，更加注重听取被追诉方和被害人的意见；由服务庭审向审前过滤转变，应当加强对被追诉人认罪认罚自愿性的审查，防止被迫认罪和冒名顶替；由注重定罪向定罪与量刑并重转变，检察官要更加注重量刑证据的审查判断。以上三个转变，表明了认罪认罚案件工作重心的转变，围绕工作重点完善相应的工作机制，审查起诉工作才能适应认罪认罚从宽制度的新要求，促进量刑协商程序发挥其应有的价值。

（五）完善量刑协商的权利救济机制

1. 量刑协商的效力

在认罪认罚案件中，被追诉人以放弃一部分诉讼权利作为交换，来换取较宽缓的刑罚，与检察机关在量刑方面达成合意，签署认罪认罚具结书。这体现了协商性司法与对抗性司法的区别，有学者将认罪量刑协商比作刑事诉讼中的一纸契约。[1]认罪认罚案件的量刑建议是控辩沟通协商的结果，本质上是控辩双方的"合意"，检察机关代表国家作出承诺，具有司法公信力。出于维护司法公信力和公正效率相统一的考虑，人民法

---

[1] 马明亮：《认罪认罚从宽制度的正当程序》，载《苏州大学学报》2017年第2期。

院经审查确认犯罪嫌疑人、被告人自愿认罪认罚，签署的具结书真实、合法后，没有特殊情况，原则上应当采纳检察机关指控罪名和量刑建议。由此可见，量刑协商结果对代表公权力一方司法机关的约束远大于对被告人个体的约束，检察机关和法院，非因法定事由，原则上不得随意撤销、变更协商的结果和不采纳检察机关量刑建议。

2. 被追诉人反悔的处理

《指导意见》第39条规定，被告人违背意愿认罪认罚，或者认罪认罚后又反悔，依法需要转换程序的，应当按照普通程序对案件重新审理。该规定表明，犯罪嫌疑人、被告人有反悔的权利。被告人在法院判决前，可以反悔，撤销具结书。法院判决后，被告人发现自己系基于错误认识而认罪认罚的，可以依法提出上诉，或者向人民法院和人民检察院申诉。对于被追诉人反悔的，首先要查明反悔的原因，可以继续协商，重新达成量刑协议。无法再次开展协商的，按照以下方式处理。一是不起诉后反悔的处理。对于检察机关作出不起诉决定后，犯罪嫌疑人反悔的。发现犯罪嫌疑人没有犯罪事实，或者符合《刑事诉讼法》第16条规定的情形之一的，应当撤销原不起诉决定，依法重新作出不起诉决定；犯罪嫌疑人仍属于犯罪情节轻微，依照刑法规定不需要判处刑罚或者免除刑罚的，可以维持原不起诉决定；排除认罪认罚因素后，符合起诉条件的，应当撤销不起诉决定，依法提起公诉。二是起诉前反悔的处理。起诉前反悔，具结协议书失效，人民检察院应当全面审查事实证据，依法提起公诉。因犯罪嫌疑人反悔，原来的从宽处罚失去了基础，人民检察院可以重新提出量刑建议。三是审判阶段反悔的处理。对适用速裁程序或者简易程序审理的案件，被告人反悔不再认罪认罚的，应当转换成合适的诉讼程序审理。被告人无法享受原来的从宽优惠。人民法院应当根据审理查明的事实，依法作出裁判。

3. 被告人的上诉与检察机关的抗诉

上诉权是被告人的基本诉讼权利。保障上诉权是程序公正的基本要求，结果公正的救济途径，也是认罪认罚从宽制度可持续发展和良好运行的保障。需要明确的是，并非所有被告人反悔进而提出上诉的，检察机关都应当抗诉。对于检察机关提出确定刑量刑建议，法院采纳后被告人无正当理由上诉的，原则上应当抗诉。抗诉不是目的，目的是用这样的案例去教育其他被告人，并影响其他案件当事人，这样类似的案件就会减少、避免。检察机关提出幅度刑量刑建议，法院在幅度范围中线或上线量刑后，被告人上诉的，原则上不宜抗诉，主要应通过我们逐步扩大精确量刑、获得法官采纳来解决。

人工智能辅助认罪认罚量刑建议研究*

肖 军**

认罪认罚从宽制度是 2018 年修改刑事诉讼法新增的重要内容，适用认罪认罚从宽制度，对准确及时惩罚犯罪、强化人权司法保障、推动刑事案件繁简分流、节约司法资源、化解社会矛盾、推动国家治理体系和治理能力现代化，具有重要意义。检察机关量刑建议是认罪认罚从宽制度的核心内容，从认罪认罚从宽制度实践来看，量刑建议还存在一些亟须解决的问题，人工智能技术有助于提高认罪认罚案件量刑建议精准化。

一、当前认罪认罚量刑建议存在的问题

（一）量刑建议精准化不够

一是确定刑与幅度刑量刑建议。检察官在办理认罪认罚案件时，向法院提出量刑建议，以确定刑量刑建议为主，幅度刑量刑建议为辅。2019 年 10 月，"两高三部"印发的《关于适用认罪认罚从宽制度的指导意见》第 33 条规定："办理认罪认罚案件，人民检察院一般应当提出确定刑量刑建议。对新类

---

* 本文荣获"认罪认罚从宽制度理论与实务研究"征文活动三等奖。
** 肖军，安徽省人民检察院第一检察部检察官助理。

型、不常见犯罪案件，量刑情节复杂的重罪案件等，也可以提出幅度刑量刑建议。"《人民检察院刑事诉讼规则》第275条规定："犯罪嫌疑人认罪认罚的，人民检察院应当就主刑、附加刑、是否适用缓刑等提出量刑建议。量刑建议一般应当为确定刑。对新类型、不常见犯罪案件，量刑情节复杂的重罪案件等，也可以提出幅度刑量刑建议。"我国轻刑案件比例较高，案情简单的轻罪认罪认罚案件占比较大，此类案件均可以提出确定刑量刑建议。"在司法实践中，当前80%的刑事案件判处三年以下有期徒刑，且呈上升趋势，80%以上的案件被告人均认罪。"[1] 二是确定刑量刑建议效果明显。检察官提出量刑建议之前与犯罪嫌疑人之间有个量刑协商过程，确定刑量刑建议具有确定性、稳定性，犯罪嫌疑人更容易接受，犯罪嫌疑人及其辩护律师更愿意与检察官达成量刑协商一致意见。幅度刑量刑建议存在一定幅度变化，犯罪嫌疑人认同度低。最高人民检察院相关部门负责人认为："一般来说，量刑建议越具体，犯罪嫌疑人及其辩护律师与检察机关协商的动力越大，达成一致的可能性也越大。因为确定刑的建议更符合犯罪嫌疑人对'罚'的期待。精准确定刑建议一方面可以更好地激活认罪认罚从宽制度的'激励机制'，有利于犯罪嫌疑人自愿作出认罪认罚的选择；另一方面，也意味着控辩双方围绕量刑问题，展开了实质性的平等沟通与协商，最终形成了控辩合意，这对量刑建议的合理性、可接受性、认可率，都有积极的保障价值，可以防止事后因量刑问题引发上诉、抗诉以及程序回转等问

---

[1] 蒋安杰：《认罪认罚从宽制度若干争议问题解析（中）——专访最高人民检察院副检察长》，载《法制日报》2020年5月6日。

题,有利于认罪认罚从宽制度的推进和稳定适用。"[1] 三是确定刑量刑建议比例不高。从统计数据看,2020 年 3 月,全国检察机关刑事犯罪案件适用认罪认罚从宽制度提出量刑建议合计 49583 人,其中提出幅度刑量刑建议 25071 人,提出确定刑量刑建议 24510 人,占比分别约为 50.56% 和 49.43%,[2] 幅度刑量刑建议超过确定刑量刑建议。

(二) 量刑建议能力不足

一是量刑建议经验不足。检察机关承担刑事追诉指控犯罪职能,检察官具有"重定罪、轻量刑"的传统,不注重量刑建议。认罪认罚从宽制度的实施,要求检察官必须提出量刑建议,并且以确定刑量刑建议为主,幅度刑量刑建议为辅。由于检察官提出量刑建议经验不足,量刑建议能力水平欠缺,因此在认罪认罚案件量刑建议过程中存在不会提量刑建议、量刑建议精准化不够,确定刑量刑建议标准拿捏不准、把握不清、研究不多、分析不透、经验不足的问题。二是量刑建议难度较大。首先,量刑具有不确定性。司法是经验的判断,不同司法人员对同一案件犯罪事实的认定和判断不同,得出的量刑建议可能存在差异。其次,最高人民法院量刑指导意见覆盖面有限。最高人民法院只对 23 种常见犯罪量刑规定指导意见,尚有大量罪名量刑需要检察官根据犯罪事实和法律规定,提出科学的量刑建议。最后,认罪认罚量刑建议需要与犯罪嫌疑人及其辩护律师充分协商。三是量刑建议考量因素诸多。首先,量刑涉及案件事实认定、法律适用,犯罪主观过错、犯罪主体刑事责任能力,是否具有法定、酌定从轻或者减轻处罚情节以及

---

[1] 苗生明、周颖:《认罪认罚从宽制度的基本问题》,载《中国刑事法杂志》2019 年第 6 期。
[2] 数据来源:2020 年 3 月全国检察机关认罪认罚情况通报。

法定从重处罚情节，在共同犯罪中的作用等，量刑时需要综合考虑这些因素。其次，量刑还考虑社会治安环境、犯罪对社会的危害程度、犯罪嫌疑人犯罪悔罪程度等综合判断。最后，还需要考虑犯罪嫌疑人认罪认罚后从宽的量刑幅度问题。"两高三部"《关于适用认罪认罚从宽制度的指导意见》规定，检察官在提出量刑建议时需要说明理由和依据，从而保证量刑建议科学合理，促进量刑公正。

（三）上诉率、法院采纳率倒逼量刑建议精准化

一是认罪认罚案件上诉率各省不均衡。认罪认罚从宽的前提是犯罪嫌疑人自愿认罪，并愿意接受处罚，在律师的见证下签署认罪认罚具结书，接受检察院提出的量刑建议。因此，一般情况下被告人不上诉，除非法院不接受检察院量刑建议，加重处罚。2020年1月至4月，安徽省适用认罪认罚从宽制度案件一审法院判决8038人，提出上诉439人，上诉率5.46%，比2019年全国上诉率3.5%高1.96个百分点。4月份安徽省一审法院判决3275人，上诉104人，占比3.18%，比全国上诉率2.7%高0.48个百分点。[1] 二是量刑建议法院采纳率仍有空间。从安徽省法院采纳量刑建议情况看，4月份法院采纳适用认罪认罚从宽量刑建议合计2755人，占同期提出量刑建议人数的83.64%；采纳幅度刑量刑建议1125人，占提出幅度刑量刑建议人数的79.73%；采纳确定刑量刑建议1630人，占提出确定刑量刑建议人数的86.56%。[2] 在法学理论与实务界引起广泛专注的余某某交通肇事案，被告人余某某自愿认罪认罚，赔偿被害人160万元，检察机关适用认罪认罚从宽制度向法院

---

[1] 数据来源于2020年4月份安徽省检察机关认罪认罚情况通报。
[2] 数据来源于2020年4月份安徽省检察机关认罪认罚情况通报。

提出 3 年有期徒刑并适用缓刑的量刑建议，一审法院拒绝适用缓刑，判处余某某有期徒刑 2 年。余某某不服一审判决提出上诉，检察院以未采纳量刑建议为由抗诉，二审法院却改判余某某有期徒刑 3 年 6 个月。该案引起社会广泛讨论，有观点认为法院违反上诉不加刑原则，有观点认为检察院量刑建议不当。认罪认罚量刑建议科学化、规范化、精准化仍须加强。

二、人工智能在认罪认罚量刑建议中的功能定位

认罪认罚量刑建议是检察机关开展认罪认罚工作的核心环节，关系检察机关在刑事案件中能否充分履职、履行主导责任。人工智能功能特点和发展实践，决定了它能够在检察机关提出认罪认罚量刑建议中发挥重要作用。另外，刑事司法案件的特殊性、复杂性，决定了人工智能在量刑建议中起辅助作用。

（一）人工智能在量刑建议中发挥重要作用

随着科技革命不断涌现，人工智能浪潮席卷全球，融入人类社会生产生活各个领域。一是人工智能特点决定其在量刑建议中发挥重要作用。大数据是人工智能的基石，神经网络深度学习是当今乃至未来很长一段时间内引领人工智能发展的核心技术。深度学习携手大数据引领第三次 AI 热潮。大数据＋深度学习＝人工智能。[1] 人工智能能够将体力劳动和脑力劳动、思维和感知、决策和执行紧密结合起来，发挥独特优势。人工

---

[1] 李开复、王咏刚：《人工智能》，文化发展出版社 2017 年版；[美] 杰瑞·卡普兰：《人工智能时代》，李盼译，浙江人民出版社 2016 年版；[美] 韩德尔·琼斯、张臣雄：《人工智能＋AI 与 IA 如何重塑未来》，机械工业出版社 2018 年版。

智能由大数据和云计算、物联网组成，通过传感器可以获得全球各地数据，利用算法和"神经网络"技术的深度学习来处理数据，作出分析和判断，利用物联网技术可以在千里之外执行决策。目前，人工智能正以惊人的速度在两大领域推进：一个领域是"合成智能"，即我们通常所说的机器学习、神经网络、大数据、认知系统、演进算法等要素的综合应用。围棋智能体AlphaGo先后打败李世石和柯洁，只是合成智能小试牛刀的一个例子。另一个领域是"人造劳动者"，他们是传感器和执行器的结合，离我们最近的例子是自动驾驶。在"万物联网"的时代，只有不联网的东西才不在人工智能的可控范围之内。[1] 人工智能大数据分析、人工智能算法、人工智能神经网络深度学习，这些功能决定它能够在认罪认罚量刑建议中发挥重要作用。

二是实践证明人工智能对刑事案件量刑发挥重要作用。人工智能量刑在国外的运用，如"美国一半以上的州利用算法软件来辅助法官量刑，通过算法匹配类似的案例，为法官提供量刑指引。在一些法官容易受个人情绪影响的案件中，可能产生同案不同判的情况，相对而言，人工智能依靠算法判案，更加客观、理性"。[2] 人工智能辅助量刑技术在我国司法领域快速发展。十八届四中全会之后，新一轮司法改革拉开帷幕，员额检察官、法官的推行，使得办案力量更为紧张，不得不向科技要生产力。由中央政法委主导的司法改革大力推广运用人工智能，各地纷纷探索、研发人工智能技术司法运用，代表性的有中央政法委委托上海市人民法院与某公司合作的"206"人工

---

〔1〕 郑戈：《人工智能与法律的未来》，载《探索与争鸣》2017年第10期。
〔2〕 张博岚：《人工智能的司法应用引争议》，载《人民日报》2020年2月25日，第18版。

智能辅助系统。目前"206"系统已在全国十几个省（市）试点推广。安徽省人民检察院"智能语音与人工智能联合实验室"于2018年2月9日成立，是最高人民检察院智慧检务创新研究院的下设联合实验室，由安徽省人民检察院和某股份有限公司进行机制创新，智能语音与人工智能联合实验室将大数据、人工智能、区块链等先进技术与检察业务工作深度融合应用。[1] "2017年，最高人民法院正式立项，在全国法院推进量刑智能系统建设。这一系列的量刑软件系统的开发和运用在某些程度上表明人工智能的技术水平达到了一定的高度，办案法官将具体案情根据人工智能的提示进行数据的输入后，该案的量刑建议便会由人工智能提供给法官进行参考。可见，建立于大数据和云计算基础之上、通过数据开放共享安全实现司法效率与公平的智能量刑系统已在逐渐普及。"[2]

因此，人工智能辅助量刑技术在司法实践中不断被运用，能够为检察官在认罪认罚案件中提出精准量刑建议提供支撑。检察官借助人工智能技术所提出的量刑建议，在与犯罪嫌疑人协商量刑时，容易被犯罪嫌疑人理解、接受。人工智能辅助检察官提出科学、合理的认罪认罚量刑建议，法官更愿意采纳，从而使认罪认罚工作发挥出最大效益，体现认罪认罚从宽制度功能和价值。

（二）人工智能在量刑建议中的辅助地位

一是现实案件复杂多样。世界上没有两片完全相同的树叶。现实生活中发生的刑事案件没有完全相同的情形，而人工智能量刑建立在以往案例学习基础上，出现完全不同的新案

---

[1] 《智能语音与人工智能联合实验室》，载《科技与法律》2020年第1期。
[2] 张富利、郑海山：《大数据时代人工智能辅助量刑问题研究》，载《昆明理工大学学报》2018年第6期。

例，人工智能辅助量刑可能出现偏差。二是量刑乃司法智慧的结晶。司法是经验而不是逻辑。裁判案件是司法人员智慧的积累，是一种创新。医生治理人身体疾病，司法人员办理刑事案件治理社会疾病，修复受损的社会关系。人工智能对于司法人员像精密仪器对于医生一样，虽然作用重大，但只能起辅助作用，最终对案件的决策需要依赖检察官的知识、学识、经验综合判断。量刑是一门实践性很强的科学，需要统筹各种情节，充分发挥司法人员的聪明才智。"量刑的问题是一门实践性很强的科学，不仅仅是法学，更是社会学问题，它要考虑多种因素，每一个案件不同，每一个当事人不同：是不是累犯，主观恶性深不深，发生案件的原因，天理、国法、人情统统都得考虑。"[1] 三是人工智能机械化风险。人工智能量刑建议受大数据案件数量的限制、新型案件的出现等因素影响，会出现人工智能量刑建议机械化风险或量刑偏差与失误。笔者曾发现，一起盗窃案件犯罪数额较小，情节轻微，人工智能推荐量刑建议为25个月，而此类案一般量刑在1年内为宜。"人工智能辅助量刑的机械性风险、不透明性风险以及不可接受性风险也可能对量刑均衡以及量刑公正造成威胁。人工智能机械化风险还体现为司法人员过于依赖辅助量刑系统，不愿发挥主观能动性分析处理结果的合理性与合法性，从而机械地使用智能软件的处理结果。"[2] "在美国威斯康星州一起案件中，法院在量刑过程中使用了一款算法软件。被告人得知后质疑算法的公正性，

---

[1] 张军、姜伟、田文昌：《认罪认罚从宽制度控辩审"三人谈"》，载《刑事检察工作指导》2019年第4辑。

[2] 林家红：《人工智能辅助量刑的风险与防范》，载《河北科学技术大学学报（社会科学版）》2019年第4期。

认为法官违反了正当程序原则并上诉到州最高法院。"[1]

因此，人工智能在认罪认罚量刑建议中的作用，既要摒弃人工智能无用论，又要防止过分依赖人工智能量刑，准确定位人工智能在量刑建议中的辅助作用。推广应用人工智能辅助量刑，促进刑事案件量刑客观公正，让人民群众在每一个司法案件中感受到公平正义。

三、人工智能辅助认罪认罚量刑建议路径分析

认罪认罚从宽制度司法功能和价值的实现，量刑建议精准化既是题中应有之义，也是关键环节。充分发挥人工智能在认罪认罚量刑建议中的作用，促进量刑建议科学、规范、精准、公正，需要在以下方面促进人工智能与司法办案深度融合。

（一）人工智能学习海量案例

人工智能是建立在大数据基础之上，离开大数据人工智能就是无源之水、无本之木。人工智能大数据储量具有无限性，它可以对无穷量案件进行学习，这是人脑所无法比拟的。要发挥人工智能辅助量刑作用，必须让机器深度学习，建立案例大数据库。人工智能主要对以下案例进行学习：一是最高人民法院、最高人民检察院发布的指导性案例和典型案例。最高人民法院、最高人民检察院发布的指导性案例对司法实践具有指导作用，最高人民法院、最高人民检察院发布的典型案例具有重要参考作用。二是省级法院、检察院发布的典型案例。由于我

---

[1] 张博岚：《人工智能的司法应用引争议》，载《人民日报》2020年2月25日，第18版。

国地域广泛、风俗习惯各异，各地司法实践差异较大，省级法院、检察院发布的典型案例在全省范围内具有重要参考价值，人工智能对这类案件的学习，可以在本省区域内给办案检察官认罪认罚量刑建议提供重要参考借鉴作用。三是中国裁判文书网案例。中国裁判文书网案件数量大、类型多，并且是生效判决，人工智能对这些案件学习，为检察官认罪认罚量刑建议提供借鉴。四是全国检察机关统一业务应用系统案例。全国检察机关统一业务应用系统中的案件更清晰地记载着检察官办案流程，人工智能对检察机关统一业务应用系统案件的学习，能够给检察官在认罪认罚量刑建议、办案流程等方面提供参考价值。

（二）人工智能进行类案分析

一是强化人工智能对类案分析。利用大数据深挖类案，对相同罪名案件从事实认定、证据采信、法律适用等方面进行总结经验，对于同类案件不同量刑幅度情况进行分类分析、归纳，强化同类案件不同量刑幅度、量刑规律研究，给检察官在提出量刑建议时提供参考依据。二是建立认罪认罚类罪案例库。利用智能辅助办案系统，建立认罪认罚案件裁判数据库和上诉抗诉案例库，并对认罪认罚成功抗诉案件、法院驳回上诉案件进行分类汇集，从正反两方面提供指引，为检察官比对同类案件提供便利，科学、合理提出认罪认罚量刑建议，提升量刑建议精准化水平。三是人工智能为量刑协商提供参考。人工智能对同类案件量刑情况进行归纳分析，将同类案件的量刑提供给检察官参考，使得检察官在办理认罪认罚案件过程中能够准确掌握量刑情况，从而有利于检察官在开展认罪认罚过程中，与犯罪嫌疑人进行量刑协商，达成量刑建议。通过大数据类案分析量刑情况，一方面，检察官运用它与犯罪嫌疑人协商,向犯罪嫌疑人充分说明同类案件判决量刑情况,让被告人真正了解量刑情况,提高量刑公信力;另一方面,检察官在量刑建议时提出充分的理由和根据,使得法官更容易采纳量刑建议,提高案件量刑建议采纳率,降低认罪认罚上诉率,提高认罪认罚案件质量,发挥认罪认罚从宽制度作用价值,取得良好的政治效果、法律效果、社会效果。

(三) 人工智能归纳犯罪量刑情节

犯罪情节对量刑起着重要作用,不同犯罪情节具有不同量刑幅度。认罪认罚从宽量刑建议需要在法定刑基础上考虑不同犯罪情节,人工智能可以提出不同犯罪情节量刑幅度供检察官参考。人工智能收集、归纳海量犯罪情节数据,通过大数据挖掘、研判、分析,把犯罪情节模型化,供检察官提出认罪认罚量刑建议时参考,辅助量刑建议精准化。犯罪情节主要有从重处罚和从轻、减轻或者免除处罚量刑情节。一是从轻与从重处罚量刑情节。从重和从轻处罚都要在法定刑幅度内判处刑罚。从重量刑情节主要有累犯、法律拟定从重处罚等。法律拟定从重情节,如《刑法》第29条第1款规定教唆不满18周岁的人犯罪的,应当从重处罚;《刑法》第236条第2款规定,奸淫不满14周岁的幼女的,以强奸论,从重处罚。法律规定从轻处罚量刑情节,如《刑法》第17条第3款规定,已满14周岁不满18周岁的人犯罪,应当从轻或者减轻处罚;《刑法》第27条第2款规定,对于从犯,应当从轻、减轻处罚或者免除处罚。二是减轻处罚量刑情节。减轻处罚包括法定减轻处罚和酌定减轻处罚。法定减轻处罚又包括应当减轻处罚和可以减轻处罚,量刑情节主要有刑事责任能力、共同犯罪中的作用,以及犯罪后是否有如自首、立功、坦白等情节。如《刑法》第29条第2款规定,如果被教唆的人没有犯被教唆的罪,对于教唆犯，可以从轻或者减轻处罚。三是酌定从轻量刑情节。《刑法》第 63 条第 2 款规定，犯罪分子虽然不具有本法规定的减轻处罚情节，但是根据案件的特殊情况，经最高人民法院核准，也可以在法定刑以下判处刑罚。四是免除处罚量刑情节。例如，《刑法》第 20 条第 2 款规定，正当防卫明显超过必要限度造成重大损害的，应当负刑事责任，但是应当减轻或者免除处罚。

（四）人工智能辅助精准量刑建议

最高人民法院量刑指导意见只规定了 23 种常见犯罪罪名量刑情况，仍有大量罪名未规定量刑指导意见，这些需要借助人工智能辅助检察官提出认罪认罚从宽量刑建议。检察官在提出量刑建议时，首选要参考最高人民法院量刑指导意见规定的 23 种犯罪量刑幅度规定，结合犯罪嫌疑人在不同阶段认罪认罚，给予被害人的赔偿与取得谅解情况，给予不同的量刑从宽幅度，同时还要考虑单一犯罪还是共同犯罪情形，根据案件的不同情节、不同性质、不同犯罪手段，借助人工智能辅助，提出精准量刑建议。唯此，检察官提出的认罪认罚从宽量刑建议，犯罪嫌疑人更易接受，也更易赢得法官信任。检察官可在认罪认罚量刑建议时借助人工智能对单一犯罪和共同犯罪不同情形提出精准的量刑建议。一是单一犯罪认罪认罚量刑建议。单一犯罪量刑又分为单一轻罪案件量刑建议，单一重罪案件量刑建议。二是共同犯罪认罪认罚量刑建议。共同犯罪又分为一般共同犯罪与集团犯罪案件。人工智能对不同共同犯罪中主犯、从犯不同量刑情节量刑情况进行归纳、分析，结合认罪认罚的时间节点，对被害人赔偿情况，初犯、偶犯、惯犯、累犯，作案时间、地点、方式等情况，提出可以从宽的量刑，供检察官精准量刑建议决策参考。

(五）人工智能专家与法学专家携手

人工智能辅助认罪认罚量刑建议，需要跨专业专家共同努力，成立人工智能和法学专家、检察官共同研发团队，将人工智能技术与司法实践真正融合。人工智能辅助认罪认罚量刑建议，需要加强顶层设计，可以由最高人民检察院牵头，组织人工智能、法律专家共同设计开发程序，并试点运行，待技术成熟后不断推广。正如李彦宏等敏锐地指出的那样："……也许真要靠算法的顶层设计来防止消极后果。人工智能技术可能不只是理工科专业人士的领域，法律人士以及其他治理者也需要学习人工智能知识，这对法律人士和其他治理者提出了技术要求。治理者需要嵌入生产环节，比如对算法处理的数据或者生产性资源进行管理，防止造成消极后果。"[1] 人工智能、法律专家和检察官合作，共同推动人工智能辅助认罪认罚量刑建议技术发展，促进人工智能辅助认罪认罚量刑建议科学、规范、精准、公正。

---

[1] 李彦宏等：《智能革命：迎接智能时代的社会、经济和文化变革》，中信出版集团2017年版，第312页。

九、认罪认罚从宽制度在特殊类型案件中的适用

刑民交融的价值意蕴与功能表达[*]

——以完善认罪认罚从宽制度为视角

张 垚 梁 博[**]

当前，公法和私法的相互渗透与融合是国内外社会发展过程中一个重要的法现象。[1] 立足"刑民交融"的整体法秩序观念，充分利用认罪认罚从宽的制度契机，深入分析刑民关联案件处置的相关问题，从而揭示"刑民交融"的内在价值与功能，是完善认罪认罚从宽制度的一项重要任务。

一、认罪认罚从宽制度：刑民交融的典型场域

刑民交融意指民事法域虽同刑事法域存有规范构造、制度安排等泾渭分明的显著区别，但二者在维护社会秩序、保障公平正义的价值理念上却浑然一体、殊途同归，体现了整体法秩序的一致性要求。2018年10月被立法确立的认罪认罚从宽制度正是体现刑民交融的典型性场域。

---

[*] 本文荣获"认罪认罚从宽制度理论与实务研究"征文活动二等奖。
[**] 张垚，浙江省人民检察院法律政策研究室检察官助理；梁博，浙江省人民检察院法律政策研究室检察官助理。
[1] 张淑芳：《私法渗入公法的必然与边界》，载《中国法学》2019年第4期。

（一）宏观理论基础：立足刑事、民事正义体系

将民事和刑事两大法域置于同一语境并非近些年的实践趋势，而是中华法系一贯秉持的思想主张，其主要内容是把民事正义和刑事正义视为交搭的互动体，同属一个"正义体系"，以"礼法结合、并重""诸法合体，刑民不分""宽猛相济，刑罚得中""无讼""息讼""明德慎罚"等为表征，强调不涉及罪行的民间纠纷应优先让与社会本身的道德价值观和调解化解机制处置，充分利用非正式正义手段以减轻正式正义体系的负担。当下我国民事、刑事体系中，诸如司法环节的调解环节设置、轻微刑事案件的去形式化（又称之为"刑事案件民事化"）等仍然相当系统地承继了中华法系的一些基本特色，凸显中国文明"把二元对立和非此即彼转化为二元并存、综合或融合"的真正核心特点以及社会治理的民族智慧和显著优势，这也是当前探讨我国"刑民交融"可行性与正当性的根本立场。[1] 进一步讲，可从实体法和程序法两个层面予以把握。

1. 实体法层面：刑法和民法的同源共通

回溯法律史，刑法和民法在早期并没有刻意区分，只是在现代司法制度的发展以及国家社会的不安定、犯罪人与被害人之间的地位失衡等多种因素的共同作用下，刑法才从最开始的私法逐渐剥离形成特有的公法，以顺应犯罪治理的国家垄断发展趋势，因而现代刑法处置方式与逻辑仍残留明显的私法印记。[2] 二者的同源性特征也十分明显：一是两类法律体系的创设初衷均系为了解决"人与人"之间的原生纷争。与民法自始

---

[1] 黄宗智：《中国古今的民、刑事正义体系——全球视野下的中华法系》，载《法学家》2016年第1期。

[2] 马克昌主编：《近代西方刑法学说史》，中国人民公安大学出版社2008年版，第35页。

至终解决平等主体之间的纠纷矛盾不同的是，刑法解决的纷争已上升到"人与国家"的高度，但分析具体行为时就会发现，刑事纷争实际上仍是由"人与人"之间的纷争而引起的，只是该种行为突破了当事人意思自治的处置极限，具有较大的社会危害性，需要动用国家刑罚权加以惩戒、规制。二是两类法律体系具有共同的价值取向，公正是刑法和民法共同的价值取向，总的来说，刑法中所体现的国家刑罚权和当事人的民事求偿权的实现都有赖于矫正正义的实现，但民事求偿权则融入了更多的交换正义。因而，二者的法律后果具有相似性，刑法的赔偿价金的数额依据与民法的损失填补思维如出一辙，均是以受害方的经济损失为确定的主要依据。此外，二者规定的具体内容也具有共通性。如刑、民立法中都有正当防卫和紧急避险的制度体现，前者作为正当化事由，后者则是私力救济的合法化依据，但均致力于排除违法性的立法效果；又如民法典规定的"绿色原则"与污染环境等相关罪名的刑法适用也存在着紧密联系；再如民法典明确数据、个人信息等"数字财产"后，刑法保护合法财产的内涵与外延也将随之扩张，等等。可以说，内容的共通有效促成刑民法律体系拥有了互为支撑、联动生长的双螺旋内在发展架构，对外表现出"刚柔并济"的法治形态：一方面，刑事规范有助于提升民事规范的公正性、强制性和保障力；另一方面，民事规范同样也发挥着保障刑事规范始终理性彰显以人民为中心的民本思想和人文关怀的功能。[1]

2. 程序法层面：刑事诉讼环节的"对物之诉"既有设置

根据诉讼主体、诉讼客体和诉讼理由的异同，透过诉权视角，刑事之诉可分为"对人之诉""对物之诉""程序之诉"

---

[1] 刘艳红：《人性民法与物性刑法的融合发展》，载《中国社会科学》2020年第4期。

和"精神病人强制医疗之诉"四类。其中,"对人之诉"包括定罪和量刑两个方面,"对物之诉"有民事和刑事之分。"对物之诉"是要求对被追诉人的相关财产依法予以处置的诉讼请求。民事"对物之诉"是指被害人或其诉讼代理人因犯罪行为所遭受的经济损失向人民法院所提出的民事赔偿诉讼请求,也被称为"附带民事诉讼";刑事"对物之诉"是指检察机关提出的追缴涉案财物的诉讼请求。[1] 在我国现行刑事诉讼框架下,"对物之诉"应然地法定存在,这是探讨认罪认罚从宽制度"刑民交融"的重要依据,如《刑事诉讼法》第101条规定,被害人由于被告人的犯罪行为而遭受物质损失的,在刑事诉讼过程中,有权提起附带民事诉讼等。在司法实践中,"对人之诉"与"对物之诉"并非两个绝缘个体,相反的,关联程度十分密切。"对人之诉"的量刑考量因素包含"对物之诉"的前端处置结果,同时在一定程度上还影响到了诉讼的程序选择及流程速率,如被告人与被害人或者其法定代理人没有就附带民事诉讼赔偿等事项达成调解或者和解协议的,不适用速裁程序等;"对物之诉"依赖于"对人之诉"的判定结果,具有诉讼的附属性。也就是说"对人之诉"是"对物之诉"基础,也是实现"对物之诉"的有力保障。目前,"对物之诉"长期陷入发展窘境,诉讼延迟、司法"空判"、有限救济等短板缺陷严重制约了该类制度的功效发挥,是刑事诉讼语境中加强民事诉讼处置衔接的一大因素,具有现实的必要性、紧迫性。

(二) 中观效果评价:倡导全域诉讼"案-件比"

"案-件比"是新近提出的概念,简言之,即人民群众身边的案,与该案进入司法程序后所引起的有关业务活动之和,

---

[1] 陈瑞华:《论刑事之诉的类型和效力》,载《法学论坛》2020年第4期。

形成的一组对比关系。[1] 2020年1月，最高人民检察院印发《检察机关案件质量主要评价指标》，标志着以"案-件比"为核心的案件质量评价指标体系主体性框架搭建成型。虽然此概念的萌发植根检察官员额制和"捕诉一体"等改革背景，所适用的范围尚且仅局限于检察环节，但其追求诉讼整体效果的价值导向，合乎司法现代化的发展趋势，顺应了"刑民交融"的时代需求，值得全域推广、适用。

1. 全域诉讼"案-件比"的基本阐释

与检察系统的界定不同的是，全域诉讼"案-件比"概念的内涵和外延均大幅扩张。其一，对于"案"的界定已从"刑事案件"贯通至"矛盾纠纷"，涵盖民事化解、行政处罚、刑事规制等内容；其二，对于"件"的区分也从主要的检察领域业务环节和活动延伸至公安、检察、法院等职能范围，既包括司法领域，也涉及人民调解等准司法范畴。全域诉讼"案-件比"的目标是1∶1，即根据情节，按照诉讼等规程，运用适当的资源解决处理好个"案"，没有经历其他额外环节、活动或花费过多时间，办案质效就会显著提升，当事人司法获得感、体验感便会不断增强，可视为达致理想的司法效果与状态。以"刑民关联"案件为例，全域诉讼"案-件比"的要求可细化为三个方面。一是"成案"，充分体现法律对人的关怀，审慎动用刑罚权，避免公权力的介入对私权利所造成的伤害，对能够通过民法有效解决的矛盾纠纷，就应当采取必要手段或提供充分条件，促成全面化解，消除各类危险因素，尽可能地避免民事矛盾纠纷形成行政案件乃至刑事案件；二是"办案"，注

---

[1] 董桂文、郑成方：《"案-件比"：新时代检察机关办案质效的"风向标"》，载《人民检察》2020年第11期。

重前端取证质量、诉前刑事和解、具结意见听取、案件截留分流等,强化检察主导责任,充分体现诉讼经济和效率,积极转变"重刑轻民"的诉讼偏向;三是"结案",不以刑事案件流程结束作为全域"结案"标志,秉持"案结事了人和"的诉讼原则和目标,把民事案件处理放置于同等位次加以考量,强化刑事司法人员的民事思维和方式,发动多元积极因素,依法促成民事矛盾纠纷在刑事诉讼环节的"就地化解"。

2. "刑民关联"认罪认罚案件的评价导向

在适用认罪认罚案件中,"刑民关联"类型占据多数,而这类案件正是贯彻全域诉讼"案-件比"的重要场域,并充分彰显认罪认罚从宽制度优势的三重功效:一是争点聚焦,更新诉讼当事人观念,在扎实的证据基础上,把诉讼的关注重点由"罪"转向"罚",促使被追诉人通过积极赔偿等弥补方式争取更加宽缓的处置结果。二是空间拓宽,讲求诉讼参与人的充分参与,强化人权保障,并以量刑具结为契机,推动对抗式司法转向合作式司法,刑事诉讼中的非刑矛盾纠纷化解路径和方式更为丰富、有效。三是节能提质,准确及时惩罚犯罪、节约司法资源等制度设计初衷,恰也符合民法学的效率意识,共同体现了现代司法理性选择意义上的思考和行为倾向。[1] 刑事与民事的事实相互印证,可以增进全域法律事实的认定,避免出现"二元诉讼"的事实分歧等差异风险。同时,在认罪认罚的强势推动下,被害人获得赔偿的充分性、及时性理应显著提升,不仅最有利于被害方,同样使被追诉人得到司法宽容的红利,也降低了辩护资源的无端耗用。2019年10月,最高人民检察院发布的3件检察机关适用认罪认罚从宽制度典型案例

---

[1] 熊丙万:《中国民法学的效率意识》,载《中国法学》2018年第5期。

（以下简称"典型案例"）中，被追诉人均通过积极赔偿等方式获得谅解或降低社会风险。据此可知，民事纠纷的解决是评判适用认罪认罚从宽制度成效的关键因素。但在中国裁判文书网以"认罪认罚"为关键词进行检索，并经筛查发现，截至2020年6月5日，认罪认罚案件刑事诉讼流程完结后，仍然存有169个民事案件启动并办结。这说明，认罪认罚从宽制度并没有达到理想的全域诉讼"案－件比"，刑事诉讼活动未能完全实现消除对抗，诉讼参与人仍将面临民事案件的讼累。

（三）微观操作规范：推进认罪认罚从宽实质化

从制度试点到适用初期，对认罪认罚从宽制度始终存在一种偏离其本质特性的认识，即过度放大该制度的程序法属性，突出强调效率功能，忽视宽严相济刑事政策法律化的架构基础及其实体法属性所蕴含的权利保障的核心价值。现实中，在办案时限等影响下，不乏由程序急迫推动而引发的多次具结、"刑结民积"等现象问题。事实上，实体与程序之间并非此消彼长，而是互为表里，实体上的争点解决是程序有序进行的基础，而程序运行的繁简快慢则是实体案情的直接反映，也是催化案件处置的积极因素。因此，要在保证认罪认罚自愿性、真实性、合法性的基础上，更加注重刑事与民事实体与程序上的双重衔接、互动，全面推进认罪认罚从宽制度适用，以达到表意真实、参与充分、认定准确、具结恰当、处置全面的实质化标准。

1. 技术性虚假认罪认罚的应对

技术性虚假认罪认罚是指被追诉人虽认罪认罚但不会悔罪，具体表现为表面接受定罪与处罚，但内心对此并不认同。该现象有碍惩罚犯罪的有效性、有损从宽的正当性、不利于受损的社会关系修复,还会对惩罚犯罪的准确性产生不利影响。[1]实践中,认罪态度和悔罪表现是判断真实性的两个基本点,而悔罪表现的主要考察依据就包括退赃退赔、获取谅解等民事内容,比如退赃退赔的个人意愿、时间节点、履行状况等细节均能体现出不同程度的悔罪心理。同时,适用认罪认罚的案件大多为轻罪案件,案件情节和矛盾争点是单一的,悔罪的考量因素集中于被追诉人与被害人之间的作用关系。倘若司法机关充分注意并积极促成这些"民事细节",并施以准确的区别对待,那么,在认罪认罚具结前,被追诉人将得到更加全面充分的释法或帮助,亦能更加真切地感受到点滴悔罪行为对司法宽容的触动,认罪认罚从宽制度的悔罪感召力则会进一步增强。

2. 全要素罪责刑相适应的贯彻

全要素罪责刑相适应是全面立体实现量刑精准化的基础,要求通盘考量全案因素,既要关注责任承担,也要注重责任削减,以保障人权理念对冲扭转传统公正观,克服"重从重情节、轻从宽情节""关注法定情节,忽视酌定情节"等思维定式,减少不必要的具结调整或诉判不一,防止司法形式主义,增强诉讼环节的人文关怀。实践中,有两方面的内容要注意和防范:一方面,民事影响因素的筛漏。忽视案发动因的审查,仅将目光聚焦在涉刑行为,遗漏或回避被害人的过错,不注重刑事诉讼程序的释法疏解,致使被追诉人对诉讼体系的正义价值产生质疑,引发被追诉人对诉讼流程抵触、双方矛盾累积等负面效应,进而又使被追诉人承担更重的责罚,形成恶性循环,风险隐患积聚。另一方面,悔罪表现评判的局限。仅注重

---

[1] 闫召华:《虚假的忏悔:技术性认罪认罚的隐忧及其应对》,载《法制与社会发展》2020年第3期。

在案情节的审查，忽视潜在情节的条件生成，从而导致履行赔偿的延误和具结情节的缺失，具体表现为：权利义务及认罪认罚从宽制度效益等内容的告知或法律援助、帮助不充分，被追诉人无法在认罪具结前获得全面准确的信息，就此引发行为消极等；司法机关、辩护人等未能提供有效的刑事和解等条件和空间，比如被羁押的被追诉人，即便有履行条件，也无法进行与被害人面对面协商沟通、赔偿等事宜；过于看重现实经济赔偿，忽视赔礼道歉、劳务补偿等柔性化解手段在刑事酌定情节中的评价地位，使被追诉人产生"赔偿无望""破罐破摔"的心理认知，进而降低其原有的诉讼"善性"，反倒结出更多的诉讼"恶果"。

二、问题与厘定：认罪认罚从宽制度中的"刑民交融"逻辑呈现

当前，认罪认罚从宽制度中的"刑民交融"逻辑呈现，一方面面临着传统诉讼的制度窠臼的影响，另一方面也面临着新设环节的适用疑虑，具体可细分为三个待解问题。

（一）民事责任的嵌入模式

在认罪认罚从宽制度中，对于"认罚"的界定与评判直接决定了民事责任以何种方式嵌入并体现。"两高三部"发布的《关于适用认罪认罚从宽制度的指导意见》（以下简称《指导意见》）第7条规定，"认罚"是指犯罪嫌疑人真诚悔罪，愿意接受处罚，其考察的重点在于悔罪态度和悔罪表现，并特别指出应当结合退赃退赔、赔偿损失、赔礼道歉等因素来考量。由于《指导意见》对"认罚"的基本含义正面予以了明确，并

强调以"悔罪"为前提。然而,在"悔罪"的表现中又着重罗列了民事责任的履行等内容。这将会带来实践认识上的分歧:作用于"认罚"的民事责任履行,究竟是"认"的制度适用前提,还是"罚"的既定内容,抑或二者兼而有之?

从制度程序视角出发,检察机关的指控与裁量是立足全案证据和情节基础上而作出的,在被追诉人认罪具结前,民事责任履行状况势必作为一个重要的考量因素,并在程序选择、量刑建议中加以体现。此外,《指导意见》还规定了,对于出现隐匿、转移财产、有能力赔偿而不赔偿等情形的案件,则无法适用认罪认罚从宽制度。这说明,在有履行民事责任的条件下,民事责任的履行与否已被作为制度适用的硬性标准。

在"罚"的内容认识上,当前司法实践将"认罚"理解为"愿意接受刑罚处罚",该观点在理论界也鲜有争议。[1] 但对于民事责任部分,无论从前期试点,还是现实操作仍然存有一定的实践差异。一种是在具结书上单纯地体现刑罚内容,这也是现实中绝大多数司法机关的做法。另一种是把积极退赃退赔、赔偿被害人损失作为具结书中的备选内容,纳入检察机关所提出"罚"范围。例如蒋某故意伤害案刑事附带民事裁定书中载明,被告人蒋某在判决时止并没有完全赔偿被害人的伤后直接经济损失,故不能认定其已履行了认罪认罚具结书载明的全部义务,并结合其他情节依法不从宽处理。[2] 基于后者的实践操作,事实上已经把"罚"的刑事责任属性演化为刑民兼有的双重责任属性。即便认罪认罚具结书拥有被追诉人"自认式的声明书"和检察机关"承诺式的量刑建议书"等特点,但是

---

[1] 孙长永:《认罪认罚从宽制度的基本内涵》,载《中国法学》2019年第3期。
[2] (2020)湘11刑终296号刑事附带民事裁定书。

其具结本身并非单纯的"合意契约",而是历经事实认定、控辩协商、听取意见等法定程序,最终形成对行使公诉权、审判权等司法权产生强力约束与限制的刑事诉讼成果。因此,具结书的强制效力决定了"罚"的范围务必要严格限缩于刑罚措施,以避免公权力过度干预私权利之嫌,出现刑民责任交叉混乱,滋生诉讼过程中的司法肆意,从而撼动《民法典》第187条所规定的民事责任的独立性地位,违背民事活动主体的平等性。比如,陈某与某建设集团有限公司民间借贷纠纷再审案件就是因刑事阶段未明确区分原民事赔偿和为达成谅解所应允的额外赔偿而引发的诉讼纠纷。[1]

概言之,民事责任的履行是"认"的主要考量因素,但不在"罚"的刑罚范畴,应该回归于量刑的酌定情节,采取间接嵌入的实践方式,不可直接载入具结书的内容。当然,不可否认的是,刑事责任和民事责任在机能上有近乎趋同的迹象,民事赔偿已不再是纯粹的民法问题,因为其本质上有利于实现刑罚的目的,具有重新社会化的功能。[2] 特别是在刑事附带民事案件"执行难"的背景下,直接嵌入的方式会显著增强民事执行的效力,并已在现实中取得一些成效。但从长远来看,直接嵌入的负面作用也是明显的,目前裁判文书网上已有不少案件中被追诉人拒绝承担认罪认罚中所认可的侵权责任,有的还以内容显失公平、在羁押状态下的非自愿意思表示作为上诉的理由,例如李某甲与李某乙生命权健康权身体权纠纷、财产损害赔偿纠纷案件中,其诉讼纠纷就在于认罪认罚中达成的赔偿协

---

[1] (2018)闽民申1110号民事裁定书。
[2] [德]克劳斯·罗克辛:《德国刑法学总论》,王世洲译,法律出版社2005年版,第55页。

议书是否自愿，[1] 等等。假设具结书中载明的民事赔偿内容确有显失公平等情况，人民法院能否在民事诉讼环节直接推翻或改变由刑事诉讼审判权和公诉权共同确认且生效的具结内容，仍然有待商榷。为此，检察官在具结量刑时，应当站稳客观公正的立场，主要还是以鼓励或提供当事人和解的机会为促成和解路径，并可探索将和解协议等以附件形式列具结书之后，供法院审查、裁判。如此，既可保证了具结书的刑罚纯粹性，也使民事责任履行的督促力得以加强。

（二）民事诉求的实现方式

对于被害人而言，实现民事诉求和刑事诉求是同等重要的，即便刑事判决"无可挑剔"，但民事诉求的实现出现空白或不完整，仍然会影响到被害人对整体司法活动的正义性判断。也就是说，忽视和轻视民事补偿或救济的刑事裁决，往往难以令"有理性的使自我利益最大化者"的法律程序参与信服和接受，还容易对其造成"二次伤害"，更有甚者在长期无法满足合理民事诉求的煎熬境地中，出现了心理逆变，实施激进的报复社会行为，从被害人身份转变为被追诉人，加剧社会公众对整体法律秩序的不信任，严重削弱刑法本身的规制机能。[2] 在当前刑事诉讼环节中，民事诉求的实现仍然面临两方面的障碍局限。

1. 民事诉求的范围局限

根据刑事诉讼法等的相关规定，在刑事诉讼环节司法支持的是物质损失赔偿的民事诉求。这种范围划定虽然可操作性强，避免多重实践争议，也保持了刑事诉讼的相对流畅度，却

---

[1] （2019）鲁14民终1857号民事判决书。
[2] [日] 大谷实：《犯罪被害人及其补偿》，黎宏译，载《中国刑事法杂志》2000年第2期。

忽视民事诉求和纠纷解决手段的多样性和私权利保障的自主性，限制了民法保障公民权益的作用，把赔礼道歉、劳务补偿等民事特有的、富有道德约束的行为方式排除在外，从而导致"德法分治、失衡"，更加显露出司法治理的有限性、滞后性等弊端。为获取良好的办案效果，各地在推进认罪认罚从宽制度时，已在探索尝试引入相关民事纠纷解决机制以满足民事诉求，全面化解矛盾，例如"典型案例"丰某某盗伐林木案中，通过增设复植补绿的义务，达到了"三个效果"的统一。

与此同时，刑事附带民事赔偿的两大诟病也备受争议：一是排除精神损害赔偿。最高人民法院《关于适用〈中华人民共和国刑事诉讼法〉的解释》（以下简称《刑诉法解释》）第138条规定，因受到犯罪侵犯，提起刑事附带民事诉讼或者单独提起民事诉讼要求赔偿精神损失的，人民法院不予受理。这就意味着，如侵害行为构成民事侵权，当事人尚可主张精神损害赔偿，反倒是侵害行为后果严重，达到了入刑的标准，精神损害赔偿诉求却得不到法律支持，随之相应的保险公司等也会以此为由主张抗辩逃避责任。例如王某与蒋某等人机动车交通事故责任纠纷二审案件中，在刑事诉讼期间被追诉人认罪与被害人死者家属达成补偿协议，并已实际支付补偿款，被害人死者家属出具刑事谅解书，检察机关综合全案情节依法作出不起诉决定，而后被害人死者家属又向法院起诉要求被追诉人、保险公司等赔偿精神抚慰金在内的各项损失，法院一审对精神抚慰金未予支持，二审也以《刑诉法解释》第138条规定裁定驳回起诉。[1] 二是排除死亡赔偿金和残疾赔偿金。《刑诉法解释》通

---

[1] （2020）浙07民终367号民事判决书。

过列举方式把刑事附带民事赔偿主体的死亡赔偿金和残疾赔偿金排除在外,该做法在司法实践中已暴露出种种不足。赔偿"两金"是对生命权、健康权的尊重,在强化权利救济、维护司法权权威以及延续历史传统等方面均发挥着积极的作用,关乎刑事案件中诉讼弱势群体的被害人及其近亲属的切身利益、弥合修复已破损的社会关系以及案件处置公平正义的公众感观。值得注意的是,赔偿"两金"并非司法解释所称的精神损失,二者均系犯罪行为所导致的必然要遭受的损失,是对受伤或致死的被害人可预期收入损失的赔偿,具有合理的可期待性,应属于物质损失。[1] 在认罪认罚从宽制度中,除速裁程序外,被害人对制度和程序的选择适用没有实质性的否决权,并且赔偿"两金"被明确排除在外,因此被害人主张该类赔偿诉求实现的可能性大大降低。

将精神损失排除在外的司法考量旨在防止"空判",认为判决被追诉人承担刑事责任已经对被害人予以了抚慰和救助,再赔偿精神损失有加倍处罚的意味,并且将其纳入还会引发纠诉闹访、判决虚高等情况,不利于实际赔偿。但是这与加强和保障人格权保护的立法趋势是相背离的,必将成为民法典对刑事领域渗透和影响的制度沟壑,阻碍了引导尊重人格尊严和保护人格权的良好风气在刑事诉讼领域的形成。[2] 除推动研究"精神损失"的限制"松绑"和"两金"赔偿的属性"正名"外,当前更加紧迫的是在现有制度规定下,从民事调解、刑事和解的角度予以加强和支持,并解决后续效力保障等问题。

---

[1] 田源:《刑事附带民事诉讼"两金"赔偿问题研究》,载《法学论坛》2017年第2期。
[2] 杨立新:《我国民法典人格权立法的创新发展》,载《法商研究》2020年第4期。

2. 诉讼参与的空间局限

从刑事角度分析,侵害行为主要涉及被追诉人和被害方两方。然而,民事案件中往往涉及多方利害人,这是刑事附带民事诉讼中经常忽视的。一是未达够罪标准的侵权人。有的案件特别是多人侵权案件,某些侵权人因行为作用较小、未达刑事责任年龄等而不受刑事规制,也就没有进入刑事诉讼程序,那么在该刑事诉讼程序中,被害人所面对的仅是部分侵权人,相应的和解赔偿工作需要两个不同的处置体系分别进行,一旦诉讼程序外的侵权人消极或怠于赔偿或处置体系衔接不畅,被害人有可能将误会或怒火转向诉讼程序以内,进而不配合刑事和解,反对认罪认罚从宽制度的适用。此时,侵权的被追诉人则要面临着更大的赔偿负担和压力,也极易由于责任分配不均等因素选择不赔偿,致使检察官形成不认罪认罚的印象和判断。二是因犯罪行为而引发的理赔等相关方。以交通肇事案件最为典型,在刑事诉讼中,保险公司承担何种责任没有明确,例如某财产保险有限公司与初某保险纠纷案、刘某与财产保险有限公司财产保险合同纠纷案,[1] 两案在刑事诉讼环节虽然适用了认罪认罚从宽制度,但都没有引入保险公司的有效参与,由于保险公司责任的不明晰,从而引发再次诉讼的"案-件比"上升。此外,被追诉人在刑事诉讼阶段的积极赔偿行为,还有时会被保险公司误认为是"被追诉人交通肇事后揽责,肇事双方合谋骗取保险公司巨额理赔款"的非法行为。[2] 三是其他诉讼参与人或相关人员。比如辩护律师、法律帮助律师所提供的法律服务仍限于刑事领域的犯罪事实定性和诉讼程序的合法性

---

[1] (2020)鲁02民终162号、(2019)苏06民终3690号民事判决书。
[2] (2019)鄂06民终943号民事判决书。

等方面,相应的民事部分基本依赖于律师本身的职业素养和人文秉性,绝大多情况下都视为额外业务项目予以搁置。再如村社组织、单位或学校等相关代表以及专业领域的专家学者等有利于刑事附带民事案件办理的人员有哪些合法参与渠道仍待明确,现实中类似于听证制度、调解会议等经验做法尚须提炼推广。为案件各方利害关系人提供一个对话协商的机制,是所有恢复性司法范式共同遵循的原则和做法。[1] 在适用认罪认罚从宽制度的过程中,如果充分拓宽相关人员的诉讼参与空间,运用综合治理的理念充分促成协商、搭建沟通平台,这将对案件矛盾实质性化解有着显著的推动作用,也能够凸显出认罪认罚从宽制度的恢复性司法价值。

(三)刑民诉讼的影响效力

社会生活的高度复杂性不仅对准确定性、把握行为的"罪与非罪"提出了更高的要求,还体现出具体案件处置的个性化、差异化、多样化,拉近了刑民诉讼的体系间距离,二者效力的影响作用不断加深。基于认罪认罚从宽制度视角,刑事诉讼对于民事诉讼的影响效力主要体现在三个方面:

1. 认定内容的影响

经刑事附带民事诉讼确认的处置结果对民事诉讼活动同样具有约束力。首先,刑事附带民事诉讼以判决形式将"对物之诉"予以回应,实质上这仍然是民事诉讼活动,仅是借助刑事诉讼平台,同样要遵循民事诉讼规则而取得的结果。其次,民事处置内容通过认罪认罚从宽制度予以确认,司法机关适用认罪认罚从宽制度时,已把被追诉人与被害人等达成的民事责任

---

[1] 田弘杰:《现代社会治理与认罪认罚从宽制度完善》,载《检察日报》2020年5月13日,第3版。

履行协议等作为案情因素考虑在内,并通过启动程序、认罪具结、同意量刑等予以认可并固定。但这种充分允许意思自治的做法显然还存有诉讼再起的风险,如朱某与赖某生命权健康权身体权纠纷案中,被追诉人朱某与被害人赖某曾达成治安调解协议,约定朱某赔偿医疗费、赔礼道歉等具体事项,赖某将不再追究朱某法律责任,此事了结,检察机关就此依法对朱某作出不起诉处理。后因二人婚姻关系解除、赖某伤情加重等因素,赖某又提起了民事诉讼,双方签订的治安调解书是否包含赖某对朱某的民事赔偿追偿问题就成了本案的争议焦点。[1] 最后,民事处置的刑事认定依据,有的民事处置是以刑事认定的犯罪事实等为依据的,然而刑事认定的正误、充分性等也会对民事诉讼活动造成负面的影响,如某保险股份有限公司与肖某财产保险合同纠纷案中,由于刑事判决书对弃车行为是否构成逃逸没有明确,从而引发了民事纠纷的产生。[2]

2. 量刑具结的影响

量刑建议制度的发展,在一定程度上取得了最大化保障认罪认罚从宽制度价值实现等重要成就。[3] 在探索和实践阶段,有关量刑建议的争议随着《指导意见》的出台而逐渐尘埃落定,最终明确"以确定刑建议为主、以幅度刑建议为辅"的"共识性意见",即量刑精准化。[4] 量刑精准化与民事诉讼的影响作用是相互的。一方面,量刑具结的精准化系数有赖于民事基础的稳定性。由前述可知,民事纠纷化解是检察裁量诉与不诉、适用何种诉讼程序以及提出具体量刑建议的关键性参考

---

[1] (2020)川 01 民终 2903 号民事判决书。
[2] (2019)豫 16 民终 5269 号民事判决书。
[3] 陈国庆:《量刑建议的若干问题》,载《中国刑事法杂志》2019 年第 5 期。
[4] 石经海:《量刑建议精准化的实体路径》,载《中国刑事法杂志》2020 年第 2 期。

信息，如在量刑具结后，被害人态度转变、被追诉人没有履行约定义务等，都会成为审判前诉讼适当调整的原因，更有甚者会成为取消认罪认罚从宽适用的依据。另一方面，量刑具结的精准化有利于推动民事诉求的实现，认罪认罚适用的前置条件本身就蕴含着对被害人民事诉求实现的支持与引导，还有的检察机关量刑具结时已将赔偿等预期效果考虑在内，这无疑会强力保障民事责任的履行。但是，民事活动的变动性也对量刑精准化提出了巨大挑战，在严格、紧迫的审限内，司法机关承担的诉讼风险与压力陡增。比如认罪具结后，被追诉人与被害人之间又达成、变更、撕毁赔偿民事协议等，在量刑精准化的高要求下司法机关不得不流程回溯、工作反复，所消耗的司法资源或比认罪认罚从宽制度适用前还要多；再如刑事对民事的督促力往往仅限于判决前，对于判后被追诉人不履行相关义务或向被害人、司法机关等实施与认罪认罚精神相悖的行为存在规制盲区，再行启动刑事程序的阻力较大。因此，在目前制度框架下，应更多地鼓励民事责任判前履行，但也要充分尊重被追诉人的权益和民法意思自治，为判后履行留有一定的余地。此外，针对判前的民事变动因素，认罪认罚从宽制度还应当构建相应的"减震机制"，以保持刑事量刑具结活动的相对稳定性，避免不必要的程序回溯、变更。

3. 诉讼次序的影响

《刑事诉讼法》第 104 条规定，附带民事诉讼应当同刑事案件一并审判，仅在防止刑事案件审判过分延迟的情况下，才可在刑事案件审判后，由同一审判组织继续审理附带民事诉讼。该规定明确了刑事附带民事诉讼的次序问题，即强调"一并审判"的原则，带有刑事本位主义色彩，有矮化民事责任法律地位之嫌。[1] 司法实践中,"刑民交叉"诉讼次序又发展成为"先刑后民"的实施惯例。采取"先刑后民"的处理方式更多地体现了司法制度的严谨与审慎:一方面,刑事证明标准远高于民事证明标准,在侵害行为兼具刑事和民事责任的情况下,首先确定被追诉人的刑事责任再确定其民事责任有利于揭示真相,符合司法的判断逻辑;另一方面,人民法院发生法律效力的判决所认定的事实是免证事实,利用刑事判决的预决力,民事诉讼能够节省诉讼资源、提高效率,并可避免刑民裁判之间的冲突,降低诉讼风险。[2] 与此同时,"刑民同判"或"先刑后民"的顺序规则又有碍于民事诉求的高质量履行,潜在地拉长了可实现的时间和诉讼环节,甚至间接加重损害后果,为被追诉方财产转移、挥霍提供了空间。其一,在民事诉讼部分清晰明了,但刑事部分案情复杂或无法正常启动诉讼的情况下,民事诉求的实现仍然需要遵循"同判"规定,这就会导致民事诉求的实现被大幅拖延或搁置。其二,量刑具结前的和解过程本身就是一场博弈,民事部分允许"讨价还价"式的平等商谈,即便被追诉人寄希望于早日取得谅解"从宽"的效果,也会基于自身利益考量,选择最优赔偿方案。特别是当前以诉讼阶段为划分的激励量刑模式仍不健全、轻罪案件量刑区分度较低的境况下,不排除有的被追诉人采取等待观望的消极态度,实施"压哨和解""战略放弃"的责任承担或规避方式。这就要求认罪认罚案件的民事诉求处置前移,进一步厘清刑民处置顺序原则和具体情形,完善刑事诉讼环节的司法救助帮助、保全等救济性措施手段,充分压实刑事诉讼中的民事责任。

---

[1] 蒋凌申:《"刑事附带民事责任"的证伪与建议》,载《国家检察官学院学报》2016年第3期。

[2] 纪格非:《论刑民交叉案件的审理顺序》,载《法学家》2018年第6期。

三、基于完善认罪认罚从宽制度的构建路径展开

民事责任嵌入模式、民事诉求实现方式和刑民诉讼影响效力的三大"刑民交融"实践逻辑是民法典精神内涵、基本理念和具体规范在刑事领域贯彻适用的方法论，也是激活认罪认罚从宽制度的优势价值、消弭刑事附带民事诉讼现实短板的有效路径。需要澄清的是，在认罪认罚从宽制度语境下，突出强调"刑民交融"问题，并非要把该项刑事诉讼制度改造成为"似民似刑"的混合体制，而是立足现有刑事诉讼制度架构的"自然延展"和"精装修"，其主要目的在于牢固树立系统治理、依法治理、综合治理和源头治理的"大治理"观，通过完善诉讼机制以促进刑事司法办案理念的更新，提升全域诉讼案件质效，进而继承发展"枫桥经验"等本土治理经验，实现国家刑罚权与民事主体求偿权的有效互动、司法治理与其他治理手段的有序衔接，充分释放认罪认罚从宽制度的创设效益。根据"刑民交融"的司法实践探索，认罪认罚从宽制度可从以下三方面机制构建、完善：

（一）认罪认罚的动态裁量机制

面对民事情节的可变要素，保障刑事诉讼进程的整体安定性、包容度是认罪认罚从宽制度顺利实施的首要前提。在以检察主导责任的制度设计项下，量刑具结的轻重和起诉与否的选择是司法裁量的主要体现。采取动态裁量机制实则在刑事犯罪事实清楚、证据确实充分的基础之上，增强对民事情节变动状况的预见与权衡，注重体现司法裁量对民事情节的可能变化情形及其相应处置后果。这样既有效实现了量刑精准化及认罪认

罚自愿性、明知性，也能减少了程序回转等重复性诉讼环节，更加有力地引导、督促民事责任的全面充分履行，最大限度消除社会矛盾，提升司法公信力。

1. 动态化量刑具结的功能激活

认罪认罚案件中形成最终量刑定论的流程与不认罪案件的流程存在显著差别，这种差别主要体现在认罪认罚案件中的量刑是由检察官与被追诉人及其辩护人或值班律师双主体决定的，即由控辩双方之间形成合意，继而由法院通过审查予以判定。[1] 合意体现了认罪认罚从宽制度主体性协商的价值立场，摒弃唯效率论或唯功利论的设计思路，遵从刑罚正当性、当事人诉讼主体地位等规则设定，是满足刑事诉讼程序多元价值需求和诉讼目的的核心部分。[2] 动态化量刑具结是把检察官的审查视野放大，对没有履行或仍在履行的民事责任的案件，依旧将赔礼道歉、赔偿等因素考虑在内，在量刑具结时向被追诉人提出立足现有情节的"基础建议"，列明履行民事责任后的"附加建议"，并说明二者的适用条件、程序等，便于被追诉人准确获知司法态度和激励内容，从而更加高质量地达成合意。动态化量刑具结并不违背"一般确定刑"的规则和量刑精准化的趋势，反而是对二者的加强与巩固。首先，动态化量刑具结是以稳固的刑事犯罪事实为基础的，与传统的准确量刑基础是一致的。其次，动态化量刑具结的变量可预测、结果可判断，即便案件的民事情节发生了变化，法院仍能在具结书中找寻到检察官与被追诉人等有关该情形的准确量刑合意。最后，动态

---

〔1〕 卞建林、陶加培：《认罪认罚从宽制度中的量刑建议》，载《国家检察官学院学报》2020年第1期。

〔2〕 刘军、潘丙永：《认罪认罚从宽主体性协商的制度构建》，载《山东大学学报（哲学社会科学版）》2020年第2期。

化量刑具结解决了存有民事情节变量情况下的量刑不确定问题，也减少了量刑具结过程中的协商时间和分歧，实际上是把此类案件的幅度刑量刑转变为两个或多个确定刑，更加符合精准化要求。从某种意义上讲，动态量刑具结不是机制上的创新而是制度内的激活。在适用动态量刑具结时应当注意以下几点：一是动态衡量的对象仅局限于无关犯罪事实的民事责任；二是具结书中应载明现有量刑情节的"基础建议"以及后附条件方可生效的"附加建议"；三是具结书中考量的不同情形应当具有一定的实现可能性，不得妄加罗列；四是"附加建议"对应的情节实现期限一般为审判前，仅在被追诉人和被害人双方真实约定、被害人充分认可的情况下方才视为实现；五是"附加建议"一般仅涉及是否适用缓刑、具体刑期等实体建议，对诉讼程序的选择也仅限于上述第四条中的情形；六是动态量刑具结的意见均应当是确定刑，倘若再对不同情形中分别提出幅度刑，那么就失去了情形区分的操作意义，对法院的确认式审查和被追诉人的刑罚感知造成迷惑和干扰。

2. 附条件不起诉制度的广度探索

作为一项单独创设的诉讼机制，附条件不起诉为涉罪未成年人提供了新的审前转处与非犯罪化途径。实践证明，附带条件的具体适用在修复关系、弥补损害、防止再犯和复归社会方面发挥着积极的作用。[1] 认罪认罚从宽制度的适用进一步强化了检察机关的不起诉职权，使之成为案件程序分流的一个重要选项。基于刑罚目的观的修正与刑事司法制度的现代转型，附条件不起诉与认罪认罚从宽制度的价值功能愈加契合，参考未成年人案件附条件不起诉的成功经验，为认罪认罚案件提供了

---

[1] 何挺：《附条件不起诉制度实施状况研究》，载《法学研究》2019年第6期。

更为宽阔的案件处置思路和机制运行空间。[1] 实践中，各地已出现一些附条件不起诉适用扩展的迹象，在"三个效果"的导向引领下"附带"有复植补绿、劳动公益等条件的不起诉案件不断增多，如引发社会热议的瑞安"醉驾公益免刑"案中，检察机关经审查后认为，被追诉人张某犯罪情节轻微，且肇事后及时将被害人送往医院治疗并主动赔偿经济损失8000元，认罪悔罪态度较好，在张某自愿完成30小时社会服务后，依法对其作出了不起诉决定。[2] 但以上案件并非以参与社会服务等方式"买刑"，而是在符合不起诉条件下，检察机关把社区服务等的案后表现纳入决定起诉与否的衡量范围，改变以往"一刀切"的入刑处罚，充分考虑案件情节全要素，强调刑罚的精准化和规范化。在此实践基础上，有必要探索扩大附条件不起诉的适用范围，创设有明显区分度的成年人机制。第一，成年人附条件不起诉机制的设计初衷包括平衡公共利益和被害人利益、提升诉讼效率和实行特殊预防等方面，体现出"教惩并重"原则导向。第二，该项机制的适用应当具有刑事部分稳定可靠、被追诉人认罪、悔罪的前置条件，还须经被害人的认可与同意。第三，在推进或试点初期，适用的案件范围不宜过大，应审慎拟定在可能判处3年以下有期徒刑的危险驾驶、交通肇事、故意伤害等轻微刑事案件，待机制运行成熟后再进一步研究放宽，但与未成年人的适用范围相比，仍要保持相当明显的限缩差距。第四，成年人案件附带的条件具有化解、补偿、惩罚和疏导功能，更加尊重当事人双方的意思自治，特别是提升被害人意志对附带条件的影响占比和非物质性条件的适

---

〔1〕 何挺：《附条件不起诉扩大适用于成年人案件的新思考》，载《中国刑事法杂志》2019年第4期。

〔2〕 彭波：《醉驾，做公益能否免刑？》，载《人民日报》2017年12月11日，第11版。

用地位。第五，成年人一般不设定考察期限，而是以所附条件完成为标准。第六，注重认罪认罚从宽制度办理时限与附条件不起诉必要耗时的运行兼容，尤其注重因条件未实现而导致的程序回旋等情形的时间计算方式等，避免诉讼程序的过度耗损以及巧借适用之名，行延长审查期限之实的规避行为。

（二）多元联动的诉讼开放机制

从封闭式诉讼走向开放式诉讼，认罪认罚从宽制度的强大张力，为案件处置带来了更多的路径选择。以权利保障为中心、以矛盾化解为目的是刑事诉讼程序现代化改造升级的基本形态，而这也是承载诉讼参与人司法正义寄望的实现平台。认罪认罚从宽制度的诉讼开放性是在承认刑事有限规制与消解弊端的基础上，利用制度自身活性，通过拓宽诉讼参与人及相关人员的准入方式渠道，推动刑事与民事的灵活互动、诉讼与非诉手段的有机融合，突出强调在刑事诉讼领域民事思维与方式的转化运用以及民事诉求结果的高效产出。

1. 审前化解的理念塑成

认罪认罚从宽制度中的具结约束力决定了刑民事实及全案情节审前稳固的多重利好。从实施情况来看，目前适用认罪认罚从宽制度的案件，其矛盾风险化解大多重在检察审查起诉阶段，成在公安侦查阶段。一方面，侦查人员往往以追求刑事事实的完整呈现为职责，忽视了对当事人双方矛盾纠纷的有效疏导、促成，并在侦查活动的纪律要求下，缺乏相应的干预机制支撑，从而形成了刑事案件"案结后调"的侦查意识，习惯性地把案件既有矛盾完整移交检察机关，但在检察机关的认罪认罚工作加码负重，又有紧迫办案时限的要求的情况下，检察官对矛盾纠纷的化解条件相对匮乏，和解的整体成功率不高；另一方面，在侦查阶段达成和解，可以防止现存矛盾纠纷的累积、质变，显示出被追诉人真诚的悔罪态度，为民事责任在审前履行完毕留足时间，被害人亦能及时止损、获得赔偿或精神抚慰，双方商定履行内容的类型、方式和金额等也更加宽泛、灵活，有利于满足被害人权益诉求的高质量实现，民事部分情节的变动可能性降低。因此，在认罪认罚从宽制度语境中，侦查阶段的矛盾纠纷同步化解同样也应是该项制度"繁简分流"的一个侧面，即把大多数民事争议事实简单明了的案件就地化解在侦查阶段，余留少数争议分歧较大的案件接续审查起诉及审判环节处置，而后通过刑事部分的完整呈现和释法工作等尽力促成化解。首先，侦查阶段的矛盾同步化解需要重构行政治安案件、轻微刑事案件处置程序与刑事和解制度的联动程序，既要注重刑事和解后"转行"案件的下行处理，也要关注如伤势鉴定、伤势加重等案件情节变化的程序回转和矛盾再调。其次，完善矛盾纠纷化解的司法引导，侵害方在首次接受询问时（包括行政治安案件），司法机关应当充分告知认罪认罚从宽制度内容及积极主动化解的"处置红利"。再次，双方和解的赔偿范围不应局限于现有刑事附带民事诉讼所规定的"物质损失"，应当鼓励双方采用民法典规定的人身损害赔偿范围，包括精神损害赔偿等。最后，为避免双方在侦查阶段展开和解的反复磋商和战略博弈，侦查机关可探索引入类案检索的方式，在主持调解过程中列举相似案例的合理协议（经脱密）以辅助和解的有效达成。

2. "刑民并行"的处置原则

"先刑后民"的司法习惯是刑事领域民事附带等矮化效应的负面输出。对于刑民交叉案件，历经认罪认罚从宽制度的效果透视，"先民后刑"显然成为一种最为理想的诉讼状态。但应当明确的是，刑事诉讼和民事诉讼的差异性是天然的，一旦刑事或民事判决作出后，各方均应充分尊重判决结果，不能轻易地以刑事否定民事或以民事否定刑事。[1] 基此立场，刑民诉讼的孰先孰后必须在具体案件中寻求最优次序，并在先判作出前，通盘考虑整体诉讼的稳定性，遵循两个操作原则：一是必要性原则，以"刑民并行"为原则，倡导"先民后刑"，充分采用非诉手段解决民事争端，从权利请求方面的必要性、民事部分须经刑事诉讼程序确定的必要性与证据方面的必要性等方面严格限缩"先刑后民"的适用。[2] 二是被害人权益优先保护原则，作为刑事诉讼的弱势方，在诉讼程序的选择上不仅要考虑被害人追求刑事正义的意愿，更要注重其民事正义的急切需求，加强刑事诉讼领域财产保全、担保制度建设与应用，杜绝因刑民处置规则的设置而让违法犯罪人从中获利、被害人从中受损。[3]

3. 相关主体的空间再造

在一定程度上，相关主体的参与度决定了全域诉讼的案件质效。与民事诉讼相比，认罪认罚从宽制度旨在打造半开放式诉讼参与空间，即在刑事诉讼等规程的允许范围内，赋予各类相关主体更广泛的参与空间，搭建起刑事处置与其他处置方式紧密连接的输送渠道。这其中，有几类群体值得尤为关注：一是律师群体。发挥律师群体在刑事诉讼程序的民事协同化解作用，可探索在"国家雇佣"的刑事强制辩护、法律帮助等律师参与机制内，将单纯的刑事领域服务扩展至民事领域，主要解决因刑事侵害行为而引起的民事纠纷，并统一规范侦查阶段法律帮助参与方式，明确法律帮助律师在见证被追诉人认罪认罚

---

[1] 于同志：《重构刑民交叉案件的办理机制》，载《法律适用》2019年第16期。
[2] 纪格非：《论刑民交叉案件的审理顺序》，载《法学家》2018年第6期。
[3] 汪明亮：《刑民交叉案件的处理规则与原则》，载《法律适用》2019年第16期。

允诺时，除法律咨询、程序选择建议、申请变更强制措施、对案件处理提出意见等职责外，还应当协助开展民事调解活动等。二是案件关联方。实施同一侵害行为引起的行政治安案件与刑事案件同步调处，并赋予起诉阶段检调对接的案件关联方的对象扩展，允许邀请分案行政处理的人员共同参与等。三是人民调解委员会、村民委员会、居民委员会、当事人所在单位或者同事亲友等组织或个人。逐步探索刑事和解第三方介入的督促方式，进一步强化村社公约、单位规章等对被追诉人的约束作用，增进社会环境对被追诉人复归及民事责任履行的牵引力。四是保险公司等群体。在不影响刑事案件办理的情况下探索建立交通事故等刑事程序通报衔接制度，为保险公司充分了解事故全貌、责任分配以及双方赔偿谅解情况提供必要的条件。同时，还要推广完善审前、诉前、捕前听证制度，加强司法救助等社会福利制度的有效支持。

(三) 全域环节的风险控制机制

伴随着民事部分的诉讼复位，刑民之间的交互影响愈发强烈，认罪认罚从宽制度的诉讼风险也从刑事领域扩展至全域环节，被追诉方、被害方以及司法机关成为三大风险源头。

1. 对被追诉方的风险约束

被追诉方的诉讼风险主要源于虚假的认罪认罚。实践中，一方面表现在被追诉人的虚假允诺。为获取最大利益的司法从宽，有的被追诉人谎骗司法机关、被害人等，进而达成不能即时履行的和解协议，并在得到赔偿或谅解情节司法从宽确认后，采取积极主张或消极对待等形式拒不履行民事责任。针对这一行为，需要从民事责任的履行条件方面予以审核确认，尤其要关注订立及履行时的主客观条件变动，如始终（不）具备履行的条件，且无判后被害人过错等正当缘由的，则需根据情节作区别化处理：一是相对不起诉案件，排除赔偿谅解等民事情节，符合起诉条件的，应当撤销原判决，依法提起公诉；[1] 二是尚未判决案件，检察机关通过动态量刑调整或撤销认罪认罚等形式给予虚假态度的否定性评价，恢复到不认罪认罚或没有获得赔偿及谅解的状态；三是已判决案件，原则上应当保持司法结论的稳固性，检察机关仅对要素排除后符合抗诉条件的案件提出抗诉，被害人等可通过法定渠道进行控告或申诉，其余未达抗诉标准的，应当通过民事诉讼加以规制。另一方面表现在被追诉人的恶意报复，主要是被追诉人经司法认罪认罚认定后，所采取的恶性报复行为等，包括持续侵害、滋扰、辱骂等。对此类案件的处理方式与虚假允诺案件较为相似，并在上述处置基础上还需加强司法诉讼环节的释法劝导、风险移转和被追诉人的家属约束等，探索"禁止令""风险码""违约金"等手段的创新适用。

2. 对被害方的风险约束

被害方的诉讼风险主要源于被害方赔偿请求明显不合理，阻碍认罪认罚从宽制度适用。针对被害方在认罪认罚过程中的"索价"行为，其一，要有三点基本的认识：一是被害方对案件认罪认罚从宽制度的适用没有否决权。《指导意见》第18条明确指出由于被害方赔偿请求明显不合理，未能达成调解或者和解协议的，一般不影响对犯罪嫌疑人、被告人的从宽处理。这说明，虽然认罪认罚从宽制度设置了征询被害人意见等程序，但最终是否适用该项制度还是由检察机关经审查基本案情和被追诉人认罪认罚态度后而作出决定，被害人的意见并不能

---

[1] 苗生明：《认罪认罚后反悔的评价与处理》，载《检察日报》2020年2月20日，第3版。

决定该项制度的适用，仅会带来诸如无法适用速裁程序等局部影响。二是被害方请求的合理性判断应当具有宽泛的司法容忍度。基于犯罪行为的严重危害性，被害方遭受的实际损失可能要远远大于刑事领域现有认定的范围和程度，比如伤势持续恶化、带有精神寄托的信物、照片的损毁等，也存在被害方的诉求与一般案件的处置差异，又如被害方倾向于通过劳务补偿、赔礼道歉等方式，而非经济赔偿等。基于此，司法机关在实际办案中要充分了解被害方的真实意愿，有效统筹物质损失和精神损失两个方面，切忌同类案件处置比对后的机械化认定。三是对被害方诉求采取必要的风险防控是基于全域诉讼质量的考虑，本质上也有维护被害人利益的考量初衷。努力避免诉讼的过分延迟与刑民交替的诉累，争取把被害方的诉求引导至合理的区间内，尽量尊重被追诉方认罪认罚的真诚，保证满足责任负担的司法基本标准。其二，围绕以上"三点基本认识"，在约束被害人诉讼风险的路径上，主要从强制措施适用和具结量刑的两个层面展开，创设赔偿金预缴制度，在暂时无法达成和解协议或暂时无法联系到被害人等未能步入履责阶段的情形下，被追诉方可采取一次性或分期支付等形式向第三方账户缴纳一定的数额，该数额应当由检察机关或经调解组织等第三方确定，而收款账户则建议由审判机关或司法行政、民政部门实施统一管理。在诉讼期间，被害方经申请确认可以审判前支取使用。检察机关在审查逮捕、审查起诉时应当将该情节考虑在内，并在是否作出批捕决定、酌定从宽处置等方面予以体现，但是不能将其与"获得被害人谅解"混为一谈，仅可视为"积极履行赔偿"。

3. 对司法机关的风险约束

将刑民交融深度内化于认罪认罚从宽制度会引发"权权交

易""权钱交易"和纵容犯罪等司法腐败、不端的现象隐忧。加强对司法机关的风险约束就是要保证各项诉讼活动在法律的轨道上有序运行，坚决防止以刑事案件名义插手民事纠纷、经济纠纷，还要防止以民事纠纷、经济纠纷名义排除刑事案件，深化司法责任制，巩固提升相互配合、相互制约的职能作用。除进一步完善律师制度、听证制度、人民监督员制度等外部监督机制外，对于司法机关诉讼风险内部制约主要体现在三个方面：一是夯实侦查阶段证据基础。认罪认罚从宽制度项下的侦查环节主任务是全面收集、巩固证据，履行好第一次告知认罪认罚从宽制度内容的职责，并为后续案件处置提供有利条件。在绝大部分情况下，侦查机关无须对被追诉人是否认罪认罚作出判断，而应更加注重在证据特别是影响刑事判断的民事部分证据的侦查获取。二是强化检察机关诉讼主导责任。建立完善的检察机关介入侦查活动机制，加强对侦查机关"挂案""下行案件"等的专项监督，探索刑事诉讼领域民事检察职能的融合支撑模式，围绕起诉裁量权构建符合刑民交融趋势的不起诉制度，与审判机关会商出台常见罪名的量刑指导意见，建立刑事案件数据库，推进智慧检务量刑数字化建设，有力保障认罪认罚的从宽精准度。同时，在新近出台的《人民检察院办理认罪认罚案件监督管理办法》《检察机关案件质量主要评价指标》等意见的基础上构筑全域检察机关诉讼风险内控体系。三是尊重审判机关审判权威。审判环节是保障认罪认罚案件公正处置的最后一道司法防线。审判机关应当依法严格履行实质审查职责，注意从民事责任履行状况视角去分析被追诉人认罪认罚的自愿性及具结书内容的真实性、合法性，进而延伸审查前端诉讼活动是否合法、规范，并综合全案情节依法认定量刑建议及具结内容是否属于"一般应当"采纳的条件，如出现明显违反罪责刑相适应原则、悖离司法公正或者人民群众公平正义观念、违背一般司法认知等明显不当情形，仍然可以提示检察机关变更或作出公正判决。[1]

---

[1] 胡云腾：《正确把握认罪认罚从宽 保证严格公正高效司法》，载《人民法院报》2019年10月24日，第5版。

环境犯罪案件适用认罪认罚从宽制度的难点及对策[*]

孙洪坤　陈雅玲^{**}

认罪认罚从宽制度是司法机关推动实现诉讼效率与公平兼顾的重要制度，更是国家和人民根本利益得以共同实现的基础制度。2018年刑事诉讼法从法律上正式确立了认罪认罚从宽制度，此后制度的贯彻实施成为重点建设内容。截至目前，根据知网信息检索，我国法学界鲜有关于环境犯罪适用此制度的研究，而环境犯罪以其独特的客体、复杂的因果关系在刑事案件中具有独立地位。司法实践中，存在环境犯罪领域认罪认罚案件适用率低的问题。因此，研究环境犯罪与认罪认罚从宽制度的适用问题具有理论意义和现实意义。

一、问题探究：制度适用的基础理论与实践分析

从环境犯罪的特殊性、实践中认罪认罚案件适用情况以及两者之间的关系问题进行整体分析，有助于明晰环境犯罪在制度适用中可能出现的问题，便于进一步厘清环境犯罪与认罪认

---

* 本文荣获"认罪认罚从宽制度理论与实务研究"征文活动三等奖。
** 孙洪坤，安徽大学法学院教授；陈雅玲，浙江农林大学环境法学硕士研究生。

罚从宽制度的适用逻辑，从而提出解决问题的详细对策。

（一）环境犯罪案件适用认罪认罚从宽制度的特殊性

其一，环境犯罪的客体界定具有争议。环境犯罪客体问题在我国学界中存在普遍争议。例如，张明楷教授认为，"环境犯罪的保护法益主要存在纯粹人类中心的法益论与纯粹生态学的法益论以及折中说三种情况"。〔1〕环境犯罪的客体争议产生的另一原因是环境犯罪的实体法规制主要集中在刑法分则第六章第六节的破坏环境资源保护罪一节中，没有按照传统刑法犯罪统一客体独立设章进行分类规制。环境犯罪客体的不确定性，为环境犯罪的定罪处罚带来巨大挑战。

其二，环境犯罪的因果关系证明困难且复杂。"环境"一词的概念本身存在众说纷纭的情况，我国法学界关于环境犯罪特点及其规制的方法也存在较多的争议。〔2〕环境犯罪整体刑事法证据规制体系不清晰和环境认定技术壁垒问题为环境犯罪的定罪造成阻碍。

其三，环境刑法行政附属性的问题。诚然，有关环境犯罪是否具有行政附属性问题存在争议，但是环境犯罪中的罪名大多以违反行政法规为构成犯罪的前置条件这是毋庸置疑的。以违反行政法规为犯罪前置条件使得环境犯罪的认定存在较大的难度，司法机关需要结合行政机关对于行政法规的具体解释和专业知识来精准认定犯罪事实。单位环境犯罪中受限于当前刑法非刑罚处罚方式的缺失，导致出现惩罚力度

---

〔1〕 张明楷：《污染环境罪的争议问题》，载《法学评论》2018年第2期。
〔2〕 "污染环境犯罪存在因果关系的证明和认定错综复杂，相关刑事法规范中涉及因果关系证明及其认定的规则阙如，刑事司法具体应对措施缺少等问题。"杨继文：《污染环境犯罪因果关系证明实证分析》，载《法商研究》2020年第2期。"环境犯罪本身具有危害结果的隐蔽性、渐进性、不可逆性以及因果关系的模糊性等特点。"付立庆：《中国〈刑法〉中的环境犯罪：梳理、评价与展望》，载《法学杂志》2018年第4期。

低于行政处罚的情况。

其四,"环境刑法对环境犯罪的规制越来越严",[1] 这是基于当前环境问题的严峻性而定的整体基调。然而,趋严的环境刑事犯罪在当前整个刑法规定轻缓化趋势的总体构架中是较为特殊的。

其五,环境检察职能承担的任务较重。环境犯罪案件往往以环境刑事附带民事公益诉讼的方式进行,从而保障生态修复。检察机关提起的公益诉讼案件以环境公益诉讼案件为主。如下图[2]所示,2019 年环境公益诉讼案件明显高于其他类型案件,可见环境领域检察机关的职责众多,环境犯罪以检察机关主导的范围更明显。

图 1 法定公益诉讼领域 "4 +1"

---

[1] 刘艳红:《象征性立法对刑法功能的损害——二十年来中国刑事立法总评》,载《政治与法律》2017 年第 3 期。

[2] 图片来源于 2020 年《最高人民检察院工作报告》。

以上环境犯罪相较于传统犯罪的特殊性都使环境犯罪独立于其他犯罪，单独研究认罪认罚从宽制度在环境犯罪中的适用在于其具有独立研究价值的意义。

（二）环境犯罪案件适用认罪认罚从宽制度的现状

根据2019年最高人民检察院认罪认罚案件的主要办案数据可以得出如下情形：[1]

图2 2019年认罪认罚从宽制度适用情况

上图显示，2019年认罪认罚从宽制度适用情况和审结占比呈现明显的上升趋势，2019年底，制度的总体适用已经基本达到检察机关相应的适用率要求。2019年10月"两高三部"《关于适用认罪认罚从宽制度的指导意见》（以下简称《指导意见》）的出台对当月案件制度的适用率产生一定影响。随后，《指导意见》的适用率与审结占比走向趋同，可见《指导意见》对认罪认罚从宽制度的具体审理具有一定的帮助作用。

进一步分析环境犯罪适用该制度的具体情况，可以从法院

---

[1] 数据来源：2020年5月25日在第十三届全国人民代表大会第三次会议上所作的《最高人民检察院工作报告》，载最高人民检察院网，http://www.spp.gov.cn/spp/gzbg/202006/t20200601_463798.shtml，2020年6月20日最后访问。

公布案件的判决书中找到答案。在中国裁判文书网首先以"破坏环境资源保护罪"为关键词,裁判截取年份为 2018 年、2019 年和 2020 年至今,检索文献数量。之后,以"认罪认罚从宽制度"为关键词进一步限制进行文献检索,得出以下数据。

2018 年至今破坏环境资源保护罪案件判决书涉及认罪认罚从宽制度情况[1]

年份	案件总件数(件)	认罪认罚案件数(件)	案件比例
2018 年	26897	76	0.28%
2019 年	30534	277	0.91%
2020 年至今	7713	160	2.07%

根据上表,假定所有破坏环境资源保护罪判决书中提及认罪认罚从宽制度的都属于认罪认罚案件,显然 2018 年至 2019 年公布的文书中破坏环境资源保护罪案件的制度适用率极低,尽管 2020 年至今有了明显提升,但仍未达到检察机关要求的适用率。即便实务中可能存在较多认罪认罚不起诉的案件,但是以判决书为例的认罪认罚案件适用率远远达不到要求。

此外,对环境犯罪认罪认罚的典型案例进行分析,探索总结实践中存在的问题。2019 年最高人民检察院发布的《检察机关适用认罪认罚典型案例》中,丰某某盗伐林木案属于典型的环境犯罪认罪认罚案件。该案件的主要意义是:检察机关充分履行主导责任,对于拟作出不起诉决定的案件进行了部分程序

---

〔1〕 数据来源于中国裁判文书网,https://wenshu.court.gov.cn/,2020 年 7 月 10 日最后访问。

公开的创新实践。[1] 可见，实践适用中认罪认罚从宽制度的具体适用规则需要明晰化，使用方式和相关适用的认可度提升都需要不断创新。

综上，实践中环境犯罪认罪认罚案件中存在的问题大致还可归结为以下原因：其一，当前我国环境刑法的犯罪构成以违反国家环境政策为前提。针对环境问题，环境行政法规制起到至关重要的作用。我国环境行政责任中有关的资格罚甚至比环境刑事责任更加具有现实效力，尤其是单位环境主体，宁可加重违法行为达到承担环境犯罪刑事责任，也不愿意仅仅作出环境违法行为，这种情况屡见不鲜。其二，办理环境犯罪案件人才缺失问题。缺乏律师的有效帮助是造成控辩双方力量差距较大的重要因素，当前我国律师队伍中有关环境犯罪的律师比率更低，这就制约着犯罪嫌疑人或被告人认罪认罚从宽制度适用的自愿性和实质性环境犯罪的认定问题。

(三) 环境犯罪案件适用认罪认罚从宽制度基础理论分析

《指导意见》明确了认罪认罚从宽制度运用的具体规则和试点过程中相关问题的解决方案。以下结合《指导意见》和认罪认罚从宽的整体流程就该制度暂未解决的理论问题进行剖析。

第一，认罪认罚从宽制度虽然在刑事诉讼法中作了明确规定，但是实体法中并没有对此进行确认。法律规定的减轻以上的从宽处罚制度由刑法规制，否则报请最高人民法院核准后才能适用的程序依旧复杂。因此，现有的认罪认罚从宽制度规则实际运用得当的只能是从轻处罚，减轻或免除处罚的现有程序

---

[1]《检察机关适用认罪认罚典型案例》，载最高人民检察院网，https：//www.spp.gov.cn/spp/xwfbh/wsfbh/201910/t20191024_435825.shtml，2020年7月4日最后访问。

并不能得到缩减从而达到刑事案件繁简分流的目的。只能在法定刑的限度内进行从轻处罚会造成个案适用从宽制度差距不明显的情况出现,为检察机关根据不同情况提出不同且精准的量刑建议带来较大挑战。

第二,对犯罪嫌疑人、被告人认罪认罚反悔或撤回的应对,在环境犯罪案件中遇到特殊问题。[1] 根据当前的科技水平,司法机关证明环境犯罪本身的因果关系难度较大。检察机关公开相关证据很可能给予犯罪嫌疑人或被告人定罪不能的内心确信,从而直接不认罪或者后期的反悔或撤回。这就增加了环境犯罪中检察机关掌握证据是否公开、何时公开的选择难度,检察机关在环境犯罪案件中对认罪认罚的真实性更加采取审慎态度,在一定程度上影响到该制度的适用。

综上,环境犯罪适用认罪认罚从宽制度存在一定的实体和程序问题,准确推进环境犯罪适用认罪认罚从宽制度的详细规制具有重要的理论意义。

二、方法概述:制度适用的合理性和可行性分析

环境犯罪适用认罪认罚从宽制度在理论中存在一些问题,这是否意味着环境犯罪与认罪认罚从宽制度不适配?答案是否定的,因此,有必要论证两者之间适配的合理性。解决这一问题,可以通过马克思主义的利益分析方法,平衡各方利益,把握主要矛盾。现行的认罪认罚从宽制度由检察机关主导。本文

---

[1] 苗生明、周颖:《认罪认罚从宽制度适用的基本问题——〈关于适用认罪认罚从宽制度的指导意见〉的理解和适用》,载《中国刑事法杂志》2019年第6期。

通过对案件各个参与方,即检察机关、被害人、律师、犯罪嫌疑人或被告人和法院等不同主体在不同立场上的利益分析,指出环境犯罪认罪认罚从宽制度适用中的利益平衡和制度构建原理。

目前环境犯罪案件中存在附带民事公益诉讼的环境刑事案件,检察机关在该类案件中具有绝对的主导地位。[1] 检察机关在处理环境犯罪案件方面具有天然优势,不仅能够代表国家行使国家利益保障的职能,而且可以代表公众行使公共利益保障职能。由检察机关主导环境犯罪认罪认罚案件的处理,能够准确保障环境犯罪中的国家和公共利益,同时兼顾效率价值。而且,检察机关行使的是我国宪法赋予的法律监督权。[2] 检察机关确定环境犯罪案件适用认罪认罚从宽制度,是兼顾诉讼效率和环境公平正义决策后的必然结果。

在刑事案件中,被害人处于弱势地位,检察机关代表被害人行使权利,其权益的保障也主要依赖于检察机关。《指导意见》明确,被害人与其诉讼代理人是否同意,不影响制度的适用。[3] 在环境犯罪中,除了损害被害人权益外,更多的是生态环境的损害。然而,生态环境利益的权利行使主体不明确且权利行使的及时性暂时达不到要求,单纯由被害人以私人利益救济极易导致生态利益被忽视。由检察机关主导环境犯罪认罪认罚案件的重要原因就是检察机关能够重视环境利益,凸显了国家利益和社会公共利益的重要要求。

---

[1] 曹东:《论检察机关在认罪认罚从宽制度中的主导作用》,载《中国刑事法杂志》2019年第3期。

[2] 孙洪坤:《检察院司法行政事务管理权和检察权相分离研究——基于实证考察的分析》,载《东方法学》2018年第2期。

[3] "两高三部"《关于适用认罪认罚从宽制度的指导意见》第18条。

在认罪认罚案件中，犯罪嫌疑人、被告人是适用该制度的受益者。并且认罪认罚使公安机关、检察机关或法院的办案效率得到了显著提升，使得犯罪嫌疑人、被告人放弃逃避处罚的可能性。在难以证明因果关系的环境犯罪案件中，这种放弃是较为重要的。犯罪嫌疑人、被告人对案件事实的供述可以极大地促进案件证成的可能性，同时防止进一步损害环境利益。以环境利益的保障来换取其从宽处罚的可能性对于国家和公共利益而言都是极其有利的。

法院作为认罪认罚案件的审判机关，在案件审判过程中处于居中裁判地位，而检察机关提起的认罪认罚量刑建议能够极大地提升审理案件的效率，这就需要法院积极保障控辩双方的权益。法院作为案件审理中的中立方不应以是否适用简易程序等而降低审查力度，反而需要对认罪认罚案件中被告人认罪认罚的自愿性进行严格审查。在环境犯罪案件中，法院要严格审查制度适用的合理性和必要性，从而维护国家、社会公共和生态等利益。

惩罚环境犯罪最终目的在于保护环境和生态利益。建立认罪认罚从宽制度的根本目的在于鼓励犯罪嫌疑人、被告人主动服法，促进刑事案件处理效率与公正的统一。环境刑法适用认罪认罚从宽制度在基础原理上具有合理性，两者的利益追求不存在矛盾冲突。

认罪认罚从宽制度可以将触犯环境刑法的后果一定程度上降低到部分犯罪嫌疑人或被告人的心理预期内，在抉择认罪认罚后的刑事处罚和环境行政处罚的利益差距后，选择去公安机关主动投案并认罪认罚。虽然这可能造成公安机关处理刑事案件数量的增加，但是由公安机关进行环境刑事案件与行政案件的区分，可促使环境刑事案件的实体运用和发展。简言之，适用环境刑法能够在一定程度上减轻当前环境刑法行政附属性的现状。

环境犯罪具有隐蔽性和后果不定性的特点，在当前环境犯罪案件因果关系证明技术不够成熟的情况下，犯罪嫌疑人或被告人认罪认罚对有效避免扩大性环境事件的发生和及时解决隐患性环境问题具有重大意义。例如，当前环境污染犯罪一般在发生重大环境污染或生态破坏后被追责，而追责对环境本身修复的效果并不理想。认罪认罚从宽制度能够促使犯罪行为人在危害结果尚未发生或者环境破坏程度不大时主动向检察机关投案，从而提升国家和社会及时发现环境问题和解决环境问题的可能。当前环境犯罪存在诸多环境或生态无法修复或修复成本极高的问题，着眼于事前的预防或初始的犯罪的处理更有利于实现环境刑法的根本功能。

尽管环境犯罪案件适用认罪认罚从宽制度呈现主要矛盾的可化解性和一定条件下的合理性，但是要使环境犯罪案件完全与认罪认罚从宽制度相互适配还需要解决两者各自本身的问题及适用中已经存在的问题。

三、理论架构：问题解决对策的基础原理

"刑罚的必定性是对犯罪最强有力的约束力量。"[1] 环境犯罪认罪认罚案件面临的最大挑战就是刑罚的必定性和从宽幅度的确定性、透明性问题。环境犯罪案件刑罚的必定性在于对

---

[1] [意]贝卡里亚：《论犯罪与刑罚》，黄风译，中国大百科全书出版社1993年版，第59页。

犯罪事实的完全掌控，而环境犯罪特别是污染型环境犯罪基于其"自然环境或生态"的对象存在"混沌系统",[1]需要明确给犯罪行为人的是认罪认罚相比不认罪认罚从宽的必定性；而不确定性在于犯罪行为人认罪认罚的时机、环境案件的难易程度、危害后果等由检察机关主导判断的从宽幅度的选项。基于矛盾的普遍性原理，针对确定性内容的处理方法要统一确定，即要大力宣传认罪认罚从宽制度中从宽的确定性，针对不确定的问题需要具体问题具体分析，需要充分发挥检察机关的自主能动性。面对具体案件进行具体分析构建相应的案件从宽幅度量化分析表，最终以相关确定的可控幅度与辩方进行协商。这也是当前实践中检察机关有为认罪认罚案件精准量刑设立量化表格的做法，但并未普及和明确的重要原因。为达成环境犯罪与其他犯罪适用认罪认罚从宽制度规范构建相一致的要求，有必要为环境犯罪认罪认罚案件制定单独的适用机理从而提升适用效率。

首先，环境犯罪损害的利益具有多重性，相较于传统犯罪通过服刑以纠正其犯罪行为，环境犯罪通过服刑修复受损环境利益的效果并不明显，环境犯罪的破坏更重要的是需要人力物力对环境的保护和修复。鉴于此，对于环境犯罪从宽幅度及透明度的建设可以参照适用利益平衡理论。环境犯罪中，可以以犯罪嫌疑人或被告人认罪认罚后产生的对环境保护的实际利益与未认罪认罚时损害的环境利益进行对比，产生现有从宽制度中从轻处罚的幅度比例。

其次，认罪认罚从宽制度存在控辩协商的状况下，环境犯

---

[1] 单钰淇:《基于混沌理论的犯罪心理生成机制研究》,载《系统科学学报》2019年第1期。

罪嫌疑人或被告人如果能完全修复生态环境或者完全将生态利益或环境利益补足，未来在环境刑法变更的前提下，也可适用减轻或免除处罚，以此推进认罪认罚从宽制度适用的范围同时促进环境的有效保护。另外，运用利益平衡理论还可以明确需要加强对环境犯罪认罪认罚案件的监管。

最后，基于上述理论和《指导意见》相关量刑的规定，环境犯罪需要其独特的量刑理论，故而本文将构建相应的利益对等交换理论。[1] 环境犯罪利益对等交换理论是将犯罪嫌疑人或被告人认罪认罚后产生的实际环境利益与不认罪认罚的环境利益损失之间相对比，形成一个准确的环境利益基数，这是单独适配环境犯罪的特殊设计，主要是根据犯罪嫌疑人、被告人认罪供述使国家获得环境利益的大小确定量刑的年限。这是基于环境犯罪的客体可以修复或者相关环境利益可替补的特性进行的设计。依据环境犯罪情况确定好量刑基础幅度范围后，结合不同阶段供述和量刑的不同价值对案件审理效率的影响，同时将认罪时机、认罚效果等影响因素统一进行量化分析最终形成可视化的检察建议。在案件发生后，只需将该可视化的检察建议给予犯罪嫌疑人进行选择适用，让犯罪嫌疑人清晰地看到自己在哪个阶段认罪认罚最终将会有什么样量刑建议，使犯罪嫌疑人或被告人对自身行为有清晰的认知并作出准确的利益衡量。

---

[1] 利益对等交换理论主要以环境利益损害进行交换，这是以环境容量理论为基础，一般类型的犯罪无法进行交换。

四、规范构建：制度适用问题的具体对策

前述理论可作为环境犯罪适用认罪认罚从宽制度的理论基础。在整体理论架构的基础下，需要具体的原则对规则机制进行整合支撑，进而形成完善的解决对策，真正解决适用中存在的具体问题。

第一，差异审查原则。差异审查原则，即在案件证明标准不变的情况下，对复杂程度不同的环境犯罪采用不同的审查标准以控制从宽制度的适用。这有利于避免环境犯罪行为人通过认罪认罚从宽制度逃避或减轻处罚来获取不正当利益。严格证据核实，做到充分证明认罪认罚确有利于司法机关处理案件，或者有利于环境保护的情况才能适用从宽制度。从宽的幅度也必须经过严格的审查和计算，认罪认罚对司法机关的案件处理效率的提升以及促进环境保护的具体利益，都是环境犯罪从宽幅度的考察标准。

第二，审慎适用原则。部分环境犯罪行为的社会危害性极大且造成的后果难以估量。环境政策也随着国家的发展和社会的进步而发生变化，因此，特殊时期的特殊环境案件应该避免适用认罪认罚从宽制度以提升相应环境刑法预防犯罪的效果。例如，在本次疫情初期，野生动物保护的问题受到全国关注，在此期间有关野生动物保护案件的处理就可以选择不适用认罪认罚从宽制度，已达到对全国人民示警和犯罪行为的震慑作用。

第三，整体协调原则。整体协调原则，是指在环境犯罪中适用认罪认罚从宽制度，要遵循刑法规制目的，以达到整体性

规划和细节性处理同步，达成制度适用规制的合理性。换言之，环境犯罪与认罪认罚从宽制度之间要做好整体的衔接工作，两者之间要相互促进。遵循整体协调原则，能够使环境犯罪的定罪处罚达到最佳的状态。这个原则的基础就是理解环境犯罪刑罚的最终目的，从而有选择地适用从宽或者环境犯罪本身从严的制度。

第四，发展完善原则。环境技术壁垒问题随科学技术发展不断变化，新技术的产生可能解决传统环境问题也可能带来新的环境问题，故而环境犯罪的内容也日新月异，环境刑法也必将随之变化发展，认罪认罚从宽制度与环境犯罪两者之间配合适用也应该随之变革。基于生态环境状况不容乐观的现实状况，在环境犯罪刑罚处罚趋严的制度下，认罪认罚从宽制度的适用就应当与之相适应，注重从宽的幅度，不降低刑法的威慑力。今后，我国认罪认罚从宽制度的完善发展以及环境刑法的完善发展都能够促进两者之间的互配适用，同时符合当时社会发展状况。

第五，自愿申辩原则。自主、自愿原则是环境犯罪认罪认罚案件中强调的重点。司法机关必须如实向犯罪嫌疑人或被告人解释说明制度适用的整体规则。检察机关必须保障犯罪嫌疑人或被告人的陈述申辩权利，不得以认罪认罚作为主要证据来源，不得以认罪认罚剥夺其陈述申辩的权利。

第六，精准及时原则。环境犯罪适用认罪认罚从宽制度比例较低的状况下，有必要考虑认罪认罚从宽制度在环境犯罪适用中量刑建议的透明度和精准度问题。基于环境犯罪因果关系证明的困难性，证据收集的难度，应该注重庭审实质化的适用，以促进环境犯罪案件从宽量刑建议的精准性和公开性。检察建议的精准信息确定后应当及时告知辩方。

环境犯罪案件中认罪认罚从宽制度的具体运用需要更为确切的法律制度予以规定和完善。基于环境犯罪的特殊性，特提出以下环境犯罪适用认罪认罚从宽制度的规则。

一是限制认罪认罚从宽制度在环境犯罪中的适用范围。虽然法官可以在环境犯罪案件中选择适用该制度，但是否适用该制度对犯罪嫌疑人、被告人权益有很大影响，甚至可能对国家和社会公共利益产生重大影响。一旦认罪认罚从宽制度适用不符合人民群众的心理预期，势必使人民群众对法官选择的公正性产生质疑。因此，限制有重大环境风险的案件的制度适用具有理论基础和现实意义。

二是推进环境刑法设立非刑罚处罚措施。当前环境犯罪的刑事责任只有传统刑事处罚措施，难以满足环境犯罪多重客体保护的需求。因此，认罪认罚从宽制度适用的标准中，认罚的要求应当包括修复环境的义务，尤其是最终被判处缓刑的被告人，在缓刑执行期间应当设立积极履行环境修复的义务，以此来促进生态环境的切实保障。从宽处罚后，环境犯罪非刑罚处罚方式可以补足环境刑罚的威慑力。

三是制定污染型环境犯罪终身追责制。污染型环境犯罪的部分犯罪行为的后果在短期内难以显现或需要较长时间的监测，在适用该制度的情况下，对犯罪嫌疑人或被告人确定的刑责可能造成罪责刑不一致的情况发生。认罪认罚从宽制度设立的目的之一是使刑事程序化繁为简，如果基于污染型环境犯罪后果的不可预计性来断案，就很难实现认罪认罚从宽制度设立的目标。因此，要设立适用环境污染案件终身追责制，可提前避免通过认罪认罚从宽制度规避过重刑责的可能。

四是单位环境犯罪特殊审查制度。由于单位环境犯罪其因果关系难以证明，容易造成"顶包"现象。实践中，基于科技壁垒环境犯罪的因果关系认定也难以完全厘清，在当前环境刑事案件缺乏资格罚的情况下，对单位进行刑事处罚难以起到威慑作用。在单位环境犯罪中适用认罪认罚从宽制度应当根据单位犯罪的特殊性，制定单独针对犯罪嫌疑人或被告人的特殊审查制度，包括法人资格与实质权利人之间的审查、犯罪嫌疑人或被告人参与环境犯罪的具体内容的审查等。

五是环境犯罪案件不起诉的适用制度。环境刑法的根本目的在于保障环境权益，犯罪嫌疑人或被告人自愿性认罪认罚能够及时阻止环境损害同时保障环境损害的修复，这就满足刑事案件危害不大的不起诉标准。环境犯罪认罪认罚案件不起诉的适用，是通过明确的处罚规则来降低环境犯罪案件的发生的可能。加大不起诉制度适用的宣传力度能够鼓励环境犯罪行为人主动投案，降低环境与生态安全管理的成本。

六是制定检察普法生态环境宣传教育系统制度。杜绝环境犯罪的发生，增强环境保护意识至关重要。基于检察教育理念，环境犯罪适用认罪认罚从宽制度是新一轮控辩关系的博弈、由检察机关居于主导地位的重要制度探索。检察机关对此类案件的宣传教育工作显得极为重要。针对现有案件已经形成控辩双方对立的现实状况，检察机关可制作官方格式化和全公开的宣传视频或者新媒体建设，以一种客观且证明力强的形式对犯罪嫌疑人或被告人进行制度宣传，能够使该制度得到犯罪嫌疑人或被告人的内心确信。与此同时，生态环境检察普法教育制度也便于在值班律师缺失的地区普及认罪认罚从宽制度。检察教育不仅对于辩方进行，对于被害方认罪认罚从宽制度的检察教育也有利于得到被害方的理解和支持。

五、结语

环境犯罪的特殊性使得其在适用认罪认罚从宽制度时需要关注更多的内容。认罪认罚从宽制度与环境犯罪间的适用过程中既存在相互促进之处也存在摩擦。以利益对等交换理论为基础,构建环境犯罪适用认罪认罚从宽制度独特合理的量刑政策,不仅有利于解决环境犯罪中的特殊问题,也有利于刑事司法整体从宽处罚制度的建设。以检察教育的方式推动环境犯罪认罪认罚案件自愿性的适用,既有利于犯罪嫌疑人、被告人的利益,也有利于律师与犯罪嫌疑人、被告人之间信任关系的建设,保障被害人的知情权,也利于提高检察机关的公信力。

涉众型经济犯罪案件适用认罪认罚从宽制度研究[*]

付　强　吕晓华　邵烟雨[**]

当前涉众型经济犯罪高发，大案要案频发，部分案件呈现"双百"特征，即个案涉案犯罪嫌疑人达百人，涉案金额达百亿元，案件侦破难度显著增加，追赃挽损、社会维稳压力较大。而认罪认罚从宽制度自 2016 年试行以来，为解决涉众型经济案件的维稳、追赃等难题，提供了一条可行的路径，但其中依然存在诸多问题有待解决，本文拟从认罪认罚从宽制度在涉众型经济案件适用中的现存问题入手，进一步思考相关工作的推进思路，提出改进建议，完善制度设计。

一、涉众型经济犯罪案件适用认罪认罚从宽制度的背景

随着当前市场经济的快速发展和司法改革的深入推进，如何保障涉众型经济犯罪各方当事人权益与确保刑事诉讼质效、

---

[*] 本文荣获"认罪认罚从宽制度理论与实务研究"征文活动三等奖。
[**] 付强，北京市海淀区人民检察院第九检察部检察官；吕晓华，北京市海淀区人民检察院第二检察部检察官；邵烟雨，北京市海淀区人民检察院第二检察部检察官。

维护经济社会稳定，已日渐引起理论与实务界的重视。2014年，党的十八届四中全会通过的《中共中央关于全面推进依法治国若干重大问题的决定》首次提出"完善刑事诉讼中认罪认罚从宽制度"。2015年，最高人民法院《关于全面深化人民法院改革的意见——人民法院第四个五年改革纲要（2014—2018）》指出"完善刑事诉讼中认罪认罚从宽制度。明确被告人自愿认罪、自愿接受处罚、积极退赃退赔案件的诉讼程序、处罚标准和处理方式，构建被告人认罪案件和不认罪案件的分流机制，优化配置司法资源"。该文件首次将"自愿认罪、自愿接受处罚、积极退赃退赔"纳入认罪认罚内涵，也为涉众型经济案件部分实践难题的解决提供了与当事人间协商的具体焦点及思路。2016年7月，中央全面深化改革领导小组第26次会议通过的《关于认罪认罚从宽制度改革试点方案》又进一步指出，完善刑事诉讼中认罪认罚从宽制度，涉及侦查、起诉、审判等各个诉讼环节，要明确法律依据、适用条件，选择部分地区依法有序稳步推进试点工作。紧接着，2016年11月，"两高三部"联合发布《关于在部分地区开展刑事案件认罪认罚从宽制度试点工作的办法》（以下简称《办法》），对试点要求作出明确部署，《办法》的出台，标志着探索保障涉众型经济犯罪等各类刑事犯罪被追诉人权益与刑事诉讼质效共赢的认罪认罚从宽试点在实务界正式启动。2018年刑事诉讼法修改，正式将认罪认罚从宽制度在立法上予以确立，也为涉众型经济犯罪认罪认罚从宽工作开展的合法性提供了明确的立法依据。2019年"两高三部"印发《关于适用认罪认罚从宽制度的指导意见》，为正确实施刑事诉讼法新规定，精准适用认罪认罚从宽制度，确保严格公正司法提出具体工作要求。

二、涉众型经济犯罪案件在适用认罪认罚从宽制度中存在的问题

（一）推广适用存有分歧

现有机制对认罪认罚从宽情节的适用范围已有所界定，但在认识上仍有分歧，在涉众型经济犯罪，尤其是在其中的重罪案件中的推广运用仍较有限。《刑事诉讼法》第15条规定："犯罪嫌疑人、被告人自愿如实供述自己的罪行，承认指控的犯罪事实，愿意接受处罚的，可以依法从宽处理。"从规定来看，认罪认罚从宽处罚原则上适用于各类刑事案件。但部分观点认为，认罪认罚从宽制度"原则上可以适用于所有案件，包括可能判处死刑在内的重罪案件。例外情形为'罪行极为严重，没有从宽余地'的案件，也即被追诉人认罪认罚后对处理结果无影响的案件"。[1] 确实，对于一项新制度在其运行初期应被谨慎适用，但是否因重罪案件一般疑难、复杂，即理所当然应将其排除在认罪认罚从宽制度之外，这点值得商榷。

第一，该种观点错误地将"可以从宽"等价于"应当从宽"。是否适用认罪认罚从宽制度与案件是否在处理结果上必然给予"从宽"，二者之间没有必然的等价性。认罪认罚从宽制度的"从宽"应理解为"可以从宽"，即适用认罪认罚从宽的案件，司法人员可以根据案件本身的性质作出从宽的处理，也可以作出不从宽的处理。笔者认为，以案件性质即绝对排除

---

[1] 陈光中、马康：《认罪认罚从宽制度若干重要问题探讨》，载《观点摘要专刊》2016年第157期。

重案适用，是毫无必要的。

第二，重案适用认罪认罚从宽制度有利于案件办理法律价值与社会价值的实现。犯罪结果的发生，是既定事实无法改变，但犯罪结果产生后如何将结果造成的损害降至最低，如何最大限度地追赃挽损，是司法人员在惩处涉众型经济犯罪，应予重点考虑的另一要素。对于重罪案件推行认罪认罚从宽制度，有利于通过"从宽"的激励，在被追诉人自愿认罪认罚的前提下，及时办结案件、维护公平正义；在被追诉人积极赔偿的前提下，尽可能地弥补损失，化解社会矛盾；在被追诉人真诚悔罪的前提下，实现刑罚预防犯罪的最终目的。

第三，为保障认罪认罚从宽制度对所有刑事案件的适用，对"从宽"的适用方式、力度可以根据案件性质有所区别。对于重罪案件，其认罪认罚实体上的"从宽"价值将大于其程序上的"从简"价值。同时，针对案件的不同性质、危害结果、作案手段等，司法人员可以在法定的范围内对"从宽"的力度进行区分。因此，笔者认为实践中并不应该将认罪认罚从宽制度排除在涉众型经济犯罪的重案之外。

（二）配套机制尚不健全，检察官主观能动性未能充分调动

认罪认罚从宽制度作为当前以审判为中心的司法改革推进过程中的重要工作机制，从实践情况来看，部分地区的检察机关在涉众型经济犯罪认罪认罚从宽制度的开展中存在角色定位的认识偏差，具体工作机制尚未健全。少数检察官在该程序中发挥的作用较为被动，对被告人认罪与否过分看重侦查环节和庭审环节，而忽视检察机关自身在审前开展的教育转化及认罪协商工作。这与"两高三部"印发《关于适用认罪认罚从宽制度的指导意见》规定的"审查起诉阶段人民检察院的职责"有一定差距。目前，认罪认罚从宽制度作为一项逐步推广的新制

度，其与以往制度在理念、模式等方面仍有一个有待磨合的过程，甚至会产生制度上的分歧。认罪认罚从宽的幅度、掌握标准也尚未统一。检察机关在通过认罪认罚从宽制度强化自身主导责任的同时，如何在认罪认罚从宽过程中加强对自身权力的监督，在实践中也仍待进一步探索。此外，与认罪认罚从宽制度配套保障的法律援助体系目前亦未健全，即使刑事诉讼法已有对认罪认罚法律援助的相关规定，但实践中值班律师在阅卷权、会见权的履行上依然不够积极全面，且未能连贯参与审查起诉、法庭审理等刑事诉讼全程，值班律师的数量、质量也无法得到有效保证等，这些问题一定程度上都影响了涉众型经济案件认罪认罚从宽工作的开展实效。另外，从现今各地的实践状况来看，对认罪认罚从宽制度的适用多为授权式适用，实质性的程序限制较少。对于该项制度在程序上是否应设定具体限制，如对上诉权、抗诉权等的限制，各方观点亦存在分歧。

三、涉众型经济犯罪案件认罪认罚从宽工作的改进建议

（一）完善认罪认罚从宽机制的立法设计

一是确立实体法上认罪认罚从宽的法定情节及适用范围。认罪认罚从宽制度虽然目前已在修改后的刑事诉讼法中加以明确，但具体情节在实体法中尚未确立。结合现今认罪认罚从宽的已有机制、理论基础及价值追求，笔者认为应进一步对刑法总则进行修改，将"认罪认罚"的认定原则及"从宽"处理的法律后果在刑法总则中加以明确，为司法实践推进相关工作确立根本性的法律依据。

围绕"权利义务"关系，法律规则的逻辑构成要件一般包括假定条件、行为内容和法律评价。[1] 笔者认为，结合法律规则的构成，刑法总则对于"认罪认罚"情节可表述为："犯罪后如实供述自己的罪行，真诚悔过、接受处罚，并积极弥补损失的，是认罪认罚。对于认罪认罚的犯罪分子，可以从轻或者减轻处罚。其中，犯罪较轻的，可以免除处罚。"继而通过总则的统领作用，将重罪、疑难复杂等所有刑事案件均纳入认罪认罚体系，确保认罪认罚适用的全面性。同时，认罪认罚从轻、减轻的幅度应大于坦白的从轻、减轻幅度。另外，该规定去除了"犯罪嫌疑人"的限制，保证了认罪认罚情节适用主体的广泛性。"如实供述自己的罪行"是指如实客观描述影响定罪的主要犯罪事实，涉罪人员未供述全部事实或对主观方面有所辩解的，不能据此认定其未如实供述自己的罪行。供述罪行不要求其对罪名的确定，罪名的确定应属司法机关的裁判职责。这里的"真诚悔过"主要有以下几种表现：犯罪以后能够认识到所犯罪行的错误，通过悔过书、当庭悔过、向被害人赔礼道歉等方式表示悔悟等。"接受处罚"包括行政处罚、刑事处罚、羁押等由该行为依法应当承担的各类法律制裁及保证诉讼必要的强制措施。涉罪人员的认罚体现其悔罪性，而主动退赔退赃作为悔罪性的体现，是涉罪人员"认罚"的一种特殊表现。[2] 故将"积极弥补损失"作为认罪认罚的必要条件，在该情节的认定中不可缺少。此外，"从轻或者减轻处罚"中对量刑的把握应坚持越早认罪认罚，从轻、减轻幅度越大。认罪认罚从宽制度在各诉讼阶段应呈现阶梯式"从宽"，因认罪认

---

[1] 付子堂：《法理学初阶》（第三版），法律出版社 2009 年版。
[2] 陈光中、马康：《认罪认罚从宽制度若干重要问题探讨》，载《法学》2016 年第 8 期。

罚越早，往往体现出该人的社会危险性越小、悔过之意越强。阶梯式"从宽"能激励涉罪人员及早认罪、及早赔偿，继而有效节约司法资源、修复社会关系，也便于司法机关尽早收集、固定相关证据，避免后续取证困难，提升办案质量，同时加快追赃挽损进程。如在英国，不同的时间认罪答辩，量刑从宽的裁量标尺也不尽相同：在"第一合理机会"有罪答辩，减少基本刑罚的1/3；在审判时间确定后有罪答辩，减少基本刑罚的1/4；在法庭开庭之后作出有罪答辩，减少基本刑罚的1/10。[1]此外，在完善刑法总则的基础上，考虑到部分犯罪类型的特殊性，在刑法分则中可以针对个别犯罪或犯罪情节的认罪认罚"从宽"幅度作出限制。对于分则有特别规定的，应优先适用分则规定。分则没有规定的，适用总则规定。

二是细化认罪认罚从宽的量刑尺度。对涉众型经济犯罪认罪认罚的从宽情节应区别适用从轻量刑、适当减刑和定罪免刑。量刑过程的考量因素可以包括是否自动投案，供述或承认罪行的诉讼阶段，供述或承认罪行是否完整，办案机关是否已经掌握犯罪分子所供述的罪行，供述罪行是否稳定，是否已主动弥补造成的损失等。其中认罪认罚且犯罪情节轻微，社会危害不大的，可以免除处罚。此处免除处罚的条件应包括三项：犯罪情节轻微、社会危害不大；同时兼具认罪情节和悔罪情节；认罪情节叠加悔罪情节能够弥补犯罪行为给社会或者公民造成的损害。换言之，对于犯罪情节较重、严重以及十分严重的情形，通过法律拟制，推定其认罪认罚不可能完全弥补其罪行给社会或者公民造成的损失，对该类行为即使认定为认罪认

---

[1] 最高法司法改革领导小组办公室编著：《〈最高人民法院关于全面深化人民法院改革的意见〉读本》，人民法院出版社2015年版。

罚情节，亦不适用定罪免刑的量刑，但可考虑在附加刑和财产刑上进行适当区别。

三是完善涉众型经济犯罪的量刑规范化建设。完善量刑规范化建设对检察机关准确提出量刑建议、涉罪人员准确判断量刑协商的合理性，保证量刑协议签署的自愿性、合法性具有至关重要的意义。从最高人民法院《关于常见犯罪的量刑指导意见》（以下简称《指导意见》）的规定可以看出，现今司法已对坦白、自首、退赃、退赔、谅解等认罪认罚包含的部分情节有所规范。但存在的主要问题是出罪性量刑较少，导致未达成刑事和解、自首的认罪认罚案件在量刑上，根据《指导意见》无法作出非罪处理。故笔者建议"两高"进行会商，在吸收借鉴现有量刑指导的基础上，尽快完善《指导意见》，将"认罪认罚"作为一个独立的综合情节，区分认罪和悔罪情节，对现有的坦白、自首、退赃、退赔、谅解等量刑情节在认罪认罚体系下进行重新整合。对认罪认罚的"从宽"幅度根据犯罪性质、认罪认罚的阶段、程度、是否含自动投案等进行阶梯式规范，扩展出罪幅度。继而推动全国各级法院对认罪认罚情节规范化量刑的同时，为检察机关在讯问犯罪嫌疑人时，开展认罪认罚从宽法律规定告知及量刑协商工作提供更加明确的司法依据。同时，应积极开展涉众型经济案件认罪认罚从宽典型案例的量刑指导工作。虽然，我国并非判例法国家，但是，最高司法机关的指导案例对实务操作，尤其是个案指导仍有极其重要的意义。

（二）完善涉众型经济犯罪案件认罪认罚从宽工作机制

第一，转变讯问方式，区分人员层级，结合追赃挽损工作实行分层式教育转化。为避免卷宗笔录中心主义，强化讯问工作是审判中心主义的必然要求。但在推进认罪认罚从宽制度的要求下，针对涉众型经济犯罪追赃挽损、社会维稳等案件特点的需要，检察官的讯问目标应由以往的以查明事实为主转变为以查明事实与教育转化并重，并将教育转化工作与追赃挽损效果紧密结合，积极化解社会矛盾，确保案件法律效果、政治效果、社会效果的有机统一。在查明事实方面，对于有多名犯罪嫌疑人且部分犯罪嫌疑人不认罪的案件，应在讯问过程选择有利时机出示一定证据，积极逐个分化，瓦解攻守同盟，并积极从法理情理层面结合当前司法政策开展认罪认罚从宽制度的从宽宣传，通过与犯罪嫌疑人的交流及对卷宗的查阅，积极寻找犯罪嫌疑人心理弱点，结合强制措施的适用开展情感攻势，打赢犯罪嫌疑人顽抗防守的心理攻坚战。在教育转化方面，检察官对涉众型经济犯罪的犯罪嫌疑人应结合案件特点、追赃挽损情况等实行分层转化。如对于非法集资案犯罪嫌疑人可以根据其在犯罪中的主要作用及身份等，分别划分为高、中、低三个层级。高层级人员一般是对非法集资起组织、领导作用的单位实际控制人、法定代表人、高级管理人及其他起犯罪主要作用的人员。中层级人员一般是积极参与非法集资的业务主管、团队经理及其他起犯罪次要作用的人员。低层级人员一般指普通业务员等起犯罪辅助作用的人员。

在教育转化过程中，检察机关应在提前介入阶段及时联合公安机关开展对上述人员追赃挽损的政策宣传，并对各层人员的退赃要求进行区分，释明退赃及提供赃款线索的情况与适用强制措施、量刑轻重的关系及越早退赃处罚越轻的原则，鼓励犯罪嫌疑人自愿、及时、主动退赃。此外，退赃数额的设定不仅要考虑犯罪嫌疑人自身的违法所得，同时也应考虑其所带团队的违法所得等，故一般层级越高的人员对其退赃金额的要求也越高。对于已自愿完成退赃要求且认罪认罚的中、低层级人员，在提前介入阶段可建议公安机关不提请批准逮捕，在审查逮捕阶段可以不批准逮捕，在捕后侦查阶段对在押的犯罪嫌疑人可以进行羁押必要性审查变更强制措施，在起诉阶段对层级较低、危害性小且积极退赔的犯罪嫌疑人可作相对不起诉处理。对已完成退赃且认罪认罚的高层级人员，则将结合具体情节作出是否逮捕、变更强制措施或起诉的决定，若提起公诉，则应针对其退赃情节建议法院从轻或减轻处罚。同时，针对非法集资等涉众型经济案件中部分犯罪嫌疑人存在法律认识错误，无法有效识别自身行为的违法性等问题，检察官在讯问过程中应对此类人员重点加强释法说理的力度，帮助其认识自身行为的违法性依据，为认罪认罚从宽工作的有效开展奠定认识基础。

第二，健全合法性审查机制。犯罪事实清楚，证据确实、充分是检察机关证据审查的法定标准，认罪认罚案件亦不例外。在此基础上，应进一步细化检察机关办理涉众型经济犯罪中认罪认罚案件与普通刑事案件的区分，强化检察机关对犯罪嫌疑人认罪认罚合法性的审查。具体而言，应明确以下几点：

其一，健全权利义务告知及意见听取机制。明确检察机关收案 3 日以内应将认罪认罚权利义务告知以书面形式传达犯罪嫌疑人。告知书内应明确认罪认罚从宽的法定含义、后果及犯罪嫌疑人的检举、控告等权利义务，确保犯罪嫌疑人准确理解认罪认罚从宽程序的制度要求及其对自身权利义务将会或可能产生的影响。同时建立各方意见听取机制，对于认罪认罚案件检察机关必须听取犯罪嫌疑人、辩护人以及被害人意见，尤其对于犯罪嫌疑人是否自愿认罪认罚必须以书面形式加以确立。对于先前不认罪，后认罪的认罪认罚案件必须充分听取并书面记录变更原因。此外，在适用认罪认罚从宽程序时应一并听取被害人意见。鉴于涉众型经济犯罪被害人数量较多等特点，检察机关可探索建立自动告权反馈系统，即通过检察机关电话总机的数据端向涉案当事人自动发送短信或拨打电话，告知案件情况，并通过短信或官方网站统一收集当事人意见于本院数据库，再向承办人反馈。继而通过加强被害人的参与，有效帮助检察官更全面地审查犯罪嫌疑人是否符合认罪认罚标准，积极保障被害人权益。对于被害人不同意适用认罪认罚从宽程序的，检察机关应充分核实理由，若经查理由不实或不影响犯罪嫌疑人适用认罪认罚法定条件的，应继续适用认罪认罚从宽程序，但同时应做好被害人的释法说理及情绪安抚工作，在此过程中可积极组织犯罪嫌疑人与被害人双方进行赔偿和解，努力化解潜在矛盾。

其二，完善认罪认罚案件证据的真实性、自愿性审查机制。对于口供的录音录像应每案必审，重点审查是否存在诱供、刑讯逼供等非法情形，是否存在笔录记录严重不符等失实情况，是否存在音频资料无声音等证据本身的制作问题等。同时，对是否认罪认罚的关键事实，必须向犯罪嫌疑人本人当面再次确认。对于在审查过程中发现的非法证据，应严格按照刑事诉讼法有关非法证据排除的规定加以处理，对于无法认定的事实，应根据存疑有利于犯罪嫌疑人的原则加以认定。

第三，完善量刑协商机制。量刑协商的最终结果是涉众型经济犯罪认罪认罚从宽效果的重要体现，为进一步提高量刑协商质效，可重点推进以下两项工作：

其一，提升检察机关量刑建议的准确性。检察机关应持续完善量刑数据库建设，强化涉众型经济犯罪量刑的纵向、横向对比，加强检法间量刑信息及量刑差距的沟通。检察官应在准确掌握定罪量刑情节的基础上，根据《指导意见》的相关规定及量刑数据库的信息资源，不断提升涉众型经济案件量刑的准确性。检察官应在充分掌握案件事实证据的基础上，逐步缩小拟提出的量刑区间。缩小量刑区间即是检察官在量刑协商过程对犯罪嫌疑人权益的负责，更是体现检察官自身素质，确保司法严肃性，强化检察机关对法院审判结果履行法律监督职责的必然要求。例如，对于量刑可能在1年以下的案件，笔者建议检察机关提出的量刑区间应不得超过3个月。对于量刑可能在1年以上3年以下的案件，量刑区间不得超过6个月等。

其二，完善律师参与制度。"两高三部"《关于适用认罪认罚从宽制度的指导意见》规定"犯罪嫌疑人、被告人自愿认罪认罚，没有辩护人的，人民法院、人民检察院、公安机关（看守所）应当通知值班律师为其提供法律咨询、程序选择建议、申请变更强制措施等法律帮助"。笔者认为，为充分保证被追诉人量刑协商的平等性，应从以下几点进一步完善律师参与制度：首先，对于犯罪嫌疑人未委托辩护人的，检察机关应监督并切实保障法律援助律师参与诉讼全程。将律师简单的一次或几次短期咨询，扩展为全程参与，直至出庭辩护，继而有效保障律师掌握证据的全面性及对被追诉人权利保障的充分性。其次，建立检察机关对认罪认罚案件律师履行阅卷权、会见权的督促保障机制。根据《刑事诉讼法》第174条第1款的规定，"犯罪嫌疑人自愿认罪，同意量刑建议和程序适用的，应当在辩护人或者值班律师在场的情况下签署认罪认罚具结书"。但笔者认为，在此规定的基础上应进一步明确要求，在场律师应已提前充分履行阅卷、会见等必要职权，而检察机关对律师履行相关职权的情况应予以督促，未履行阅卷、会见等保障职权的律师不得参与认罪认罚具结书的签署。因认罪认罚协商的前提必须是确保双方权益的相对平等。但实践中，检察机关往往掌握着大量定罪量刑的事实证据，具备较为深厚的法学功底，而犯罪嫌疑人对证据却知之甚少，且一般法律知识较为欠缺，在如此优劣势悬殊的情况下，进行量刑协商，其公平性较难确保。如若在场律师亦未提前履行阅卷、会见等应尽职权，其在场保障犯罪嫌疑人权利的意义及价值必将大打折扣，甚至形同虚设，三方协商的公平性基础将难以保证。因此，只有在协商过程充分保证律师对应尽职责的悉数履行，才能在证据的掌握、法学知识的具备上确保双方地位的相对平等，保证协商结果的自愿、合法。

第四，强化对认罪认罚从宽程序的监督制约机制。在加大认罪认罚从宽力度，提升检察机关主导责任的同时，必须强化对该种权力的监督制约，将权力关进制度的笼子。尤其涉众型经济犯罪，一般涉案人员多、地域范围广、舆情压力较大，在此种情况下，检察机关更应主动加强自身监督，切实提高案件质量，具体而言，应做到以下几点：

其一，加强检务公开。检察机关在行权履职过程中应确保履职工作能公开的一律公开，积极推行阳光司法。对于犯罪嫌疑人、被害人等对案件适用认罪认罚从宽程序或对案件具体处理环节有争议的，或者案件具有重大社会影响的，可以采取公开听证等形式，主动接受外界监督。检察环节的相关法律文书亦应同步依法公开，以此不断提升检察机关执法过程的透明度，提升司法公信力。

其二，强化内部各层级制约。主管检察长对于主管部门办理的重大、疑难、复杂的涉众型经济犯罪认罪认罚案件，应通过听取汇报、组织召开检察官联席会议等形式加强监督，必要时针对重大事项应按程序提交检察委员会讨论决定，继而在检察机关内部形成对检察官办案情况的纵向监督。

其三，优化案件考评方式。案件管理部门应通过组织定期评查及不定期抽查等形式，不断强化对认罪认罚案件的质量评查工作。尤其对于检察机关量刑与法院裁判有差异的案件，应注重审查差异的分歧点，判断是否存在案件质量问题。评查人员应结合涉众型经济案件的特点，在评价时对检察官在认罪认罚协商过程化解社会矛盾的综合效果一并考虑。此外，对于案件办理过程是否存在控告、检举、违法违纪等情况及相关情况的调查处理结果，亦应一并纳入案件评查范围。评查结果应定期公示，继而通过强化案件评查不断提升检察官办案的廉洁、自律及规范意识。

其四，强化司法办案责任体系，落实责任倒查追究机制。对于在监督中发现的问题，应依法追究相关人员的办案责任，坚持"谁办案、谁决定、谁负责"的原则，实行办案质量终身负责。同时，对于在监督过程中发现的问题应积极补救，尽可能地将损害降至最低。

第五，健全公检法司衔接机制。涉众型经济犯罪往往案件人数多、涉案金额大、证据情况较为复杂，若仅靠一家之力很难有效推进认罪认罚从宽工作的全程开展，故在推进相关工作的开展中，检察机关必须进一步加强与侦查机关、审判机关及司法局的全程合作，顺畅各环节的衔接机制。具体而言可从以下几方面开展工作：

其一，加强审查引导侦查力度。认罪认罚从宽的基础是案件证据基本清楚，因此全面强化审查引导侦查工作对推进涉众型经济案件认罪认罚从宽工作的有效开展有至关重要的保障作用。检察官在引导侦查过程中，应注意将庭审证明标准向侦查阶段传导，第一时间畅通公检联系渠道，明确案件取证方向，及时指导公安机关对关键证据进行收集、调取、固定，并定期召开案件工作协调会等,确保从源头上严把证据质量,为认罪认罚从宽工作的开展打下扎实的证据基础。

其二,加强机构衔接。随着涉众型经济案件认罪认罚从宽幅度的进一步加大,程序的进一步简化,为减少各机关间案件流转时限,减少路途时耗,可考虑在看守所内设置各机关合署办公区,并采取看守所内远程提讯、远程开庭等方式,缩短办案时限。对于部分拟取保或不起诉人员,检察机关应与司法局积极合作,及时开展对相关人员的社会调查,进而确保准确把握认罪认罚从宽的协商基础。

其三,统一认识分歧。首先,建立检察机关与侦查机关、审判机关三家定期联席会议机制。针对涉众型经济犯罪认罪认罚从宽程序中的具体做法,尤其是对"从宽"标准的掌握可由侦查机关、检察机关、法院三家通过定期召开联席会议的形式进行沟通交流,逐步统一各方认识。对于三家在处理认罪认罚案件中存在的分歧应定期逐一汇总,并在联席会议前形成书面材料供会议交流讨论,必要时可要求相关案件承办人出席会议交流看法。在经验成熟,且各方对被追诉人认罪认罚的悔罪认识、犯罪性质等分歧问题达成统一认识的基础上,应及时汇总相关认识形成会议纪要,并将纪要内容在各机关内全面传达,确保三家认识逐步统一,不断提升检察机关量刑判断的准确性。其次,检察机关应针对自身与侦查机关、法院存在的认识分歧主动开展问题督查,积极统一内外认识。检察机关案件管理部门应定期汇总各类分歧,对存在分歧的案件实行每案必查,积极查找量刑差距,形成典型案例等经验汇总在内网予以公布,便于办案人员学习借鉴,不断提升案件质量。

其四,强化法律监督。在审判环节,检法间应建立认罪认罚分歧案件的法院裁判文书说理机制,将分歧理由写入法院判决。同时，检察机关应确保将发挥自身主导责任与保证法院"审判中心主义"相衔接，将审前环节检察机关掌握的犯罪嫌疑人认罪认罚的相关情节及检察机关主持开展的认罪协商情况等向法庭出示并阐明观点，以保障检察机关的认罪协商意见在裁判结果上得到体现。对于法院未采纳检察机关量刑建议亦未给出合理理由的认罪认罚案件，检察机关应积极履行抗诉等监督职责。继而通过多措并举，不断强化公检法司间的内外衔接及监督制约，确保检察机关在认罪认罚从宽程序中承前启后的主导责任得到有效发挥。

图书在版编目（CIP）数据

国家治理现代化与认罪认罚从宽制度：上下／最高人民检察院组织编写．—北京：中国检察出版社，2020.10

ISBN 978-7-5102-2489-8

Ⅰ.①国… Ⅱ.①最… Ⅲ.①刑事诉讼－司法制度－研究－中国 Ⅳ.①DD925.210.4

中国版本图书馆 CIP 数据核字（2020）第 176535 号

国家治理现代化与认罪认罚从宽制度（上下）
最高人民检察院　组织编写

出版发行：	中国检察出版社
社　　址：	北京市石景山区香山南路 109 号（100144）
网　　址：	中国检察出版社（www.zgjccbs.com）
编辑电话：	(010)86423702
发行电话：	(010)86423726　86423727　86423728
	(010)86423730　68650016
经　　销：	新华书店
印　　刷：	北京联合互通彩色印刷有限公司
开　　本：	710 mm×960 mm　16 开
印　　张：	43.25
字　　数：	497 千字
版　　次：	2020 年 10 月第一版　2020 年 10 月第一次印刷
书　　号：	ISBN 978-7-5102-2489-8
定　　价：	80.00 元

检察版图书，版权所有，侵权必究
如遇图书印装质量问题本社负责调换